비교 회계이론

비교 회계이론

오용규 · 김갑룡

신론사

머리말

이 책은 회계이론에 관한 책이다. 그러나 특정의 관점에서 스스로의 견해를 주장하지는 않는다. 회계이론 분야에는 서로 다른 여러 관점이 존재하고, 각 관점은 회계를 설명하는 독자적인 이론을 만들고 또 그 이론을 입증한다. 관점은 경험 세계의 범위와 모습을 결정하고, 이론은 관점과 경험세계를 연결한다.

이 이론들은 패러다임이 서로 다르다. 패러다임이 다르면 어느 한 패러다임의 논리나 증거를 통해 패러다임이 다른 이론을 입증하거나 반증하는 것이 불가능하다. 또한 회계 정책에 대한 견해도 서로 달라진다. 따라서 회계 정책은 어느 한 이론을 전제로 하여 선택될 수 없다. 실제로 회계 정책은 정치적 과정의 산물이다.

오늘날 회계의 범위는 갈수록 넓어지고 또 심화된다. 회계이론의 범위도 확대된다. 회계기준을 적용하여 재무제표를 작성하는 데에서 그치지 않고, 이용자들이 편리하게 이용할 수 있도록 재무제표를 가공하고, 나아가서 이용자들이 이용하는 과정과 그 결과까지 연구한다.

이러한 변화는 대략 1960년대에서부터 시작되었다. 그 후 수십 년이 지나면서 대략 2000년대 초 까지는 각 패러다임의 이론들이 독자적인 모습을 비교적 완전하게 드러낸다. 각 관점마다 대표적인 교과서가 발행된다. 이 책에서는 회계 목적을 기준으로 가치평가 관점, 정보내용 관점, 그리고 계약 관점의 이론을 검토한다. 각 관점의 전형적 보기, 경험 현상, 이론모형을 체계적으로 정리한다.

세 관점 모두 오늘날 회계 분야가 고민하는 문제들에 대한 해답을 모색한다. 국제회계기준과 국가별 회계기준의 경쟁, 인공 지능에 의한 회계 분야의 대체 위협, 주기적으로 반복되는 경제 위기와 회계 부정 사건의 노정 등에 대한 관심이 필요하다.

회계의 본질과 기능, 그리고 사회 경제적 역할을 이해하는 데 약간의 도움이라도 되었으면 하는 희망을 가지고 상당한 노력을 기울였음에도 불구하고, 회계학 분야의 급속하고 광범위한 변화와 발전을 따라잡기에는 능력이 너무 부족함을 자인하지 않을 수 없다. 특히 여러 이론을 비교하는 형식으로 소개하다 보니 독자들에게 복잡한 인상을 줄 가능성도 배제할 수 없다. 그러나 시장과 독자들이 아주 합리적이라는 믿음을 전제로, 독자 제현들이 그 잘못을 잘 가려내어 회계를 보다 잘 이해하는 하나의 디딤돌로 삼아 줄 것이라는 염치없는 기대를 가져 본다.

공저자들은 인근 대학에 근무하면서 공동의 관심사에 대해 오랫동안 공감대를 형성하여 왔다. 부족하나마 그 동안의 노력이 구체적인 모습을 갖추게 되어 다행이라고 여겨진다.

이 책이 나오기까지 많은 분들의 도움을 받았다. 서울대학교를 은퇴하신 이정호 교수님, 여러 은사 교수님들, 그리고 학계의 많은 선배 및 동료교수님들께 이 자리를 빌어 감사의 인사를 드립니다. 그리고 항상 관심과 지원을 아끼지 않은 서울대학교의 곽수근 교수님과 전북대학교의 천도정, 양규혁 교수님과 오희화, 임샘이, 조은정 박사, 그리고 자료를 제공해준 김다휜 조교에게 감사의 말씀을 전합니다. 아울러 졸고를 기꺼이 출판해 주신 도서출판 **신론사**의 성진경 사장님과 관계 직원들의 노고에도 감사의 인사를 드립니다.

2016년 5월 31일

저자 일동

CONTENTS
차 례

제3장 정보

제4장 자본시장 연구(Ⅰ)

제5장 자본시장 연구(II)

제6장 자본시장 연구(Ⅲ): 계약관점

제7장 계약 관점

제8장 대리이론

제10장 이익관리

제11장 제도와 규제

제12장 맺음말

제1장

서론

회계이론은 회계 현상을 이해하고, 설명하고, 예측하고, 그리고 평가하기 위한 일련의 개념과 원칙의 체계이다. 1960년대 초 까지는 회계이론은 회계기준의 근거와 내용을 찾는 역할을 하였다. 1970년대 이후에는 회계이론과 회계기준의 직접적인 관계는 단절된다. 회계기준은 이론보다는 정치적 과정을 통해 결정된다. 한편 회계이론은 넓은 의미의 회계 현상을 설명하고 또 평가한다. 회계 분야에는 패러다임이 서로 다른 여러 이론이 경쟁하고 있다. 1970년대까지 측정관점과 정보관점이 개발되었다. 그 후 가치평가 관점, 계약 관점, 정보내용 관점의 이론이 개발된다. 본서에서는 각 관점의 경험 내용과 이론, 그리고 회계 측정구조를 소개하고 비교한다.

1960년대와 비교하면 오늘날 회계의 범위는 아주 넓다. 회계이론의 범위도 마찬가지이다. 회계 분야에는 하나의 보편적인 이론이 존재하지 않고 여러 이론이 경쟁하고 있다. 1장에서는 오늘날 회계의 범위와 특징, 회계이론의 범위, 그리고 세 가지 주요 회계이론을 소개한다.

제1절 개요

회계와 회계학의 범위는 갈수록 확대되는 경향을 보인다. 그 내용을 알아보고, 현행의 회계이론을 분류한다. 전통적인 측정 관점의 이론을 요약한다.

1.1 회계

오늘날 회계는 재무제표 작성을 넘어서서 그 범위가 갈수록 확대되고 있다. Belkaoui(2004)는 **회계의 범위**가 확대되고 있음을 1953년도 미국공인회계사회, 1966년의 "기초적 회계이론 보고서", 1970년의 APB Statement 4호에서 규정하는 회계의 정의를 통해 보여준다.[1]

회계는 특정의 분야에서 유용하다고 여겨지는 내용을 기술한다. 이러한 분야에는 재무보고, 세금 결정과 계획, 독립된 감사, 자료 처리와 정보 시스템, 원가 관리 회계, 국민소득 회계, 경영 자문 등이 있다. 근래에 와서는 국제 회계, 행동 회계, 사회-경제 회계, 정부 회계, 비영리 법인 회계 등의 새로운 영역이 포함된다.

회계 분야의 확대 뿐 아니라 회계인들이 제공하는 정보의 품질과 관련된 서비스도 확대되고 있다. 예를 들면 감사인은 의사결정에 필요한 정보의 품질 혹은 내용을 향상시키기 위하여 전통적인 감사 서비스 이외에도 많은 인증 서비스를 제공한다.[2] 이러한 서비스의 확대는 국제화, 정보화 등으로 인한 회계 수요의 변화에 대응하는 측면에서 보면 아주 중요하다.

재무보고의 범위도 확대된다. 기본적 재무제표에는 재무제표(인식과 측정 개념 보고서)와 주석이 포함된다. 기존의 FASB 기준은 기본적 재무제표와 보충적 정보(예: 물가변동 공시, 석유 가스

1 Ahmed Riahi-Belkaoui, Accounting Theory, 5th ed. (2004), pp.38-40: AICPA(1953)에서는 "회계는 ...재무적 성격을 갖는 거래와 사건을 의미있는 방법으로, 그리고 화폐를 통해 기록하고, 분류하고, 요약하고, 그 결과를 해석하는 기술이다"로 정의하고; ASOBAT(1966)에서는 "정보 이용자들이 정보에 의해 판단하고 의사결정을 할 수 있도록 경제적 정보를 확인하고, 측정하고, 전달하는 과정"이라고 정의한다; APB Statement(1970)에서는 "회계는 서비스 활동이다. 그 기능은 ... 경제적 의사결정에 유용하게 사용되도록 경제적 실체에 관한 양적인 재무정보를 제공하는 것이다"라고 정의한다.

2 Kinney, W., Accounting Scholarship: What is uniquely ours?, The accounting Review Vol. 76, No.2, April, 2001, p.276: 인증 서비스(assurance service)란 의사결정자를 위한 정보 혹은 맥락을 향상시키는 독립된 전문직 서비스를 말한다(AICPA, Elliot Committe, 1996).

매장량 정보)를 규제한다. FASB 개념 보고서 1호(문단 5-8)에서는 여기에 기타의 재무보고 수단(경영자 검토 및 토의, 대 주주 서한)을 포함하여 재무보고라고 부른다. FASB 개념 보고서 1호(문단 22)에서는 여기에서 더 나아가 투자, 신용 그리고 유사한 의사결정에 유용한 모든 정보가 재무보고의 범위에 포함된다.

1960년대 이후 표준화된 재무보고 기준은 주기적인 재무제표 보고로부터 강제적으로는 위험 평가, 내부 통제, 회사 지배구조로 확대되고 자발적으로는 비 재무 측정치, 컴퓨터 시스템 품질, 재무제표 요소의 실시간 인증으로 확대 된다[3].

재무보고는 그 범위가 확대될 뿐 아니라 여러 가지 특징과 변화 추세를 보인다. Beaver(1998)는 현행의 재무보고가 재무 회계의 **경제적 이익 관점**에서 **정보 관점**으로의 전환, 재무 환경의 복잡성과 재무정보의 전문가 이용에 대한 강조, 재무보고 시스템의 사회적 선택 본질에 대한 강조와 같은 일반적 추세를 보인다고 주장한다. 그리고 보고 요구의 급증, 이익에 대한 공시의 강조, 전문적 해석이 필요한 공시, '신축적' 자료(soft data)의 강조, 경제적 결과(economic consequencies)에 관한 논쟁과 같은 구체적 추세를 손꼽는다.[4]

그는 또한 분기 혹은 연차 보고, 발생주의 회계, 일반 목적 재무제표, 발생주의 및 기타의 재량과 판단, 주석 공시, 대부분 거래에서의 순수 잉여 관계, 역사적 원가 회계의 지연 인식, 보수주의, 공개 기업의 재무제표 감사, SEC와 FASB에 의한 이중 규제를 현행 회계의 특징으로 본다.

1.2 회계학의 범위

이렇게 회계와 재무보고의 범위가 확대됨에 따라 회계학의 연구 범위도 크게 확대된다. Kinney(2001)는 회계와 회계학이 가치를 갖기 위해 필수적인 세 가지의 요소로 (1) 다양한 의사결정자들의 광범위한 의사결정에 사용되는 표준화된 기업 측정의 관련성(relevancy), (2) 측정 기준 적용에 있어서의 정확성 혹은 주의, (3) 측정 표시의 신용성(credibility)을 제시한다. 이 세 가지 요소는 회계학의 미래를 좌우한다.

3 Kinney(2001), pp.279-280.

4 Beaver, H. W., Financial Reporting: An Accounting Revolution, 3rd. ed., Prentice-Hall, 1998, pp.14-15. 그는 이런 추세를 회계 혁명이라고 부른다.

세 요소는 (a) 표준화된 기업 측정구조의 선택, (b) 특정 실체에 대한 이 구조의 적용, (c) 특정 의사결정에 맞추는 재무제표 정보의 가공(customization), (d) 의사결정과 결과, 이 네 가지의 일련의 활동을 통해 구체적으로 실행된다.[5]

처음 두 활동은 회계 전문직이, 세 번째 활동은 회계인(감사인)과 기타의 사람들(분석가, 계약 당사자, 규제자)이 수행한다. 비회계인은 네 번째의 의사결정을 하고 의사결정은 자연과 함께 결과를 산출한다. 회계학자들이 세 요소와 네 활동, 그리고 이들 사이의 관계를 연구하는데 있어서, 특히 표준화된 측정구조의 선택과 그 선택의 결과에 대한 이해가 가장 중요하다.

네 가지 활동 가운데 처음 세 활동을 수행하는 독립된 회계인은 정보를 작성하고, 감사하고, 적용할 수 있게 처리하는 과정에서, 회계 숫자의 높고 낮음보다는 정보가 목적적합하고 신뢰성이 있는지 여부에 관심을 갖는다. 회계 전문직의 독립성에 관한 의사결정자의 믿음은 재무보고의 목적적합성, 신뢰성, 그리고 신용도에 대한 의사결정자의 인식을 향상시킨다.

경영자는 기본적인 의사결정자인데, 표준화된 회계와 인증은 기업과 경영 향상에 관한 정보를 그 자신에게 제공한다. 아울러 다른 사람들(자본 공급자와 거래 상대방)에게 자본 조달, 구입, 생산, 공급, 판매의 비용을 낮추기 위해 기업에 관한 정보를 제공한다. 그리고 특정 실체 자료의 공시(와 독립된 검증)를 규정하는 법률, 규제 혹은 계약과 일치하는지 확인하기 위한 정보를 제공한다. 따라서 높은 품질의 정보(그리고 회계 인증 서비스)는 내부 및 외부 이용 면에서 경영자에게 중요하다. 일반 투자자, 계약 당사자 및 규제자 등도 중요한 회계정보 이용자들이다. 이들의 정보 이용과 그 결과도 회계학의 연구 대상에 포함된다.

표준화된 측정 구조에는 GAAP, GAAS 등이 있다. 이 구조는 모든 공개 기업(그리고 계약에 의한 다른 당사자)이 제공해야 하는 측정에서 공통분모의 역할을 한다.[6] 이 재무 측정 구조는 일단의 측정을 규정하는데, 경영자가 그 구조를 규정하지 않기 때문에 가치를 가지며, 측정은 실체 내, 실체 간, 그리고 기간 별로 비교가능하게 된다. GAAS는 이기적인 경영자가 작성한 GAAP 기반 측정의 정확성, 객관성, 그리고 신용도에 대한 의사결정자의 인식을 높인다. GAAS의 선택은 감사와 회계 법인에 대한 규제의 비용과 효과에 영향을 준다.

대부분의 회계정보 이용자들은 외부 이용자들이며 이들은 측정 기준이나 감사인을 선택할 수 없다. 그러나 이들은 측정이 의사결정의 목적에 적합하다고 생각하고, 감사를 신뢰하며,

5 Kinney(2001), p.275.

6 GAAP은 일반적으로 인정되는 회계원칙, GAAS는 일반적으로 인정되는 회계감사원칙의 약어이다.

그 결과를 신용한다. 투자자, 채권자, 그리고 거래 당사자는 거래 조건에 영향을 줄 수 있기 때문에, 경영자는 관련성 있는 기준과 명성 있는 감사인을 선택하려 한다. 따라서 기준 결정자, 경영자, 그리고 감사인은 표준화된 측정 구조의 품질과 그 적용에 관심을 갖는다.

의사결정자들은 특정 맥락에 맞게 표준화된 측정 구조를 미래 지향적인 맞춤 형태로 가공하기를 원한다. 감사인(인증자), 재무 분석가(자문), 거래 당사자와 규제자가 이러한 가공 활동을 한다. 가공 활동은 규제받지 않고, 회계인은 그 적용을 통제할 수 없다. 오히려 회계인은 맞춤형 적용에 관하여 비전문가들과 경쟁한다.

경영자 의사결정을 위해 정보의 품질을 향상시키는 고객 지향의 맞춤은 내부 통제, 관리회계, 세금 계획의 영역에서 이루어진다. 공인회계사 등의 외부 자문가들은 거래와 그 과정에 대한 설계와 자문, 계획 자문, 위험 평가, 그리고 기타의 자문 및 조사의 인증 서비스를 제공한다.

재무 분석가와 투자 자문가는 회계정보와 기타의 정보를 결합하여 이익을 예상하고 기타 정보를 산출하여 수동적 투자자의 증권 거래를 돕는다. 거래 당사자들은 회계정보와 기타의 정보가 협력 및 의사결정 과정에 대한 개입 결정에 도움이 된다면 더 나은 조건에 거래할 수 있게 된다. 마찬가지로 감시와 지배구조를 담당하는 외부인은 회계정보와 규제 및 계약 규칙을 결합하여 주주나 사회를 대신하여 규제 개입 결정을 할 수 있다. 이러한 고객 맞춤의 가치는 GAAP, 그 적용, 그리고 개별 기업의 회계 표시에 의해 결정된다.

학문적 회계에는 측정구조의 선택, 특정 기업에 대한 측정구조의 적용, 고객 맞춤 조정, 그리고 경영자, 소극적 투자자, 기타의사결정자의 의사결정과정과 그 결과가 포함된다. Kinney(2001)는 회계학의 범위를 표준화된 기업 측정과 보고 구조 대안이 개인 및 전체에 미치는 영향에 관한 지식이라고 정의한다.[7] 이 정의에서 표준화된 측정구조의 선택은 회계학의 중심 자리를 차지한다. 회계학은 개별 기업에 대한 표준화된 측정구조 대안의 적용 효과 뿐 아니라 회사 지배를 포함하는 전체적 혹은 거시적 효과도 연구한다. 사회적 가치를 강조하지는 않지만, GAAP 기반 보고 시스템의 투명성을 국가별로 비교한다. 투자자 지향 조정과 관련된 표준화된 정보의 공시는 경영자, 투자자, 규제 기관, 그리고 사회전체가 생산성이 높은 곳에 자본을 분배하도록 함으로써 사회적 가치를 창출한다.

지금까지 회계와 회계학의 범위가 1960년대 이후 확장되는 모습을 살펴보았다. 이러한 범

---

7 Kinney(2001), p.278.

위의 확대는 회계학 연구에서 여러 가지의 의미를 갖는다. 첫째, 회계 추정, 위험 평가, 그리고 판단이 더욱 중요해진다. 회계 교육에서 **전문가적 판단**과 의사결정 기술을 개발하고 훈련시킬 필요가 크다. 둘째, 무형자산과 시장 기반 자산의 측정을 개선하는 **회계 모형**을 도입해야 한다. 셋째, GAAP 기반 재무제표 정보와 경쟁 관계를 갖는 다른 많은 정보 원천에 비해 회계가 갖는 **비교 우위**가 어디에 있는지 알아야 한다.[8]

1.3 회계이론

오늘날 회계 분야에는 단일의 보편적인 회계이론은 존재하지 않고, 대신 여러 회계이론이 경쟁하는 모습을 보이고 있다. 본서에서는 여러 이론 가운데서 세 가지의 이론을 중점적으로 검토하고자 한다. 이 세 이론을 소개하기 전에 우선 회계이론들이 어떻게 분류될 수 있는가를 살펴보자.[9]

회계이론은 여러 기준에 의해 분류된다. "회계이론 및 이론 수용에 관한 보고서"(SATTA, 1977)에서는 회계정보의 이용자와 이용 환경(다른 말로 경험 영역)을 기준으로 1970년대까지의 이론을 세 **경험 영역**으로 분류하고, 그 이론들은 서로 다른 이론과 결합할 수 있다고 본다.

'인류학적 접근'은 회계인의 **전문적 실무**를 회계의 경험 영역으로 본다. 이 패러다임을 따르자면, 회계이론은 기존의 회계 실무에 대한 합리화이고 또한 기존 실무로부터의 추론에 의해 형성된다. 다른 패러다임(총합 시장 수준 연구)은 회계이론이 구축되고 적용되는 경험영역을 **증권시장 변동**에서 찾는다. 또 다른 패러다임(의사결정 모형 접근)에서는 개인의 **의사결정 과정** 그리고/혹은 기존의 의사결정이론을 회계이론의 경험 영역으로 규정한다. 이 세 분류의 이론은 이상적 이익 접근과 정보 경제학 접근 양자와 결합되어 확대될 수 있다. 물론 여기에서 이상적 이익 접근과 **정보 경제학 접근**은 각각 독자적인 경험 영역을 갖는다.[10]

SATTA 발표 이후의 회계이론은, 위에서 인용한 SATTA의 예상처럼, 세 분류의 이론에

---

8 Kinney(2001), p.284.

9 회계이론의 접근 범위는 아주 다양하고 넓기 때문에, 이 책에서는 모든 이론을 포괄적으로 검토하지는 않는다. 여기에서 언급하는 이론이나 분류는 상당히 자의적으로 선택된 것이다. 예를 들어 Chua(1986)는 회계이론을 크게 비판적 연구, 해석학적 연구, 그리고 경험과학적 연구로 분류한다. 이 책에서는 경험과학적 연구에 속하는 이론을 검토한다. 비판적 연구와 해석학적 연구에 대해서는 Belkaoui(2004), pp.317-319 참고.

10 AAA, A Statement on Accounting Theory and Theory Acceptance, Sarasota, 1977, p.47.

이상적 이익 접근과/혹은 정보 경제학 접근이 결합되어 확대된 것으로 볼 수 있다. Beaver는 1981년에 "**재무보고: 회계 혁명**"이라는 책을 발표하였는데, 이 이론은 총합 시장 수준 연구에 이상적 이익 접근과 정보 경제학 접근을 결합시켜 확대한 것이다. Watts and Zimmerman은 1986년에 "**실증적 회계이론**"을 발표한다. 이 책은 인류학적 접근에 정보 경제학 접근을 결합하여 확대한 것으로 볼 수 있다. Christensen and Demski는 2003년에 "**회계이론: 정보내용 관점**"을 발표하는데, 이 책도 인류학적 접근에 정보 경제학 접근을 결합하여 확대한 것이기는 하지만, 실증적 회계이론의 계약관점과는 달리 정보내용 관점을 택한다. 따라서 이 세 이론은 경험 영역 측면(회계의 목적)에서 서로 다르다고 말할 수 있다.

이와 비슷한 이론 분류는 Belkaoui(2004)에서도 볼 수 있다. 그에 의하면 전통적인 규제적 접근에 비해 새로운 접근은 개념적인 회계 체계를 형성하고 검증하기 위하여 개념적 및 경험적 추론을 함께 사용한다. 이러한 새로운 이론 접근에는 사건 접근, 행동 접근, 인간 정보처리 접근, 예측 접근, 그리고 실증적 접근이 있다.[11] 이 가운데에서 예측 접근을 대표하는 사람은 Beaver이다. 그리고 실증적 접근에는 분석적-대리관계 패러다임과 실증적 회계이론이 있는데, 전자는 Demski 등이 대표하고, 후자는 Watts and Zimmerman을 꼽을 수 있다. 그러나 앞에서 언급한 바와 같이 Christensen and Demski(2003)와 Watts and Zimmerman의 실증적 회계이론은 서로 다른 관점을 택하고 있어 본서에서는 양자를 다른 이론으로 분류한다.

Christensen and Demski(2003)에서는 회계의 목적을 가치평가 목적과 정보 제공 목적으로 분류한다. '가치 측정' 접근에서는 회계는 가치를 측정하지만, 정보내용 접근에서는 재무 측정치를 가치가 아닌, 정보 사건의 측정이라고 본다. 따라서 가치평가 학파에서는 이익 측정치가 공정한, 진실한, 혹은 경제적인 이익 개념과 잘 대응하면 잘 측정된 것으로 취급하지만, 정보내용 접근에서는 전달하고자 하는 사건 구조와 측정치가 잘 상응하면 이익이 잘 측정되었다고 본다.[12]

아울러 일반적으로 이론은 관련 분야의 연구에 대한 '간결한 압축(parsimonious compression)'인데, 이는 특정 현상 집합에 관한 우리의 사고를 조직화하는 구조를 제공하며, 그 결과 이론이 유용하게 된다. 이론은 완전할 수 없으며 간결하게 압축하기 위해 필연적으로 오차를 수반하게 된다. 정보내용 접근의 회계이론에서는 인식 이슈, 거래 비용 이슈, 사회화 이슈의 세 가지

---

11 Belkaoui(2004), pp.363-364.

12 Christensen, J. and J. Demski, Accounting Theory: An Information content perspective, McGraw-Hill, 2003, pp.4-5.

이슈가 이러한 오차에 해당 한다.[13] 그런데 이 세 가지 이슈는 공통적으로 의사결정자의 합리성에 관해서 정보내용 관점과 다르다. 즉, 정보내용 관점의 회계이론은 의사결정자들이 완전히 합리적이라고 가정하는데 비해, 세 가지 이슈를 다루는 연구에서는 모두 의사결정자들이 '유한한 합리성'을 갖는다고 가정한다.[14] 인식 이슈는 재무적 행동론을, 거래비용 이슈는 실증적 회계이론을, 그리고 사회화 이슈는 해석학적 회계이론을 말한다.[15] 결국 Christensen and Demski(2003)는 회계이론을 분류하는데, 합리성 가정을 기준으로 선택한다.

Ronen and Yaari(2008)는 의사결정자가 회계정보를 알기 이전에 이미 정보를 갖고 있는지 여부, 회계정보를 알고 난 후 주주가 행동을 선택할 수 있는 권한을 가지고 있는지 여부에 따라 회계이론을 분류한다. 즉, 주주가 미리 정보를 알고 있는 경우는 비용이 드는 계약 접근이고, 그렇지 않고 주주가 정보를 모르고 행동 권한을 가지면 의사결정 접근(예: Sunder, 1996), 그리고 정보를 모르면서 행동 권한도 없으면 법률적-정치적 접근으로 분류한다.

Scott(2015)는 정보를 공급하는 기업과 정보 이용자 사이에 서로 정보가 다른 경우 즉 정보비대칭의 두 가지 문제를 기준으로 정보 관점과 계약 관점을 분류한다. 정보 비대칭은 내부자 정보에 의한 역선택과 경영자의 노력 수준에 의한 도덕적 해이 문제를 갖는다. 역선택 문제는 합리적 투자 의사결정 상황에서, 그리고 도덕적 해이 문제는 경영자 성과를 유인하고 평가하는 상황에서 발생한다. 이에 대한 회계 반응은 문제에 따라 서로 다르다. 즉, 역선택 문제를 해결하기 위해서 회계는 의사결정 유용성과 완전 공시를 강조하고, 도덕적 해이 문제에 대해서는 정확하고 민감한 정보를 필요로 한다. 이 두 가지 회계정보 수요는 회계기준 결정을 통해 사회적 차원에서 조정된다.

이상의 검토를 요약하면, 현행의 회계이론으로 가치평가 관점, 계약 관점, 정보내용 관점이 중요함을 알 수 있다. 아울러 이 이론들은 Kinney가 말하는 회계학의 대상 범위를 잘 충족하고 있다. 본서에서는 이 세 이론을 소개하고 비교한다. 그 전에 1960년 중반 무렵까지 개발된 측정관점을 먼저 검토하자.

13 Christensen and Demski(2003), pp.6–7.

14 Christensen and Demski(2003), pp.437–438. 이 세 가지 오차를 2차적 효과라고 부른다. 그리고 이 연구들은 정보관점 이론에서 다루지 않는다.

15 Gill, M.,Accountant's Truth, Oxford Uni. Press, 2009, p.134.

1.4 측정 관점

측정 관점은 재무제표의 요소를 정의하고, 또 그 요소를 측정하는 방법을 규정한다; 재무제표는 기업의 재무상태와 경영성과를 측정한다. 일반적으로 회계는 수탁책임 목적과 의사결정 목적을 갖는다고 이해된다. 일부 측정관점(진실이익 접근)에서는 어떤 목적을 채택하든 다른 목적에의 사용에 영향을 미치지 않는다고 전제한다.[16]

1900년대 초, 미국의 대기업은 소유와 경영이 분리된 지배구조를 형성한다. 경영자는 수탁인으로서 수탁재산인 기업을 소유자인 주주를 위하여 성실히 관리하고 재무 상태와 경영성과를 매년 소유자인 주주에게 보고할 의무를 갖는다. 이러한 의무를 경영자의 수탁책임이라고 부른다. 경영자는 재무제표를 통해 수탁책임을 이행하는데 재무제표는 기말의 자산과 부채, 그리고 지분을 측정하여 재무 상태를 보고하는 대차대조표와 회계 기간 중의 재무상태의 변화 즉 경영성과로서의 회계이익을 계산하여 보고하는 손익계산서 등으로 구성된다. 이때부터 발생주의가 현금주의에 비해 우월하다고 인정되었다.

1900년대 초기의 미국 대학 교수들은 실무계(회계사) 출신과 경제학 박사 학위 출신으로 구성되었다. 회계이론을 구성하는데 실무가들은 기술-귀납적 접근을 사용하고, 경제학에 배경을 둔 학자들은 규범-연역적 접근을 사용한다. 기술-귀납적 접근에서는 실무계에서 사용하는 회계방법과 절차를 귀납하여 보편화된 회계 원칙을 찾고자 하였다. 이들은 경영자 수탁책임 목적을 위해 경영자의 경영성과를 측정하는데 초점을 맞추고 취득원가주의와 보수주의, 그리고 수익실현주의를 기본 원칙으로 삼는다.

규범-연역적 접근은 '진실이익 접근법'이라고도 부르는데, 예를 들면 '경제적 이익'을 진실이익이라고 정의한다. 경제적 이익이란 Fisher나 Hicks와 같은 신고전파 경제학자들의 이익 개념을 말한다.[17] 미래 현금흐름을 시장 이자율로 할인한 현재가치, 즉 경제적 가치는 일정한 시장 조건에서 가격과 일치한다. 기간 중의 경제적 가치의 변화는 경제적 이익이다. 경제적 이익에는 경영자의 당기 행동이 미래 기간에 미친 영향(성과)도 포함된다. 따라서 취득원가보다 시가가 경영자의 성과를 측정하는데 더 바람직하다.[18] 따라서 이 접근에서는 시가

16 AAA, Statement of Accounting Theory and Theory Acceptance, 1978, p.6 ; 그리고 의사결정-모형 접근에서 투자자 목적과 통제 목적에서의 회계정보 수요는 같다고 가정한다(p.13). 본서 2장, 경제적 이익 항 참고.

17 Fisher는 경제적 이익에 대해 자본(부)으로부터의 흐름량을 강조하고, Hicks는 주초의 후생 수준을 기말까지 유지하면서 기간 중에 소비가능한 최대 금액이라고 정의한다.

18 Beaver(1998)는 '이상적 성질'을 수익-비용 대응 방법을 구체적으로 선택하는 기준으로 본다.

주의를 주장한다. 그러나 현실적(실무적으로)으로 시가를 파악하는 것이 어려우므로 시가에 가장 근접된 가격으로서 초기에는 대체원가 혹은 현행원가를 주장한다.[19] 이 접근에서는 보수주의가 실무계에서 사용되고 있지만, 논리적 근거는 없다고 본다.[20] 미실현 이익에 대해서는 인식해야 한다는 주장과 인식을 반대하는 주장이 대립한다.[21] 그리고 1960년대에는 투자자 의사결정 목적에 유용한 순실현가치, 매각가치(현금등가액)가 주장된다.[22] 이 평가 방법들은 목적 적합성, 신뢰성, 적시성 등의 바람직한 정보 특성을 갖기 때문에 투자 의사결정 목적에 적합하다.

두 접근을 대표하는 두 학자가 공동으로 저술한 Paton and Littleton(1941), "회사 회계기준 서설"은 **취득원가주**의 회계 모형을 완성한 회계학의 고전이다. 이 책에서는 경영자의 노력과 성과를 대응하여 경영성과를 측정하는 수익-비용 대응 원칙, 원가 부착 개념, 수탁책임과 투자자 목적, 포괄주의 손익계산서 등을 주장한다.

제2절 현행의 주요 회계이론

2.1 세 이론의 동기와 배경

본서에서는 현행의 주요 회계이론으로 가치평가 관점, 계약 관점, 정보내용 관점의 세 가지 이론을 소개하고 비교한다. 앞에서 검토한 이유 말고도 이 세 이론을 살펴보는 이유는 이 이론들이 각자 자신들의 관점에서 회계이론에 관한 교과서를 가지고 있기 때문이다. 교과서는 어떤 이론 분야에서든 관련 연구를 통일된 관점으로 묶는 중요한 역할을 한다. 또한 이론이 갖는 패러다임의 구성 요소인 전형적인 보기(exemplar)를 제공한다.[23] 본서에서는 Beaver(1998), Watts and Zimmerman(1986), 그리고 Chrstensen and Demski(2003)를 각

19 AAA, SATTA, p.6.
20 Paton, W., Accounting Theory, Scholars Book Co., 1962, p. vi.
21 AAA, SATTA, p.8.
22 Beaver(1998), p.3.
23 Belkaoui(2004)는 패러다임의 구성 요소로서 전형적 보기, 연구 대상의 이미지, 이론, 그리고 방법을 손꼽는다.

관점의 전형적 보기로 삼는다.

이 세 관점의 연구 동기와 배경을 통해 세 이론의 입장을 살펴보자. 1960년대에는 당시의 취득원가주의, 수익 실현주의 모형을 반대하는 **규범적 이론**이 강하게 대두 되었다.[24] 이 이론들은 선험적 연구 방법을 사용하여 경험적인 증거를 보여 주지는 못하였다. 그런데 Beaver(1968), Ball and Brown(1968)은 회계이익이 **정보내용**을 갖는다는 점을 실증적으로 보여 주었다. 정보내용이란, 회계이익발표에 의해 증권시장에 기업 가치에 관하여 전달된 새로운 정보가 있다는 의미이다. 바꾸어 말하면 회계이익은 경제적 이익에 대한 측정치가 아니고 투자의사결정에 관한 정보라는 뜻이다. 회계이익을 바라보는 관점이 측정 관점에서 정보 관점으로 바뀐다.

정보 관점은 **효율적 시장가설**과 **자본자산 가격결정 모형**에 토대를 두고 있다. 그런데 회계방법 선택과 관련하여 효율적 시장 가설과 당시의 **기계적 가설**은 상반된 주장을 한다. 효율적 증권시장에서 투자자들은 미래 기업 가치(미래 현금흐름)에 영향을 주지 않는 외관상의 회계방법 변경의 효과를 통찰하기 때문에, 외관상의 회계방법 변경은 주가 효과를 갖지 않는다(무영향 가설). 이 주장은 회계이익의 변화에 따라 주가도 함께 같은 방향으로 변한다는 기계적 가설과 다르다.

Watts and Zimmerman(1986)은 만일 무 영향 가설이 맞다면, 경영자가 회계방법을 변경하거나 회계방법을 선택하는데 관심을 가질 이유를 알 수 없다고 생각한다. 마찬가지로 회계기준 결정자들이 회계 기준 선택에 관해 고민할 필요도 없을 것이다. 효율적 시장 가설을 유지하면서 경영자와 기준결정자들이 회계방법 선택에 관심을 갖는 이유를 모색해야 한다.

Watts and Zimmerman(1986)은 Jensen and Meckling(1976)의 이론에 따라 소유 경영자와 외부 주주, 소유 경영자와 채권자 사이의 계약에서 감시 비용 등의 거래 비용(예: 대리 비용)이 발생하고, 회계와 감사는 계약 조건을 결정하고 감시하는 역할을 통해 거래 비용을 감소시킨다고 주장한다. 이를 회계의 **계약 역할**이라고 부른다. 즉, 계약상 회계의 수요가 발생한다. 회계 절차에 따라 거래 비용이 변하면 현금흐름과 기업가치도 변한다. 따라서 경영자의 회계절차 선택을 설명할 수 있게 된다.

이 계약 가설은 정보 가설과 대조적이다. 그러나 이 두 가설이 상호 배반적인 것은 아니

---

24 특히 의사결정 모형 접근은 오늘날 **회계 개념체계**(conceptual framework)의 근간이 되었다.

다.[25] 예를 들어, 이자 보상 조항은 채무자를 감시하는 부채 약정에 사용되는데 이 조항에 사용된 회계이익은 주가 정보도 제공할 수 있다. 그렇다면 계약 관점을 택하는 이유는 무엇인가? 그 이유는 공리적인 것이다. 즉, 정보 관점은 효율적 시장 가설과 일치하는 회계 절차와 현금흐름 사이의 관계를 보여주지 못한다. 따라서 회계 기준의 선택이나 기준 안에서의 경영자 재량에 의한 선택을 설명하지 못한다. 계약 관점에서는 거래비용 감소를 통해 저가법 등의 보수주의, 객관성을 강조하는 취득원가주의, 산업 별 수익 인식 기준의 차이와 같은 회계기준; 채권자의 GAAP 회계이익의 수정(종속회사의 이익제외, 영업권 등 무형자산의 제외), 경영자의 '창조 회계' 허용, 사적 부채와 공적 부채에서의 이익 수정의 빈도 차이, 수익의 지연 인식; 인정되는 절차 안에서의 회계선택을 설명한다.

1절의 회계학의 범위에서 언급한 바와 같이 표준화된 회계 측정기준과 개별 기업에의 적용은 확실히 회계에서 가장 중요한 위치를 차지한다. 정보 관점에서 회계 기준과 그 적용을 설명하지 못한다면 회계이론으로서의 가치는 반감될 것이다.

Beaver(1998)의 "재무보고: 회계 혁명"에서는 1990년대에 이루어진 가치 관련성 연구를 포함한다. 이 연구는 대차대조표 모형과 Feltham-Ohlson 모형을 사용하여 무형 자산과 공정가치 회계가 목적적합하고 신뢰성을 높여준다는 연구 결과를 내놓는다. 아울러 보수주의, 지연 인식이 주가에 편차를 주고, 발생주의 혹은 주석 공시와 같은 회계 재량이 주가와 관련을 갖는다는 점을 보여 준다. 그는 Ohlson(1995)과 Feltham and Ohlson(1995) 모형을 회계자료와 주가에 관한 (측정관점도 정보관점도 아닌) 제3의 관점이라고 본다.

Beaver(1998)는 FASB가 정하는 회계기준의 내용에 따라 정보 관점과 측정 관점이 함께 사용된다고 설명한다. 양자는 상호 배타적이지 않다고 본다. Barth(2000)는 '가치평가-기반 회계 연구'라는 용어를 사용한다. 그리고 Chrstensen and Demski(2003)는 가치평가 모형에 회계 자료가 투입 자료로 사용된다고 보는 접근을 정보내용 관점과 대비하여 가치평가 접근(valuation school)으로 분류한다. 이런 점들을 참고하여 본서에서는 Beaver의 이론을 정보 관점 혹은 가치평가 관점으로 혼용하여 부르고자 한다.

계약 관점에서는 가치 관련성 연구의 결과를 근거로 공정가치와 무형 자산 회계를 회계기준으로 선택해야 한다는 가치평가 관점의 주장에 대해 반대한다. 즉 어떤 항목이 가치 관련성을 갖는다는 것이 회계기준 제정의 근거가 되지는 않는다. 역사적으로 보나 FASB 개념 체

25 Watts and Zimmerman, Positive Accounting Theory, Prentice-Hall, 1986, p.198.

계의 규정으로 보나 회계는 계약 목적도 갖고 있다. 또 신뢰성은 측정 오차 이외에 검증 가능성도 중요한데, 가치평가 관점에서는 측정 오차를 줄이는 것만을 신뢰성이라고 해석하여 가치 관련성을 근거로 특정 회계기준(무형 자산의 인식과 공정가치 회계)을 주장한다.[26] 아울러 가치평가 관점에서는 회계의 가치평가 목적을 가정하지만, 계약 관점에서는 계약 목적이 우선적이라는 점을 이론적으로 도출한다고 주장한다.[27] 또한 경영자 성과 평가에 주가만 사용하는 경우, 경영자 노력을 측정하는 오차가 너무 커서 충분한 유인 효과를 얻을 수 없다.[28]

이에 대해 Barth et al.(2001)은 FASB가 계약 목적과 같은 다른 목적을 언급하지만, 주된 회계 목적은 회계정보의 자본 시장 이용이라고 주장한다. 회계정보의 질적 특성에 관한 개념체계에서도 표현 충실성을 기본 특성으로 규정하고, 검증 가능성은 보강적 특성으로 바뀌었다. 양자 사이의 이 논쟁은 지금도 계속 이어지고 있다.[29]

Christensen and Demski(2003)의 "회계이론: 정보내용 관점"은 Beaver의 정보 관점을 포함한다. 그러나 가치 관련성과 측정 관점에 대해서는 이견을 보인다. 아울러 정보 관점을 증권 투자자 가치평가 상황 뿐 아니라 경영자 성과평가 상황에도 적용한다. 그리고 두 상황에서의 이용에 따른 갈등을 검토한다. 정보내용 관점은, Beaver의 정보 관점에 비하면 철저한 정보 관점이라고 생각할 수 있다.

이 관점에서 회계는 정보를 전달하기 위해 가치평가의 언어와 계산을 사용한다. 가치평가의 언어와 계산은 불확실성 세계에서 의사결정 사건을 측정하는데 필요한 척도로서 기능한다. 가치평가 관점 혹은 계약 관점은 회계 숫자를 투자결정 상황이나 계약 상황에서 사용되는 경제적 가치 혹은 성과 측정치로 보지만 정보내용 관점에서는 회계 숫자에 척도 기준과 정보가 포함된 것으로 본다.

가치평가 상황이든 경영자 성과평가 상황이든 회계정보는 다른 정보 원천과 함께 사용된다. 또한 회계정보 시스템 자체도 발생주의와 현금주의라는 두 원천이 결합된 것이다. 다수 정보 원천이 결합되면 정보 원천들은 보완 작용을 한다. 이 경우 개별 원천의 정보내용을 분

---

26 Holthausen and Watts, The Relevance of the value-relevance literature for financial accounting setting, Journal of Accounting and Economics, 31, 2001, p.7.

27 Kothari et al. Implications for GAAP from an analysis of Positve Research in Accounting, Journal of Accounting and Economics, 50, 2010, p.248.

28 Lambert, Contracting Theory and Accounting, Journal of Accounting and Economics, 32, 2001, p.42.

29 Barth, M., Measurement In Financial Reporting: The Need for Concepts, Accounting Horizons Vol. 28, No. 2, 2014, pp.331-352.

리하는 것은 불가능하다.

이 관점에서는 회계 인식과 측정도 가치 측정 혹은 성과 측정 가운데 어느 한편을 강조하는 것이 아니고, 가치평가와 성과평가에 동시에 사용되는 정보를 전달하는 기능을 한다고 본다. 아울러 정보내용 관점에서는 정보 수요를 통하여 감사받는 발생, 조건부 발생, 보수주의, 발생주의, 이익 관리와 같은 회계 현상에 대하여 설명한다.

다음에는 좀 더 구체적으로 각 관점의 이론을 검토하기로 한다. 가치평가 관점, 정보내용 관점, 그리고 계약관점을 살펴본다.

2.2 가치평가 관점

회계가 경영성과 혹은 기업 가치를 측정한다는 측정관점과는 달리 정보 관점은 회계가 정보를 제공한다고 본다. 정보 관점은 1960년대 중반 이후 Beaver(1968), Ball and Brown(1968)의 경험적 연구와 Demski(1972), Feltham(1972) 등의 분석적 연구를 통해 개척되었다.

정보 관점에는 투자자에게 유용한 기업 가치에 관한 정보를 제공한다는 가치평가 관점과 회계는 경영자의 사적 정보를 전달하는 정보 채널인데, 이 정보는 가치평가 상황과 경영자 성과평가 상황에 함께 사용된다고 보는 정보내용 관점의 두 관점이 있다.[30]

먼저 가치평가 관점을 검토하고, 다음 항에서 정보내용 관점을 다룬다. Beaver는 회계이론이 회계 현상을 설명, 예측하고, 또 평가하는 역할을 갖는다고 본다. Beaver는 (1) 회계 공시에 관하여 경제적 이익 관점에서 정보관점으로의 전환, (2) 재무정보의 전문가 이용 강조, (3) 재무보고 시스템의 사회적 선택에 대한 인식의 확대를 회계혁명이라고 부른다. 이에 따라 일반의 재무보고에 대한 요구가 급증하고, 이익보다는 복잡한 자료의 공시를 강조하고, 회계정책 검토 시 경제적 결과(economic consequencies)를 중시한다.

Beaver(1981, 1판)의 내용은 크게 두 부분으로 나뉜다. 1, 2, 6, 7장은 회계정책 결정을 위한 체계를 제시하고, 3, 4, 5장은 이익과 주가 사이의 관계에 대한 이론과 경험적 증거를 다룬

30 이 두 관점은 이러한 관점의 차이 뿐 아니라 목적 적합성, 신뢰성과 같은 정보의 특성으로 회계방법의 서열을 정할 수 있는가의 문제에서 차이를 보인다.

다.[31] 이 구성은 그 후의 개정판에서도 그대로 유지된다.

Beaver(1989, 2판)에는 비용이 드는 계약이론, 신호 전달 그리고 규제 분야의 새로운 이론이 추가된다. 기업은 재무 시장에 정보를 제공할 유인을 갖고, 이 수요는 규제 조치에 의해 추가된다. 재무보고가 투자자 수요에 의해 결정되는 범위가 얼마나 큰가에 따라 이 접근의 중요성이 결정된다. 그러나 그도 역시 "발생 회계의 효력은 여전히 미해결 주제이다"라며 정보관점의 한계를 인정 한다. 2판에서는 Watts and Zimmerman의 실증적 회계이론을 보충한다. Alexander, Edwards and Bell, Chambers를 정보 관점에서 배제하는 점은 납득하기 어렵다는 비판이 있다.[32]

여기에서는 가치평가 관점에서의 정보관점과 측정관점(가치관련성 연구), 그리고 회계측정 구조를 검토한다.

2.2.1 정보 관점의 의의

Beaver(1998)의 "재무보고: 회계혁명"에서는 회계가 '투자자의 투자 의사결정에 도움이 되는 정보를 제공'하는 목적을 갖는다고 본다.[33] 회계 자료는 '가치평가 모형'의 '투입 요소'로서 주가를 예측하는데 이용된다.[34] 특히 회계이익 자료는 효율적인 증권시장에서 새로운 기업가치 관련 정보를 제공한다.[35] 이 정보는 비정상 수익률에 의해 확인되는데, 회계이익발표와 관련된 비정상 수익률을 회계이익의 정보내용이라고 부른다.[36]

---

31 P.Elgers and S. Garstka, W. Beaver, Financial Reporting: An Accounting Revolution, Book Review, The Accounting Review, Oct. 1981. pp.989-990.

32 K. Peasnell, Book Review: Financial Reporting: An Accounting Revolution, 1989, 2nd ed., Accounting and Business Research, Aut. 1990.

33 Beaver(1998), p.4; 그리고 투자자란 구체적으로 보통주 투자자를 말한다. 기타의 재무정보 이용자는 채권자, 회사채 보유자, 인수 희망 기업, 종업원과 정부 기관, 소비자, '일반 대중'이 있다(p.18).

34 Beaver(1998), p.67.

35 효율적 시장에서는 기업 가치 관련 정보가 신속하게 불편적(unbiased)으로 반영된다. '불편적'이란 정보를 조건으로 하는 가치의 기대값(평균값)과 주가가 일치함을 말한다.

36 비정상 수익률은 실제 수익률에서 정상 수익률 즉 자본비용을 뺀 수익률을 말한다. 정상 수익률은 흔히 자본자산 가격결정 모형을 통해 계산된다. 정보내용이란 어떤 구체적인 정보내용을 말하는 것이 아니고, 소방차가 사이렌을 울리고 지나감은 불이 났음을 의미한다는 수준의 실용적(pragmatic) 정보내용을 말한다(SATTA, p.19 참고).

2.2.2 정보 관점으로 전환된 이유

경제적 이익관점(측정관점의 일종)은 1960년대 중반 이후 정보관점으로 전환된다.[37] 이렇게 관점이 바뀐 이유는 두 가지이다. 첫째, 경제적 이익 관점은 확실성 하의 완전 및 완성시장에서 성립한다. 확실성 하의 완전/완성 시장에서는 가치가 잘 정의되고 또 가격과 가치는 일치한다. 그러나 현실 세계는 불확실하고, 또 시장이 불완전/미완성적이면, 가치가 정의되지 않고 가격과 가치가 반드시 일치하지는 않는다. 둘째, 설사 가격과 가치가 일치한다고 하여도 이용자가 다수이고 이질적이면 서로 이해관계가 충돌하게 되어 측정관점은 성립되지 않는다. 따라서 회계기준은 정치적 과정에 의하여 즉 사회적으로 선택된다. 규범적인 (측정) 이론에 의해 선택되는 것이 아니다.

2.2.3 정보의 역할, 결과, 사회적 선택

정보 관점에서는 회계 숫자가 측정값이 아니고 정보를 전달한다고 본다. 정보 관점에서 재무정보의 의미를 이해하려면 먼저 일반적인 정보의 역할과 결과를 알아야 한다. 궁극적으로는 회계기준이 선택되는 근거와 과정이 중요하다.

정보의 역할과 결과는 1인 상황과 다수인 상황에서 검토된다. 1인 상황은 다수인 상황의 전제가 된다. 재무정보의 가치에 관한 직관적 이해는 대부분 1인 상황에서 얻어진다. 예를 들어 추가 공시의 비용이 없다면, 정보는 많을수록 좋다(최소한 나쁘지는 않다). 다른 사람이 추가될 때 정보의 역할이 어떻게 변화하는지 보여주는 기준을 제공한다. 정보의 가치는 개인적이고 주관적이며 개인의 성격 차이로 인해 투자자 별로 달라진다.

다수인 상황에서는 정보 역할이 확대된다. 가장 중요한 특징은 재무정보 시스템의 경제적 결과가 각 이용자들에게 다른 방식으로 영향을 준다는 점이다. 그 결과 회계 기준의 선택은 사회적 선택이 되며, 여러 이용자 집단들의 이해관계가 절충된다.

37 또 다른 측정관점은 기술-귀납적 접근인데, 이 접근에서는 자산 등 회계 요소를 먼저 정의한다. 예를 들어 자산은 '미소멸 원가'이고, 비용은 '소멸된 원가'이다. 그러나 소멸의 기준이 명확히 정해지지 않아서 순환론에 빠지게 된다(Beaver, 1998, p.3 참고). 순환론이란 예를 들어 비용은 미소멸 원가인데, 미소멸 원가가 무엇이냐고 물으면 다시 비용이라고 답하는 식의 논리를 말한다. 따라서 Beaver(1998)는 이 접근보다는 경제적 이익 접근법이 측정관점으로서 더 바람직하다고 본다.

2.2.3.1 1인 상황

정보의 역할을 설명하는 데에는 불확실성 하에서의 의사결정 모형이 사용된다. 이 모형은 행동-상태-결과로 구성된다. 그리고 각 상태가 발생할 확률 분포가 사전적으로 주어진다. 의사결정자는 자신의 효용함수를 극대화하려고 한다. 불확실성 하에서 효용은 결과의 기대값뿐 아니라 분산, 즉 위험의 영향도 받는다. 정보는 일종의 조건부 확률 분포로서 사전적 확률 분포를 변화시킨다. 이 확률 수정은 베이즈 규칙에 의해 이루어진다.[38] 이때 정보시스템의 가치는 정보시스템의 개별 신호에 따른 최적 행동이 주는 효용을 각 신호에 대해 가중하여 합한 값이 된다. 1인 상황에서는 정보 가치가 최소한 음은 아니다.

2.2.3.2 다수인 교환 상황

1인 상황과 다수인 상황에서의 재무정보의 결과는 달라진다. 그리고 다수인 상황에서도 교환 경제인지 혹은 생산 경제인지에 따라 정보의 결과는 달라진다. 여기에서는 우선 교환 경제에서의 정보의 역할을 살펴본다. 정보가 개인 정보인지 혹은 공개 정보인지에 따라서도 그 결과는 달라진다.[39]

다수인 상황에서는 정보의 의사결정 전 역할부터 검토한다. 모든 사람이 같은 정보를 갖는 경우도 중요하지만, 특히 규제자들은 정보 비대칭 조건 하에서의 정보의 역할에 관심을 갖는다. 투자자들 사이의 정보 비대칭과 경영자와 투자자 사이의 정보 비대칭을 차례로 검토한다.

(1) 투자자 사이의 정보 비대칭

정보를 많이 가진 투자자와 적게 가진 투자자 사이의 정보 비대칭은 일반적인 상황이다. 주식의 교환시장이 대표적인 예이다. 많은 정보를 가진 사람은 주식을 보유할 수도 있고 그렇지 않을 수도 있으며, 매도자일 수도 있고 매수자일 수도 있다. 다르게 표현하면, 투자자는 어떤 가격이면 사고 또 어떤 가격이면 판다. 정보를 많이 갖는지 여부는 개인이 가지고 있는 정보를 기준으로 판단되지, 주식의 보유 여부나 매매 여부에 의해 판단되는 것은 아니다.

이 상황에서 많은 정보를 가진 투자자는 정보가 적은 투자자와 적극적으로 거래하여 비정상 이익을 얻으려 할 것이다. 그러나 정보가 적은 투자자는 다른 대안을 갖는다. ① 많은 정보

---

38 사전적 확률 분포를 $p=\pi(s)$, 조건부 확률 분포를 $\pi(y|s)$라고 하면, 사후적 확률 분포는 $\pi(s|y)=\pi(y,s)/\sum\pi(y,s)$이다.

39 이항은 Beaver(1998), pp.28-32 참고.

를 가진 사람과 거래를 거절하고 매입-보유 전략으로 정보를 많이 가진 투자자와 분리된다. 이러한 소극적 전략은 거래를 최소화시키고 비정상 이익의 기회를 줄인다. ② 정보가 적은 투자자는 가격으로부터 배운다. 정보가 많은 사람의 행동은 정보를 전달하며, 극단적으로는 가격이 그 정보를 완전하게 반영한다. ③ 정보가 적은 사람은 정보 중개인이나 재무 중개인으로부터 정보를 얻으려 한다.

투자자들 사이의 정보 비대칭은 공개 정보의 필요성을 제기한다. 즉, 공개 정보는 내부 정보로 인한 비정상 이익의 기회를 미리 없앤다. 내부 정보에 개인적으로 접근할 수 있으면 많은 비정상 이익을 얻을 수 있다. 그러나 위에서 검토한 상황에서 그 정보의 공개 발표가 갖는 사회적 가치는 정보비용의 유무에 따라 영이거나 혹은 음이다. 따라서 투자자들은 개인 정보 탐색 행동을 하지 않기로 합의하는 것이 더 낫다. 그러나 합의 후에도 서로 속이고 개인정보 탐색 행동을 할 것이므로 이 합의의 이행에는 비용이 든다. 여기에서 재무보고 규제는 이러한 합의의 효력을 보장하는 역할을 한다. 재무보고는 내부 정보를 미리 공개함으로써 개인 정보 탐색 비용을 사회적 차원에서 감소시킬 수 있다.

(2) 경영자와 투자자 사이의 정보 비대칭

일반적으로 경영자는 기업에 관한 정보를 투자자에 비해 많이 안다. 이 상황에서는 역선택 문제와 도덕적 해이 문제가 발생한다.

역선택 문제

역선택(adverse selection) 현상은 Ackerlof(1970)가 중고차 시장의 예를 통해 처음으로 지적하였다. 품질이 나쁜 중고차를 가진 사람은 자신의 차가 좋은 차라고 잘못 표시할 유인을 갖는다. 구매자는 판매자에 비해 차에 대해 잘 모르기 때문이다. 대신 구매자는 좋은 차와 나쁜 차의 평균 가격으로 구매하여 손해를 보지 않으려 하고 그 결과 좋은 차를 가진 사람은 제 값을 받지 못한다. 좋은 차를 가진 사람은 시장에서 빠져 나가고 극단적인 경우 시장에는 가장 품질이 나쁜 차만 남게 될 것이다. 증권 시장에서, 정보 비대칭은 '품질'이 다른 주식을 같은 가격에 팔 수 있음을 의미한다. 주식 보유자(발행 회사와 매도인)는 비보유자에 비해 우월한 정보를 갖는다. 우월한 정보는 내부정보와 공개정보를 합한 것이고 열등한 정보는 공개정보를 말한다. 이 예는 새로운 주식을 발행하는 경우에 해당한다. 1933년의 증권법은 이 경우의 정보 비대칭에 관심을 갖고 있다.

이 문제는 다음의 결과를 갖는다. ① 고품질 주식 보유자는 정보가 공개된 상황에 비해 더 높은 비체계적 위험을 부담한다. ② 고품질 주식 소유자는 '신호 전달(signalling)' 행동으로 이 문제를 해결하려 한다. 신호가 신용을 얻으려면 모방이 어려워야 한다. 이로 인해 신호 전달 비용이 발생한다. ③ 인증을 받거나 보험 혹은 보증을 세우면 신용도는 향상된다. 이는 물론 비용이 들고, 후자는 위험을 '과도하게' 부담시킬 수 있다. ④ 잠재 구매자가 이 문제를 예상하면 극단적인 경우 거래가 아예 발생하지 않을 수도 있다.

도덕적 해이 문제

정보의 결과 가운데 하나는 경영자와 투자자 사이의 관계에 미치는 효과이다. **도덕적 해이**(moral hazard)는 전통적으로는 수탁책임 문제로 다루어졌다. 전형적으로 **대리이론**(agency theory)에서 이 문제를 다룬다. 대리이론에서는 대리인(agent)이 본인(principal)에 비해 우월한 정보를 갖는다. 특히 본인은 대리인의 행동을 직접 관찰할 수 없다. 따라서 대리인은 본인의 이익을 희생하여 스스로의 이익을 극대화하는데 우월한 정보 지위를 활용한다. 이것이 도덕적 해이 문제이다. 두 당사자가 보험 계약을 한다고 하자. 보험금 지급 기준인 관찰되는 사건은 운과 피보험자의 행동이 결합해서 발생한다. 이는 피보험자의 의사결정 인센티브에 영향을 주고 보험 계약은 더 나은 정보가 존재할 때에 비해 위험분배 면에서 비효율적이게 된다. 도덕적 해이에는 사기나 **게으름 부리기**(shirking) 뿐 아니라 **고위험 자산 선택**(위험-수익 절충) 등 본인의 이익을 침해하는 모든 행동이 포함된다.

이로 인한 반응은 다음과 같다. ① 이익 참여 계획, 주식 옵션과 같은 인센티브 장치가 이용된다. 그러나 경영자의 행동과 환경 상의 위험을 모두 본인이 부담한다. ② 또 다른 방법은 경영자의 우월한 정보 지위를 없애기 위해 정보를 공시하도록 강제하는 것이다. 나아가서 독립된 '감시인'을 고용하여 정보 은폐가 없음을 인증하게 할 수 있다.

이 이론은 감사에 대한 수요를 설명한다. 이 이론에서는 정보 공시와 감사에 의해 본인과 경영자 쌍방이 모두 이익을 본다. 공개 정보의 공시나 감사가 없는 경우 인센티브 장치의 사용은 위험분배를 잘못하게 되고 극단적인 경우 대리 계약이 성립하지 않을 수 있다. 따라서 추가 정보가 더 공개될수록 대리인의 서비스는 증가하게 된다.[40] 경영자는 감사 비용을 부

40 바꿔 말하면 도덕적 해이 문제가 완화된다.

담하려 한다.

정보 공시에 의한 도덕적 해이의 해결은 투자자의 재무정보 수요의 한 측면이다. 대리이론은 재무정보의 수탁책임 역할이 일반 투자자 정보 역할의 일부라고 언급하는 FASB(1978)의 입장과 일치한다.[41]

2.2.3.3 재무정보의 경제적 결과

지금까지는 일반적인 정보의 역할을 검토하였다. 이를 토대로 생산경제에서 재무정보의 경제적 결과를 짐작할 수 있다. 재무정보는 투자자들의 부의 분배, 위험의 총 수준과 구성원들 사이의 위험분배, 경제 전체의 자본 형성률, 기업들에 대한 투자의 분배, 공시 비용, 규제 비용, 사적 부문의 정보 탐색 비용, 공시의 경쟁 면에서의 불이익, 경영자의 부정확한 이익 예상에 대한 법적 책임, 사기 방지에 영향을 준다. 나아가서 재무정보는 주가에 영향을 준다. 주가 효과도 이러한 재무정보 효과를 갖는다.

2.2.3.4 사회적 선택

다수인 상황에서는 특정의 재무보고 체계가 갖는 가치에 대하여 사회적인 합의가 이루어지지 않는다. 앞에서 살펴본 바와 같이 정보의 경제적 결과는 다양하고 특정 회계 기준이나 공시 규제는 다양한 방식으로 이용자 집단에 영향을 미친다.

정보 관점이 도입되기 이전의 재무 회계이론은 규범적 색채가 농후하였다. 그러나 다수인 상황을 전제로 하면 회계의 기술적 전문성을 기반으로 어떤 회계방법이 '가장 좋은' 방법이라는 합의는 불가능하다.

이 경우 추가 정보 제공에 관한 정책 결정의 비용과 효익을 분석하여 더 나은 회계방법을 선

41 정보 비대칭은 경영자와 투자자 뿐 아니라 채권자와 주주 사이의 관계에서도 발생할 수 있다. Beaver(1998, pp.32-33)는 Watts and Zimmerman(1986)이 이러한 명시적 계약 뿐 아니라 정부 규제와 같은 암묵적 계약도 재무보고 자료를 통해 규정된다는 점을 분석하였음을 적시한다. 이 계약 관점(contracting perspective)은 두 가지 중요한 의미를 갖는다. 첫째, 투자자 정보 측면에서는 차이가 없는데도 경영자나 규제자가 회계방법 선택을 본질적 선택으로 중시하는 이유를 알려준다. 둘째, 회계기준 변경과 관련하여 경영자가 로비 활동을 하거나 혹은 재무보고 규제가 기업 가치 평가 측면에서 불리한 경제적 결과를 가져온다는 경영자의 불만을 설명한다.
계약 관점이 성립하려면, 계약 비용(혹은 재계약 비용)이 중요해야만 한다. 사적 계약은 회계 숫자 뿐 아니라 회계원칙에 따른 회계 숫자를 준거한다. 따라서 회계 원칙의 변경은 계약 조건의 변경과 마찬가지 영향을 미친다. 두 가지 의문이 발생한다. 첫째, 계약 이후 회계 원칙 변경 위험을 부담할 것 없이, 명시적인 회계방법을 규정하지 않는 이유는 무엇인가? 둘째, GAAP이 변경될 때, 원래의 입장이 유지되도록 재계약을 하지 않는 이유는 무엇인가? 두 경우 모두 그렇게 하는 비용이 계약 조건이 바뀔 때의 비용보다 더 크기 때문이어야만 한다. 계약 비용에는 직접 비용과 생산 및 재무활동 결정을 통한 간접 비용이 있다. 후자는 모든 기업들에게 본질적이고 체계적이라고 증거 없이 가정된다.

택하는 접근이 일반적으로 사용된다. 그러나 특정의 결과가 비용인지 혹은 효익인지 여부는 이용자의 관점에 따라 달라진다. 재무보고 체계의 선택은 사회적 선택을 포함하는 정치적 선택이다. 이 과정에는 여러 이용자 집단의 이해관계 절충 혹은 가치판단이 사용된다. 회계를 전문 기술이라고 본다면 회계는 그러한 규범적 판단을 제공하지 못한다. 사회적 선택은 공평성 문제를 내포하는데 전문 기술만으로 이 문제는 해결되지 않는다.

투자자들이 어떤 정보에 대해 모두 똑같이 선호할 수는 없다. 교환 상태에서는 재분배 효과도 발생한다. 이로 인해 정보 시스템의 가치는 투자자 마다 달라진다.

재무보고 체계가 사회적 선택이라고 해서 반드시 규제가 필요한 것은 아니다. 시장도 하나의 사회적 선택 기제이다. 시장 실패가 존재하고 규제에 의해 치유될 수 있을 때 규제는 필요하다.

2.2.4 정보 관점의 증거

정보 관점 연구에는 사건 연구와 주가-이익 관련성 연구 방법이 사용된다. 주가와 이익 사이의 관계는 인과관계 혹은 상관관계로 해석된다. 주가와 이익은 1:1 관계를 갖지는 않는다. 이익 변화에 대한 주가 민감도가 낮은 이유는 이익의 지속성이 낮기 때문인데, 그 예로 현금흐름을 수반하지 않는 회계방법의 변경을 꼽을 수 있다. 이익의 기대값을 구하는데 시계열 대신 재무 분석가의 이익 예상값을 사용하는 것이 더 정확하다.

주가는 이익발표를 예상한다(선도한다). 또 주가는 이익의 예측인자이다(이익-주가 관계: 합리적 기대). 따라서 주가-이익 관계와 이익-주가 관계의 동시성을 가정하면 연립방정식 연구도 성립한다.

이익발표 후 추세, IPO 후 주가 하락, 발생 아노말리 같은 시장의 효율성에 대한 예외 현상도 존재한다.

2.2.5 측정 관점

가치평가 관점에서는 정보 관점과 측정 관점이 상호 배타적이지 않다.[42] 회계이익의 정보 내용은 증권 시장의 다른 정보에 의해 선취되어 이익발표 시점에서는 그 크기가 아주 작게

42 Beaver(1998), p.77.

된다. 정보비용 때문에 이익의 정보내용이 완전히 선취되지는 않는다.

FASB는 회계기준에 따라 정보 관점과 측정 관점을 적절하게 사용한다. 예를 들어 감가상각비의 정보내용이 완전히 선취되었다고 해서 손익계산서나 대차대조표에서 그 항목이 제외될 수는 없을 것이다. 기본적인 차원에서 회계의 언어(자산, 부채, 지분)는 측정의 언어이다. FASB는 인식과 측정을 중요한 회계 이슈로 간주한다.

측정 관점은 모든 관심 대상이 시장 가격을 통해 측정되는 완전 및 완성 시장 세계에서 발생한다. 비록 완전 및 완성 시장이 측정 관점의 필요조건은 아니지만,[43] 불완전 및 미완성 시장에서는 측정이 근사하게라도 잘 정의되지 않는다. FASB는 인식과 측정 주제를 결정할 때 **목적 적합성**과 **신뢰성**을 절충(trade-off)한다. 완전 및 완성 시장에서는 시장 가치 보고의 목적 적합성과 신뢰성은 논의의 여지가 없이 확고하다. 현실적인 상황에서는 추정 시장가치의 목적 적합성과 신뢰성이 중요한 이슈이다. 신뢰성의 결여는 회계 숫자의 측정 오차로 간주될 수 있다.

정보 관점과 측정 관점은 서로 다른 이슈를 제기하며, 따라서 두 관점을 반영하는 연구 설계도 다르다. 사건 연구(event study)는 정보 관점 연구의 대표적인 예이다.[44] 사건 연구는 주가와 회계 자료 사이의 관계에 관한 풍부한 증거를 제시한다. **수준 연구**(level studies)는 측정 관점의 연구 방법이다. 수준 연구는 무형자산의 인식과 공정가치 회계가 가치관련성(value relevancy)을 갖는다는 경험적 증거를 제시한다. 가치평가 관점은 이익 모형, 대차대조표 모형, 그리고 Feltham-Ohlson(1995) 모형을 가치평가 모형으로 사용한다.

2.2.6 측정 구조

가치평가 관점에서는 Feltham-Ohlson(1995) 모형을 이용하여 회계 측정 구조를 설명한다. 회계 측정구조란 재무제표 작성 과정을 말한다. 회계측정 구조에는 회계기준과 경영자의 재량적 회계선택이 포함된다.[45]

---

43 Beaver(1998, p.77). 미완성 시장에서도 예외적으로 기업의 생산계획 대안에 대해 사회적 합의가 가능한 경우가 존재한다. 예를 들어 제안된 생산계획이 기존 계획을 확장하는 경우와 현대 재무이론의 평균-분산 세계를 손꼽는다(Beaver and Demski, 1979, p.42.)

44 사건 연구란 특정의 관심 사건이 발생하는 시점과 그 전후 기간 사이에 특정 변수의 변동에 변화가 있는지 여부를 조사하여 변화가 있는 경우 그 사건으로 인한 변화라고 해석하는 연구 방법을 말한다. 예를 들어 배당 혹은 이익발표를 전후하여 주가나 거래량에 특이한 변화 유무를 조사한다.

45 Liang, 2001; Kinney, 2001: Beaver, Perspectives in Capital Market Research, 2002.

Feltham-Ohlson 모형은 1990년대 회계 연구 가운데 최대의 걸작으로 손꼽힌다.[46] 이 모형은 현재가치 모형과 순수잉여관계를 전제로 도출된다.[47] Feltham-Ohlson 모형은 다음과 같다.

$$P_t = BV_t + PRI_t$$

여기에서 PRI_t는 잔여 이익의 현재가치를 의미한다. 잔여 이익이란 예상이익에서 회계 자본비용 즉, 이자율 × BV_{t-1}를 뺀 값이다. 이는 비정상 이익이라고도 불리운다. 이 모형은 아주 단순한 데에도 불구하고 아주 일반적이라는 점에서 놀랍다. 더욱이 이 공식은 순수잉여관계만 성립하면 어떤 회계시스템 즉, 역사적 원가, 발생주의, 혹은 공정가치의 사용에 대한 가정도 필요하지 않다.

장부가치가 시가주의 즉 공정가치로 측정된다고 가정하면, 미래 잔여이익의 현재가치의 합은 영이 된다. 이를 순수한 회계(clean accounting)이라고 부른다. 이 경우 PRI_t는 영업권을 의미한다. 다시 말하면 공정가치 회계를 엄격하게 적용하면 영업권은 영이 된다. 그러나 이는 현실적으로는 성립되지 않는다. 많은 무형자산이 자산으로 인식되지 않고 또 영업활동에 직접 사용되는 유형자산은 공정가치로 측정되지 않기 때문이다.[48]

가치평가 관점에서는 공정가치 회계를 최대한 확장하고 또 가치관련 무형자산을 모두 인식하는 것을 이상적 회계로 생각한다. 이는 PRI_t가 영이어야 함을 의미한다. 그러나 여러 가지 이유로 PRI_t는 양이 된다.

자산 취득 시 양의 순현가 프로젝트를 회계기준에서는 취득원가주의로 인식하기 때문에 양의 잔여이익 현재가치가 발생한다. 아울러 감가상각을 경제적 감가상각보다 더 많이 하는 경우 영업권이 발생한다.[49] 지연 인식, 보수주의, 발생주의, 회계 재량 등도 영업권 발생의 원인이 된다. 가치평가 관점에서 이러한 요인들은 주가 결정에 관한 새로운 정보를 제공하지 않는 한 바람직하지 않다. 공정가치 회계는 취득원가주의와 달리 적시에 인식한다. 보수주의는 일종의 편의 인식(biased recogntion)이다. 공정가치 회계는 불편 인식이다. 공정가치 회계가 모든

46 Beaver, Perspectives in Capital Market Research, 2002.

47 순수잉여관계란 회계 장부가치의 변화는 회계이익과 배당의 합과 같다는 회계 등식을 말한다.

48 국제회계기준에서는 유형자산에 대해 감정가격이 나오는 경우 공정가치로 인정하지만 FAS(미국 재무회계기준)에서는 평가증을 인정하지 않는다.

49 경제적 감가상각이란 잔여이익이 영이 되게 하는 감가상각을 말한다. 이는 현금흐름 유형에 따라 달라진다. 본서 2장 참고.

항목에 실행되면 발생주의는 필요하지 않게 된다. 회계 재량에는 ① 자발적 공시, ② 이익 예상, ③ 발생주의 ④ 추정과 판단 재량이 있다. 발생주의 방법의 선택은 신호 전달 효과를 갖는다. 이는 일종의 이익관리이다.

재무보고를 국가가 규제하는 근거는 자유 시장에 맡겨 두는 경우 정보의 과대 혹은 과소 공급으로 인해 시장 실패 즉 거래 중단 효과가 발생하고 또 불공정한 거래가 발생할 수 있기 때문이다. 재무보고의 공공재 성격, 정보 비대칭 등이 시장 실패의 원인으로 손꼽힌다.

2.3 정보내용 관점

Beaver(2002)는 Christensen and Demski(2003), "회계이론: 정보내용 관점"에 대한 서평에서 이 책은 측정 관점에서 Canning(1929), Paton(1922), Paton and Littleton(1940)과 같이, 정보 관점에 대한 현대판 '고전'이라고 극찬을 아끼지 않는다. 회계정보의 가치평가 목적과 성과평가 목적을 구별하고 한 상황에서의 정보내용이 다른 상황에서의 정보내용과 다른 이유를 보여준다. 이는 재무보고의 두 가지 주요 주제인 가치평가 관점과 계약 관점을 함께 연결해준다.

2.3.1 측정 관점과 정보내용 관점

Demski는 회계의 기초 사고로서 회계 측정 활동의 내생성을 강조한다.[50] 회계는 분명히 측정에 관심을 갖는다. 숫자를 산출하고 또 숫자를 통해 의사를 전달한다. 무엇을 측정하려 하는지, 또 측정 활동을 어떻게 지속적으로 관리하는지를 생각해 보자.

먼저 측정 측면을 살펴보자. 일반적으로 측정이란 '경험적 관계 시스템'을 '숫자 관계 시스템'으로 표현하는 과정을 말한다. 측정의 존재와 단일성은 중요한 문제이다. 첫 단계는 경험적 시스템을 확인하는 것인데, 회계를 보는 관점에 따라 경험적 시스템을 다르게 파악한다. '가치 학파'는 자원의 저량과 유량을 강조한다. 경험 시스템은, 자원과 부채를 지니고, 시간과 시간 관련 관계를 통해 존속하는 실체이다. 회계는 이를 과거 기간과 관련된 자산, 부채 등의

50 Demski, J., et al., Commentary: Some thoughts on the intellectual foundations of accounting, Accounting Horizons, vol. 16 No. 2, June, 2002, pp.161-163.

측정을 통해 표시한다. 측정이 잘 된 경우, 이 측정치는 경제적 가치의 저량과 유량이라고 해석된다. 이는 회계에서 전통적인(감가상각과 이익에 관한 고전적 이론에 의해 잘 드러난) 사고이며, 오늘날에도 무형자산 논쟁과 공정가치 학파에 의해 유지되고 있다. Demski는 (1) 혼합 경제체제에서는, 가치는 잘 정의되지 않는다. 그리고 (2) 예를 들어 시장/장부 비율이 항상 1보다 훨씬 더 높다면, 가격이 관찰가능하다고 해도 가치를 잘 반영할 수 없다는 두 가지 이유로 이 관점을 부인한다.

정보 학파는 보고 실체를 가치평가하거나 혹은 경영팀의 성과평가와 같은 여러 활동에 유용한 정보의 제공을 강조한다. 이 학파에서 경험적 시스템은 실체가 활동하는 기저의 사건 구조와 그 안에서의 관계이다.[51] 회계는 이 경험적 시스템을 자산, 부채 등의 측정을 통해 전달한다. 척도를 포함하는 측정 장치는 두 학파에서 동일하지만, 표현 대상은 현저하게 그리고 근본적으로 다르다. 가치측정 학파(valuing school) 혹은 가치평가 학파(valuation school)는 가치와 가치의 변화를 중시한다. 그러나 정보내용 관점에서는 회계를 정보의 역사로 본다.

회계를 정보 전달 채널이라고 본다면 이는 불확실성 세계를 미리 전제하는 것이다. 확실성 세계에서는 정보가 필요 없기 때문이다. 정보의 역할은 불확실성을 감소시키는 것이다. 정보의 수요(그리고 가치)는 불확실성 하에서 향상된 의사결정으로부터 나온다. 회계는 많은 정보 원천 가운데 하나이며, 각 원천은 각각 고유한 성질과 비교 우위를 지니고 있다.

Demski는 '정보 학파'에 속한다. 회계는 정보를 전달하기 위해 가치평가의 언어와 계산을 사용한다. 예를 들어 재고자산의 '평가액'이 얼마라고 보고한다고 하자. 가치학파에서는 이 '평가액'이 재고자산의 보유와 관련되는 가치(예: 대체원가 혹은 예상 순 수입)에 얼마나 근접하는가에 관심을 갖는다. 정보 학파는 이 '평가액'이 기업의 활동과 전망에 관한 타당하고 적절한 정보를 얼마나 잘 전달하는가에 관심을 갖는다. 재고자산이 얼마라고 보고하는 것은 가치측정치처럼 보이고 또 복식부기 방식(가치평가의 계산에 따르는 방식)으로 숫자가 산출되지만, 그러나 가치 보고는 아니다. 문제의 활동에 적용된 일정한 절차가 이 숫자를 산출한다는 의미이다. 이 숫자의 보고는 타당하고 적절한 정보를 전달한다. 그러나 이 정보를 해독하고 또 다른 정보와 결합하는 것은 회계 모형 밖에서 이루어진다.[52]

---

51 실체의 자원 x가 실체의 행동 a와 불확실한 상태 s에 의해 결정된다고 하자. 즉, $x=f(s,a)$이다. 가치 학파는 x를 강조하고, 반면에 정보 학파는 행동에 의해 영향을 받는 상태 집합의 서로 다른 분할을 강조한다.

52 위 주를 계속 살펴보자. 회계절차의 적용은 불확실한 상태에 관한 어떤 것, 기업과 환경에 관한 어떤 것을 보여준다. 특히, 회계방법의 보고는 불확실한 상태와 실체의 행동에 따라 달라지고, 따라서 이를 어떤 함수 $g(s,a)$로 표시하자.

가치평가의 언어와 계산에 관해 좀 더 살펴보자. 경제적 가치와 경제적 이익 사이에는 순수잉여 관계가 성립한다. 한편 '회계가치'와 '회계이익'은 각각 자산과 이익에 관한 회계 규칙에 의해 독립적으로 계산되지만, 두 회계 규칙은 자산과 이익 사이에 순수잉여관계를 성립시킨다. 이처럼 회계 용어와 계산이 가치평가를 닮고는 있지만, 이는 '가치평가'를 위해서가 아니라 경영자의 사적 정보를 정보 이용자들에게 공급하기 위한 것이다.[53] 회계 시스템은 현금주의와 발생주의라는 두 정보 시스템이 합해진 것이다. 두 정보 시스템에서 나오는 신호는 보완관계를 갖는다.

회계가 왜 가치평가의 언어와 계산을 사용하는가는 묻지 않는다. 중요한 것은 가치평가의 언어와 계산이 갖는 정보 전달 능력이다. 측정 관점에서는 회계이익의 분산을 줄이는 것이 측정 오차를 줄이는 것으로 본다. 그러나 정보내용 관점에서 분산은 정보를 전달하는 수단이 된다. 예를 들어 측정 관점에서 경제적 감가상각과의 차이는 측정 오차로서 이를 줄이는 것이 좋은 회계이지만, 정보내용 관점에서는 이 오차를 통해 정보를 전달한다.[54] 회계는 정보 전달 능력 면에서 한계가 없다.

다음에는 지속적인 측정 활동의 관리 이슈를 검토하자. 경제 자체가 성장하고 세련될 때 시스템을 어떻게 성장시키고 세련되게 만들 것인가? 가치학파는 현재의 교육 방식과 밀접하게 관련된다. 기업이 어떤 거래를 한다고 가정하고, 그 거래를 숫자로 가장 잘 표현하는 방법(말하자면 최선의 가치평가)을 찾아내야 한다. 당연히, 가치가 잘 정의된다면 이는 간단한 일이다. 단순히 척도를 거래에 적용하기만 하면 된다. 그렇지 않으면, 어떤 근사한 방법을 찾아야 한다. 거래가 활동의 출발점이라는 점은 중요하다.

그러나 정보 학파는 이처럼 명확하지 않다. 이 거래에 관해 무엇을 전달할지를 이해하기 위해서는 우선 거래가 발생하는 '상세한 내용(finer detail)'을 알아야 한다. 출발점은 거래가 아니고, 기업이 거래를 하게 만드는 상황이다. 따라서 우리가 측정하는 것은 가치 학파에서는 외생적이지만, 정보 학파에서는 내생적이다. 예를 들어 헷징 회계에 있어 가치 학파는 무엇이 실체에 대한 공정 가치이고 어떻게 그 가치를 측정할 것인지 묻는다. 정보 학파는 기업이 왜

이는 실체, 그 환경, 그리고 행동에 관한 어떤 것을 말해주지만, g함수와 f함수가 밀접하게 관련된다는 전제는 성립하지 않는다.

53 여기에서 경영자의 사적 정보란 회계 시스템을 통해 획득된 정보를 말한다. 예를 들면, 주문량, R&D 지출 등을 생각할 수 있다.

54 Christensen and Demski(2003), pp.128–131.

헷지 활동을 하는지를 먼저 묻고, 다음에 이 활동에 관한 공개적 혹은 사적 정보가 시장 혹은 비시장 상호작용에 어떻게 영향을 주는지를 묻는다. 이는 현행의 회계 교육 방식과는 거리가 멀다. 따라서 불확실성의 하부구조와 정보를 회계 교육의 중심에 두어야 한다.

2.3.2 회계정책 선택

Christensen and Demski(2003)는 FASB 개념체계의 요점을 (1) 정보 관점, (2) 가치평가의 언어와 계산의 사용, (3) 목적적합성과 신뢰성에 의한 회계 기준의 선택이라는 세 명제로 본다. 정보내용 관점에서는 앞의 두 명제는 인정하지만 세 번째 명제는 인정하지 않는다.[55] 이 점은 다른 관점(앞에서 검토한 가치평가 관점과 다음에 나오는 계약 관점)과 정보내용 관점의 중요한 차이이다. 양자를 좀 더 상세히 검토하자.

인식 이슈에 대한 검토는 신뢰성/목적적합성 절충을 중심으로 이루어진다(FASB 1984). 회계인은 인식 정책 대안 가운데 어느 하나를 선택할 수 있다. 비 인식, 관습의 사용, 추정과 근사치의 이용 가운데서 회계인이 선택할 때에는 주어진 상황에 대해 주의와 관심을 기울여야 한다. 그렇지 않으면 재무제표 정보의 신뢰성(때로는 목적적합성)을 감소시킬 수 있다. 회계인은 어떤 대안의 선택과 관련된 비용과 효익을 항상 고려해야 한다(Johson and Storey, 1982). 인식 이슈에 관한 비용-효익 수사는 현행의 회계 개념 개발에 대해 정보 관점이 미친 근본적인 영향을 반영한다.[56]

그러나 이러한 수사적인 정책 토론은 바람직한 기준을 선택하기 위한 추상적인 기준(예: 목적적합성, 신뢰성)의 존재를 전제로 한다. Demski(1973)는 일반적인 불가능성 정리를 들어 이러한 사고를 거부한다. 그는 좀 더 일반적인 Blackwell 정리에 근거하여 회계 대안에 대한 보편적인 비교(즉, 의사결정 맥락 그리고/혹은 당사자의 선호에 대한 구체적인 내용이 없는 비교)는 불가능하다고 주장한다.[57]

2.3.3 경제적 상황과 측정구조

앞에서 다룬 가치평가 관점은 회계를 투자자의 가치평가를 돕는 정보의 전달로 보지만, 정

55 Christensen and Demski(2003), p.426.

56 Liang, P., Recognition: An Information Perspective, Accounting Horizons, vol.15, No.3, 2001, p.231.

57 Blackwell 정리는 본서 3장 1.2.5항 정보원천의 비교 참고.

보내용 관점에서는 정보의 전달 자체가 회계의 목적이다. 그리고 이 정보는 가치평가 상황과 성과평가 상황에서 함께 사용된다. 먼저 회계가 정보 채널임을 검토한 후, 회계정보의 이용과 측정 구조를 검토한다. 회계의 측정구조를 이해하기 위해서는 의미 있는 경제적 상황(의사결정 맥락)에서 측정구조(인식과 측정)를 검토해야 한다. 이 경제적 상황에서 정보 수요는 내생적이다. 즉, 측정구조를 검토하기 위해서는 경제적 기초가 필요하다.

회계 연구에서는 의사결정 맥락을 단일 개인(비전략적) 의사결정 상황과 전략적(게임) 상황으로 구분한다. 단일 개인 상황에서 정보의 가치는 Blackwell 정리에 의해 결정된다. 그리고 정보 가치는 최소한 영이다. 그러나 전략적 상황에서는 의사결정자가 정보 시스템에 접근하면 상대방의 행동이 변하고 그에 따라 의사결정자가 갖는 성과 분포가 달라지게 된다. 따라서 특정 정보 시스템은 음의 가치를 가질 수 있다. Demski and Feltham(1976)은 이를 기준으로 정보의 역할을 **의사결정에 영향을 주는 역할**(decision-influencing role)과 **의사결정을 보조하는 역할**(decision-facilitating role)로 구분한다. Ball and Brown(1968)을 포함하는 초기의 모든 정보내용 연구는 단일 개인(비전략적) 의사결정 상황을 다룬다.[58] Gjesdal(1981)은 수탁책임 정보 수요와 가치평가 정보 수요가 함께 존재하는 상황을 연구하여 수요에 따라 정보 시스템의 서열이 다름을 보여준다. Magee(1978)는 대리관계 상황에서 현행가치 회계 시스템과 역사적 원가 시스템은 경영자 노력 분배에 관하여 서로 다른 영향을 미치기 때문에 현행가치 회계가 역사적 원가 회계보다 더 낫지 않을 수 있다고 주장한다.

다음에는 회계 측정구조를 간단히 살펴보자. 수세기에 걸친 회계 실무로부터 회계인들은 회계 실체에 관한 경제적 항목의 기록을 수집하고 처리하는 회계 절차와 기술을 축적하여 왔다. 그 결과 회계 실무에 일정한 유형이 존재함을 인식하게 되었다. 예를 들면, 기본적인 회계 등식, 복식 부기, 순수 잉여관계, 그리고 보수주의이다. 이러한 공통된 절차와 실무를 **회계 측정구조**라고 부른다. 측정 관점에서 정보내용 관점으로 전환되었음에도 불구하고 측정 이슈에 대해서는 꾸준히 연구가 이루어지고 있다.

Demski and Sappington(1990)은 발생주의와 가치평가 언어와 같은 회계의 특성을 반영하는 회계 모형을 만든다. 이들은 회계이익 측정이 기업에 관한 기저 정보를 완전하게 전달하기 위한 조건을 탐구한다.[59] 발생주의는 기저의 정보를 제공하는데 도움이 되고 또 필수적이

58 Liang(2001), p.232.

59 본서 3장 3.3 항, p.112-116을 참고하라.

다. 순수 잉여관계를 가정한 Feltham and Ohlson 모형을 사용하면 장부 가치와 이익 숫자를 사용하여 기업 가치를 평가할 수 있다.

2.3.4 인식: 정보 수요와 측정구조의 결합

이 연구들은 회계 구조를 보여주기는 하지만, 이 구조와 정보 수요와의 관계를 설명하지는 못한다. 정보 경제학은 의사결정 맥락을 강조하는데, 이 맥락은 정보에 대한 수요를 내생적으로 발생시킨다. 이 두 가지 요소 즉 회계의 측정구조와 의사결정 맥락을 함께 검토할 필요가 있다. 즉, 회계 측정구조를 경쟁적인 다른 정보와 함께 의미 있는 경제적 맥락 안에 집어넣으면, 정보 원천으로서의 회계가 갖는 비교우위를 이해할 수 있게 된다.

Antle and Demski(1989)는 특정의 의사결정 맥락 안에서 수익 인식 규칙의 모형을 만들었다. 이 모형 안에서, 수익 인식은 미래 현금흐름의 전망에 관한 정보를 조기에 생산한다. 인식 문제는 정보의 품질과 시기를 절충하는 것이다. 조기 정보 생산(혹은 불확실성의 조기 해소)의 가치는 더 나은 소비 계획에서 나온다. 노동 시장 갈등(예: 도덕적 해이와 정보 비대칭)도 존재하지만, 재무 시장이 강조된다. 최적 수익 인식 규칙(예: 조기 혹은 만기 인식)은 심지어 기본적인 상황에서도 분명하지 않다는 것이 주된 결론이다.

인식 이외에도 정보 경제학을 특정의 회계구조와 결합시킨 연구가 많이 이루어졌다. Christensen and Demski(2003)에서는, 회계구조를 정보가 전달되는 통로로 보고, 경제적 상황(예: 자본 시장, 제품 시장 혹은 노동 시장 맥락)에서 회계구조를 분석한다. 이렇게 인식 주제를 명시적으로 혹은 묵시적으로 연구한다.

경영자는 인식의 실행에 관하여 재량에 의해 부분적으로 통제할 수 있다. 이익관리와 보고 재량에 관한 연구는 이 인식 특징을 검토한다. Demski(1998)에서는, 보고 대안(한계 상황에서 생산량의 기간 간 대차) 선택이 인식 대안(조기 혹은 만기 수익 인식)의 선택과 유사하다. 다른 이익관리 문헌도 마찬가지이다.

인식에 관한 정책 논쟁에서는, 여러 규칙의 대안이 고려된다. 예를 들어 보고의 빈도나 가치평가 기준에 대하여 불완전 시장(자본, 제품, 그리고 노동 시장) 상황에서 검토한다. 이들 회계 방법 대안들도 인식과 깊은 관계를 지니고 있다.

정보 경제학의 중요한 교훈 가운데 하나는 특정 정보 원천의 가치는 조건부 가치라는 점이다. 즉, 회계 원천의 가치를 이해하려면 다른 정보 원천의 중요성을 알아야 한다. 회계의 비교

우위를 알려면 회계와 비회계 원천을 함께 살펴보아야 한다. 회계가 증권시장에 가치평가 정보를 적시에 제공하는 측면에서 유용하지 않다고 하더라도, 다른 비감사 정보 원천의 타당성을 검증하는 능력을 갖고 있다는 점은 중요하다. 중요한 요점은 무엇이 회계 기록 안에 있고, 또 무엇이 회계 기록 밖에 있는가를 결정하는 것이다. 정보내용 관점은 회계의 기초를 더 깊게 이해하는데 기여한다. 회계의 기초는 현대 정보 경제학과 회계 측정구조 안에 견고한 토대를 이루고 있다.[60]

2.4 계약 관점

계약관점에 관하여는 Watts and Zimmerman의 "실증적 회계이론(1986)"의 내용을 먼저 살펴본 후, 그 이후 1990년대와 2000년대 이후의 연구 내용을 간단히 검토한다.

2.4.1 배경과 동기

실증적 회계이론이란 규범적 이론에 대응하는 이론으로서 회계 현상을 설명하고 예측하는 이론을 말한다. 규범적 이론은 어떤 가치를 선택한 후 그 가치를 달성하는데 필요한 행동의 선택을 지시하는 이론이다. 1960년대 중반 이전의 회계연구는 선험적 연구이면서 규범적 이론의 성격이 강하였다. Beaver(1968), Ball and Brown(1968)의 연구 이후 회계연구에는 실증적 연구방법이 널리 사용된다. 초기의 실증적 연구는 효율적 시장가설과 자본자산 가격결정 모형을 사용하고 회계에 관한 정보 관점을 성립시킨다. 정보 관점 또는 정보내용 관점에 대해서는 앞에서 이미 검토하였다. 초기 정보 관점의 연구는 회계이익과 주가 사이의 관계, 회계 자료의 예측적 이용 주제에서 성과를 거두었다.

그러나 회계 변경에 관한 EMH의 가설(무영향 가설)과 종래의 기계적 가설의 판별에 관한 연구는 회계 절차 변경의 이유에 관한 의문을 제기하였다. 이 연구는 세금 중립적인 회계 절차가 현금흐름 효과를 가질 가능성을 제기한다. 또한 전통적인 공시 규제 근거에 EMH를 적용하면 세금 중립적인 회계 절차가 정치적 과정을 통해 현금흐름 효과를 가질 수 있다. 현금흐름 효과의 존재는 기업과 산업 내에서 회계 실무가 다른 점을 설명하고 예측하는, 경제학에

60 Liang(2001), p.238.

기반을 두는 회계이론의 구성을 가능하게 한다.

2.4.2 계약 관점

회계 실무의 이론은 두 가지의 경제학-기반 이론에 기초를 두고 탄생되었다. 두 가지 이론은 기업 이론과 (정부) 규제 이론이다. 기업의 경제 이론은 기업을 (이기적인) 당사자들에 의해 기업에서 발생하는 비용(예: 대리 비용)을 감소시키는 계약의 집합(nexus of contracts)이라고 정의한다. 공식적 및 비공식적 계약은 감시와 강제 이행을 필요로 하고, 회계와 감사는 이 기능을 수행한다. 공식적 계약으로는 경영자 보상 계획과 부채 계약이 상세히 검토된다.

2.4.3 이론: 설명

이 두 계약에서는 회계 숫자를 사용한다. 경영자 보상 계약에서는 회계이익을 기준으로 보너스를 결정한다. 부채 계약에서는 부채 약관에서 부채 비율, 이자 보상비율 등의 회계 숫자를 사용하여 채무 기업의 행동을 감시하고 규율한다. 회계 숫자를 계산하는데 사용되는 회계 절차에 따라 대리 비용이 달라지고, 따라서 회계 절차는 현금흐름 효과를 갖는다. 계약 목적을 위해 인정되는 회계절차의 최적 (대리 비용을 최소화하는) 집합이 발달하고 또 산업에 따라 달라진다. 경영자는 그 인정된 집합 안에서 절차를 선택할 수 있고, 경영자 선택은 부채 계약과 보상 계획의 조건을 바꾸므로 기업 주식의 가치에 영향을 미친다.

규제의 경제 이론에서는 정치적 과정을 이기적 개인들의 부의 이전을 위한 경쟁으로 규정한다. 회계 숫자, 특히 회계이익은 회사에 대한 규제를 정당화하며, 회사를 규제하는 정치적 과정에 사용된다. 회계 절차는 보고되는 회계 숫자에 영향을 주고 따라서 회사의 경쟁자가 회사에 비용을 부담시키는 규제를 부과하는 능력에도 영향을 미친다. 이를 통해 회계절차는 기업의 현금흐름에 영향을 준다.

2.4.4 경험적 연구

회계 실무의 실증적 이론이 갖는 의미를 조사하는 경험적 연구는 회계절차 선택에 관한 세 가지 규칙성을 발견한다. 세 가지 규칙은 다음과 같다. (1) 이익 기준 보너스 계획을 가진 기업의 경영자는 당기 이익을 증가시키는 회계절차를 선택하려 한다(보너스 가설). (2) 부채 비율이 높은 기업의 경영자는 당기 이익을 높이는 회계 절차를 선택하려 한다(부채/지분비율 가설). (3) 기업이 클수록 경영자는 당기 이익을 낮추는 절차를 선택할 가능성이 크다(규모 가설). 이 세 경험적 규칙성은 가정되지 않은 다른 요인 때문에 나타날 수도 있다.

회계 변경의 주가효과 연구는 강제적 변경(회계 기준)과 주가 변화와의 관계를 발견한다. 자발적 변경 연구는 주가 효과를 찾지 못한다. 시장이 회계 변경을 예측해야만 하기 때문에 이 결과는 예상된다.

감사 결정은 부채 계약 변수와 관계를 갖는다. 제안된 기준에 관한 감사인과 고객 회사 경영자의 입장은 유의한 관계를 갖고 그 관계는 계약 변수에 따라 달라진다. 감사인 교체는 회계 기준에 관한 감사인과 고객 경영자의 입장과 관련된다.

2.4.5 이론의 가치

이론의 가치는 세계가 작동하는 방식에 대한 설명과 예측이 갖는 이용자의 후생에 대한 효과에 달려있다.

대부분의 사람들이 볼 때, 회계에는 여러 방법이 혼란스럽게 사용된다. 그러나 이 이론에 의하면 이 방법들은 질서를 갖추고 있다. 부채 계약과 보상 계약 측면에서 당기이익을 높이려는 경영자의 동기를 감안하면 저가법은 수긍이 간다. 이익 인식 규칙의 산업별 차이는 경제적 의미를 갖는다. 감가상각방법의 선택은 더 이상 자의적인 것이 아니다. 감사인의 독립성이 중요한 이유는 명백하며, 전문성 보장, 대형 감사법인의 발달, 감사법인의 구조도 설명 가능하다.

이 이론은 투자자, 재무 분석가, 채권자, 감사인, 경영자, 기준결정자 같은 회계 이용자들에게 유용한 예측을 어느 정도 제공한다. 특히 인정되는 회계절차 집합에 관한 예측을 개발할 수 있다면, 유용한 예측을 제공하는 능력은 훨씬 더 커질 것이다.

이 이론은 투자자와 재무 분석가에게 재무제표의 기저인 회계절차에 대한 유용한 예측을 제공한다. 이 이론을 사용하면, 투자자 혹은 분석가는 대차대조표와 이익 숫자를 기업가치의 불편 추정치와 기업 가치의 변화로 해석하지 않는다. 대신, 이들은 이익과 대차대조표 숫자를 계산하는데, 계약과 정치과정의 영향을 인식하게 된다. 예를 들면, 경영자가 이익 증가/감소 회계방법을 선택하는 동기는 기존의 보상 및 부채 계약에 따라 달라진다. 이 계약을 감안하면 분석가는 보고 숫자를 조정할 수 있다. 보상계획이 회계발생에 미치는 영향에 관한

Healy(1985)의 연구가 확인된다면, 투자자 혹은 분석가가 현금흐름을 추정할 때, 예상되는 경영자 조작만큼 이익 숫자를 수정할 수 있을 것이다.[61] 이는 투자자 혹은 분석가가 장외 주식 혹은 사채의 시장 가치를 예측하는데 도움을 줄 것이다.

마찬가지로 경영자 보상과 부채 약정상의 이유가 없는, 정치적으로 민감하고 수익성이 높은 기업이 이익감소절차로 변경하면 이는 그 기업의 경영자가 미래 이익의 증가와 정부 감시 강화를 예상함을 의미한다.

연구자들이 인정된 회계절차의 횡단면적 차이를 예측하고 설명할 수 있다면 채권자와 경영자에게 이론은 유용하게 사용될 수 있다. 이들은 부채 계약의 대리 비용이, 상이한 회계절차의 이용에 따라 어떻게 변화하는지를 알게 된다. 그 결과 채권자와 경영자가 대리 비용을 감소하는 계약을 설계하고 양자는 모두 그 혜택을 입게 된다.[62]

감사인들도 보고 이익이 보상 계획 혹은 부채 계약에서 규정하는 경계선에 가까우면 회계(그리고 거래) 조작 가능성을 예측하고 그 부분에 감사를 집중할 수 있다. 경영자가 보고 이익과 기타의 회계 숫자가 정치적 비용에 미치는 영향을 알 수 있다면, 그의 후생도 증가할 것이다. 그는 정치적 비용이 감소되도록 이익의 시계열을 관리할 수 있게 될 것이다.

FASB의 위원들은 회계기준이 기업에 비용을 부과한다는 점을 알고 있다. 특정 회계기준안이 갖는 비용을 미리 알 수 있다면 FASB는 이익집단의 반응을 예상할 수 있을 것이다.

초기의 계약관점 이론의 한계는 (1) 계약과 정치비용을 실제로 표현하는 대용변수의 개발 (2) 횡단면적 모형의 규정 (3) 계약 변수 사이의 공분산성, 세 가지가 거론 된다. 처음 두 가지 한계는 실증적 회계이론이 덜 개발된 이유에서 나온다. 실증적 회계이론이 더 개발되기 위해서는 이 이론의 배경이 되는 계약과 정치 과정에 관한 경제이론이 더 개발 되어야 한다. 그러나 더 나은 이론이 개발되기 이전에도, Healy(1985)처럼 개별 기업의 보상 계획의 구체적 내용에서 변수를 구성하여 검정력을 높일 수 있다. 나아가서 회계, 재무, 경제학의 시너지 효과를 높일 수 있다.

---

61 Healy는 전형적인 경영자 보상계획의 구조를 조사하여, 이익과 보상 사이에 하한과 상한의 존재를 확인한다. 그 결과 이익이 보상의 하한선에 미달하거나 상한선을 넘으면 이익감소 절차를, 그리고 그 중간에서는 이익증가 절차를 경영자가 선택한다고 예상한다.

62 이 명제는 아주 중요하다. 계약관점 이론에서는 계약비용(자본 비용) 감소는 계약 당사자 모두에게 유용하다고 주장한다. 그러나 정보 관점에서는 특정의 경제적 영향이 모든 투자자들에게 유용한 사회적 가치를 갖지는 못한다고 본다. 이는 양자 사이의 근본적인 차이이다.

2.4.6 그 후의 연구

Watts and Zimmerman(1986)의 실증적 회계이론 이후 계약 관점은 여러 분야에서 새로운 이론들이 개발되었다. 회계선택이론에는 지배구조의 투명성 연구가 추가된다. 경영자 성과평가 이론에서는 공식적인 **대리이론**의 발전에 따라 여러 분야에 관한 연구가 이루어진다. 대리이론은 기본 모형 상황으로부터 다수 정보, 다수 업무, 개인 정보, 다 기간 상황 등으로 확장된다. 그에 따라, 성과 측정치의 바람직한 특성으로서 업무와의 **일치성**과 민감도-정도가 강조되고, 주가 기반 성과측정치와 회계이익의 동시 이용 필요성, 이전가격, 원가분배, 이익관리, 다기간 상황에서의 성과 측정치 평가 등이 연구된다. 부채 계약에서의 회계정보 이용도 관련 자료의 대량 이용이 가능해진 결과, **사적 부채**와 **공적 부채**의 계약 체결과 계약 감시 기능을 더 상세히 연구한다.

자본시장 연구 분야에서도 많은 새로운 연구가 도입된다. 증권시장 연구를 통해 정보 관점과 계약 관점을 판별하기 위한 **방법론적 연구**가 이루어진다. **이익반응계수**가 지나치게 낮은 점, 주가의 연간 변동에 대한 이익발표 시의 변동 비율이 낮은 점 등은 계약 관점을 지지하는 증거로 해석된다. 이외에도 **성과 측정치 연구**, **재량적 발생 연구**가 이루어진다.

정보 환경으로서 **자발적 공시**에 관한 연구가 추가된다. Healy and Palepu(1993)에서는 정보 비대칭성으로 인해 기업의 내부 정보가 증권 시장에 제대로 알려지지 않는 경우 경영자는 자발적으로 정보를 공시하든가 배당 등으로 기업 가치에 관한 신호를 보낸다고 주장한다. 이후 경영자, 재무 분석가, 규제에 의한 공시 문제에 대해 많은 연구가 이루어진다.

Kothari(2010)는 실증적 회계 연구 문헌으로부터 경제적 GAAP이론을 도출한다. 이 이론을 토대로 규칙 중심 대 원칙 중심 회계원칙, 국제회계 기준과 미국 회계원칙과의 경쟁 등에 관해 연구한다.

제3절 이 책의 구성

본서에서는 지금까지 검토한 세 회계이론을 자세하게 검토한다. 2장에서 5장까지는 가치평가 관점과 정보내용 관점을 살펴보고 비교한다. 2장에서는 가치평가 관점에서는 확실성 세계와 불확실성 세계의 완전 시장에서의 경제적 가치와 경제적 이익을 정의하고, 가치 혹은 이익과 가격과의 관계를 검토한다. 회계이익과 가격 사이의 관계도 검토한다. 경제적 이익과 회계이익의 차이는 측정 오차로 해석된다. 가치평가와 수탁책임 역할은 함께 잘 수행된다. 이익은 클수록 좋다.

정보내용 관점에서는 회계가치와 회계이익 개념을 회계 규칙을 통해 정의한다. 회계 규칙 안에서는 순수잉여관계, 이중성이 성립된다. 발생 개념은 모든 비현금 항목과 비현금 거래라고 확대될 수 있다. 이렇게 보면 재고자산은 유가물로서의 자산이 아니라, 감사받기 위한 발생 그리고 조건부 발생인 것이다. 이러한 발생은 다른 정보 원천에 비해 회계가 검증가능하다는 점에서 비교우위를 가지는 근거가 된다. 그리고 경제적 가치와 장부가치의 차이, 즉 측정 오차는 미래 잔여이익의 현재가치와 상계된다.

3장 이후에는 정보 관점을 다룬다. 3장에서는 1인 의사결정 상황에서의 정보 이용을 검토한다. 1인 의사결정 상황에서 의사결정자는 **베이즈 규칙**에 따라 의사결정을 한다. 가치평가 관점에서는 투자 포트폴리오 선택과 시장 가격 결정에 정보가 미치는 영향을 검토한다. 정보내용 관점에서 회계 측정구조는 경영자의 개인 정보를 전달하는 정보 채널 역할을 한다.

4장에서는 가치평가 관점, 5장에서는 정보내용 관점에서 가치평가 상황에서의 회계정보의 이용에 관한 이론과 증거를 살펴본다. 가치평가 관점에서는 회계정보가 가치평가 모형에 투입 자료로 사용된다. 회계이익과 주가의 정보내용, 가치관련성, 보수주의, 재량, 공시 등의 자본시장 증거를 검토한다. 정보내용 관점에서는 불확실성 하에서의 현재가치 모형을 전제로 하여, 시장 가격과 회계가치를 계산하고 양자 사이의 관계를 조사한다. 그리고 다수의 정보 원천이 존재하는 상황을 시뮬레이션하여 그 결과를 실제 증권시장에서의 연구 결과와 비교한다.

6장과 7장에서는 계약 관점을 검토한다. 6장에서는 계약 관점에서의 자본시장 연구를 검토한다. 정보 관점과 계약 관점의 가설을 증권시장에서 검증하는 연구를 방법론적 연구라고 부른다. 자발적 공시의 자본시장 연구와 가치관련성의 기준 관련성 여부도 다룬다. 7장에서는 회계선택이론을 살펴본다. 지배구조와 부채계약에서의 회계의 역할을 검토한다. 아울러 계약관점에서의 회계개념과 측정구조를 살펴본다.

8장에서는 경영자 성과평가에 관한 공식적 대리이론을 다룬다. 계약 관점에서는 회계이익을 경영 성과측정치로 보고 어떤 측정치가 바람직한가를 규명한다.

정보내용 관점에서는 **대리 정보 관계**를 설명하고 가치평가 상황과 성과평가 상황에서 정보가 동시에 사용되는 경우의 갈등을 다룬다. 정보내용 관점의 성과평가 상황에 대한 서론에 해당한다.

9장에서는 정보내용 관점에서의 회계 인식을 살펴본다. 가치평가와 성과평가 상황에서 회계정보가 동시에 사용된다는 입장에서 어떤 인식 기준이 최적인가를 분석한다. 현행 회계 인식 기준의 특징으로 감사받는 발생과 조건부 발생을 살펴본다.

10장에서는 이익관리를 다룬다. 가치평가 관점에서는 특정 발생 항목의 재량을 통해 기업가치에 관한 신호를 전달한다고 본다. 계약 관점에서는 분석적 연구와 경험적 연구를 모두 수행한다. Jones는 재량적 발생과 비재량적 발생을 구분한다. 영의 이익이나 경영자 예상 이익과 같이 기준점과 일치시키기 위한 이익관리도 연구된다.

정보내용 관점에서는 대리이론을 분석한다. 경영자가 이익관리를 한다면, 소유자는 이를 예상하여 성과급을 조정하여 경영자가 높은 노력을 투입하도록 유인할 수 있다. 회계 재량에 의해 경영자는 미래의 불확실성에 대응할 수 있고 소유자는 높은 노력을 유인할 수 있다. 회계 재량은 수익 인식, 이전가격 결정, 원가 기간배분을 설명한다.

11장에서는 재무보고 규제를 검토한다. 회계기준을 규제하는 근거와 결과, 회계기준의 모습에 대한 논의를 다룬다. 가치평가 관점과 계약 관점에서는 규제의 근거로서 정보경제학의 이론을 사용한다. 계약관점에서는 기준 결정기관의 행동에 관해 규제의 경제이론을 적용한다. 그리고 이 이론을 전제로 원칙 중심 대 규칙 중심 회계기준, 국제회계기준과 미국 회계기준의 일치 여부, 효율적 시장 가설의 규제 의미를 다룬다.

정보내용 관점에서는 회계기준은 다수 기업들의 재무보고가 관리되는 상황에서 기업 간 그리고 기간 간 일정한 기준이 사용될 필요 때문에 존재한다고 본다. 즉, 회계는 기업의 언어이다. 여러 기준과 조정 수단들이 서로 경쟁하는 모습을 보이고 있다. 목적 적합성과 신뢰성이라는 기준을 사용하여 회계정보의 사회적 가치를 결정하려는 접근은 성립되지 않는다고 주장한다.

12장에서는 각 관점의 차이를 비교한다. 각 관점의 차이가 갖는 성질과 의미를 검토한다. 그리고 회계이론이 어떤 역할을 하는지에 관해 각 관점의 견해를 살펴본다. 끝으로 재무 회계 이론에서 해결되지 않는 전통적인 문제들을 소개하면서 현대의 회계이론이 이 문제들에 대해 제시한 해답이 무엇인지를 과제로 남긴다.

(*는 학부 수준에서는 어려운 부분을 표시한다. 강의에서 생략하여도 무방하리라 여겨진다.)

제2장

회계의 요소

회계 숫자는 시간과 관련하여 저량과 유량으로 분류된다. 대차대조표에 표시되는 자산, 부채, 자본은 일정 시점에서 측정된 재고량(즉, 저량, stock)이고, 손익계산서에 표시된 수익, 비용 그리고 이익은 일정 기간 동안의 흐름양(즉, 유량, flow)이다. 회계 계산의 기본 요소는 회계 관점에 따라 서로 다르게 이해된다. 현재가치 모형에서 정의되는 경제적 가치와 경제적 이익 개념은 이들 개념을 검토하는 데 중요한 역할을 한다. 이 장에서는 먼저 경제적 가치와 경제적 이익 개념을 소개한 후, 경제적 이익 접근과 정보내용 접근을 검토한다. 계약 관점에서의 회계 요소 및 관련 내용들에 관해서는 계약 상황에서의 정보 이용(7장)에서 검토한다.

회계는 회계 요소와 복식부기 원리를 통해 기능을 수행한다. 이 장에서는 회계의 가치평가의 언어와 계산을 검토한다. 특히 가치평가 관점과 정보내용 관점은 경제적 가치와 경제적 이익 개념을 준거한다. 그러나 그 내용은 완전히 다르다. 이러한 차이는 회계의 출발점인 거래에서부터 발생한다. 가치평가 관점은 외생적 현금흐름에서, 그리고 정보내용 관점은 내생적 현금흐름에서 출발한다. 즉, 현금흐름이 발생하는 기업 모형에서부터 서로 다르다.

제1절 개요

1.1 가치평가의 언어와 계산

일반적으로 자산은 미래의 경제적 효익이고, 이익은 주초의 후생을 유지하면서 소비 가능한 최대 금액이라고 정의된다. 자산과 이익에 관한 이러한 정의는 확실성 세계의 완전 및 완성시장에서 **경제적 가치**와 **경제적 이익**에 그 뿌리를 두고 있다. 1절에서는 확실성 세계에서의 완전 및 완성 시장을 전제로 경제적 가치와 경제적 이익의 개념을 살펴본다.

다음에는 측정 관점(경제적 이익 관점)에서의 경제적 이익과 회계이익 사이의 관계를 Beaver (1998)의 설명을 중심으로 검토한다.[1] 이 관점에서는 회계의 가치평가 역할을 중시하기 때문에 주가와 회계이익의 관계가 중요하다. 완전 및 완성 시장에서는 가치와 가격이 일치하기 때문에 경제적 가치를 계산할 필요가 있다. 경제적 가치는 전형적으로 배당 할인 모형에 의해 계산되는데, 배당액 대신에 회계이익 숫자가 사용된다. 가치평가를 정확하게 하기 위해서 회계이익은 경제적 이익 혹은 **항상 이익**과 일치해야 한다. 즉, 경제적 감가상각과 회계 감가상각이 같아야 한다. **경제적 감가상각**은 기간별 현금흐름 유형에 의해 결정된다. 따라서 회계 감가상각도 현금흐름 유형에 맞게 선택되어야 한다. 그러나 회계이익은 회계 규칙에 의해 계산된다. 감가상각이 경제적 감가상각과 다르면 경제적 이익과 회계이익은 차이가 나고, 이는 경제적 가치를 측정하는데 오차를 유발한다. 경제적 이익과 회계이익의 차이는 **측정 오차**이고,

1 1960년대 이전의 측정 관점에는 기술-귀납 접근과 경제적 이익 접근(진실 이익 접근 혹은 규범-연역 접근)이 있다. 이 책에서는 두 용어를 혼용해서 사용한다.

회계는 이 측정 오차가 작을수록 좋은 것이다.[2] 특히, 감가상각이 경제적 감가상각보다 크다면 이는 보수주의 회계처리에 해당하고 그 효과는 지속적이다. 취득원가주의 회계는 시가주의에 비해 가치의 증가를 지연 인식(delayed recognition)한다. 지연 인식은 고정자산의 내용년수가 지나면 해소된다. 불확실성 세계에서도 완전 및 완성 시장에서 확실성 세계에서의 특성이 많이 공존한다. 그러나 불확실성 세계의 불완전 및 미완성 시장에서 가치와 가격은 일치하지 않는다. 따라서 회계이익은 가치평가 모형에 투입 변수로 사용된다. 즉, 회계이익은 미래 배당에 관한 정보를 제공한다. 이렇게 측정 관점은 정보 관점으로 전환된다.

3절에서는 정보내용 관점에서의 회계가치와 회계이익을 Christensen and Demski(2003)에 의해 검토한다. 정보내용 관점에서 회계는 정보를 전달하는데 가치평가의 언어와 계산을 사용한다. 여기에서는 정보를 전달하기 위한 '가치평가의 언어와 계산'을 다루고, 이 언어와 계산이 어떻게 '정보를 전달'하는가는 다음 장에서 살펴본다.

CD도 Beaver와 마찬가지로 현재가치 모형에서의 경제적 가치와 경제적 이익을 검토한다. 그러나 Beaver와는 달리 미래 현금흐름은 외생적으로 주어진 것이 아니고 기업 모형(생산 함수)을 통해 내생적으로 결정된다. 예를 들면 다품종 생산 기업은 범위의 경제를 얻기 위해 생산시설(자본)을 구입한다. 어느 한 생산요소(예: 자본)를 고정시키면 총원가에서 각 제품의 원가를 분리하는 것은 불가능하다. 즉, 각 제품의 평균 원가를 결정할 수 없다.

CD는 경제적 가치와 경제적 이익 개념에 상응하여 회계가치와 회계이익의 개념을 사용한다. 그는 경제적 가치와 회계가치를 분리시킨다. 양자는 모두 현금흐름과 이자율을 회계 규칙을 통해 대응시킨 함수 값이다. 회계가치함수와 회계이익함수는 독립적이지만 회계가치와 회계이익 사이에는 순수 잉여관계가 성립된다. 즉, 가치평가의 계산이 사용된다. 순수 잉여관계를 전제로 하면, 이익 결정 방법에는 자산-부채 방법과 수익-비용 방법이 모두 같은 이중성이 성립하고, 또 발생 개념을 모든 비현금 거래로 확장하면 현금 부분과 발생 부분에서도 각각 순수 잉여관계가 성립한다. 아울러 자산의 경제적 가치와 회계가치 사이의 측정오차는 미래 잔여 이익의 현재가치와 상쇄된다. 정보내용 관점은 확실성 세계에서는 회계 규칙을 통해 회계가치와 회계이익을 측정할 필요가 없다고 본다. 본질적으로 미래가 불확실하기 때문에 회계는 필요한 것이다.

---

2 회계정보가 유용하기 위해서는 목적적합성과 신뢰성과 같은 질적 특성을 갖추어야 한다. 이러한 측면에서 보면, 배당할인 모형에서 회계이익이 배당액을 대신할 수 있다면 목적적합성은 충족될 것이다. 따라서 이제는 측정 오차를 줄이는 것이 중요하다.

1.2 경제적 가치와 경제적 이익

먼저 확실성 세계에서의 완전 및 완성 시장에서의 경제적 가치와 경제적 이익 개념을 검토한다. 그리고 측정 관점에서 경제적 가치와 경제적 이익이 갖는 의미를 Beaver(1998)에 따라 살펴본다.

물론 Christensen and Demski(2003)의 정보내용 관점에서도 경제적 가치와 이익을 검토하지만, 그 의미는 Beaver와는 다르다. 이들은 경제적 가치와 경제적 이익 개념과 계산에 상응하는 회계가치와 회계이익 개념을 만들고 또 양자 사이의 관계를 검토하는데 초점을 맞춘다. 이점에 대해서는 3절에서 살펴본다.

1.2.1 경제적 가치: 연속 현재가치

경제적 가치와 경제적 이익 개념은 확실성 하의 완전 · 완성시장에서 잘 정의된다. 확실성(certainty)은 모든 사람이 미래에 관한 지식에 확고한 신념을 공유함을 의미한다. 완전시장(perfect market)의 개념에는 다음의 특징들이 존재한다. (1) 상품과 청구권의 거래에 거래비용이 발생하지 않는다. (2) 어떤 기업이나 개인도 비정상 투자수익을 얻을 수 있는 특수한 우위 혹은 기회를 갖지 않는다. (3) 가격은 어떤 개인 혹은 기업 행동의 영향을 받지 않는다. 한편, 완성시장(complete market)이란 거래가능한 모든 형태의 상품이나 청구권이 존재하는 시장으로서, 어느 형태의 상품이나 청구권 모두 그 거래가격이 존재하는 시장을 말한다.

단일자산-완전소유 기업[3]의 3 기간 현금흐름의 예를 생각해 보자. 다음 〈도표 2-1〉과 같이, $t=0$에는 -₩4,200, $t=1$에는 ₩1,100, $t=2$에는 ₩1,452, $t=3$에는 ₩2,662의 현금흐름이 발생한다. 이들 현금흐름의 총합은 ₩1,014이다. 모든 현금흐름은 각 기간 말 시점에서 발생한다. 이자율은 매기 10%이다. 기말에 모든 현금흐름은 소유주에게 배당된다(즉, 배당지급률 100% 임). 결국 이 현금흐름은 기업과 소유주 사이의 현금흐름이다. 즉, 현금흐름에 대한 청구권이 존재하고, 이 청구권을 경제적으로 평가하려고 한다.

3 즉, 단일자산으로만 구성된 기업으로서, 1인이 소유권 100%를 가진 기업을 말한다. 따라서 이 기업은 부채가 없으며, 자산총액이 곧 소유주 지분총액과 일치한다.

<도표 2-1> 시점(t=0,1,2,3)별 현금흐름

	$t=0$	$t=1$	$t=2$	$t=3$
현금흐름	$CF_0=-4{,}200$	$CF_1=1{,}100$	$CF_2=1{,}452$	$CF_3=2{,}662$

각 시점의 현금흐름을 CF_j, 이자율을 r이라고 할 때, t시점에서의 미래 잔여 현금흐름의 현재가치(PV_t)는 다음과 같은 식으로 표시된다.

$$PV_t = \sum_{j=t+1}^{T} CF_j(1+r)^{t-j} \qquad (식\ 2.1)$$

예를 들면,

$$PV_0 = 1{,}100(1+0.1)^{-1} + 1{,}452(1+0.1)^{-2} + 2{,}662(1+0.1)^{-3} = 4{,}200$$
$$PV_1 = 1{,}452(1+0.1)^{-1} + 2{,}662(1+0.1)^{-2} = 3{,}520$$
$$PV_2 = 2{,}662(1+0.1)^{-1} = 2{,}420$$
$$PV_3 = 0$$

현재가치 공식은 미래 현금흐름 벡터를 스칼라, 즉 현금흐름의 현재가치로 전환시킨다. Beaver(1998)는 이 단일 수치는 다음과 같은 중요한 성질을 갖는다고 본다.[4] 첫째, 투자자는 현재가치가 높은 현금흐름을 선호한다. 이 주장은 투자자들의 개인적 특성, 즉 최초 청구권 소유, 기간 간 현금흐름에 대한 선호함수 등과는 관계없이 성립한다. 기간 간 청구권 시장의 풍부성(완성시장) 때문에, 임의의 두 흐름은 개별적인 현금흐름의 패턴과는 관계없이 평가될 수 있다. 추가 현금흐름의 한계효용이 비음(즉, 0 또는 양)인 한, 현재가치가 높은 현금흐름 벡터가 낮은 벡터보다 더 선호된다.

둘째, 투자자의 최초 부의 소유 정도와 선호함수가 다양함에도 불구하고, 현재가치는 미래 현금흐름에 대한 모든 단순 및 복합 청구권의 서열을 결정한다. 균형 상태에서는, 현재가치에 의한 청구권의 서열은 투자자 각각의 개인 그리고 모두(each and every)의 선호에 따른 서열과 일치한다. 더욱이, 이 선호의 일치는 가격에 완전히 반영된다. 미래 현금흐름에 대한 복합 청구권의 가격은 그 청구권의 현재가치이다.

4 Beaver, Financial Reporting: Accounting Revolution, Prentice Hall, 1998, p.40.

셋째, 현재가치 규칙은 회사 경영자에게 사업계획 선택의 기준을 제공한다. 경영자는 기업의 현재가치를 극대화하는 지분투자를 선택하고, 이는 소유주 각자의 효용을 극대화한다. 가치평가 목적과 수탁책임(계약) 목적이 구별될 필요가 없다.

Christensen and Demski(2003)에서는 확실성 세계의 완전 및 완성 시장에서 현재가치는 시장가치이고 경제적 가치이다. 가치평가 함수는 다음과 같이 주어진 이자율 조건 하에서 현금흐름 시리즈에 기간 가치 시리즈를 할당한다.

$$V(\mathbf{CF}, r) = [PV_0, PV_1, \dots, PV_T] \qquad \text{(식 2.2)}$$

즉, 현재가치 공식은 현금흐름 벡터와 이자율을 현재가치로 할당하는 사상 혹은 규칙이다.[5]

1.2.2 경제적 이익

기업의 입장에서, 경제적 이익은 그 연도에 수취한 현금흐름에서 자산의 잔여 현금흐름의 현재가치 감소분을 뺀 것으로서, 달리 말하면 현금흐름에서 경제적 감가상각(economic depreciation : 즉, 두 시점에서의 연속 현재가치의 감소분)을 뺀 값이다. 주주의 입장에서 보면, 경제적 이익은 그 연도에 수취한 배당에서 시장가치의 감소분(자본 이득 혹은 손실)을 뺀 것이다. 즉, t기의 경제적 이익을 I_t라 하면, 이는 다음과 같이 표시된다.

$$I_t = CF_t - (PV_{t-1} - PV_t) \qquad \text{(식 2.3)}$$

앞의 예에서, I_1=1,100-(4,200-3,520)=420, I_2=1,452-(3,520-2,420)=352, I_3=2,662-(2,420-0)=242이다. 〈도표 2-2〉는 〈도표 2-1〉의 자료에 각 시점별 연속 현재가치 PV_t를 추가하여 재정리한 것이며, 이를 기초로 경제적 이익 계산을 보여주는 손익계산서를 나타낸 것이 〈도표 2-3〉이다.

---

5 Christensen and Demski(2003)에서 현재가치 혹은 이익을 기간 시리즈로 표시하는 이유는 다음 장에서 볼 수 있듯이 회계를 역사로 규정하고 기간의 흐름에 따라 정보가 누적되고 결합된다는 사고를 드러내기 위해서이다. 경제적 이익도 기간의 경과에 따라 정보가 누적되고 또 결합된다.

〈도표 2-2〉 시점별 상황의 재정리

	t=0	t=1	t=2	t=3
현금흐름	CF_0 = −4,200	CF_1 = 1,100	CF_2 = 1,452	CF_3 = 2,662
현재가치	PV_0 = 4,200	PV_1 = 3,520	PV_2 = 2,420	PV_3 = 0

〈도표 2-3〉 경제적 이익 손익계산서와 PER

	t=1	t=2	t=3	총계
현금흐름(CF_t)=수익	1,100	1,452	2,662	5,214
경제적 감가상각($PV_{t-1}-PV_t$)=비용	680	1,100	2,420	4,200
이익(E_t=$CF_t-(PV_{t-1}-PV_t)$)	420	352	242	1,014

기업 입장에서의 경제적 이익과 주주 입장에서의 경제적 이익은 동일하다. 나아가서, 어느 시점에서든 자산의 현재가치는 시장가치와 같다. 더욱이, 자산의 시장가치는 기업의 시장가치와 같고, 이는 주주 지분의 시장가치와도 같다.[6]

한편, 경제적 이익은 기초의 경제적 가치에 이자율을 곱한 값과 동일하다. 즉,

$$I_t = r \times PV_{t-1} \qquad (식\ 2.4)$$

앞의 예에서, 각 기간의 경제적 이익은 4,200×0.1=420, 3,520×0.1=352, 2,420×0.1 = 242임을 쉽게 확인할 수 있다. Beaver는 이를 항상이익이라고 부른다.

Beaver(1998)는 이 단순 상황에서 순이익에 대한 이 측정치의 속성에 대해서는 논쟁의 여지가 없으며,[7] 그리고 '바람직한' 속성을 갖는다고 본다. 어떤 기간에도, 큰 순이익은 작은 순이익보다 더 선호된다. 경영자의 수탁책임 기능을 평가하는 데, 보다 더 선호되는 경영자 행동은 덜 선호되는 행동에 비해 더 높은 순이익을 발생시킬 것이다. 1기에 경영자가 수행한 수탁책임 정도는 1기 이후의 현금흐름(정확히는 현금흐름의 현재가치)에 암묵적으로 반영되어 있

6 현재가치와 시장가치가 차이가 나는 경우, 완전시장의 경쟁 원리(즉, 재정거래)에 의해 양자는 곧 조정되어 일치되게 된다.

7 Beaver(1998), p.44.

다. 따라서 1기의 순이익은 1기 경영자 행동의 미래 영향을 반영한다.

이처럼 단순한 상황의 맥락에서는 순이익 측정치는 논쟁의 여지가 없고, 또 발생주의 회계의 사고는 필요하지 않다. 경제적 이익은 가치평가 개념이지, 회계 개념이 아니며, 따라서 재무회계 지식이 없더라도 현재가치 모형에 대한 약간의 지식만 있으면 경제적 이익은 얻어진다. 그리고 순이익은 가치평가 과정의 부산물이다.[8]

Christensen and Demski(2003)는 경제적 가치와 마찬가지로 경제적 이익 공식은 현금흐름 벡터와 이자율을 이익 숫자의 시계열로 대응시킨다.

$$I(\boldsymbol{CF}, r) = [I_1, \cdots I_T] \qquad \text{(식 2.5)}$$

경제적 이익 개념의 논리를 파악하기 위해서, t 시점에서의 현재가치를 다르게 표시하면 다음과 같다.

$$PV_t = (1+r)PV_{t-1} - CF_t$$

여기에 경제적 이익의 정의를 적용하자. $I_t = PV_t - PV_{t-1} + CF_t = (1+r)PV_{t-1} - CF_t - PV_{t-1} + CF_t = r \times PV_{t-1}$.

경제적 이익 시리즈는 다음과 같은 의미에서 정연성(tidiness)을 갖는다.

$$\sum_{t=1}^{T} I_t = \sum_{t=1}^{T} CF_t - PV_0 \qquad \text{(식 2.6)}$$

$CF_0 = -PV_0$ 이다. 즉, 투자 금액은 음의 미래 현금흐름의 현재가치이다. 정연성은 경제적 이익이 현금흐름의 합계와 같은 이유를 보여준다.

지금까지 경제적 이익을 현금흐름과 관련하여 기간 별로 또 기간 합계로 살펴보았다. 또한 경제적 가치에 이자율을 곱한 이자라는 점도 확인하였다. 그러나 더 중요한 점은 경제적 이익의 의미에 대한 해석이다. Fisher는 부의 흐름을 강조하고, Hicks는 미래 소비 능력을 유지

8 확실성 세계에서는 순이익을 계산하는 손익계산서는 대차대조표에 비해 새로운 정보를 제공하지 않는다. 이 논의를 연장하면, 시가주의를 사용하는 경우 대차대조표가 모든 목적적합한 정보를 가지며, 취득원가주의를 사용하는 경우 손익계산서가 기본 재무제표가 된다.

하면서 소비 가능한 최대 금액을 강조한다. Chrisrensen and Demski(2003)는 경제적 이익은 잔여 이익으로서 화폐자본 사용의 대가, 즉 일종의 원가라고 해석한다.

제2절 경제적 이익 관점

증권 분석에서 회계이익을 주식평가 모형(예: 배당할인모형)의 매개변수로 사용하여 주가를 직접 측정하는 데 사용하려는 동기는, '적절히' 해석되고 수정될 경우, 회계이익이 기업의 배당 지급 능력에 대한 측정치를 제공한다는 점에서 찾을 수 있다. 이는 배당 대신 회계이익을 사용하는 것이 더 낫다는 믿음에서 비롯된다. 이런 의미에서, 증권분석에서는 경제적 이익의 항상 이익 속성에 관심을 갖는다. 실제 미래 배당의 벡터는, 그 패턴이나 수명과 무관하게, 항상 이익이라는 스칼라, 즉 단일 숫자로 전환된다. 항상 이익의 정의는 '이익' 개념이 '배당 지급' 능력(현금흐름 개념)을 어떻게 측정하는지를 명확히 보여준다. 이 절에서는 먼저 항상 이익 개념을 소개한다.[9]

경제적 이익 관점에서의 핵심 문제는 주가(기업가치)와 회계이익의 관계이다. 기업가치 모형을 통해 기업가치를 계산한 후, 회계 숫자(순이익과 장부가치)와 기업가치를 비교할 수 있다. 이를 위해 먼저 미래 배당을 할인하여 현재가치를 계산하는 가치평가 모형을 검토한 후, 그 다음에 회계 숫자와 기업가치와의 관계를 살펴본다. 처음에는 확실성 세계를, 그 다음에는 불확실성 세계의 완전 및 완성 시장을 검토한다.

2.1 확실성 세계

2.1.1 항상 이익

앞에서 다룬 유한한 현금흐름의 현재가치 모형을 확장하여 무한한 현금흐름 상황을 검토한다. Beaver(1998)는 자산의 수명이 2기간인 경우의 예를 검토한다. 자산의 수명이 2기간일

9 이 절은 Beaver(1998), 3장을 참고함.

때, 해마다 동일한 자산을 구입하면 매기 현금흐름은 일정하게 된다. 즉, 다수 자산 기업에서는 매기의 현금흐름이 일정한 **항상 상태**(steady state)가 되어 배당은 해마다 연금 형태로 동일하게 된다. 이 연금의 현재가치는 연금을 이자율로 나눈 값이다. 단순화를 위해, 경제적 이익이 전액 배당된다고 보며(즉, 단순한 '무성장'을 가정하는 것임), 매년 신규자산 구입을 위한 추가 투자자금은 내부자금(즉, 영업활동으로부터의 현금흐름의 일부)으로 충당된다고 가정한다.

만일 경제적 이익의 일부를 유보하여 재투자한다면, 기업은 '성장'하게 된다. 예를 들어, 경제적 이익의 60%를 배당한다면 매년 40%는 신규 투자에 사용할 수 있다. 이자율이 10%이면 이 투자는 매년 4%의 경제적 이익과 배당을 증가시킨다.

성장의 경우 배당흐름의 현재가치는 변화하여도, 그로 인해 무성장의 경우에 비해 보통주의 주가는 변하지 않는다. 배당률이 100%인 경우에는 성장이 없고 가격은 일정하다. 그러나 성장의 경우, 초기 배당은 낮지만 그 후 배당은 매기 성장한다. 1기 초 시점에서 두 배당흐름의 현재가치는 동일하다. 이는 Williams(1938)의 일정한 **배당성장 모형**을 의미한다.

$$P_0 = \frac{D_1}{r-g} \qquad \text{(식 2.7)}$$

자산 수명이 2 기간이고, 1기의 현금흐름이 $600, 2기는 $550이고 이자율이 10%라고 하면, 자산의 가격은 $1,000(=545+455)이다. 이 자산을 매기 구입하면, 매기의 현금흐름은 $1,150(=600+550)이고, 경제적 감가상각은 $1,000, 경제적 이익은 $150이다. 이 예에서 무성장의 경우에, 발행 주식수가 100주라면 주당 배당(분자)이 $1.5이고 분모는 이자율 0.1이어서 주가는 $15이다. 경제적 이익의 40%를 재투자한다면, 주당 배당(분자)은 $0.9이고, 분모는 0.1－성장율($40/$1,000)=0.06이 되어 주가는 무성장의 경우와 마찬가지로 $15가 된다.

이 경우에 시장가치(주가)는 기초의 $1,500($15)에서 기말에 $1,560($15.6)로 성장한다. 그러나 기말에 주당가격과 경제적 이익은 같은 비율로 성장하므로, 주가-이익 비율은 일정하고, 성장의 가정에도 불구하고 동일하게 된다.[10] 여기에서 성장 경우와 무성장 경우 모두 주가-이익 비율은 10배이다. 이 예의 가정 하에서, 배당과 이익의 성장은 기업의 배당정책과 직접적 관계를 갖는다. 특히, 성장은 추가투자 시의 수익률에 유보율(이익 중 배당으로 지급되지 않은 부분의 비율로서, 1-배당성향)을 곱한 것(이 경우 4%)이다.[11] 차입과 유상증자와 같은 방식으

10 Beaver(1998), p.47.

11 내부 수익률과 이자율이 동일하므로 비정상 이익의 기회는 없다. 성장 및 무성장 경우의 주가-이익 비율이 같다. '성

로 자금이 조달될 수 있으나, 주가는 여전히 단순한 배당성장 공식으로 표현할 수 있다.[12]

현금흐름의 기간이 무한한 다수 자산의 예에서, 확실성 상황 하에서의 경제적 이익은 항상 이익(permanent earnings)과 같다. 항상 이익은 매기 일정한(무 성장) 배당과 동일한 것으로, 이 배당이 연금형태로 수취될 경우, 그 현재가치는 미래에 실제로 지급될 배당흐름의 현재가치와 동일하며,[13] 이는 성장의 경우에도 동일하게 적용된다.[14] 항상 이익은 초기 주가에 이자율을 곱하면 계산된다.

항상 이익의 개념은 증권분석과 증권의 가치평가에서 중심 역할을 한다. 증권분석에서, 회계이익은 기업과 그 보통주의 항상 이익을 평가하는 데 사용된다. 항상 이익은 잔여 현금흐름에 대한 기초시점의 현재가치에 이자율을 곱한 것으로, 항상 이익이나 경제적 이익은 본질적으로 가치평가 개념이지, 두 요소 모두 회계 개념은 아니다.

2.1.2 배당할인 모형

증권분석에서는 '일정한 배당 성장 모형'과 같은 가치평가 모형에 배당 대신 회계이익을 직접 사용한다. 예를 들어, 주당이익의 성장이 주당배당의 성장 대신에 사용된다. 주가/이익 비율(P/E 비율)은 다음 공식으로 표현 된다. 여기서, K는 배당률(D_1/ E_1)이다.

$$\frac{P_0}{E_1} = \frac{K}{r-g} \qquad \text{(식 2.8)}$$

회계이익을 어떻게 정의하더라도 이 주가/이익 비율 공식은 성립한다. 왜냐하면 배당성장 모형의 양변을 회계이익 숫자로 나누어서 이 공식이 유도되었기 때문이다. 당연히 회계이익이 경제적 이익(혹은 항상 이익)과 동일한 경우에도 이 공식은 성립한다. 그리고 회계이익이 경제적 이익을 측정하는 데 오차가 있어도, 이는 배당률(K)에 반영될 뿐이지 공식의 성립에는 영향을 주지 않는다. 이 공식은 논리적으로는 타당하지만, 회계이익과 경제적 이익의 관계에

장 프리미엄'은 없고, P/E 비율은 성장률과 무관하게 $1/r$이다.

12 이 주장은 확실성 세계와 완전 및 완성 시장을 전체 경제에 대해 가정한 것이다. 이 맥락에서는 자본 조달 면에서 부채와 지분, 내부 조달과 외부 조달의 구분은 의미가 없다. 따라서 100% 자기 자본 기업의 경우를 검토해도 그 의미는 일반적이다.

13 $\frac{\text{항상이익}}{r} = \sum_{t=1}^{\infty} \frac{D_t}{(1+r)^t} = P_0$, 항상이익 $= r \times P_0$

14 성장의 경우, $\frac{\$1.5}{.10} = \frac{.90}{1.1} + \frac{.90 \times 1.04}{1.1^2} + \ldots = \$15$

어떤 본질적인 혹은 추가적인 통찰을 주지는 않는다.

그러나 우변항의 분모에는 배당의 성장이 사용되고 있다. 배당성장 대신에 회계이익 성장이 사용된다고 해보자. 이는 배당률이 기간별로 일정하다고 암묵적으로 가정하는 것이다.[15] 만일 배당률이 매 기간 일정하지 않다면, 이익의 성장은 배당성장과 같지 않고, 따라서 전자는 후자 대신 사용될 수 없을 것이다. 배당률이 매 기간 일정하다면, 이익성장과 배당성장은 같고, 따라서 이익 성장은 배당성장을 측정하는 데 사용될 수 있게 된다.

2.1.4 회계방법의 측정 오차

여기에서는 경제적 이익과 회계이익의 차이를 분석한다. 경제적 이익과 회계이익의 차이는 회계이익의 경제적 이익에 대한 측정오차라고 생각할 수 있다. 이는 경제적 이익이 잘 정의되는 상황(완전 및 완성시장 그리고 확실성 세계)에서는 분명히 그렇다. 대체적 회계방법의 영향은 특정 조건 하에서 발생하는 측정오차(measurement error)를 이용하여 분석할 수 있다.[16]

현금흐름 패턴과 경제적 감가상각 사이에는 일정한 관계가 성립한다(〈도표 2-4〉).[17] 현금흐름 패턴이 매 기간 일정하면 경제적 감가상각은 체증하고, 현금흐름이 매 기간 일정하게 감소하면 경제적 감가상각은 정액법이 된다. 현금흐름이 체감하면(쌍곡선) 경제적 감가상각은 일정한 비율로 감소한다. 회계이익 계산에서 경제적 감가상각방법이 적용되면, 회계이익은 경제적 이익과 일치한다. 즉, 측정오차는 없다.

현금흐름 패턴과 회계 감가상각 방법이 일치하지 않으면, 즉 경제적 감가상각과 다르면 기업의 회계이익과 경제적 이익은 차이가 나고, 이 차이는 회계이익에 내포된 측정오차라고 볼 수 있다. 경제적 감가상각과 다른 상각방법을 사용하면, 기업의 미래 배당능력(즉 기업가치와 주가)과는 무관하게 회계이익 수치의 크기만 달라진다. 서로 다른 상각방법을 사용하면 P/E 비율 역시 달라진다.

15 $D/E = c$라면, $D = cE$가 되어 배당 성장률은 이익 성장률과 일치한다.

16 동일한 방법을 다른 기업에 적용하거나 다른 방법을 한 기업에 적용하는 경우에도, 회계 측정오차가 발생한다. 이로 인해 회계이익은 경제적 이익과 일치하지 않고, 기업의 배당지급 능력을 그만큼 반영하지 않게 된다. 물론 경제적 이익과 비교하지 않고 서로 다른 두 회계방법의 차이를 조사할 수도 있다. 이 차이를 기술적 차이(descriptive difference)라고 부른다. 이 차이는 측정 오차 분석으로 유추할 수 있기 때문에 여기에서는 측정 오차만을 다룬다.

17 Beaver(1998), p.55.

<도표 2-4> 현금흐름과 경제적 감가상각

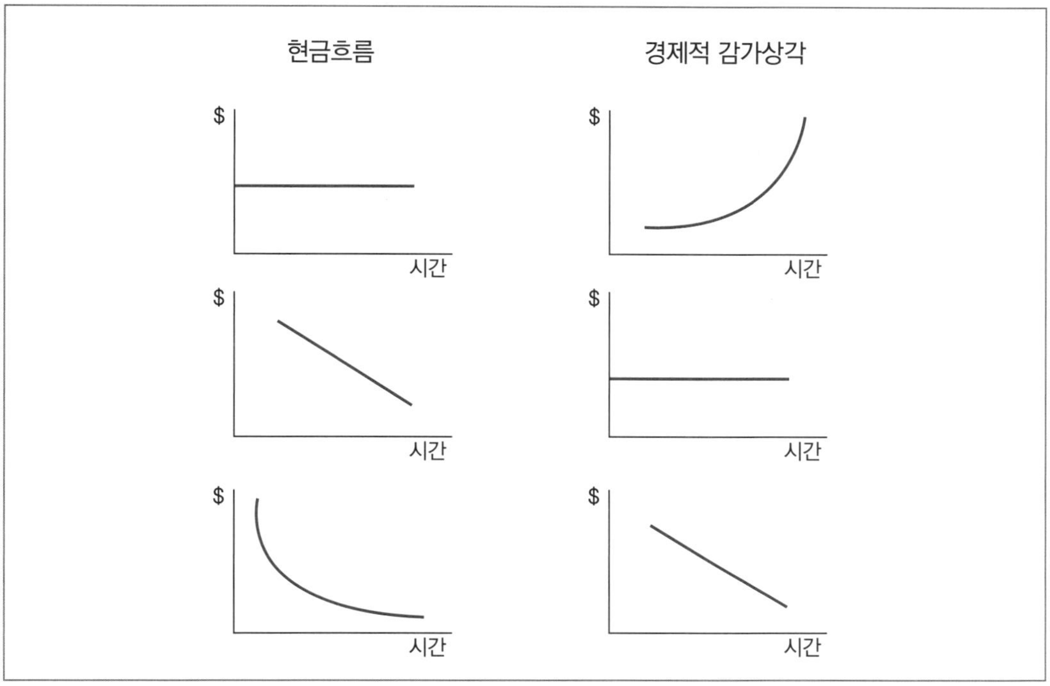

상각자산만 존재하는 상황에서 일정한 현금흐름과 이자율이 주어져 있을 때, 서로 다른 감가상각 방법을 사용하면 각 기간의 회계 순이익과 기말의 장부가치는 달라진다. 특히 성장률의 차이가 순이익율(내부수익율), P/E 비율, 지분 수익률, 시장/장부 가치 비율에 영향을 미친다. 물론 앞에서 언급한 바와 같이 경제적 이익을 사용하면 성장률은 아무런 영향을 미치지 않는다.

Beaver(1998)는 앞에서 항상 이익 개념을 설명할 때 사용한 두 기간 숫자 예를 분석한다. 즉, 현금흐름은 1기에 $600, 2기에 $550이고, 이자율은 10%이다. 완전 및 완성시장에서는 자산의 취득가격은 $1,000이다. 앞에서는 성장률이 40%인 경우의 항상 이익을 살펴보았다. 다른 성장률의 경우에도 분석한다. 정액법이 경제적 감가상각인데, 연수합계법을 적용하여 회계이익을 계산한다고 하자. 연수합계법은 1기에 정액법보다 상각액이 더 크다. 성장률과 회계방법의 차이에 따른 회계방법의 순이익비율,[18] 주가/이익비율, ROE, 시장가치/장부가

18 이익률은 자산의 미래현금흐름을 그 비율로 할인한 현재가치가 자산의 취득원가와 일치하게 되는 할인율을 말한다. 내부 수익률이라고도 부른다.

치 비율이 〈도표 2-5〉에 표시되어 있다.[19]

〈도표 2-5〉 성장이 재무제표 결과에 미치는 영향

성장률	순이익 비율 (정액법/연수합계법)	주가/순이익		ROE		시장/장부가치	
		정액법	연수합계법	정액법	연수합계법	정액법	연수합계법
0%	1.000	10X	10.00X	10%	11.25%	1.00	1.125
4%	1.048	10X	10.48X	10%	10.71%	1.00	1.122
6%	1.068	10X	10.68X	10%	10.48%	1.00	1.119
10%	1.119	10X	11.19X	10%	10.00%	1.00	1.119
20%	1.241	10X	12.41X	10%	8.94%	1.00	1.109

이 예에서 경제적 감가상각 방법은 정액법이다. 경제적 이익을 사용하면 P/E 비율은 성장률과는 상관없이 일정하다. 이 도표에서 정액법은 모든 비율이 성장률의 변화에도 불구하고 동일하게 나타나 있다. 연수합계법의 순이익과 장부가치는 정액법에 비해 작고 그 차이는 성장률이 커짐에 따라 더 커진다(주 19 참고). 다만 장부가치의 경우 정액법과 연수합계법의 경우 성장률이 변하여도 그 차이는 일정하다. 그리고 경제적 가치는 회계방법과는 무관하게 일정하다. 그 결과 순이익 비율과 P/E 비율은 성장률과 함께 증가한다. 그리고 장부가치를 사용하는 지분 이익률이나 시장/장부 가치비율은 성장률의 증가에 따라 감소한다. 〈도표 2-5〉로부터 다음 몇 가지 사항을 확인할 수 있다.

1. 경제적 이익이 잘 정의된다면, 서로 다른 회계방법에 따른 측정오차는 확인가능하다.

2. 측정오차는 본질상 대체로 (a) 자산의 현금흐름 패턴(내용년수 포함), (b) 취득원가, (c) 선택된 회계방법, (d) 성장률, (e) 이익률(내부수익률)의 함수이다.

3. 회계 감가상각이 경제적 감가상각을 초과하면, 지분의 시장가치 대 장부가치 비율은 1을 초과한다. 이 비율은 성장률과 반비례한다. 성장률이 높아질수록, 새로운 자산의 비중이 높아지고 장부가치와 경제적 가치의 차이는 작아진다. 그 결과, 성장률이 무한대로 커

19 매기 현금흐름은 \$550+(1+g)\$600 = \$1,150+\$600g, 정액법 감가상각은 500+(1+g)500 = 1,000+500g, 정액법 순이익 150+100g(현금흐름-감가상각); 연수합계법 감가상각 333+(1+g)667=1,000+667g, 그 순이익 150-67g; 취득원가 1,000+(1+g)1000=2,000+1,000g, 감가상각 누계액 정액법 500, 연수합계법 667; 시장가치=현재가치=정액법 장부가치; g는 성장률. Beaver(1998), p.52.

지면, 그 비율(시장가치 대 장부가치 비율)은 1에 수렴한다. 이 예는 보수주의 회계(conservative accounting) 혹은 편의된 인식(biased recognition)을 보여준다. 성장률이 높은 경우, 순이익에 대한 효과가 커져서 가격-이익 비율은 더 커진다. 지분 이익률의 차이는 성장률과 이자율(이익률)이 같을 때 0으로 최소화된다. 성장률이 낮을 때는 지분 수익률은 이익을 과대표시하고 성장률이 높을 때는 과소표시한다.

회계이익의 측정오차는 (1) 동일한 기업에 다른 방법을 적용하든가, 혹은 (2) 자산 유형이 다른 기업들에 동일한 방법을 적용하여 분석할 수 있다. 이는 회계이익이 경제적 이익과 일치하지 않고, 기업의 배당 지급능력을 반영하지 않는 두 가지 이유이다.[20]

2.1.5 요약

완전 및 완성 시장과 확실성 상황에서는, 경제적 이익 개념은 잘 정의된다. 아울러 다음과 같은 특성을 갖는다. (1) 다른 기간의 이익이 일정하다면, 이익은 클수록 좋다. (2) 이익은 경영자의 수탁책임과 경영자 의사결정의 다기간 효과를 반영한다. (3) 투자자들은 주주들의 부의 극대화를 만장일치로 선호한다. 따라서 주주들은 이익이 큰 사업계획의 선택에 합의한다. 이러한 특성은 경제적 이익의 측정이 갖는 이상적인 성질이다.

경제적 이익은 가치평가 과정의 부산물이다. 이익과 가치평가는 동전의 양면과 같다. 이는 항상 이익 개념에서 분명히 드러난다. 항상 이익은 현재가치(혹은 시장가치)에 이자율을 곱한 값이다. 가치(저량)와 이익(유량)은 이자율을 통해 연결된다. 이 상황에서 이익은 여유분으로서 기업과 지분에 대한 가치평가로부터 도출된다. 즉 이익 개념은 가치평가 개념이고 따라서 경제적 이익의 측정에는 단지 현재가치 모형만 필요하다. 재무회계 지식은 필요 없다. 회계가치와 이익은 자산과 지분의 시장가치를 관찰하여 추정된다. 발생주의 방법은 경제적 이익에 회계이익을 근접시키는 능력에 의해 평가될 수 있다. 이러한 결론은 확실성 세계의 완전 및 완성 시장에서 나온 것이다. 다음에는 불확실성 세계의 완전 및 완성 시장 상황을 살펴보자.

20 Beaver(1998), p.54.

2.2 불확실성 하의 완전/완성시장

불확실성 하에서도 확실성 조건에서처럼 완전/완성시장에서는 이익과 가치평가가 잘 정의된다. 이 상황은 확실성 세계를 확장한 것이다. 그러나 불확실성의 도입은 몇 가지 요점을 갖는다. (1) 경제적 이익은 정의되지만, 사후적 이익과 사전적(기대) 이익이 구분된다. (2) 두 이익 개념 모두 가치평가 과정의 부산물이다. (3) 가치평가가 알려진 상태에서 이익 측정의 장점은 분명하지 않다. (4) 사후적 혹은 사전적 이익 개념 모두 발생주의 회계에 의존하지 않는다.

완전 및 완성시장에서, 불확실성은 확실성 세계의 분석을 확장하여 도입된다. 완전시장은 확실성 상황에서와 같다. 완성시장의 의미는 좀 더 정밀해진다. 확실성 상황에서, 완성시장은 미래 현금흐름에 대한 청구권 거래와 관련하여 풍부한 시장집합의 존재(선물 시장과 현물 시장 등)를 의미한다. 불확실성 상황에서 청구권의 대상은 미래의 **상태 조건부 현금흐름**이다. 완성시장도 상태 조건부 현금흐름에 대해 성립한다. 보통주에서 나오는 배당은 상태에 따라 달라진다. 상태 조건부 현금흐름에 대한 청구권의 현재가치는 다음과 같다.

$$ {}_0PV_t = \sum_{s=1}^{S} {}_0P_{st}C_{st} \qquad \text{(식 2.9)} $$

여기에서 ${}_0P_{st}$는 상태 s발생 시 시점 t에서의 \$1에 대한 원시 청구권(primitive claim)의 가격이다. 이 가격은 (1) 상태 s의 발생에 따른 현금흐름에 대한 투자자의 선호와 (2) 상태 s가 발생할 확률에 관한 투자자의 신념을 반영한다. C_{st}는 상태 s 발생 시 복합증권이 받는 현금흐름이다. 따라서 복합증권은 원시증권의 집합이다. 완성시장은 모든 상태와 시점에서 ${}_0P_{st}$의 존재를 보장한다.

2.2.1. 불확실성 하에서의 할인

불확실성 하에서의 가치평가는 확실성 하에서의 가치평가 모형을 단순히 확장한 것으로서, 기간에 상태지수를 추가하면 된다. 확실성 하에서의 현금흐름 할인모형의 모든 변수에 기대값을 적용한다. 보통주 가치평가의 경우, 분자에는 매기 배당의 기대값을 그리고 이자율 대신 **위험 조정 할인율**을 적용한다. 위험 조정 할인율은 자본 비용(보통주의 경우는 지분 자본비

용)인데, 기대 수익을 도출하는 대표적인 균형 가격 모형이 자본자산 가격결정 모형이다.[21]

Beaver(1998)는 앞의 2 기간 현금흐름 예를 약간 수정하여 불확실성 하에서의 현재가치 모형을 검토한다. 확실성 하에서는 t=1에 $600의 현금흐름이 발생하였다. 이제는 s_1에는 660$, s_2에는 540$가 발생하고 각 상태가 발생할 확률은 0.5이며, 따라서 t=1의 기대값은 600$이다. s_1을 조건으로 t=2에는 같은 확률로 655$ 혹은 555$가 발생하여 t=2의 기대값은 605$, 그리고 s_2를 조건으로 t=2에 같은 확률로 545$, 445$가 발생하여 t=2의 기대값은 495$이다. 따라서 t=2의 현금흐름의 무조건부 기대값은 550$이다. 결국 평균 현금흐름은 1기에 $600, 2기에 $550로 확실성 하에서의 현금흐름과 같다. 이자율이 10%라면 기업과 지분의 시장가치는 t=0에 t=1의 기대 현금흐름은 $600이고 t=2의 기대 현금흐름은 $550이므로 이를 각각 한 기간 및 두 기간 할인하면 $545와 $455가 된다. 따라서 t=0에 두 기간 할인액을 합한 현재가치는 $1,000가 된다. 이 때 수익률 분포는 독립적이라고 가정되며, 할인율로 기대 수익률이 사용된다.

2.2.2 지분의 경제적 가치

지분의 경제적 가치는 잔여 현금흐름의 현재가치와 같고, 이는 자산의 시장가치와 같다. 위의 숫자 예에서 1기말에 s_1이 발생하면 지분의 경제적 가치는 배당 공제 전과 후에 각각 $1,210와 $550이다. s_2가 발생하면 지분의 경제적 가치는 배당 전후에 각각 $990와 $450이다. 따라서 1기말 시점에서 기대 가치는 $1,100이고, 1기 초 시점에서는 $1,000이다. 배당 전 시장가치는 회계 모형이 자산의 장부가치를 측정하는 데 시장가치를 사용한다면, 지분의 장부가치는 시장가치와 같다. 지분의 장부가치에 대한 시장가치의 비율(시장/장부가치 비율)은 1이 된다.

2.2.3 경제적 이익

불확실성 하에서는, 사전적 혹은 기대 경제적 이익과 사후적 경제적 이익이 구분된다. 확실성 하에서 양자는 같다. 기업의 입장에서는, 사전적(사후적) 경제적 이익은 기간 중 수취한 기대(실제의) 현금흐름에 기업이 보유한 자산의 시장가치(현재가치)의 변동을 합한 것이다. 확

21 어느 시점에서나 사후적 과거수익률과 미래 기대수익률이 독립이어야 한다는 조건이 필수적이다.

실성의 경우와 마찬가지로, 자본 공급자의 증자 혹은 인출로 인한 수정이 이루어진다. 주주의 입장에서는, 사후적 이익은 수취한 현금(배당)에 보통주 시장 가격의 변동을 합한 것이다. 사전적 혹은 기대 이익은 기대 배당에 보통주 시장 가격의 기대 변동을 합한 것이다.

기대 이익은 확실성 하에서의 항상 이익과 같은 방법으로도 계산된다. 불확실성 하에서는 기대 이익 혹은 항상 이익은 기초의 현행 시장가격에 기대 수익률을 곱한 값이다. 숫자 예에서 1기말에 실제 현금흐름이 $660라고 하자. 즉 s_1이 발생하였다. 그러면 1기 말의 사후적 이익은 $210이다. 그리고 t=0 시점에서 1기와 2기의 사전적 이익은 각각 $100와 $50이고, t=1 시점에서 2기간의 사전적 이익은 $55이다.[22]

이러한 이익 개념의 요점은 다음과 같다.

1. 사후적 이익은 관찰 가능한 현금흐름 자료와 자산과 유가증권의 시장 가격으로 측정할 수 있다. 발생주의 회계의 역할은 명확하지 않다. 핵심 변수는 현금흐름과 시장가치이고, 가치평가가 알려지고 난 후에는 순이익 측정의 의미는 분명하지 않다.
2. 실제 이익은 기대 이익과 여러 이유로 다를 수 있다. 실제 현금흐름과 기대 현금흐름의 차이, 상태 실현으로 인한 미래 기대 현금흐름의 수정(예: t=1에 s_1의 발생), 기대 수익률 수정.
3. 여기에서는 기대 수익률이 주어진 것으로 가정하였다. 만일 기대 수익을 투자자들 사이의 합의된 기대 수익률로 본다면, 시장 가격과 사후적 이익이 공개적으로 모두에게 알려져도, 기대(혹은 항상) 이익은 일반적으로 관찰되지 않는다.
4. 불확실성의 도입으로 인해, 가치평가와 이익 개념은 최소한 두 가지 측면에서 잘 정의되는 수준이 낮아진다. (a) 다기간의 불확실한 상황에서의 가치평가가 기대 현금흐름을 기대 수익률로 할인하는 간단한 모형으로 이루어지지 않을 수 있다. (b) 사전적 이익 개념에 필요한 기대 수익률이 직접적으로 관찰되지 않고 또 개인마다 다르다.
5. 물론, 완전 및 완성시장에서의 가치 평가와 이익은 개인들이 이의 없이 시장가치 극대화를 선호한다는 의미에서 잘 정의된 개념이다. 가격은 개인의 선호를 잘 반영하고, 경영 결정의 다 기간 의미도 잘 반영한다(수탁책임).
6. 이익의 사후적 그리고 사전적 개념은 가치평가 과정에서 도출된다. 가치평가 과정이 잘 정의되지 않으면, 이익 개념도 잘 정의되지 않는다.[23]

22 1기말의 사후적 이익, 660−감가상각(1000−500)+보유이익 50 = 210; t=0에서의 사전적 이익, 기대현금흐름−기대감가상각 즉 1기에는 600−500=100, 2기에는 550−500=50; t=1에는 605−550=55.

23 Beaver(1998), p.64.

2.2.4 지연 인식

사후적 및 사전적 이익 개념은 경제적 이익의 측정치이고 가치 평가 과정의 부산물이므로, 발생주의 회계의 역할은 분명하지 않다. 그러나 불확실한 상황에서 경제적 이익과 회계이익 사이의 관계를 검토하는데 두 가지 이익 개념이 사용될 수 있다. 예를 들어 앞의 숫자 예에서 직선법을 사용한다면, t=0에는 기대 회계이익은 기대 경제적 이익과 일치한다. t=1에는 s_1 혹은 s_2가 발생하고, 실제 회계이익은 기대 회계이익과 일치하지 않는다. 더욱이 감가상각액이 수정되지 않는다면(역사적 원가가 사용된다면), 실제 회계이익은 일반적으로 실제 경제적 이익과 일치하지 않는다. 예를 들어, s_1이 발생하면, 회계이익은 \$160(=660-500)인데, 사후적인 경제적 이익은 \$210이다. 그 차이 \$50는 보유이익이다. 이렇게 보면, 역사적 원가주의 이익은 사후적 이익과 사전적 이익의 혼합이라고 볼 수 있다. 실제 현금흐름(\$660)의 비예상 현금흐름 부분(\$60)은 회계 순이익에 반영되지만, 감가상각비는 t=1의 실제 시장가치 대신 t=0의 예상 시장가치를 반영한다.

마찬가지로, 역사적 원가주의 하에서, t=1의 장부가치는 \$500이다. 경제적 가치는 \$550이다. 시장/장부 가치 비율은 1.1이다. 역사적 원가주의에 의한 장부가치는 비예상 평가 이득을 반영하지 않는다. 물론 \$50의 이득은 남은 내용년수에 결과적으로는 반영된다. 2 기간 자산의 경우 2번째 기간의 낮은 감가상각을 통해 \$50는 암묵적으로 인식된다. 2기의 감가상각은 경제적 감가상각 \$550 대신에 \$500이다. 그 결과 2기의 역사적 원가에 의한 기대 회계이익은 \$105(=605-500)인데, 이는 예상 경제적 이익 \$55에 이연된 미인식 이득의 합계액이다. 2기의 예상 지분 수익률은 할인율 10%를 초과하는 21%이다. 이 차이는 역사적 원가주의 회계의 지연 인식 때문이다. 1기에는 사후적 경제적 수익률은 21%(1,210/1,000)인데, 역사적 원가 회계의 수익률은 16%이다. 이는 이득의 인식이 2기에로 지연된 영향 때문이다. 일반적으로 내용년수의 잔여 기간에 분산되어 미인식 이득(손실)이 표시된다.

즉, 경제적 이익은 현금흐름의 미 예상 부분은 수익으로 계산되는 반면, 감가상각은 기말 예상 자산가치가 아닌 기초 예상 자산가치에 토대를 둔다. 역사적 원가주의 회계에서는 보유이익은 발생 기간에 이익으로 계산되지 않고 나중 기간에 계산된다.[24]

---

24 수익 인식의 시기와 실제 경제적 가치 변화 시기의 차이는 인식 시차(recognition lag)이다. 현행 가치 회계에는 이 시차가 없다. 역사적 원가주의에는 이 시차가 크다. 재고자산의 가치가 변동하여도 판매 이전에는 인식하지 않는다(Scott, 2012, p.53).

Beaver and Ryan(1995)은 당기의 장부-시장가치 비율을 이해하기 위해, 5년간 장부가치에 반영되지 않은 시장가치 변화의 비율을 조사하였다. 이 비율은 장기 자산을 많이 가진 기업이 단기 자산을 많이 가진 기업보다 더 클 것으로 예상되고 실제 조사 결과도 그렇게 나타났다. 이 결과는 지연인식을 보여주며, 역사적 원가 가치평가에 토대를 둔 장부가치가 시기적절하지 않음을 보인다.[25]

회계이익의 혼합성은 역사적 원가 회계에 대한 비판을 불러왔다. 이 상황에서 시장가치 회계는 회계이익과 경제적 이익을 일치시킨다. 완전 및 완성시장에서는 자산의 구입 가격과 판매 가격 그리고 사용가치가 모두 같다. 더욱이, 자산의 시장가치는 그 자산에 대한 청구권의 시장가치와 같게 된다. 이 관점은 시장 가치 회계 시스템을 도입해야 한다는 주장의 근거가 된다. 완전 및 완성시장 상황에서는 경제적 이익이 '이상적' 이익과 연관되는 '바람직한' 속성을 가지므로 시장가치 회계 주장은 호소력을 갖는다. 예를 들어, 재무보고의 수탁책임과 관련하여, 시장가치 회계 시스템 하의 이익은 기업의 미래 기간 상태 의존적 현금흐름 영향을 반영한다. 이런 맥락에서 Edwards and Bell(1961), Chambers(1966), Sterling(1970)은 기업의 경제적 가치와 이익을 더 잘 측정하는 회계 모델을 제안한 것으로 간주할 수 있다.[26]

참고로, 시가주의와 역사적 원가주의 주장의 요점을 정리해 보자. 역사적 원가주의를 옹호하는 입장에서는 과거의 성과가 미래 성과에 대한 최선의 예측치라고 본다. 현재와 과거의 성과(실현된 수익)와 노력(수익에 대응하는 원가)에 대한 합리적 수준의 신뢰성 있는 측정치는 미래 이익 예상의 기초가 된다. 손익계산서가 기본 재무제표이고 대차대조표는 미래 수익에 대한 대응을 기다리는 원가를 보고한다. 이에 대해 시가주의 입장에서는 역사가 정확하게 반복하는 것은 아니라고 본다. 기업의 환경은 끊임없이 변화하므로 현행 가치가 기업의 미래 예상에 관한 가장 유용한 지표이다. 시장 가격은 랜덤하게 변동하므로 현행 가격은 미래 가격의 최선의 예측치이다. 대차대조표는 이 변동을 포함한다. 여기에서 말하는 변동성(volatility)은 신뢰성과는 다르다.[27] 손익계산서도 그에 따라 변동하고 이 변동은 임의적으로 평준화되면 안 된다.[28]

경제적 이익은 잘 정의되므로, 대체적 회계방법과 관련된 '측정 오차'를 검토할 수 있다.

---

25 Beaver(1998), p.111 그림.

26 Beaver(1998), p.67.

27 불확실성하의 완전시장에서 신뢰성은 완전하다. 그러나 상태별로 현재가치가 변하므로 이를 변동성이라고 부른다.

28 Scott, Financial Accounting Theory, Pearson Canada, 2012, p.52.

역사적 원가 회계 대 시장가치 회계는 좋은 예이다.[29] 확실성 하에서의 감가상각 분석을 불확실한 상황으로 확대할 수 있다. 그러나 불확실성의 도입과 관련해서 몇 가지 측면을 다시 정리할 필요가 있다. (1) 경제적 이익은 여전히 정의 되지만 사전적(예상) 이익과 사후적 이익은 구별되어야 한다. (2) 두 이익 측정치는 모두 가치평가 과정의 부산물이다. 가치평가 과정이 구체화되지 않는 한, 이들은 정의될 수 없다. (3) 가치평가가 알려지면, 이익 측정의 의미는 분명하지 않게 된다. (4) 사전적 혹은 사후적 이익 모두 발생주의 회계와 무관하다.

이제는 불확실성 하의 불완전/미완성시장에 대한 검토가 필요하다. 이 상황에서, 이익과 같은 회계 자료의 역할은, 가치평가의 부산물로 도출된 산물로서가 아닌, 가치평가 과정에 대한 투입으로서 이익이 사용되는, 정보 역할이다. 이 상황은 회계이익이 증권 분석에서 어떻게 사용되는지를 설명하는 데 도움을 준다. 이 상황은 4장에서 검토된다.

제3절 회계가치와 회계이익: 정보내용 관점

앞에서 검토한 측정 관점(경제적 이익 관점)에서는 '이상적인' 이익 측정 혹은 자산 가치평가에 초점을 맞춘다. 이 접근에서는, 회계이익을 경제적 이익에 측정 오차를 합한 것이라고 보는데, 이 오차는 회계방법 때문에 발생한다. 그러나 정보 관점에서는 정보 공시에 초점을 맞춘다. 이 접근에서는 이익은 정보를 전달하는 확률 변수인데, 이러한 이익은 주로 회계 실체의 경제적 가치평가와 경영자의 성과평가에 이용된다. 측정 관점에서는 회계 서비스에 대한 수요를 이론 안에서 고려하지 않은 채 경제적인 기준을 추구한다. 정보 접근에서는 정보내용을 추구하지만, 대부분의 회계 구조는 이론 안에서 고려되지 않는다.

Demski and Sappington(1990)은 이익 측정은 유용한 정보가 전달되는 과정인데, 이 과정에서 이상적인 이익 측정 혹은 자산 평가의 언어를 사용한다고 본다. 즉, 측정관점과 정보 관점이 연결된다. 특정의 이러한 언어가 사용되는 이유는 묻지 않는다. 예를 들어 온도 측정에 섭씨 혹은 화씨 척도를 사용할 때 그 이유를 묻지 않는 것과 마찬가지이다. 회계 시스템에 이

29 이는 1장에서 정보관점의 경우 회계방법의 선택은 사회적 선택이고 투자자의 의사결정 맥락에 따라 달라진다는 주장의 관점과 비교된다. 즉, 측정 관점에서는 역사적 원가 회계와 시장가치 회계에 대한 일반적 비교가 가능하다는 뜻이다.

익 측정 기술을 사용함으로써 정보 전달 능력에 한계가 있는지 여부가 문제이다. 정보 전달 능력에는 한계가 없다.

이 장과 다음 장에서는 회계이익이 이익 측정 방법을 척도로 사용하여 어떻게 정보를 전달하는가를 검토한다. 이 장에서는 회계가치와 회계이익을 회계방법의 함수로 보고, 회계가치와 회계이익의 조건과 계산을 살펴본다. 그리고 정보 전달 측면에서 회계 측정 방법의 특성을 검토한다. 다음 장에서는 불확실성 세계에서 회계 구조를 통해 정보를 전달하는 과정을 살펴본다.

정보내용 관점에서는 현금흐름이 외생적으로 주어지는 것이 아니고 내생적으로 결정된다고 본다. 즉 거래에서부터 회계가 출발하는 것이 아니고 거래에 관한 의사결정에서부터 회계가 출발한다고 본다. 따라서 현금흐름이 발생하는 기업 모형과 경제적 계산을 먼저 검토한다.

3.1 내생적 현금흐름

3.1.1 기업 모형

정보내용 관점은 회계 시스템을 통해 정보를 전달하는 것이 중요한 상황을 보여주기 위해 일정한 조직 혹은 기업에서부터 시작한다. 특정의 회계 이슈가 내생적으로 발생하는 상황을 연구하기 위해 기업에 관한 모형을 만든다. 이 모형은 아주 간단하지만 장기 자산의 취득과 경영자와의 계약 등과 같은 회계 이슈를 산출하는 행동이 기업 입장에서 합리적임을 보여 준다. 기업이 이런 행동을 하는 이유를 이해하면, 이러한 행동과 관련된 회계 이슈를 해결할 수 있다. 이 기업은 재화와 용역을 생산하고 판매하기 위해 생산요소와 기술을 사용한다.[30]

단일 제품생산과 다품종 생산의 경우를 기본적 상황에서 검토한다. 그 후 특수한 경우로 상황을 변화시킨다. 먼저 단일 제품을 생산하는 기업은 다음과 같은 모형으로 표현된다.

$$q \leq \sqrt{KL} \qquad \text{(식 2.10)}$$

이 생산 함수에서 K는 자본이고 L은 노동 그리고 q는 생산량을 의미한다. 동일한 생산량을

30 이 항은 Christensen and Demski, Accounting Theory: An Information Content Perspective, McGram-Hill, 2003의 2장을 참고함.

생산하는 측면에서 자본과 노동은 서로 대체 관계를 갖는다. 자본은 기술적으로 일정량 이상 고용할 수 없다고 가정하자.

$$K \leq K^{max} \qquad \text{(식 2.11)}$$

이 제약에 의해 기업의 생산 능력이 제한된다. 기술 때문에 기업이 한없이 커지지 못한다.

구체적으로 자본과 노동의 고용량은 두 요소의 상대 가격에 의해 결정된다. 자본과 노동의 가격을 각각 p_K, p_L 이라고 하자. 일정한 생산량 q를 생산하기 위한 원가 함수는 다음과 같다:

$$C(q) = \min_{K,L \geq 0} \; p_K K + p_L L$$
$$\text{s.t (2.10), (2.11)} \qquad \text{(식 2.12)}$$

이 원가를 회계원가와 구별하기 위해 경제적 원가라고 부르자.

자본은 한번 고용되면 단기간 내에는 증가되지 않는다. 따라서 단기 원가함수는 장기 원가 함수에 내포된다. 장 · 단기 원가 함수의 구별은 중요하다. 예를 들어 재고자산을 대체원가로 평가하려면 어떤 요소가 고정되는지를 알아야만 한다.

이제 다품종 생산의 경우를 살펴보자. 이때에는 동일한 자본이 여러 제품 생산에 공통적으로 이용되고, 노동은 각 제품별로 서로 다르게 투입된다. 각 제품의 생산량에 대한 생산함수는 단일 제품의 경우와 같다. 이 경우 원가함수는 각 제품 생산량의 원가 함수로 분리되지 않는다. 세 제품의 예를 들면, $C(q_1, q_2, q_3) = F(q_1)+G(q_2)+H(q_3)$ 형태가 되지 않는다. 원가함수의 분리 불가능성은 '제품 i의 원가'가 얼마인지 말할 수 없음을 의미한다. 실제로 이는 기업이 다품종 생산을 하는 이유이다. 즉 범위의 경제 때문에 다품종 생산을 한다.

다품종 생산의 경우, 일반적으로 어떤 제품의 한계 원가는 다른 제품의 생산량에 의존한다. 그러나 제품별 평균 원가는 존재하지 않는다. 회계에서는 활동의 그룹을 독립된 것으로 취급하는 경향이 있다. 예를 들면, 한 기간의 회계이익은 다른 기간과 독립적이다. 또 한 제품의 원가는 다른 제품의 원가와 독립적이다. 그러나 활동을 그룹으로 묶는 것이 효율적이기 때문에 기업은 오랜 기간 동안 존속하고 또 여러 종류의 제품을 생산한다. 다품종 생산의 경우와 마찬가지로 일정 시점에서의 어떤 제품의 한계 원가는 미래에 예상되는 생산량의 영향을 받는다.

이 세 제품 사례는 여러 경우로 응용될 수 있다. 이는 정보내용 접근에서 중요한 기초를 제공한다. 첫째의 경우는 다 기간 상황이다. 각 제품이 서로 다른 기간에 생산된다고 보면 다 기간 상황이 되고 각 기간의 현금흐름을 할인하는 문제가 발생한다. Christensen and Demski(2003)에서는 이 세 기간 현금흐름의 예를 처음부터 끝까지 적용한다. 자본 자산은 1기 초(t=0)에 구입된다. 그리고 앞에서 살펴본 원가함수를 적용하여 이익 함수를 만들고 이를 극대화하는 최적 생산량을 산출한다. 그 결과 매 기간의 총 현금흐름과 노동 지출, 그리고 순 현금흐름이 계산된다.

다음에는 세 기간 생산량을 기간별로 평준화하는 경우를 검토한다. 각 기간의 한계 원가는 다른 기간의 생산량에도 영향을 받기 때문에 기간 평준화로 인해 세 기간 총원가는 감소될 수 있다. 이는 기업이 재고를 생산하는 이유가 된다.

끝으로 경영자 활동을 반영한다. 경영자의 생산성을 M이라고 하자. 앞에서의 생산함수에 M이 포함된다.

$$q \leq M\sqrt{KL} \qquad \text{(식 2.13)}$$

이 모형에서 세 생산 요소는 서로 대체관계를 갖는다. 일정한 생산량 수준에서 M이 높으면 L은 낮아진다. 기본 모형은 M=1로 놓은 것이다. 이 모형은 경영자의 노력 투입이 검증되지 않아 계약이 이행되지 않는 불완전 시장에서 경영자 생산성이 관찰가능하다고 가정하고 경영자의 성과를 평가하는데 사용된다. 성과 측정은 이 상황에서 검증 가능성을 높이는 정보수단으로 취급된다. 즉, 재능이 있거나 열심히 노력하는 경영자는 높은 M을 제공하고, 이는 다른 요소의 생산성을 높이고, 또 그 요소의 생산성은 경영자의 재능 혹은 노력 수준을 알려준다. 이는 원가 혹은 이익과 경영자 성과 사이의 관계를 확립한다.[31]

요약하면, 범위의 경제를 추구하는 모형을 검토한 후, 이를 다기간 할인 현금흐름, 재고 생산, 그리고 경영자 행동 상황으로 확장하였다. 다기간 현금흐름 상황은 투자 측면을, 재고 상황은 자본과 노동의 대체 이슈를, 그리고 경영자 행동 상황은 경영자 노력 수준을 강조한다. 이 상황들은 여러 회계 이슈를 자연스럽게 검토할 수 있게 한다. 즉, 다기간 현금흐름 상황은 가치평가 이슈에, 경영자 행동 상황은 경영자 성과평가 이슈에, 그리고 재고 생산 상황은 가

31 이 내용은 본서 8장에서 상세하게 검토된다.

치평가와 성과평가에 동시에, 회계정보가 이용되는 상황에서의 회계 인식을 검토할 수 있도록 한다.

3.1.2 가치평가의 언어와 계산

정보내용 관점에서 회계는 가치평가의 언어와 계산을 사용하여 정보를 전달한다. 경제적 가치 혹은 이익이라는 용어는 완전 및 완성 시장과 확실성 세계의 가정에 뿌리를 두고 있다. 이는 고전파 경제학의 세계이다. 이 개념을 토대로 경제적 이익 관점(측정 관점)의 회계이론에서는 회계이익을 경제적 이익에 측정 오차를 포함한 것으로 이해하고 이 오차에 영향을 주는 요인들을 분석한다.

정보내용 관점에서도 다기간 현금흐름을 분석한다. 그러나 이 관점에서는 현금흐름은 내생적으로 산출된다. 앞항에서 살펴본 다기간 할인 현금흐름을 사용한다. 이는 다품종 생산 함수를 다기간으로 변형시킨 것이다. 그리고 기간 할인 개념을 적용한다. 결국 주어진 생산 함수를 바탕으로 기업의 이익을 극대화하는 최적 생산량을 판매한 수익에서 최적 생산 원가를 뺀 금액이 이익이 된다. 고정자산을 사용하는 이유는 대량 생산의 경제를 얻기 위함이다.

1절에서도 검토한 것처럼, 경제적 이익의 본질은 화폐자본의 사용에 대한 대가이다. 즉 감가상각이 시설자산의 사용 원가라면, 경제적 이익은 화폐자본의 사용원가, 즉 이자이다. 이렇게 보면, 경제적 이익은 이익이 아니고 원가이다. 기초의 경제적 가치에 이자율을 곱하면 이자, 즉 경제적 이익이 계산된다. 실제 이익에서 이 원가를 차감한 금액을 잔여이익(residual income)이라고 부른다. 완전시장에서는 독점적 지대가 존재하지 않으므로, 잔여이익은 0이 된다.

이제 각 기간별 경제적 이익의 의미를 다시 생각해 보자. 기간별 경제적 이익은 개별 제품의 수익성을 나타내는 것처럼 보일 수 있으나 실제로는 그렇지 않다. 위에서 서술한 바와 같이 경제적 원가함수는 제품별로 분리되지 않는다. 경제적 이익을 어떤 제품의 원가로 평가하는 것은 불가능하다. 실제로는 경제적 이익은 각 기간에 고용된 화폐 요소의 원가를 측정한 것일 뿐이다.

또한 고정자산의 구입 가격이 현재가치와 다르다고 하자. 즉, 양의 순현가(NPV) 사업계획을 생각하자. 이 차이는 경제적 이윤(profit)이라고 부른다. 이를 취득 시점에서 인식하면, 취득원가는 현재가치와 동일하게 된다. 수익에서 비용을 차감하여 회계이익을 계산하는 경우, 회계이익은 경제적 이익과 경제적 지대의 합을 표시한다.

3.2 저량 함수와 유량 함수

기업의 활동은 소유자에게 지급하는 기간별 현금흐름 벡터, $\boldsymbol{CF} = [CF_0, CF_1, \ldots, CF_T]$와 이자율 r로 표현될 수 있다. 즉, 경제적 기초(fundamentals)는 현금흐름 $\boldsymbol{CF}$와 이자율 r이다. 소유자는 동질적이며, 부채는 없다.[32]

3.2.1 회계가치평가

정보내용 관점에서는 경제적 가치와 회계가치를 분리한다. 회계가치는 회계 절차에 의해 기업 활동을 표현한다. 즉, 기업 활동은 일련의 현금흐름을 창출하는데, 이 활동을 회계로 표현하기 위해 회계절차가 사용된다. 회계 절차가 달라지면, 회계 표현의 결과도 달라진다.

기업 활동은 현금흐름 $\boldsymbol{CF}$와 이자율 r로 기술된다. 현금흐름의 시계열을 회계 장부가치 시계열로 전환하는 함수가 바로 회계절차이며, 이 절차의 집합을 A라고 하자. 만일 현금흐름 $\boldsymbol{CF}$와 이자율 r이 주어지고, 또 잘 정의된 회계절차 함수의 집합 A가 주어진다면, 이 절차를 적용하여 각 시점 $t=0,1,\ldots, T$에서의 회계가치를 얻을 수 있다. 이를 수식으로 표현하면 다음과 같다.

$$A(\boldsymbol{CF}, r) = [A_0, A_1, \ldots, A_t] \qquad \text{(식 2.14)}$$

A_t는 현금흐름 시리즈와 연관된 자산의 시점 t에서의 회계가치로서, CF와 r에 의존하며, 이를 $A(\boldsymbol{CF}, r)$로 표시한다.

예를 들어, $t=0$에서 현금흐름 $CF_0=-25{,}000$, $t=1$에서 $CF_1=4{,}950$, $t=2$에서 $CF_2=9{,}680$, $t=3$에서 $CF_3=16{,}637.50$의 현금흐름을 생각하자. 그러면 취득원가가 25,000이고 3 기간이므로 직선법 감가상각이 사용되면, $A_0=25{,}000$, $A_1=16{,}667.67$, $A_2=8{,}333.33$, $A_3=0$이다. A_t를 연속 현재가치와 대비할 수 있다. 각 기간의 연속 현재가치는 PV_0, PV_1, PV_2, PV_3이다.

32 이 항은 Christensen and Demski(2003)의 제4장을 참고함.

이 경우 현금주의 회계를 할 수도 있고, 다른 감가상각 방법을 쓸 수도 있다. 그러나 각 경우에 우리는 특정 절차집합, A 함수(회계가치 함수)를 적용한다.

회계절차의 집합, $A(\boldsymbol{CF}, r)$은 기업의 경제적 역사를 회계 역사로 사상(대응)한다. 이 함수는 초기와 말기의 값은 주어지지만, 나머지 중간 기간에는 임의의 값을 갖는다.

$$A_0(\boldsymbol{CF}, r) = -CF_0 \qquad \text{(식 2.15)}$$

$$A_T(\boldsymbol{CF}, r) = 0 \qquad \text{(식 2.16)}$$

초기 값은 소유자로부터 기업으로의 현금흐름이고, 말기 값, 즉 청산 시점에서의 회계가치는 영이다. 이 세 식은 회계가치평가를 의미하는데, 이는 $\boldsymbol{CF}$와 r이 주어질 때의 장부가치 시리즈를 보여준다. 회계가치평가 함수, $A(\boldsymbol{CF}, r)$는 경제적 가치평가와 대비된다.

두 기간 현금흐름을 생각해 보자. 1기 초에 100을 투자하고 이자율이 10%라고 하자. 1기에 현금흐름 x가 발생한다면, 1기말의 현재가치(경제적 가치)는 $PV_1=(121-1.1x)(1.1)^{-1}=110-x$이다. 회계가치는, 취득원가가 100이므로, 정액법 감가상각을 사용한다면 50이 될 것이다. 생산량 비례법을 사용하면, $A_1=100CF_2/(CF_1+CF_2)=100(121-1.1x)/(121-0.1x)$이다. $0 \leq x \leq 75$ 구간에서 PV_1은 A_1보다 크다. 회계방법의 차이에 따라 경제적 기초는 같아도 회계숫자는 달라진다.

이 점은 회계가 정보를 전달하는 구조에서 중요한 요점이 된다. 즉, 회계방법은 측정 척도(기준) 역할을 한다. 이 기준과의 차이에 의해 정보가 전달된다.[33] 회계방법이 정해지는 시기도 중요하다. 회계가치평가 모형은 주어진 $\boldsymbol{CF}$ 벡터와 r을 일련의 회계가치로 사상하는 데 특정의 절차, 특정의 인식과 대응 규칙의 집합을 필요로 한다. 따라서 회계방법, $A(\boldsymbol{CF}, r)$는 기업의 초기에 규정된다. 즉 기업의 기초가 확인되기 이전에 회계방법이 결정된다.

3.2.2 회계이익

이제는 회계이익의 측정 절차를 검토하자. 일련의 현금흐름 벡터와 이자율에 회계이익 측정 절차를 적용하여 얻어지는 회계이익 시리즈는 다음과 같다.

33 본서 p.112-116 참고.

$$\hat{I}(\boldsymbol{CF}, r) = [\hat{I}_1, \hat{I}_2, \ldots, \hat{I}_T] \qquad \text{(식 2.17)}$$

여기에서 $\hat{I}(\boldsymbol{CF}, r)$는 절차이고, $\hat{I}_t$는 t 기간의 **회계이익**(accounting income)이다. 모든 기간의 회계이익의 합은 일정하다. 각 기간의 회계이익은 본질적으로 임의적이다.

$$\sum_{t=1}^{T} \hat{I}_t = \sum_{t=0}^{T} CF_t \qquad \text{(식 2.18)}$$

즉, 총 현금흐름을 회계이익 시리즈로 재규정하도록 회계절차가 회계이익 시리즈를 표시한다. 기업의 전체 존속기간 중의 총 현금흐름과 회계이익의 합은 같다. 이를 정합성(tidiness)이라고 부른다.[34] 앞의 회계가치평가에서의 현금흐름, CF_0=-25,000, t=1에서 CF_1=4,950, t=2에서 CF_2=9,680, t=3에서 CF_3=16,637.50의 현금흐름을 생각하자. 감가상각은 정액법을 사용한다. 감가상각비는 매기 8,333.3이다. $\hat{I}_1$=-3,383.3, $\hat{I}_2$=1,346.7, $\hat{I}_3$ =8,304.2이다. 이익의 총합은 6,267.6인데, 총 현금흐름은 6,267.5로 단수 조정하면 같다. 또한 두 기간 현금흐름의 예에서도 마찬가지이다. CF=[-100, x, 121-1.1x]이고, 그 합은 21-0.1x이다. 정액법을 사용하면 회계이익은 첫 기에는 x-50, 두 번째 기에는 71-1.1x이다. 이를 합하면 21-0.1x이다.

한편 경제적 이익과 현금흐름과의 관계를 살펴보자. 전 기간 경제적 이익은 CF_1+ CF_2+ ⋯+ CF_T와 t=0에서의 연속 현재가치 PV_0의 차이이다. 즉, 경제적 지대가 없는 경우, 총 회계이익과 총 경제적 이익은 일치한다. 역으로, 지대가 존재하는 경우에, 지대는 회계이익 시리즈에 표시된다.

3.3 연결 관계

경제적 이익과는 달리, 회계이익은 회계가치평가와 독립적으로 분리해서 규정된다. 대차대조표와 손익계산서에 서로 다른 절차가 적용되기 때문이다. 예를 들어, FASB는 해외통화 환산 회계에서 환산손익은 손익계산서(포괄손익에는 포함)를 우회해야 한다고 주장한다. 이러

34 Demski and Sappington(1990), p.367. 이를 **이익 보존의 법칙**(income reservation principle)이라고도 부른다. 우변은 상수이므로 좌변에서 어느 기간에 이익이 증감하면 나머지 기간에는 반대로 변해야 한다. 이 성질은 발생주의가 기간의 흐름에 따라 **역전되는 현상**(accrual reversal)을 보여준다.

한 절차의 혼합은 대차대조표와 손익계산서에 각각 다른 상각방법을 적용하는 것과 같다.

이 문제에서 연결 관계 개념이 나온다. 회계이익이 회계가치의 변화와 (소유자로부터의 혹은 소유자에게로의) 현금흐름의 합이면, 가치평가 절차 A와 이익측정 절차 $\hat{I}$는 서로 **연결 관계**(articulation)를 갖는다고 말한다.

$$\hat{I} = A_t - A_{t-1} + CF_t, \qquad t=1, 2, \dots, T \qquad \text{(식 2.19)}$$

마찬가지로 경제적 이익은 경제적 가치의 변화와 현금흐름의 합이다. 경제적 이익과 경제적 가치 사이에는 연결 관계가 당연히 성립한다.

이는 **순수잉여 조건**(clean-surplus condition)이라고도 불린다. 모든 회계가치 변화는 손익계산서를 통과한다. 대차대조표의 잉여금 항목에는 손익계산서를 통과하지 않는 가치평가 조정은 포함되지 않는다. 연결 관계에 의해 대차대조표나 손익계산서에 사용되는 감가상각은 동일하게 된다. 경제적 이익의 정의도 이 연결 관계에서 비롯된다.

연결 관계는 다음의 이중성과 발생 개념의 확장, 그리고 오차의 상계와 같은 회계 계산의 특성을 유발한다.

3.3.1 이중성

연결 관계를 전제로 하면, 회계 저량과 유량 사이에는 **이중성**(duality)이 성립한다. CF_0와 회계이익 시리즈를 규정하면, 암묵적으로 장부가치 시리즈가 규정된다. 마찬가지로 장부가치 시리즈를 규정하면, 회계이익 시리즈가 규정된다. 이러한 이중성을 보장하는 조건은 연결 관계이다.

연결 관계가 성립할 경우, 소위 대차대조표 관점은 회계이익 시리즈를 의미한다. 마찬가지로, 이익 관점은 대차대조표 관점을 의미한다. 회계가치평가는 직접 혹은 간접적으로 이루어질 수 있다. 예를 들어, 우리가 감가상각 방법 선택을 강조하면, 비용 혹은 자산으로부터의 '용역 잠재력' 흐름을 강조하는 셈이다. 이는 간접적으로 자산의 회계가치를 확인하는 것이다. 역으로, 저가법을 적용하는 경우, 직접적으로 자산의 회계가치를 확인하는 것이며, 수반되는 가치 수정은 비용 항목이 된다.

3.3.2 발생

연결 관계는 발생주의 관념을 확장시킨다. 예를 들어, 현금흐름표 계산을 보라. 영업활동으로 부터의 이익에서 시작하여 감가상각과 같은 비현금 항목을 조정한다. 재무 및 투자 항목을 반영하고, 끝으로 현금 잔액의 변화를 이익, 재무 거래, 투자 거래와 조정한다. 그 주된 내용은 회계절차에서 비현금 항목을 확인하는 것이다. 이 모든 비현금 항목이 바로 발생이다.

정보내용 관점에서 발생주의는 중심적인 역할을 한다.[35] 따라서 발생 항목을 명확하게 확인할 수 있게 회계 저량과 유량에 대한 기술을 확장할 필요가 있다. 스톡인 회계가치 측면에서 t시점에서의 현금 잔액을 cb_t라고 하자. 그러면 t시점에 회계가치는 현금 잔액과 모든 비현금 항목으로 구성된다. 비현금 항목(외상 매출금, 자본 시설 등)을 $\hat{A}_t$로 표시하면, 다음과 같이 나타낼 수 있다.

$$A_t = cb_t + \hat{A}_t, \quad t = 0, 1, \ldots, \; T \qquad \text{(식 2.20)}$$

회계가치평가는 총합(aggregation)이고, 총합은 현금과 비현금 항목으로 구성된다. 비현금 항목은 본질적으로 t 시점의 회계 발생의 저량이다. 달리 말하면, 회계 발생의 저량은 회계가치에서 t 시점의 현금 잔액을 뺀 금액이다.

회계가치와 이익 시리즈 사이의 연결 관계를 전제로 하면, 회계이익은 다음과 같이 다시 표현될 수 있다.

$$\begin{aligned}\hat{I}_t &= A_t - A_{t-1} + CF_t \\ &= (cb_t + \hat{A}_t) - (cb_{t-1} + \hat{A}_{t-1}) + CF_t \\ &= [\hat{A}_t - \hat{A}_{t-1}] + [(cb_t - cb_{t-1}) + CF_t] \qquad \text{(식 2.21)}\end{aligned}$$

즉 이익은 발생 금액에 기업에로의 현금흐름을 합한 것인데, 후자는 기업의 현금 잔고의 변화에 자본거래를 합한 것이다. 연결 관계를 전제로, 발생의 유량은 발생 저량의 변화이다. 발생은 회계가 CF시리즈를 일련의 저량과 유량 측정치로 전환하는 역할을 한다. 발생주의

35 다음 장에서는 회계 숫자가 정보를 전달하는 구조를 도입한다. 과거의 재무 역사와 당기의 현금흐름을 감안하고 당기의 발생주의 회계 숫자를 분석하면 그 안에서 정보를 찾아낼 수 있다. 본서 p.112-116 참고.

회계는 이러한 전환을 강조한다.[36]

대차대조표 상에서 회계절차는 당기의 발생 저량을 표시 한다. 손익계산서에서는 발생 저량의 변화, 당기의 흐름을 표시한다. 이를 다시 영업활동, 투자활동 및 재무활동으로 구분할 수 있다.

어떤 회계절차 집합의 본질도 발생의 패턴 안에서 찾을 수 있다. 현금주의 회계에는 정의상 발생이 없다. 현금흐름표는 현금주의 회계를 보고하는 것이다. 모든 실질적인 회계절차는 발생주의 내용을 보이는 것이며, 나아가서 발생 그 자체를 보여준다.[37]

3.3.3 오차의 상계 : 경제적 가치와 회계가치

회계와 경제적 가치평가의 관계를 검토하자. 앞에서 특정의 회계절차를 사용하면, 회계가치가 경제적 가치에 비해 작음을 보았다. 이는 회계의 보수주의 처리이다. 지금 시점에서 많은 비용을 인식하면, 미래에는 작은 비용을 인식하게 되며, 따라서 미래 이익은 증가한다. 이 점은 일반화가 가능하다. 어떤 시점에서 A_t와 P_t가 다르다면, 그 차이는 그 후의 이익 시리즈에 나타난다. 이런 의미에서 저량 측정치의 오차는 미래 유량 측정치의 오차와 상쇄되는데, 여기에서 오차란 경제적 측정과 회계 측정의 차이를 말한다.

경제적 이익의 본질은 화폐자본의 사용 대가이다. 회계이익에서 화폐 사용 원가, 즉 이자를 차감한 금액은 잔여이익이다. 확실성 세계/완전시장에서 잔여 경제적 이익은 0이다. 회계이익의 잔여이익은 다음과 같다.

$$RI_t = \hat{I}_t - r \times A_{t-1} \qquad \text{(식 2.22)}$$

이는 회계 유량에서 암묵적 화폐자본 비용(이자율 r과 기초 회계가치의 곱)을 뺀 것이다. 이는 여러 이름을 갖고 있는데, 비정상 이익(Feltham & Ohlson, 1995), 초과 실현가능 이윤(Edwards

36 8장에서는 정보내용 관점에서의 인식의 특성을 검토한다. 이때 재고자산은 일종의 발생으로서 감사받기 좋은 형태를 갖춘다. 아울러 조건부 발생의 의미도 갖는다. 이러한 성질 때문에 발생주의가 필요하다. 상대적으로 Beaver(1998, p.83, 172.)에서는 발생주의의 장점은 미해결 과제라고 서술한다.

37 Christensen and Demski(2003, p.66 주 11)는 앞에서 검토한 현금흐름(초기에 −25,000)을 이자율 10%로 3 기간 투자한다고 보면 3 기말에 소유자는 33,275를 받는데, 이때 각 기간의 자산가치와 이익을 확인할 수 있는가 그리고 무엇이 발생인가라고 묻는다. 아마도 저자는 회계가치와 회계이익 모두 발생이라고 대답할 것 같다. 이 예에서 현금흐름은 초기와 말기 시점에만 발생하기 때문이다.

and Bell, 1961), 잔여이익(Solomons, 1965) 등이다. 기본 사고는 계산된 이익에서 암묵적 자본비용을 빼는 것이다.(경제적 이익에 대한 잔여 이익 계산도 같다.)

다음에는 모든 미래 기간의 잔여이익에 대한 t시점에서의 현재가치를 계산해 보자. 이를 유발된 **잔여이익 시리즈의 연속 현재가치**(continuation present value of the induced residual income series)라고 부른다. 공식적으로는 다음과 같다.

$$PRI_t = \sum_{j=t+1}^{T} RI_j(1+r)^{t-j} \qquad \text{(식 2.23)}$$

이는 경제적 가치가 현재가치 계산으로 표현되는 데 따른 것이다. 또한 회계가치평가와 이익 측정, A와 $\hat{I}$이 연결되어야만 한다. 그렇지 않으면 모든 가치 평가의 오류는 손익계산서를 통해 나타나지 않으며, 그 역도 마찬가지이다.

좀 더 상세히 생각해 보자. 잔여이익의 정의를 대입하자.

$$PRI_t = \sum_{j=t+1}^{T} (\hat{I}_t - r \times A_{t-1})(1+r)^{t-j}$$

절차 A와 $\hat{I}_t$에 연결 관계가 있으면, 회계이익은 회계가치의 변화와 현금흐름의 합이 된다. 즉, $\hat{I}_t = A_j - A_{j-1} + CF_j$를 위 식에 대입하면 다음과 같다.

$$\begin{aligned} PRI_t &= \sum_{j=t+1}^{T} (A_j - A_{j-1} + CF_j - r \times A_{t-1})(1+r)^{t-j} \\ &= \sum_{j=t+1}^{T} A_j(1+r)^{t-j} - (1+r) \sum_{j=t+1}^{T} A_{j-1}(1+r)^{t-j} + \sum_{j=t+1}^{T} CF_j(1+r)^{t-j} \\ &= \sum_{j=t+1}^{T} A_j(1+r)^{t-j} + \sum_{j=t+1}^{T} A_{j-1}(1+r)^{t-j+1} + \sum_{j=t+1}^{T} CF_j(1+r)^{t-j} \\ &= A_T(1+r)^{t-T} - A_t + \sum_{j=t+1}^{T} CF_j(1+r)^{t-j} \end{aligned}$$

그런데 가치평가 절차 A는 청산 시점에서 그 값을 0으로 보고하므로, 위 마지막 식에서 첫 항은 0이 된다.[38] 그리고 마지막 항은 t 시점에서의 CF시리즈의 연속 현재가치이다. 따라서

38 이 계산은 등비수열의 합을 생각하면 쉽게 이해할 수 있다. 초항과 말항을 제외한 중간항들은 서로 상쇄되어 없어진다.

$$PRI_t = -A_t + PV_t \quad \text{(식 2.24)}$$

가 성립한다. 따라서 연속적 현재가치는 회계가치와 유발 잔여이익 시리즈의 연속적 현재가치의 합이 된다. 바꿔 말하면, 두 저량 측정치의 차이는 유발 잔여이익 시리즈의 연속적 현재가치와 같다.

제4절 요약

이 장에서는 확실성 세계에서의 완전 및 완성시장에서의 경제적 이익과 경제적 가치를 살펴보았다. 경제적 가치는 미래 현금흐름의 현재가치이고 경제적 이익은 기초의 경제적 가치에 이자율을 곱한 이자 즉 화폐사용에 대한 대가이다. 그리고 기간의 현금과 경제적 가치 변화의 합으로 계산된다. 즉 경제적 이익은 경제적 가치의 부산물이다. 그리고 여러 가지 이상적인 성질을 갖는다. 불확실성 세계에서도 완전 및 완성 시장에서는 이러한 이상적 성질을 유지한다.

경제적 관점(측정 관점)의 회계이론에서 회계이익은 배당할인 평가모형에서 배당 지급능력으로 간주된다. 측정 오차가 작을수록 경제적 가치 즉 주가를 더 잘 예측할 수 있다. 회계방법, 성장률, 이자율, 현금흐름 분포 등에 의해 측정 오차의 크기는 영향을 받는다.

그러나 불확실성 세계의 불완전 및 미완성 시장에서는 주가와 회계이익 사이의 측정 관계는 성립하지 않는다. Beaver(1998)는 이러한 상황에서 회계이익은 가치평가 모형에 투입 변수로 사용된다고 본다.

정보내용 관점에서도 회계는 확실성 세계의 완전 및 완성 시장을 전제로 한 가치평가의 언어와 계산을 사용한다는 점은 동일하다. 경제적 가치와 경제적 이익은 저량과 유량 사이의 산술적인 연결 관계를 갖는다. 회계가치와 회계이익도 마찬가지로 이러한 연결 관계를 갖는다. 그러나 회계가치와 이익이 경제적 가치와 이익과 일치할 필요는 없다.

장부 가치와 경제적 가치(현재가치)와의 차이는 미래 잔여이익의 현재가치와 상쇄된다. 오늘의 대차대조표는 내일의 손익계산서에 영향을 미친다. 즉 장부가치에 미래 잔여이익 시리즈의 연속 현재가치를 합한 값은 현금흐름 자체의 연속 현재가치와 같다.

만일에 우리가 미래의 현금흐름을 확실하게 안다면, 회계절차를 적용하여 회계가치와 회계이익을 계산할 필요가 없다. 정의에 의해, 기업의 경제적 조건과 전망을 알 수 있기 때문이다. 이는 확실성 세계에서의 완전 및 완성 시장의 가정을 포기해야 함을 의미한다.

Beaver(1998)와 Christensen and Demski(2003)는 모두 정보 관점을 도입해야 한다고 주장한다. 그 내용은 다음 장에서 살펴본다. 2장에서 우리는 양자 모두 고전파 경제학의 현재가치 이론에 토대를 두면서도 회계 숫자에 대해 서로 다르게 해석하는 모습을 살펴보았다. 3장에서도 마찬가지로 두 접근은 1인 상황에서의 정보의 역할에 대해서 같은 이론을 사용하지만 회계 측면에서는 완전히 다르게 해석한다.

제3장

정보

이 장에서는 불확실성 하의 1인 의사결정 모형을 통해, 정보가 베이즈 규칙에 따라 사전적 확률을 수정하는 역할을 소개한다. 가치평가 관점에서는 개인 투자자가 포트폴리오 선택 과정에서 개별 기업의 재무정보를 필요로 하는 이유를 검토한다. 체계적 위험 부분은 시장과 개별 주가에 의해 결정되므로, 회계정보와는 무관하다. 이 부분이 의미를 가지려면, 개별 기업의 재무보고에 시장 전체에 관한 정보 혹은 관련 정보가 내포되어 있어야 한다. 따라서 개별 기업의 재무보고와 개인 투자자의 의사결정과 관련되는 회계정보는 비체계적 위험 부분과의 관계이다. 이는 평균적으로는 0이므로, 해당 기업의 비체계적 위험의 분산 혹은 타 기업과의 공분산이 필요한 정보가 된다.

정보내용 관점에서는 회계규칙에 따른 회계가치평가와 회계이익이 경영자가 전달하고자 하는 개인 정보를 가치평가 상황이나 성과평가 상황에서 의사결정자들이 사용할 수 있게 전달한다는 점을 보여준다. 현금주의와 발생주의는 모두 정보 원천이며, 재무보고는 양자를 결합하여 정보의 보완효과를 갖는다.

Beaver(1998)는 불확실성 세계의 불완전 및 미완성 시장에서는 경제적 가치와 경제적 이익 개념이 정의되지 않고 가치와 가격이 일치하지 않기 때문에, 회계를 보는 관점을 측정 관점에서 정보 관점으로 바꾸지 않을 수 없다고 본다. 즉 회계이익은 직접적인 가치측정치가 아니고 가치평가 모형에 투입 자료로 사용된다. Christensen and Demski(2003)는 확실성 세계에서 회계는 본질적으로 아무런 쓸모가 없다고 본다. 불확실성 세계에서 정보를 전달하는 것이 회계의 역할이다. 다만 회계는 정보를 전달하는데 가치평가의 언어와 계산을 사용한다.

이 장에서는 회계에 관한 정보 관점을 살펴본다. 정보 경제학에서는 1인 상황과 다수인 상황에서의 정보의 역할을 설명한다. 여기에서는 **1인 상황**에서의 정보의 역할을 검토하고 다음 장 이후에는 다수인 상황을 검토한다.

Beaver(1998)는 투자자의 의사결정에서 재무정보의 역할을 검토한다. 먼저 불확실성 하의 투자 의사결정 문제에서 주당 이익 정보가 투자자의 신념과 선호에 미치는 영향을 다룬다. 다음에는 **포트폴리오 이론**을 간단히 검토하고 이 이론이 재무보고에 주는 의미를 **시장 모형**을 통해 검토한다. 그리고 포트폴리오 이론의 맥락에서 재무정보를 검토한다. 재무보고에 대한 수요는 투자자의 의사결정 맥락에 따라 달라진다. 투자자의 유형(분산 투자 여부)에 따라 재무정보에 대한 수요가 다르다. 정보와 주가의 관계를 검토하려면 개인 투자자의 정보와 신념 및 선호만 중요한 것이 아니라 시장의 효율성 여부, 그리고 가격에 반영된 합의된 신념과 정보가 중요하기 때문에 다수인 상황을 검토해야만 한다.

Christensen and Demski(2003)는 다수의 정보가 함께 사용되면 **보완 효과**가 발생하는 점을 강조한다. 여러 정보가 결합되어 나타나는 보완 효과를 분리하여 각 정보 원천의 기여도를 분석하는 것은 불가능하다. 회계 시스템 자체도 현금주의와 발생주의의 두 정보 원천으로 구성된다. 현금주의와 발생주의가 결합되어 정보를 전달한다. 회계에 대한 가치평가 관점과 정보내용 관점을 비교한다.

제1절 불확실성 하의 의사결정 모형

1.1 불확실성의 모형화

정보는 잘 모르는 어떤 것을 알려주는 기능을 하므로, 확실성 세계에서는 정보의 수요가 없다. 따라서 회계가 정보를 전달한다고 말하면, 이는 불확실성 세계를 전제로 하는 것이다. 불확실성 하에서의 의사결정 모형으로는 상태-행동-결과 모형이 흔히 사용된다.[1]

1.1.1 상태-행동-결과 모형

행동(act)이란 특정의 선택이다. 그리고 내생적이다. 결과(outcome)는 행동선택으로 인해 유발된 영향(consequence)이다. 확실성 상태에서는 어느 한 행동이 결과를 완전하게 결정하며, 한 행동의 결과가 완전하게 알려진다. 그러나 우리는 보통 모든 가능한 행동의 정확한 결과를 모른다. 이 때문에 상태라는 개념을 도입하는데, 상태(state)란 세계를 나타내는 묘사 혹은 기술(description)로서, 본질상 상태는 충분히 포괄적이다. 따라서 만일 상태를 안다면, 어떤 행동에서 나오는 결과를 알 수 있다.

가능한 혹은 알려진 상태의 집합을 S라고 하자. 그리고 $s \in S$는 하나의 상태이다. 마찬가지로, 가능한 결과의 집합을 X로 나타내고, $x \in X$는 하나의 결과를 나타낸다. A는 가능한 행동의 집합이고, $a \in A$는 하나의 행동이다. 이제 이 세 요소를 하나의 함수 $x=p(s, a)$로 나타내자. 함수 $x=p(s, a)$는 행동과 상태가 선택된 경우 나타나는 결과를 보여준다.

예를 들어 보자. 아래 〈도표 3-1〉에는 두 행동과 두 상태가 있고, 각 상태별로 행동선택의 결과가 표시되어 있다. 사채 투자의 경우에는 경기에 무관하게 일정한 수익률이 보장되지만, 주식 투자의 경우에는 경기 상태에 따라 수익성이 달라진다.

1 이 장의 제1절은 Christenson and Demski, Accounting Theory: An Information Content Perspective, McGraw-Hill, 2003의 제5장과 6장을 발췌 요약하였다.

〈도표 3-1〉 투자 종류별 수익성

	s_1 (호경기)	s_2 (불경기)
a_1 (사채)	10%	10%
a_2 (주식)	20%	−15%

위 모형은 다음과 같은 특징들을 갖는다. 첫째, 상태의 수는 유한하다. 즉 어떤 수 n에서 $S=\{s_1, s_2, \ldots, s_n\}$이다. 이는 단순화를 위한 가정이며, 이렇게 가정하더라도 중요한 통찰이 배제되지 않는다. 둘째, 상태에 관한 기술의 적합성은 가능한 행동과 그에 따른 결과의 중요성에 의해 결정된다. 비가 오거나 혹은 오지 않는 상태는 우산 준비에는 적합하지만, 열차 기관사에게는 그렇지 않다. 셋째, 각 상태는 발생 가능한 하나의 시나리오를 나타낸다. 인식가능한 모든 시나리오들은 상태 기술에 축약되어 있으며, 상태기술에는 중요한 측면들이 모두 포함된다. 상태라는 관념은 추상적이며, 미래(혹은 과거에 숨겨져 있던 것)에 관해 잘 모를 때에도 모든 상황에서 사용될 수 있다.[2]

1.1.2 확률

이제 상태의 발생가능성(likelihood)을 고려하자. 어떤 상태는 다른 상태에 비해 발생가능성이 높거나 또는 낮다. 불확실한 세계에 대한 추상적 기술에 이를 포함시키는 통상적 방법은 집합 S에 포함된 각 상태에 대해 확률을 부여하는 것이다.

어떤 유한한 상태 집합이 있다고 할 경우, 이를 $S = S=\{s_1, s_2, \ldots, s_n\}$으로 표시할 수 있다. 이러한 맥락에서 확률은 각각의 $j=1,\ldots, n$에 대해 다음과 같은 숫자 π_j를 할당한 것이다.

(1) $\pi_j \geq 0 \qquad j=1,\ldots, n$

(2) $\sum_{j=1}^{n} \pi_j = 1$

숫자 π_j는 상태 s_j가 발생할 확률을 표시한 것으로서, $prob(s_j)$로도 표시된다. 이 확률 값은 음이 아니며, 그 합계는 1이다.

확률 숫자는 외생적으로 취급된다. 즉 그냥 존재하는 것으로 가정한다. 확률 측정치가 정

2 Christensen and Demski(2003), p.77.

해지는 방법은, 예를 들어 장기적 빈도, 완전한 주관, 이 양자의 어느 중간 등이 있는데, 그에 대한 정확한 의미는 다분히 철학적인 주제이다.[3] 여기에서는 확률을 발생가능성의 측정치라고 보는데, 발생가능성은 동전던지기에서 앞면이 나올 경우처럼 '객관적'사건을 반영하거나, 혹은 신제품 도입에서 객관적 승산을 따질 수 없는 것처럼 '주관적' 사건을 반영한다.

이처럼 상태 기술을 위해 부여된 확률 개념은 그 본질상 불확실성 개념을 내포하고 있다. 어떤 상태가 발생할 것이라는 사실을 우리가 알면, 그 상태에 확률 1을 부여한다. 그리고 다른 모든 상태에는 0을 부여한다. 어떤 상태의 발생가능성이 아주 높으면 1에 가까운 확률을 부여하고, 발생 가능성이 낮으면 0에 가까운 확률을 부여한다.

1.1.3 확률변수

상태와 확률은 불확실성에 관한 모형의 기초 요소이다. 그러나 상태에 대한 서술은 매우 추상적이어서 실제로는 거의 사용되지 않고, 대신 이를 나타내는 보다 구체적인 관련 측정치가 사용된다. 예를 들면, 기후의 상태를 말하기 보다는, 평균 온도나 온도의 범위, 예상 강우량 등으로 표현한다. 마찬가지로 기업의 상태를 말하기 보다는, 이익, 성장 전망, 장부가치/시장가치 비율 등으로 표현한다.

상태와 실제 우리가 말하는 것을 연결해 주는 것이 바로 확률변수(random variable) 개념이다. 확률변수는 상태 기술 $S=\{s_1, s_2, \dots, s_n\}$이 주어졌다고 할 때, 각 상태 $s \in S$에 대해 어떤 실수 $f(s)$를 부여하는 함수이다. 기술적으로 말하면, 확률변수는 상태 공간(아마도 m차원 공간)에서 정의되고, 실수 직선에 대응시키는 함수이다.

강우량, 온도, 회계이익, 기말시험 성적 등은 모두 확률변수이다. 마찬가지로 상태-행동-결과 모형에서 결과가 현금흐름처럼 실수라면, 이 역시 확률변수이다. 예를 들어, 〈도표 3-2〉에 기술된 상황을 고려하자. 여기에는 다섯 개의 상태와 두 개의 상이한 확률변수가 표시된다. Z는 확률 변수이며, 함수 $f(s)$에 의해 정의 된다. 마찬가지로 G는 함수 $d(s)$에 의해 정의된다.

3 Savage(1954)는 매우 일관성이 높은 어떤 의사결정자가 마치 주관적으로 확률과 효용을 평가하고, 또 의사결정 이론의 계산을 사용하여 가장 선호되는 행동을 확인할 수 있다는 주관적 해석을 개척하였다. 그에 의해 주관적 확률 개념이 등장했다고 볼 수 있다.

〈도표 3-2〉 예시적 확률 변수

	s_1	s_2	s_3	s_4	s_5
$\pi_j = prob(s_j)$	0.2	0.2	0.3	0.2	0.1
$Z = f(s)$	1	2	2	4	−1
$G = d(s)$	5	5	6	5	6

〈도표 3-3〉 확률변수와 확률

	$Z = -1$	$Z = 1$	$Z = 2$	$Z = 4$
$prob(z)$	.1	.2	.5	.2

확률 측정치도 함수형태로 구체화 할 수 있다. 함수 $f(s)$와 확률 측정치가 결합되면, 그 확률변수에 대한 확률 측정치(기술적으로는, 확률변수에 관련된 사건에 대한 확률 측정치)를 계산할 수 있다. 〈도표 3-2〉에서 $prob(Z=1)=.2$, $prob(Z=2)=.2+.3=.5$임을 알 수 있으며, 마찬가지로 발생가능한 각 Z에 대해 계산한 확률 측정치가 〈도표 3-3〉에 요약되어 있다. 이는 집합 {-1, 1, 2, 4}의 모든 부분 집합 혹은 사건으로 정의된 확률 측정치를 나타낸다.

확률변수의 평균 혹은 기대값과 분산을 계산해 보자. 확률변수 Z에 대해, 기대값 $E(Z)$, 분산 $VAR(Z)$은 다음과 같다.

$$E(Z) = \sum_z z \times prob(z) = -1(.1) + 1(.2) + 2(.5) + 4(.2) = 1.9$$

$$\begin{aligned} VAR(Z) &= \sum_z (z - E[Z])^2 \times prob(z) \\ &= (-1-1.9)^2(.1) + (1-1.9)^2(.2) + (2-1.9)^2(.5) + (4-1.9)^2(.2) \\ &= 1.89 \end{aligned}$$

확률변수의 분포는 간단하게 표현된다. 예를 들어, 다음 해의 이익 $\hat{I}$가 평균 $E[\hat{I}]=\mu$, 분산 $VAR(\hat{I})=\sigma^2$인 정규분포를 한다고 하면, $\hat{I} \sim N(\mu, \sigma^2)$으로 표시된다. 두 개의 모수, 평균 μ와 분산 σ^2이면 전체 분포를 기술하는 데 충분하다.[4]

4 예측 접근은 회계측정치(예: 이익)의 평균값을 중시하고, 분산값은 측정오차(잡음)를 나타낸다고 보고 이를 줄이고자 한다. 계약 관점에서는 다수행동에 대한 다수 측정치 존재의 경우 일치성과 민감도–정도를 중시한다. 정보내용 접근

이제 결합 확률(joint probability)의 개념을 살펴보자. 두 확률변수 Z와 G의 결합 확률을 $prob(Z, G)$로 나타내면, 이는 두 확률변수 쌍이 각각 특정의 값을 동시에 취할 확률로서, 두 변수 사이의 상호의존성을 나타낸다. 결합 확률 개념은 상태 기술을 정확히 규정하기 어려운 경우에 매우 중요한 의미를 갖는데, 본질적으로 불확실성이 내포되어 있는 각 상태들은 동시에 모든 확률변수들 사이의 상호관계도 담고 있기 때문이다. 확률변수 공식에서 이러한 상호의존성은 결합 확률 측정치로 대체되며, 공분산(covariance)은 이러한 상호의존성의 대표적인 측정치이다.

1.1.4 정보

상태의 포괄성으로 인해, 상태 기술이 세상과 관련하여 모든 알려진 측면들을 포함한다면, 정보(information)를 정의하는 것은 간단하다. 하나의 극단으로서, 완전정보(perfect information)는 발생하는 상태를 정확하게 알려준다. 정반대의 경우가 무정보(null information)이며, 이로부터는 어떤 상태가 발생할지를 전혀 알 수 없다. 그렇다면, 일부 어떤 것은 알지만 모든 것을 알지는 못하는 상태는 이 양 극단의 중간 영역에 해당한다.

정보는 상태-행동-결과 모형에서 상태에 관한 지식을 정밀화해 줄 수 있어야만 한다. 예를 들어, 다음 〈도표 3-4〉를 보자. 네 가지 상태가 존재한다. $S=\{s_1, s_2, s_3, s_4\}$. 이 상황에서 정보가 두 가지 내용을 보고하고 있다. 즉, 발생할 상태 또는 진실된 상태는 $\{s_1, s_2\} = \delta_1$에 있든가 혹은 $\{s_3, s_4\} = \delta_2$에 있다는 것이다.

〈도표 3-4〉 정보 조건부 확률

	s_1	s_2	s_3	s_4
$\pi_j = prob(s_j)$	.1	.2	.3	.4
$prob(s\mid\delta_1)$	1/3	2/3	0	0
$prob(s\mid\delta_2)$	0	0	3/7	4/7

이 정보원천이 δ_1을 보고한다면, 진실한 상태는 s_1 혹은 s_2이고, 그리고 s_3와 s_4가 발생할 확

에서 분산은 정보전달 과정에서 중요한 역할을 한다.

률은 영이다. 조건부 확률 형태로 표시하면, $prob(s_3 \mid \delta_1) = prob(s_4 \mid \delta_1)=0$ 이다. $\pi_j = prob(s_j)$ 라고 하자. 그러면

$$prob(s_1 \mid \delta_1) = \pi_1/(\pi_1+\pi_2) = .1/(.1+.2)=1/3$$
$$prob(s_2 \mid \delta_1) = \pi_2/(\pi_1+\pi_2) = .2/(.1+.2)=2/3$$

가 된다.

δ_1, δ_2를 관찰하면, 상태에 관해 어떤 것을 알 수 있다. 이로부터 체계적인 확률수정이 가능해 진다. 알려진 확률분포 $prob(s)$가 있다고 하자. 그 다음 정보원천이 예를 들어 $\delta_1 = \{s_1, s_2\}$를 보고한다고 하자. 그러면 베이즈 규칙을 적용하여, 사전적 확률분포 π_j를, 관찰된 보고 δ를 조건으로 하는 사후적 조건부 확률로 수정할 수 있다.

$$prob(s \mid \delta) = \frac{prob(\{s\} \cap \delta)}{prob(\delta)} \qquad \text{(식 3.1)}$$

1.2 1인 의사결정

먼저 합리성의 경제적 개념을 검토한다. 불확실성 하에서 의사결정자가 합리적이면 그는 기대효용을 극대화한다. 확실성 등가, 위험 회피, 정보의 역할을 검토한다.

1.2.1 기대효용 표현

의사결정자가 합리적이라고 하자. 즉, 선택행동이 아주 일관성이 있어서 선택이 마치 어떤 목적 함수를 극대화하는 것처럼 기술될 수 있으면, 합리적이라고 표현된다. 이익 및 효용 극대화가 그 대표적인 예이다.

불확실성 하에서 의사결정자의 선호를 측정하는 효용함수는 다음과 같다. 이에는 상태-행동-결과 기술이 포함되어 있다.

$$F(a) = \sum_{s \in S} U(p(s, a))\pi(s) = E[U \mid a] \qquad \text{(식 3.2)}$$

여기에서 $U(x)$함수는 취향을 나타내고, $\pi(s)$는 신념을 나타낸다. 정보는 $\pi(s)$를 수정하는

작용을 한다.

$F(a)$는 완전성, 전이율, 유연성(smoothness) 이외에 독립성 조건을 충족해야 한다. 즉 이 효용 함수에서 결과와 불확실한 사건 사이에는 독립성이 있어야 한다. 어떤 결과가 어떤 사건과 결부될 때의 선호는 다른 사건의 영향을 받지 않는다. 선호는 단지 확률만이 관련이 있다. 이 조건이 충족되어야 효용함수는 취향을 서술할 수 있다.

$U(x)$는 완전 증가함수이며, x는 화폐 금액이라고 가정된다. 효용함수의 형태는 '위험에 대한 태도'를 보여 준다. 의사 결정자가 불확실한 대안과 확실한 금액을 무차별하게 여기는 확실한 금액을 확실성 등가(certainty equivalent)라고 부른다. 즉,

$$E[U|a] = U(CE_a) \qquad \text{(식 3.3)}$$

1.2.2 위험 회피

최소한 두 결과의 확률이 모두 양이라면, 그 선택은 위험하다. 선택이 확실하게(확률=1) 특정 금액을 보장한다면 무위험이다. 위험을 해롭다고 간주하는 개인은 위험 회피적이다. 즉 $E(x|a) > CE_a$이면 위험 회피적이다. 위험 중립성은 $U(x) = x$를 의미한다. 합리적인 투자자는 위험 회피적이라고 통상 가정된다.[5] 즉 효용함수가 x축에 대해 오목하다. 위험한 선택 a_2의 확실성 등가가 더 작아지면, 그 개인은 위험 회피성이 더 커진다.

1.2.3 주관적 확률

많은 경우에 객관적 확률이 사용된다. 그러나 객관적 확률의 사용이 곤란한 경우에는 주관적 확률을 사용할 수밖에 없다. 즉 미래 사건의 발생 가능성에 대한 주관적 판단에 의지한다. 물론 이는 의사결정 자체의 문제이다. 의사결정은 일반적으로 개인적 신념에 의해 이루어진다.

1.2.4 정보의 역할

중요한 의사결정의 경우, 결정 이전에 정보를 수집하는 것은 일상적인 일이다. 많은 정보는 의사결정을 개선한다.

5 한계효용이 체감하는 의사결정자의 효용함수는 위험 회피적이다.

앞에서 정보를 부분 집합으로 분할(partition)해 주는 것으로 모형화하기 위해, 상태-행동-결과 모형을 사용하였다. 이제는 이 모형에 기대효용 분석을 결합해 보자.

어떤 시스템 η가 상태를 두 신호 $y=g$ 혹은 $y=b$로 대응시킨다고 하자. 이를 집합 S의 분할로 표현하면 $\Delta = \{\{s_1, s_3\}, \{s_2, s_4\}\}$이다. 물론 이 분할이 정보의 내용이며, 시스템 혹은 원천 η는 이 본질에 대한 척도화(scaling)이다. 즉, 정보내용을 척도를 사용하여 측정한 것이다.[6]

이제 이 정보 시스템의 기대효용을 계산해 보자. $E(U|\eta)$는 행동 이전에 η로부터 신호가 관찰 가능하고, 신호를 조건으로 최적행동을 선택하는 경우의 개인의 기대효용을 나타낸다.

이를 확장하자. 정보도달 이전에 곧 정보가 나올 것임을 안다고 해 보자. 이 경우 아직 정보가 도달하지 않았어도, 정보도달을 전제로 여러 전략 혹은 정책 별로 기대 효용을 계산할 수 있다. 이는 정보가 없는 경우와 차이가 있다. 따라서 정보 접근은 정책선택 기회를 확장해 준다.

$$\begin{aligned} E[U|\eta] &= \max_{\hat{a}(y)} \sum_{y=\delta\in\Delta} \sum_{s\in y} U(p(s,\ \hat{a}(y)))\pi(s) \\ &= \sum_{y=\delta\in\Delta} \pi(y) \max \sum_{s\in y} U(p(s,\ a_y))\pi(s)/\pi(y) \\ &= \sum_{y=\delta\in\Delta} \pi(y) E[U|(y,\ a_y^*)] \qquad \text{(식 3.4)} \end{aligned}$$

이 식의 첫째 줄은 단순히 최적 정책의 선택 활동을 나타낸다. $\hat{a}(y)$는 각 신호에 대한 최적 행동 함수이다. 둘째 줄은 신호 확률 함수를 곱하고 나눈 것이다. 이를 통해 정책 선택을 신호에 따른 최적 행동 선택으로 바꾼다. 셋째 줄은 신호를 전제로 한 최적 행동 선택의 결과를 표현한다.

1.2.5 정보원천의 비교

이제 두 정보원천을 비교해 보자. 의사결정자가 η_1과 η_2 가운데에서 선택한다고 하자. $E[U|\eta_1] \geq E[U|\eta_2]$이면, 첫 정보원천은 두 번째 원천보다 최소한 같거나 더 좋다. 그러나 이 조건이 항상 성립하지 않는다는 점에 유의해야 한다.

첫 번째 분할이 두 번째 분할의 부분 분할일 때에는 두 정보원천의 비교는 용이하다. 비용

6 측정이란 측정 대상을 척도를 사용하여 숫자로 표현하는 과정 혹은 함수를 말한다.

차이가 없다면, 첫 번째 시스템을 선택하는 것이 유리하다. 그 역도 또한 성립한다. 이를 정세성 정리(fineness theorem)라고 부른다. 모든 의사결정자가 $\hat{\Delta}$보다 Δ를 선호한다면, Δ는 $\hat{\Delta}$의 부분 분할이다.

η_1과 η_2는 상태 집합 S의 분할을 유도하는 두 정보원천(비용은 동일)이라고 하자. 그러면, η_1에 의해 유도되는 분할이 η_2에 의해 유도되는 분할의 부분분할일 때, 그리고 오직 그 때에만, S에 대해 정의되는 모든 선택문제에 대해 $E[U|\eta_1] \geq E[U|\eta_2]$가 성립한다.[7]

지금까지 불확실성을 모형화하고, 정보의 역할이 베이즈 규칙에 따른 확률 수정임을 살펴보았다. 그리고 1인 의사결정자의 기대효용 극대화 과정에서 정보 시스템의 가치를 살펴보고, 두 개 이상의 정보 시스템을 비교하였다. 이제 이 내용을 토대로, 1인 의사결정 상황에서 회계의 정보제공 역할에 관해, 가치평가 접근(2절)과 정보내용 접근(3절)의 주장내용을 살펴보자.

제2절 투자 의사결정과 정보: 가치평가 관점

재무제표 이용자가 개인인 상황에서 재무제표 자료가 투자자, 채권자, 그리고 기타 사람들에게 유용한 정보를 제공한다는 말의 의미를 살펴보자.[8] 각 상황은 일반적이다. 즉 모든 유형의 정보가 갖는 특성을 검토하는 데, 재무보고는 그러한 정보의 한 예이다. 투자자를 주된 이용자로 본다.[9]

1인 상황은 다수인 상황의 기본이다. 재무정보의 가치에 관한 많은 직관적 관념은 1인 상

7 이는 Blackwell 정리의 부분 분할 형태이다. 직관적 의미는 다음과 같다.
어떤 정보원천이 다른 정보원천의 모든 내용을 보고하고 추가적으로 다른 내용을 보고한다면, 상황과는 무관하게, 그 정보원천은 다른 정보원천에 비해 더 낫다. 이 의미는 공식적 상태 분할 상황이 아닐 때에도 성립한다. 확률변수 상황에서 $Z=W+\in$ (($E(\in)=0$이고, $\in$은 B와 독립)이면, B에 관해 W는 Z에 비해 더 정보적이다. 이 정리는 1인 상황에서만 성립한다. Christensen and Demski(2003), p.111, p.88 주 참고.

8 이 절은 Beaver, Financial Reporting: Accounting Revolution, Prentice Hall, 1998의 제2장을 발췌 요약한 것이다.

9 IASB/FASB 개념체계(2008)에서는 현재 및 잠재적인 지분 투자자, 대출자와 기타 채권자를 기본 이용자 집단으로 본다. 이들의 재무정보 이용은 투자 의사결정이다. 이들은 위험 회피적이라고 가정되며, 위험 중립이라면 재무정보는 불필요하다. 불확실성이 문제가 되지 않는다.

황에 토대를 둔다(예: 추가 공시의 비용이 없다면, 많은 공시는 최소한 적은 공시와 동일한 가치를 갖는다). 이는 다수인 상황에서의 정보 역할에 대한 분석의 준거 기준이 된다.

개인 투자자에 대한 정보의 역할에 대한 예를 검토한다. 핵심 특징은 정보 가치는 개인적이고 주관적이며, 투자자들의 개인 성격의 차이에 따라 달라진다.

2.1 불확실성 하의 의사결정 모형

2.1.1 불확실성 하에서의 투자 문제

정보의 역할을 이해하기 전에 먼저 정보가 사용되는 의사결정 맥락이 기술되어야 한다. 여기에서는 앞 절에서 검토한 불확실성 하에서의 의사결정 모형을 이용하여, 투자자의 포트폴리오 결정 과정에서의 재무보고의 정보 제공을 검토한다.

투자자 의사결정 과정도 불확실성 하의 의사결정과 같은 요소들로 구성된다. (1) 행동: 투자 상황에서는 이용 가능한 포트폴리오, (2) 상태, (3) 결과: 투자 상황에서의 미래 현금흐름, (4) 효용함수: 의사결정은 투자자가 선호함수를 극대화하는 과정이라고 볼 수 있다. 선호함수는 신념함수와 확실한 결과에 대한 투자자의 효용함수로 구성된다. (5) 신념: 의사결정자의 신념은 각 상태에 할당된 확률분포를 말한다. 신념은 개인적이고 주관적이다. 신념은 훈련, 교육, 과거의 투자 경험을 포함하는 투자자의 누적된 경험에 근거를 둔다. 또한 신념은 투자자가 어떤 정보를 갖는가에 의해서도 영향을 받는다. 정보에는 재무보고서 뿐 아니라, 분석가 보고서, 신문 기사, 기타 공개적으로 이용 가능한 정보가 포함된다. 정보의 역할은 신념을 바꾸고 그 결과 의사결정자의 행동을 바꾸는 잠재력이므로, 신념은 아주 중요한 요소이다. (6) 목적함수: 투자자는 최대의 기대효용을 갖는 포트폴리오와 현행 소비를 선택한다. 일반적으로, 최적 포트폴리오는 투자자의 재산, 선호, 신념, 그리고 주가의 함수이다. 간단히 말하면, 의사결정자는 가장 선호되는 포트폴리오를 선택한다.

지금까지의 투자자 상황은 아주 일반적이다. 투자자가 위험 회피적이면, **평균-분산**(mean-variance) **포트폴리오 이론**이 유도된다. 이러한 특수한 상황에서 기말의 투자자 재산에 대한 선호함수가 주어질 때, 기대 수익과 위험(포트폴리오 수익의 분산)의 결합이 최적인 포트폴리오를 선택하는 것으로 투자자 행동이 기술된다. 이 상황에서의 정보의 역할이 개발된다.

2.1.2 단순한 투자 상황

투자자는 위험중립이다. 두 주식의 현재 주가는 각각 $50이다. 투자액은 $10,000이다. 주당 이익 정보가 없을 때, 다음 〈도표 3-5〉에서처럼 두 주식의 기말 기대 주가는 동일하고, 모든 포트폴리오 전략의 기대효용은 12,000((10,000/50)×60)이다. 각 주식의 주당 이익 정보가 발표되고 그 결과 사후적 확률 분포가 주당 이익의 크기에 따라 달라진다고 하자. 즉, 주당 이익이 높은 주식은 주가가 높을 확률이 0.9가 된다고 하자. 그리고 신호에도 불구하고 예상 주가에 변화가 없다면, 이 예에서는 어떤 신호가 나오든 그 신호를 조건으로 최적 주식을 선택하면 15,200((10,000/50)×76; 76=80×0.9+40×0.1)의 기대 효용을 얻게 된다. 그러나 일반적으로는 조건부 기대효용은 신호에 따라 달라질 것이다.

〈도표 3-5〉 단순한 투자 상황

상태	상태의 확률	기말 주가	
		주식 A	주식 B
1	.5	$80	$40
2	.5	$40	$80
기대 기말 주가		$60	$60

이 상황에서, 가격은 신호의 영향을 받지 않지만(신호 전후에 평균 주가는 $60이다), 정보 시스템의 비용이 없다면 기대효용은 정보가 없을 때보다 더 작아지지는 않는다. 이 예에서는 정보 시스템과 관련된 기대효용은 더 커진다. 이러한 상황에서는 정보 시스템에의 접근은 가치가 있다. 정보 시스템의 가치는 정보의 유무에 따른 기대효용 수준의 차이로 정의된다. 좀 더 일반적으로, 서로 다른 정보 시스템의 투자자에 대한 가치는 각 정보 시스템과 관련되는 기대효용의 수준으로 정의된다. 따라서 정보 시스템의 조건부 기대효용은 투자자에 대한 정보 시스템의 가치에 따라 정보 시스템들의 순서를 결정할 수 있다. 즉, 투자자는 가장 높은 기대효용과 관련되는 정보 시스템을 선택할 것이다. 이러한 정보 시스템은 그 투자자에게 '최적'이다. 사례는 특수하지만, 이 점은 아주 일반적이다.

의사결정자는 신호에 따른 수정된 신념에 맞추어 최적 행동을 조정할 수 있으므로, 무비용 정보의 가치는 음이 아니다. 각 신호에 대해 비음성이 성립하므로, 신호 전체의 평균에 대해서도 비음성이 성립한다. 특히, 이는 효용 차이의 기대값에도 성립한다.

재무보고 등의 정보에 대한 수요는 투자자의 개인적 속성에 의존한다. 즉, 개인적이고 주관적인 것이다.[10] 이용자와 특정의 의사결정 맥락을 고려함이 없이는, 정보 시스템의 '고유가치(intrinsic value)'는 존재하지 않는다. 더욱이 개인적 가치는 개인 투자자에 따라 달라진다. 따라서 재무정보의 수요는 투자자와 의사결정 맥락에 따라서 달라진다.

2.2 포트폴리오 이론과 재무보고

포트폴리오 이론은 하나의 의사결정 맥락을 제시하는데, 이 맥락 안에서 재무정보를 검토할 수 있다. 재무보고의 목적이 투자자 의사결정에 정보를 제공하는 것이라면, 투자자의 의사결정 맥락은 재무보고의 가장 중요한 측면이다. 1 기간, 평균-분산 포트폴리오 이론은 이러한 맥락 가운데 하나이다. 이 이론은 분산, 집중, 능동적, 수동적 투자자 등 다양한 투자자를 포함하므로, 앞의 사례보다 개인 투자자 상황에서 재무정보의 역할을 더 넓게 보여 준다.

2.2.1 포트폴리오 이론의 의미

포트폴리오 이론의 세 가지 측면은 중요하다. (1) 투자자가 관심을 갖는 결과는 포트폴리오의 기대수익(보상)과 수익의 분산(위험)이다.[11] (2) 개별 주식의 일정 부분은 분산되어 없어질 수 있고, 포트폴리오 수익의 분산은 단순히 분산의 평균값이 아니다.[12] (3) 투자자가 관심을 갖는 주식관련 변수, 그리고 주식관련 정보(예: 재무보고)에 대한 투자자의 수요는 선택되는 포트폴리오 전략에 따라 달라진다.

---

10 예를 들어, 객관적 혹은 '진실된' 확률 집합이라는 사고는 존재하지 않는다. 정보는, 더 정세한 정보 시스템에 의해 유도되는 신념과 그에 따른 행동과 비교할 때, 정보에 의해 유발된 신념과 행동을 통해서만 '잘못' 혹은 '오도'한다고 말할 수 있다.

11 위험 회피적인 합리적 투자자는 투자의 기대성과가 동일하다면 낮은 위험을 선호하고, 또 동일한 위험이라면 높은 기대성과를 원한다. 이렇게 투자하는 방법은 분산투자이다. 적절한 포트폴리오 분산투자는 위험의 일부를 소멸시킨다. 평균-분산 효용함수는 $U_i(a)=U_i(\bar{x}_a, \sigma_a^2)$로 표시할 수 있다. 이 효용함수는 $\bar{x}_a$에 대해서는 증가함수이고, σ_a^2에 대해서는 감소함수이다.

12 주가에 영향을 주는 요인으로는 이자율, 환율, 경기 수준 등과 같은 시장 혹은 경제 전체 요인과 한 기업의 주가에만 영향을 주는 기업 고유 요인이 있다. 전자만 있으면 주가들 사이에는 완전한 상관관계가 있고 후자만 있으면 주가 수익률들은 독립적이다. 대부분은 양 극단 사이에 존재한다.

재무정보의 역할은 투자자의 신념을 바꾸는 것이다. 이 상황에서 관련된 투자자 신념은 각 포트폴리오에 대한 기대수익과 수익의 분산이다. 이 두 변수는 다시 개별 주식의 기대수익, 개별 주식 수익의 분산, 그리고 개별 주식 수익 사이의 공분산 혹은 상관관계의 함수이다. 정보의 역할은 이들 변수에 대한 투자자 신념을 바꾸는 것이다.

시장모형(market model)은 주식 수익을 $R_i = \alpha_i + \beta_i R_m + u_i$로 편리하게 규정한다. R_i는 i주식의 수익률이고, R_m은 시장포트폴리오의 수익률이다. 양자의 1차 회귀식이 바로 시장모형이다. 주식의 수익률은 체계적 부분과 비체계적 부분의 합이다. 체계적 부분은 '시장 포트폴리오'와 선형관계를 갖는 부분이다($\alpha_i + \beta_i R_m$). 비체계적 수익은 체계적 부분을 제외한 잔여 부분이다(u_i). 비체계적 수익은 시장 수익과 상관관계가 없고, 체계적 부분은 시장 수익과 완전한 관계를 갖는다. 따라서 여러 주식들의 체계적 수익은 서로 완전히 상관관계를 갖고, 비체계적 부분도 공통산업 효과와 같은 요인들 때문에 여러 주식들 사이에서 상관관계를 가질 수 있다.

관련된 투자자 신념은 시장 포트폴리오의 기대 수익, 시장 포트폴리오 수익의 분산, 알파와 베타, 비체계적 수익 사이의 공분산 혹은 상관관계이다. 처음 두 변수는 경제 전체와 관련되고, 나머지는 개별 주식에 고유한 변수이다.

2.2.2 포트폴리오 이론 맥락에서의 재무정보

재무보고 정보의 역할은 주식 고유 변수에 관한 투자자 신념을 바꾸는 것이다. 비체계적 위험을 분산시키는 투자자 능력은 재무보고 자료와 같은 주식 고유 정보에 대한 투자자의 직접 수요에 영향을 미친다. 비분산 투자자는 비체계적 위험을 평가할 수요를 갖지만, 잘 분산된 포트폴리오 투자자는 그렇지 않다. 주식 고유 재무정보의 역할은 알파와 베타의 평가를 바꾸는 것이다.

일반적으로, 포트폴리오 이론은 알파와 베타 사이의 필수적 관계를 가정하지 않는다. 그러나 투자자 행동은 이 두 모수 사이의 인지된 관계에 영향을 받는 듯하다. 예를 들어, 같은 베타를 가진 주식들은 같은 알파를 갖고, 따라서 같은 기대 수익을 갖는다고 본다.

이런 신념을 갖고 분산된 포트폴리오만 고려하는 투자자에게는, 포트폴리오 선택 문제는 포트폴리오의 베타 수준을 선택하는 것이 된다. 이 맥락에서, 유일하게 관심 있는 주식 고유 모수는 베타(β_i)로서, 이는 체계적 위험을 나타낸다. 이는 시장 포트폴리오의 시장가치의 변화와 주가 변화 사이의 공동변화 측정치이다.[13] 가장 극단적인 경우, 투자자는 차입 및 대출과 결합된 주가지수 펀드의 보유만을 고려할 것이다.[14] 즉, 주가지수 펀드는 유일한 보통주 포트폴리오이고, 전체 포트폴리오의 목표 베타 수준은 차입 및 대출에 의한 포트폴리오의 지레 효과로 달성된다. 이 유형의 포트폴리오 전략에서는, **주식 고유 정보에 대한 직접 수요**는 존재하지 않는다.

투자자가 **비분산 전략**을 택하는 이유는 무엇인가? 비체계적 위험을 감소시키는 분산투자의 명백한 효과를 전제로 할 때, 비분산 포트폴리오가 최선이라고 투자자가 인지하도록 만드는 요인에는 거래비용 등이 있다. 한 가지 중요한 이유는 주가 수익 구조에 대한 투자자 신념이다. 체계적 위험뿐만 아니라, 비체계적 위험에 대해서도 보상을 해주어, 충분히 높은 기대수익을 제공하는 소수의 주식이 있다고 생각하면, 투자자는 비분산 투자를 선택할 것이다.

투자자는 **가격이 잘못된**(mispriced) **주식**이 인지되면 비체계적 위험을 부담하려 한다. 주가가 투자자 신념을 '충분히 반영하지 않을 때' 주가가 잘못된 것으로 인지된다. 특히 투자자 신념의 근거가 되는 정보가 주가에 충분히 반영되지 않았다고 투자자는 인지할 것이다. 정보가 가격에 충분히 반영되는 정도는 **시장 효율성**(market efficiency)에 따라 달라진다. 이 인지도 또한 재무정보에 대한 투자자 수요에 영향을 미치며, 재무보고 시스템은 시장 효율성에 대한 투자자 신념에 영향을 줄 수 있다.

재무정보와 주가 사이의 인지되는 관계 때문에 투자자들이 요구하는 재무정보의 직접적인 수요가 다양해진다. 그러나 정보와 주가 사이의 관계에 초점을 맞추게 되면, 1인 상황에 한정된 분석은 논의를 왜곡시킨다.

선택된 포트폴리오는 투자자의 신념과 정보 뿐 아니라, 기존의 주가에 반영된 합의된 신념과 정보에 내재된 것으로서 투자자가 인지하는, 신념과 정보의 함수이기도 하다. 기존의 주가는 다른 투자자들의 신념과 정보에 의해 결정된다. 그러나 앞의 사례에서는 현행의 주가가 신호전달 전후에 동일하다고 가정한다. 특히 사례에서는 최소한 주가에 반영된 다른 사람의 행동이 그 신호의 공개적인 이용 가능성에 의해 영향을 받지 않는다거나, 혹은 일부 투자자가

13 이를 식으로 표현하면, $\beta_i = \dfrac{cov(R_i, R_m)}{\sigma^2(R_m)}$이다.

14 무위험자산은 국채처럼 위험이 없는 자산이다. 시장 포트폴리오와 무위험 자산에 함께 투자하면 시장 포트폴리오에만 투자하는 경우보다 더 높은 효용을 얻을 수 있다. 무위험 자산의 구입은 차입 혹은 시장 포트폴리오의 처분 대가로 충당된다. 후자의 경우 위험과 함께 기대 수익도 감소한다. 그 결과 아주 위험 회피적인 사람의 효용은 올라간다. 차입의 경우는 반대로 위험과 기대 수익이 올라가지만 위험 회피 정도가 낮은 사람의 효용은 커진다. 이렇게 각 투자자는 각자의 취향에 맞는 최적 포트폴리오 투자를 한다.

어떤 정보에 대해 비대칭적으로 접근한다는 것을 다른 투자자들이 알더라도 주가는 그 영향을 받지 않는다고 가정한다. 어떤 가정도 그럴듯하지 않다. 다수인 상황에서 주식이 발행 및 거래되고 가격이 결정되므로, 당연히 다수인 관점이 필요하다.

제3절 정보채널로서의 회계: 정보내용 관점

정보내용 관점에서 회계는 정보의 한 원천이고, 정보를 전달하기 위해 가치평가의 언어와 계산을 사용한다고 본다. '가치평가의 언어와 계산'은 '회계모형'의 중심이다. 이제는 회계모형에 정보를 포함시켜야 한다.

앞에서 불확실성이 존재할 때 자원배분 문제를 표현하는 방법과 정보, 그리고 정보의 원천과 도달을 표현하는 방법을 살펴보았다. 여기에서는 정보원천들을 서로 비교하고, 또 결합하는 내용을 다룬다. 그리고 회계 저량과 유량 측정치 관계를 불확실성 세계로 확장한다. 이를 통해 정보내용 관점과 회계가 정보전달을 위해 가치평가의 언어와 계산을 사용한다는 주장을 이해할 수 있게 된다.

3.1 정보의 표시, 정보원천의 가치, 비교와 결합

불확실성 하의 의사결정 모형에서는 정보가 사전적 확률을 사후적 확률로 수정한다. 이에 의해 정보시스템의 가치를 계산하고 비교한다. 그리고 이 이론을 포트폴리오 투자 상황에 적용하였다. 여기에서는 정보를 표현하는 두 가지 방식을 검토한 후, 정보의 비교 · 결합 · 분리를 다룬다. 그리고 이 논의를 바탕으로 회계의 정보전달 구조를 살펴본다.

3.1.1 정보 : 상태 분할

제1절에서 이미 언급했듯이, 공식적으로 정보는 상태를 분할하는 것(state partition)이며, 이 상태 기술(state description)에는 모든 불확실성이 내포되어 있다. 정보 원천은 상태 공간에 대

한 부분 집합을 구성한다.

Δ를 집합의 집합이라고 하자, 즉 $\Delta = \{\delta_1, \delta_2, \cdots, \delta_m\}$이다. 만일 다음의 세 조건이 성립한다면, 이 집합의 집합 Δ는 $S = \{s_1, s_2, \cdots, s_n\}$의 한 가지 분할을 구성한다.

1. $\delta_i \subseteq S$, 모든 $\delta_i \in \Delta$
2. $\delta_1 \cup \delta_2 \cup \cdots \cup \delta_m = S$
3. $\delta_i \cap \delta_j = \emptyset$ 모든 $\delta_i, \delta_j \in \Delta$ 그리고 $i \neq j$

Δ를 '홀더'(이는 하나의 집합임)의 집합이라고 해보자. 첫째, 각 홀더 δ는 S의 부분 집합이다. 둘째, 집합적으로 홀더 전체는 S와 같다. S의 모든 원소는 한 홀더에 속해야 한다. 셋째로, 홀더들은 상호 배반적이다. 이러한 생각은 분류에 관한 것으로, S의 모든 원소는 Δ의 한 원소에 속한다.

이것이 바로 정보의 모형을 만드는 또 다른 한 가지 방법으로서, '정보는 상태 공간 S의 분할'이라고 표현된다. Δ의 원소가 하나뿐이라고 하자. 이 경우는 바로 $\Delta=\{S\}$임을 의미한다. 이 정보는 무 정보(null information)로서, 아무 것도 말해주지 않는다. 우리는 이미 $s \in S$임을 알고 있다. 또 다른 극단으로서, $\Delta = \{\{s_1\}, \{s_2\}, \cdots, \{s_n\}\}$인 경우를 보자. 이는 완전정보의 경우에 해당한다.

이 모형에 관해 다음의 두 가지 특성을 추가할 필요가 있다. 첫째로, 이미 앞에서 본 바와 같이, 정보가 상태 공간의 분할로 표현될 때, 상태 확률의 수정은 명확하다. 만일 $\delta \in \Delta$가 진실이라면, δ의 한 원소가 진실이며, 또 δ에 속하지 않는 어떤 원소도 진실이 아니다. 따라서 앞에서 다룬 베이즈 공식은 다음과 같이 단순화 된다.

$$prob(s|\delta) = \begin{cases} prob(s)/prob(\delta) \text{ if } s \in \delta \text{ ; and} \\ \quad 0 \qquad\qquad \text{if } s \notin \delta \end{cases} \qquad (\text{식 } 3.5)$$

둘째, 정보를 상태 공간의 분할로 보는 또 다른 방법은 이 정보원천이, S를 어떤 신호 집합 $\hat{W}$에로 사상하는, 어떤 함수 η에 따라 보고한다고 생각하는 것이다. 이를 기술적으로 나타내면, $\eta : S \rightarrow \hat{W}$이며, 이는 함수 η가 S를 $\hat{W}$에로 사상한다고 말한다. 이를 달리 표현하여, $m=\eta(s)$ 라고도 표현한다. 즉 정보원천 η가 신호 $m \in \hat{W}$을 발생시킨다. 함수와 분할 아이디어의 공식적 동등성은 앞의 예를 검토하면 명백하다.

한 걸음 더 나아가, 이를 확률 변수로 표시하는 것도 가능하다. 분할 Δ의 한 요소를 보고하는 대신(즉, $\delta_j \in \Delta$를 보고하는 대신)에, 왜 간단히 숫자 'j'를 보고하지 않는가? 우리의 예에서 즉, $\eta(s_1) = \eta(s_2) = 1$, $\eta(s_3) = \eta(s_4) = 2$는 동일한 기저 분할(underlying partition)을 표시하는, 그래서 동일한 정보를 전달하는 확률변수이다. 그러나 정보의 실질적 중요성은 확률변수의 실현이 1 혹은 2인지 여부가 아니고, 기저 분할, 즉 기저에 있는 정보내용(information content)이다. 예를 들면, 기업이 이익이 얼마라고 보고할 때, 그 본질은 그 금액이 가득 혹은 실현되었다는 것이 아니다. 이 보고의 본질은 주어진 회계 시스템이 이 이익수치를 보고한 기업에 관해 무엇인가를 말해주고 있다는 점이다.

3.1.2 다른 표현 방식

처음에는 다소 생소해 보이는 이 분할(혹은 함수) 표현방식은 하나의 정보원천으로서 회계를 다루는 데 가장 간단하면서도 유용한 방식이다. 이 방식의 일반적 유용성은 정보의 도달을 표현하는 다른 두 가지 방법을 생각해 보면 더 잘 이해된다. 분할방식 이외의 다른 두 가지 방식에 관해 알아보자. 확률변수 $D \in \{0, 1\}$가 있다고 가정하자. 또한 '좋은'(g) 혹은 '나쁜'(b) 뉴스를 보고하는 어떤 정보원천에 접근할 수 있다고 하자. 다음 〈도표 3-6〉은 두 가지 확률변수의 결합 확률(joint probability)을 나타내고 있다.

〈도표 3-6〉 두 가지 확률변수

	$D=0$	$D=1$
신호 g	.15	.40
신호 b	.35	.10

여기에서 $prod(D=0)=prob(D=1)=.5$이며, $E(D)=0(.5)+1(.5)=.5=prob(D=1)$. 그리고 $prob(\text{신호}=g)=.55$, $prob(\text{신호}=b)=.45$이다. 이 신호는 정보를 전달해주므로(informative), 변수 D에 관한 원래의 의견을 바꾼다. 두 신호의 어느 하나를 조건으로 하는 D의 기대값을 보면 이는 명백하다.

$$E(D=1|g) = 0(15/55) + 1(40/55) = 45/55$$
$$E(D=1|b) = 0(35/45) + 1(10/45) = 10/45$$

이 내용을 상태 공간과 그 상태 공간에 대한 하나의 분할로서의 정보 그 자체를 이용하여 표현할 수 있다. 〈도표 3-7〉은 상태 기술을 보다 풍부하게 하여, 정보원천 내의 모든 잡음까지도 포착하고 있다.

〈도표 3-7〉 〈도표 3-6〉 상황에 대한 분할 표시

	s_1 $D=0$, 신호$=g$	s_2 $D=0$, 신호$=b$	s_3 $D=1$, 신호$=g$	s_4 $D=1$, 신호$=b$
$prob(s)$	.15	.35	.40	.10
$\eta(s)$	δ_1	δ_2	δ_1	δ_2
$prob\{s\mid\delta_1\}$	15/55	0	40/55	0
$prob\{s\mid\delta_2\}$	0	35/45	0	10/45

$\delta_1=\{s_1, s_3\}$은 신호 g에 상응하는 것으로, $prob(s_1\mid\delta_1)=.15/(.15+.40)=15/55$이고, $prob(s_3\mid\delta_1)=40/55$이다. 따라서 $E[D\mid\delta_1]=40/55$임은 명백하다. 결국 우리는 동일한 내용을 말하고 있다.

직관적으로 이는 당연하다. 결국 이 상태는 구체적으로 규정되고, 모든 불확실성을 담고 있다. 〈도표 3-7〉에서처럼, 변수 D와 신호 사이에 불확실성이 존재하면, 우리는 그 모든 불확실성을 적절한 상태 규정으로 표시한다.

확률변수 D에 직접 초점을 맞추어, D의 기대값을 생각해 보자. 기대값은 .50이다. 그러나 신호 g(혹은 분할 원소 δ_1)가 관찰되면, 기대값은 40/55로 증가한다. 그리고 신호 b가 관찰되면 기대값은 10/45으로 감소된다. 이제 D의 기대값을 $\bar{D}$라고 하면, 또 다른 확률변수 $\bar{D}$는 다음과 같다.

$$\bar{D} = .5 + \varepsilon \qquad \text{(식 3.6)}$$

ε은 평균이 0인 충격 혹은 교란 항이다. $\varepsilon=125/550(=40/55-.5)$일 확률은 .55이고, $\varepsilon=-125/450(=10/45-.50)$일 확률은 .45이다. 따라서

$$E[\bar{D}] = .50 + E[\varepsilon] = .50+.55(125/550)+.45(-125/450) = .5$$

즉, D의 수정된 기대값은 평균에 확률적 혁신을 더한 것과 같다. 정보 용어로 말하면, 우리는 평균값의 혁신 혹은 수정을 관찰하는 것이다. 다르게 표현하면, 이 경우 정보가 기대를 변경한 것이다.

요약하면, 정보를 표시하는 데에는 세 가지 방법이 있다. 결합확률 표시 방식은 친밀한 장점이 있으나, 정보원천의 비교는 어렵다. 혁신 표시 방식은 직관적이나, 많은 정보원천이 있을 때 어렵다. 분할 접근 방식은 많은 정보원천을 즉각적으로 조정하는 장점이 있으며, 특히 정보원천들을 비교할 때에 투명하다. 정보내용 관점은 설명의 편의에 따라 이 방법들을 혼용하겠으나, 중요한 이슈들에 있어서는 항상 분할 접근을 사용한다.

3.1.3. 정보원천의 비교

정보 '유용성' 혹은 '가치'를 통해 정보원천들을 비교하거나 순서를 정할 방법을 찾아보자. 예를 들면, 어떤 신문이 다른 신문보다 더 나은지, 혹은 한 회계절차가 다른 회계절차보다 더 나은지 말하는 것이 가능한가? S가 세 원소를 갖고 있다고 하자. 즉, $S=\{s_1, s_2, s_3\}$. 〈도표 3-8〉은 모든 가능한 분할을 보여 준다.

〈도표 3-8〉 세 원소 집합의 분할

표시	분할	해석
Δ_0	$\{\{s_1, s_2, s_3\}\}$	아무 것도 말해주지 않음
Δ_1	$\{\{s_1\}, \{s_2, s_3\}\}$	s_1을 밝힘
Δ_2	$\{\{s_2\}, \{s_1, s_3\}\}$	s_2를 밝힘
Δ_3	$\{\{s_3\}, \{s_1, s_2\}\}$	s_3를 밝힘
Δ_4	$\{\{s_1\}, \{s_2\}, \{s_3\}\}$	모든 것을 말해줌

분할 Δ_0는 정보 가치가 없다. 즉 아무 것도 말하지 않는다. 분할 Δ_4는 완전하다; 어떤 상태가 발생할지 정확하게 알려 준다. 나머지 세 분할은 그 중간에 있다; 어느 한 원소를 구분하고, 나머지는 두 원소를 그룹으로 알려 준다.

예를 들어, 분할 Δ_1을 받았다고 하자. 그 원소를 더 분할하여 Δ_4로 만들 수 있을까? 가능하다. 두 번째 원소 $\{s_2, s_3\}$를 $\{s_2\}$와 $\{s_3\}$로 분할한다. 이를 부분 분할(subpartition)이라고 한다.

우리는 주어진 분할을 가지고 그것을 '부분 분할'한다. 분리(disaggregation)는 흔히 쓰는 비유이다.

공식적으로 표현해 보자. 상태 공간 S의 두 분할 $\Delta = \{\delta_1, \cdots, \delta_m\}$과 $\hat{\Delta} = \{\hat{\delta}_1, \cdots, \hat{\delta}_{m'}\}$이 있다고 하자. Δ는 $\hat{\Delta}$의 부분 분할이다. 즉 각 $\delta \in \Delta$에 대해 $\delta \subseteq \hat{\delta}$인 하나의 $\hat{\delta} \in \hat{\Delta}$가 존재한다. 말로 표현하면, 분할 Δ의 임의의 원소를 보자. 그리고 이 원소를 포함하는 분할 $\hat{\Delta}$의 대응 원소를 찾을 수 있으면, Δ는 $\hat{\Delta}$의 부분 분할이다. 분할 Δ_0는 어떤 다른 분할로도 부분 분할될 수 있다. 완전 정보를 주는 Δ_4는 다른 모든 분할의 부분 분할이지만, 자신을 더 쪼개는 것은 불가능하다. 그러나 Δ_1은 Δ_2의 부분 분할이 아니며, 그 역도 마찬가지이다. 모든 분할은 자기 자신의 부분 분할이다.

부분 분할은 더 상세한 내용을 제공한다. Δ가 $\hat{\Delta}$의 부분 분할이라면, Δ는 분할 $\hat{\Delta}$의 모든 내용을 말해주고, 추가 내용을 더 말해준다. 〈도표 3-8〉에서 예를 들어 Δ_1과 Δ_4를 고려하자. 부분 집합 $\{s_2, s_3\}$를 $\{s_2\}$와 $\{s_3\}$으로 부분 분할한 것이다. 즉, Δ_4는 Δ_1의 부분 집합이다. 이를 보는 또 다른 방법은 Δ_4에서 시작하는 것이다. 부분 집합 $\{s_2\}$와 $\{s_3\}$를 결합하여 부분 집합 $\{s_2, s_3\}$로 만들면 분할 Δ_1이 된다.

부분 분할의 동의어는 **동일하게 정세하다**(as fine as)(또는 최소한 같게 정세하다)이다. Δ_1은 Δ_0와 동등하게 정세하다. Δ_4는 Δ_1과 동등하게 정세하지만, 그 역은 아니다. Δ_1은 Δ_2와 동등하게 정세하지 않고, 그리고 Δ_2는 Δ_1과 동등하게 정세하지 않다. Δ_4는 S의 가장 정세한 분할이다. Δ_0는 가장 덜 정세, 혹은 **가장 조잡하다**(coarsest).

두 가지 요점이 있다. 첫째, 분할 Δ는 분할 $\hat{\Delta}$의 부분 분할이다, 즉 Δ가 $\hat{\Delta}$와 동등하게 정세하다고 하자. 그러면 Δ에서는 $\hat{\Delta}$에서 알 수 있는 모든 것을 알 수 있고, 더 많은 것을 알 수 있다. 따라서 분할 Δ는 $\hat{\Delta}$와 동일한 정보를 제공한다. 이런 제한된 의미에서 우리는 **정보원천의 서열을 매길 수 있다**. 한 분할이 다른 분할의 부분 분할이라면, 전자는 두 번째보다 최소한 같은 양의 정보를 준다. 둘째, 부분 분할 혹은 정세성(fineness)은 여러 분할 혹은 여러 정보원천의 부분적 서열은 결정하나, **완전한 서열 결정**은 하지 못한다. 위의 예에서 Δ_4는 Δ_3의 부분 집합이고, Δ_4는 Δ_3와 동등하게 정세하지만, 그 역은 아니다. 이제 Δ_2와 Δ_3를 비교해 보자. 어느 편도 다른 편의 부분 집합이 아니다. Δ_2와 Δ_3는 부분 집합 혹은 정세성 방법으로는 비교가 불가능하다. 요점은 어느 두 정보원천 혹은 분할이 항상 비교 가능하지는 않고, 또 더 많은 정보를 제공하면, 더 우수한 정보원천이라고 주장한다.

이 사실은 여러 측면에서 중요하다. 어떤 기준으로 대상 집합의 순위를 고려하자(예로 키로 사람들을 혹은 부분 분할로 상태 집합의 분할의 순위를 정한다). 집합의 어느 두 대상에 대해 어느 하나가 다른 것에 비해 우위이거나 혹은 그 역이 성립한다면, 이 순위는 완전하다. 완전성(completeness)은 그 기준으로 두 대상을 비교하는 것이 항상 가능함을 의미한다. 마찬가지로 한 대상이 두 번째 대상의 우위이고, 또 두 번째는 세 번째보다 우위에 있을 때, 첫 번째가 세 번째보다 우위에 있으면, 이 순위는 이행적(transitive)이라고 말한다. 두 정보원천을 비교할 때, 완전성과 이행성(혹은 전이율)이 성립하면, 서열(ranking)이 결정된다. 서열을 정의하는 데 우리는 공식적으로 이 두 특성들을 이용한다. 완전성은 모든 대상이 순서를 가짐을 보장하고, 이행성은 순환성을 배제하는 것이다. 이때에만 가장 높은 순위와 가장 낮은 순위의 대상을 말할 수 있다.

요점은 부분 분할 기준이 이행성은 성립하지만, 완전하지는 않은 서열을 제공한다는 점이다. 즉 부분 분할 혹은 정세성 정리를 사용하면, 정보원천의 부분 서열을 알 수 있을 뿐이다.

3.1.4 동등한 정보원천

부분 분할 사고와 밀접한 연관이 있는 사고는 정보원천의 동등성이다. 두 분할 Δ와 $\hat{\Delta}$가 동일하면, 즉 $\Delta = \hat{\Delta}$이면, 두 분할은 동등하다(equivalent). 동등한 정보 원천은 동일한 내용을 말한다. 이는 (1) Δ는 $\hat{\Delta}$의 부분 분할이고, (2) $\hat{\Delta}$는 Δ의 부분 분할이다.

정보는 전형적으로는 명시적인 상태 분할 원소의 형태로 도달하지는 않는다. 일반적으로는 부호화 된다. 영어와 독일어로 작성된 전략 보고서를 생각해 보자. 번역이 정확하다면 부호, 척도, 언어로는 다르지만 정보는 동일하다.

분할 방식 이외에 상태를 수용 가능한 신호의 집합으로 사상하는 함수 방식을 앞에서 검토하였다. 예를 들어 $\eta(s)$가 각 상태를 실수로 보고한다. 그들이 S에 관해 아는 것을 드러내기 위해, 실수를 사용하는 시스템을 살펴보자. 따라서 $\eta(s)$는 실수 평가 함수이다.(이는 확률 변수이다.) 이제 두 함수, $\eta_1(s)$와 $\eta_2(s)$가 있다고 하자. 최소 하나의 상태를 그들은 다르게 보고 한다고 하자: $\eta_1(s) \neq \eta_2(s)$. 이들은 다른 정보 시스템인가? 이 두 보고서는 문자 상으로는 항상 일치하지 않음이 분명하다.

그러나 이는 순진한 이야기이다. 온도 측정에서 섭씨와 화씨 척도는 대부분 같은 것을 말하지만, 숫자는 항상 다르다. 이를 다루려면 일반적으로 정보 시스템에 의해 유발되는 분할을 확인해야만 한다.

정보 시스템의 중요한 측면은 기저의 상태 공간에 관해 말하는 것(정보 시스템이 유발하는 것이 어떤 상태 공간인지)이다. 두 정보 구조가 동일한 분할을 유도하면, 두 정보 구조는 동일하다. 이 경우 두 정보 시스템은 기저의 상태 공간에 관해 같은 정보를 전달한다. η_2가 η_1에서 구성되고 또 그 역도 성립하면, 양자는 동일하다. 이런 경우에는 모든 상태에 대해 $\eta_1(s)=F(\eta_2(s))$그리고 $\eta_2(s)=G(\eta_1(s))$인 함수 F와 G가 존재한다. 다르게 표현하면, 이 경우 각 시스템이 유발하는 상태 공간의 분할은 동일하다. 두 시스템은 정확하게 동일한 정보내용을 갖고 있으나, 서로 다른 부호, 측정 척도, 혹은 그냥 단위를 가질 뿐이다.

일반적으로 하나의 정보 원천과 동등한 표현은 많이 존재할 수 있다. 그들 사이의 유일한 차이는 분할 요소의 이름이다. 정보 시스템의 표면 가치(숫자)는 본질적 원천이 아니다. 중요한 것은 유발된 상태 공간의 분할이다.

3.1.5 정보원천의 결합

두 정보 원천 Δ와 $\hat{\Delta}$이 동시에 이용 가능하다고 하자. 두 분할을 함께 고려하면, Δ 혹은 $\hat{\Delta}$와 동등하게 정세한 상태 공간의 분할을 만들 수 있다. 예를 들어, $S=\{s_1, s_2, s_3, s_4\}$이며, $\Delta=\{\{s_1, s_2\}, \{s_3, s_4\}\}$이고, $\hat{\Delta}=\{\{s_1, s_3\}, \{s_2, s_4\}\}$라고 하자. 두 분할을 결합하면, 완전 정보 $\{\{s_1\}, \{s_2\}, \{s_3\}, \{s_4\}\}$의 분할을 얻을 수 있다.

여러 정보원천들이 함께 사용될 때 어떤 원천의 중요성을 구분해서 알기는 어렵다. 정보원천 $\hat{\Delta}$가 존재하는 상태에서, 어떤 정보원천 Δ 그 자체만을 유일한 정보원천인 것처럼 연구해서는 그 정보원천 Δ의 의미나 중요성에 관해 아무 것도 알아 낼 수 없다.

그러나 다수의 정보원천을 혼합하면, 관심의 대상인 정보원천이 더욱 중요하게 되거나 혹은 덜 중요하게 될 수 있다. 이 점 때문에 회계이론에서 회계 기능만 분리해서 취급하는 것이 불가능한 것이다. 우리는 다른 정보원천도 함께 고려해야 한다.

3.2 개인 차원에서의 정보 이용

정보내용 접근은 회계가 하나의 정보원천임을 강조한다. 정보는 자원분배와 직결되어 있다. 정보의 유용성은 자원분배를 향상시키는 것이다. 즉, 정보는 구체적인 자원분배 문제와 연관되어 있다. 기업의 가치평가(valuation)와 경영자의 성과평가(evaluation) 과정에서의 회계 정보의 사용이 강조된다. 이를 위해서 필요한 기초 개념은 개인에 의한 정보이용 상황에서 개발된다. 개인은 불확실성 하에서 자원분배 문제에 직면한다. 정보를 모형화하기 위해 지금까지는 상태 분할을 검토하였으며, 이제는 개인의 정보사용을 검토하자. 앞에서 정보 시스템의 가치를 계산하고 비교하는 내용을 다루었다. 이를 토대로 먼저 개인 차원의 정보이용 상황에서의 정보내용을 검토한다.

3.2.1 정보내용

정보는 일관된 방식으로(즉, 베이즈 규칙에 의해) 확률을 수정한다. 정보는 우리가 알지 못하는 무엇인가를 말해주는 힘을 지니고 있으며, 우리가 알지 못하는 그 무엇은, 개인 차원의 기대효용 표현 하에서는, 확률에 함축되어 있다. 따라서 정보는 이러한 상황에서 확률에 체계적인 영향을 미친다.

개인의 선택행동은 어떤 신호를 받는가에 따라 달라진다. 신호에 따른 행동의 변화가 정보내용(information content)이며, 이는 개인이 그 정보에 따라 행동하는 것이 유리함을 의미한다. 바꿔 말하면, 개인의 선택이 정보의 영향을 받으면, 즉 주어진 정보시스템 η 하에서 모든 신호 y에 대해 최적 행동 a_y^* 가 동일하지 않으면(어느 한 행동이라도 달라지면), 정보시스템 η 는 정보내용을 갖는다.

3.2.2 분리 문제

두 개 이상의 정보가 함께 사용되어 의사결정 결과가 나올 때 각 정보원천의 가치를 분리해서 계산할 수는 없다. 다수의 정보원천이 존재할 때, 하나의 정보원천만을 다룰 수는 없다. 다수의 정보원천이 함께 사용되면 보완효과와 대체효과 등이 발생할 수 있기 때문이다. 일반적으로 어떤 정보원천에 대한 분석은 어떤 다른 정보가 존재하는가에 따라 달라진다.

간단한 것처럼 보이는 이 문제는 회계를 검토하는데 커다란 영향을 준다. 다른 정보 원천이 없는 상황에서 회계 기반 정보를 연구하는 것은 예외적 경우이다.

3.3 정보 채널로서의 회계 시스템

이제 회계가 정보전달을 위해 가치평가의 언어와 계산을 사용한다는 주장을 다시 검토하자. 핵심은 앞 장에서의 회계에 대한 서술에 불확실성을 추가하는 것이다. 회계 저량(혹은 가치)과 유량(혹은 이익) 함수는 상태를 신호로 사상한 것이다. 아울러 두 가지 명제가 뒤따른다. 첫째, 이러한 형태로 전달되는 본질적 정보는 **발생 항목**을 통해 공급된다. 둘째, '가치평가의 언어와 계산' 구조를 사용하는 것이 일반성을 상실하지 않는다. 다시 말해, 이로 인해 회계라는 장치에 어떤 중요한 제약을 주지 않는다. 회계 시스템은 놀라울 만큼 **탄력적인 정보채널**이다. 회계를 공식적으로 정보의 원천이라고 보고 검토해 보자.

3.3.1 정보 채널로서의 회계

앞에서 다룬 보고기업 모형에 불확실성을 추가한다. 즉 판매 가격이 일정한 불확실성을 갖는다. 그 결과 각 기간의 현금흐름은 불확실한 분포를 갖는다. 즉, 각 상태별로 기간 현금흐름이 달라진다. 예를 들어, 3 기간 현금흐름에서 1기와 3기에 판매 가격이 각각 높을 수도 있고, 낮을 수도 있다고 하자. 판매가격 변화가 다른 기업 활동에는 영향이 없다고 하자. 그리고 2기에는 제품가격이 확실하다고 하자. 그러면 판매가격은 4가지 상태 조합을 갖게 된다. s_1은 (H, L), s_2는 (H, H), s_3는 (L, L), s_4는 (L, H)라고 하자.

2장에서는 경제적 사실을 현금흐름(CF_t)과 이자율(r)로 표현하였으나(〈도표 3-9〉), 이제는 상태의존적인 현금흐름 $CF(s)$와 이자율 r로 표현한다(〈도표 3-10〉).

〈도표 3-9〉 시점(t=0,1,2,3)별 현금흐름

	$t=0$	$t=1$	$t=2$	$t=3$
순현금흐름	$CF_0 = -4,200$	$CF_1 = 1,100$	$CF_2 = 1,452$	$CF_3 = 2,662$

이 표의 상황에서 현금유입을 좌우하는 것은 제품의 판매가격이며, 우리는 각 시점별 판매가격에 불확실성을 부여하여, 4가지 상태 조합 s_1 : (H, L), s_2: (H, H), s_3: (L, L), s_4: (L, H)을 생각한 것이며, 이를 고려한 현금흐름 수열이 다음 〈도표 3-10〉에 나타나 있다. 각 상태

의 발생확률은 0.25로 동일하다.

〈도표 3-10〉 상태함수로서의 현금흐름 수열

$CF_t(s)$	s_1	s_2	s_3	s_4	$E[CF_t]$
$CF_0(s)$	−4,200	−4,200	−4,200	−4,200	−4,200
$CF_1(s)$	1,300	1,300	900	900	1,100
$CF_2(s)$	1,452	1,452	1,452	1,452	1,452
$CF_3(s)$	2,250	3,074	2,250	3,074	2,662
$\Sigma CF_t(s)$	802	1,626	402	1,226	

(1) 현금흐름은 하나의 정보원천

현금흐름 자체는 무엇인가를 말해준다. 예를 들어, 최초 영업 현금흐름이 예상 밖으로 큰 것은 좋은 소식이고, 기존 회사의 영업 현금흐름이 예상보다 낮으면, 나쁜 소식이다.

〈도표 3-10〉에서는 정보가 기간 경과에 따라 무정보에서 완전 정보로 바뀐다. 이는 첫 기간과 세 번째 기간의 현금흐름이 보여주는 상태 분할을 야기하는 요인(예: 생산량이 일정하다면, 판매 가격의 불확실성) 때문이다. 요점은 현금흐름 시리즈는 하나의 정보 원천이라는 점이다.

우리가 기업의 의사결정 구조와 현금흐름 가능성, 즉 현금흐름 함수를 안다고 하자. 그 다음에 현금흐름 실현을 관찰하면, 즉 상태를 현금흐름으로 대응시키면, 상태에 관한 어떤 내용을 알 수 있게 된다. 바꿔 말해 먼저 기업의 기초를 이해하는 데에서부터 출발한다. 그리고 분할을 안다. 다만 분할의 어떤 요소가 무엇을 말하는지는 모른다.[15]

(2) 발생주의 회계도 하나의 정보원천

다른 모든 요소는 앞에서와 같고, 단지 기간별 감가상각이 존재한다는 것만 다르다고 하자. 이 경우, 현금주의 회계나 발생주의 회계는 동일한 상태를 표현한다. 1기 및 2기의 감가상각을 각각 d_1, d_2라고 하고, 〈도표 3-11〉을 보자.

15 즉, $\Delta_1 = \{\{s_1, s_2\}, \{s_3, s_4\}\}$에서 s_1과 s_2, 그리고 s_3와 s_4는 구분되지 않는다.

〈도표 3-11〉 회계이익 계산

$\hat{I}_t$	s_1	s_2	s_3	s_4	$E[\hat{I}_t]$
$\hat{I}_1$	$1,300-d_1$	$1,300-d_1$	$900-d_1$	$900-d_1$	$1,100-d_1$
$\hat{I}_2$	$1,452-d_2$	$1,452-d_2$	$1,452-d_2$	$1,452-d_2$	$1,452-d_2$
$\hat{I}_3$	$d_1+d_2-1,950$ 1)	$d_1+d_2-1,126$ 2)	$d_1+d_2-1,950$ 3)	$d_1+d_2-1,126$ 4)	$d_1+d_2-1,538$ 5)
$\sum\hat{I}_t$	802	1,626	402	1,226	1,014

1)=2,250−(4,200−d_1−d_2) 2)=3,074−(4,200−d_1−d_2) 3), 4), 5)도 동일한 요령 적용

〈도표 3-11〉의 내용은 앞의 현금주의 경우인 〈도표 3-10〉과 동일하다. 즉, 어떤 새로운 정보도 추가로 전달하지 못한다. 즉 양자는 모두 동일한 정보원천이다. 이렇게 되는 이유는 매 기간의 감가상각을 상수로 보았기 때문이다. 회계를 이렇게 보면 회계의 정보 전달 구조는 애매해진다.

(3) 풍부한 보고구조

회계, 특히 발생주의 회계가 정보를 전달하는 과정을 이해하려면 두 가지 요소를 고려해야 한다. 첫째는 발생주의 과정에 단순히 현금흐름을 추적하는 것 이상의 내용을 전달할 수 있는 능력을 부여하는 것이다.[16] 둘째는 전형적으로 현금흐름과 발생주의 측정이 함께 보고된다는 점이다. 현금주의와 발생주의 양자를 함께 정보원천으로 취급하는 것은 다수의 정보원천의 본질과 구성을 보여준다.

앞의 상황을 확장하여, 발생주의 회계 하에서 각 기간별 감가상각 d_1, d_2이외에, 앞에서처럼 1기는 판매가격이 높고 3기는 판매가격이 낮은 경우, 1기에 구조조정 비용을 d만큼 추가로 계상한다고 가정하자. 기업은 1기에 호경기(높은 판매가격)를 경험하지만, 이 호경기가 지속하지 않을 것임(즉, 3기에 판매가격이 낮을 것임)을 안다. 따라서 자산은 d금액 만큼 추가로 더 상각된다. 다음 〈도표 3-12〉를 보자.

16 발생은 어떤 기저의 정보를 관련 계정들(accounts)을 통해 나타내 준다. 예를 들어, 어떤 불량채권을 상각했다면, 이 상각은 곧 그 채권이 회수가 불가능하다는 것을 의미하는 어떤 추가적 정보를 말하는 것이다.

<도표 3-12> 수정된 회계이익 계산

$\hat{I}_t$	s_1	s_2	s_3	s_4	$E[\hat{I}_t]$
$\hat{I}_1$	$1,300-d_1-d$	$1,300-d_1$	$900-d_1$	$900-d_1$	$1,100-d_1-.25d$
$\hat{I}_2$	$1,452-d_2$	$1,452-d_2$	$1,452-d_2$	$1,452-d_2$	$1,452-d_2$
$\hat{I}_3$	$d_1+d_2+d-1,950$	$d_1+d_2-1,126$	$d_1+d_2-1,950$	$d_1+d_2-1,126$	$d_1+d_2+.25d-1,538$
$\sum\hat{I}_t$	802	1,626	402	1,226	1,014

모든 것은 전과 동일하며, 상태 s_1에 추가 비용 d가 기록된다는 점만 다르다. 구조조정 비용 d가 0이 아니고 감가상각 패턴이 d_1, d_2이면, $t=1$에 이익은 세 가지가 보고될 수 있다: $1,300-d_1-d$, $1,300-d_1$, $900-d_1$. 이 세 보고는 각각 $\{s_1\}$, $\{s_2\}$, 그리고 $\{s_3, s_4\}$에 대응한다. 앞에서와 마찬가지로 2기의 이익은 1기와 같은 상태 분할을 보여주고, 3기에는 완전 정보를 보여준다.

회계 시스템은 기간경과에 따른 기간별 분할을 제공하는데, 현금주의의 분할을 모두 포함하면서 추가적인 분할을 제공함으로써, 발생주의 회계는 현금주의 회계보다 더 많은 정보를 전달한다.

이상의 논의에는 네 가지 요점이 있다.[17] 첫째, 회계이익 보고서로부터 기저의 상태분할을 간파해 낸다는 것은 일종의 암호해독을 실행하는 것과 같다. 이는 해당기업의 기초사항들(fundamentals)과 그 기업이 선택한 회계방법을 안다는 점을 전제로 한다. 다시 말해, 어떤 회계보고서로부터 그것이 담고 있는 정보들을 제대로 해독하기 위해서는 그 기업의 기본사항들 및 사용된 회계정책 등을 먼저 알아야 한다는 것이다. 이렇게 될 경우에만 <도표 3-12>의 세부사항들이 의미를 갖고, 각 상태가 신호, 즉 정보원천으로 대응될 수 있다.

둘째, 척도(scaling) 문제이다. 발생 과정의 임무는 앞에서 언급한 분할의 시리즈를 보고하는 것이다. 즉 동일 현상을 측정하는 데, 섭씨와 화씨 기온 측정처럼, 다른 척도가 사용되는 경우가 많다. 이러한 척도 선택 문제는 여기에도 존재한다. <도표 3-12>의 예에서, d_1과 d_2는 임의의 상수이며, d는 400 혹은 0 이외의 어떤 숫자도 가능하다. 정보내용 관점에서는, 영업권이 즉각 상각되든가 혹은 10년, 20년 혹은 50년에 걸쳐 상각되더라도 아무런 차이가 없다. 감가상각에 직선법이 사용되든 가속법이 사용되든, 체계적 방법만 적용되면 아무런 차이가 없다. 역시 대손상각률이 일정한 한 그 비율의 크기 자체는 아무런 차이를 가져오지 않는다.

17 Christensen and Demski(2003), pp.130–132.

이 모든 경우에 있어, 각자의 상황에 따라 특수하게 부여된 기록상의 규칙성이 중요하다.

셋째, 현금흐름 관찰만으로는 구별되지 않는 어떤 내용을 발생주의가 보고한다는 점이 〈도표 3-12〉의 핵심이다. 결정적인 추가는 t=1에 이루어진다. 현금흐름은 $\{\{s_1, s_2\}, \{s_3, s_4\}\}$를 보고하는데 비해, 발생주의는 그 부분 분할인 $\{\{s_1\},\{s_2\},\{s_3, s_4\}\}$를 보고해 준다. 이 과정에서 발생주의는 어떤 형태로든 '미래를 알려주는' 정보를 보고해 줄 수 있다. t=1에 구조조정 비용을 기록하는 것은 암묵적으로 어떻게든 기업은 분할 $\{\{s_1\},\{s_2, s_3, s_4\}\}$를 관찰하고 있음을 말해준다. 왜냐하면 기업이 구조조정 비용을 공개적으로 계상하려고 한다면, 이러한 관찰을 이미 했을 정도로 충분히 알아야 하기 때문이다. 결론적으로, 어떤 동일 시점에서 현금흐름 자체가 보고하는 것 이상으로 발생주의가 보고한다면, 이는 이미 기업이 어떤 추가적인 기저 정보에 접근했음을 의미한다.

〈도표 3-13〉 자산 가치

$A_t(s)$	s_1	s_2	s_3	s_4
$A_1(s)$	4,200$-d_1-d$	4,200$-d_1$	4,200$-d_1$	4,200$-d_1$
$A_2(s)$	4,200$-d_1-d_2-d$	4,200$-d_1-d_2$	4,200$-d_1-d_2$	4,200$-d_1-d_2$
$A_3(s)$	0	0	0	0

끝으로, 현금 잔액이 즉각적으로 소유자에게 배당되고, 저량과 유량 사이에 연결관계가 존재한다면, 대응되는 자산 잔액은 바로 나타난다. 〈도표 3-13〉을 보자. 예를 들어 t=1에 s_2, s_3, s_4에서는 구조조정 비용이 기록되지 않으며, 감가상각은 d_1이고, 따라서 순자산가치는 4,200$-d_1$이다. s_1에만 구조조정 비용이 기록된다. 대차대조표와 손익계산서는 정보 전달 면에서 다르다.

3.3.2 회계 저량과 유량

확실성 하에서의 회계 저량과 유량 함수는 불확실성 하에서는 상태의 함수 형태로 표현된다. 즉, 회계가치평가(즉, 회계 저량 측정치)는 기업의 기초(fundamentals)인 $CF(s)$, 이자율 r, 상태 $s \in S$를 보고되는 가치의 수열로 사상(mapping)시키는 함수이며, 다음과 같이 나타낸다.

$$A(\boldsymbol{CF}, r, s) = [A_0(s), A_1(s), \cdots, A_T(s)] \qquad (식\ 3.7)$$

당연히 각 $s \in S$에 대해 $A_0(\boldsymbol{CF}, r, s) = -CF_0(s)$와 $A_T(\boldsymbol{CF}, r, s) = 0$의 경계 조건이 필요하다. 마찬가지로 회계이익 측정, 즉 회계이익 혹은 유량 측정치는 다음과 같이 상태 의존적인 형태로 표시된다.

$$\hat{I}(\boldsymbol{CF}, r, s) = [\hat{I}_1(s), \hat{I}_2(s), \cdots, \hat{I}_T(s)] \qquad (식\ 3.8)$$

연결 관계에 의해, 저량과 유량 사이에는 자연스럽게 다음 관계가 성립한다.

$$\hat{I}(s) = A_t(s) - A_{t-1}(s) + CF_t(s), \quad t = 1, 2, \cdots T \qquad (식\ 3.9)$$

이처럼 확실성 상황을 불확실성 상황으로 확장하는 것이 정보내용 접근의 핵심이다. t 시점에서 현금주의 보고는 $CF_t(s)$의 실현을 보여주며, 회계 시스템은 회계 저량인 $A_t(s)$와 유량인 $\hat{I}_t(s)$ 계산의 실현을 보여 준다. 우리는 상태에서 신호, 즉 세 가지 정보원천($CF_t(s)$, $A_t(s)$, $\hat{I}_t(s)$)으로의 세 가지 사상(mapping)을 얻는다.

3.3.3 가치평가의 언어와 계산

개념적으로, 회계 저량과 유량 측정치는 각 시점에서 기저상태(underlying state)에 관한 어떤 분할을 보고한다. 만일 회계 시스템이 실제로 어떤 분할을 보고한다면, 기업이 그 분할을 관찰하고 있어야 한다는 점은 명확하다. 그렇지 않다면, 그 기업은 원하는 방식으로 '회계 하는' 것을 충분히 알지 못하고 있는 것이다. 예를 들어, 저가법을 사용하는 것은 기업이 신뢰할 수 있는 시장가격을 관찰함을 전제로 한다. 마찬가지로, 우발채무를 기록한다는 것은 기업이 그 부채에 대해 알고 있음을 전제로 한다.

반대의 질문은 어떠한가? 저량과 유량이라는 언어라든가, 그 기저에 있는 계산구조 등의 장치는 가치와 이익 측정에 관한 고전적 이론에 그 뿌리를 두고 있다. 흔히 회계모형이 부적절하다거나 심각한 결함이 있다는 말을 듣는다. 예를 들면, 일반적인 경제이론을 언급할 것도 없이, 회계모형은 소위 닷컴 회사들(dot coms, 미래의 가능한 전망과 거의 텅 빈 당기 대차대조표의 부

조화된 결합을 제시하고 있는 회사들)과 그 기업들의 기본여건(fundamentals)에 내재된 옵션의 본질을 제대로 다루지 못한다고 비판을 받는다.

기업의 기본여건은 상태의존적인 현금흐름 $CF(s) = [CF_0(s), CF_1(s), \cdots, CF_T(s)]$을 발생한다. 나아가서 이 기업들은 다음과 같은 정보 시리즈에서 무엇을 관찰하든, 회계 시스템을 통해 이를 전달하고자 한다.

$$\eta(s) = [\eta_0(s), \eta_1(s), \cdots, \eta_T(s)] \qquad \text{(식 3.10)}$$

t 기간에 기업은 이 두 정보원천 $c_t = CF_t(s)$와 $y_t=\eta_t(s)$, $t=0, 1, \cdots T$의 실현을 알게 된다. 물론 c_t는 t 기간의 현금흐름이고, 편의상 소유자에게 바로 배당된다고 가정한다. y_t는 제품개발활동, 제품의 시장관련 사항 등을 취급하면서 추가된 정보라고 하자.

회계 시스템은 전기와 당기에 이러한 추가 정보에 접근하고, 관찰하고, 처리할 수 있다. t 시점에서의 이러한 관찰은 다음과 같이 표시된다.

$$h_t \equiv (c_0, y_0; c_1, y_1; \cdots; c_t, y_t) \qquad \text{(식 3.11)}$$

h_t는 t 시점에서의 회계 시스템의 역사적 기록(혹은 감사 추적)이다. 이는 회계 시스템이 무엇을 저장하였든, 그에 대한 완전한 역사이다. h_t는 실제로 상태의 함수임에 유의하라. 이는 S에 대한 상시적인 분할 혹은 S의 부분 분할의 연속을 서술한다. 편의상 다음처럼 순환적으로 표현한다.

$$h_t = (h_{t-1};\ c_t, y_t) \qquad \text{(식 3.12)}$$

이제, t 시점에서의 회계 저량 측정은 이러한 실현의 역사만을 이용할 수 있으므로, 이 역사를 넘어서는 추가적인 상세 내용에 의존 할 수 없다. 우리는 t 시점에서의 저량 측정을 다음과 같이 다시 표현할 수 있다.

$$A_t(h_t) = A_t(h_{t-1};\ c_t, y_t) \qquad \text{(식 3.13)}$$

즉, t 시점에서의 가치평가는 그 시점에서 회계 시스템이 '알고 있는' 혹은 처리한 내용에 의존한다. t 시점에서 기업이 아는 바는 t-1 시점에서 기업이 알았던 내용과 t 기간에 새롭게 관찰한 내용(현금흐름과 추가적 정보 실현)을 함께 고려한 것이다.

마찬가지로, 이 회계 저량 시리즈와 연결 관계를 갖는 회계이익 시리즈를 상상해 보자.

$$\hat{I}_t(h_{t-1};c_t,y_t) = \hat{I}_t(h_t) = c_t + A_t(h_{t-1};c_t,y_t) - A_{t-1}(h_{t-1}) \qquad \text{(식 3.14)}$$

저량과 유량 사이의 이중성으로 인해, 두 시리즈 가운데 어느 하나에만 초점을 맞추어도 충분하다. 회계가치 시리즈가 더 투명하므로 이를 검토하자. 기저의 정보구조는 $CF(s)$와 $\eta(s)$에 의해 정의되는 분할들이다. 그렇다면, 어떤 조건 하에서 이 정보구조 시리즈는 매 기간 현금흐름, 그리고 회계가치 보고와 정보적으로 동등하게 될까? t기간의 현금흐름 c_t는 매 기간 두 체계에서 모두 보고된다.

문제는 $\eta(s)$에 의해 전달되는 기저의 추가 정보 사건을 추정하기 위해, 회계가치 계산을 해독할 수 있는지의 여부이다. 두 체계가 t시점에서 정보적으로 동등하다고 하자. 그러면, t 시간 보고가 관찰될 때, 우리는 이전 기간 역사 h_{t-1}, 당기 현금흐름 c_t, 당기 회계가치 $A_t(h_{t-1};c_t,y_t)$를 알게 된다.

기저의 추가 정보신호, y_t를 추정할 수 있는가? 이 시점에서 회계가치 함수가 각각의 가능한 y_t의 실현에 대해 독특한 가치를 보고한다면, 그 대답은 예이다. 즉, 가치평가 함수가 y_t에 관한 역함수가 된다면, 관찰되는 변수를 해독하여 y_t를 알 수 있게 된다.

회계 시스템이 고전적인 가치평가의 언어와 계산을 사용해도, 회계 시스템이 정보원천이 되는 것을 배제하지는 않는다. 역함수 조건은 까다로운가? 일반적으로 말하자면, 가치평가 함수가 유연하여, 기저의 정보에 반응하기만 하면 된다. 그러면 회계 시리즈에 어떤 제약이 필요한가? 가치평가 함수의 경계 조건은 $A_T(h_T) = 0$이다. 따라서 역함수 조건이 성립하려면 $\eta_T(s)$가 공집합이어야 한다. 다른 경우는 문제가 안 된다.

$A_t(h_{t-1};c_t,y_t)$에서 발생을 해독하는 것은 추가 정보가 전달되는 방법이다. 따라서 회계 시스템의 정보전달 능력은 분할의 상이한 요소들을 구분하고 신호화하는 능력에 의해 결정된다. 상태가 다름에 따라 회계 보고서도 달라지면 정보는 전달된다.

결론이 중요하다. 원칙적으로 회계 시스템의 정보전달 능력에 대한 관심은 쓸모가 없다. 정보내용 관점에서는 회계 시스템이 가치평가의 언어와 계산을 사용하는 것은 기저의 정보를 보고하기 위한 척도의 선택일 뿐이다. 매출이나 감가상각은 정규적으로 보고되는데, 주문서 철이나 성공적인 R&D 지출로 인한 성장전망은 보고되지 않는 이유를 알아야만 한다.

제4절 요약

4.1 가치평가 관점 대 정보내용 관점

회계 측정에 대한 가치평가 관점에 익숙한 사람은 이런 접근에 당황스러울 것이다. 가치평가 관점은 회계 시스템이 경제적 가치의 저량과 유량을 보고하는 것으로 이해한다. 또 가치평가 관점은 가치를 명료하게 보고하도록 한다. 물론 항상 화폐 단위의 문제와 구매력 문제가 수반된다. 그러나 이는 가치 혹은 공정가치를 보고한다는 큰 문제에 비하면 사소한 문제이다. 또한 시장이 완전하지 않고, 또 완성적이지 않을 때, 가치가 어떤 의미를 갖는지는 의문스럽고 또 중대하다.

이와는 반대로, 정보내용 접근은 회계 보고의 본질을 전달되는 정보로 본다. 개념적으로는, 정보는 일정 시점에서 기저의 상태 공간의 분할이다. 정보를 전달하는 정확한 언어는 해당 분야에서는 중요하겠으나, 엄밀히 말하자면 이는 이론에서 다룰 문제는 아니다. 중요한 것은 기저의 분할이다. 흔히 온도를 정보원천으로 생각하며, 상이한 온도 척도(섭씨 혹은 화씨)에 익숙하다. 이는 일반적으로 다른 정보원천에서도 마찬가지이다. 〈도표 3-13〉에서 변동하는 d와 감가상각 패턴은 측정 척도를 단순히 바꾼 것에 지나지 않는다. 섭씨나 화씨는 모두 동일한 것을 우리에게 말한다. 마찬가지로 〈도표 3-13〉에서 d, d_1, d_2의 여러 조합도 이와 같다.

우리는 여러 가지 관습에 의존한다. 미국의 GAAP은 많은 척도 관습(scaling convention)을 규정하고 있으며, IASB는 이들에 대한 경쟁적인 규정들을 갖고 있다. 기업들의 회계정책(그들이 실제 사용하고 있는 상태 분할과 척도 관습)은 공시된다. 회계정책과 그 변경을 아는 것은 중요한데, 이는 회계보고에 포함된 정보를 해석하고 번역할 때, 그것들이 필요하기 때문이다. 역함수 조건(invertibility condition)이 작용을 한다.

장기적으로는 가치평가 접근이나 정보내용 접근이나, 회계수치는 일치한다. 장기적으로는 회계이익의 합이 경제적 이익의 합(지대 포함)과 일치한다. 두 방법 모두 현금흐름을 계산하기 때문이다.

그러나 두 접근은 근본적으로 다르다. 가치평가 학파는 가치의 저량과 유량을 강조한다. 그러나 실무적으로 의문스러운 가치평가는 배제한다. 예로서 R&D 발견, 인적 자본, 국가 고속도로 시스템 등은 회계 시스템에서 측정되지 않는다. 정보내용 학파는 회계 시스템에 의해 전달되는 정보를 강조한다. 마찬가지로 실무적으로 의심스러운 정보는 제외된다. 신제품 계획, 주문서 철, 여러 자산의 시장가치 등이 그 예이다.

회계채널의 비교 우위는 가치평가 계산과 용어를 사용하는 데에 있는 것이 아니다. 이를 개발하기 위해서는 회계 산출물의 이용자를 고려해야 한다. 이는 다수인 상황으로 우리를 인도한다.

4.2 정보 전달성: 결론

정보내용 관점에서는 조직에 의해 혹은 조직 내에서 전달되는 정보는 마치 조직이 현재가치 공식에 따라 회계 측정치를 만들고 공시하는 것처럼 볼 수 있다고 주장한다. 그 핵심은 실제 확률 측정치 π와 현재가치 계산에 사용된 p의 구별 가능성에 있다. 결론적으로 p의 선택은 실현된 정보 $\{y_t\}$의 완전한 전달을 보장한다. 흔히 회계 분배는 자의적이라고 알려져 있다. 그러나 이 자의성은 어떤 측정 척도(예: 킬로그램) 대신 다른 척도(예: 파운드)를 선택하는 것과 같은 것이다. 또한 이는 회계 시스템이 가치평가의 언어를 사용하여 정보를 전달한다는 견해에서는 장점이 된다. 좀 더 정밀하게 결론을 말하자면, 가치평가 언어는 회계라는 정보 장치의 정보 전달 능력을 제한하지 않는다. 이런 방식으로 이익 측정과 정보내용 학파는 연결된다.

또 다른 핵심은 회계 시스템으로 전달된 정보와 다른 원천에 의해 전달된 정보의 구별이다. 회계 계산은 순 현금흐름과 확률 변수의 시리즈, $\{x_t, y_t\}$를 사용한다. 그러나 경제의 모든 다른 정보 원천은 무시한다. $I_t(\cdot)$ 보고는 $\{x_t, y_t\}$를 반영하는 계산이라고 해석되며, 시장 가치 혹은 경제적 가치의 계산으로 보지 않는다.

이렇게 보면, 회계가 실제의(즉, 경제적인) 재무 상태와 경영성과를 잘 반영하지 못한다는 비판은 설득력이 줄어든다.

이는 서로 관련되는 두 가지 중요한 의문을 제기한다. 첫째, 구체적인 인식과 분배 절차에 관하여 어떻게 생각할 수 있는가? 예를 들면, 이익 숫자가 클수록 좋다고 흔히 생각한다. 정보내용 관점에서는 이런 일반적인 결론을 허용하지 않는다.[18] 특정 절차의 사용을 이해하려면 여기에서 검토하지 않은 보고 환경에 대한 훨씬 상세한 내용을 알아야 한다. 그러나 상이한 인식, 가치평가, 그리고 할인 규칙이 구체적인 p의 결정에 영향을 주는 것으로 보인다. 둘째, 정보 전달 면에서 회계 장치가 갖는 비교 우위는 무엇인가? 절차가 검증가능하다는 점이 중요한 설명 변수이지만, 다른 요인도 똑같이 중요하다는 사실은 의심스럽다.

요약하자면, 정보관점은 회계이론 문헌의 지배적인 두 주제(측정과 정보 전달)를 연결한다. 말하자면, 가치측정 능력은 강제적인 요건이 아니다. 정보 전달 면에서는 전혀 일반성이 손상되지 않는다. 따라서 회계라는 제품의 특징을 다른 어떤 곳에서 찾아야만 한다.[19,20]

가치평가 관점을 요약하자. Beaver(1998)는 개인 투자자가 회계정보(EPS)를 조건부 확률분포로 사용하여 사전적 확률 분포를 수정하고 그에 따라 투자 포트폴리오를 선택한다. 또 포트폴리오 이론의 맥락에서 회계정보의 수요를 모색한다. 효율적 증권 시장에서 위험회피 정도가 아주 높은 투자자는 지수 펀드에 투자한다. 이 경우 회계정보의 수요는 존재하지 않는다. 가격이 가치와 다른 주식에 투자하려는 투자자에게는 정보가 필요하다. 시장 모형을 전제로 하면 알파와 베타, 개별 주식의 오차항의 분산, 또 다른 주식의 주가와의 공분산에 관한 정보가 필요하다. 회계 자료는 개별 기업에 관한 자료이기 때문에, 이 정보들 가운데에서 개별 기업과 관련되는 회계정보가 필요하게 된다. 가격이 잘못된 주식을 찾는 투자자가 성공할지 여부는 시장 효율성 정도에 의해 결정된다. 이에 관해서는 다음 장의 자본시장 연구에서 살펴본다. 요점은 1인 의사결정 상황에서의 베이즈 규칙이 회계이익과 주가 사이의 관계에서 사용된다는 점이다. 다수인 상황에서의 정보의 역할로서 역선택 문제는 회계 공시의 근거가 되고 또 회계 품질에 관한 연구와 연결될 수 있다.

---

18 Demski and Sappington, Fully Revealing Income Measurement, AR, April(1990)의 완전 유리성(strict favorableness) 조건에서는 이 성질이 성립한다.

19 가치측정이 아닌 다른 어떤 곳, 즉 가치평가 상황과 성과평가 상황에서 함께 사용되는 정보의 전달에서 찾아야 한다.

20 4.2항은 Demski and Sappington(1990), Accounting Review, April, pp.378-382 참고.

제4장

자본시장 연구(Ⅰ)

앞에서 1인 상황에서의 정보의 역할, 포트폴리오 선택과 이론, 그리고 회계의 정보전달 구조(정보내용 접근)에 대해 검토하였다. 지금부터는 다수인 상황에서의 정보의 역할을 검토한다. 자본시장과 계약 상황에서의 회계정보의 이용을 살펴 본다.

이 장을 포함한 세 장에서는 가치평가 상황에서 회계정보의 이용에 관한 이론과 경험적 연구 결과를 소개한다. 주가와 회계 숫자와의 관계에 관한 연구를 요약한다. Beaver(1998)는 주가와 회계 숫자 사이의 관계를 설명하는 데 정보 관점, 측정 관점, 그리고 Feltham and Ohlson 모형을 사용한다. 4장에서는 (효율적) 증권시장에서의 경험적 연구의 결과를 검토한다. 5장에서는 Christensen and Demski(2003)의 가치평가 상황에서의 정보의 일반적인 역할, 회계정보만 사용되는 경우 회계정보와 주가 사이의 관계, 회계정보와 비 회계정보가 함께 사용되는 경우의 시뮬레이션 결과와 경험적인 자본시장 연구 결과를 비교한다. 6장에서는 계약 관점에서의 증권 시장 연구를 검토한다. 계약 관점(실증적 회계이론)에서는 방법론적 연구, 회계 기준과 가치관련성 연구, 그리고 정보 환경에 관한 연구를 살펴본다.

먼저 자본 시장 회계연구가 개발되고 발전하는 과정을 살펴본다. 자본시장 회계연구는 1960년대 말 시작되었다. 초기 연구는 계속 발전하여 정보 관점(Beaver, 1980, 1989, 1998), 계약 관점(Watts and Zimmerman, 1986)이 형성되고, 90년대에는 Feltham and Ohlson 모형, 가치관련성, 이익 품질, 공시 이론, 재량적 발생 등이 연구되었다. 아울러 분석적 연구(대리이론)도 1970년대 이후 꾸준히 발전되었다. 2003년에는 정보내용 관점을 체계적이고 포괄적으로 다룬 Christensen and Demski의 "회계이론: 정보내용 관점"이 발행되었다. 자본시장 연구는 내용이 방대하여 본서에서는 3개의 장으로 구성된다.

제1절 자본시장 회계연구

1.1 초기 연구

지금까지 회계의 개념과 1인 상황에서의 회계정보의 역할을 검토하였다. 회계가 필요한 정보를 제대로 공급하고 있는지 여부를 판단하기 위해서는 회계정보가 어떻게 이용되는가를 알아야 한다. 회계정보는 다수인 상황에서 이용된다. 특히 가치평가 상황과 계약 상황에서의 회계정보 이용이 중시된다.

이 절에서는 가치평가 상황에서의 이용을 검토한다. 가치평가 상황에서의 회계정보 이용에 관한 연구는 흔히 **자본시장 회계 연구**라고도 불리 운다. 자본시장 회계 연구는 1960년대 중반 이후 회계 연구의 중요한 한 축을 이루고 있다. 당시에는 취득원가주의에 대한 비판이 유행하였다. 주로 취득원가주의 회계는 무의미하고 주관적 판단이 개입되고, 다양한 방법이 허용된다는 점 때문에 비판을 받았다. 그리고 정보 환경으로서 경영자는 정보를 독점하며 투자자는 순진하고 회계이익의 기능에 고정 관념을 갖는다. 이 때문에도 원가주의 회계는 제 역할을 하지 못한다.

이러한 비판을 토대로 시가주의를 주장하는 **규범적 연구**가 풍미하였다. 공정가치 회계의 변형인 유입가치, 유출가치, 순실현가치 등이 선험적으로 주장되었다. 회계 목적을 전제로 하여 그에 맞는 회계정책을 권고하는 것이 회계이론의 주요 내용을 이루었다. 추론 과정이 논리적으로 일관성을 갖는다면, 회계정책의 선택은 결과적으로는 회계 목적의 선택에 따라 결정된다. 그러나 사람들마다 회계 목적을 다르게 생각하기 때문에 회계정책의 최적 집합에 대한 합의는 이루어지지 않는다.[1]

1.1.1 실증적 연구

Beaver(1968), Ball and Brown(1968)은 경험적인 회계 연구의 효시를 이룬다. 이들은 회계 숫자가 기업의 재무성과에 관한 정보를 포함하거나 혹은 전달하는지 여부를 확인하고자 하였다. 이들의 연구는 실증적 경제학, 효율적 시장가설과 자본자산 가격결정 모형, 사건연구 같은 당시 인접 학문 분야의 성과에 영향을 받았다. Watts and Zimmerman의 실증적 회계 이론도 이들 인접 학문의 영향을 받아 1970년대에 연구되기 시작하였다.

Beaver(1968)는 회계이익발표 기간과 비 발표 기간의 표준화된 비정상 주가수익률 제곱의 비율을 회계이익발표의 정보내용(information contents)이라고 해석하였다. 즉, 회계이익발표가 증권시장에 기업 가치와 관련이 있는 새로운 정보를 제공하고 효율적 시장에서는 이 정보를 신속하게 또 불편적(unbiased)으로 처리하여 가격을 결정하기 때문에 기대 이익을 조건으로 하는 기대 주가수익률과 실제 수익률 사이에 차이(시장 모형에서의 잔차)가 발생한다.[2] 시장 모형에서 잔차항의 평균은 영이므로 그는 제곱의 평균을 구하였다. 회계이익의 정보내용을 확인함으로써 회계 숫자가 가치 측정치가 아닌 기업 가치에 관한 새로운 정보를 전달한다는 정보 관점을 경험적으로 연구할 수 있게 된다.

Ball and Brown(1968)은 주가와 회계이익의 관련성을 연구하였다. 이들은 1년 후 이익이 증가하는 표본과 감소하는 표본에 대해 비정상 성과측정치(API: Abnormal Performance Index)의 월별 변화를 조사하였다.[3] 그 결과 '좋은 뉴스'를 전달하는 표본의 API는 이익발표 월까지 꾸준히 상승하고, 반대로 '나쁜 뉴스'를 전달하는 표본의 API는 꾸준히 하락하였다. 즉, 비 기대 이익과 비정상 주가수익률의 부호 사이에 일정한 관계가 있다. 아울러 연차 이익의 정보내용이 발표 이전 기간 중에 다른 정보에 의해 선취되어, 발표 월의 정보내용은 낮아진다. 회계이익은 기업가치 관련 정보를 전달하지만 적시성은 낮다.

1 이 절은 Kothari, S., Capital markets research in accounting, Journal of Accounting and Economics, 31, 2001, pp.106-121를 참고함.

2 기대 수익률은 예를 들면 시장 모형(market model)을 통해 구한다. $R_{j,t}=\alpha_j+\beta_j R_{m,t}+\varepsilon_{j,t}$

3 $API_T=\frac{1}{Q}\sum_{q=1}^{Q}\prod_{t=-11}^{T}(1+\hat{\varepsilon}_{q,t})$

1.1.2 사건연구와 관련성 연구

Beaver는 사건 연구방법을, 그리고 Ball and Brown은 관련성 연구방법을 사용한다. 이 두 가지 연구 방법은 오늘날에도 통상적으로 사용된다. 예를 들어, 사건연구(event study)에서는 이익발표와 같은 사건이 사건 발생 시점의 짧은 기간에 주가 혹은 거래량의 크기나 변동성 변화에 반영되는 것과 같은 새로운 정보를 시장 참여자에게 전달하는지 여부를 조사한다. 만일 사건 일자 기간에 주가의 수준이나 변동성이 변화한다면, 이는 회계 사건이 이전의 시장 기대를 수정하는, 현금흐름의 금액, 시기, 불확실성에 관한 새로운 정보를 전달하는 것을 의미한다. 이러한 사건연구의 의미에 대한 신뢰 정도는 사건이 연중 분산되고 다른 복합 사건이 없으면 높아진다. 시장 효율성을 가정하면 주가는 새로운 정보를 신속하게 반영한다. 사건연구는 회계 사건을 통한 정보의 도달을 테스트하기 때문에, 사건 연구는 정보내용을 테스트한다고도 말할 수 있다.

관련성 연구(association study)는 주가 수익과 회계 성과 측정치(예: 이익 혹은 영업 현금흐름) 사이의 양의 상관관계를 테스트한다. 양자는 상대적으로 장기적으로(예: 1년), 그리고 동시에 측정된다. 시장 참여자는 기업의 현금흐름 창출 능력에 관한 많은 시기적절한 정보 원천에 접근하기 때문에, 관련성 연구는 회계 보고서가 시장 참여자에 대한 유일한 정보 원천이라고 가정하지 않는다. 따라서 관련성 연구에서는 회계정보와 주가 변동 사이에 인과관계를 설정하지 않는다. 관련성 연구의 목적은 주어진 기간 중에 주가에 반영된 정보 집합의 변화를 회계 측정치가 포착하는지 여부와 그리고 얼마나 빨리 포착하는지를 테스트하는 것이다.

(1) 사건 연구 증거

Ball and Brown(1968)과 Beaver(1968)는 회계이익발표에는 정보내용이 존재한다는 증거를 제시한다. Ball and Brown은 이익발표 월의 비정상 주가 수익률의 부호와 전년도 이익에 대한 이익 변화 부호의 상관관계를 조사하였다. 이들은 양의 유의한 상관관계를 발견한다.

Ball and Brown은 이익 예상 모형이 이익 충격을 잘 측정한다고 가정한다.[4] 이익의 증가(호재 기업)는 시장에 유리한 충격이고 주가를 상승시킨다. 따라서 이익발표 기간의 비정상 수익과 이익 충격 사이의 관련성의 강도는, 이익의 정보내용과 이익 예상 모형의 품질, 양자의

4 이들은 비 기대 이익을 두 가지 방식으로 산출한다. 기간 이익의 변화와 이익에서 시장 비정상 수익률 효과를 뺀 값이다(Watts and Zimmerman, 1986, p.43-44).

함수이다.

Beaver(1968)는 이익발표 기간의 주가 수익과 거래량의 변동성을 조사함으로써 이익 예상 모형을 규정하는 문제를 회피한다. 그는 이익발표 기간에는 그렇지 않은 기간에 비해 정보 흐름이 증가한다고 보았다. 정보 흐름을 추정하는데 주가 수익과 거래량의 변동성을 사용한다. 시장 참여자들은 이익발표에 관해 서로 다른 기대를 갖고 있는데, 이익발표는 이 기대의 이질성을 줄이고 그 과정에서 거래량이 증가한다.

(2) 관련성 연구의 증거

Ball and Brown의 증거는 회계이익이 주가 수익에 반영된 정보 집합의 일부를 같은 기간에 포착함을 보여준다. 아울러 경쟁적인 정보 원천(분기이익 포함)이 연차 이익의 85% 정도를 선취함도 보여준다. 이런 의미에서 연차 회계 숫자는 자본시장에서 아주 시기적절한 정보는 아니다. 이익의 적시성을 낮추는 또 다른 이유는 회계 규칙은 거래 기반 수익 인식을 강조하는데 주식 시장은 현행 및 기대 미래 수익에 초점을 맞추기 때문이다(Beaver, 1980; Collins et al., 1994). 바꿔 말하면, 주가는 새로운 정보 반영을 통해 이익을 선도한다.

회계이익의 주가에 관한 연관성과 정보내용의 조사에 더하여 Ball and Brown은 시장 효율성을 테스트한다. 특히 이익발표 후 추세는 악재 뉴스를 시장이 조정하는데 수개월이 걸림을 보여 준다. 이는 이익 안에 있는 정보에 시장이 과소반응하고 순차적으로 조정함을 의미한다. 이 이익발표 후 추세는 나중에 시장 효율성 검증과 관련하여 이상 현상(anomaly)으로 해석된다(Bernard and Thomas, 1990).

Ball and Brown은 발생 과정이 현금흐름에 비해 이익의 정보전달성(informativeness)을 더 크게 하는지 여부를 테스트하기 위해 이익과 현금흐름의 정보 전달성(정보내용)을 비교한다. 연차 비정상 수익 조정은 현금흐름 변화에 비해 이익의 변화가 더 컸으며, 이는 발생 과정이 이익의 정보전달성을 높인다는 주장과 일치한다.

〈도표 4-1〉 Beaver의 정보내용

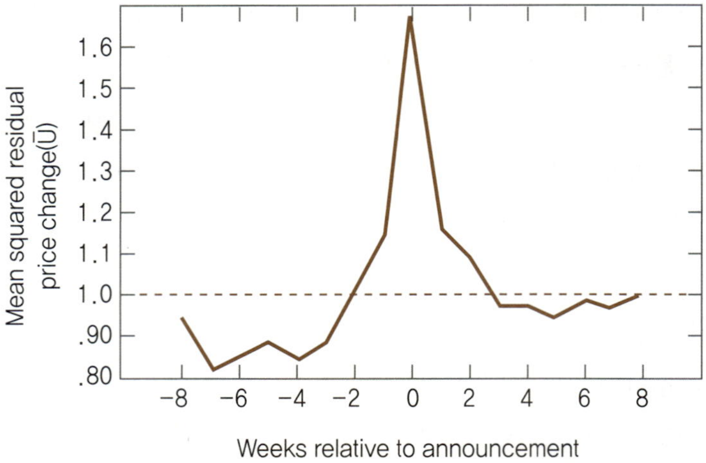

〈도표 4-2〉 Ball and Brown의 '팬'형 그래프

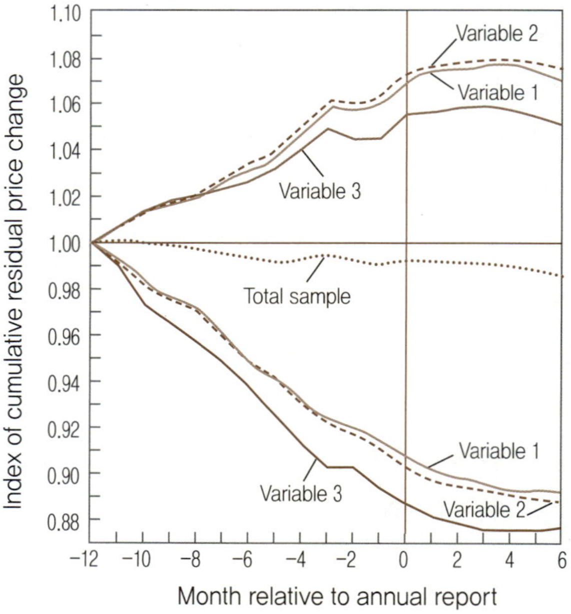

1.2 초기 증거의 변화

1.2.1 주가-이익 관련성과 회계기준 평가

Beaver(1972)는 회계 숫자와 주가의 연관성은 대체적인 회계방법들의 순위를 정하는데 사용될 수 있으며 그 결과 어떤 회계방법이 회계 기준으로 채택되어야 하는지를 결정할 수 있다고 본다. 그는 경쟁하는 정보 원천과 비용을 감안하여, 주가와의 연관성이 높은 방법이 재무제표의 보고 방법이 되어야 한다고 주장한다.

그러나 회계 기준 결정자들이 사회적으로 최적인 회계방법을 선택하는데 자본시장 연구가 유용할 것이라는 초기의 기대는 오래 가지 않는다. Gonedes and Dopuch(1974)는 예를 들어 무임승차 문제(회계정보에 대한 비구매자의 접근) 때문에 주가 관련성의 크기는 회계 기준의 사회적 최적성을 결정하는 기준으로 사용될 수 없음을 지적한다.[5]

많은 사람들이 현행의 GAAP 이익과 주가와의 상관관계가 낮기 때문에 회계 기준을 변경해야 한다고 주장한다(예: Lev, 1989). 이들은 다른 회계방법이 주가와의 상관관계를 높일 것이라고 제안한다. 또 다른 사람들은 회계 숫자와 주가의 상관관계는 재무제표 목적의 함수라고 본다. 계약과 성과 평가 목적에서는 객관적이고 검증가능한 정보가 필요하다(Watts and Zimmerman, 1986). 이러한 정보 수요는 회계과정을 기대되는 거래가 아닌, 실제 거래의 결과를 요약하는 역사적 정보를 제시하는 방향으로 기울게 한다. 수익 인식 기준의 적용이 대표적인 예이다. 이에 비해 주가 변화는 미래 수익성의 예상 변화를 반영한다. 결과적으로 동시적인 수익-이익 관련성은 작을 것으로 예상된다. Lee(1999)는 회계 규제 기관이 미래 거래의 예상 이익을 보고 이익이 포함하도록 결정하지 않는 한(즉, 수익 인식 원칙을 포기하지 않는 한), 주가와의 높은 동시적 상관관계가 기준 결정 의미를 갖는지 여부를 알기는 곤란하다고 결론짓는다.

이러한 개념적인 논쟁에도 불구하고 이 기준은 조심스러운 어조로 계속 사용된다. Dechow(1994)는 기업의 기간 성과 측정치로서 이익과 현금흐름을 비교하는데 주가와의 상관관계를 사용한다. SFAC 1호에서는 하나의 재무제표 목적을 '미래 현금흐름의 금액, 시기, 그리고 불확실성을 평가하도록 돕는 것'이라고 규정한다. 대체적 회계방법 혹은 성과측정

5 외부 효과로 인해 한계 수익과 원가에 의해 최적 정보 생산량이 결정되지 않는다. 즉 시장 가격(주가)은 효율적인 자원 배분 역할을 하지 못한다. 좀 더 일반적인 논의는 SATTA(1977, pp.34-36)와 본서 12장 p.480 참고.

치를 비교하는 기준으로 주가와의 상관관계를 이용하는 연구는 이 규정을 주된 동기로 삼고 있다.[6]

1.2.2 지지 가설의 역할

주가와의 상관관계를 회계방법 평가 기준으로 사용하는 전제는 시장 효율성이다. 시장 효율성은 상당한 도전을 받고 있다. 시장 비효율성을 보여주는 이상 현상의 증거들이 제시된다. 지지 가설(maintained hypothesis)로서 시장 효율성의 장점은 귀무가설 하에서의 회계정보와 주가 사이의 관계를 규정해 준다는 점이다. 예를 들면 회계방법 변경 발표 이후 기간에 체계적인 양 혹은 음의 비정상 수익은 예측되지 않는다. 비정상 수익이 영이 아니라는 체계적인 증거는 시장 효율성을 기각한다.

만일에 시장 비효율성이 지지 가설이라면, 귀무가설 하에서의 주가와 재무정보 사이의 관계를 규정하기가 곤란하다. 시장 비효율성 하에서 관계의 형태에 관해 더 많은 구조를 설정해야 한다. 재무 행동론에 토대를 두고 반증 가능한 가설을 개발해야 한다. 이를 위해 지난 수십 년 동안 실증적 경제학이 많은 자본시장 연구를 주도하였다. 회계 연구는 제도에 관한 상세한 지식으로 인해 비교 우위를 가질 수 있다.

1.2.3 요약

초기의 사건연구와 관련성 연구는 여러 측면에서 획기적이다. 첫째, 이 연구는 역사적 원가 이익 측정 과정은 무의미한 숫자를 산출한다는 당시의 지배적 관심을 거부한다. 둘째, 이들 연구는 회계 문헌에 실증적인 경험적 방법론과 사건연구 설계를 도입하였다. 초기 자본시장 연구는 경제학과 재무 이론과의 결합이 주는 혜택을 충분히 보여준다. 셋째, 이들 연구는 회계가 자본 시장에서 독점적인 정보 원천이라는 사고를 불식시켰다. 많은 경쟁적인 정보 원천이 이익의 정보를 선취하기 때문에 회계는 주가에 영향을 주는 아주 시기적절한 정보 원천은 아니라는 점을 확인하였다. 이는 회계 기준 설정 측면에서 의미를 가질 수 있다.

---

6 Kothari(2001), pp.119-120.

1.3 자본시장 연구의 수요

회계이론의 세 관점은 모두 자본 시장에서의 회계정보 이용을 검토한다. 관점에 따라 연구의 내용에 현저한 차이가 있다. 자본시장 연구란 재무제표 정보와 자본시장의 관계를 검토하는 연구를 말한다. 회계의 자본 시장 연구에는 이익 반응계수와 분석가 예상의 특성 연구, 기본적 분석과 가치평가 연구, 시장 효율성 검증, 재무보고의 가치관련성 등의 주제가 포함된다. 시장 비효율성에 관한 많은 명백한 증거는 기본적 분석, 가치평가, 그리고 시장 효율성 연구에 대한 관심을 불러 일으켰다. 특히 회계사건 이후의 장기 주가 성과를 연구하는 새로운 분야가 등장한다.

자본 시장 연구에는 (1) 기본적 분석과 가치평가, (2) 자본 시장의 효율성 검증, (3) 계약 및 정치적 과정에서의 회계의 역할, (4) 공시 규제, 네 분야의 수요가 존재한다. 먼저 각 분야를 간단히 살펴보자.[7]

주주, 투자자, 은행 등은 기업의 가치에 관심을 갖는다. 효율적 시장에서, 기업 가치는 위험 조정 수익률로 할인된, 기대 미래 순현금흐름의 현재가치로 정의된다. 재무제표에 요약된 기업의 현행 성과는 중요하다. 기업의 현행 성과는 기업에 대한 시장의 가치 평가에 유일한 투입 변수는 아니지만 중요하다. 따라서 현행 재무 성과와 미래 현금흐름 사이의 기간 관계 그리고 재무 성과와 주가(혹은 주가 변화) 사이의 동시적인 관련성이 예상된다. 자본시장 연구의 중요한 목적은 이 관계에 대한 증거를 제공하는 것이다. 기본적 분석은 '가격이 잘못된(mispriced)' 주식을 확인하기 위해 가치평가에 집중한다. 재무제표 정보와 산업 및 거시 경제적 자료를 사용하여 추정된 **내재적 가치**(intrinsic value)와 현행 주가와의 차이는 주식 투자의 기대 보상을 나타낸다.

다음에는 **시장 효율성** 검증을 살펴보자. 효율적 시장은 '주가가 모든 이용 가능한 정보를 완전하게 반영하는' 시장을 말한다(Fama, 1970, 1991). 투자자, 경영자, 기준 결정자, 그리고 기타 시장 참여자가 시장 효율성에 관심을 갖는 것은 주가가 기업과 개인 사이의 부의 재분배를 결정하기 때문이다. 또한 주가는 그 자체가 재무정보의 영향을 받기 때문에 많은 사람들이 시장 효율성에 관심을 갖는다.

시장 효율성은 회계 전문직에 중요한 의미를 갖는다. 예를 들어, 효율적 시장에서는 기본

---

7 이 항은 Kothari(2001), pp.108-112를 요약하였음.

적 분석에서 나오는 보상을 줄인다. 직접적인 현금흐름 효과, 신호 전달 효과, 인센티브 결과가 없는 회계방법 변경은 주가에 영향을 미치지 않는다. 주석 공시와 재무제표 인식의 선택은 주가에 미치는 효과 측면에서 보면 별 차이가 없다. 자연히 시장이 효율적이지 않으면, 이 효과는 반대가 된다. 따라서 시장 효율성에 관한 경험적 연구가 필요하다.

재무 이론, 경제학, 회계학 분야에서의 시장 효율성 검증 문헌은 방대하다. 회계학 연구에서는 장기 및 단기 사건 연구와 수익 예측성의 횡단면 연구 혹은 아노말리 연구와 같은 두 유형의 연구가 사용된다. 사건 연구에는 이익발표 후 추세, 회계방법 및 방법 변경 그리고 기능고정관념 연구, 최초 상장 및 증자 연구가 있다. 횡단면적 연구는 특수한 거래 규칙을 사용하여 형성된 포트폴리오의 횡단면적 수익률이 CAPM과 같은 기대 수익 모형과 일치하는지 여부를 조사한다. 거래 규칙은 이익률과 같은 단일 지표 혹은 여러 재무 비율과 같은 다수 지표를 사용한다.

실증적 회계이론(Watts and Zimmerman)은 회계 숫자가 보상과 부채 계약 그리고 정치 과정에서 사용되기 때문에 기업의 회계선택은 그 사용에 의해 영향을 받는다고 예측한다. 많은 연구가 이 예측을 조사한다. 예를 들면, 회계의 경제적 결과에 대한 검증에서는 새로운 회계 기준에 대한 주가 반응을 조사한다. 그리고 이 주가 반응의 횡단면 변동이 계약과 정치 비용의 대리 변수와 관계를 갖는지 여부를 연구한다. 검정력을 높이고 또 상관관계를 가진 변수가 생략되는 문제를 완화시키기 위해 실증적 회계이론과 무관한 주가에 관한 재무정보의 효과를 통제해야 한다. 이는 실증적 회계이론 입장에서의 자본시장 연구 수요를 발생 시킨다: 일종의 방법론적 연구인데, 이익반응계수 문헌; 이익의 시계열 성질, 경영자 및 분석가의 이익 예상 연구; 통계적 추론 문제; 재량적 발생 모형 연구가 방법론적 연구에 해당한다.

마지막으로 공시 규제 분야에서의 연구 수요를 살펴보자. 미국에서는 상장법인이 따라야 할 회계 기준을 SEC의 위임을 받은 FASB가 결정한다. 자본시장 연구는 FASB가 스스로 기술한 목적들을 회계 기준이 개별적으로 혹은 집단적으로 달성하고 있는지 여부를 조사한다.(예: 새로운 회계기준에 따른 재무제표 숫자가 자본 시장에 새로운 정보를 제공하는가? 새로운 기준에 따른 재무제표 숫자가 동시적인 주가 수익 및 가격과 높은 관련성을 갖는가? 새로운 공시기준의 발표는 어떤 경제적 결과를 보이는가?) 기준 결정의 본질과 범위는 증권 시장 효율성에 관한 기준 결정자의 인지도에 따라 영향을 받는다. 따라서 기준 결정자들은 시장 효율성에 관한 자본 시장 연구에 관심을 갖는다. 국제 회계기준 결정자들도 자본시장 연구에 관심을 갖는다.

이러한 자본시장 연구 수요는 여러 회계 관점의 이론을 이해하는데 도움이 된다. 먼저 가치평가 관점에서는 가치평가 연구를 중시한다. 효율적 시장 연구는 당연히 중요하다. 그리고 공시 규제 연구도 중요하다. 정보내용 관점에서는 회계 시스템에 의해 전달되는 정보와 다른 원천의 정보가 함께 사용되는 상황에서 이론적으로 산출된 시뮬레이션 결과와 경험적 연구의 증거를 비교한다. 계약 관점에서는 방법론적 연구, 성과 측정치 비교 연구, 공시 규제 수요를 중시한다.

자본 시장 연구 내용은 분량이 방대하다. 이장에서는 Beaver(1998)의 가치평가 관점을 검토하고 정보내용 관점(5장)과 계약관점(6장)의 자본시장 연구는 다음 장에서 다룬다.

제2절 가치평가 연구의 실행

가치평가 관점은 관련 분야의 중요한 개념적 연구를 재무보고 환경의 제도 내용과 결합시키고자 한다.[8] 즉 재무 이론, 정보 경제학의 연구 내용과 회계학 연구를 회계 제도와 연결하는 데에 기본적인 관심을 갖는다. 재무 경제학 분야에서는 시장 효율성과 자본자산 가격결정 모형이 개척된다. 정보 경제학 분야에서는 정보의 역할을 검토한다. 컴퓨터의 발전은 통계학과 경험적 연구의 토대가 되었다. 회계 연구는 1960년대 말의 자본 시장 연구를 계기로 전환기를 마련하였다. 전통적인 접근으로부터 과학적 방법과 전통적인 재무제표 역할에 관한 경험적 검증으로 연구 방법이 바뀌게 된다.

2.1 개요

SFAC 1호(1978)는 "재무제표는 미래 현금흐름의 금액, 시기, 그리고 불확실성을 평가하는 데 투자자와 채권자를 도와주어야 한다."며 재무제표의 기업가치 평가를 강조한다. 이에 따

8 이 절은 Barth, M., Valuation-based accounting research: Implications for financial reporting and opportunities for future research, Accounting and Finance 40, 2000, Beaver, W., Financial Reporting: Accounting Revolution, Prentice-Hall, 1998, Beaver, W., Perspectives on Recent Capital Market Research, The Accounting Review, April, 2002, Beaver, W., Six Decades of Research, Teaching, and Participation in the AAA, The Accounting Review, No.3, 2015를 주로 참고하였음.

르면, 당기 재무 성과와 미래 현금흐름 사이의 관계, 그리고 재무 성과와 주가 혹은 주가 변화 사이의 동시적 관련성이 예상된다. 자본시장 연구의 주요 목표는 이 관계에 관한 증거를 제시하는 것이다. 시장 효율성에 대한 반대 증거는 기본적 분석에 관한 연구를 자극하였다. 이 연구는 가격이 가치와 다른 주식을 식별할 수 있는지 여부를 조사한다.

재무보고의 범위는 재무제표에 국한하지 않는다. SFAC 5호에서는 투자자와 채권자에게 필요한 재무정보를 재무보고와 기타 정보(예: 분석가의 매매 권고, 신제품 뉴스나 인수 계획 발표)로 분류한다. 재무보고는 다시 FASB 기준의 영향을 받는 기본적 재무제표와 보충적 명세서 그리고 기준과 무관한 기타의 재무보고 수단(예: 경영자 이익 예상)으로 구분된다. 기본적 재무제표는 인식과 측정 및 주석을 포함한다. 회계이론 연구가들은 이 모든 정보에 관심을 갖지만, 규제 기관 등 실무가들은 주로 재무제표 정보에 관심을 갖는다.

투자자 집단은 아주 커다란 재무제표 이용자 집단이기 때문에 규제 기관 등 실무가들은 투자자 관점을 택한다. 즉 재무보고 문제를 취급하는데 두 가지 이유에서 가치평가 접근을 택한다: (1) 투자자들은 투자 선택을 위해 기업가치 평가를 도와주는 재무보고 정보에 관심을 갖는다. 즉, 가치평가는 투자자 의사결정의 핵심 투입이며 동시에 산출이다, (2) 대부분의 가치평가 연구 문헌은 기업 차원의 연구 설계가 사용된다.[9]

가치평가 연구의 목적은 회계 숫자의 속성과 가치와의 관계를 평가하기 위해 회계 숫자를 기업가치 측정치와 관련시키는 것이다. 가치평가 연구가 갖는 기본적인 질문은 두 가지이다. 첫째, 회계 금액은 가치를 얼마나 잘 측정하는가?(측정 관점) 둘째, 어떤 회계 금액이 가치에 관한 정보를 전달하는가?(정보 관점)

2.2 주가와 회계 숫자

가치평가 연구를 실행하려면 가치에 대한 측정치와 가치평가 모형이 필수적이다. 많은 재무 이론 및 회계 연구에서는 증권시장이 공개적으로 이용 가능한 정보를 아주 효율적으로 처리한다고 전제한다. 공개적으로 이용가능한 정보란 회계정보를 비롯한 기업 가치평가에 관련된다고 투자자들이 인지하는 모든 공개 정보를 말한다. 시장이 모든 공개적으로 이용 가능한 정보에 대해 완전하게 효율적이지는 않지만, 주가는 투자자들의 합의된 신념을 반영한다. 따

9 Barth(2000), p.10.

라서 주가는 재무보고 연구에 사용되는 가장 통상적인 가치 측정치이다.[10]

가치평가 기반 연구의 두 번째 필요한 요소는 기업 가치와 투자자들이 가치를 갖는다고 간주하는 기업 특유의 성질을 연결해주는 가치평가 모형이다. 가치평가 모형은 기업 가치와 회계 숫자를 연결하는데 핵심 역할을 한다. 가장 많이 사용되는 모형은 배당 할인 모형이다. 이 모형에서는 가격(P_t)은 미래 배당(d_τ)의 기대값이다.

$$P_t = \sum_{\tau=1}^{\infty} R^{-\tau} E_t[d_\tau] \tag{1}$$

E는 기대값 계산을 의미하고 R은 $1+r$이다. r은 할인율이고 매 기간 일정하다고 가정한다. 회계 숫자를 통해 이 공식을 표현하려면, 기대 미래 배당과 회계 금액의 관계를 설정해야 한다.

Beaver(1998)는 불확실성 세계의 불완전 및 미완성 시장에서는 경제적 가치가 정의되지 않기 때문에, 회계는 완전시장에서처럼 가치를 측정하는 역할을 하지 못하고 가치평가 모형에 투입 자료로 사용된다고 설명한다. 현행 회계이익과 주가는 (1) 금년도의 회계이익과 미래 회계이익의 관계, (2) 미래 이익과 미래 배당의 관계, (3) 미래 배당과 현행 주가와의 관계를 통해 연결된다. 예를 들면 당기 회계이익의 변화는 랜덤 워크과정을 통해 미래 기간에 100% 지속되고, 또 회계이익에 대한 배당지급률이 100%라면 이 회계이익의 변화는 미래 배당에 반영되고, 미래 배당이 알려지면 위 공식을 통해 가격을 알 수 있게 된다. 그리고 이 경우 회계이익의 변화와 주가의 변화 사이의 민감도는 1:1(100%)이 된다.[11]

이 공식이 회계 금액에 의해 표현되면, 가치평가에 관한 이론을 검증하거나 혹은 회계 금액에 관한 속성을 연구하는데 사용된다. 가치평가 관계의 검증에서, 회계 금액과 기대 미래 배당의 차이는 측정 오차로 간주된다. 회계 금액의 속성 연구에서는, 차이 자체가 관심의 대상이 된다. 회계인은 회계 금액의 속성에 관심을 갖고 그 속성을 알기 위해 가치평가 모형을 사용하기 때문에, 후자는 회계인의 관점에 더 가깝다.[12] 전자는 회계 금액과는 다른, 예컨대 자본비용 추정에 관심을 갖는 재무 및 경제 연구자들에게 더 필요하다.

배당 할인 모형 이외의 다른 가치평가 모형도 살펴보자.

---

10 이 항의 내용은 Barth(2000)을 참고하였음.

11 Beaver(1998), p.69.

12 후술하는 측정 관점을 참고하라.

2.2.1 항상 이익 모형

항상 이익 모형도 회계와 가치를 연결하는 모형으로 사용된다.

$$P_t = \frac{1}{r} E^* \tag{2}$$

회계 순이익은 항상 이익(E^*)을 대신하여 사용된다. 앞에서와 마찬가지로 항상 이익과 회계이익의 차이는 (r의 추정이 목적이라면) 측정 오차 문제이거나, 혹은 (이익의 구성 요소가 일시적인지 혹은 영구적인지 여부를 연구한다면) 회계의 연구 대상이다.

이 모형을 통해 회계이익의 의미를 알려면, 회계이익이 어떻게 **항상 이익**과 연결되는가를 규정해야 한다. 회계이익은 단지 항상 이익만을 대신하여 사용되기 때문에, 회계이익이 어떤 점에서 항상 이익을 반영하지 못하는지를 조사해야 한다. 즉, 회계이익이 반영하지 못하는 항상 이익의 차원 때문에 어떤 변수가 추가로 포함되어야 하는지를 고려한다. 이런 변수의 포함 여부는 그 변수의 생략이 연구자가 원하는 추정을 혼란시키는지 혹은 도와 주는지 (즉 등식이 성립하는지) 여부에 의해 결정된다. 이 때문에 제도 회계에 관한 지식의 창의성과 깊이가 중요해진다. **추가 설명 변수**의 선택은 연구 내용에 기여하는 통찰을 제공한다.[13]

이 모형에서는 할인율 r이 일정하다고 가정된다. 그러나 할인율 r은 횡단면적으로나 시계열적으로 변동할 수 있다. 따라서 이 모형에 기반하여 구체적 내용을 추정하려면, r의 결정에 영향을 주는 요인(예: 위험과 성장)의 효과를 고려해야 한다(Collins and Kothari, 1989; Easton and Zmijevski, 1989).[14]

2.2.2 대차대조표 모형

또 다른 모형으로 대차대조표 모형이 사용된다(Landsman, 1986; Barth, 1981).

$$MVE_t = MVA_t + MVL_t \tag{3}$$

13 이 문제도 후술하는 측정 관점을 참고하라.

14 이들은 이익반응계수의 결정 요인을 지속성, 위험, 성장률, 그리고 이자율로 본다(Kothari, 2001, p.124). Kothari는 이익반응계수의 크기가 낮은 이유에 대한 경쟁 가설에서 가치평가 관점과 차이를 보인다. 본서 6장 참고.

MVE_t는 지분의 시장가치이고, MVA_t, MVL_t는 각각 자산과 부채 항목의 기저에 있는 권리 및 의무와 관련되는 기대 배당 혹은 현금흐름의 현재가치이다. 이 모형에서 회계 자산과 부채는 자산과 부채 가치의 대용 변수이다. 회계이익을 항상 이익의 대용 변수로 볼 때와 마찬가지로, 회계 자산과 부채도 모든 자산과 부채의 가치를 포함하지는 않는다. 기업 가치에는 반영되지만 회계에는 인식되지 않는 영업권과 기타 무형 자산이 존재한다. 따라서 이 항목들 대신에 어떤 변수가 추가로 추정식에 포함되어야 하는지를 신중하게 고려해야 한다.

공식 (2)와 (3)을 별개로 고려하면, 회계 순이익, NI와 순 회계자산, BVE는 가치평가에서 중복된다. 그러나 각 회계 금액은 기저의 가치 변수에 대한 대용 변수이고 따라서 기저 변수에 대한 오차를 반영한다. 또한 가치평가 모형의 가정은 경험적으로는 성립하지 않는다. 예를 들어 완전 및 완성 시장 가정, 그리고 할인율의 기간 간 불변성 가정이 그렇다. 따라서 회계이익은 재무제표에 인식되지 않는 자산과 부채에 관한 정보를 반영할 수 있다. 즉 NI는 대차대조표 모형에서 생략 변수를 대신한다고 볼 수 있다.

2.2.3 Ohlson 모형

Ohlson(1995)은 BVE와 NI를 포함하는 회계-기반 모형을 만든다. Ohlson 모형은 회계 금액과 기업 가치를 직접 관련시킨다. 이 점 때문에 이 모형과 일련의 그 후의 모형들은 오늘날 회계 연구에서 가장 많이 사용된다. Ohlson 모형의 기본 가정은 순수 잉여 관계와 잔여이익 모형이다. Ohlson 모형(1995)은 다음과 같다.

$$V_t = BVE_t + \sum_{\tau=1}^{\infty} R^{-\tau} E_t[x^a_{t+\tau}] \qquad (4)$$

V_t는 가치이고, 완전시장 가정 하에서 이는 P_t와 같다. x^a는 비정상 이익($NI_t - rBVE_{t-1}$)이다. 정보 동학 가정을 추가하면 다음 모형이 도출된다.[15]

$$V_t = (1-k)BVE_t + k(\varnothing NI_t - d_t) + \alpha_2 \nu_t \qquad (5)$$

여기에서 ν_t는 회계 이외의 다른 정보이고 $\varnothing$는 할인율의 함수이다.

---

15 정보동학 가정이란 이익, 배당 등이 자동 회귀 계열 상관관계를 갖는다는 가정을 말한다.

할인율과 비정상 이익 지속성의 함수인 k는 가치평가에서 BVE와 NI의 상대적 중요성을 나타낸다. 이 계수들은 주어진 기업에서 기간별로 달라지므로, 회계 지분가치와 순이익 중 어느 편이 더 가치 관련성을 갖는가는 기업의 상태에 따라 달라진다. 따라서 식(5)에서 BVE와 NI의 상대적인 가치평가 의미를 찾을 수 있다. 예를 들어 기업이 부도나 해산 상태에 접근할수록 BVE는 NI에 비해 보다 더 가치 관련성이 클 것이다. 또 기업의 이익이 지속적으로 성장하는 기업은 이익의 지속성이 높아 순이익 계수가 더 크고, 재무적으로 취약한 기업은 순회계가치가 더 중요할 것이다. k는 BVE와 NI의 측정 속성에 의해서도 달라진다. 예를 들어 만일 가상적으로 무형 자산을 포함하여 모든 자산이 공정 가치로 측정된다면, 순이익은 단순히 이득과 손실이고, $v_t=0$, $k=0$이 된다. 비정상 이익의 지속성은 영이기 때문이다. BVE가 역사적 원가로 측정되고 NI가 자산 사용가치 가운데 유입가치 초과분을 포착한다면, k는 1에 가까워질 것이다.

다른 모든 모형과 마찬가지로, 공식 (5)는 기술적으로 타당하지 않은 가정에 의존하기 때문에 단점을 갖는다. 공식 (4)의 경우도 기업의 수명 기간 중의 기대 비정상 수익의 대용치를 알아야 한다. 공식 (5)의 경우는 비정상 이익의 특수한 시계열 과정과 다른 정보 v_t를 가정한다. 그러나 이 가정은 명시적이며 따라서 감독할 수 있다. 또한 회계 숫자에 대한 내생적 수요를 다루지 않으며, 정보 비대칭성을 전제하지 않아서 회계 자료의 전략적 이용을 다루지 않는다는 비판도 있다. 이러한 비판은 맞는 말이기는 하지만 모든 이론이 이런 성질을 가져야만 하는 것은 아니다.

더욱이 이 모형은 회계 금액과 기업 가치 사이에 직접적인 관계를 제공한다는 장점을 갖는다. 첫째, 시장 가치보다는 회계 금액으로부터 기업 가치를 추정하게 해준다. 따라서 이 모형은 가치평가 기반 회계 연구에 또 다른 가치 표준을 제공한다. 둘째, 시장이 완전하게 효율적인 것은 아니다(예: Bernard and Thomas, 1989). 즉, P_t와 V_t는 다를 수 있으므로, 이 모형은 가격이 잘못 평가되었다고 인지되는 주식과 관련되는 검증을 구체화할 수 있다. 즉 이 검증에서는 예를 들면 정보 비대칭 때문에 시장 가격이 근본적 가치와 차이가 난다. 셋째, 이 모형은 재무제표 분석과 가치평가를 직접 연결시킨다. 넷째, 이 모형은 회계 연구가들 사이에서 커다란 관심을 받고 또 지속적으로 확장되고(예: Feltham and Ohlson, 1995, 1996; Ohlson, 1999) 검증된다(Dechow et al., 1999; Myers, 1999; Barth et al., 1999; Hand and Landsman, 1999). 이러한 적극적인 연구 흐름은 가정의 타당성과 통찰에 관한 증거를 제공해 준다.

Beaver(1998, 2002)는 Feltham and Ohlson 모형의 가치평가 모형 측면 뿐 아니라 회계 이론으로서의 특징도 강조한다. 즉, 자본시장 연구는 근본적으로 경험적인데 비해, Feltham and Ohlson은 이론적이다. 1990년대에 개발된 '회계의 이론'(회계 숫자에 의해 가치를 공식적으로 표현하는 것) 가운데 이 이론은 가장 중요한 연구라고 평가된다.[16]

이 모형은 가치평가 가정(지분의 가치는 기대 미래배당의 현재가치이다), 순수잉여관계, 선형 정보동학을 가정한다. Feltham and Ohlson은 이 간단한 가정들로부터 풍부한 의미를 도출한다. 회계 자료와 지분 가치를 연결하는 기존의 연구와는 달리, F-O의 접근은 정보 이론도 또 측정 이론도 아니다.

F-O 접근은 회계 시스템의 많은 중요한 특징들이 갖는 역할을 제시한다: 순수 잉여, 장부가치와 이익, 이익의 일시적 부분, 보수주의, 지연인식. 이들은 재무보고 시스템의 핵심 특징에 관한 연구를 확대하고 있다. 초기 모형은 불편 회계(unbiased accounting)와 순수잉여관계를 가정하였고 나중에는 보수주의 회계가 포함되도록 확장되었다(Feltham and Ohlson 1995; Zhang 2000). Feltham and Ohlson은 '다른 정보'를 모형에 포함시킨다. 이를 통해 모형은 현재 알려져 있고 주가에 반영되었지만 회계 숫자에는 늦게 반영되는 정보의 역할을 제시한다. 모형은 지연 인식을 나타낸다. 선형 정보동학을 풍부하게 함으로써, Feltham and Ohlson(1996)은 감가상각 이론을 만든다. 이 이론은 두 원천의 보수주의를 확인한다: 가속상각법과 양의 순현가 사업계획. Ohlson(1999)은 이익을 영구적 부분과 일시적 부분으로 분해한다. 그 과정에서 그는 예측 목적적합성 개념과 이익 부분의 시계열 지속성을 분명하게 구분한다. 그리고 각 목적적합성 개념이 이익 부분의 가치평가 목적적합성에 어떻게 영향을 미치는지를 보여준다. 확장된 연구는 추가 조건부 변수(예: 현금흐름과 발생과 같은 이익의 상이한 구성 요소)를 포함하도록 선형 정보 가정을 변경한다(Barth et al., 1999). 이렇게 F-O 접근은 선형 정보 동학을 수정하여 다른 회계 문제를 검토하는 출발점을 제공한다.

F-O 모형은 회계이론을 추구하려는 소수의 시도 가운데 하나이다. 회계의 용어(예: 이익(income))는 경제학이나 재무론에서 사용되는 용어와 뜻이 다르다. 수익과 비용의 차이를 다른 이름으로 부를 수도 있지만, 그렇게 하지 않고 있다. 이익 이론에서 계산 결과 나타나는 측정값을 기업 성과의 지표라고 주장하는데 따라 회계의 용어가 선택된 것이다. 따라서 회계 순

16 Beaver(2002), p.457.

이익 측정치와 그들의 가치와의 관계를 나타내는 이론에 초점을 맞추는 것은 당연하다.[17]

F-O 체계를 적용하는 경험적 연구는 경험적 예측을 인도하는 현금흐름과 발생의 차이, 재무증권의 공정가치, 혹은 연금 부채의 본질에 관한 맥락적 회계이론을 첨가한다. 이러한 맥락의 풍부성은 간결한 F-O 표현에서 생략된 실질을 채워 넣는데 도움이 된다. 맥락적 이론이 첨가되면, 간결한 모형과 맥락적 풍부성은 경험적 연구의 기초를 제공한다. 가치관련성 연구는 F-O 모형을 적용하는 주된 연구 분야 가운데 하나이다.

2.3 수준 혹은 차이 연구

자본 시장 연구에서는 다음의 두 가지 질문이 제기된다: 추정 회귀식이 수준 혹은 1차 차이 형태 가운데 어떤 것을 선택해야 하는가? 그리고 어느 하나를 선택한다면, 구체적인 형태는 무엇인가? 첫 번째 질문과 관련하여, 지금까지 검토한 가치평가 모형들은 모두 **수준 형태**를 적용한다. 이는 계량 경제적 관심에서 발생하는 새로운 시도의 출발점으로서 합리적이다. 계량 경제적 관심에는 전형적으로, 척도와 같은, **이분산성**과 **생략된 상관관계 변수** 문제가 포함된다. 이분산성은 효율성에 영향을 미치며 해결책이 제시되고 있다. 양변을 기초 가격으로 나누면 이분산성, 생략 변수 문제 등이 완화된다(Christie, 1987). 생략된 상관 변수 문제는 모든 회귀식에 존재하며 이를 통제하기 위한 사려 깊은 연구 설계가 필요하다.[18]

가치평가 모형은 **차이 모형**의 구체적 형태를 결정한다. 가격 변화 혹은 수익이 이익 변화 혹은 이익 자체의 함수인지 여부는 순이익이 지분의 장부 가치 변화와 근접한다는 가정 하에서 공식 (2) 혹은 (3) 가운데 어느 것을 선택하는가에 따라 결정된다. 공식 (5)는 순이익은 지분 장부가치 변화에 근접하고 또 순 배당 변화가 영이라는 가정 하에서 이익 변화와 이익 양자를 모두 포함한다. 이 가정이 성립하지 않으면, 장부가치나 순 배당 변화도 추정식에 포함되어야 한다. 가치평가 모형은 또한 계수의 예측값도 결정한다. 위의 가정 하에서 공식 (2)는 $\Delta P=(1/r)\Delta NI$, 공식 (3)은 $\Delta P=1\times NI$, 그리고 공식 (5)는 $\Delta P=(1-k)NI+k\o\Delta NI$를 의미한다.[19]

---

17 이 설명은 가치평가 관점의 본질을 잘 보여준다.

18 다음에 나오는 가치관련성 연구에서 적시성이 핵심 요인이 아닌 이유 항을 참고하라. 또 예를 들어 기간 간 일정한 생략 변수는 1차 차이 형태를 통해 소멸된다.

19 이 부분은 본서 6장, 계약 관점의 해당 부분 참고, p.226 참고.

2.4 분리

회계인들은 순이익과 지분의 장부 가치만 보고하는 것이 아니고 많은 다른 회계 금액도 보고한다. 순이익과 지분의 장부 가치에 속하는 각 구성 항목은 동일한 비중으로 합계되지만, 상이한 구성 항목은 서로 다른 측정 속성을 지니고 있고, 특정의 가치평가 모형에 따라 서로 다른 특성을 갖는다(예: Barth et al., 1992, 1996).

현금흐름과 발생은 이익의 두 구성 요소이며 양자는 가치평가 면에서 차이가 난다. 이 차이는 아주 중요한 관심사이다. 비록 일부 연구는 분리된 회계 금액에 관심을 갖지만, 많은 연구는 두 요약 측정치, *BVE*와 *NI*에만 초점을 맞춘다. 현금흐름과 발생에 대해서는 4절에서 더 상세하게 검토한다.[20]

2.5 측정관점과 정보관점

2.5.1 정보내용

(1) 이익의 정보내용

정보내용 관념은 직관적이다. 두 가지 사고를 전제 한다: (1) 신호가 정보내용을 가질 필요조건은 신념의 변화이다. 그리고 (2) 신념의 변화는 (최소한 하나의 어떤 신호 결과에서) 선택되는 행동의 변화를 유발하는데 충분해야만 한다.

이익발표가 투자자의 신념을 체계적으로 바꾼다면(예: 대부분 투자자가 유리하게 본다면), 주가가 변화할 것이라는 기대는 직관적이다. Beaver(1968)는 이 사고를 토대로 이익의 정보내용을 연구하였다.

1970년대 이후 Beaver는 주가와 회계 자료 관계의 여러 측면을 조사하였다. Beaver, Clark, and Wright(1979)는 Ball and Brown(1968)의 연구를 확대하여 비기대 이익 크기(%)와 비정상 주가 수익의 크기(%)를 조사하였다. 비기대 이익의 크기를 기준으로 표본을 25개의 포트폴리오로 구분한 다음 각 포트폴리오 별로 비정상 주가 수익과 비기대 이익의 관

20 여기에서 말하는 일부 연구란 계약 관점에서의 연구를 말한다. 이 사항에 대해서는 다음 6장 계약 관점에서 더 검토한다.

계를 조사하였다. 양자는 양의 유의한 관계를 보였다. 주가 변화 차이의 크기는 Ball and Brown(1968)의 경우보다 더 크게 나타났다. 주가 성과의 크기는 거래 비용을 크게 초과한다. 이 결과는 두 가지로 해석된다. 하나의 해석에서는 회계이익 변화는 주가 변화를 야기하는 사건들과 상관관계를 갖는다. 다른 해석에 의하면 주가는 마치(as if) 회계이익이 주식 가치에 관한 정보를 전달한다고 투자자들이 믿는 것처럼 변동한다. 즉, 당기 이익은 미래 이익과 미래 배당지급 능력에 관한 정보를 전달한다. 당기 이익 변화에는 영구적 요소가 존재한다.

그러나 주가의 변화와 이익의 변화 사이에 1:1 관계가 성립하지는 않는다. 첫째, 주가 변화와 이익 변화의 상관관계는 1보다 낮다. 개별 주식 차원에서의 상관관계는 평균 0.38이다. 그 이유는 두 가지이다. 어떤 요인은 주가 변화에는 영향을 미치지만 당기 이익 변화에는 영향을 미치지 않는다.[21] 그리고 어떤 요인은 당기 이익 변화에는 영향을 미치지만 주가 변화에는 영향을 미치지 않는다.[22]

둘째, 가격 변화와 이익 변화는 같은 방향으로 움직이지만, 그 크기는 이익 변화보다 낮다. 즉, 이익 변화에 대한 주가 변화(혹은 이익반응계수, earnings response coefficient)는 1보다 낮다. 그 이유는 앞에서 언급한, 회계이익 변화에는 영향을 주지만 주가 변화에는 영향을 주지 않는 요인들(특정 회계방법, 기대 이익 모형으로 인한 측정 오차, 이익의 일시적 부분) 때문이다.

Beaver and Morse(1978)는 주가-이익 비율을 기준으로 표본을 여러 포트폴리오로 분류하여 각 포트폴리오별로 당년도의 이익 성장률과 다음 년도의 이익 성장률을 비교하였다. 그 결과 주가-이익 비율이 높은 그룹은 당년도의 이익 성장률이 낮고 다음 년도의 이익 성장률은 높게 나타난다. 그 역도 성립한다. 이는 (1) 이익에 일시적 부분이 포함된다고 투자자가 인지하고, (2) 이익은 마치 일시적 부분을 포함하는 것처럼 변동함을 보여준다. 결국 주가는 마치 이익에 일시적 부분이 포함된다고 인지되는 것처럼 변동한다. Hayn(1995)은 손실 보고 기업이 이익 보고 기업에 비해 이익 반응 계수가 낮음을 발견하였다. 손실은 이익에 비해 지속성이 낮고, 특별 손실 항목(구조조정 비용, 부문 매각, 자산 매각)은 일시적 부분이지만 주가에는 영향을 주지 않는다. 이 항목들은 이미 주가에 반영되었기 때문이다. 이익 반응 계수는 기업

21 예를 들어, (1) 소송, 원유 발견, 예상 자본적 지출, 예상되는 파업 등은 미래 이익에는 영향을 주지만 당기이익에는 영향을 주지 않는다. (2) 미래 이익 혹은 미래 배당에 영향을 주지 않지만 주가 변화에는 영향을 주는 이자율 혹은 위험 프리미엄의 변화는 주가 변화에는 영향을 주지만 이익 변화에는 영향을 주지 않는다.

22 예를 들면 다음과 같다. (1) 감가상각 방법 변경과 역사적 원가주의 적용은 주당 이익 변화에는 영향을 주지만 배당 지급 능력을 변화시킬 것으로 예상되지는 않는다. (2) 기대 이익 변화를 계산할 때 기준이 잘못되면, 잔여 이익 변화 측정치는 비기대 이익에 오차를 합한 값이다. (3) 이익 변화에는 일시적 부분(transitory component)가 포함된다.

에 따라 달라진다. Kormendi and Lipe(1987), Easton and Zmijewski(1989), Collins and Kothari(1989)는 이익 반응계수가 지속성 뿐 아니라 성장, 위험, 그리고 이자율의 영향도 받는다고 본다.[23]

회계방법 변경도 주가 변화와 이익 변화 사이의 관계에 영향을 미친다. 회계방법 변경은 회계이익에 영구적 영향을 주지만 주가 변화에는 영향을 주지 않는다. 주가는 마치 투자자가 보고 이익을 통찰하는 것처럼 즉 배당지급 능력에 영향을 주지 않는 회계이익을 주가에 반영하지 않는 것처럼 변동한다. 이는 회계방법 변경 뿐 아니라 동일한 기업이 다른 회계방법을 선택한 경우도 마찬가지이다.[24]

Ball and Brown(1968)의 연구에서는 이익과 관련되는 주가 변화는 대부분 연차 이익발표 이전에 발생된다. 이는 이익의 적시성에 관한 증거를 제공한다. 이들은 표본을 전년도에 비해 이익이 증가한 기업 표본(호재 기업)과 감소한 기업 표본(악재 기업)으로 구분하여 월간 누적 잔여 주가 변화를 조사하였다. 호재 기업 표본에서는 양의 기울기가 나타나고 악재 기업 표본에서는 음의 기울기가 나타난다. 이익발표월의 주가 변화는 총 주가 변화에 비하면 아주 작다(약 10%).

이익발표 이전 기간에 투자자들이 공개적인 정보들(예: 분석가, 경영자의 분기이익, 배당, 이익 예상)을 이용하여 연차 이익에 대한 예상을 계속 수정하는 점을 감안하면 이는 놀라운 일이 아니다. 이는 연차 이익이 시기적절한 정보가 아니고 다른 시기적절한 정보에 의해 정보내용이 선취된다고 해석된다.

이익의 정보내용이 미리 주가에 반영되기는 하지만, Beaver(1968)의 연구에서는 이익발표 주간에 유의한 주가 반응을 보인다. 이익 비 발표 기간에 비해 평균 주가 변화가 1.67배 높게 나타난다. 그 후 연구들은 이익발표 기간을 일자별로 혹은 시간 단위로 조사하여 같은 결과를 보여준다. 나아가서 Patell and Wolfson(1984)은 주가 효과가 발표일 이후에도 지속됨을 발견한다. 이는 이익발표 후 추세가 지속됨을 의미하고 증권시장 효율성에 관한 예외 현상으로 보인다.

마치 이익발표가 주가에 영향을 주도록 투자자의 신념을 바꾸는 것처럼 주가는 움직인다. 이 결과는 Ball and Brown의 연구 결과와 모순인 것처럼 보일 수 있다. 그러나 이 모순의 해

---

23 이 연구들은 6장에서 다시 검토된다.

24 이 내용도 6장에서 다시 검토한다.

결은 간단하다. 주가는 새로운 정보에 의해 이익 예상치를 계속 수정한다. 그러나 연구자들은 1년 전의 이익 예상치를 사용한다. 따라서 이익발표월의 정보내용은 낮게 나타날 수 있다. 즉 비 기대 이익 추정치에는 추정 오차가 포함된다. 반면에 Beaver의 부호를 무시한 주가 변화 측정치에서는 이익 기대 모형이 사용되지 않는다.

이익은 주가에 영향을 주는 많은 원천 가운데 하나이다. 이 경우 이익의 중요성은 관점에 따라 달라진다. 전체적으로 보면 이익은 작은 원천이다. 그러나 다른 많은 정보 원천과 이익의 비중이 비슷하다면, 이익도 중요하다고 볼 수 있다. 더욱이 이익은 주기적으로 발표되고 또 다른 원천이 이익을 예상하는데 이용된다면 이익은 중요하다고 말할 수 있다.[25]

(2) 주가의 정보내용

지금까지는 이익을 주가에 대한 설명 변수로 취급하는 연구를 검토하였다. 이제는 주가가 이익을 예측한다고 보는 연구를 살펴보자.[26] 주가는 미래 이익을 포함하여 가치관련 요인에 관한 투자자의 기대를 반영한다. 만일 주가가 현행 및 과거 이익 이외의 많은 신호를 갖는 정보 시스템에 기반 한다면, 주가는 현행 및 과거 이익에 반영되지 않은 미래 이익에 관한 정보를 반영할 수 있다. 예를 들어, 주가는 이익에 비해 빨리 어떤 사건이나 정보를 반영할 수 있다. 광물 자원의 발견이나 내년도의 파업 예상이 그 예이다. 이러한 연구는 합리적 기대 관점을 택한다. 합리적 기대 관점에서는, 오늘의 가격은 가치 관련 사건의 미래 실현에 대한 기대치의 함수이고, 평균적으로 실현과 기대는 일치한다.

주가가 다른 정보를 반영한다고 보면, 주가는 그 정보를 대신하여 사용될 수 있다. 이러한 생각을 바탕으로 미래 이익에 관한 주가의 정보내용을 연구하게 된다. Beaver, Lambert, and Morse(1980)는 이익에 관한 주가-기반 예상 모형이 과거 및 현재 이익을 통계적으로 연장한 모형(추세를 가진 랜덤 워크 모형)에 비해 미래 이익을 더 잘 예측한다고(평균 오차가 더 낮다고) 본다.

Beaver, Lambert, and Ryan(1987)은 당기 주가 퍼센트 변화와 전기 주가 퍼센트 변화의 선형 함수로 현행 이익 퍼센트 변화를 설명하였다. 두 주가 변화의 계수(RRC)는 모두 양으로 유의하였다(ERC의 역수 0.5). 전년도 주가 변화의 계수는 주가 변화에 기초한 이익 예상의 토

---

25 Beaver(1998), p.104-105. 이 주장은 6장과 비교할 필요가 있다. 즉 계약 관점과의 근본적 차이를 드러낸다.

26 이 항은 Beaver(1998), pp.106-107을 참고함.

대를 제공한다. 주가 변화는 이익 변화를 선도하며, 이익은 주가가 어떤 사건의 효과를 반영할 때에 비해 그 사건을 늦게 반영한다. 예를 들면, 이러한 사건에는 제품 혁신, 선물 계약, 광물 자원의 발견, 자산/부채의 공정가치 변동, 양의 순현가 사업계획 등이 있다. 최소한 이익의 일부는 주가에 반영되는 정보보다 시기가 늦다.

역회귀 분석은 여러 가지 장점을 갖는다. 첫째, 개별 주식 차원의 회귀식에서도 여러 주식을 종합한 것과 동일한 결과가 나온다. 둘째, 주가의 정보내용의 취지에 부합된다. 셋째, 역회귀식에서는 이익의 가블링은 잔차항에 포함되고, 계수에 편차를 주지 않는다.[27] 넷째, 이익을 종속변수로 보면, 시차 가격 변화를 포함시킬 수 있다. 이는 주가의 정보내용 관점과 주가 변화가 이익보다 정보를 더 빨리 인식한다는 해석과 일치한다. 이 결론은 Collins, Kothari, Shanken, and Sloan(1994)의 연구에서도 확인된다.[28]

주가와 이익은 기저의 정보 집합에 의해 동시적으로 결정된다고 볼 수도 있다. 이 상황에서는 주가와 관련되지 않는 이유로 인한 이익, 이익과 관련되지 않는 이유로 인한 주가, 그리고 양자는 더 기본적인 외생적 정보 변수들에 의해 내생적으로 결정된다고 볼 수 있다. 이런 의미에서 어느 변수도 다른 변수에 대한 예측인자가 아니다. Beaver, McAnally, and Stinson(1997)은 주가 변화-이익 변화 관계를 연립방정식 체계로 접근하였으며 동시성과 일치하는 증거를 찾았다.

가격 변화와 이익 변화가 마치 함께 결정되는 것처럼 보이는 이유에 대해 생각해 보자. 양자는 모두 부분적으로는 둘 가운데에서 다른 것에 영향을 주지 않는 요인들의 영향을 받을 것이지만, 양자는 명시적으로 규정하기 곤란한 정보 변수의 집합에 의해 부분적으로는 공통적으로 결정될 것이다. 이 경우에는 가격 변화와 이익 변화는 마치 서로가 내생적으로 결정되는 것처럼 움직일 것이다. 어느 쪽이든 단일 방정식 접근은 확인과 연립 방정식 편차 문제를 갖는다. 연립 방정식 시스템을 사용하면, ERC와 RRC는 단일 방정식 접근보다 더 높다. 나아가서 두 계수의 곱은 1에 근접한다. 이는 일부 이론의 예측값과 같다.

연립 방정식 접근은 여러 가지의 장점을 갖는다. (1) 확인과 편차 문제를 다룬다. 즉, 연립방정식을 사용하면, 단일방정식에 비해 두 잔차항의 공통 영향을 확인하고 또 계수추정의 편차도 줄인다. (2) 회귀식의 R^2가 낮다는 관찰 결과를 잘 해석한다. (3) 반응 계수가 이론과 일치

27 $\eta'=P\cdot\eta$가 성립하는 Markov 행렬 P가 존재할 때, 정보시스템 η는 η'의 가블링이다. 이 경우 η는 η'에 비해 더 정보를 잘 전달한다. 정세성과 정보성이 낮으면 이는 어떤 정보시스템의 가블링이며 정보를 잘 전달하지 못한다.

28 Beaver(2015), pp.867-868.

한다.

Beaver, Landsman, and Owens(2012)는 연립 방정식 문제를 다시 검토한다. RRC 방정식은 Basu(1997)의 비대칭 시기 모형, ERC 방정식은 Hayn(1995)의 비대칭 지속성 모형을 선택하였다. 결합 추정은 계량 경제적 문제를 갖는다: 구간 선형과 방정식의 불연속성. 연구 결과 연립방정식 체계에서도 비대칭적 시기와 비대칭적 지속성이 관찰되었다. 그러나 비대칭적 시기의 경우, 반응 계수는 양 및 음의 수익 모두에 있어 더 높았다. 나아가서, 비대칭 시기가 기간별로 증가 혹은 감소하는지 여부는 개별 방정식을 택하는지 혹은 연립방정식을 택하는지에 따라 달라진다. 이 연구는 가격의 정보내용에 관한 30년 동안의 연구를 마감한 셈이다.

2.5.2 가치관련성 연구

가치관련성 연구는 1990년대 이후의 중요한 경험적 연구 분야이다. 가치관련성 연구는 종속변수(주가)와 회계 변수 집합의 관계를 검토한다. 종속 변수와 유의한 예측된 관계를 가지면 회계 숫자는 **가치관련성**을 갖는다고 부른다.[29] 이런 일반적 의미에서 보면, 가치관련성 연구는 긴 역사를 갖는다. 그러나 이 용어는 1990년대 초에 통상적으로 사용된다. Ohlson(1995, 1999)도 경험적 연구와 동일한 의미로 이 용어를 사용한다. 다른 연구 분야에서와 마찬가지로, 가치관련성 연구에도 논란이 있다.[30,31]

(1) 특징

이 연구는 두 가지 특징을 갖는다. 다른 연구 분야에 비해 가치관련성 연구는 회계 제도, 회계 기준, 보고 숫자의 구체적 특성에 대한 깊이 있는 지식을 필요로 한다. 이러한 지식에는 재무보고의 (언명된) 목적, 특정 기준의 근거, 특정 기준 하에서 회계 숫자가 계산되는 구체적 방법(연금 보고가 좋은 예이다.)이 포함된다. 회계 맥락을 포함함으로써 가치관련성 연구는 풍부해지고 경험적 예측의 근거를 얻는다. 그리고 이점에서 주가와 회계 숫자 사이의 관계를 연구하는 면에서 회계 연구자는 비교 우위를 갖는다.

---

29 좀 더 완전한 검토 문헌으로는 Barth, Beaver, and Landsman(2001)을 참고할 것.

30 Holthausen and Watts, 2001; Barth, Beaver, and Landsman(2001). 본서 6장 참고.

31 이 항은 Beaver(2002), pp.459-464를 참고함.

아울러 목적 적합성과 신뢰성 같은 기저의 측정 개념에 경험적 내용을 부여한다. 회계 기준의 측정 관점 사용이 연구 동기에 포함된다. 이를 통해 이 연구는 전통적인 회계이론(많은 회계 기준에 그 내용이 반영됨)에 경험적 연구 방법을 적용한다.

두 번째 특징은 정보의 적시성과의 관계에서 나타난다. 가치관련성 연구에는 사건연구와 그리고 주가 수준과 회계 자료의 관련성 연구도 포함된다. 정보의 적시성은 주로 사건 연구 설계에서 중요하다. 사건 연구는 발표일자를 중심으로 짧은 기간에 관한 주가 반응을 검토한다. 연구되는 항목의 공개 발표 일자를 확인하고 그 무렵의 주가 변화를 조사한다.

사건 연구와는 달리, 주가 수준 연구는 사건연구보다 긴 기간의 가격에 반영되는 가치 요인을 확인한다. 예를 들어, 가격은 발표일 이전에 정보를 반영할 수 있다. 가치관련성 연구는 어느 시점에서의 시장 가격을 회계 변수(자산, 부채, 수익, 비용, 순이익)의 함수로 규정한다. 사건 연구에서와는 달리 적시성을 다루지 않는다.

(2) 적시성이 핵심 이슈가 아닌 이유

회계 시스템은 주가에 비해 늦게 사건을 인식한다. 지연 인식은 수익 실현 원칙과 같은 회계 원칙의 자연스러운 결과이다. 더욱이 이익발표는 전부는 아니지만 대부분 다른 정보에 의해 선취된다. Landsman and Maydew(2002)는 30년 동안 이점은 변하지 않았다고 주장한다. 이익이 유일한 가치관련 정보라고 가정하자. 그러면 이익발표 이전에 개인 정보와 공개 정보가 주가에 반영된 정도에 따라 이익발표 시점의 주가 반응은 낮아질 것이다. 그러나 사전 정보 취득 비용 때문에 완전히 선취되지는 않는다. 이러한 비용에는 정보 취득에 따른 현금 지불 비용 뿐 아니라 차별적 정보 제공 혹은 독점 정보에 관한 법적 책임과 같은 간접 비용도 포함된다. 비용이 영으로 접근함에 따라 이익발표 효과도 영에 접근할 것이다.

여러 분석적 연구는 이 과정을 공식적으로 보여준다. 예를 들어 Demski and Feltham(1994)에서는 이익발표 이전에 취득되는 정보의 유일한 역할은 다음 기의 이익에 관한 정보 제공이다. 간단히 말하면, 주가-이익 관계에는 발표 일자의 단기적 가격 반응 이외에도 더 많은 것이 존재한다. 사실, 발표 일자의 주가 변화의 크기는 사전 정보 취득의 비용을 말해주고, 이익의 가치 관련성 크기에 관하여는 한정된 증거만 보여준다.

정보 접근에서는 신호가 다른 이용 가능한 정보를 조건으로 신념을 변화시키기만 한다면 그 신호는 정보를 전달한다고 본다. 이는 회계 숫자가 사전에 혹은 동시에 이용 가능한 다른 정보에 의해 선취되지 않는 어느 정도의 고유한 부분을 가져야 함을 의미한다. 이 관점은 이익발표 이전 혹은 동시에 공개적으로 이용 가능한 다른 변수를 통제하는 사건연구 설계와 일치한다.

그러나 회계 숫자가, 포착하고자 하는 기저의 개념에 대한 유일한 표현은 아니다. 특정 회계 숫자와 집단적으로 높은 상관관계를 갖는 공개적인 정보 벡터가 존재한다. 예를 들어, 은행 대출의 공정 가치는 부도 위험과 이자율 위험의 함수이다.(Barth et al., 1996). 대출 장부가치의 선형 결합, 부도 위험 대용 변수, 이자율 위험 대용 변수는, 비록 이들이 기저의 개념을 '완전하게' 포착한다고 해도, 공정가치 측정치와 높은 상관관계를 갖는다. 그러나 재무제표의 핵심 역할은 관련 역할을 간결하게 그리고 기저 개념과 일치하도록 요약하는 것이다. 동일한 기저 개념에 대한 경쟁적인 대용변수 벡터가 존재하더라도, 회계 숫자가 이 역할을 얼마나 잘 하는가를 아는 것은 정보면에서 도움이 된다. 사실 회계 숫자(예: 은행 대출의 공정가치)가 기저 개념을 포착한다면, 그 개념에 대한 다른 대용 변수들(예: 부도 위험과 이자율 위험)과 회계 숫자의 상관관계가 예상된다. 이러한 상관관계는 회계 숫자가 기저 개념을 포착하고 있음을 나타낸다.

또 다른 예를 들어보자. 다른 자료 집합이 감가상각비와 완전한 상관관계를 갖는 변수를 산출한다고 가정하자. 이점이 순이익 계산에서 감가상각비를 배제함을 의미하지는 않는다. FASB는 감가상각비를 배제하지 않을 것이다. 대차대조표와 손익계산서는 다른 공개 정보에 의해 선취되지 않은 항목에 관한 목록이 아니다. 재무제표는 일반적으로 인정되는 회계원칙의 제약과 정의 안에서 '완전'해야 한다. 재무제표에 관한 이러한 넓은 관점에서는 적시성은 단지 하나의 차원일 뿐이다.[32]

재무제표와 동일한 기저 구조를 갖는 경쟁 변수의 존재에도 불구하고, 재무제표가 가치관련 사건들을 간결하게 요약하는 역할을 잘 수행하는지 여부를 아는 것은 중요하다고 가치관련성 연구에서는 생각한다. 이는 정보 접근과 대비된다. 정보 접근에서는 회계 신호가 적시성이 높은 다른 정보와 경쟁적인 현행 변수에 의해 선취되지 않기를 요구한다.

관점에 따라 연구 설계가 달라진다. 예를 들어 연구자들은 흔히 상관관계를 가진 생략된 변수 혹은 회귀 잔차항의 계열 상관관계 문제와 같은 계량경제 문제를 완화시키기 위해 주가 관련 종속변수로서 주가 수준 대신에 1차 차이를 사용한다. 그러나 변수의 형태를 바꾸는 것

32 계약관점에서는 적시성이 낮다는 점을 계약관점의 근거로 중시한다.

은 다루는 문제를 근본적으로 변화시킨다. 어떤 회계 숫자가 기업 가치에 반영되는가를 결정하는 것이 문제라면 주가 수준을 종속변수로 사용한다. 그러나 일정 기간에 가치 변화를 설명하는 것이 문제라면 1차 차이가 사용된다. 따라서 1차 차이 연구에서는 정보의 적시성이 중요하다. 연구자가 회계 금액이 시기적절한지 여부에 관심을 갖는다면, 가치변화를 연구하는 것이 적절한 연구 설계가 된다. 그러나 연구자는 다양한 연구 문제에 관심을 갖고 있으며, 많은 문제가 적시성을 내포하지 않는다. 아울러 관점의 선택에 따라 추가 설명 변수가 경쟁 변수인지 혹은 생략 변수의 대용치인지가 달라진다.

(3) 가치 관련성 연구의 개념적 기초

가치관련성 연구의 이론적 기초는 가치평가 이론에 회계 변수가 주가와 어떻게 관계를 갖는지를 예측하게 해주는 맥락적 회계 주장을 더한 것이다. 세 가지 가치평가 모형은 앞에서 검토한 바 있다.

그러나 가치평가 가정은 이야기의 절반에 해당한다. 가치관련성 연구는 회계 변수와 시장가치 사이의 관계를 예측하는데 맥락적 회계 주장을 사용한다. 예를 들어, 연금 자산과 부채는 마치 그 자산과 부채가 회사의 자산과 부채인 것처럼 가격이 결정된다는 예측은, 정의된 연금계획 하에서, 회사와 종업원 사이의 연금 계약의 경제적 실질에 관한 FASB의 개념 체계에 토대를 두고 있다.

금융 증권의 공정가치가 가치평가 방정식에서 평가되는 방식에 대한 예측은 공정가치 대 역사적 원가의 목적적합성과 신뢰성에 관한 개념적 논의에 토대를 둔다. 모든 자산과 부채가 어떻게 측정되고 평가되는가를 예측하는 일반적 명제라기보다는 특정 자산과 부채의 측정을 검토하는 것이지만, 이는 회계를 설명하는 이론이다. 일반적인 회계이론의 결여가 연구자들을 불안하게 하지만, 연구자들은 가치평가-회계 숫자 관계의 예측에 도움이 되는 맥락적 회계 논의를 사용한다.

(4) 측정관점과 정보관점의 테스트

가치평가 모형은 측정관점과 정보관점의 기본 물음에 대한 테스트를 구성한다. 측정 관점에서는 계수값에 대한 구체적인 예측을 필요로 한다. 즉, 특수한 측정 성질을 갖는 금액이 선택된 가치평가 모형에 의해 예측되는 특정의 계수와 관련된다고 예상한다. 이러한 정확한 테스트를 구성하고 실행하는 것은 어렵고 흔히 가정을 추가하여 문제의 구조를 바꾼다.(예: Barth, 1991; Barth et al., 1992).[33]

정보 관점의 질문에 관한 증거를 제공하는 연구 설계는 측정 관점과 유사하다. 다만 검증되는 예측이 다를 뿐이다. 특히, 회계 금액이 가치 관련성을 갖는지 여부는 정보 관점과 측정 관점을 함께 반영한다. 그러나 정보 관점은 회계 금액의 계수값이 영과 유의하게 다르지 않다고만 예측하는데 비해, 측정관점에서는 일정한 계수값을 예측한다. 약한 측정 관점 테스트는 정보 관점과 같게 된다(즉, 계수값이 유의하게 영이 아니다).

가치관련성은 회계 금액이 어떤 가치 측정치(예: 주가)와 관련됨을 말한다. 만일 회계 금액이 추정식의 지분 가치 설명력을 유의하게 증가시킨다면, 그 금액은 목적 적합하고 또 최소한의 신뢰성을 가지고 측정된 것이다. 만일 목적 적합성이 없다면, 지분 가치와 아무 관계가 없을 것이다. 금액이 너무 많은 측정 오차를 지니고 있다면, 연구자는 또한 유의한 관계를 찾지 못할 것이다. 설명력을 증가시키는 다른 정보는 다른 재무제표 정보 혹은 연구 질문이 제시하는 어떤 다른 정보이든 상관없다. 핵심적인 연구 설계 결정은 어떤 조건부 변수를 포함할지 결정하는 것이다. 포함되는 변수는 연구 주제에 따라 다르며, 결과의 해석 면에서 중요하다. 어떤 정보에 대해 금액이 가치관련성을 높이는지 이해하는 것이 중요하다.

목적 적합성과 신뢰성의 구분이 곤란한 것은 흔한 일이다. 회계 금액이 가치 관련적이기 위해서는 그 금액은 투자자에게 관련되어야만 하며 가치 측정치(즉 주가)에 반영될 정도로 충분한 신뢰성이 있어야 한다. 회계 금액과 주가 사이의 유의한 관계를 찾지 못한 것은 목적 적합성과 신뢰성 각각 또는 양자 모두가 부족하기 때문이다. 그러나 어떤 연구에서는 목적 적합성의 존재는 당연하다고 가정하고 관계가 없는 것은 신뢰성 결여 때문이라고 해석한다(Barth et al., 1998).

정보 관점에서는 사건 연구(event study)도 사용된다. 이 연구에서의 질문은 '회계 금액이 투자자들에게 새로운 정보를 제공하는가, 즉 정보내용(information content)을 갖는가?'이다. 정보내용은 회계 숫자에 대한 강한 검증이고 정보내용의 발견은 회계가 투자자의 신념을 바꾸는 역할을 한다는 데 대한 믿을 수 있는 증거를 제시한다. 목적 적합성의 한 차원인 적시성은 '새로운 정보' 검증에서 중요하다. 적시성은 가치 관련성 혹은 회계 금액이 '경제적 사건을 요약'하는지 여부에 대한 검증에서는 덜 중요하다. 적시성 검증을 위해서는 사건 연구처럼 짧

33 이 항은 Barth(2000), pp.16-18을 참고함.

은 기간의 가격 변화 혹은 수익에 기반을 두는 연구 설계가 필요하다. 그러나 사건 연구 설계를 실행하려면, 사건 일자를 확인하고 회계의 비기대 부분과 다른 조건부 변수를 규정해야만 한다. 실제로 많은 회계 금액이 발표되지 않아서 사건 일자를 확인하는 것이 곤란하고 또 많은 회계 금액에 대한 기대값을 규정하기가 곤란하여 사건 연구의 실행은 곤란하다.

사건 연구는 자본 시장에서 회계정보의 역할에 통찰을 제공하지만, 회계 금액이 '새로운 정보'를 제공해야 한다는 요구는 재무제표의 현실을 반영하지 않는 것으로 보인다. 예를 들어, 투자자들이 이익의 구성 부분을 예측하고 따라서 새로운 정보가 아니라는 이유로 이익의 구성 부분을 손익계산서에서 제외시키는 것은 비합리적일 것이다. 새로운 정보를 기준으로 사용하는 것은 SFAC 5호에 구현된 측정 관점을 무시하는 것이다. 또한 이는 내부인으로서의 경영자가 기업 활동의 성과와 상태에 관해 알고 있는 정보를 현시할 기회를 무시한다. 더욱이 시장 가격은 회계의 초점에서 벗어나는, 예를 들어 주식 분할처럼, 측정 대상이 아닌 정보 신호에 대한 투자자의 평가도 반영한다. 사건 연구는 다른 정보 원천에 관한 회계의 효과도 무시한다. 예를 들어 투자자들이 다른 회계 공시를 통해 어떤 항목을 예측할 수 있다고 해보자. 만일 그 공시가 요구되지 않았더라면, 투자자는 그 항목을 예측할 수 있겠는가? 재무제표 밖의 공시도 또한 재무제표 안에 포함된 내용의 함수일 수 있다.

(5) 연구 결과

가치관련성 연구의 특징은 재무제표 작성 방식과 여러 측정치의 속성에 관한 맥락적 논의, 즉 제도적 내용에 대한 이해를 필요로 한다는 점이다. 연구 결과에 관련되는 문제는 가격이 매겨지는가(즉, 영과 유의하게 다른 계수를 갖는가)? 가격 결정이 어떤 이론적 기준값과 일치하는가(예: 대차대조표 숫자의 경우, 계수가 1인가)? 특정 회계 숫자가 유사한 회계 숫자와 같게 혹은 다르게 가격이 결정되는가(예: 순이익의 모든 요소가 같은 가치평가 배수를 갖는가)? 세 가지이다. 몇 가지 예를 들어보자.

미기록된(주석에 공시된) 연금 자산과 부채에 대해 가격이 매겨진다는 증거가 있다. 연금 자산과 부채의 미인식 부분은 자본 시장이 연금 자산과 부채를 회사의 자산과 부채로 보는 것과 일치되게 가격이 결정된다. 기타의 퇴직 후 편익도 마찬가지 결과가 관찰된다. 재무 증권의 공정가치에 대해서도 가격이 매겨진다(priced). 그러나 은행 대출의 공정 가치에 관한 결과는 서로 다르다. 더욱이 가격 배수는 유가증권의 유형별로 공정가치 추정의 용이성에 따라 달라진다.

주석 정보는 흔히 분명하게 표시되지 않고, 복잡하고 난해한 자료가 포함된다. 주석 자료의 평가는 중요한 이슈이다. 연금 자산과 부채, 그리고 재무 증권의 공정가치에 대한 평가는 그 자체로서 흥미롭다. 그러나 이들은 주석 정보가 평가되는지 여부에 관한 넓은 주제 가운데 두 가지 유명한 사례이다. 또 다른 사례로서는 미이행 대출이 있는데, 이는 은행 대출의 부도 위험에 관한 주석 정보이다. 미이행 대출은 은행의 보통 주가를 설명하는데 유의하다는 경험적 증거가 존재한다.

가치관련성 연구는 비금융 무형자산도 검토한다. 일반적으로 이 연구에 의하면, 무형 자산은 평가된다. 또한 투자자들은 연구 개발비, 광고비 지출, 그리고 은행의 핵심 예금을 회사의 자산처럼 인지한다. 장부처리가 안된 환경 부채도 평가된다.

이익의 여러 구성 요소는 지속성에 따라 서로 다른 가격 배수와 관련을 갖는다고 예상할 수 있다(Sloan 1996; Ohlson 1999). 이익의 발생 부분은 미래 이익을 예상하는 면에서 현금흐름에 비해 지속력이 낮을 뿐 아니라 낮은 이익 배수와도 관련을 갖는다. 또 은행에서는 유가증권 손익 전 이익은 유가 증권 손익에 비해 높은 가격 배수와 관련된다.

장부가치와 이익의 상대적 중요성은 기업의 재무 건전성에 따라 달라진다(Barth, Beaver, and Landsman 1998). 현금흐름과 발생은 서로 다르게 가격이 매겨진다(Barth, Beaver, Hand, and Landsman 1999, 2005).

(6) 가치관련성 연구의 역할

회계 연구는 세 가지 역할을 한다.

(i) 연구는 이슈의 본질을 논의하는데 도움을 주고, 관심 있는 문제들을 엮을 틀을 만드는 패러다임 혹은 언어를 제공한다. 정보의 가치에 관한 패러다임은 그 자체가 예측적 이론은 아니지만, 회계 숫자의 정보 역할을 형성하는 데 필요한 정의와 분류의 체계를 제공한다.

(ii) 연구는 이론을 제공한다. 이론은 처방에 관한 명제를 인도하는 규범적 이론이거나 혹은 가설과 검증 가능한 예측을 제공하는 실증적 이론일 수 있다.

(iii) 연구는 경험적 증거를 제공한다.

경험적 증거는 정보 시스템에서 나오는 신호이다. 연구 설계는 정보 시스템의 특징을 기술한다. 연구자는 관심 있는 관계의 선험적 내용을 형성한다(예: 두 대안 가설이 옳을 확률). 증거는 사후적 분포를 인도하는 신호이다. 연구가 정보를 전달하기 위해서는 최소한 하나의 가능한 신호에서 두 분포가 달라야 한다. 연구 설계의 검정력이 증가할수록 설계에서 나오는 신호는 더 많은 정보를 전달한다.

가치 관련성 연구는 회계 숫자와 가치의 관계가 예측할 수 있는 형태인지 여부에 관한 증거를 제공한다. 연금 맥락에서 보면, 예측은 "연금 자산은 시업의 자산이고 연금 부채는 기업의 부채"라는 맥락적 이론에 토대를 둔다. 그럴듯한 예측은 "연금 자산(부채)은 자산(부채)으로서 가격이 정해진다"이다. 연구 결과는 많은 가능한 결과 가운데 하나만을 나타낸다. 그러나 이후의 논의와 연구는 관찰된 증거에 의해 혹은 관찰된 증거를 조건으로 정보를 얻는다.[34]

(7) 미해결 이슈

가치관련성 연구의 추론에 영향을 주는 미해결 과제 가운데는 시장 효율성, 계량 경제적 문제, 그리고 재무제표의 다른 목적이 포함된다. 시장 효율성이 연구 결과 해석에 영향을 미친다고 Beaver는 믿는다. 그러나 비록 시장이 비효율적이라고 하여도 연구 결과는 중요하다. 이 분야의 연구가 가지고 있는 표준적인 계량 경제 문제가 다른 회계 분야보다 더 심각한 것은 아니다. 더욱이 가치관련성 연구는 이 관심을 완화시키도록 설계된다. 끝으로 재무제표의 다른 목적이 가치관련성 연구를 보완하도록 해야만 하는가? 그렇다면 계약 목적은 주된 후보이다.

2.6 분석가 행동 연구

분석가의 예상 능력과 의사결정의 범위도 주요 연구 대상이다. 분석가는 회계 자료를 사용하고 해석하는 주된 정보 중개인이므로 그들의 행동은 회계 연구에 중요하다. 분석 결과는 주가에 반영된다. 평균적인 신중한 투자자에게는 재무제표를 분석하고 해석하는 데 필요한 시간, 기술, 혹은 자원이 부족할 수 있기 때문에, 분석가는 회계 자료가 주가에 반영되는 주된 통로가 될 수 있다. 효율적인 분석가 정보 처리는 주가의 효율성을 촉진할 수 있다. 만일 분석가 정보 처리에 한계와 비효율성이 있고, 또 자본 시장이 다른 정보 총합을 통해 이 한계를 처리하지 못한다면, 주가는 재무제표 자료를 완전하게 반영하지 못할 것이다. 분석가가 공개적

34 Beaver(2002), pp.463-464.

으로 이용가능한 자료 집합을 잘 이용하는 범위에 따라, 그들의 예상은 가치평가 연구의 설계에 다른 정보로 포함될 수 있다(예: F-O 모형을 통해). 분석가 예상을 조사하면, 회계 자료의 정보 총합에 대한 중요성을 평가할 수 있다.[35]

분석가 예상에 관한 연구는 이익의 시계열 연구를 계승한 것으로 볼 수 있다. 초기 문헌은 이익을 가장 정확하게 예측하는 시계열 모형에 초점을 맞추었다. 시계열 과정에 대한 확인은 회계 숫자의 일반적인 성질에 관한 내용을 알려준다(예: 계절 및 인접 분기 효과). 나아가서 연구자들은 이 모형에서 산출되는 이익 예상을 다른 형태의 연구에 투입 자료로 사용한다(예: 주가수익 연구에서 이익 예상 오차로 사용한다). 분석가의 이익 예상은 단순한 과거 시계열보다 더 풍부한 정보 시스템을 반영하기 때문에 더 정확한 예상이라고 볼 수 있다. 원래 목적 가운데 하나인 회계 시스템의 특징에 관한 연구는 약화된다. 그러나 이 분야의 연구는 가장 정확한 이익 예상의 발견과 관련되는 이슈 이상의 내용을 검토한다. 낙관적 편의, 처리의 한계, 그리고 전략적 고려가 검토된다.

2.6.1 연구 내용

많은 선험적 연구는 분석가 연구가 낙관적이라고 결론짓는다. 낙관의 정도는 세월의 흐름에 따라 감소되고 있다. 편차의 정도는 인수인과의 친밀도와 관련을 갖는다. 주식 인수인과 관련된 투자 회사에 고용된 분석가는 더 낙관적으로 예상한다. (처음에 낙관적인) 분석가의 예상은 시간이 흐름에 따라 낮게 수정되는 경향을 갖는다. 예상 능력이 우수한 분석가는 생존 확률이 더 높다.

분석가 예상은 최선의 통계 모형보다 더 우수하다. 분석가는 이익 시계열 모형보다 더 풍부한 정보 집합을 사용하기 때문에 이는 놀라울 것은 아니다. 그러나 통계 예상과 분석가 예상을 합한 모형은 분석가만의 예상보다 더 낫다. 이는 분석가 예상이 과거 시계열이 갖고 있는 모든 정보를 반영하지 않음을 뜻한다. 분석가 예상에 토대를 둔 예상 오차는 계열 상관을 갖는데, 이 또한 분석가 예상이 모든 이용 가능한 정보를 완전하게 반영하지는 않음을 의미한다. 이 증거는 분석가가 이익의 지속성을 저평가한다는 점과 일치한다.

자본 시장이 이러한 행동을 완전하게 반영한다면, 이러한 결과는 그 자체로서는 의미가 크지 않을 것이다. 그러나 자본 시장이 이 편차와 비효율성을 밝혀내지 못한다면, 그 의미는 커

35 이 항은 Beaver(2002), pp.464-466을 참고함.

지게 된다. 자본 시장은 분석가 예상을 가격에 순진하게 반영하는 것으로 보인다. 이러한 발견은 시장-장부, 그리고 시장-가치 전략과 관계되는 비정상 수익을 (최소한 부분적으로는) 설명한다. 분석가 예상은 Ohlson의 의미에서 '다른 정보'를 포착하는 간결한 방법이다. 분석가의 범위는 기관투자자가 많이 투자하고 그리고 무형 자산이 많은 기업에 있어 더 크다.

2.6.2 미해결 과제

예상에 관한 분석가의 동기를 더 잘 이해할 필요가 있다. 특히, 분석가는 왜 편차를 가진 예상을 하는가? 편차가 인수인 친밀성과 관련된다는 증거에도 불구하고 다른 많은 설명이 존재한다. 편차는 의도적인가 혹은 자기 선택의 결과인가? 이익의 지속성을 잘못 추정하는 이유는 무엇인가? 예상이 이용 가능한 정보를 완전하게 반영하지 않는 이유는 무엇인가?

분석가는 시간의 흐름에 따라 더 배우게 되는가? 분석가 예상을 처리하는 면에서 자본 시장은 시간의 흐름에 따라 더 배우는가? 분석가는 여러 기업에 노력을 어떻게 분배하는가? 재무보고 환경에 따라 분석가의 행동은 어떻게 달라지는가? 예를 들어, 기록되지 않는 무형 자산의 존재는 분석가의 범위를 증가시킨다. 어떤 다른 재무보고 특징이 중요한가? 분석가 예상이 가격에 포함되는 기제는 무엇인가? 분석가 예상의 오차가 주가의 차이를 초래하는 이유는 무엇인가? 분석가 예상에서 나타나는 규칙성을 주가가 완전히 반영하지 않는 이유는 무엇인가?

또 다른 중요한 이슈는 회계 자료 이외에 분석가 예상에 영향을 주는 다른 정보를 확인하는 것이다. Frankel and Lee(1998)와 Dechow et al.(1999)는 다른 정보의 대용 변수로 분석가 예상을 사용하였다. 그러나 더 넓은 시스템의 맥락에서 보자면, 분석가 예상은 내생적이며 기저의 외생 변수의 함수이다. 다른 정보의 차원은 아주 크다. 그러나 분석가 예상을 설명하는 주된 외생 변수의 일부라도 확인하는 것은 중요하다. 면허 지역 안의 인구, 침투율, 특허, FDA 승인, 집중율, 시장 점유율과 같은 비재무 측정치가 미래 이익을 예상하고 가격을 설명하는데 사용된다. 이 정보도 분석가 예상에 반영되는가?

2.7 회계 및 시장 위험 측정치

Beaver, Kettler, and Scholes(1970)는 회계 기반 및 시장 가치 기반 위험 측정치 사이의 관련성을 개발하였다. 특히 베타에 의해 측정되는 체계적 위험을 검토하였다. 당시에 재무 연구는 두 가지의 주된 결과를 보여주었다. (1) 시장 효율성은 주가의 경험적 변동을 잘 보여준다. 초기 연구는 회계 사건에 얼마나 빨리 그리고 얼마나 세련되게 주가가 반응하는가를 조사하였다. (2) CAPM은 상대적인 주가 결정을 잘 표현한다. CAPM 하에서 개별 주식 차원에서 관련성을 갖는 유일한 위험은 체계적 위험(베타)이다. 비체계적 위험은 분산되어 없어지기 때문이다. 베타는 개념적으로 정의되고 또 경험적으로 측정된다.[36]

초기 연구는 가격이 특별히 높거나 낮은 주식을 확인하기 위한 회계자료의 사용을 감소시키는 의미를 갖는다. 대신 회계자료는 체계적 위험의 예측에 사용된다. 회계 위험 측정치와 베타의 관계를 연구할 때에는 거시적 역할과 미시적 역할을 구별해야 한다. 거시적 역할은 균형 가격 결정 면에서의 회계 자료의 역할이고 미시적 역할은 개인 의사결정자(예: 투자자)가 포트폴리오와 개별 주식의 체계적 위험을 예측하는데 회계자료를 사용하는 것을 말한다.

개인 투자자는 역사적 베타와 같은 시장 기반 측정치와 회계자료 그리고 기타 정보를 사용한다. 그러나 회계 자료는 시장 가격에 반영되는 총합 정보 집합의 일부이기 때문에, 전체로서의 시장은 그렇게 하지 못한다. 바꿔 말하면, 회계 자료가 시장 가격 결정 면에서 차지하는 역할의 크기에 따라, 가격은 회계자료에 관하여 본질적으로 내생적이다. 회계 자료는 두 역할을 한다. 주된 회계 자료의 역할로서 균형 가격의 결정 즉 거시적 역할이 중시되어 왔다.

두 역할의 구별은 다른 맥락에서도 중요하다. 예를 들어, 부도 예측에 대한 회계 기반 모형과 시장 가격 기반 모형을 고려하자. 증거에 의하면, 두 모형 모두 예측을 잘한다. 나아가서 시장 기반 모형의 예측력의 90% 이상을 간단한 회계 기반 모형이 예측한다. 물론 비상장 기업의 경우에는 시장 기반 모형은 사용될 수 없고 회계 모형만 사용된다. 그러나 상장 법인의 경우에도 시장 기반 모형에 회계 자료를 포함한 정보들이 내생적으로 사용된다. 따라서 회계자료는 거시적 역할도 한다. 또한 베타는 배당률, 부채비율, 이익의 변동성과 같은 회계 위험 측정치와 유의한 관계를 갖는다.

---

36 Beaver(2015), pp.869–870.

제3절 시장 효율성

시장 효율성은 중요한 연구 분야이다. 기업이 일단 회계자료를 공개적으로 발표하면 그 의미가 널리 평가되고 주가에 반영된다는 사고를 전제로 재무보고에 대한 대부분의 **규제**가 이루어지고 있다. 만일 시장이 비효율적이라면 가격이 그 정보를 완전하게 반영할 때만큼 재무보고와 공시는 효과적이지 않을 것이다. 그렇게 되면 자료의 표시를 바꾸어 이 문제를 완화시켜야 할지 여부의 문제가 규제와 관련하여 제기된다.[37]

투자자가 효율적 시장에서 거래한다면, 그는 재무제표 정보를 포함하는 모든 정보 총합 집합을 반영하는 가격에 의존하게 되고, 따라서 모든 정보를 직접 처리할 필요가 없게 된다. 바꾸어 말하면, 정보를 문자 그대로 처리하지 않더라도 그 정보의 혜택을 간접적으로 얻게 된다. 또한 효율적 자본시장은 자원의 분배와 생산 면에서 효율적이라는 의미를 가지며, 따라서 시장 효율성은 자본시장 연구 초기에서부터 연구되었다.

시장 효율성은 **연구자**에게도 중요하다. 시장 효율성을 가정하면 다른 (좀 더 강력한) 추론을 끌어낼 수 있다. 시장 효율성에 관한 가정은 사건 연구에서 비정상 수익을 계산하는 기간의 길이를 연구자가 선택하는데 영향을 미친다. 또한 시장 효율성은 주가와 회계 숫자 사이의 관찰된 관련성을 해석하는 데에도 영향을 준다.

한때 공개된 정보에 관한 시장 효율성 문제가 해결되었다고 생각하였던 적이 있었다. 초기의 자본시장 연구는 시장 효율성을 지지하였다. Ball and Brown(1968), Beaver(1968)는 이익발표 후 수익률 추세를 조사하고 시장 효율성을 경험적으로 지지할 수 있다고 잠정적으로 결론을 지었다. 회계방법의 변경이나 차이에 관한 초기 연구도 비슷한 결론을 내렸다.

근래의 연구는 시장 효율성을 재검토하고 일부는 최소한 세 분야에서 비효율적이라고 결론을 내린다. 이익발표 후 추세, 시장-장부 비율, 맥락적 회계 연구.

3.1 이익발표 후 추세

이익발표 후 추세를 발견할 수 있었던 하나의 이유는 일별 수익률 자료를 사용하여 검정력을 높인 점에서 찾을 수 있다. 나아가서 거래비용, 생략된 위험 요소 등의 변수들을 통제하고

---

37 Beaver(2002), pp.453-457 참고.

또 시장 비효율성에 관한 대립 가설을 조사하여 비정상 수익이 이익발표 직후에 밀집된다는 것을 발견하였다. 비정상 수익이 이익발표의 비효율적 처리와 관련된다는 이들 증거는 확고하다.

Abarbanell and Bernard(1992)는 이익발표 후 추세 가운데 상당 부분은 분석가들의 이익 예상과 회계 자료 처리의 결함 때문이라고 보았다. 이 연구는 두 가지 결론을 내린다. (1) 분석가는 이익의 지속성을 과소평가하고 분석가들 사이의 예상 오차는 **계열 상관**을 갖는다. (2) 이익발표 후 추세는 **분석가 추종**이 적은 소규모 기업들에서 많이 나타난다.

이익발표 후 추세는 다른 시장 효율성 변수(예: 시장-장부 비율)에 비해 이익 변화와 이익 예상 오차의 계열 상관이 낮기 때문에 검정력이 크다. 높은 계열 상관은 그 변수가 시장이 반영하는 생략 변수를 대리할 수 있기 때문이다. 이 연구들은 시장 효율성과 정보 역할 그리고 재무 중개인들 사이의 연결 관계를 보여준다.

3.2 시장-장부 비율

두 번째 연구 분야는 **시장-장부 비율**에 토대를 둔 포트폴리오 전략과 관련된 비정상 수익이다. 시장-장부 비율과 수익률 사이의 음의 관계는 유의하고 지속적이며 일반적인 위험 측정치나 그 대리 변수에 의해서는 설명되지 않았다. 이는 논쟁거리이다. Fama(1991)는 시장-장부 비율은 어떤 (그렇지 않으면 확인되지 않는) 가격결정 요인을 대표한다고 보고, Fama and French(1992)는 이 비율을 포함하는 **세 요인 가격결정 모형**을 제시하였다. 그 결과 시장 효율성 테스트가 시장-장부 비율을 통제하는데 그래도 여전히 비정상 수익은 발견된다.

이 연구는 시장-장부 비율을 정밀하게 계산하는 방향으로 확장된다. 시장-장부 비율을 시장 비효율성 측정치로 보는 입장에서는 장부 가치에 반영되는 어떤 가치 관련 요인을 시장 가격이 반영하지 못하거나 혹은 기저의 가치와 무관한 어떤 요인을 반영한다고 생각한다. 예를 들어, 시장-장부 비율이 높은 주식은 소위 말하는 높게 평가되는 **매력적인**(glamour) **주식**이다. 이 입장에서는 장부 가치에 회계 '기본'을 포함하는 가치 개념을 사용한다. Frankel and Lee(1998)와 Dechow et al.(1999)가 대표적인 예이다. 두 연구는 Feltham and Ohlson 모형을 사용하여 장부 가치, 이익 그리고 분석가 예상에 의해 고유 가치를 산출한다. 단순한 시장-장부 비율 전략에 비해 이 비율이 더 높은 비정상 수익과 관련을 가지며 따라서 이 가치 추정치는 기저의 기본을 더 잘 반영하고 가격이 차이가 나는 주식을 더 잘 구분한다. 이익 발표 후 추세에서와 같이 자본 규모가 작은 기업 표본에서 비정상 수익이 더 크게 나타난다. Dechow and Sloan(1997)은 주가가 미래 이익 성장에 대한 분석가의 편의된 예상을 순진하게 반영하고 또 분석가의 이익 성장 예상의 사용은 반대(contrarian)전략(예: 시장-장부 비율과 가격-이익 배수에 기반을 둔 당시 주가와 반대되는 투자전략)과 관련된 높은 수익의 반 이상을 설명한다는 점을 발견한다.

3.3 맥락적 회계 이슈

앞에서 검토한 두 분야의 연구는 재무제표가 작성되는 방법의 특성을 고려하지 않아도 가능하다. 이익과 장부 가치를 일반적으로 처리하여도 무방하다. 회계 연구자들은 회계 제도, 보고 기준, 그리고 회계 숫자의 구조에 관한 지식을 풍부하게 가지고 있다. 근래의 연구들은 재무보고의 핵심 특징에 토대를 두고 시장 효율성을 검토한다.

Sloan(1996)은 회계의 하나의 특징인 발생주의를 이용한다. 그녀는 이익 예상에서 사용되는 발생 및 현금흐름의 비중과 가치평가 공식에서의 이익의 발생 및 현금흐름 부분의 암묵적 비중 사이의 일관성을 검토한다. 그리고 발생의 크기에 토대를 둔 포트폴리오 전략을 검토한다. 그 결과 자본 시장은 발생의 지속성을 과대평가하고 영업 활동 현금흐름의 지속성은 과소평가한다. 발생은 추정 상 불확실성이 더 크고 관리와 조작 가능성이 더 높다. Xie(2001)는 Sloan(1996)에서 나타난 가격 차이가 비정상 발생 때문임을 보여 이 결론을 지지한다.

더욱이 Teoh et al.(1998), Teoh, Wong, et al.(1998)은 신규 상장(IPO) 일자에 발생한 비정상 발생이 그 후 역전됨을 발견한다. 발생은 IPO 연구에서 확인되는 비정상 수익률의 일부와 최소한 관련되는 것으로 나타났다. 이 발견은 앞의 두 연구, 그리고 DeFond and Park(2001)와 일치하는데, 이들은 주가가 발생의 본질 혹은 미래 이익과 가치평가에 주는 의미를 충분히 반영하지 않는다는 면에서 일치한다.

그러나 모든 발생이 비정상 수익과 관련되는 것은 아니다. 특정 발생에 관한 보조적 공시는 자본 시장이 미래 이익과 가치평가의 의미에 대해 불편 추정치를 형성하게 한다. 예를 들어 Beaver and McNicholes(2001)는 손해보험회사의 손실적립금 역사에 관한 공시 증가는 투자자에게 발생을 투명하게 하고 또 손실 발생의 수정(개발)은 이후의 비정상 수익과 관련성이 없다는 점을 보여준다.

비정상 수익의 크기와 기간은 놀라울 정도이다. 예를 들어 Frankel and Lee(1998)는 포트폴리오 형성 후 36개월 동안에 시장-장부 비율 관련 비정상 수익의 31%가 지속됨을 보고한다. 또한 분석가 예상의 예측력을 살리는 전략은 45%의 비정상 수익과 관련을 갖는다.

3.4 미해결 이슈

다음과 같이 해결되지 않은 문제들도 존재한다. (1) 회계 지식을 필요로 하지 않으면서 간단한 포트폴리오에 사용되는, 널리 발표되고 검토된 자료가 어떻게 비정상 수익과 관련을 가질까? 경제적 관점에서 보면 널리 공개된 자료가 그럴 것 같지는 않다. (2) 예를 들어 미이행 대출이나 연금과 같이 난해한 공시가 가격에 반영되는데, 이익이나 장부 가치와 같은 가시적 자료가 어떻게 가격에 반영되지 않을까? (3) 어떻게 아주 짧은 기간의 주식 수익에 관한 연구가 상대적으로 빠른 반응을 보이는 증거를 제시하고, 또 포트폴리오 형성 후 1년 동안 비정상 수익이 지속되는 증거를 가질 수 있는가? (4) 연구를 전체적으로 보자면, 어떻게 가격이 회계자료를 선도하면서 또 회계자료보다 늦는가?

제4절 현행의 주요 이슈

여기에서는 공정가치 회계, 보수주의, 현금흐름 대 발생, 인식 대 공시, 회계기준의 국제 조화를 검토한다. 일반적으로 연구 설계는 연구 문제에 따라 결정되고 또 달라진다. 물론 연구 설계는 연구 결과에 대한 해석에 영향을 준다. 연구 문제를 확인하는 데에는 연구 동기가 중요하다.

4.1 공정가치 회계

공정가치 회계는 자산 및 부채를 두 가지 측면 즉, 금융자산 및 금융부채와 비금융자산 및 비금융부채 측면에서 검토할 수 있는데, FASB는 모든 금융상품에 대해 공정가치를 적용하는 것을 장기적인 목표로 삼고 있다. 통상적으로 금융상품은 유가증권, 대여금, 파생상품, 부채, 연금, 의무 등을 지칭한다. 논의 중인 항목에는 핵심예금, 재산의 수리나 대체를 위한 보험계약, 보증채무 등이 포함된다. 비금융자산 및 비금융부채로는 부동산, 공장, 시설, 무형자산 등이 해당된다.[38]

FASB가 금융 증권에 더 관심을 갖는 이유는 신뢰할 수 있는 공정가치를 더 쉽게 얻을 수 있다고 보기 때문이다. 호주와 영국의 GAAP은 비금융 자산의 재평가를 허용한다. 즉, 두 나라의 회계기준 결정기관은 비금융자산의 공정가치를 인정하는 셈이다.

공정가치와 관련되는 동기는 다음과 같다. (1) 공정가치는 재무제표 이용자에게 유용한가? 아마도 재무제표로부터의 역사적 원가 정보와 다른 정보 원천으로부터의 가치 관련 정보가 투자자에게 더 도움이 될 수 있다. (2) 공정가치는 재무보고 상 잡음이 너무 많은가? 즉, 아마도 공정가치를 신뢰성 있게 측정하는 것이 너무 곤란하며, 따라서 재무제표에 공정가치를 포함하면 신뢰성이 낮아진다. (3) 경영자 재량의 여지가 너무 많은가? 전형적으로 공정가치는 추정되어야 하는데, 이 과정에서 경영자가 재량을 사용할 기회가 늘어나고, 그 결과 보고 금액과 신뢰성에 영향을 미친다. (4) 기업에서 분리할 수 없는 무형자산을 인식해야만 하는가? 전통적인 자산의 정의는 분리가능성을 요구한다. 그러나 많은 자산은 무형 자산이고 분리 불가능하다. 이러한 자산 정의는 기업의 이익 발생 기반을 인식하지 않아도 될 정도로 충분히 중요한가? (5) 공정가치 회계는 회사의 투자 의사결정에 영향을 미치는가? FASB에 대한 건의서에서 기업들은 이점을 회계 규칙 변경의 결과로 주장한다. SFAC 1은 기준 결정 과정에서 기준 결정 기관의 중립성을 요구한다. 즉, 특정의 경제적 결과를 달성하면 안된다. 따라서 기준 변경의 잠재적인 경제적 결과를 이해하는 것은 중요하다.

이러한 질문과 관련된 연구 질문은 다음과 같다. (1) 공정가치는 장부가치에 비해 주가를 더 잘 설명하는가? 만일 그렇다면, 공정가치는 재무제표에 현재 인식되는 금액의 목적적합성을 더 높인다. 또한 공정가치 추정치는 주가에 반영되는 가치를 충분히 신뢰할 정도로 측정한다. 장부가치를 표준으로 사용하는 것은 재무제표에 포함되는 항목의 증분 정보전달성을 제한하며 투자자에게 이용가능한 모든 정보에 비해 공정가치가 낫다는 것을 의미하지는 않는다. (2) 공정가치의 변화는 미래 성과의 변화를 반영하는가? 가치 추정치는 기대 미래현금흐름의 현재가치를 표시하므로, 공정가치가 자산가치에 대해 신뢰할 수 있는 측정치라면, 공정

38 이 항은 Barth(2000), pp.18-22 참고.

가치의 변화는 미래 성과의 변화에 반영되어야만 한다. 미래성과는 미래 현금흐름 혹은 미래 이익으로 측정된다. 이익은 그 자체가 미래 현금흐름에 대한 예측치로 간주된다.

(3) 무형자산의 존재는 분석가의 행동과 기업의 재무 활동에 영향을 미치는가? 대부분의 무형자산은 회계 자산으로 인식되지 않는다. 따라서 무형 자산이 많은 기업이 정보 중개인으로서 그리고 회계 시스템에 의해 제공되는 정보에 대한 대체재로서 더 많은 분석가를 이끄는지 그리고 회계 시스템 외에 시장에 정보를 전달하는 주식 재매입과 같은 재무 거래를 하는지 여부를 아는 것은 흥미롭다. (4) 공정가치 회계는 투자 전략을 변화시키는가? 이 질문에 대한 연구는 회계 기준의 중립성에 대한 증거를 제공한다.

공정가치 회계에 관한 연구는 방대하다. 연구 결과를 전체적으로 보면, 금융 증권의 공정가치는 투자자들에게 목적적합하며 주가에 반영되기에 '충분하게' 신뢰할 수 있다. 이 결론은 연금과 기타 퇴직후 부채, 유가증권, 은행 대출 및 핵심 예금에 대해서 성립한다. 파생상품의 공정가치가 가치 관련적이라는 증거도 많아지고 있다. 공정가치는 은행 이익의 변동성을 높인다. 그러나 최소한 연구 대상 표본과 기간에서 시장은 마치 이 변동성 증가가 경제적 이익 변동성 증가를 반영하지 않는 것처럼 행동한다.

혼합 재무 증권, 즉 전환 사채처럼 서로 다른 특성을 지닌 요소들로 구성된 증권의 공정가치 추정은 곤란하고 따라서 추정 오차가 문제될 수 있다. 그러나 각 구성 요소에 대한 개별적 회계처리는 보고 재무제표 금액에 상당한 영향을 미친다. 그리고 또한 공정가치 회계로의 변경은 은행 투자의 변화와 관련이 있다는 증거가 있다. 이는 회계 변경이 의도되지 않는 경제적 결과를 초래한다는 것을 의미한다.

무형자산의 공정가치 회계의 경우, 여러 유형의 무형자산이 투자자에게 관련이 있음을 알 수 있다. 이러한 무형자산에는 연구 개발비, 자본화된 소프트웨어, 광고 즉 상표, 특허, 그리고 영업권이 포함된다. 이런 자산에 대한 이용가능한 측정치가 부족하기 때문에 무형 자산 연구는 한계가 있기는 하지만, 일부 연구는 신뢰성 있는 측정치에 대한 증거를 보여준다. 예를 들어, 자본화된 소프트웨어는 미래 성과를 반영하고, 추정된 상표 가치는 분석가의 이익 예상에 대해 증분적으로, 주가와 관련을 갖는다.

비록 자체적으로는 무형자산 측정치의 목적적합성과 신뢰성은 직접적인 관계가 없다. 그러나 무형자산이 많은 기업은 더 많은 분석가가 추종하고 주식 재매수가 더욱 빈번하며 재매수 발표와 관계된 양의 수익이 더 크다. 호주의 무형자산 재평가는 주가와 관련성을 가지며 이는 투자자에게 목적적합하며 또 주가에 반영될 정도로 충분히 신뢰성이 있음을 의미한다. 유형 장기자산의 공정가치에 관련해서도 호주와 영국의 자산 재평가는 가치 관련적이고 주가 및 미래 성과와 관련되며 신뢰가능하다.

마지막으로 여러 자산 유형에 대한 공정가치에 관한 재량의 효과에 관한 연구 결과는 비록 추정치가 재량을 반영하고 그만큼 목적적합성과 신뢰성이 낮아지지만, 재량이 목적적합성과 신뢰성을 완전하게 소멸시키지는 않는다.

아직 규명되지 않은 공정가치 회계의 문제점은 다음과 같다. (1) 다른 인식된 혹은 공시된 금액만큼 그 추정치가 신뢰성을 갖는가? 그 추정치가 완전히 불신할 정도는 아니지만, 아직은 재무제표에 포함되는 다른 금액과 비교될 정도의 신뢰성 수준을 갖는지 여부까지는 연구되지 않는다. (2) 모든 자산과 부채 항목에 공정가치가 적용되면 투자자들은 더 나아질 것인가? FASB는 모든 금융 증권에 대해 공정가치 측정을 목표로 하고 있다. 이 결론이 투자자에게 최선의 이익을 주는가? 이 결론이 비금융 자산과 부채에도 연장되는가? (3) 공정가치 회계의 원가와 효익은 무엇인가? 회계 대안을 선택할 때 기준 결정기관은 목적적합성과 신뢰성을 절충한다. 이들이 공정가치 회계의 모든 원가와 효익을 확인하였는지는 분명하지 않다. (4) 목적적합성/신뢰성은 어떻게 절충되는가? 설사 모든 원가와 효익이 확인된다고 하여도 기준 결정자는 어떤 기준에 따라 절충할 것인가? (5) 재무제표는 공정가치 추정치의 최선의 원천인가? 이는 아직까지 연구가 시도되지 않은 동기이다. 공정가치의 결정에 회계인은 비교 우위를 지니고 있는가? 공정가치 추정에 관한 정보는 어떤가? 공정가치 계산에 필요한 투입 자료의 공시는 어떤가? (6) 재량을 줄이면서 경영자의 개인 정보를 유도하는 가장 효과적인 방법은 무엇인가? (7) 공정가치 변화의 변동성은 경제적인가 혹은 회계 문제인가? 전자임을 어떻게 확인하는가? (8) 어떤 종류의 가치가 측정 목적인가? 불완전하고 미완성인 시장에서 투입 가치, 산출가치, 사용가치의 숫자들은 일치하지 않는다. 아직까지 FASB는 산출가치에 치중하고 있다. 이는 청산가치와는 다르다. 기업 특유의 사용가치는 고려되지 않는다. 이 선택으로 인해 재무제표의 목적적합성이 가장 높은가?

2007~2008년 동안 미국 금융위기가 절정에 달하면서 공정가치 회계는 모기지 담보부 증권(mortgage-backed securities)을 위시한 여러 서브프라임 상품들에 대한 비유동화 시장(illiquid markets)이나 다른 비정상 시장(disorderly markets)을 통해 혹독한 검증을 받았다. 이로 인해 공정가치 회계에 대해 크게 세 가지 비판이 제기되었다. 첫째, 공정가치 회계 하에서 인

식되는 미실현 손실은 시간이 경과되면 역전된다. 둘째, 시장 비유동성으로 인해 공정가치 측정이 불가능하여 보고손실을 과대표시 하거나 혹은 그 신뢰성이 저하된다. 셋째, 공정가치 회계에서 미실현 손실을 보고한 기업은 역효과를 초래하여 주식 시장가격은 더욱 악화되고 전반적인 금융시스템에 위험(체계적 위험)을 더욱 가중시킨다. 이러한 비판자들은 두 가지 대안 중 하나를 주장한다. 즉, 공정가치 회계를 포기하고 상각후원가 회계 형태로 돌아가거나, 보고손실의 크기를 제한하는 내용으로 공정가치 회계를 수정해야 한다는 것이다.

공정가치 회계에 대한 이러한 비판들은 일면 타당한 부분도 있지만, 상당부분이 과장되었거나, 이들이 옹호하는 대체적 측정방법들이 안고 있는 보다 심각한 문제들을 제대로 인식하지 못하고 있다(Ryan 2008).

다른 회계시스템에서와 마찬가지로, 공정가치 회계도 역시 개념적 및 실무적 관점에서 한계점을 안고 있다. 공정가치 회계의 적합성을 검토하는 데 특히 정책 결정자들이 제기해야 할 기본적 질문은 다음 두 가지이다. 첫째, 공정가치 회계가 시장참여자들에게 다른 회계측정 접근방법(주로 상각후원가 회계에 해당하는 형태)에 비해 보다 유용한 정보를 제공하는가? 둘째, FASB는 비유동화 시장이나 다른 비정상 시장에서도 공정가치를 잘 측정할 수 있도록 FAS 157의 측정지침을 개선할 수 있는가?

이 두 질문에 관해 Ryan(2008)은 모두 충분히 가능하다고 주장한다. 우선 첫 번째 질문에 대해, 공정가치가 아닌 다른 대체적 측정시스템은 미실현 손익의 일부 혹은 전부에 대해 시기적절한 보고가 이루어지지 못하도록 배제함으로써 기업의 자발적 공시유인을 오히려 감소시킨다. 의사결정에 중요한 정보에 대한 이러한 배제는 현실세계의 금융교란을 극복하는 데 필요한 가격 및 자원배분 조정과정을 무한정 연기하는 결과를 초래한다고 그는 주장한다.

두 번째 질문에 대해, 그는 시장 비유동성이 매우 심하여 기업들이 관찰 가능하지만 신빙성이 별로 높지 못한 시장정보를 사용하기 보다는 다른 어떤 내적 모형을 사용하여 공정가치를 추정할 수 있도록, FASB가 FAS 157에 대해 추가적인 지침을 얼마든지 제공할 수 있다고 본다.

최근 들어, Barth(2014)는 전통적인 원가주의 혹은 수정된 원가주의 측정치보다 공정가치 측정치가 기존의 여러 개념들과 일관성이 더 높다고 주장한다. 그녀는 회계의 본질적 역할이 경제현상을 수치에 의해 나타내는 것, 즉 어떤 측정치를 개발하여 재무제표에 보고하는 것인데, 현행 개념체계에는 회계 측정에 대한 어떤 개념 정의도 존재하지 않으며 기준 설정자들의 측정기준 선택을 안내할 어떤 개념도 없이, 개별 자산이나 부채들의 측정에 관심을 집중하고 있다는 것이다. 그 결과 회계에서 제시되는 많은 합계들(자산총액, 부채총액, 이익, 손실 및 포괄이익 등)은 본질상 문제를 갖는다. 따라서 개념체계는 이 개념들을 정립하여 전체로서의 체계를 갖출 필요가 있고, 어떤 측정개념일지라도 이 개념들로부터 출발하여 일관성 있게 구체화되어야 한다.

Barth(2014)는 개별 자산이나 부채의 일관성 있는 후속 측정의 맥락에서 볼 때, 얼마만큼 측정오류를 최소화 하느냐 하는 문제가 있지만, 공정가치 측정이 역사적 원가 혹은 수정된 역사적 원가보다 재무보고의 목적이나 질적 특성에 보다 더 일치한다고 본다. 이러한 시각에서, 그녀는 (수정되든 그렇지 않든) 원가주의에 기반을 둔 여러 개별 자산이나 부채들의 합계는 별 의미가 없으며, 공정가치에 기초한 합계량이 의미를 갖는다고 주장한다.[39]

4.2 보수주의

재무보고의 주된 특징은 보수주의이다. GAAP의 본질에 의해 나타나는 보수주의는 **무조건적**이다. 두 가지 예는 미래 현금흐름의 현재가치에 대한 역사적 원가의 사용과 무형 자산에 관한 지출에 대한 즉각적인 상각이다. 다른 원천의 보수주의는 "손실은 예상하지만 이득은 예상하지 말라" 그리고 "원가 혹은 시가 중 낮은 것"이라는 원칙에서 나타나는 **조건부 보수주의**이다.[40]

GAAP의 본질 때문에 재무제표에서 어떤 정보가 생략되는가를 이해하는 것은 중요하다. 예를 들면 시장 가격의 회계 자료 선도(예: 가격의 정보내용), 시장-장부 및 가격-이익 비율의 시계열 변동, 이익의 시계열 변동, 이익 대 손실에 대한 이익반응계수의 차이를 이해하는데 도움이 된다.

Beaver and Ryan(1993)은 장부-시장 비율의 변동에 대한 보수주의의 의미를 연구하였다. 장부-시장 비율은 시차 시장 가치 변화(예: 수익)의 함수로 간주된다. 기본 사고는 시장 가격 변화가 회계 숫자를 선도한다는 것이다. 그러나 보수주의의 도입은 가격의 이익 선도 모습에

39 Barth(2014)는 자신의 주장이 여러 해결해야 할 문제들을 함께 내포하고 있지만, 먼저 해당 개념들을 정립한 뒤, 이어서 이러한 문제들의 해결을 위한 논의가 이루어지는 것이 순서라고 주장한다.

40 Beaver(2015), pp.872-873.

영향을 준다. 특히, 시차 가격 변화의 구조는 상각 자산의 크기와 평균 내용년수에 따라 달라진다.

Beaver and Ryan(2000)은 보수주의의 유형에 따라 장부-시장 비율 예측력 뿐 아니라 회계 자본 수익률 예측력도 영향을 받는다고 주장한다. Beaver and Ryan(2005)는 조건부 보수주의와 무조건부 보수주의를 명시적으로 분해한다. 이 구분은 앞에서와 같은 비율 예측에 차이가 있음을 보여준다. 특히 무조건부 보수주의는 조건부 보수주의에 비해 두 비율의 시간 역전이 작았다.

4.3 현금흐름 대 발생

현금흐름과 발생을 구분하고 발생이 성과 측정을 향상시킨다는 회계인의 믿음은 재무 회계의 심장이다. 그러나 발생 대 현금흐름의 속성과 가치평가에 대한 의미가 완전하게 이해되지는 않고 있다. 대부분 연구는 현금흐름과 발생의 총액에 초점을 맞추지만, 일부 연구는 추가 통찰을 얻기 위해 발생의 구성 부분을 분해한다. 이 새로운 연구의 부분적인 동기는 투자자들은 회계이익보다는 현금흐름 분석에 치중해야 한다는 투자자 사회의 주장에 부응하기 위한 것이다.[41]

이 분야 연구에서 추구하는 질문은 다음과 같다. (1) 투자자가 이익의 구성 요소인 현금흐름과 발생을 구분해서 아는 것이 투자자에게 더 큰 가치를 주는가? 이 기본적인 질문은 현금흐름 대 발생 논쟁의 핵심이다. (2) 이와 관련하여, 발생은 정보를 향상시키는가 아니면 모호하게 만드는가? 발생의 취지는 정보 향상이지만, 현금흐름에 비해 재량 효과에 더 노출되어 있다. 발생의 이 특징이 정보 전달성을 낮추는 것은 아닌가? (3) 투자자들이 기업의 가치를 평가할 때 혹은 미래 현금흐름을 예측하는 데에 현금흐름에 초점을 맞추어야 한다는 주장의 근거는 있는가?

이상의 동기를 바탕으로 실제 연구되는 질문은 다음과 같다. (1) 현금흐름과 발생 부분을 구분해서 아는 것에 의해 이익과 주가의 관련성이 높아지는가? 그 이유는? 그렇다면, 이는 발생과 현금흐름은 투자자들이 찾아낸 각각 서로 다른 가치 관련 정보를 반영한다는 것을 보여준다. 그리고 그 이유를 이해하면, 발생의 정보 전달성을 결정하는 특성을 이해하는데 도움

41 Barth(2000), pp.22-23.

이 될 뿐 아니라 다른 이익 구성 요소를 언제 분해하는 것이 투자자에게 도움이 되는지를 확인할 수 있게 하여 준다. (2) 주가는 현금흐름과 발생 속성의 차이를 반영하는가? 시장에서는 그래야만 한다. 모든 기업에 대해서 그러한가? 예를 들어, 분석가 추종도가 높거나 기관투자자 투자 비중이 높은 기업들의 발생은 더 잘 이해되는가? (3) 발생은 과거 현금흐름에 비해 미래 현금흐름을 추가적으로 더 잘 예측하는가? 이는 재무보고의 목적(SFAC 1호)을 감안하면 근본적인 질문이다. 주가 검증은 이 질문에 대한 간접 증거를 제공한다. (4) 이 관계는 언제 달라지는가?

연구 결과 발생은 현금흐름에 추가하여 주가를 설명한다. 그리고 이 관계는 기업의 영업 주기와 산업에 따라 다르다(Ali, 1994; Dechow, 1994; Dechow et al., 1998; Pfeffer et al., 1998; Clinch et al., 1999). 부분적 이유는 발생의 지속성과 비정상 이익의 예상 능력이 현금흐름과 다르기 때문이다(Sloan, 1996; Barth et al., 1999; Barth and Hutton, 1999). 흥미롭게도, 가격은 이 차이를 완전하게 반영하지는 않고, 정보 중개인이 적은 기업들에 대해서 시장은 발생의 가치평가 의미를 잘 이해하지는 못한다. 이는 중개인이 회계 금액 이해 측면에서 투자자를 돕는다는 점을 보여준다(Sloan, 1996; Barth and Hutton, 1999).

미래 현금흐름에 대한 직접 예측에 관해서 보면, 발생은 과거 현금흐름에 추가하여 현금흐름 예측을 돕는다. 이 결과는 총발생과 매출, 매출원가, 감가상각, 그리고 감모상각과 같은 주요 이익 구성 요소와 관련되는 발생에 대해 성립한다. 감가상각과 감모상각 관련 발견은 '주당 현금 이익'(감가상각 공제전 이익)을 중시하는 분석가들의 주장과 대비된다(Barth et al., 1999).

무엇을 더 알아야 하는가? 공정 가치 회계에서와 마찬가지로 연구해야 할 문제가 많다. (1) 어떤 발생이 더 가치 관련적인가? 이유는? (2) 영업 주기와 산업에 따라 관계를 다르게 만드는 요인은 무엇인가? 회계 발생 유형 때문인가 아니면 산업 경제 때문인가? (3) 시장이 발생을 잘못 평가하는 원인은 무엇인가? 우리는 모두 회계가 좀 더 단순하기를 원한다. 그러나 실제로는 너무 복잡하다. 투자자들이 발생의 가치평가 의미를 정확하게 평가하지 못하는 이유는 무엇인가?

4.4 인식 대 공시

재무제표에서 인식할 것인지 혹은 주석으로 공시할 것인지를 결정하는 것은 재무제표 작성 시 기본적인 문제이다. 인식이 결정되면 또 무엇이 이익이고 또 자산인지를 결정해야 한다. 시장 효율성의 순진한 해석에 의하면 문제되는 모든 것은 정보의 공개 여부이다. 그러나 기업은 어떤 때는 인식을 위해 애쓰고 또 어떤 때에는 공시를 받아들인다. 전형적인 예는 주가 기준 보상의 회계처리 문제이다.[42]

동기는 세 가지이다. (1) 인식 혹은 공시는 중요한가? 그렇다면 그 이유는? 그리고 언제? 앞에서 언급한 것처럼 효율적 시장을 순진하게 해석하면 그 차이는 중요하지 않다. 그러나 그렇다고 해도 그 이유와 경우를 이해하는 것은 중요하다. (2) 인식과 공시는 재무제표 이용자에게 어떻게 영향을 미치는가? 양자의 구분이 중요하다면, 재무제표 이용자에게 주는 차이의 의미를 이해하는 것이 중요하다. 이러한 이해는 기준 결정자에게는 인식 대 공시 결정 측면에서 반드시 필요하다. (3) 기준 결정자는 인식 혹은 공시를 결정할 때에 무슨 기준을 사용하는가?

연구 목적은 다음과 같다. (1) 인식 혹은 공시 금액은 가치 관련성 면에서 차이가 있는가? 예를 들어 기준 결정자가 신뢰성이 낮게 측정된 항목을 공시하도록 하거나 혹은 신뢰성이 높은 항목을 인식하도록 한다면, 이러한 차이가 나타날 것이다. 혹은 인식 금액은 감사인과 경영자가 더 엄격하게 검토할 것이다. (2) 공시에서 인식으로 전환하면 거래의 구조가 달라지는가? 공정가치 회계가 기업의 투자에 영향을 미치는지 여부의 문제처럼 인식 혹은 공시를 하기 위해 거래를 조정한다는 증거를 조사한다. 그렇다면 이는 구분이 중요하다는 직접 증거가 될 것이다. (3) 인식 혹은 공시가 투자자의 개인 정보 취득과 가격의 정보 전달성에 영향을 미치는가? 이는 주가가 정보를 반영하는 범위에 관심을 갖는 규제자에게 중요하다.

이 주제에 관한 연구는 비교적 적다. 항상 혼합 효과가 존재하여 명확하게 알 수가 없다. 단지 인식과 공시만 바뀌는 상황은 드물다. 그러나 리즈 회계가 자본화를 하도록 변경될 때, 기업들은 운영 리즈 형태로 계약을 바꾼 경험적 증거가 존재한다. 명확한 경험 상황이 없는 경우에 분석적 연구는 또 다른 연구 방법이 될 수 있다. 그 결과 공시 대 인식은 중요하다. 문제가 되는 항목의 목적적합성, 측정의 신뢰성, 투자자의 개인 정보 취득 동기는 주가가 기업가치에 관한 정보를 반영하는 능력에 영향을 준다. 아주 신뢰성이 낮게 측정된 금액에 대한 인식이 가격의 정보 전달성을 높일 수 있다는 결과는 놀라운 것이다.

남은 문제는 다음과 같다. (1) 공시 대 인식은 실제로 문제가 되는지, 그리고 그렇다면 그

42 Berth(2000), pp.23-25.

이유는 무엇인가? 모형들은 그 차이가 중요하고 또 이유도 있다고 주장한다. 그러나 실제 검증은 매우 적다. (2) 공시와 인식 금액은 신뢰성이 동등한가? (3) 감사, 계약, 주주 소송, 그리고 투자자의 이익에 대한 고정관념이 공시 및 인식 금액에 영향을 주는가? 이 요인들은 항목 자체의 특성과는 상관없이 공시 혹은 인식의 영향을 받는다. (4) 어떤 항목을 인식하거나 혹은 공시하는지 여부를 결정할 때 기준 결정자들이 사용하는 기준은 무엇인가? 이 문제는 거의 조사되지 않았다.

4.5 회계기준의 국제적 조화

회계 기준의 국제적 조화는 국제화된 경제에서 중요한 주제이다. 기준 결정자, 기업 경영자, 그리고 연구자들은 모두 국제 기준의 진보에 관심을 갖고 있다.

국제 회계기준과 관련되는 연구 동기는 다음과 같다. (1) 국가별로 회계 차이가 큰가? 그렇지 않다면 조화를 위한 노력은 불필요하다. (2) 국제적 기준 조화의 원가와 효익은 무엇인가? 기준 결정자들은 원가와 효익을 절충하기 전에 이를 파악해야 한다. '더 나쁜' 기준으로 조화되더라도 기준 조화로 인해 투자자들은 더 나아지는가? 국내 경제의 차이를 회계 차이가 반영하는가? 이 문제들은 기준이 조화된다는 사실 뿐 아니라 조화되는 기준 자체의 특성과도 관련된다. (4) 회계 차이는 개별 국가의 증권시장에 영향을 미치는가? 국제 투자에 미치는 영향은 어떠한가? 이 문제들은 국내 규제자들에게 중요하다.[43]

연구 목적은 다음과 같다. (1) 기준은 어떻게 조화되는가? (2) 각 국가의 기존의 기준 차이는 왜 나타나는가? (3) 어떤 국가의 기준은 다른 국가의 기준에 비해 더 가치관련적인가? 만일 그렇다면 어떤 국가의 기준이 왜 그러한가? (4) 신뢰성, 목적적합성, 해외 GAAP을 알고자 하는 투자자 동기는 어떻게 주가의 정보전달성에 영향을 미치는가? 두 번째와 세 번째 GAAP을 아는 데에는 비용이 든다. 이는 국제 증권 시장의 기능에 어떤 의미를 갖는가? (5) 조화가 국내 거래량과 주가의 정보전달성에 어떻게 영향을 주는가?

연구 결과는 조화 정도를 측정하는 것은 곤란하지만, 조화가 증가하고 있다는 증거를 제시한다. 국가별 회계 기준에는 몇 가지의 주요 차이가 있고 나머지는 작은 차이에 불과하다. 주된 차이의 개수가 적은 점은 놀라운 일이다. 이는 조화 노력이 중대하지만 초점을 맞출 수 있

43 Barth(2000), pp.25-26.

음을 의미한다. 어떤 국가의 GAAP이 다른 나라에 비해 가치 관련성이 큰 것으로 보이지는 않는다. 이는 어떤 한 나라의 기준을 전체적으로 채택하는 것 보다는 각 나라 기준 가운데 최선의 기준을 채택하는 것이 국제 기준으로서 최적이 될 것임을 의미한다. 각 국가의 경제 환경이 회계 초점에 영향을 준다는 점은 공통적이다. 예를 들어 보수주의의 정도와 순이익과 장부가치의 상대적 가치 관련성은 각국의 역사와 자본시장 특성(주식 혹은 부채 자본조달 비중)에 따라 결정된다. 분석적 연구는 특정 조건 하에서 설사 기준 조화가 회계 품질을 높인다 해도 주가의 정보전달성이 낮아질 수 있음을 보여준다. 따라서 조화 자체가 유일한 목적이 될 수는 없다.

추가 연구가 필요한 문제는 다음과 같다. (1) 기준 조화는 국제 시장에 어떤 영향을 주는가? 각 국가 시장에 미치는 영향은? 이 영향은 시장 참여자의 규모에 따라 달라지는가? 분석적 연구는 이 문제들에 대해 부분적인 답을 보여준다. (2) 국제 기준은 국내 기준에 어떻게 영향을 주는가? 국내 기준과 달라야 하는 이유가 있는가? 어떤 기업에 왜? (3) 기준 결정자들은 조화 결정에 어떻게 영향을 미치는가? 조화 자체가 유일한 목적이 아니라면 그리고 목적적합성, 신뢰성, 그리고 다른 요인이 고려되어야 한다면, 기준 결정자는 필요한 절충을 어떻게 해야만 할 것인가? 이 문제들에 대해 알기 전에 조화가 더 빨리 진행될 수도 있다.

Barth, et al.(2012)은 IFRS를 채택한 비미국 기업들(non-US firms)의 회계수치와 미국의 GAAP을 적용한 미국 기업들(US firms)의 회계수치가 서로 비교가능성이 있는지를 회계 시스템의 비교가능성과 가치 관련성의 비교가능성 측면에서 검토하였다. 검토 결과, 그들은 비미국기업들이 미국 회계기준이 아닌 자국의 회계기준을 적용하다가 IFRS 적용으로 전환하는 경우 산출되는 회계수치가 미국회계기준을 적용한 미국기업들의 회계수치에 비해 비교가능성이 더 높아진다고 본다. 또한 IFRS의 채택이 강제적으로 실정법에 의해서 이루어진 경우 비교가능성이 더 높다. 이러한 비교가능성의 증가 원인에는 이익평준화, 발생의 질, 적시성 등이 손꼽힌다.

이들은 자신들의 검토결과를 종합하면서, 국가 간 회계기준의 수렴을 위한 노력, 세계적 추세가 되고 있는 IFRS의 강제적 채택, 국제 감사기준의 개발, 국제 증권시장 간의 규제의 조화를 위한 노력 등으로 인해 회계수치의 비교가능성이 높아졌다고 결론 내리고 있다.

제5절 요약

불확실성 세계의 불완전 혹은 미완성 시장에서 가치평가 과정은 잘 규정되지 않는다. 즉, 시장 가격은 개인들의 선호를 완전하게 반영하지 않을 수 있다. 어떤 경우에는 가격이 존재하지 않을 수도 있다. 또 관찰되는 가격이 불완전성 때문에 청구권의 가치를 완전하게 반영하지 않을 수도 있다. 그 결과 가격의 성질과 가격에서 도출된 이익 숫자는 어떤 숫자이든 그 성질을 알 수 없게 된다. 따라서 가격 중심 접근은 완전 및 완성 시장 상황에서와 같은 호소력을 갖지 못한다.

이러한 상황에서는 정보 관점에서 회계이익을 바라볼 수 있다. 이익은 투자자들이 주가를 평가하는데 이용하는 정보의 원천이다. 완전 및 완성 시장에서 경제적 이익은 가치평가 과정과 직접적인 관계를 갖는다. 그러나 이제 이익은 가치평가와 간단하고 직접적인 관계를 가질 수 없다. 가격-이익 과정은 (1) 현행 가격과 미래 배당, (2) 미래 배당과 미래 이익, (3) 미래 이익과 현행 이익의 세 가지 요소로 구성된다고 볼 수 있다. 가격과 회계이익은 이 세 요소를 통해 개념적으로 연결된다.

이 상황에서 발생주의 회계는 단순한 현금흐름 보고와 과감한 공시 정책 사이에서의 비용-효과적인 타협인 정보 시스템을 제공한다. 발생은 미래에 관한 예상이라고 간주될 수 있다. 주식의 가격과 가치가 기대 미래 현금흐름의 함수라고 한다면, 과거 현금흐름에 대한 분석에서 추출될 수 없는 정보를 전달할 수 있다. 그러나 발생을 조사해 보면 이 우월성이 아주 분명하지는 않다. 발생 회계의 효과는 아직도 본질적으로는 논쟁 중이다.

불확실성 세계의 불완전 혹은 미완성 시장에서 회계이익은 정보의 원천이다. 회계이익을 이렇게 보는 입장을 정보 관점이라고 부른다. Beaver(1998)는 FASB가 회계 기준을 결정할 때 정보 관점과 측정 관점을 함께 사용한다고 본다. 두 관점은 상호 배타적이 아니다. 그리고 제3의 관점으로서 Feltham and Ohlson 모형도 사용한다. 비정상 이익이 발생하는 원인으로서 양의 순현가 프로젝트, 지연 인식, 보수주의를 검토한다. 그리고 발생주의와 경영자 재량의 역할도 검토한다.

Beaver(1998)는 증권 시장에서 이익과 주가 사이의 관계를 경험적으로 조사한 연구를 요약한다. 그 결론은 다음과 같다. (1) 주가 변화와 이익 변화 사이에는 유의한 양의 상관관계가 존재한다. (2) 유의하기는 하지만, 양자 사이의 관계가 1:1은 아니다. 한 가지 이유는 마치 이익은 일시적 요소를 포함한다고 인지되는 것처럼 주가가 변동한다는 점이다. (3) 기업들 사이의 회계방법 차이를 마치 투자자들이 최소한 부분적으로라도 수정하는 것처럼 주가는 변동한다. (4) 주가 변화는 이익 변화의 현금흐름과 발생 요소를 모두 반영하는 것으로 나타난다. (5) 주가는 시기적절한 정보로서 이익을 예상한다. (6) 주가는 이익에 대한 예측 인자(즉 설명변수)이다. 이를 주가의 정보내용이라고 부른다. (7) 투자자들이 이익과 장부가치에 지연 인식이 존재한다고 인지하는 것처럼 주가는 움직인다. (8) 마찬가지로 보수주의가 존재한다고 인지하는 것처럼 주가는 움직인다. (9) 이익과 마찬가지로 장부가치도 주가를 설명하는데 있어서 중요하다. (10) 주석 공시도 주가에 반영된다. (11) 회계 숫자의 재량 요소와 비재량 요소는 서로 다르게 평가된다. (12) 주가의 체계적 위험 측정치는 회계이익의 체계적 변동성 측정치와 유의한 양의 상관관계를 갖는다.[44]

많은 이슈가 논쟁 중이거나 미해결 상태이지만, 모든 연구가 이익과 주가 사이에 통계적 관계를 발견해 오고 있다는 점은 다행스러운 일이다. 이는 이익이 정보를 전달한다는 가설과 일치한다. 관찰되는 관계가 투자자들이 이익에 의존하는 결과인지 혹은 이익이 주가에 영향을 주는 정보와 상관관계를 갖기 때문인지를 말하는 것은 곤란하다. 일별 혹은 시간별 사건연구는 이익발표에 주가가 반응한다는 점을 보여준다. 이 연구는 이 문제를 거의 해결한 것으로 보인다. 주가는 마치 회계 자료가 중요한 정보를 전달하는 것처럼 움직인다. 혹은 아주 최소한, 회계 자료가 중요한 정보와 상관관계를 갖는 것처럼 움직인다.

Beaver(2002)는 시장 효율성, Feltham and Ohlson 모형, 가치관련성, 분석가 행동, 그리고 회계 재량에 대한 연구가 자본시장에 큰 영향을 줄 뿐 아니라 회계이론 면에서도 크게 기여할 수 있다고 본다. 이 주제들은 방법 면에서나 내용 면에서 서로 연결되어 있다. 이 주제들은 미해결 상태인 주요 이슈를 제기한다. 계속 반복되는 주제는 시장(효율성, 가치평가), 개인행동(투자자, 분석가, 경영자), 그리고 회계 구조 혹은 맥락이다. 회계 연구는 시장과 개인 행동을 회계 구조에 대응시킬 수 있을 때 독자성과 중요성을 갖는다(Kinney, 2001).

이 연구 분야들은 방법이나 결과 면에서 논쟁 중에 있다. 중요한 연구는 본질적으로 논쟁적인가? Beaver는 그렇다고 대답한다. 특히 연구 초기에는 더욱 그렇다고 말한다. 혁신적 연구는 논쟁적일 수 밖에 없다. 60년대 말에는 자본시장 연구 자체가 논쟁거리였다.

---

44 Beaver(1998), p.120.

Barth(2001)는 공정가치 회계, 현금흐름 대 발생, 공시 대 인식, 회계기준의 국제적 조화 주제는 연구 전망이 밝다고 본다.

경영자 재량과 회계 규제 문제에 관한 연구는 10장 이익관리와 11장 회계제도와 규제에서 검토한다.

제5장

자본시장 연구(Ⅱ)

3장에서 정보내용 관점에서 회계가 정보 전달을 위하여 가치평가의 언어와 계산을 사용한다는 말의 의미를 검토하였다. 정보는 실제로 사용될 때 혹은 행동의 토대가 되었을 때 정보내용이 존재한다. 이제는 다수인 상황에서의 정보 이용을 살펴보자.

전형적으로 가치평가 상황과 경영자 성과평가 상황에서의 회계정보 이용이 검토된다. 이장에서는 가치평가 상황에서의 회계정보 이용을 살펴본다. Christensen and Demski(2003)의 정보내용 관점의 회계이론에서는 세 단계로 가치평가 상황에서의 회계정보 이용을 검토한다. 첫째, 거래-기반 가치평가 상황에서의 정보의 역할을 검토한다. 관찰 가능한 가치 평가를 교환 조건(가격)으로 사용하는 거래 장치에 초점을 맞춘다. 정보는 이 교환 조건 즉 가치평가에 영향을 미친다. 가격(관찰 가능한 가치평가)은 개인들의 정보 뿐 아니라 거래의 조직 방법에 의해서도 결정된다. 정보는 거래를 돕기도 하고 방해하기도 한다. 정보의 시기, 소유자, 이용자의 위험에 관한 태도 등에 따라 정보의 역할은 달라진다. 따라서 정보의 사회적 가치는 일반적으로는 논할 수 없다. 둘째, 가치평가 상황에서 회계정보만 이용되는 경우를 검토한다. 위험 중립 완전시장에서 다기간 현금흐름이 지속적 충격항과 일시적 충격항을 가질 때, 회계정보와 시장 가격 사이의 관계를 분석한다. 일정한 현금흐름을 갖는 기업의 시장 가치 혹은 가격과 회계 숫자 사이의 관계를 병렬 비교한다. 주가와 회계이익 사이에는 일반적으로는 1:1 관계가 성립하지 않는다. 셋째, 회계정보와 비회계정보가 함께 사용되는 현실적인 상황을 검토한다. 다수 정보가 함께 사용되는 경우를 시뮬레이션하고 그 결과를 증권 시장에서의 경험적 연구 결과와 비교한다.

제1절 거래-기반 정보 역할

정보내용 관점은 회계를 정보 원천으로 봄과 동시에 정보 이용자도 고려한다. 정보 이용 상황에 따라 정보 구조가 달라진다. Christensen and Demski(2003)의 정보내용 관점에서는 가치평가와 계약과정에서의 이용을 강조한다. 이 장에서는 가치평가 즉 거래 기반(trade-based) 가치평가를 검토하자. 거래를 강조하면, 가치평가는 경제적으로 합리적인 사람들 사이에서의 거래 조건(즉, 가격)을 반영하는 것으로 보게 된다. 더욱이 거래는 다수인을 포함하므로 다수인의 자원분배 세계를 다루게 된다. 우리는 거래 혹은 가치평가 과정에서 정보의 이용을 추적하는데 관심을 갖는다. 회계 측정에서 공정가치, 시장 참조, 그리고 역사적 원가 접근은 모두 거래 기반 가치평가에 뿌리를 두고 있다. Christensen and Demski(2003)는 극단적인 경우로서 위험 중립 완전 시장과 경매에서의 가치평가를 검토한 후, 양자의 중간에 속하는 일반적 상황에서의 정보의 역할을 살펴본다. 물론 정보는 회계정보를 포함하는 일반적인 정보를 말한다.[1]

1.1 위험 중립 가치평가

순수 교환, 경쟁적인 시장에서의 **위험 중립 가치평가**를 살펴보자. 이 상황에서 정보의 이용은 투명하다. 정보가 도달할 때, 시간의 경과를 통해, 자산 혹은 청구권의 가치를 추적한다. 위험 중립성 때문에 가치는 투명하고 직관적으로 추적된다.

그러나 이 상황에서는 실제로는 정보를 생산할 필요가 없다. 위험 중립 가치평가는 불확실성의 조기 해결에 **프리미엄**을 주지 않고, 정보는 생산적으로 이용되지 않는다. 위험 중립 상황에서 정보는 그 자체로서는 가격에 영향을 주지 않지만, 다른 정보가 결합되면 영향을 줄 수 있다. 따라서 어떤 정보가 자체로서는 호재 혹은 악재로 해석된다고 하여도 다른 정보와 함께 사용되면 그 의미가 없어지거나 혹은 반대로 해석될 수 있다. 분리 가능성 문제가 여기에서도 작용한다. 이 상황은 분석 상 투명성이 필요할 때 이용된다.

1 이 절은 Christensen and Demski, Accounting Theory: Information Content Perspective, Mc Graw-Hill(2003)의 8장을 참고함. 정보의 범위를 구체적으로 살펴보자. 정보내용 관점에서는 시장은 회계에 비해 더 많은 정보를 반영한다고 본다. 양자가 동일한 정보 기반을 갖는 경우에도 회계는 인식에 제한이 있으므로(예: 지연 인식) 시장에 비해 반영되는 정보가 적다. 따라서 이 관점에서는 시장이 반영하는 정보 가운데 회계정보를 제외한 정보를 비회계정보라고 부른다.

3장에서 회계 역사(h_t)는 각 기간별 현금흐름과 정보 신호의 짝으로 이루어진다는 점을 살펴보았다. 이 정보 발표의 역사는 시장에 의해 알려진다고 하자. $E[CF_j \mid h_t]$는 h_t가 알려져 있을 때 현금흐름 $CF_j(s)$의 기대값이다. $E[PV_t \mid h_t]$는 h_t를 조건으로 하는 현재가치의 기대값이다. 이자율 r을 사용하면 다음 식이 성립한다.

$$E[PV_t \mid h_t] = \sum_{j=t+1}^{T} E[CF_j \mid h_t](1+r)^{t-j} \tag{1}$$

이 현금흐름 시리즈에 대한 청구권이 완전 시장에서 거래되고, h_t는 시장에 알려져 있고, r은 상수라고 가정하자. 위험 중립 하에서는, 위험은 무차별하며, 각 현금흐름의 기대값만 고려하면 된다. 이 가정에 의하면 가격은 다음과 같이 현재가치의 기대값과 같다. CF_t는 배당 지급되었다고 하자.

$$P_t(h_t) \equiv E[PV_t \mid h_t] \tag{2a}$$

만일 CF_t가 배당 지급되지 않았다면 다음과 같다.

$$P_t(\hat{h}_t) \equiv E[CF_t \mid \hat{h}_t] + E[PV_t \mid \hat{h}_t] \tag{2b}$$

예를 들어 확률이 같은 불확실한 상태 s_1, s_2, s_3, s_4에 따라 기간별 현금흐름이 달라지는 3기간 현금흐름을 생각해 보자. 〈도표 3-11〉을 참고하라. CF_1은 $\{\{s_1, s_2\}, \{s_3, s_4\}\}$, CF_2는 $\{s_1, s_2, s_3, s_4\}$, CF_3는 $\{\{s_1, s_3\}, \{s_2, s_4\}\}$와 같이 상태가 분할된다. 그러면 t=3에는 완전정보 $\{\{s_1\}, \{s_2\}, \{s_3\}, \{s_4\}\}$가 알려진다. 즉 기간이 흐르면 완전 정보가 된다. 만일, t=1에 $\{\{s_1, s_3\},\{s_2, s_4\}\}$를 알려 주는 다른 정보 원천이 있다고 하자. 이 정보와 관찰된 CF_1이 결합하면 완전 정보가 된다.

이 완전 정보를 사용하여 계산된 $P_0(h_0)$는 t=1의 현금흐름과 청구권의 가치로 계산된 $P_0(h_0)$와 같다. 왜냐하면 t=1의 다른 정보는 CF_2의 상태 분할과 동일하여 결국 시기만 다를 뿐 내용은 같기 때문이다. 즉, 위험 중립 가치평가에서는 불확실성이 해소되는 시기는 무차별하다. 위험 프리미엄은 없다. t=0에서의 최초 기대값은 미래의 정보 도달에 관한 예상의 영향을 받지 않는다.

(2) 식은 가치평가 상황에서 정보를 추적하는 기본 모형으로 사용된다. 이제 이 상황에서의 정보내용을 검토하자. 1인 상황에서 정보내용은 정보에 의해 영향을 받은 개인의 선택이다. 가치평가 상황에서는 정보의 영향을 받은 관찰된 가치평가, 즉, 시장 가격이다. t=0에 정보가 없고, t=1에 CF_1과 위에서 언급한 다른 정보, $\{\{s_1, s_3\},\{s_2, s_4\}\}$가 있다고 하자. 이 때 CF_1은 정보 원천이다. t=1에 CF_1은 정보내용이 없다. 그러나 다른 정보 원천과 함께 관찰되면 정보내용이 존재한다. 즉, 두 정보 원천이 결합되면 완전 정보가 되고 각 상태별로 P_1을 계산하면 상태별로 가격이 달라진다. 정보내용은 어떤 다른 정보가 존재하는가에 따라 달라진다. 또한 분리 가능성도 고려해야 한다. 다른 정보는 나중에 발표되고 그 때 앞서 발표된 정보와 결합하여 정보내용이 발생할 수 있다. 즉 발표 시점에서는 정보내용이 없더라도 나중에 다른 원천과 결합되면 그때 정보내용이 발생할 수 있다.[2]

1.2 경매 상황

두 번째로는 경매 상황을 검토한다. 정보가 서로 다른 사람들 사이의 거래를 검토하며 거래 조건(가격)은 거래자들의 행동에 따라 달라진다. 이와는 대조적으로 완전 경쟁 시장의 균형 상태에서는 사람들은 가격을 수용한다. 공개 정보와 개인 정보는 가치를 가질 수 있고 양자는 결합될 수도 있다. 가치와 관찰되는 가격은 달라지는데, 가격은 거래 참여자에게 이용 가능한 정보를 불완전하게 반영하기 때문이다.

예를 들어 보자. 위험 회피적인 소유자는 기술이 없고 따라서 그에게 자산은 가치가 없다. 그러나 두 입찰자는 위험 중립이면서 자산을 가치 있게 사용할 능력을 갖추고 있다. 이 자산은 현금흐름 벡터에 대한 청구권이라고 하자. 이 청구권의 현재가치가 다음과 같다.

$$PV_0 = \alpha y_1 + \beta y_2 \tag{3}$$

α, $\beta \geq 0$으로 알려진 상수이고, y_1과 y_2는 관찰 가능한 확률 변수 혹은 정보 원천이다. αy_1은 현행 장부 가치이고, βy_2는 미래 비정상 이익의 현재가치로 볼 수도 있다. y_1과 y_2는 서로 독립이고 [0, 1]의 일양 분포를 갖는다. 자산 가치의 기대값은 다음과 같다.

2 이는 주가-이익 관계에서 이익반응계수가 작게 나타나는 하나의 원인이 될 수 있다.

$$E[PV_0] = \alpha E[y_1] + \beta E[y_2] = \frac{1}{2}(\alpha + \beta)$$

거래가 없을 때의 가치는 영이므로 거래의 이득은 $\alpha y_1 + \beta y_2$이고 그 기대값은 $\frac{1}{2}(\alpha + \beta)$이다. 입찰자 각자의 최선의 입찰가는 상대방의 최적 입찰에 대한 최적 반응 함수로 결정된다.

이 상황에서는 자산은 항상 거래되도록 설계되어 있다. 유일한 문제는 거래 이득의 분배이다. 완전 정보와 정보가 없는 경우에 입찰자는 가능한 한 높은 가격을 불러야 하기 때문에 모든 이득은 매도인에게 넘어 간다. 개인 정보를 갖는 경우에는 입찰자들도 이득의 일부를 갖는다.

매도인은 위험 회피적이고, 입찰자들은 위험 중립이다. 입찰자들은 아무 이득도 갖지 못하고, 모든 이득은 소유자에게 분배된다. 그러나 소유자는 위험 회피적인데 모든 위험을 부담해야 하고[3] 확실성 등가는 영이므로 효용 면에서 보면 소유자도 효용이 더 커지지는 않는다.

입찰자 전부 혹은 일부가 개인 정보를 갖는 경우 완전 경쟁과는 달리 가치와 가격이 달라진다. 예를 들어 α =100, β =400이라고 하자. 가치는 $100y_1 + 400y_2$이고, 가격은 $250\max(y_1, y_2)$이다. 낮은 y_2와 높은 y_1구간에서는 가치가 가격보다 낮은 소위 승자의 저주가 나타나고, 나머지 구간에서는 가치가 가격보다 더 높게 된다. 가치평가의 기초는 동일한데, 낙찰가(가격)는 정보 상황에 따라 달라진다. 정보의 분포와 시기도 중요하다. 여기에서는 정보의 이용이 아주 투명한 경우를 다루었다. 그러나 신규 주식 상장의 경우 낙찰자가 얼마 후 완전 시장에서 다시 팔수도 있다. 이는 상황을 복잡하게 만든다.

이제 정보내용 측면을 살펴보자. 경매 상황에서도 두 정보 y_1과 y_2가 함께 사용된다. 한 기간 상황이므로 정보의 역사는 문제가 안된다. 그리고 입찰가가 제시된 후에 그 신호는 관찰된다. 그러나 공개 정보와 개인 정보의 구분은 중요하다.

정보 y_1과 y_2의 원천을 각각 η_1, η_2라고 하자. η_1이 공개적이든 혹은 개인적이든 유일한 원천이고 낙찰가가 η_1의 함수라면, η_1은 정보내용을 갖는다. 균형 가치평가에 영향을 준다. 그러나 α =0(그리고 $\beta > 0$)이면 공개적이든 개인적이든 정보내용은 존재하지 않는다.

η_1과 η_2가 함께 존재하고, 일정한 η_1 하에서 낙찰가가 η_2의 함수라면, η_2는 η_1을 조건으로 정보내용을 갖는다. 그러나 이 경우에는 공개 정보인가 개인 정보인가에 따라 구체적 내용이 달라진다. 비록 한 사람이 승자가 되지만 두 정보 모두 가격에 반영된다. 승리는 패자의 개인

---

3 실제 발생하는 가치는 $\alpha y_1 + \beta y_2$이고 그 기대값은 $\frac{1}{2}(\alpha + \beta)$이기 때문이다. 확실성 등가는 영이므로 매도인의 몫은 위험 프리미엄에 해당된다. 그리고 이때 소유자는 보험을 들 시간도 없다. 따라서 위험을 직접 부담해야 한다. 이는 정보의 시기도 중요함을 의미한다.

정보를 전달한다.

Christensen and Demski(2003, p.160)는 정보내용이 **명목적 개념**(nominal concept)임을 강조한다. 즉, 정보내용은 있든가 혹은 없다. 따라서 사회적 가치 혹은 원가-효익 관점은 검토하지 않는다. 더욱이 정보내용은 **조건부 개념**이다. 정보내용은 맥락, 여기에서는 경매 거래와 가치평가 상황, 그리고 다른 정보의 존재에 의존한다. 정보내용은 개인 혹은 전체 사회가 정보 생산에 의해 더 나아짐을 의미하지 않는다.

1.3 좀 더 일반적인 고려

이 상황에서의 정보 가치를 일반적으로 검토하려면 **거래**, **가치평가**, 그리고 **자원 분배**를 더 고려해야 한다. 그러나 거래-기반 가치평가 상황의 정보내용과 정보 생산의 **사회적 가치** 사이의 (분명하지 않은) 관계와 같은 너무 큰 주제는 다루지 않는다.[4]

정보 비대칭 하에서의 **역선택** 문제는 (개인) 정보가 거래 질서를 방해할 수도 있다는 점을 잘 보여준다. 예를 들어 위험 중립 가치평가 상황에서 개인적으로 정보를 가진 위험 중립적인 사람들이 거래를 한다고 하자. 좋은 정보를 가진 매도자는 새로운 정보를 기존 정보와 함께 사용하여 가치를 높게 평가한다. 따라서 높은 가격을 받기를 원한다. 그러나 정보가 없는 매수자는 매도자의 정보가 나쁜 정보이기 때문에 팔 것이라고 짐작하고 낮은 가격에 살려고 할 것이다. 사적 정보 때문에 거래가 발생하지 않게 된다. 정보는 매도인의 개인적인 가치평가에 영향을 주지만, 유리한 거래가 없으면 매도인에 대한 가치는 없다. 즉, 정보내용은 존재하지만, 정보는 쓸모가 없다.

나아가서 **위험 중립 가치평가 상황**에서는 **공개 정보**의 생산에 의해 거래는 아무 영향을 받지 않는다. 즉 도움도 방해도 없다. 위험 회피형 개인이 위험한 청구권을 가지고 있다고 하자. 또 거래 이전에 정보내용을 갖는 정보가 공개적으로 발표된다고 하자. 이 정보는 청구권을 가진 사람에게 불리하다. 그는 정보에 의해 유발되는 가치 재평가의 위험을 부담해야 하기 때문이다. 거래가 청산된 후에 정보가 발표되는 것이 중요하다. 이 경우 정보내용은 존재하지만, 정보 생산 시와 비교하면 사회는 나빠진다. 더욱이 시장이 청산되고 위험 중립 개인들이 위험 청구권을 소유하고 난 후에는 추가 정보는 생산될 필요가 없다. 위험중립이기 때문에 미래 전

4 본서 11장 회계 제도와 규제에서 이 주제를 검토한다.

망에 관심이 없다.

매수인의 입장에서는, 개인 정보는 입찰자가 매도인으로부터 거래 이득을 얻도록 해준다. 마찬가지로 입찰자의 정보 이득을 중립화하기 위해 매도인도 정보를 얻으려 한다. 따라서 정보는 거래 이득을 재분배하고, 좀 더 복잡한 상황(예: 매도인도 또한 개인 정보를 갖는 경우)에서는 거래 발생 여부 자체에도 영향을 줄 수 있다.

이제 이와 같은 구체적인 거래 상황을 떠나, 복잡하고 생산적인 **동태적 경제**를 생각해 보자. 각 시점에서 생산, 투자, 그리고 소비가 발생한다. 정보는 이 경제의 재무시장에 어떤 영향을 줄 것인가? 아마도, 정보는 투자와 생산, 그리고 적시의 소비를 지시하는데 유용할 것이고, 이는 새로운 정보의 도달에 반응한 가치평가 변화에 의해 재무시장에서 가시화될 것이다.

자본자산 가격결정 모형(CAPM)은 재무시장의 가치평가 활동의 구조를 보여주는 하나의 방식을 제공한다. 이 모형은 위험중립 가치평가 모형에 비해 위험과 수익 사이의 관계를 잘 보여준다. 위험은 잘 정의되고 또 평가된다. 그러나 CAPM은 개인 투자자들이 각자의 선호에 맞추어 수익-위험의 효율적 경계에서 포트폴리오를 선택한다는 점을 강조한다. 즉, 투자자들이 잘 분산된 포트폴리오를 보유하고 경제가 충분히 크다면, 개별 증권 특유의 위험은 문제가 되지 않는다. 기업 고유 위험은 분산가능 위험이다. 가치평가에는 체계적 위험이 중요하다.

정보 입장에서는, 중요한 이슈는 잘 분산된 포트폴리오에 초점을 맞춘다. 만일 **개별 기업의 보고**가 분산가능한 부분에 관련된다면 그 보고는 영향을 갖지 않는다. 이런 상황에서는 개별 보고 실체가 재무시장에 근본적으로 중요한 정보를 제공한다고 상상하기가 곤란하다.[5] 회계-기반 정보를 많은 보고 실체의 **조정된 행동**으로 생각한다면, 그러한 정보와 관련되는 가치평가 효과는 다른 모습을 가질 것이다. 어떤 규제 조치에 의해 강제되는 특정 유형의 추가적인 회계-기반 공시가 이루어지는 경우를 생각해 보자. 이 새로운 공시는 정보내용을 갖는가? 아마도 '모든' 보고 실체에 영향을 미치기 때문에, 이 공시는 잘 분산된 투자자들이 관심을 갖는 경제 전반적 사건을 말해줄 수 있을 것이다.

이보다 더 중요한 측면이 존재한다. 개념적으로 이런 종류의 평가를 할 때에는 **다른 정보**를 조건으로 고려해야만 한다. 또한 다른 정보 원천이 새로운 공시 규제의 입장에서 수정될 수도 있다. 예를 들어 분석가는 투자자를 돕기 위해 예상되는 공시를 추적할 수도 있다. 이들은

---

5 지수 펀드 투자와 같이 잘 분산된 투자를 하는 경우 개별 기업에 관한 재무보고는 용도가 없다.

또한 현재 사용하고 있는 정보 원천을 사용하지 않을 수도 있다. 즉, 규제 간섭이 변하는 경우 다른 정보 원천을 그대로 둘 필요가 없을 수도 있다.

정보내용 관점에서는 가치평가 상황에서의 정보내용을 확인하는데 거래-기반 가치평가를 고려한다. 정보내용을 정보의 '사회적 가치'에 연결하는 것은 의문이다. 생산 효과가 없는 경우, 위험 중립형 투자자가 청구권을 보유하는 한, 위험 중립 가치평가는 정보를 필요로 하지 않는다. 그러나 위험 회피형 개인이 위험 중립형 개인과 거래하기 이전의 정보는 위험 회피형 개인에게 해롭다. 일반적으로, 위험 회피형 개인은 불확실성의 조기 해소와 공개 정보에 관심을 갖는다. 이는 마치 생산 계획이 그 정보에 민감하다면 관심을 갖는 것과 마찬가지이다. 다수의 증권과 균형있는 포트폴리오를 갖는 일반적인 상황에서는, 정보 수요는 기업 특유의 정보보다는 경제 전반적인 정보에 집중된다. 따라서 이들 상황에서 '사회적 가치'는 애매하며, 그리고 개인 정보의 전략적 이용은 그림을 더 흐리게 하고, 기저의 청구권의 가치와 가격은 달라진다. 정보의 영향은 다른 정보 원천과 가치평가 상황을 어떻게 보는가에 따라 달라진다. 정보비용이 없다고 해도, 정보내용과 정보생산의 바람직성 사이의 관계는 분명하지 않다. 이는 다수인 상황에서의 정보의 고유한 본질이다.[6]

1.4 요약

회계는 가치평가와 긴밀하게 관련을 갖는다고 흔히 생각한다. 그 이유는 한편으로는 회계가 측정 장치로서 가치평가의 언어와 계산을 사용하기 때문이고, 또 다른 한편으로는 주식을 활발하게 거래하는 기업의 중요한 정보 원천이라는 점 때문이다. 정보내용 관점은 회계와 가치평가가 어떻게 연결되는가에서부터 시작한다. 본질적인 내용은 불확실한 현금흐름에 대한 청구권의 거래이다.

위험 중립, 경쟁적 가격 결정 상황에서 미래 현금흐름에 대한 청구권의 가치 혹은 시장 가격은 기저의 연속 현재가치의 기대값이다. 이는 잔여 현금흐름 기대값의 현재가치로도 생각할 수 있다. 이 기대값은 어떤 이용 가능한 정보에 의해서든 알려지며 이 정보는 모든 시장 참여자들에게 알려진다고 가정된다. 이로부터 불확실성과 정보 도달을 결합한 현금흐름을 확장한 가치평가 함수가 나온다. 이 가치평가 함수는 또한 잔여 현금흐름의 기대값을 체계적으

6 본서 제11장 참고.

로 수정함으로써 정보의 효과를 투명하게 보여준다.

그럼에도 불구하고 이 상황에서 정보내용은 완전하게 투명하지는 않다. 그 이유는 여러 정보 원천이 상호작용하기 때문이다. t시점의 가격이 t시점의 정보 발표의 영향을 받는다면, 명확한 정보내용을 얻을 수 있다. 이 영향은 전기까지 발표된 정보의 영향을 받는다. 마찬가지로 이전에 발표된 정보의 완전한 중요성은 나중에 추가 정보가 나올 때까지는 알 수 없다. 이 위험 중립 상황에서는 불확실성을 조기에 해결할 필요가 없고, 따라서 회계는 어떤 현금흐름이 결과적으로 발생하는지에 관한 정보를 전달할 필요가 없다.[7]

두 번째 검토하는 상황은 경매이다. 경매 상황에서는 입찰자들이 개인 정보를 갖는다고 가정한다. 그만큼 정보내용은 중요성을 갖는다. 이 상황은 위험 중립, 공개 정보 상황과는 직관적으로 다르다. 경매 상황에서는 가치와 가격 사이의 관계가 사라진다. 개인 정보가 존재하고 참여자들이 거래 이득을 조종하기 때문이다.

이 두 상황은 양 극단에 해당하며, 양자를 결합하면 좀 더 포괄적인 상황에서의 추론이 가능해진다.[8] 그러나 정보내용과 정보의 '사회적 가치'는 직접적으로 연결되지 않기 때문에 이는 한계를 갖는다. 따라서 정보내용과 가치가 긴밀하게 연결되는, 정보 분배와 시장의 조직을 포함하는 개별적이고 구체적인 상황을 다루어야 한다. 개인들은 개인 정보를 전략적으로 사용하며 또한 정보 원천이 상호작용한다는 점을 절대로 잊으면 안 된다.

여기에서 각 상황에서의 정보내용의 의미를 정리해 보자. 정보 원천이 행동에 영향을 미치면 정보내용을 갖는다. 이는 1인 행동 상황에서는 개인의 선택이 정보 도달의 영향을 받는지, 즉, 정보 도달과 함께 행동이 변화하는지 여부로 귀착된다. 위험 중립 가치평가 상황에서 정보내용은 가격 혹은 가치가 정보 도달에 의해 영향을 받는지 여부이다. 물론 다른 정보 원천을 통제해야 한다. 경매 상황에서 가격결정 공식이 자산의 가치를 표현할 때, 정보내용은 가격, 즉 승자의 입찰가격이 정보 원천의 보고에 의해 결정되면 존재한다. 정보가 사용되는 방식은 균형 행동에 의해 좌우된다. 완전시장 상황에서는 균형이란 수요와 공급을 일치시키는 시장 청산가격을 말하지만, 전략적 상황에서는 상호 최적 반응을 위한 전략적 행동을 말한다.

---

7 이 점은 확실성 하에서 회계가 필요 없다는 점과 의미가 상통한다. 이에 비해 가치평가 관점에서는 2장에서 검토한 것처럼 불확실성 하에서도 경제적 가치와 경제적 이익은 정의되며 또 이상적인 성질을 갖는다고 본다. 이점에서도 정보내용 관점과 가치평가 관점은 다르다.

8 Demski and Feltham(1994), 잡음이 있는 합리적 기대 모형에서 개인 정보가 먼저 사용된 후 공개 정보가 발표되는 경우, 거래량, 정보내용은 정보 비용에 따라 달라진다.

제2절 가치평가 상황에서의 회계정보

여기에서는 단지 회계정보만 있는 경우의 주가와 회계이익의 관계를 검토한다. 앞장에서의 가치평가 관점과는 다르게 Christensen and Demski(2003)는 가치평가 모형을 사용하지 않는다. 가격과 회계 숫자가 산출되는 경제적 기본은 동일하다. 그러나 시장에서 가격이 산출되는 구조와 회계 과정은 다르다. 이렇게 동일한 경제 구조를 전제로 서로 다른 과정을 거쳐 결정된 가격과 회계 숫자 사이의 관계를 분석한다.[9]

2.1 개요

정보 원천으로서의 회계와 그 정보가 가치평가 상황에서 사용된다는 두 주제를 결합시킨다. 먼저 회계 시스템이 가치평가 시장에 정보를 공급하는 유일한 원천이라고 가정한다. 이는 회계 측정치와 시장 가치평가는 보고 실체에 관한 동일한 **기저의 정보 원천**에 토대를 두고 있음을 의미한다.

두 '가치평가 과정'이 같은 정보를 전달하는 상황을 놓고 회계가치평가와 시장-기반 가치평가를 대조한다. 두 가치평가 과정에 숨어 있는 구조가 다르다는 점이 요점이다. 시장 가치평가는 (기대) 현금흐름을 할인하는 위험 중립적 가치평가이다. 시장 가치평가는 잔여 현금흐름의 기대값을 최신화하기 위해 베이즈 방식으로 정보를 처리하는데, 모든 이용 가능한 정보를 공격적으로 사용한다. 시장 가치평가는 **정보적으로 효율적**이다; 공개 정보는 모든 시장 참여자에게 이용가능하고, 시장 가치평가 즉 시장 가격은 그 정보를 완전하게 반영한다.

그러나 회계 편에서의 이야기는 전혀 다르다. 회계는 경제적 구조와는 반대이다. 회계의 지배적인 특징은 **인식 규칙과 계산**이다. 이 구조는 회계 시스템의 정보 처리를 제약하고 회계와 시장 가치평가의 차이를 초래한다.

물론, 인식 규칙은 사건이 회계 시스템 안에 **기록되는 시기**를 규정한다. 예를 들어, 관습의 지혜는 중요한 불확실성이 해소된 후에 수익이 인식되어야 한다고 서술한다.

계산 측면에서 보면 **선형성**이 회계 계산에서 보편적이다. 회계 시스템에 포함되는 정보를

9 이 절은 Christensen and Demski(2003)의 9장을 요약한 것임.

총합하는 기본적인 수단은 숫자의 합계 또는 차감이다. 자산 합계는 개별 자산 가치의 합계이다. 개별 자산 항목은 최초 금액에 수정 금액을 더하거나 뺀다. 이익은 수익에서 매출원가와 기간 비용을 빼서 계산한다.

Christensen and Demski(2003)는 단일 자산 상황에서 기간의 흐름에 따라 자산의 가치를 추적한다. 회계를 정보 원천으로 봄으로써 그 자산과 관련되는 회계 측정치와 그에 대응하는 가치평가를 대조할 수 있다. 그 과정에서 우리는 회계방법과 회계 측정치에 의해 전달되는 정보에 의존하는 두 계열 사이의 관계를 확인한다. 이 작업은 매기 자산이 계속 보충되는 항상 상태에 정보 동학을 적용하는 상황으로 확대될 수 있다. 이는 기간 가치와 관계되는 회계 측정치 사이의 일정한 연결을 보여준다.

비록 현실을 왜곡하기는 하지만, 시장가치와 회계 변수를 연결하는 구체적 내용을 통해 분석하는 것은 중요하다. 예를 들면 시장/장부 가치 비율, 시장/이익 비율(가격/이익 비율)이 이에 해당한다. 여기에서도 이와 비슷한 방식을 채택하지만 회계 변수를 정보 전달자로 명시적으로 취급하는 점에서 차이가 난다. 회계 변수는 가치의 측정치가 아니고 가치평가를 알려주는 정보의 전달자이다.

2.2 외생적 현금흐름

단일 자산 상황을 검토한다. t=0에 투자가 이루어지고 t=1,2,..., T에 현금이 유입된다. 편의상 T=3인 상황을 살펴보자. 현금흐름은 외생적으로 주어진다. 최초 (투자) 금액은 확실하며, $-CF_0$이다. 각 기간의 현금유입은 확률 변수이고, 각각 CF_1, CF_2, 그리고 CF_3로 표시된다. 각 기간 현금유입의 기대값은 $E[CF_1] = \bar{c}_1$, $E[CF_2] = \bar{c}_2$, $E[CF_3] = \bar{c}_3$이다. 앞 절에서는 불확실성 하에서의 현금흐름을 상태의 함수로 표현하였다. 여기에서는 불확실성을 다른 방식으로 표현한다. 이 방식에는 회계의 제도적 모습이 포함될 수 있다.[10]

ε, ε_1, ε_2, ε_3은 독립된 충격항(shock term)이고, 기대값은 모두 영이다.

$$CF_1 = \bar{c}_1 + \varepsilon + \varepsilon_1; \tag{4}$$

10 이 방식은 예를 들면 Feltham and Ohlson(1996)에서 사용된다. 앞장에서 살펴본 바와 같이 이들은 이 모형을 사용하여 회계의 많은 제도적 측면을 분석한다.

$$CF_2 = \bar{c}_2 + \theta\varepsilon + \varepsilon_2;$$
$$CF_3 = \bar{c}_3 + \gamma\varepsilon + \varepsilon_3;$$

첫기의 ε 항은 지속적이다. 이 항은 첫 기에는 그 자체만큼, 두 번째 기에는 $\theta\varepsilon$, 세 번째 기에는 $\gamma\varepsilon$의 영향을 준다. θ와 γ는 알려진 양(+)의 상수이다. 좋은 뉴스는 $\varepsilon > 0$이고, 나쁜 뉴스는 $\varepsilon < 0$이다. 따라서 $t=1$에 가치평가는 공통 충격항, ε에 관해 알려진 내용의 영향을 받는다.

각 기간의 현금흐름은 일시적 부분과 지속적 부분의 영향을 받는다. 예를 들어 두 계수가 모두 양이면, 첫 기의 좋은 뉴스는 지속된다. 통상적 의미로 지속적 효과, ε을 잘 확인해 주는 이익 측정치는 품질이 좋은 이익(quality earnings)이 될 수 있다. 보고 이익을 통한 시그널이 주는 뉴스는 지속적이라고 예상된다.

$t=0$에, 어떤 정보도 없을 때, 각 충격항의 평균은 0이다($E[\varepsilon]=E[\varepsilon_t]=0$). 그러나 $t=1$에는 첫 기의 현금흐름을 관찰하며, 1기의 충격항 합 $\varepsilon + \varepsilon_1$을 알 수 있다. 일시적 충격항은 서로 독립이므로, ε_2나 ε_3에 관해 알려주지 않지만, 지속항에 관해서는 어떤 것을 말해준다. 예를 들어 두 확률 변수, ε과 ε_1이 모두 정규 분포이고 분산이 같다면 $E[\varepsilon | \varepsilon + \varepsilon_1] = (\varepsilon + \varepsilon_1)/2$이다.

첫 기 현금흐름 지식은 미래 현금흐름을 예측하는데 도움이 된다. 즉, $CF_1 = \bar{c}_1 + \varepsilon + \varepsilon_1$을 관찰하면, $\varepsilon + \varepsilon_1$을 안다. 이에 따른 조건부 기대는 다음과 같다.

$$\begin{aligned} E[CF_2 | CF_1 = \bar{c}_1 + \varepsilon + \varepsilon_1] &= E[CF_2 | \varepsilon + \varepsilon_1] = \bar{c}_2 + \theta E[\varepsilon | \varepsilon + \varepsilon_1] \\ E[CF_3 | CF_1 = \bar{c}_1 + \varepsilon + \varepsilon_1] &= E[CF_3 | \varepsilon + \varepsilon_1] = \bar{c}_3 + \gamma E[\varepsilon | \varepsilon + \varepsilon_1] \end{aligned} \tag{5}$$

지속항의 평균은 영에서 $E[\varepsilon | \varepsilon + \varepsilon_1]$으로 바뀌고, 잔여기간의 기대 현금흐름에 대해 무엇인가를 알려준다. 첫 기의 현금 매출은 미래 기간의 현금 매출에 관해 무엇인가를 알려줄 수 있다.[11]

---

11 Feltham and Ohlson(1996, p.226)은 일반적으로 역사적 원가 재무제표가 가치 관련 정보를 제공할 수 있다고 본다. 역사적 원가에 대한 비판은 '과거 지향적' 특성을 강조하는데, 이는 재무제표가 기업의 전망에 관해 '최신화된' 정보를 공급한다는 점과 다른 것이다. 이 비판은 시장-참조 회계 혹은 항상 이익을 제안한다. 이는 대차대조표 혹은 손익계산서 가운데 어느 하나만을 보는 것이다. Feltham and Ohlson은 재무제표에 두 종류의 밑줄이 있고 이는 현재의 수익성 그리고 그것과 미래의 수익성과의 관계에 집중해야 함을 의미한다고 본다. 가치평가 함수의 핵심은 장부가

간단한 예를 다음 표에서 살펴보자.[12]

〈도표 5-1〉 지속항의 조건부 기대값

	s_1	s_2	s_3	s_4	s_5	s_6	s_7	s_8	s_9
발생확률	1/9	1/9	1/9	1/9	1/9	1/9	1/9	1/9	1/9
ε	-500	-500	-500	0	0	0	500	500	500
ε_1	-500	0	500	-500	0	500	-500	0	500
$\varepsilon+\varepsilon_1$	-1,000	-500	0	-500	0	500	0	500	1,000
$E[\varepsilon \mid \varepsilon+\varepsilon_1]$	-500	-250	0	-250	0	250	0	250	500

두 충격항(즉 ε 혹은 ε_1)은 동일 확률로 -500, 0, 혹은 500의 값을 가질 수 있다. 이제 우리는 두 충격항의 합만을 알 수 있다. 이 합계는 -1,000, -500, 0, 500, 혹은 1,000이고, 이에 대한 관찰은 분할 $\{\{s_1\}, \{s_2, s_4\}, \{s_3, s_5, s_7\}, \{s_6, s_8\}, \{s_9\}\}$을 유발한다. 충격 합, $\varepsilon+\varepsilon_1$은 ε에 관한 정보(상태 분할)를 알려준다. 여기에서 관련되는 최신의 기대값, $E[\varepsilon \mid \varepsilon+\varepsilon_1]$이 계산된다.

2.3 기간별 가치평가

먼저 이 현금흐름에 대한 가치, 시장 가격이 얼마인지 알아본 후 다음에 회계 숫자를 계산해 보자. 이자율은 r이고, 가격은 위험 중립적인 가격 결정 모형에 따라 결정된다. PV_t는 t시점에서의 잔여 현금흐름의 현재가치이다. h_t는 t 시점까지 받은 모든 정보이다.

$$P_t(h_t) = E[PV_t \mid h_t] = \sum_{j=t+1}^{T} E[CF_j \mid h_t](1+r)^{t-j} \qquad (6)$$

위 식은 정보 역사 h_t의 존재 하에, t 시점의 잔여현금흐름에 대한 청구권의 가격을 나타낸다. 마찬가지로 CF_t가 배당 지급되기 전에, 그리고 정보 역사 $\hat{h}$를 아는 경우, 가격결정은 다음과 같다.

치와 비정상 이익 수정을 합한 것이다.

12 Christensen and Demski(2003), p.176.

$$P_t(\hat{h}_t) \equiv E[CF_t | \hat{h}_t] + E[PV_t | \hat{h}_t] \quad (7)$$

물론 이 모형들은 앞 절의 위험 중립 가치평가 모형이다. 이 모형을 3 기간 현금흐름 예에 적용해 보자.

$$\begin{aligned} E[PV_1 | \varepsilon + \varepsilon_1] &= \bar{c}_2(1+r)^{-1} + \bar{c}_3(1+r)^{-2} + \theta E[\varepsilon | \varepsilon + \varepsilon_1](1+r)^{-1} + \gamma E[\varepsilon | \varepsilon + \varepsilon_1](1+r)^{-2} \\ &= E[PV_1] + \alpha E[\varepsilon | \varepsilon + \varepsilon_1] \\ &= E[PV_0] + [rE[PV_0] - c_1] + \alpha E[\varepsilon | \varepsilon + \varepsilon_1] \\ &= E[PV_0] + [E[PV_1] - E[PV_0]] + [E[PV_1 | \varepsilon + \varepsilon_1] - E[PV_1]] \quad (8) \end{aligned}$$

$\alpha = \theta(1+r)^{-1} + \gamma(1+r)^{-2}$이다. 즉 $E[PV_0]$, $t=0$ 시점에서의 가치 표현에서 시작하여 시간 경과(즉, $E[PV_1]$과 $E[PV_0]$)과 지속 효과의 최신 평가($\alpha E[\varepsilon]=0$과 $\alpha E[\varepsilon | \varepsilon + \varepsilon_1]$)를 모두 반영하여 최신 평가를 한 것이다. 시간과 정보가 상호작용한다.

2.4 회계 평가($t=1$, $h_1 = \varepsilon + \varepsilon_1$)

가격과 회계 보고와의 관계를 분석하기 위해 예의 현금흐름을 회계 규칙에 따라 계산해 보자. 최초 투자에 대해서 각 기의 감가상각은 d_1, d_2, $d_3 = -CF_0 - d_1 - d_2$이다. 이러한 회계정책 선택으로 우리는 〈도표 5-2〉를 얻는다. 현금흐름은 (순)수익으로 계산하고 감가상각이 대응된다.

〈도표 5-2〉 회계 계산

	$t=1$	$t=2$	$t=3$
수익(CF_t)	$CF_1 = \bar{c}_1 + \varepsilon + \varepsilon_1$	$CF_2 = \bar{c}_2 + \theta\varepsilon + \varepsilon_2$	$CF_3 = \bar{c}_3 + \gamma\varepsilon + \varepsilon_3$
감가상각(d_t)	d_1	d_2	d_3
회계이익($\hat{I}_t$)	$CF_1 - d_1 = \bar{c}_1 + \varepsilon + \varepsilon_1 - d_1$	$CF_2 - d_2 = \bar{c}_2 + \theta\varepsilon + \varepsilon_2 - d_2$	$CF_3 - d_3 = \bar{c}_3 + \gamma\varepsilon + \varepsilon_3 - d_3$
기초 장부가치(A_{t-1})	$-CF_0$	$-CF_0 - d_1$	$-CF_0 - d_1 - d_2$
기말 장부가치(A_t)	$-CF_0 - d_1$	$-CF_0 - d_1 - d_2$	0
잔여이익($\hat{I}_t - rA_{t-1}$)	$\bar{c}_1 + \varepsilon + \varepsilon_1 - d_1 + rCF_0$	$\bar{c}_2 + \theta\varepsilon + \varepsilon_2 - d_2 - r(-CF_0 - d_1)$	$\bar{c}_3 + \gamma\varepsilon + \varepsilon_3 - d_3 - r(-CF_0 - d_1 - d_2)$

각 기의 회계이익에는 $\varepsilon+\varepsilon_1$, $\theta\varepsilon+\varepsilon_2$, $\gamma\varepsilon+\varepsilon_3$이 포함된다. 기간이 흐름에 따라 더 많은 정보가 모이고 지속항 ε에 관한 신념을 최신화할 수 있다. 그러나 장부가치는 그렇지 않다. 이러한 회계정책은 단순히 현금흐름만 보고하는 경우와 정보적으로 동등하다(극단적으로 $d_1=-CF_0$ 이라고 해보라). 이 모형은 아주 투명하다.

2.5 저량 및 유량 오차

이제 가격과 회계 자료를 비교하여 양자의 관계를 살펴보자. Feltham-Ohlson 모형을 적용한다.

$$
\begin{aligned}
P_t(h_t) &= E[PV_t \mid h_t] = \sum_{j=t+1}^{T} E[CF_j \mid h_t](1+r)^{t-j} \\
&= A_t + \sum_{j=t+1}^{T} E[\hat{I}_j - rA_{j-1} \mid h_t](1+r)^{t-j} \qquad (9)
\end{aligned}
$$

t 시점에서의 가치는 이용 가능한 어떤 정보이든 그 정보를 조건으로 하는 잔여기간 현금흐름에 대한 현재가치의 기대값이다. 이는 회계가치 A_t에 이용 가능한 정보를 조건으로 미래 각 기간의 잔여이익 시계열의 현재가치에 대한 기대값을 모든 기간에 대해 더한 것과 같다.[13]

회계가치 A_t의 '오류'는 다음 기간들의 회계이익 측정치에 나타난다. 이 오류의 미래 패턴은 t 시점의 정보로 알려진다. 정보는 미래 이익에 관한 어떤 내용을 알려줄 수 있으며, 미래 이익에 관한 이 지식은 장부가치의 오류에 대한 평가를 바꾸는데 사용된다.

경제적 가치평가의 기본 요인은 불확실한 미래 현금흐름이다. 이 현금흐름은 미래 잔여이익 부분을 통해 회계 기반 가치평가에 들어온다. 정보의 기초는 두 가치평가에서 동일하다. 회계가치평가에서 발생한 오류는 미래 잔여이익 시계열과 상대를 이룬다.

요점은 다음과 같다. (1) 경제적 가치는 그 정의에 따라 계산되고, (2) 회계이익은 회계가치의 변화에 주주와의 현금 거래를 합한 것과 같고(연결 혹은 순수잉여 회계), (3) 동일한 정보적 기초가 두 가치평가에 사용된다.

13 미래 잔여 이익의 예상 안에 포함된 역사 정보를 조건으로 하는 미래 기간의 예상 현금흐름 부분, 즉 역사를 조건으로 하는 기대 현재가치만 남고 나머지 기간별 자산 가치들은 서로 상쇄되어 없어진다. 이점이 이 공식의 증명 과정의 핵심이다. Christensen and Demski(2003), p.179, 주8 참고.

2.6 단순화된 정보처리

가격과 회계이익 사이의 관계를 좀 더 간결하게 살펴보자. 즉 **가격의 충격**과 **회계이익의 충격**의 관계에 초점을 맞춘다. 충격은 실제값과 기대값의 차이이다.

초기(t=0, 어떤 정보도 도달하지 않은 때)에, t=1의 현금흐름에 대한 청구권의 기대값은 $E[PV_1]$이다. 현금흐름이 관찰되면 $h_1 = \varepsilon + \varepsilon_1$이고, 실제 배당은 $\bar{c}_1 + \varepsilon + \varepsilon_1$이 된다. 잔여 현금흐름에 대한 청구권의 실제 시장 가치는 $E[PV_1 | h_1] = E[PV_1] + \alpha E[\varepsilon | \varepsilon + \varepsilon_1]$이다.

가치의 '충격'은 예상 가치와 실현 가치의 차이이다. 이를 $\tilde{V}$라 하자.

$$\begin{aligned} \tilde{V} &= CF_1 + E[PV_1 | h_1] - E[CF_1] - E[PV_1] \\ &= \varepsilon + \varepsilon_1 + \alpha E[\varepsilon | \varepsilon + \varepsilon_1] \qquad (10) \end{aligned}$$

가치 충격에는 기간의 현금흐름과 현재가치는 제거된다. 이용 가능한 정보가 있는 경우와 없는 경우를 비교하기 때문이다. $\tilde{V}$는 정보에만 의존하도록 설계되어 있다; 어떤 정보도 없으면, $\tilde{V}$는 영이다(실제로 $E[\tilde{V}]=0$). $\tilde{V}$는 실제 가치를 무정보 상황과 비교하므로 '충격'을 측정한다. 이 충격은 t=1 배당을 포함하므로 t=1 에 이용 가능한 정보, $h_1 = \varepsilon + \varepsilon_1$을 반영한다.

마찬가지로 회계이익 '충격', $\tilde{I}$는 첫 기간의 이익과 원래 예상된 이익과의 차이이다. 〈도표 5-2〉에서 다음이 도출된다.

$$\tilde{I} = \hat{I}_1 - E[\hat{I}_1] = \bar{c}_1 + \varepsilon + \varepsilon_1 - d_1 - (\bar{c}_1 - d_1) = \varepsilon + \varepsilon_1 \qquad (11)$$

이익 충격은 가치평가에서 사용된 정보를 정확히 포함하고 있다. 두 정보는 동등하다. $\varepsilon + \varepsilon_1$을 안다는 전제하에 두 표현의 크기를 연결하면 지속항 ε에 관해 알 수 있다.

예를 들어, 두 충격항이 동일한 분산을 가진 정규분포라면, $E[\varepsilon | \varepsilon + \varepsilon_1] = (\varepsilon + \varepsilon_1)/2$이다. 이 경우, 두 식은 비례 관계를 갖는다.

$$\begin{aligned} \tilde{V} &= \varepsilon + \varepsilon_1 + \alpha E[\varepsilon | \varepsilon + \varepsilon_1] = \varepsilon + \varepsilon_1 + (\varepsilon + \varepsilon_1)/2 \\ &= (1 + \alpha/2)(\varepsilon + \varepsilon_1) = (1 + \alpha/2)\tilde{I} \qquad (12) \end{aligned}$$

경제적 충격은 회계이익 충격과 비례한다. 그러나 α가 영이 아닌 한 양자는 같을 수 없다. 그 이유는 회계는 CF_1을 순수익으로 보고 또 감가상각을 하기 때문이다. 회계에서는 첫 기의 지속적 효과를 인식할 수 없다. 현금흐름이 실현될 때까지 인식을 미룬다. 만일 $\alpha(\varepsilon+\varepsilon_1)/2>0$이라면 회계 시스템은 이 우연 이득을 첫 기에 자본화하든가 혹은 공격적으로 인식하지 않는다. 그러나 시장에서는 반대로 미래를 조사하며 전체 우연 이득을 즉각적으로 반영한다.

이 상황에서 경제적 가치 충격과 회계 충격은 근원적으로 연결되어 있다. (1) 당기 현금흐름 실현 형태의 새로운 정보는 가치 수정의 즉각적인 정보 원천이며 미래 현금흐름 시리즈의 가치를 수정하고, (2) 이 새로운 정보는 첫 기 이익에 충격으로서 완전하게 전달된다. 그러나 두 충격은 근본적으로 척도가 다르므로 서로 다르다. 다만 두 충격은 $\alpha=0$일 때에만 같다.

가격 충격과 이익 충격 사이의 관계는 지속 효과와 수정된 기대, $E[\varepsilon|\varepsilon+\varepsilon_1]$에 의해 성립한다. 더욱 중요한 것은 현금흐름이 유일한 정보 원천이라는 가정이다. 경제 변수가 회계 변수에 비해 더 많은 정보에 토대를 둔다거나 혹은 더 다양한 정보 원천을 허용한다고 가정하면, 양자의 긴밀한 관계는 바랄 수가 없게 된다.

2.7 회계이익($h_1=(\varepsilon, \varepsilon_1)$)

회계 시스템이 유일한 정보 원천이지만, 지속 효과와 일시적 효과를 분리해서 인식한다고 해보자. 지속항을 정확하게 알 수 있으므로, 경제적 가치는 $E[PV_1|\varepsilon, \varepsilon_1]=E[PV_1]+\alpha\varepsilon$이 된다.

그러나 회계 편에서는 단순화가 어렵다. 첫 기의 회계이익은 이제는 두 충격항을 합하는 대신 두 충격항의 효과를 어떻게든 반영해야 한다. 앞장에서 설명한 것처럼 감가상각을 조정한다고 하자. 1기의 정액법 상각액을 $d\varepsilon$만큼 조정한다. 각 기의 감가상각은 $d_1=8{,}333-d\varepsilon$, $d_2=8{,}333$, 그리고 $d_3=8{,}334+d\varepsilon$이 된다.

<도표 5-3> 직선법 사용, 충격항 분리 시 특정 현금흐름에 대한 회계 계산

	$t=1$	$t=2$	$t=3$
수익(CF_t)	$CF_1=4{,}950+\varepsilon+\varepsilon_1$	$CF_2=9{,}680+\theta\varepsilon+\varepsilon_2$	$CF_3=16{,}637.50+\gamma\varepsilon+\varepsilon_3$
감가상각(d_t)	$8{,}333-d\varepsilon$	$8{,}333$	$8{,}333+d\varepsilon$
회계이익($\hat{I}_t$)	$-3{,}383+\varepsilon+\varepsilon_1+d\varepsilon$	$1{,}347+\theta\varepsilon+\varepsilon_2$	$8{,}303.50+\gamma\varepsilon+\varepsilon_3-d\varepsilon$
기초 장부가치($A_{t\text{-}1}$)	$25{,}000$	$16{,}667+d\varepsilon$	$8{,}334+d\varepsilon$
기말 장부가치(A_t)	$16{,}667+d\varepsilon$	$8{,}334+d\varepsilon$	0
잔여이익($\hat{I}_t-rA_{t\text{-}1}$)	$-5{,}883+\varepsilon+\varepsilon_1+d\varepsilon$	$-319.70+\theta\varepsilon+\varepsilon_2-.1d\varepsilon$	$7{,}470.10+\gamma\varepsilon+\varepsilon_3-1.1d\varepsilon$

$d=0$은 앞의 예로 돌아간다. $d>0$이라고 하자. 지속 충격, ε는 양이므로 1기의 감가상각은 작아지고, 이는 미래의 호재 뉴스를 반영한다. 따라서 직관적으로, 좋은 뉴스가 있으면, 자산을 상향 평가하고 그렇지 않으면 하향 평가한다고 볼 수 있다. $t=1$에 ε과 ε_1 양자를 관찰하므로 회계 시스템은 이처럼 계획된 조정을 할 수 있다.

회계정보의 수신인은 그 보고서를 해독하여 두 충격항을 추정할 수 있다. 1기의 기말 장부가치가 $A_1=16{,}667+d\varepsilon$이면, 이는 $\varepsilon=(A_1-16{,}667)/d$임을 뜻한다. 다시 1기의 이익이 $\hat{I}_1=-3{,}383+\varepsilon+\varepsilon_1+d\varepsilon$이 되고, 여기에 ε에 관한 지식을 함께 고려하면, ε_1이 드러난다.

가치평가와 회계 영역에서의 충격을 비교해 보자. 시장이 $t=1$에서, $h_1=(\varepsilon,\ \varepsilon_1)$을 관찰하면, 우리는 다음처럼 가치의 충격을 계산할 수 있다.

$$\begin{aligned}\tilde{V} &= CF_1+E[PV_1|h_1]-E[CF_1]-E[PV_1]\\ &= \varepsilon+\varepsilon_1+\alpha\varepsilon=\varepsilon_1+(1+\alpha)\varepsilon \qquad (13)\end{aligned}$$

이에 대응하는 이익 충격은 다음과 같다.

$$\begin{aligned}\tilde{I}_1 &= \hat{I}_1-E[\hat{I}_1]=\bar{c}_1+\varepsilon+\varepsilon_1-d_1-(\bar{c}_1-E[d_1])\\ &= \varepsilon+\varepsilon_1+d\varepsilon=\varepsilon_1+(1+d)\varepsilon \qquad (14)\end{aligned}$$

전체 가치 충격은 전체 이익 충격과 마찬가지로 지속항과 일시항의 선형 결합이다. 그러나 회계 시스템이 $d=\alpha$라고 정확하게 발생주의 처리를 하지 않는 한, 가중치는 다르다. 시장과 회계의 정보 처리 방식은 서로 다르다. 양자는 동일한 언어와 기저의 계산을 사용하지만 그 내용은 다르다.

물론 두 가치평가 과정이 동일한 평가 숫자를 보고하도록 회계 시스템의 척도 선택을 결정할 수는 있다. 그러나 이는 일반적 가능성에 대한 언급이라기 보다는 상황이 얼마나 정형화되는가에 대한 언급이라고 보아야 한다. 회계시스템이 경제 내의 모든 정보를 인식하는 것은 아니다(예: 주문장, 예상 특허 수입).[14] 마찬가지로 회계는 인식한 자료의 선형 처리를 선호한다. 그러나 이 경우에도 정보내용 접근에서 보면 양자의 처리가 동일하여야 할 이유가 없다. 제3장에서 다룬 역함수 성질을 이용하여 정보가 해독될 수만 있으면 된다.

2.8 요약

회계는 가치평가의 언어와 계산을 사용한다. 재무 청구권의 시장 가격 혹은 시장 가치는 모든 이용 가능한 정보를 조건으로 위험 중립적인 가격결정을 반영하고, 또 모든 이용 가능한 정보는 전적으로 회계 저량과 유량 측정치의 형태에 의해 전달된다고 가정하는 상황에서, 이러한 회계의 의미는 본질적으로 잘 드러난다. 가격, 혹은 가치와 회계 측정치를 나란히 놓으면, 회계 측정치로 정보를 확인하고, 기저의 정보 변수에 대한 시장 기반 및 회계 기반 '처리'의 연결과 차이를 확인하고, 회계 영역에서 척도 선택의 중요성을 다시 확인할 수 있다.

양자는 같은 정보 기반을 갖고 있다는 가정에 의해 잘 대비되지만, 그 관계가 1:1은 아니다. 회계정보 원천은 시장 처리와는 다르게 정보를 암호화하든가 혹은 '사전에 정해진 방식으로 처리(preprocess)'한다. 정보내용은 여러 척도 대안을 허용한다.

이러한 비교가 구조를 가지려면 먼저 기업의 기초에 구조를 만들어야 한다. 그렇지 않으면 비교는 직관적이기 보다는 기계적이게 될 것이다. 이 때문에 Christensen and Demski(2003)는 지속적 항목과 일시적 항목이 혼합되는 상황을 가정하고 기간별로 지속적 항목을 추적하는 전망을 얻는다.

회계 시스템의 측정 접근도 이점에서 작용한다. 회계 시스템의 일반적인 특성은 인식 규칙과 정보에 대한 선형 처리에 의해 지배된다. 여기에서는 회계 시스템이 가치평가 시장에 대한 유일한 정보 원천이라고 가정하여 인식 이슈를 다루지 않는다. 또한 기저의 정보를 선형으로

14 이를 제약적 인식이라고 부른다.

처리하는 상황을 분석한다. 그러나 이런 상황에서도 회계와 시장 가치평가는 일치하지 않는다. 정보 문제에서 중요한 것은 회계 시스템이 가치평가 시장에 정보를 전달하는가 여부이다. 회계 영역에서의 척도 대안은 중요하다.

위험 중립 가격결정과 현재가치 구조를 전제로, 가치 혹은 시장 가격이 장부가치와 '오차'의 합과 같다는 주제를 다시 검토한다. 이제 이 '오차'는 가격결정 시점에서 이용가능한 모든 정보를 조건으로 하는 미래 잔여 이익 흐름의 현재가치의 기대값이다. 구체적 내용은 기업의 기초와 채택한 회계방법에 의존하지만, 회계가치평가에서 '오차'를 찾는데 이용 가능한 모든 정보를 이용하는 것이 핵심이다.

시장 기반과 회계 기반 측정치를 비교하는 좀 더 간결한 방법은 회계 측정치의 충격을 조사하여 시장 가치의 충격과 비교하는 것이다. 여기에서도 복잡성이 문제이며 회계와 비회계 원천을 혼합한다.

어떤 비교이든 동태적 상황으로 확장될 수 있다. 위험 중립 가치평가 가정을 바꾸면, 경제 내의 정보 분배와 시장의 조직에 의존하는 정보 처리를 검토할 수 있다. Feltham and Ohlson(1996) 등에서 동태적 상황이 검토된다. Feltham and Ohlson(1995)은 충격항을 잔여 이익 시리즈에 직접 넣는다.

제3절 회계정보와 비회계정보

가치평가 상황에서의 회계정보에 대한 분석의 종점은 회계와 비회계정보 원천이 혼합되는 상황이다. 앞에서 검토한 지속적 및 일시적 충격을 포함하는 정형화된 현금흐름이 계속 사용되지만, 두 번째, 비회계정보 원천이 도입된다. 정보내용을 이해하려면 모든 정보 원천을 확인해야만 한다. 또한 회계 측정치와 주가 사이의 관계에 대한 수많은 경험적 증거 가운데에서 이에 관한 표본을 조사할 수 있다. 이 과정에서 다수 정보 원천과 스케일링의 중요성을 강조한다.[15]

15 이 절은 Christensen and Demski(2003)의 10장을 요약하였다.

3.1 개요

이제 (위험 중립적인) 가치 평가 상황에서 회계정보와 비회계정보가 함께 사용되는 경우를 검토하자. 이는 현실 세계가 작동하는 제도적 실제이기도 하지만 세 가지의 중요한 이유가 더 있다. 첫째, 다수 원천의 상호작용은 주된 것이며 중요하다. 예를 들어 조기의 보고 원천이 회계가 보고할 내용을 다 보고한다면, 회계정보는 정보내용이 없게 된다. 따라서 회계이익과 주가 사이의 관계를 경험적으로 조사할 때에는 다른 정보의 존재를 감안해야 한다. 그렇지 않으면 정보를 전달하지 않는 원천이 정보내용을 갖는다고 오판할 수 있다. 또한 분석가는 일반인보다 다수 정보를 잘 알고 또 결합하여 예상한다고 믿기 때문에 분석가 예상을 기대값으로 사용한다.

둘째, 정보는 일정하게 조정된 형태(scaled format)로 제시된다. 다수의 정보 원천이 존재하면 스케일링(함수 변환)의 선택 기회는 증가한다. 왜냐하면, 한 척도가 다른 정보 원천이 보고하는 내용의 일부를 포함할 수 있기 때문이다.

셋째, 한 정보 원천은 다른 정보 원천을 규율하는 효과를 갖는다. 예를 들어 회계 원천은 다른 원천들의 보고 성실성을 확인하는데 도움을 준다. 다른 정보 원천이 존재하지 않거나 성실성에 의문이 없다면, 이 중요한 주제는 필요하지 않게 된다.

Christensen and Demski(2003)는 General Electric 회사의 1990년대의 주가와 주당 장부가치, 시장/장부 비율을 조사한다. 10년 동안 장부 가치는 5$ 수준인데 주가는 5$에서 50$ 수준까지 올라간다. 또한 시장/장부비율은 2에서 10까지 올라간다. 경제적 가치가 회계가치에 비해 변동성이 높은 것은 사실이다. 시장/장부 비율의 추세는 일정하거나 혹은 단조롭지 않다.

회계는 보수적이고 또 회계 절차는 호경기와 불경기를 유연화 시킨다. 시장 가격이 가치평가 모형에 의해 계산되고, 또 회계가치가 회계 모형으로 산출된다면, GE의 예는 경제적 가치가 회계가치에 비해 공격적으로 정보를 처리하거나 혹은 더 많은 정보 원천에 접근함을 보여준다.

3.2 시장과 회계의 비교: 증거

Christensen and Demski(2003)는 시장 가격과 회계 숫자를 비교하기 위해 앞에서 다룬 3 기간 현금흐름 예를 사용한다. t=1의 가격과 회계 저량과 유량 측정치 사이의 관계에 집중한다. 다만 배당 지급 직전에 회계보고를 포함한 모든 정보가 도달한다고 가정한다. 그러면, t=1의 시장 가격은 예상되는 배당을 반영한다. 마찬가지로 회계 저량 측정치는 해당 현금 잔액을 포함한다.

시장 측면에서는 회계 보고와 ε_1을 보고하는 추가 원천의 두 정보 원천이 존재한다고 하자. 시장 가치 계산은 지속 효과를 완전히 확인한다. 회계에서 $\varepsilon+\varepsilon_1$을 보고하고, 두 번째 원천에서 ε_1을 보고하면, 지속적 효과 ε은 완전히 드러난다. 그러면 1기의 정보 역사 $h_1 = (\varepsilon, \varepsilon_1)$ 조건에서 잔여기간 현금흐름 전망은 다음과 같이 평가된다. 앞에서 다룬 것처럼 $E[PV_1 | \varepsilon, \varepsilon_1] = E[PV_1]+\alpha\varepsilon$ 이다. 여기에 정보에 의해 알려진 배당, CF_1을 더하자. t=1에서의 가격은 다음과 같다.

$$P_1(h_1) = CF_1 + E[PV_1 | \varepsilon, \varepsilon_1] = \bar{c}_1 + \varepsilon + \varepsilon_1 + E[PV_1] + \alpha\varepsilon \qquad (15)$$

회계 측면에서도 한 가지 예외를 제외하고는 유사한 형태로 계산된다. 지속 효과가 음인 경우에는 전 기간의 지속 효과를 1기에 '적절한 구조조정 비용'으로 기록한다. 이는 불리한 뉴스일 때 선택적으로 보고하므로 보수주의적 편의를 의미한다. 지속 효과가 양인 경우와 음인 경우는 다르게 처리된다. 초기 투자 $CF_0 < 0$이다. 따라서 초기 대차대조표 상 자산은 $-CF_0$이다. t=1의 기말 자산가치는 현금 잔액(CF_1)과 지속 효과가 양이면, $-CF_0-d_1$의 장기자산, 음이면 $-CF_0-d_1-(\theta+\gamma)|\varepsilon|$의 장기자산의 합이다. 구조조정의 경우 그 이후의 감가상각은 두 번째 기에는 $d_2-\theta|\varepsilon|$, 세 번째 기에는 $d_3-\gamma|\varepsilon|$일 것이다. 또한 $\widehat{I_1}=\bar{c}_1+\varepsilon+\varepsilon_1-d_1+(\theta+\gamma)\min(0,\varepsilon)$이다.

Christensen and Demski(2003)는 이 모형을 기반으로 가격과 회계이익 숫자를 모의 실험한다. 그리고 그 결과를 자본 시장 연구 결과와 비교한다.

3.3 정보내용

먼저 회계 보고가 정보내용을 지니고 있다는 증거를 검토하자. 이는 회계 발표 시점에서 회계 발표와 주가 변화가 관련성을 갖는 것을 말한다. Christensen and Demski(2003)는 세 기간의 기대 현금흐름이 각각 4,950, 9,680, 16,637.5이고 이자율은 10 퍼센트, $\theta = \gamma = 1.5$, 최초 투자는 25,000, 감가상각은 정액법, 오차항은 평균이 0이고 표준편차 1,500인 정규 분포라고 보고 모의 실험한 결과 $t=1$에 가격의 분포는 정규 분포(평균이 27,500, 표준편차 5,600)와 유사하게 나타난다. 즉 **이익발표 시**에 **가격은 분산**을 갖는다(〈도표 5-4〉).[16] 이는 Beaver(1968)의 결과와 일치한다(〈도표 4-1〉).

이제 단순히 회계 발표 기간 중의 가격 변동에 관한 증거를 찾는 대신, 시장 변수와 회계 변수 사이의 관계를 고려하자. 가격 변동의 비예상 부분과 이익 보고의 비예상 부분을 관련시킨다. 시뮬레이션 결과 두 충격은 함께 변동한다. 그러나 **일 대 일 대응 관계**도 아니고, **선형 관계**도 아니다(〈도표 5-5〉). 이 특수한 패턴은 음의 지속 효과는 기록하지만 양의 지속효과는 인식을 지연하는 보수주의 회계처리에 기인한 것이다. 이에 비해 시장 가치 평가는 정세한 정보에 접근할 수 있고, 회계 구조에 비해 그 정보를 더 잘 처리할 수 있다.

실제 자료를 보자. 이익과 가격 충격 사이의 관계는 약한 양의 관계를 보인다(〈도표 4-2〉). 개략적인 내용을 살펴보자. 기본 아이디어는 비기대 수익률과 비기대 이익을 관련시키는 것이다. 후자는 실제와 분석가 예상 혹은 실제와 역사적 추세(시계열)에 의한 예상과의 차이가 사용된다. 수익률은 이익발표 시점과 관련하여 단기간 혹은 장기간에 대해 계산된다. 시뮬레이션에서는 높은 상관관계를 보이지만, 실제 자료는 다르다. Lev(1989)은 이익 혹은 이익 관련 정보(예: 현금흐름)가 **주가 수익률 변동** 가운데 대략 5-7% 정도 밖에 설명하지 못한다고 지적한다. 아울러 수익률/이익 관계의 매개변수들은 시간에 대해 불안하다.

이 관계가 선형이 아니라는 점도 분명하다. Freeman and Tse(1992)는 'S형' 혹은 초월 함수적인 패턴을 보인다고 주장한다. 즉, 비기대 수익으로 측정된 가격의 충격은 이익 충격이 클수록 수준이 높아진다. 소위 '이익 반응 계수'는 상수가 아니다. 지속성 추정, 위험, 시장-장부 비율의 효과는 **이익 반응 계수**를 이해하는 데 중요한 설명 변수이다.

16 시뮬레이션에는 경제 전반 효과, 기업의 이질성이 반영되지 않는다. 기업이 이익을 발표하는 시기도 문제이다. 그러나 시뮬레이션에서는 회계 발표는 예측 가능하게 주기적으로 이루어진다.

〈도표 5-4〉 t =1에서의 가격 분포

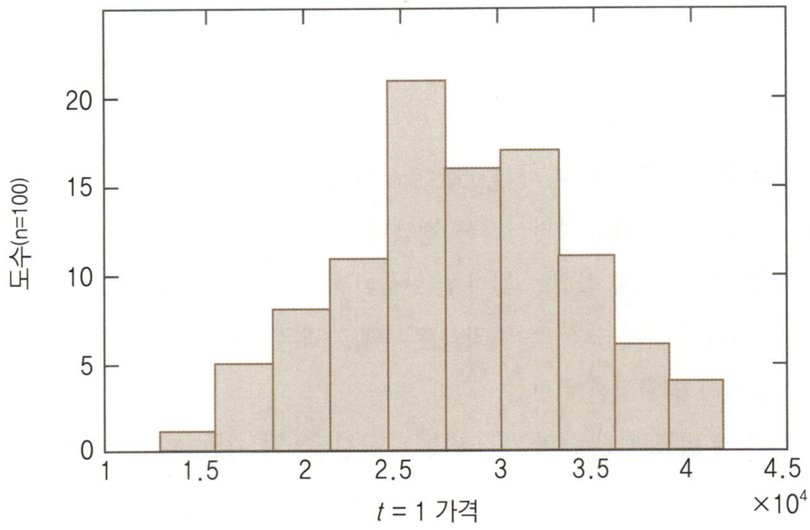

〈도표 5-5〉 t =1의 비기대 가격과 이익

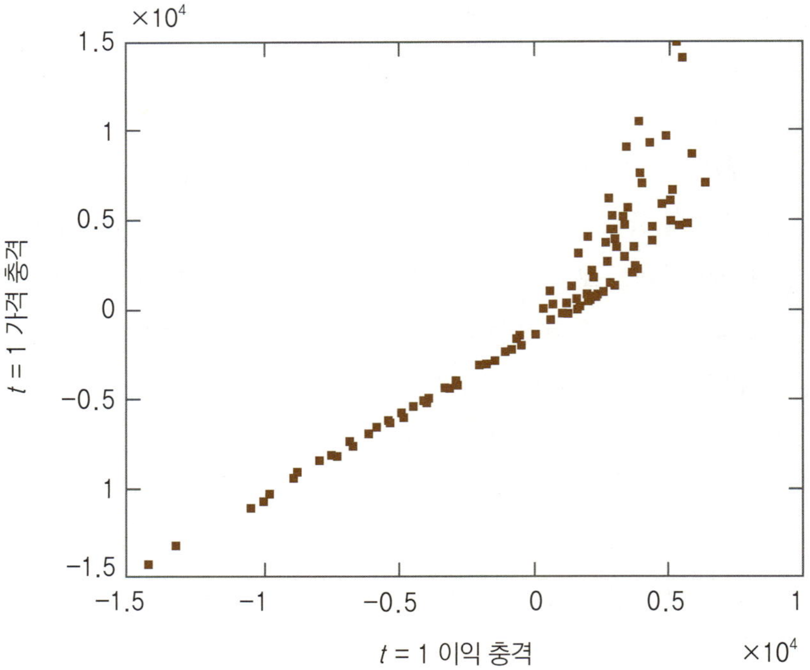

3.4 다수의 정보 원천

경험적인 자료는 또한 다수의 정보 원천이 존재함을 보여준다. 만일 시장 가치 평가가 회계 계산이 의존하는 정보 이상의 정보를 반영한다면 미래 회계 보고를 예측하는데 시장 가치 평가, 가격을 이용할 수 있을 것이다.[17]

Christensen and Demski(2003)는 첫 기의 가격과 두 번째 기간의 이익을 대응시켰다. $P_1(h_1)$ 이 높으면, 지속성 효과는 크고 양일 가능성이 크다(〈도표 5-6〉). 지속성 효과는 시장에서 이용 가능한 정보원천에 의해 완전하게 확인된다. 크고 양인 지속성 효과는 미래 기간의 회계이익에 영향을 미치기 때문에, 다음 기간의 회계이익이 높을 것으로 예상된다. 물론 일시적 효과도 또한 존재하므로 그 연결은 강하지는 않다. 실제 자료도 같은 현상을 보인다(예: Beaver, Lambert and Ryan, 1987).

Ball and Brown(1968)의 연구는 좀 더 극적이다(〈도표 4-2〉). 20년간의 월별 자료를 사용하여 이들은 가상적 실험을 개발하였다. 기업의 t 년도 이익을 1년 전에(즉, t -1에) 완전하게 알 수 있다고 가정한다. 양의 차이를 갖는, 즉 이익이 예상보다 높은 모든 기업을 선택하라. 그리고 t -1에서 t까지 기간에 대응되는 가격의 비기대 부분(시장 전체의 조정된 수익률의 잔차로 측정된)을 추적하라. 예상되는 이익이 음의 비기대 부분을 갖는 모든 기업에 대해서도 같은 추적을 하라. 이 두 그룹을 좋은 뉴스 포트폴리오와 나쁜 뉴스 포트폴리오라고 부른다. 좋은 뉴스를 미리 아는 그룹은 양의 시장 조정 수익률과 연관되고, 나쁜 뉴스를 미리 아는 기업은 음의 수익률과 연관된다.

이 패턴의 여러 측면에 주목해야 한다. 이익 충격과 가격 충격은 분명히 상관관계를 갖는다.[18] 그러나 대부분의 가격 충격은 회계 보고가 발표되기 이전에 발생한다. 이는 다른 정보원천이 존재하고, 표면상으로는, 이 다른 정보 원천이 회계 측정치 자체보다 가치평가 과정에서 더욱 중요하다는 점과 일치한다. 또한 회계보고 발표시점에서의 가격 충격은 앞에서 언급한 것처럼 아주 작다. 그리고 회계이익을 취득원가 주의로 계산한 경우와 공정 가치로 계산한

---

17 시장 가치평가는 미래 배당에 관해 알려진 내용을 반영하는데, 미래 배당은 미래 현금흐름에 의존한다. 이 가치평가에 사용된 비회계정보가 그 미래 현금흐름에 대해 말하고, 따라서 간접적으로 회계 측정치를 말해 준다. 왜냐하면 미래 회계 측정치 역시 그 미래 현금흐름을 반영하기 때문이다.

18 평균적 관계를 조사한 것임을 유의해야 한다. 양의 이익 충격이 각각의 모든 경우에 양의 가격 충격을 보장하지는 않는다.

경우 모두 같은 모습의 관계를 보인다.[19] 다음 그림과 Ball and Brown(1968)의 부채꼴 형 그래프를 비교해 보라.

〈도표 5-6〉 현행가격 대 미래이익

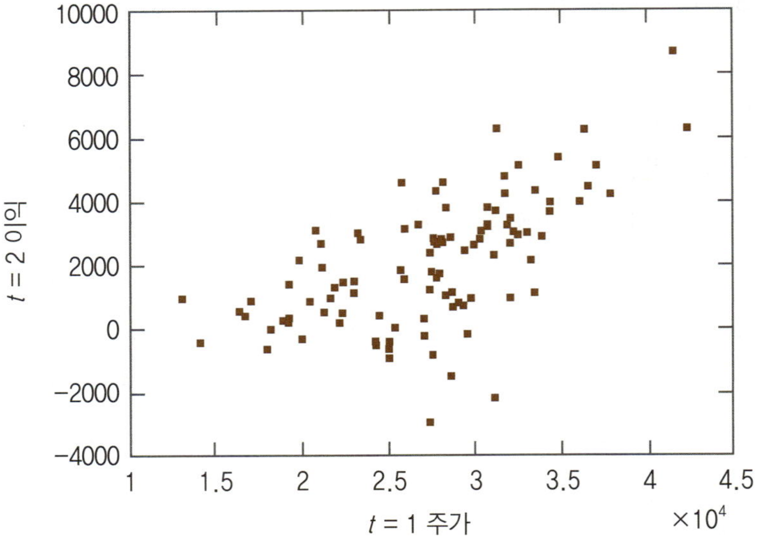

3.5 가치 관련성

전형적인 가치평가 시장에서 다수의 정보 원천 주제와 밀접하게 관련된 것은 소위 가치 관련성(value relevance)이다. 이는 재무 증권 혹은 대출 손실 충당의 공정가치와 같은 특정 회계 측정이 가격을 확인하는 데 통계적으로 유용한지 여부를 묻는다. 만일 어떤 이런 항목이 통계적으로 중요하다면, 가치 관련성이 있다고 말한다. 이는 마치 시장이 그 측정치가 가격 결정에 관련이 있음을 발견한 것처럼 가정하는 것과 같다.

앞의 시뮬레이션을 다시 검토하자. $t=1$ 시점에 지속적 충격항과 일시적 충격항이 시장에 알려져 있으므로, 1기의 가격은 이 두 충격항에 의해 결정된다. 더욱이 1기의 가격은 1기의 현금잔액(이는 배당으로 지급될 것이므로), 대차대조표의 비현금 잔액과 통계적으로 관계를 갖는다. 대차대조표의 현금잔액과 비현금 부분이 가격을 확인하는 데 통계적으로 유용한지 묻는다면, 그 대답은 긍정적이다.

19 Christensen and Demski(2003), pp.222–223.

직관적으로 첫 번째 변수로서 현금잔액에서 시작하여, 다음으로 발생 항목, 비현금 잔액이 가치 관련성이 있는지 물어 보자. 그 답은 긍정적이지만, 비현금 잔액은 정보내용을 갖기 어렵다. 지속 항목이 음일 때에는 자산 상각을 반영하지만, 이는 관찰된 현금흐름(혹은 현금잔액)이 비회계 원천이 확인해 준 일시적 현금부분과 함께 결합하여 알려지기 때문이다.

물론 다른 정보 원천을 통제하기 어려운 점이 있다.[20] 이 다른 원천은 비회계 원천을 통해 가치평가 과정에 들어오며, 회계 시스템에 기록되는 비현금 잔액에 관해 부수적으로 알려준다. 이와는 달리 회계 시스템이 유일한 정보 원천이고 앞에서 기술한 바처럼 운영된다고 하자. 그러면 자산 상각이 없으면, 지속 충격은 양이고, 자산 상각이 있으면 음임을 말해준다. 이처럼 단일의 정보 원천만 존재한다면, 가치 관련성과 정보내용을 모두 찾을 수 있을 것이다.

좀 더 넓은 관점에서 보면, 정보 환경에 대한 이해가 중요함을 알 수 있다. 이런 이해가 부족하면, 가격과 어떤 잠재적 정보 변수와의 통계적 연관성은 정보내용을 확인하는데 오류를 범한다. 회계와 비회계정보는 난해한 방식으로 상호작용한다. 양자가 동일한 정보를 갖는다면, 시기가 중요하다. 회계 변수에만 근시안적으로 초점을 맞추면 이 기본 사항을 놓칠 위험이 크다.[21]

3.6 저량 연관성

경제와 회계 측정치 사이의 연결에 대한 또 다른 견해는 회계의 저량과 유량 측정치와 시장 가치의 연관성에 초점을 맞추는 것이다. 예를 들어 Ball and Brown의 그래프는, 회계이익이 늦은 보고 원천이지만, 전체적으로 시장 가치와 연관성이 있다고 주장한다. 마찬가지로 앞에서 다룬 바와 같이, 현재가치를 토대로 한 가치평가는 산술적으로 장부가치에 오차, 즉 미래 잔여이익 시리즈의 기대 현재가치를 합한 것으로 표시된다. 이 당기이익은 잔여이익 시리즈에 대한 대용값으로 사용된다.

마지막으로 시뮬레이션을 살펴보자(〈도표 5-7〉). 이는 음의 지속성 효과를 즉각 상각하는 정책을 반영한다. 또한 시장 가치와 회계가치 그리고 회계이익과의 연결을 보여준다. 예를 들

20 경영자 계약을 고려하자. 경영팀이 시장에서 예상하지 않는 행동을 택하였다고 가정했을 때 보고되었을 내용의 중요성을 알 수 없다는 점을 감안하면 가치관련성 주제는 더 복잡해진다(Christensen and Demski, p.210, 주 14).

21 본서 3.9항 참고.

면, Collins, Maydue, and Weiss(1997)는 시장 가치가 회계가치 및 회계이익 양자와 양의 관계를 가지며, 시간이 흐름에 따라 상대적으로 유량에서 저량 측정치로 가중치가 약간 커짐을 보여 준다.

<도표 5-7> 가격-장부가치 대 이익, t =1

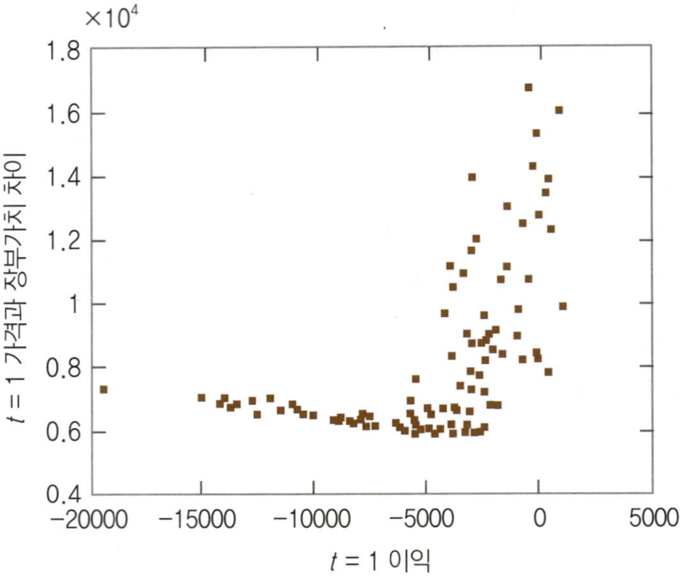

3.7 자기 선택

또 다른 이슈는 회계 재량이다. 경영자는 전문가적 판단을 하고, 회계선택을 한다. 이 때, 기회주의가 작용한다: 결산 무렵의 대량 판매를 다음 기간에 인식할 것인가? 회계 추정도 중요하다: 주관적 상각은 언제, 얼마만큼 인정되는가? 마찬가지로 새로운 보고 규제는 언제 채택되어야 하는가?

Burgstahler and Dichev(1997)는 이런 가능성과 일치하는 증거를 제시하였다. 이들은 약 20년 기간에 회계이익의 연간 변화($\hat{I}_t - \hat{I}_{t-1}$)를 기초의 시장 가치로 나눈 값의 분포를 조사하였다. 이 도수분포는 매끈하며, 봉오리가 하나이다. 그러나 약간의 이익 감소의 표본 빈도는 특이하게 낮고, 또 약간의 이익 증가의 빈도는 특이하게 높았다. 손실에서도 비슷한 결과가 나왔다. 분명히 실제 자료는 시뮬레이션과는 달리 기계적으로 산출되지 않는다. 보고 기업의 자기 선택 요소가 존재한다.

자기 선택의 또 다른 예는 Liu, Ryan, and Wahlen(1997)의 연구이다. 이들은 은행의 대출채권에 대한 대손충당금을 조사하였다. 충당이 4분기에 계상되고 은행이 위험하면, 예상되지 않은 대손 충당에 대한 시장 반응은 양이고, 그렇지 않으면 음이다. 즉, 다른 정보(은행 위험 수준을 알려주는)와 장부 기록 분기에 따라 전체적인 해석은 '좋은 뉴스' 혹은 '나쁜 뉴스'가 된다.

이를 모두 함께 생각하면, 자기를 돕는 행동 즉 이익 관리 요소가 존재함을 보여준다. 다르게 기술하면, 인센티브 이슈가 존재하며, 이 인센티브가 회계이론에서 중요한 역할을 적절하게 수행한다고 결론짓게 한다. 결국 회계 규칙은 해석 면에서 아주 경직되거나 혹은 자유로운 것이 아니다. 또한 보고 선택에서도 완전히 비탄력적이지 않다. 그러나 아직은 인센티브 이슈를 완성하는데 필요한 경영자 기능을 명시적으로 다루지 않았기 때문에 이 중요한 주제는 뒤로 미루겠다. 여기에서는 자기 선택의 이슈를 지적하기만 한다.

<도표 5-8> Burgstahler and Dichev의 이익 변화 도수분포 표

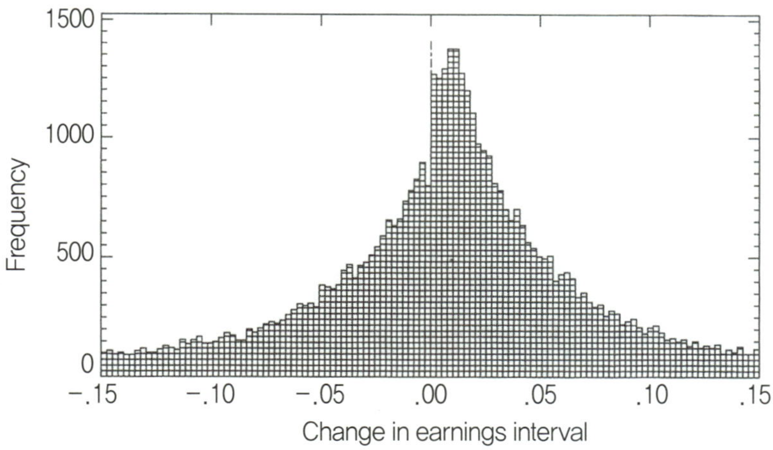

3.8 스케일링

끝으로 '시장'이 회계 조정을 통찰하는지 여부에 관한 오래된 질문을 검토하자. '시장'이 회계 측정치들을 능숙하게 다룬다는 주장과 일치하는 증거가 있는가? 바꿔 말하면, 회계와 같은 어떤 측정 시스템에 의해 전달되는 정보는 (정보적으로 동등한) 여러 다른 스케일링에 의해서도 전달될 수 있다. 예를 들어 감가상각은 시뮬레이션에서 본질적으로 자의적이다. 그러나 실제 자료가 이 측면에서 이처럼 투명할 것인가?

Lev and Sougiannis(1996)는 R&D 지출의 비용 처리(일부 소프트웨어 개발비를 제외하는)를 요구하는 U.S. GAAP을 조사하였다. 이 지출이 평균적으로 중요한 장기 투자를 유발한다는 점을 전제하면, 이 절차는 보수주의적 보고에 해당한다. 이들은 단지 공개적 자료만을 사용하여, 영업 이익과 과거 및 현재의 R&D 지출의 시계열 관계를 확인하여 R&D 상각률을 통계적으로 추정하였다. 과거의, 시차가 있는, 지출은 전제된 상각 방법을 확인해 준다. 예를 들어 과학 기구 산업에서는 평균 관계는 5년간 매년 각각 14, 21, 24, 24, 17 퍼센트의 상각이다. 다음으로 이들은 '정확한' 저량과 유량 측정치를 산출하고 경제 측정치와 수정된 측정치의 관계가 비 수정된 측정치와의 관계보다 더 가까운 관련성을 갖는다고 주장한다(가치 관련성 주제를 참고하라.).

그러나 도출된 상각율과 그에 의한 수정은 모두 공개적으로 이용 가능한 자료를 토대로 계산한 것이다. 따라서 기존의 보고와 동반된 비회계정보 구조는 수정된 보고의 경우와 동등하다. 새로운 정보는 없다. 수정된 금액은 회계 측정치와 시장에 토대를 둔 측정치가 좀 더 근접하게 상응하도록 다시 스케일링한 것이다.

Beaver and Dukes(1973)는 스케일링의 또 다른 유형을 보여준다. 가속 상각법을 사용한 기업군과 직선법을 사용한 기업군의 주가-이익 비율을 비교하였다. 가속 상각법 기업군의 평균 비율이 높았으나, 직선법 그룹의 상각 방법을 가속 상각법으로 변경하여 평균 비율을 계산한 결과 양자는 같아지게 되었다. 즉 이 수정은 기저의 정보내용을 변경하지 않는다. 동일 정보내용을 다른 척도로 보낸 것일 뿐이다.

시장 참가자들이 회계보고로부터 시장가치로 가는 단순한 모형을 사용하고 있다는 견해는 증거와 일치하지 않는다.[22] 이 보다는 사용된 회계방법과 시장가치를 결정한 **비회계정보를 회계보고와 혼합**하여 사용한다는 견해가 증거와 더 일치한다.

3.9 정보 전달의 해석

정보내용 관점에서 회계는 자원 분배를 위한 정보를 제공하기 위해 가치평가의 언어와 계

22 바꿔 말하면 회계이익이 가치평가 모형에 투입요소로 사용된다는 가치평가 관점을 부인한다.

산을 사용한다. 측정 관점과 정보 관점을 조정하는 문제를 다시 생각해 보자. Beaver and Demski(1979)는 기업의 가치와 생산 계획의 성과평가를 이익 측정의 중심 주제로 본다. Demski and Feltham(1976)도 원가 측정에 대한 분석에서 비슷한 방침을 택한다. Johnson and Kaplan(1987)은 관리회계를 생산 계획의 성과평가 관점에서 바라본다. 이와는 대조적으로 정보내용 관점은 정보와 그 이용을 분리한다. 회계는 회계가치평가 계산을 사용하여 정보를 전달할 수 있다. 이 계산이 모든 정보를 처리한다든가, 이용자의 진실한 확률 측정을 사용한다든가, 혹은 이용자의 선호 측정치에 토대를 두는 것처럼 가장하지 않는다. 회계는 정보를 제공하고 이 정보는 가치평가의 언어를 사용하는 측정 척도와 함께 전달된다. 회계 측정에 완전히 반영되지 않는 다른 정보도 존재한다. 정보 측정 척도와 전달되는 정보의 본질을 구분한다. 특히 회계가치와 경제적 가치의 구분은 가장 큰 특징이다. 상태의 발생에 관한 실제 확률과 회계 표현에서 사용하는 확률이 같지 않으면, 회계는 그 임무를 항상 수행할 수 있다.[23]

이 관점은 자본시장 연구의 경험적 결과에 대한 해석에도 직접적인 관련을 갖는다. 첫째, 경험적 문헌에서는 회계이익의 구성 요소로서 현금 혹은 발생 측정치의 상대적 중요성 문제에 관심을 갖는다. 양자의 지속성 그리고 정보내용을 조사한다. 그러나 정보내용 관점에서는 발생은 현금흐름과 더불어 정보를 전달한다. 따라서 현금과 발생 보고를 비교할 때에는 공통 정보에 관해서 뿐 아니라 상호작용 효과에 관해서도 고려해야 한다.

둘째, 이익 측정치의 시계열 속성을 검토할 때에도 비슷한 점이 존재한다. 여러 정보의 시계열이 이용가능하다고 하자. 시장가치도 이용가능하면, 시장과 회계평가의 관계를 분석할 수 있다. 회계 시스템이 가치평가 언어로 정보를 전달한다면, 관찰되는 주가 수익과 회계이익의 통계적 관계는 정보 원천들의 상대적 중요성과 사용되는 보고 언어 양자를 반영할 것이다. 극단적으로 시장과 회계 언어가 기대값 계산을 사용한다고 하자. 시장과 회계의 할인율의 같으면, 이익 시리즈는 마치 적시성이 없고, 시장 가격 시리즈에 의해 예측될 수 있는 것처럼 보일 것이다.

간단한 예를 살펴보자. $s_1, \cdots s_4$의 네 상태에서 t=0에는 각각 0, t=1에는 100, t=2에는 각 상태별로 {100, 200, 250, 50}의 현금흐름이 발생한다. 이자율은 없다. 이 경우 각 상태별로 회계이익을 계산하면 t=0에는 모든 상태에서 250, t=1에는 모든 상태에서 0, 그리고 t=3에는 {-50, 50, 100, -100}이 된다.

---

23 Demski and Sappington, Fully Revealing Income Measurement, The Accounting Review(1990), pp.378-381.

기업은 순 현금흐름만 보고한다. 그리고 다른 정보원천이 t=1의 기말에 $\eta_1(s)$의 $\{\{s_1, s_2\}, \{s_3, s_4\}\}$ 분할을 발표한다. 이제 T=2의 회계 보고를 t=1의 기말에 예측하려 한다. $S=\{s_1, s_2\}$이면 2기의 현금흐름 $x_2=\{100,200\}$이고, $S=\{s_3, s_4\}$이면 $x_2=\{250,50\}$이다. 만일 활동적인 가치평가 시장이 $\{\{s_1, s_2\}, \{s_3, s_4\}\}$ 정보를 반영한다면, t=1의 기말의 가치평가를 사용하여 다음 기의 회계보고를 예측하려고 할 것이다. 이 경우에 회계가 적시성이 없는 정보라고 해석될 수도 있지만, 실제로 이는 동태적인 상황에서 다수의 정보 원천이 존재하는 경우인 것이다.

위의 예는 이익 측정치를 가격 측정치의 벡터에 관하여 회귀시키는 역회귀식과 같다고 볼 수 있다(Beaver et al., 1987; Ryan, 1989). 이 경험적 연구의 동기는 회계이익을 이익에 측정 오차를 합한 값으로 보는 관점에 의해 제공된다. 정보내용 관점에서는 회계이익은 정확하게 측정된다고 본다. 과거 관찰 시리즈를 정밀하게 사용하는 것이 정보를 해독하고 그 정보를 다른 정보 원천과 연결시켜 주기 때문에 미래회계이익을 예측할 수 있다. 계량 경제적 관계는 다른 원천의 정보, 회계 원천의 정보, 그리고 사용되는 회계측정치 척도가 결합하여 결정된다.

셋째, 적정한 감가상각 측정을 살펴보자. 감가상각 방법의 차이에 대한 관심이 크다(비록 특정의 π에 대한 관심이지만). 정보내용 관점에서는 서로 다른 감가상각 방법에 의해 전달되는 정보에 중점을 둔다(즉, 다른 상태 확률 분포 $p \in P$에 의한). 어떤 방법은 어떤 정보 흐름을 완전하게 보고하게 하고, 또 다른 방법은 다른 정보 흐름을 완전하게 보고하도록 한다. 즉, 감가상각은 실제할인율 π가 아닌, 회계할인율 p에 의해 규정된다. Fisher and McGowan(1983)은 $I_t(h_t; d, \pi) \neq I_t(h_t; d, p)$이면 감가상각이 부적절하다고 주장하는데, 이는 가치평가 관점을 의미한다. 정보내용 관점은 이 점에서 가치평가 관점과 다르다.

3.10 요약

회계와 시장-기반 가치측정치 사이의 관계에 대한 조사는 회계와 경제적 측정치가 함께 변동하지만 완전히 일치하지는 않는 이유를 직관적으로 알 수 있게 설계되었다. 회계는 여러 회계 계산과 절차를 사용하여 정보를 전달한다. 정보는 특정의 측정 척도 안에서 암호화 된다. 더욱이 다수의 정보 원천이 존재하고, 회계 시스템은 어느 시점에서든 모든 이용 가능한 정보를 포착하지 않는다. 따라서 회계인식은 일종의 제약적 인식인데 이는 시장 가치가 더 많은 정보에 접근하기 때문에 회계와 시장 가치는 같을 수 없음을 의미한다. 따라서 두 측정치 집합은 차이가 나지만, 전형적인 회계 절차 혹은 측정 척도는 경제적 계산의 뉴스와 대체적으로 비교될 수 있게 '뉴스'를 기록하기 때문에 양자의 관계가 유지된다. 계속 반복하지만 회계는 정보를 전달하기 위해 가치평가의 언어와 계산을 사용한다. 그러나 회계는 수중의 정보를 공격적으로 사용하지는 않는다. 재무보고 환경에서는 스케일링과 시기 이슈가 존재한다.

다음과 같은 세 가지 사항에 유의해야 한다. 첫째, 일단 시장 갈등을 인정하면, 경제적 가치 개념은, 공허하지는 않지만, 잘 정의되지 않는다. 따라서 복잡한 상황에 경제적 가치 개념을 적용하는 것은 우리를 미지의 세계로 인도한다.

둘째, 회계와 경제적 평가의 연결이 염려되는 다른 상황에서도 같은 현상이 존재한다. 예를 들어, 경제적 원가 곡선이 비선형인 다품종 기업은 일반적인 원가회계 계산 절차에 의해 잘 기술되지 않는다. 회계는 선형 구조로 계산하기 때문이다. 정보 관점에서는 그 절차가 정보를 전달하는 특수한 측정 척도를 제공하는 것으로 이해한다. 그 절차는 꾸밈이 없는, 잘 요약된 경제적 평가를 전달하는 것이 아니다.

셋째, 가치평가와 회계 측정치를 나란히 비교한다. 이는 분명히 '가치평가 유용성'을 지향한다. 그러나 이 영역에서의 정보내용이 계약 영역에서의 정보내용과 동일한 것은 아니다.

제6장

자본시장 연구(Ⅲ): 계약관점

계약관점의 회계이론에서는 회계가 계약과정과 정치과정에서 발생하는 거래비용을 감소시키는 역할을 한다고 본다. 계약관점은 회계의 측정구조와 경영자의 회계선택을 설명하고 실증적으로 검증한다. 가치평가 관점과는 회계의 목적, 이론 및 회계 측정 구조를 다르게 설명한다. 계약관점에서도 자본시장 연구에 깊은 관심을 갖는다. 여기에서는 크게 세 가지 연구를 정리한다. 첫째, 방법론적 연구에서는 가치평가 관점과 계약관점에서 도출되는 경쟁 가설을 판별하려는 동기를 갖는다. 아울러 이익의 시계열 예상, 경영자와 분석가의 이익 예상에 관한 연구, 그리고 이익의 품질에 관해 살펴본다. 둘째, 자발적 공시에 관한 연구를 다룬다. 셋째, 가치관련성 연구가 회계 기준결정의 근거가 될 수 있는지 여부를 검토한다

제1절 방법론적 연구

방법론적 자본시장 연구는 회계선택이론이 회계 숫자와 주가 사이의 관계에 대한 연구에서 갖는 의미를 검토한다. 많은 자본시장 관련 연구는 회계선택이론을 무시하는데, 이로 인해 관련 연구의 결과를 해석하는데 문제가 발생된다.

1.1 자본시장 연구와 회계선택

회계선택의 이론이 없으면 (1) 회계 숫자와 주가 사이의 관계에 대한 테스트를 정확하게 규정하지 못하고, (2) 자본 시장의 경쟁 모형을 판별하는 검정력이 강한 테스트를 규정하지 못한다. 현재 사용되는 모형들은 회계선택과 관련된 의미를 갖지 않는다. 즉, 회계선택과 그의 주가 효과에 관한 통찰을 제공하지 않는다. 이 때문에 회계 숫자와 주가 사이의 관계에 대한 상당수의 조사는 회계선택을 통제하지 않는다. 따라서 기계적 가설, 회계 자료/주가 연구의 기저 모형들을 판별하는 테스트를 규정하는데 어려움을 겪는다.[1]

1.1.1 가치평가 모형의 의미 결여

가치평가 관점에서는 회계 숫자가 증권 시장에 정보를 제공한다고 가정하고, 회계 숫자(예: 이익)와 주가 사이의 관계를 연구한다. 예를 들면, 회계이익이 현행의 그리고/혹은 미래의 현금흐름에 관한 정보를 제공한다고 본다. 또한 현행 및 미래 현금흐름의 가치를 평가하는 자본자산 가격 결정 모형을 가정한다. 이 두 가정에 따르면 이익 증가는 현행 및 미래 현금흐름과 기업가치의 증가를 의미한다.

이 예측은 회계이익이 자본 시장에 정보를 제공하는지 여부를 조사하는 데에는 유용하다. 그러나 회계선택에 관해서는 아무런 예측도 제공하지 않는다. 회계선택이 기업 가치에 어떻게 영향을 미치는가에 관한 이론이 없고, 또 가치평가 모형은 회계선택과 무관하다. 가치평가

1 이 항은 Watts(1993), Accounting Choice Theory and Market-Based Research in Accounting, British Accounting Review, 1992를 참고함.

모형을 적용할 때 누구든지 정보를 비용 없이 이용할 수 있다고 보면, 회계방법의 차이에 따라 정보량이 어떻게 달라지는지 알 수가 없게 된다. 경영자가 여러 회계방법 가운데에서 어떤 방법을 선택할 근거가 없고, 회계는 관련성이 없게 된다. 결과적으로 세금이 없다면, 모형은 회계선택에 관한 예측을 하지 못한다. 세금을 도입하면, 회계선택의 목적은 세금의 최소화이고, 회계선택은 과세 소득과 보고 이익을 일치시킨다고 예측할 수 있다.

1.1.2 회계숫자와 주가 관계의 규정

가치평가 모형이 회계선택과 무관하기 때문에 자본 시장 연구에서는 회계선택이 무시된다. 만일 회계선택이 무차별하지 않고, 가치 결정과 상관관계를 갖는다면, 회계방법을 무시하고 주가-이익 관계를 조사하면 안 된다.

예를 들어 이익반응계수를 통해 이 내용을 살펴보자. 이익반응계수는 비기대 이익에 관한 비정상 수익의 회귀식에서 비기대 이익의 기울기 계수를 말한다. 이 회귀식은 가치평가 모형의 유형에 의해 규정된다. 가치평가 모형은 이익반응계수가 여러 변수에 따라 달라진다고 예측하며, 경험적 연구는 이 예측을 검증한다.[2]

이익이 현금흐름과 같고 랜덤 워크를 따르며, 모든 이익이 배당 지급되고, 시장의 요구 수익률이 매 기간 일정한 가치평가 모형을 생각해 보자. 시장은 매 기간 말에 이익의 변화를 안다고 가정하자. t시점에서의 주가(P_t)는 다음과 같다.

$$P_t = \frac{X_t}{r} \qquad (1)$$

X_t는 t 기간의 이익이고, r은 시장의 필수 수익률이다. t 기간의 비정상 주가 수익률은 다음과 같다.

$$r_t - r = (1+\frac{1}{r})\frac{\Delta X_t}{P_{t-1}} \qquad (2)$$

ΔX_t는 t 기간의 이익 변화이다. 비정상 수익이 기초 가격으로 나눈 이익 변화에 관해 회귀된다면, 이 모형에서 이익반응계수는 $[1+1/r]$이고 주가 수익의 기대 수익률(이자율과 β)에 따

2 이에 관해서는 본서 4장을 참고. 본서 p.142 참고.

라 변한다.[3]

추정 반응계수와 필수 수익률 및 그 결정요소와 같은 변수들 사이의 관계를 조사하는 연구는 현행 및 미래 현금흐름을 대신하는 이익 능력의 차이와 회계방법의 차이를 통제하지 않는다. 이는 전형적인 생략된 상관 변수 문제를 야기할 수 있다. 추정 계수와 변수 사이의 관계는 최소한 부분적으로는 이들 차이의 영향을 받을 수 있다. 필수 수익률의 결정 요인에 따라 기업별로 현금흐름을 대신하는 이익의 능력이 달라진다고 믿을 수 있는 이유가 있다. 회계선택이론은 이 점을 보여준다. 회계이익과 미래현금흐름 사이에는 더 많은 잡음이 존재한다. 나아가서 그 변동에 관한 증거도 존재한다(예: 위험의 변동). 또한 회계선택이 필수 수익률과 상관관계를 갖는 이론과 증거도 존재한다. 회계선택은 기업 규모, 부채비율, 위험과 상관관계를 갖는다.

첫째, 위험이 높은 기업은 이익이 현금흐름을 잘 측정하지 못한다. 회계방법들 상호간 그리고 현금흐름의 측정 오차 분포가 독립이라고 가정하면, 기업의 위험이 클수록 이익반응계수 측정치는 더 작게 보일 것이다. 이익반응계수와 위험 사이의 음의 관계는 필수 수익률의 차이보다는 현금흐름을 대신하는 회계방법의 능력 차이 때문에 나타난다.

둘째, 회계방법 선택과 부채 비율을 생각해 보자. 회계선택이론은 부채 비율과 이익 증가 회계방법 선택 사이에 양의 관계가 있다고 본다. 보고 이익의 증가가 크다면, 그 방법을 쓰지 않을 때에 비해 이익은 더 크고, 그렇다면 부채비율이 높을수록 이익반응계수는 작을 것이다. 시장은 보고이익의 증가를 통찰하며 이익 증가는 수익률에 반영되지 않는다. 주가에 반영되지 않는 이익의 크기는 이익이 클수록 크다. 회계선택을 무시하면, 이익반응계수는 부채비율과 음의 관계를 가져야만 한다. 그러나 음의 관계가 관찰된다면, 이는 회계선택 때문이지 가치의 결정 요인 때문이 아니다.

처음에는 주가/이익 관계 회귀식이 회계선택을 반영하는지를 조사하는데 생략 변수 문제를 다루었다. 회계선택 변수는 이익반응계수의 횡단 변동을 찾기 위해 사용되는 것이지 회계선택의 효과를 조사하기 위한 것은 아니었다. 이익반응계수와 경제적 변수 사이의 관계를 찾아낸 연구는 단지 그들이 회계선택에 대한 통제를 생략하였기 때문에 그러한 결과를 얻었을 것이다.

이익반응계수는 기저 변수(성장율, 위험 등)와 회계방법 양자의 영향을 받는다. 그러나 회계방

3 이 공식은 수익률 정의 $r_t = \frac{P_t + X_t - P_{t\text{-}1}}{P_{t\text{-}1}}$를 (1) 식에 대입하고, $X_{t\text{-}1}$을 더하고 뺀 후 정리하면 나온다.

법이 기업 가치의 경제적 결정 요인과 관계를 갖는다면, 회계 숫자와 주가 사이의 관계를 조사할 때 회계방법 선택을 무시하면 안 된다.

1.1.3 경쟁 가설의 판별

자본시장 회계 연구의 기저에 있는 가치평가 모형에 회계선택 예측이 결여된 점은 그 모형과 이전의 잘못 규정된 모형을 판별하는데 장애가 된다. 기계적 가설은 기존 모형을 반영한다. 기계적 가설에 의하면 주가는 회계이익 계산 방법과는 무관하게 보고 이익 숫자에 기계적으로 반응한다. 이 기계적 관계는 회계인과 분석가가 공개 정보에서 계산 차이를 조정하더라도 성립한다고 여겨진다. 초기 시장 연구의 가설인 효율적 시장 가설은 기계적 가설과 반대 의미를 갖는다. 효율적 시장가설의 본질은 정보에 대한 경쟁이다. 이 경쟁 때문에, 많은 사람들이 낮은 비용으로 이용 가능한 공개 정보에 기반을 둔 간단한 거래 규칙으로 독점 이익을 얻는다고 예상할 수는 없다. 독점 이익을 없애는 경쟁은 보고 이익 숫자에 대한 기계적 반응을 방지한다.

무영향 가설에 대한 검증은 검정력이 높지 않다. 귀무가설은 회계방법 변경에 따라 주가가 변한다는 것이다. 그러나 언제 주가가 변화하고 어떤 회계 변경에 대하여 주가 변화가 클 것인가? 이론은 이 점에 대해 침묵한다. 따라서 무영향 가설에 대한 검정력이 높은 검증 방법을 설계하는 것은 어렵다. 두 가설 하에서 예측된 주가 변화를 산출하는 상황을 찾아야 한다. CAPM과 같은 가치평가 모형을 사용하면 회계방법 변경이 현금흐름 효과를 가질 때 중요하다. 즉 세금에 영향을 주면 회계방법 변경은 주가에 영향을 미칠 수 있다. LIFO/FIFO 변경의 경우, 기계적 가설에서는 주가가 하락(보고 이익이 감소하므로)하는데, EMH/CAPM 가설에서는 현금흐름이 증가하고 따라서 주가는 상승한다. 그러나 조사 결과는 크게 성공하지는 못하였다. 재고 평가방법 변경 결정에 영향을 주는 변수(예: 현금흐름 변화)를 통제하는 것이 곤란하기 때문이다. 세금에 영향을 주거나 혹은 주지 않는 회계 변경의 예측을 제시하는 회계선택 이론은 자본 시장에 관한 다른 관점을 테스트할 수 있는 넓은 기회를 제공할 것이다. 그러나 이 이론은 그 이상의 역할을 한다. 회계 숫자는 가치평가에 기계적으로 적용되는 임의적인 숫자가 아니고 또한 세금 계산에만 적합한 숫자도 아니다.

1.1.4 경쟁 가설의 중요성

자본시장 모형의 판별이 중요한 이유는 또 있다. 무영향 가설의 경험적 신빙성은 실제로 검증되는 경쟁 가설(예: 기계적 가설)이 그럴 듯 할수록 더 커진다. 이는 효과를 예측하는 가설에도 해당된다. 두 가설을 판별하기 위한 경험적 검증이 많을수록 그 가설에 대한 신빙성은 더 커진다.

경쟁 가설은 또 다른 기능도 수행한다. 경쟁 가설을 계속 제시하는 것은 관심을 갖는 경험적 현상을 더 잘 이해하도록 한다. 경쟁 가설은 연구자로 하여금 경험적 테스트에서 무엇을 통제할 것인가를 알려준다. 이러한 맥락에서 보면 경쟁 가설이 임의적인 관계에 토대를 두는 것보다는 분석에 토대를 두는 것이 더 중요하다.

회계선택이 산업에 따라 체계적으로 변화한다면, 회계선택 예측에서 그 체계적 변화는 통제되어야 한다. 같은 산업 내에서는 회계방법 선택을 결정하는 경제적 요인이 유사하다. 따라서 회계선택을 예측하는 모형은 산업에 따라 변화하며 동시에 그 변화의 원인에 대해서도 설명한다. 산업 효과가 전형적으로 관찰된다고 해서 연구자가 산업 효과에만 만족한다면, 그는 회계방법 선택과 기저의 경제적 변수 사이의 관계를 무시할 가능성이 높다. 이는 증거가 모형과 일치하지 않는 부정확한 추론을 유도한다. 주어진 산업 효과에 대한 이유가 없고 관찰된 효과가 회계선택 때문일 수 있기 때문에, 이 경우 산업 효과 가설은 실제로는 경쟁 가설이 아니다. 산업 통제를 주장하는 연구자가 회계선택 모형에 포함되지 않는 산업 효과를 유발하는 요인을 확인한다면, 그는 산업 효과를 통제해야 한다.

1.2 이익 반응계수 연구

앞에서 검토한 문제는 비단 기계적 가설과 무영향 가설을 판별하는 데에만 적용되는 것이 아니다. 여러 회계선택 변수들이 주가와 이익 사이의 관계에 미치는 영향을 연구하기 위해서는 추가 변수가 없는 정상적인 주가와 회계 자료의 관계를 알아야 한다(Kothari, 2001). 정상적인 관계는 연구 상황에 따라 달라진다.

Kothari(2001)는 방법론적 연구로서 ① 이익반응계수 연구, ② 이익의 시계열 속성, 경영자 및 분석가 예상, ③ 통계적 추론 방법의 문제, ④ 재량적 발생 모형을 손꼽는다. 여기에서는 이익반응계수 연구와 이익의 시계열, 경영자 및 분석가 예측 그리고 이익 품질을 검토한다. 재량 발생 모형은 10장(이익관리)에서 다루기로 한다.[4]

1.2.1 이익반응계수

앞에서 계약 및 정치적 비용 가설 혹은 자발적 공시나 신호 가설에 대한 검정력을 높이는 조사를 설계하는 데 이익반응계수가 사용되는 예를 살펴보았다. 그러나 4장과 5장에서 검토한 바와 같이 이익반응계수 연구는 가치평가와 기본적 분석에도 사용된다. 가치평가 모형은 이익반응계수 추정에 사용된다.[5]

이익반응계수를 결정하는 경제적 요인에는 지속성, 위험, 성장, 이자율이 있다. 지속성과 성장은 이익의 크기에 영향을 미치므로 이익반응계수에 양의 영향을 준다. 그러나 위험과 이자율은 할인율에 영향을 미치기 때문에 음의 영향을 준다.

예를 들어 소유권 통제가 관심 변수라면, 지속성, 위험, 성장의 효과를 통제한 후, 관심 변수가 이익반응계수에 미치는 증분 효과를 조사한다. 이익반응계수 문헌의 성공과 영향에도 불구하고 세 가지 비판이 존재한다. 첫째, 이익의 시계열 속성에 관한 가정 때문에 이익반응계수의 본질은 통계적이다. 따라서 경제적 의미를 갖기 위해서는 시계열 속성을 결정하는 경제적 요인에 대한 연구가 필요하다. 이에 따라 산업의 경쟁도와 기업의 원가 구조, 수명 주기 등이 연구되었다.

둘째, 이익반응계수와 지속성을 연결하는 문헌들의 표본이 겹친다. 그 결과 증거의 예측력이 낮아진다.

셋째, 이익반응계수 문헌은 현행 및 미래 현금흐름을 대리하는 이익의 능력 차이와 회계방법의 차이를 통제하지 못한다. 그 결과 생략된 상관관계 변수 문제가 발생한다. 일반적으로 이 문헌은 계약 혹은 회계선택 이론과 관련된 변수를 잘 개발하지 못하고 있다.

1.2.2 계수가 낮은 이유

조사결과 이익반응계수는 1-3 정도 수준이다. 그러나 예상 값은 기간에 따라 8-20으로 나

4 이 절의 나머지 부분은 Kothari, Capital Markets Research in accounting, Journal of Accounting and Economics, 31, 2001, pp.123-143.을 주로 참고함.

5 본서 4장, 2.3 수준 혹은 차이 연구 p.140 참고.

타난다. 만일 이자율이 10%이고 이익 변화가 랜덤 워크 과정을 따른다고 가정하면 예상값은 11(=1+1/r)이다. Easton and Harris(1991)의 대차대조표 관점을 택하면 예상 계수값은 1이다. 이는 이익이 완전히 일시적임을 의미한다. 그 후의 가격-이익 배수 연구에서도 계수는 예상보다 낮게 나온다. 그 이유는 다음과 같다.

첫째, 가격의 이익 선도: Beaver et al.(1980)에 따르면 가격에 반영된 정보 집합은 동시적 회계이익에 반영된 정보 집합보다 더 풍부하다. 그 이유는 회계는 수익 실현과 비용 대응 원칙으로 산출되는데 주가는 미래 예상 현금흐름 변화를 반영하기 때문이다. 따라서 회계이익은 주가 변화에 반영된 정보를 늦게 반영한다. 즉 주가는 이익을 선도한다. 그 결과 이익 변화의 일부만이 주가에 대한 충격이 된다. 이익 변화 중 정보와 무관한 부분은 '변수 내 오차' 문제를 야기한다. 이는 이익반응계수의 크기를 작게 만든다.

둘째, 비효율적 자본시장: 미래 이익 예상을 수정하는 당기 이익 충격의 의미를 시장에서 정확하게 평가하지 못한다면, 이익 변화와 연관되는 가격 변화는 작을 것이다.

셋째, 이익의 잡음과 GAAP의 결함: Beaver et al.(1980)은 회계이익을 '진실 이익'과 가치와 관련이 없는 잡음의 합이라고 정의한다. 이 잡음 부분은 주가와 관계가 없기 때문에 가격의 이익 선도를 설명하여 준다. GAAP의 결함은 주가와 낮은 상관관계를 보이는 '낮은 품질'의 이익을 산출한다(Lev, 1989). 그러나 주가-이익 관계에서 상관관계가 낮다고 이익의 품질이 낮은 것인지 여부에 대해서는 논란이 있다(Holthausen and Watts, 2001).[6]

넷째, 일시적 이익: 일시적 이익이 산출되는 이유는 여러 가지이다. 자산 처분과 같은 특정의 기업 활동은 일시적 손익을 발생 시킨다. 경영자와 외부인 사이의 정보 비대칭과 소송 때문에 나쁜 뉴스는 신속하게 보고된다(보수주의). 대리이론에 토대를 두는 이익관리 동기는 일시적 손익을 산출한다.

일시적 이익의 이익반응계수는 1이고 랜덤 워크 이익 부분의 계수는 (1+1/r)인데 양자 사이가 독립이면 실제 주가 수익과 이익 사이의 관계에서 계수는 1과 (1+1/r) 사이에 있다. 일시적 부분이 크면 1에 가깝게 된다. 그러나 이익의 두 부분 사이에 상관관계가 있다면, 예를 들어 경영자 보상 계획이 사용되는 경우에는 이 상관관계가 존재하고, 계수값의 예상은 어렵게 된다.

일시적 이익은 극단적인 이익 변화를 가져올 수 있다. 극단적인 이익 변화에 대해 주가 반

6 회계의 목적에는 가치평가 이외에도 계약 목적이 있다. 계약 목적에 적합한 회계원칙은 주가-이익 관계를 낮출 수 있다.

응이 작다면 주가 수익-이익 관계는 비선형 관계를 나타낸다(Beaver et al., 1979; Freeman and Tse, 1992).

1.2.3 낮은 이유 검토*

이상의 네 가지 이유 가운데 가장 지배적인 설명은 가격의 이익 선도와 일시적 이익이다. Fama(1990)는 수익과 이익의 측정 기간을 확대한다. Kothari(2001)는 Fama(1990)의 연구를 확대한다. 재무 경제학에서의 연구 결과가 회계 연구에 적용된다. 즉, Ball and Brown(1968), Easton et al.(1992)과 같은 회계 연구의 목적은 자본 시장이 정보 면에서 효율적이라는 가정 하에서, 회계이익 결정 과정이 주가에 영향을 주는 요인들을 포착하는지 여부를 평가하는 것이다.

이익 성장과 주가 사이의 관계는 가격의 이익 선도 현상을 잘 보여준다.[7] t 기간의 이익 성장, $X_t = x_t + y_{t-1}$ 이라고 하자. x_t는 시장에 대한 새로운 뉴스인 이익 성장 부분이고, y_{t-1}은 기초의 시장이 예상하는 이익 성장 부분이다. 즉 전년도 말에 예상된 다음 년도의 이익 성장이다. 가격이 이익을 선도한다. 그리고 각각의 뉴스의 분산은 독립이고 또 동일한 분포를 갖는다. $\sigma^2(x)=\sigma^2(y)=\sigma^2$. 즉, 이익은 랜덤 워크를 따르고 이익 성장의 각 부분은 영구적 이익의 새로운 수준에 기여한다.

주가는 단지 이익 성장 뉴스에만 반응한다. 즉, 할인율은 기간 간 혹은 횡단면적으로 동일하다고 하자. 그러면 t 기간의 주가 수익은 $R_t = x_t + y_t$이다. 즉, 현행 주가는 현행 이익과 다음 기의 이익 뉴스를 반영한다. 모든 이익 정보는 성장률로 표현되고 모든 이익 성장은 영구적이라고 가정되기 때문에 연차 주가 수익은 이익 성장률의 합이다. 즉, 주가 수익과 이익 성장 뉴스 사이에는 1:1 관계가 성립한다. 이익 반응 계수는 1이다. 만일 이익 성장률 대신에 기초 주가로 나눈 비기대 이익을 사용하면 이익반응계수는 $(1+1/r)$이다.

이 모형은 수익과 이익의 1 기간 동시적 관계로서 통상적으로 추정되는 수익-이익 관계이다.[8] 이 관계에서 계수와 상관관계의 크기는 각각 0.5와 R^2=25%가 된다. 즉 이익반응계수는 50% 편의되고, 회귀식의 설명력은 25%가 된다. 이익 반응 계수가 절반으로 편의되는 것

7 회귀식에서 이익을 사용하든 혹은 주가로 나눈 이익 변화를 사용하든 결과는 같다.

8 $R_t = a+bX_t+e_t$. $b=cov(R_t, X_t)/var(X_t)=cov(x_t+y_t, x_t+y_{t-1})/var(x_t+y_{t-1})=cov(x_t, x_t)/[var(x_t)+var(y_{t-1})]=\sigma^2/(\sigma^2+\sigma^2)=0.5$, 결정계수 R^2을 계산하기 위해 종속변수의 분산($=2\sigma^2$)을 분해하면, $2\sigma^2=b^2[\sigma^2+\sigma^2]+var(e_t)=0.5\sigma^2+1.5\sigma^2$. $R^2=(2\sigma^2-1.5\sigma^2)/2\sigma^2$ = 25%. Kothari(2001), p.I-137 참고.

은 이익 성장률의 예상 부분, y_{t-1}이 현행 수익 설명과는 무관한 부분이기 때문이다. 기울기 계수의 편의는 모형의 설명력을 감소시킨다. 이 변수 내 오차 문제에 더하여, y_t는 수익에는 포함되는데 이익(독립변수)에는 포함되지 않는다. 이는 상관관계가 있는 변수의 생략이며, 변수 내 오차 문제와 마찬가지로 모형의 설명력을 감소시킨다. 그러나 독립 변수와는 무관하므로 이 때문에 계수값이 편의되지는 않는다.

이 기본 모형에서 독립 변수와 종속 변수를 확장시키는 여러 경우를 검토하면 종속 변수는 R_t이고 독립변수는 X_t, X_{t+1}, R_{t+1} 인 경우가 가장 완전하게 된다.[9] 이는 변수 내 오차 문제를 완화시킨다. 계수값은 1이 되고 설명력은 100%이다. Collins et al.(1994)의 증거는 가격의 이익 선도 효과를 반영하고, 이익 안의 잡음 가설은 지지하지 않는다.[10]

위의 모형에서 미래 수익 대신에 분석가의 예상을 사용하는 연구도 있다. Dechow et al.(1999)이 좋은 예이다. **주가 수준 회귀식**(이익에 관한 주가 회귀)의 한 가지 장점은 변수 내 오차 문제가 없다는 점이다. 가격이 독립 변수에 포함되면 이 문제는 소멸된다. 독립 변수와는 무관한 미래 전망 정보만이 회귀식에서 생략된다. 계수는 불편적이지만, 생략된 미래 전망 정보 때문에 설명력이 떨어진다. 수준 사용의 대가는 **생략된 상관변수**(예: 성장) 문제와 **이분산성 문제**이다(Holthausen and Watts, 2001).

1.2.4 요약

이익반응계수 연구는 많은 진보를 하였다. 그러나 계수가 통계적으로 유의한지 여부와 다른 변수(예: 이익과 영업 현금흐름)에 관한 계수가 유의하게 더 큰지 여부는 여전히 중요한 문제이다. 또한 이익반응계수에 관한 지속성, 위험, 성장이 미치는 영향을 통제하는 것은 중요하다. 추정 계수가 예측 계수와 일치하는지 여부에 관해 검토하는 연구는 드물다. 일시적 이익의 계수가 1인지에 대한 검증이 유일하다(Barth et al., 1992). 계수 검증이 적은 이유는 부분적으로는 예상값이 미래 모든 기간의 예상 이익 성장률과 예상 할인율의 관찰 불가능성 때문인 것 같다. 수준 회귀는 경제적으로 그럴듯한 값에 근접하는 계수값을 산출한다. 그러나 계량경제적 문제가 지적된다(Holthausen and Watts, 2001).[11]

9 Kothari(2001), pp.137-142.

10 이는 계약관점과 가치평가 관점의 차이이다.

11 계량경제학적 문제로는 생략된 상관관계 변수, 측정 오차, 가치평가 매개변수의 횡단면 차이로 인한 계수의 편의와 이분산성으로 인한 계수 표준오차의 부정확성 등이 지적된다.

1.3 이익의 예상

예를 들어 비정상 주가 수익과 비기대 이익의 관계를 조사하려면, 이익의 예상값을 알아야 한다. 초기에는 회계이익 숫자의 시계열을 조사하였다. 그 후에는 경영자와 분석가의 이익 예상치를 사용한다.

1.3.1 이익 예상 연구의 동기

이익 예상을 연구하는 동기에는 다섯 가지가 있다. 첫째, 거의 모든 가치평가 모형은 이익의 예상치를 직간접적으로 사용한다. 둘째, 재무정보와 주가의 관련성 연구에서는 이익 충격을 분리하기 위해 이익 예상치를 필요로 한다. 관계가 없는 예상 부분은 잡음 혹은 측정 오차이고 수익-이익 관계를 약화시킨다. 셋째, 시장 비효율성에 관한 증거를 찾는 회계 연구에서는 주가 수익의 예측 가능성을 조사하는데, 이 예측 가능성은 이익의 시계열 속성 혹은 분석가 예상의 속성과 관련성을 갖는다. 넷째, 실증적 회계이론에서는 효율적 혹은 기회주의적 이익관리를 한다고 보고 경영자의 회계절차 선택을 설명한다. 이 때 시계열에 의한 '정상'이익을 알 필요가 있다. 예를 들어 이익 유연화 가설을 테스트하려면 유연화 전후의 시계열 속성을 조사해야 한다. 다섯째, 분석가와 경영자 예상은 자본 시장에서 중요한 정보의 원천이다. 이들의 예상은 정보 환경과 주가 수준 및 변동성에 영향을 준다. 정보 환경, 예상의 수요와 공급, 정보 공시 인센티브와 효과, 주가 수익의 변동성과 자본 비용에 관한 예상의 효과 등에 대해서는 다음 절에서 검토한다.

1.3.2 이익의 시계열 속성

연차이익과 분기이익, 이익 구성 요소의 시계열 속성이 연구된다. 연차 이익의 속성으로는 랜덤워크와 평균회귀 과정이 많이 사용된다. 랜덤워크 혹은 추세를 지닌 랜덤워크가 연차이익의 시계열 속성을 잘 표현한다. 그러나 가격과는 달리 이익의 랜덤워크는 경제적 이유가 없다. 연차이익에 대한 평균회귀 과정에 대한 연구도 많다. 경제적 이유는 첫째, 제품 시장의 경쟁이 비정상 이익을 소멸시킨다. 둘째, 보수주의와 소송 위험 때문에 손실을 빨리 인식하고 그 결과 음의 자동회귀가 발생한다. 셋째, 포기 옵션과 생존 편의 때문에 시계열은 역전한다.

넷째, 특정 자산, 부채에 대해 시장 참조 회계 도입으로 일시적 특별 항목과 손실이 급증한다. 시계열 속성 연구에는 횡단면 추정 혹은 조건부 횡단면 추정 방법이 개발되어 사용된다.

분기이익의 시계열 속성에 대해 관심을 갖는 이유는 네 가지이다. 첫째, 많은 산업에서 분기 변동을 보인다. 둘째, 분기 이익은 연차 이익에 비해 적시성이 높다. 셋째, 분기 보고는 연간 보고의 요소로 본다. 따라서 앞의 3분기의 결과가 4분기에서 조정된다. 이 조정은 실증적 회계이론의 테스트에 유용하다. 넷째, 연차 이익보다 관찰치가 네 배나 되어 예측력이 높아진다. 그러나 분기 이익 충격과 단기간 주가 반응의 연관성은 장기 반응(예: 1년 혹은 그 이상)에 비해 높지 않다. 분기 이익 시계열 모형은 시장 효율성을 검증하는 이익발표 후 추세 연구에 사용되고, 다른 연구 목적에는 시계열 속성보다는 분석가나 경영자의 이익 예상이 많이 사용된다. 그 이유는 자료 입수가 쉬울 뿐 아니라 더 정확하기 때문이다.

이익 구성 요소의 시계열 속성에 관심을 갖는 이유는 주로 세 가지이다. 첫째, 이익의 구성 요소가 주가와의 관련성 측면에서 이익에 비해 증분 정보를 갖는지 여부를 조사하는데 시계열 속성이 필요하다.[12] 이 연구는 이익 구성 요소의 공시를 요구하는 회계 기준의 평가와 기본적 분석을 목적으로 한다. 이익 구성 요소의 증분 관련성 혹은 정보내용은 이익 구성 요소의 비기대 부분의 정확성에 의해 결정된다.

둘째, 발생과 현금흐름은 가장 많이 검토되는 이익의 구성 요소이다. 영업 발생은 영업 현금흐름을 이익으로 전환시키는 회계인의 의도를 나타낸다. 이는 기업 성과에 관해 정보를 더 잘 전달하고 따라서 이익은 계약 그리고/혹은 기본적 분석 혹은 가치평가를 위해 더 유용한 측정치가 된다. 그러나 개인 이익을 추구하는 경영자는 회계 재량을 기회주의적으로 사용하고 발생을 조작할 수 있다. 이 때문에 기업성과 측정치로서의 이익은 왜곡될 수 있다. 실증적 회계이론에 토대를 두는 이익관리 가설에 대한 테스트는 회계이익 발생의 속성을 조사한다. 이 때문에 발생과 현금흐름 그리고 기타의 이익 구성 요소(예: 유동 및 비유동 발생, 영업 및 투자 현금흐름 등)의 시계열 속성 연구가 필요하다.

셋째, 구성 요소 예상의 합계가 더 정확한 이익 예상을 산출할 수 있기 때문에 구성 요소의 시계열 속성이 필요하다. 이는 분기 이익의 합계 논리와 비슷하다. 양자 모두 합계에는 정보 손실이 존재한다고 가정한다. 단순한 적합도 모형보다는 경제적 본질과 그 거래의 회계 기록의 성질을 이용하는 모형이 더 효과적이다. Dechow et al.(1998)은 발생, 영업 현금흐름, 이

12 예를 들어, Lipe(1986), Rayburn(1986), Wilson(1986, 1987), Ohlson and Penman(1992), Dechow(1994), Basu(1997) 참고.

익의 시계열 속성을 매출을 기준으로 조사한다.

1.3.3 경영자 예상

이익 경고와 사전 발표는 이익발표에 선행하며 전형적으로 악재를 전달한다. 경영자 이익 예상은 이익발표 직후에 이루어지고 반드시 악재는 아니다. 경영자 예상은 자발적이므로 소송 위협, 재산적 비용, 예상 시기와 내부거래 시기 같은 경제적 동기를 갖는다(Healy and Palepu, 2001; Verrecchia, 2001). 결론적으로, 경영자 예상은 정보내용을 가지며 정보내용은 경영자 예상의 품질에 대한 결정 요소와 양의 상관관계를 보인다.

1.3.4 분석가 예상

분석가 연구는 합의된 분석가 예상의 속성 연구와 개인 분석가 예상의 속성에 대한 연구로 분류된다. 합의된 분석가 예상이란 분석가 예상의 평균 혹은 중위수를 말한다. 이 연구의 질문 예로는 "분석가 예상은 낙관적인가?" 등이 있다. 개인 분석가의 속성에 관한 연구의 질문은 "개인 분석가 예상의 정확성을 결정하는 요소는 무엇인가?", "기술은 분석가 예상의 정확성에 영향을 주는가?" 등이다. 그러나 양자는 중복되기도 한다.

분석가 예상은 시계열 예상에 비해 더 나은 시장 예상의 대용치라고 간주된다. 이슈는 예상의 편의 여부, 그리고 편의의 결정 요인, 편의에 대한 시장의 인식 여부 등이다. 분석가의 예상은 낙관적인 경향을 갖는다. 즉, 예상과 실제 주당 이익은 체계적인 양(+)의 차이를 보인다. 편의의 크기는 기업의 규모에 따라 차이가 난다. 편의는 보편적으로 관찰된다. 낙관적 편의에 대해서는 다양한 연구 결과가 제시된다. 분기 이익 예상 이외에 장기적인 예측(2년에서 5년 사이의 성장률 예측)도 이루어진다. 장기 예상에도 낙관 편의는 존재한다. 장기 예상은 시장 효율성 테스트에도 이용된다.

예상 편의는 경제적 인센티브와 행동적인 인식 편의로 설명된다. 먼저 인센티브 설명을 검토한다. 매도측 분석가는 투자 은행으로부터 받는 보상 때문에 낙관적 예상을 한다. 투자 은행과 연계된 분석가의 낙관이 크다. 또는 경영자의 정보 우위가 클 때 지속적으로 경영자로부터 정보를 얻기 위해 낙관적 예상을 한다. 이 정보는 예상의 정확성을 향상시킨다. 결국 분석가는 낙관적 편의와 정보를 절충하고 그 결과 예상오차의 분산이 감소한다. 또는 이익이 낮게 편중되면 평균 예상오차의 절대값을 극소화하려는 분석가는 결과적으로 낙관적으로 예상하게 된다. 또는 경영자의 이익관리에 대한 관찰 때문에 낙관적일 수도 있다.

인식 편의는 주로 시장 비효율성을 의미하는 이상한 주가 수익 증거를 설명하는데 사용된다. 과거 가격 성과에 대한 시장의 과잉 반응은 분석가 예상의 인식 편의 때문이라고 설명된다. Tversky and Kahneman(1984)의 행동 이론에 토대를 둔다. 양떼 행동; 낮은 이익 예측성; 불리한 예상 보류 취향 등의 설명도 가능하다.

개인 분석가 예상의 속성에 대한 연구는 기술적 분석을 하거나 혹은 예상의 편익-비용 분석을 사용한다. 분석가들마다 정확성 측면에서 차이가 존재한다. 경험, 중개 회사의 규모, 업무의 복잡성이 정확성에 영향을 준다. 분석가들은 과거 정보를 완전하게 결합하지 않는다는 의미에서 비효율적이다. 이는 이익발표 후 추세에 대한 하나의 설명이 된다. 아마도 비용 때문에 그럴 수 있을 것이다. 분석가 집단에 따라 인센티브 차이가 존재할 수도 있다.

1.4 이익의 품질

Ball and Brown(1968)을 시작으로 많은 연구들이 역사적 원가 이익, 현행 원가 이익, 잔여이익, 영업 현금흐름 등의 회계 성과 측정치를 비교하기 위해 주가 관련성을 조사하였다. 연구 동기는 성과 측정치의 결함 때문이다. Lev(1989) 등은 역사적 원가 재무보고 모형이 기업성과에 비해 '낮은 품질'의 이익을 산출한다고 주장한다.

'이익 품질(earning's quality)'이라는 용어는 이익 정보가 가치평가 측면에서 투자자에게 유용한지 여부 혹은 경영자 성과 측정에 유용한지 여부를 조사하는 맥락에서 사용된다. 자본 시장 연구는 회계성과 측정치가 경영성과 측정 역할 혹은 가치평가 정보 역할에 공헌한다고 가정한다. 경영성과 측정치는 경영자 노력 혹은 행동의 부가가치를 나타내고, 가치평가 목적에 유용한 정보를 제공하도록 설계된 측정치는 기업의 경제적 가치 혹은 주주 부의 변동 지표를 제시한다. 전자는 계약 목적이고 후자는 정보 혹은 가치평가 동기이다. 양자는 상관관계를 갖지만, 동일한 것은 아니다. 따라서 성과 측정치를 비교하는 연구 설계는 회계 목적의 영향을 받는다.

Dechow et al.(2010)은 SFAC No. 1의 "재무제표는 미래 기간의 기업의 재무성과에 관한 정보를 제공하여야 한다"라는 규정에 따라 이익의 품질을 다음과 같이 정의한다: 높은 품질의 이익은 특정 의사결정자의 특정 의사결정에 관련된 기업의 재무성과의 특징에 관한 정보를 더 많이 제공한다.

이 정의는 세 가지 의미를 갖는다. 첫째, 이익 품질은 정보의 의사결정-목적적합성을 조건으로 한다. 둘째, 보고이익 수치의 품질은 기업의 재무성과를 전달해야 한다. 대부분 이 성과는 관찰 불가능하다. 셋째, 이익 품질은 의사결정에 관한 기저의 재무성과의 목적적합성과 성과를 측정하는 회계 시스템의 능력 두 가지에 의해 결정된다. 이 정의는 어떤 의사결정에도 해당된다. 즉, 지분 가치평가 맥락의 의사결정 유용성에 한정되지 않는다. 다른 정의는 가치평가에 한정되는 경우가 많다.

1980년대에 여러 연구들이 이익, 발생, 그리고 현금흐름과 주가 수익의 관련성을 통계적으로 비교하였다. 대부분은 장기간 관련성을 연구하고 Wilson(1986, 1987)은 단기간 관련성을 조사하였다. 대부분 발생 안에는 현금흐름보다 더 많은 증분 정보가 존재한다는 결론을 보여준다.

Dechow(1994)는 현금흐름에 비해 상대적으로 이익이 더 많은 정보를 전달하기 위한 조건을 조사하였다. 그녀는 이전의 비기대 성과 측정치 연구와는 달리 계약 목적을 강조한다. 따라서 그녀는 성과 측정치의 예상 부분에 대한 가장 정확한 대용치를 찾거나 혹은 주가 수익의 비예상 부분과의 상관 분석에는 관심을 갖지 않았다. 그녀는 경영자 보상 계약은 하나의 요약 성과 측정치(예: 이익)를 사용하고, 비기대 이익을 통해 규정하지 않는다고 주장한다. 따라서 각 측정치의 증분 관련성 제공 여부와는 무관하게, 대체적 성과 측정치를 평가해야 한다고 본다.

그후의 연구들은 FASB가 공시 요구하는 새로운 성과 측정치(예: 포괄 이익과 기본 주당 이익의 비교; Dhaliwal et al., 1999)를 조사한다. 혹은 보상 자문 기관이 주장하는 상이한 측정치(EVA와 이익 비교)를 비교한다. 이들 연구 결과에서는 비규제 환경에서 자발적으로 개발된 성과 측정치가 규제에 의해 강제된 측정치(예: 포괄 이익)에 비해 정보 증분이 더 큰것으로 나타났다.

Dechow et al.(2010)은 이익 품질의 측정 변수를 넓게 이익의 속성, 투자자의 이익반응, 이익 과오표시에 대한 외부 지표의 세 범주로 분류한다. 이익의 속성에는 이익의 지속성과 발생, 이익 유연화, 비대칭 시기성과 적시 손실 인식, 그리고 목표 일치가 포함된다. 목표 일치란 특정 목표(예: 작은 이익)에서의 이탈을 해로운 이익관리로 간주하고, 목표(target)와 일치할수록 이익의 품질이 높다고 본다. 투자자의 이익반응에는 이익-수익 모형에서의 ERC와 R^2,

감사 품질과 결부된 ERC가 포함된다. 이익 과오표시 지표에는 AAER, 재표시, 내부통제 절차의 결함이 포함된다. 이는 모두 이익관리로 해석된다. 이들은 각각 고유한 맥락에서 이익의 품질을 표현하지만, Dechow et al.(2010)은 이들 사이에 상관관계가 아주 높다고 본다. 이는 회계방법보다는 기업의 기본적 가치가 더 중요함을 의미한다.

이익의 품질을 결정하는 요인에는 (1) 기업의 특성, (2) 재무보고 실무, (3) 지배구조와 통제, (4) 감사인, (5) 지분시장 동기, (6) 외부 요인 등이 고려된다.

첫째, 기업의 특성으로는 기업성과, 부채, 성장과 투자, 규모가 많이 연구된다. 주로 기업의 회계원칙 선택, 지속성과 변동성 같은 이익의 속성, 그리고 발생을 연구하는데 사용된다.

둘째, 재무보고 실무로는 (ⅰ) 넓은 의미의 회계원칙(예: 전체원가 대 성공노력), 회계원칙에 의한 추정치(직선법 대 가속상각법), 혹은 추정치(연금회계 가정)를 포함하는 회계방법, (ⅱ) 재무제표 분류와 기중 보고를 포함하는 기타의 재무보고 실무, (iii) 원칙중심 대 규칙중심이 검토된다.

셋째, 지배구조와 통제는 Jensen and Meckling(1976)이 말하는 감시 및 보증기구이다. 이사회와 내부통제 절차, 경영 참여 소유권, 경영자 보상, 경영자 교체가 이에 해당한다. 이사회와 내부통제 절차는 경영자의 이익관리 기회나 능력을 제한하는 재무보고 시스템의 감시자이다. 경영 참여 소유권이나 경영자 보상은 이익관리의 동기가 되므로, 이익관리에 영향을 미친다. 두 경우 모두에서, 내부통제는 이익관리(재량적 발생과 회계 재표시가 흔히 대용변수로 사용된다.)에 영향을 주는 것으로 예측된다.

넷째, 감사인은 의도적 혹은 비의도적인 과오 표시를 완화하는 역할을 하므로, 이익 품질의 결정 요인이 된다. 과오 표시를 완화하는 감사인의 능력은 중요한 과오 표시의 탐색능력과 조정 및 보고능력의 함수이다. 소송 위험, 명성 비용, 감사인 독립성은 감사인의 노력과 효과성 그리고 동기에 영향을 준다.

다섯째, 회계 품질에 영향을 주는 회계선택에 관한 자본시장 동기에는 자본 증가, 이익-기준 목표가 연구된다.

여섯째, 자본 적합도, 정치과정, 과세 혹은 일반 규제(SOX)와 같은 외부요인은 회계선택과 관련을 갖는다.

이익 품질은 소송 성향, 감사 의견, 시장 가치평가, 공시를 포함하는 실제 활동, 경영자 보상, 경영자 시장 효과, 기업의 지분 자본비용, 부채 조달비용, 분석가 예상의 정확성과 같은 효과를 갖는다.

Zimmerman(2014)도 Dechow et al.(2010)과 비슷한 내용을 주장한다. 외부 재무보고 수준 혹은 수준 향상이 기업가치의 크기에 미치는 영향은 생산성과 같은 본질적 요인에 비해 그렇게 크지 않다. 그리고 외부 재무보고 품질이 기업가치에 미치는 영향은 비대칭적이다. 회계부정이나 허위 표시는 기업가치 하락에 큰 영향을 준다. 그러나 이익의 품질이 향상된다고 해서 기업가치가 올라가지는 않는다. 그렇다고 회계이익이 기업가치 평가에 중요하지 않다는 뜻은 아니다. 이익 충격은 주가 반응을 갖는다. 재량적 이익품질 향상이 기업의 자본 비용 감소와 같은 한계 효익의 크기가 작다는 뜻이다.

1.5 미해결과제

성과 측정치와 주가 사이의 관계에 관한 연구는 다음과 같은 점에서 가치평가 관점과 차이를 갖고, 이는 회계이론 분야에서 미해결 문제로 볼 수 있다.

1.5.1 수익과의 상관관계 기준

주가 수익과의 관련성을 최선의 측정치를 결정하는 기준으로 사용하는 연구가 많다. 이에 대해서는 Gonedes and Dopuch(1974)로 거슬러 올라간다. Holthausen and Watts(2001)도 이 문제를 깊게 검토한다. 특정 성과 측정치의 목적이 성과 측정치 선택을 결정한다. 성과 측정치와 재무제표가 부채 계약을 돕는 목적을 갖고 있다고 하자. 기업의 성장 대안의 가치 변화를 측정하는 성과 측정치(이는 기업의 시장 가치 변화에 반영됨)에 대해 채권자는 관심이 없을 것이다.

또 다른 예로서 성과 측정치의 목적이 과거 기간의 인도된 산출의 순가치를 보고하는 것이라면, 그 측정치는 주가 수익과 높은 상관관계를 가질 필요가 없다. 왜냐하면 주가 수익은 인도된 산출의 미예상 부분과 미래 산출에 관한 기대 변화만을 반영하기 때문이다. 일단 성과 측정치 대안을 비교하는데 주가 수익과의 높은 상관관계가 필요조건도 충분조건도 아니라고 인정하면, 측정치의 증분 정보내용은 성과 측정치를 평가하는 기준으로서 의문스럽게 될 것이다.

1.5.2 수준 혹은 미예상 부분

앞에서 본 Dechow(1994)의 주장처럼 미예상 부분이 계약 목적에 사용되지 않는다면, 이는 성과 측정치의 수준과 주가 수준의 상관분석이 중요함을 의미하게 된다. 종속변수와 독립변수를 모두 기초 주가로 나누는 것은 계량 경제적 효과를 갖는다(상관관계 생략 변수 감소, 이분산성 감소, 시계열 상관 감소). 가격은 미래 성과에 관한 기대를 구현하므로, 이를 디플레이터로 사용하는 것은 계량 경제적 효과 뿐 아니라, 성과 측정치의 미예상 부분과 수익을 상관시킨다. 따라서 회계 목적이 미예상 부분이 아닌 총성과 측정치에 초점을 맞춘다면, 수익 혹은 가격 가운데 무엇을 관련시켜야 할 것인가? 현행 가격은 성과 측정치의 충격 안의 정보 뿐 아니라 성과 측정치의 예상 부분도 포함하고 있으므로 전체성과 측정치를 가격에 관련시켜야 한다(Kothari and Zimmerman, 1995). 주가와 성과 측정치의 상관분석은 이분산성과 생략 변수 문제를 갖는다.

1.5.3 미래 현금흐름과의 관계

FASB 1호의 재무제표 목적에 의하면, 성과 측정치 비교의 기준은 미래 현금흐름과의 상관관계를 기준으로 해야 한다(Dechow et al., 1998; Barth et al., 1999). 만일 성과 측정치 대안을 평가하는 기준을 미래 현금흐름으로 보고 상관관계를 구하면, 주가와 성과 측정치 사이의 분석은 보완적인 테스트에 불과하게 된다. 가격을 사용하는 장점은 효율적 시장에서 미래 기대 현금흐름에 관한 정보를 가격이 포함하기 때문인데, 이는 미래 기대 현금흐름 벡터가 하나의 숫자 즉, 주가로 바뀜을 의미한다. 물론 현금흐름은 그대로이지만, 가격-수준 회귀식의 계량 경제적 문제(Holthausen and Watts, 2001)와 할인율 문제가 절충된다.

제2절 공시 이론

2.1 개요

정보는 시장경제에서 두 가지 핵심 역할을 한다. 첫째, 정보는 투자자나 채권자 등 자본 공급자들이 투자 기회의 수익 잠재력을 평가하는 데 도움을 주므로, 그들의 의사결정에 유용하다.[13] 둘째, 정보는 자본 공급자가 이미 투자된 자본의 사용을 감시하는 회사 지배구조의 설계에 영향을 준다.[14 15]

사전적으로, 기업 경영자는 투자 기회의 수익 잠재력 혹은 기대 수익성에 관한 정보를 외부인보다 더 많이 갖는다. 이 정보 비대칭 때문에 투자자와 자본 공급자는 수익성 높은 투자 기회와 낮은 기회를 구분하는 데 곤란을 겪는다. 기업 경영자(내부인)는 한정된 이용 가능한 자본을 유치하려고 투자 기회의 수익성을 과장할 유인을 갖는다. 투자자 등 자본 공급자는 높은 수익성을 저평가하고, 낮은 수익성을 고평가하여 결과적으로 시장실패(market failure)가 나타난다.[16]

현대의 발달된 경제는 소유와 경영이 분리되는 특성을 갖는다. 이는 의사결정 권한과 위험을 갖는 자본의 분리를 의미한다. 자본 공급자(주주와 채권자)는 재무자본을 공급하지만 투자 수익률에 영향을 주는 결정은 하지 않는다. 회계정보를 포함하는 구체적 계약은 투자자가 특정 권한을 갖고 또 투자자와 경영자의 인센티브를 일치시키도록 하여 경영자의 의사결정 범위를 제약함으로써, 사후적으로 경영자 착취로부터 투자자를 보호한다. 이러한 계약은 자원의 사용(오용), 선택된 의사결정, 그리고 투자수익률에 관한 정보를 필요로 한다. 따라서 투자자는 이러한 정보를 사후적으로 가치 있게 평가하며, 이런 정보가 이용 가능하면 사전적으로

13 이는 정보의 사전적 역할로서, 회계정보의 가치평가 역할(valuation role) 또는 의사결정 보조 역할(decision facilitating role)이라 한다.

14 이는 정보의 사후적 역할로서, 회계정보의 수탁책임 역할(stewardship role) 또는 의사결정 영향 역할(decision influencing role)이라 한다.

15 이 절은 Beyer, et al., The Financial Reporting Environment: Review of the Recent Literature, JAE(2010)를 참고함.

16 이는 '레몬(lemon) 문제'라고도 부르는데, 일반적인 해결책으로서 정보의 공시가 제시되며, 회계정보 공시도 이에 속한다.

필수 수익률이 낮아진다.

정보 환경을 내생적으로 개발하는 이유는 두 가지, 즉 투자기회에 관한 투자자와 기업가 사이의 정보 비대칭성(가치평가)과 소유와 통제의 분리로 인한 대리 문제(수탁 책임) 때문이다. 사실 Grossman and Hart(1980) 등의 해명결과(unraveling result)는 다음 조건이 성립하는 한, 주가를 극대화하고자 하는 기업은 모든 개인적 정보를 공시한다고 예측한다. (1) 기업에게 공시비용이 없다. (2) 투자자는 기업의 개인 정보 보유를 안다. (3) 모든 투자자는 기업 공시를 동일한 방식으로 해석하고 기업은 투자자가 기업 공시를 해석하는 방법을 안다. (4) 경영자는 주가를 극대화하려 하고 투자자는 이 경영자 목적을 알고 있다. (5) 기업은 개인 정보를 신용할 수 있는 형태로 공시한다. (6) 기업은 특정 공시정책을 사전적으로 약속할 수 없다.[17] 경영자가 아무 정보도 공시하지 않는다면, 그가 갖고 있는 정보는 기업 가치를 낮추는 내용이라고 투자자가 합리적으로 추측하기 때문에 이 결과가 나타난다. 그 결과 경영자는 더 나쁜 정보를 가진 경영자와 자신을 구분하기 위해 그의 정보를 공시한다. 이는 최악의 결과를 제외하고는 모든 정보에 대해 성립한다.

여기에서 해명결과는 기업이 항상 개인적 정보를 완전하게 공시한다고 주장하는 것이 아니다. 오히려 언제 그리고 왜 완전하게 공시되지 않는가를 설명한다. 하나 혹은 둘 이상의 해명 조건이 성립하지 않을 때 공시는 낮아진다.

따라서 기업의 정보환경의 특성은 ⅰ) 해명결과의 각 조건이 성립하지 않는 정도, ⅱ) 가치평가와 수탁책임 문제를 해결하는, 기업 이외의 원천에서 나오는, 정보 혹은 다른 메커니즘의 이용 가능성과 비용 대비 효과 정도, ⅲ) 수탁책임 문제와 가치평가 문제의 상대적 중요성 정도에 의해 결정된다. 이를 각각 좀 더 상세하게 살펴보자.

ⅰ) 정보 비대칭성을 해결하려는 기업의 의지와 능력의 범위는 기업의 공시결정의 맥락에 의존한다. 기업은 개인 정보를 완전하게 공시하지 않고, 일부 정보 비대칭성을 남겨둔다. 예를 들어, 기업은 개별 거래에 관한 모든 정보를 공시하지 않고, 재무제표 내에 합계 정보의 형식으로 공시함으로써, 자세한 내역이 나타나지 않도록 한다. 또 기업은 항상 많은 공시를 하기 보다는 그렇게 할 유인이 있을 때에만 그렇게 한다는 경험적 증거가 있다(Sletten, 2009).

현실적으로 기업의 완전공시는 일반적이지 못한데, 기업의 완전공시가 제약을 받는 경우로서 기존 연구들이 제시한 대표적 상황들을 보면, ① 투자자들이 기업 정보 소유에 관해

17 Dye(2001), An Evaluation of “essays on disclosure” and the disclosure literature in accounting, Journal of Accounting and Economics, 32, 2001, p.217.

불확실할 때 투자자는 불리한 정보를 가진 기업과 정보가 없는 기업을 구분하지 못하므로(Dye, 1985; Jung and Kwon, 1988), 투자자 마다 기업 공시를 다르게 해석하므로(Fishman and Hagerty, 2003; Suijs, 2007), ② 진실 공시가 사후적으로 검증될 수 없고 기업과 투자자의 유인이 부분적으로 일치하지 않아서 기업이 모든 정보를 믿을 수 있게 전달하지 못할 때(Crawford and Sobel, 1982; Stocken, 2000), ③ 정보공시에 비용이 들고 정보발표, 공시되는 정보의 재산적 성격, 혹은 소송과 관련되는 비용 때문에 기업가치가 감소할 때(Javanociv, 1982; Verrecchia, 1983; Skinner, 1994), ④ 비공개 전략이 공시관련 비용을 소멸하여 기업이 사전에 비공시 정책을 약속하고 실행할 때이다.

ii) 가치평가와 수탁책임 문제는 기업이 제공하는 정보만으로 완화되는 것이 아니고, 투자자 혹은 **정보 중개인**(재무연구 분석가와 평가 기관)과 같은 기업 이외의 참여자로 부터의 정보를 통해서도 완화된다. 물론 기업 이외의 시장 참여자가 제공하는 정보의 유용성은 부분적으로는 기업 자체가 공시하는 정보의 영향을 받는다. 그 결과 기업 이외의 참여자에 의한 정보의 생산과 발표는 기업 공시에 달려 있다. 또 회사 공시의 수요는 기업 이외의 정보 원천의 가능성과 원가-효과성에 의존한다. 더욱이 정보는 수탁책임 문제를 완화하고 해결하는 하나의 방법일 뿐이다. 예를 들어, 외부 투자자가 주식이 아닌 부채를 공급하면 가치평가 문제는 덜 중요하게 되므로, 가치평가 문제는 적정 재무구조 선택으로 해결될 수 있다. 경영자와 주주 사이의 대리문제는 인센티브를 제공하거나(특정 보상 패키지를 통해 경영자에게 주식 인센티브 제공) 혹은 경영자 의사결정을 감시하는 이사회와 같은 회사 지배구조 설정으로 해결될 수 있다. 마찬가지로 주주와 채권자 사이의 대리문제는 예를 들어 부채조항 형태, 부채계약의 이행가격 결정, 혹은 전환사채와 같은 의사결정 권한을 채권자에게 허용함으로써 해결될 수 있다.

iii) 회사 정보환경은 가치평가 문제에 비교하여 수탁책임 문제가 얼마나 중요한가를 반영한다. **수탁책임과 가치평가 문제의 긴장**은 오랫동안 인식되어 왔다(Gjesdal, 1981). 이 긴장은 도덕적 해이의 간단한 사례로 잘 설명된다. (경영자 보상을 지급한 후의) 기업가치가 두 요소, 즉 경영자의 노력과 운(기업가치에 영향을 주지만 경영자 통제를 벗어난 일)에 의존한다고 하자. 이 상황에서는 수탁책임 문제와 기업가치 평가에 필요한 정보가 다르다. 후자에는 기업가치(즉 경영자 노력과 운의 결합 효과)를 측정하는 회계 시스템이 필요하지만, 전자에는 경영자 행동을 직접 관찰하거나(이는 비현실적임) 혹은 경영자 행동을 추정할 수 있게 해주는 정보가 필요하다.

기업의 회계정보 시스템이 기업가치에 공헌하는 경영자 노력과 운의 영향을 분리해서 오차 없이 측정할 수 있다고 하자. 이때에는 가치평가와 수탁책임 사이의 긴장은 없을 것이다. 투자자/소유자는 기업가치로부터 경영자 노력을 추정할 수 있고(노력과 기업가치는 1:1 대응), 도덕적 해이 문제는 해결된다. 그리고 이들은 총기업가치를 계산하기 위해, 노력으로 인한 가치와 운에 의한 가치를 합계할 수 있다. 이렇게 정보 시스템은 가치평가와 수탁책임 문제를 동시에 해결한다. 그러나 공시가 하나의 신호에만 국한된다면, 가치평가와 수탁책임 관점에는 갈등이 존재한다. 그 결과로 어느 한 측면, 즉 경영자 노력 부분만 공시(수탁책임 문제는 해결하지만 부정확한 가치평가 정보)하거나, 운에 의한 부문만 공시(수탁 책임 문제 해결에 유용한 정보를 제공하지 않고, 또 기업 가치를 완전히 현시하지 않는다.)하거나, 혹은 양자의 결합(양자의 합계는 기업가치평가에 이용 가능한 가장 유용한 정보를 제공하지만 잡음이 있는 덜 유용한 경영자 노력 측정치를 제공)을 공시할 수 있다. 단 하나의 정보만 공시하도록 제한될 때, 기업이 어떤 측정치를 최적으로 공시하는지는 두 문제 가운데 어느 편이 더 중요한가에 의해 결정된다.

이 예는 두 가지 측면, 즉 ① 최적 정보 시스템은 수탁책임 문제와 가치평가 혹은 역선택 문제의 상대적 중요성에 따라 결정된다는 점, ② 양자 사이의 긴장은 전달되는 정보에 회계정보의 합계와 같은 제한이 이루어지는 점과 긴밀히 연결된다는 점을 보여 준다. 기업이 무한한 정보량을 (비용–효율적으로) 공시할 수 있다면 두 목적 사이의 갈등은 없을 것이다. 현실에서는 비용과 다른 요인들이 기업이 공시하는 정보량을 제약할 것이다. 예를 들어, 기업은 두 가지 재무제표, 즉 공정가치와 역사적 원가에 의한 재무제표 혹은 보수주의 회계와 공격적 회계를 사용한 재무제표를 공시하지 않을 것이다.

이상의 검토 결과, 회사의 정보환경의 모습을 결정하는 요인은 다음과 같다. 기업이 갖는 수탁책임과 가치평가 문제의 특성 및 상대적 중요성, 기업 자신과 다른 시장 참여자가 제공하는 정보에 의한 문제의 해결 가능성과 비용–효율성, 회사 지배구조 그리고/혹은 계약과 같은 다른 메커니즘에 의한 문제 해결 가능성과 비용–효율성. 이 요인들은 수탁책임 목적과 가치평가 문제에 반응하여 내생적으로 개발되는 회사 정보환경의 특성, 그리고 다른 정보원천이 회사 정보환경에서 갖는 역할의 범위에 영향을 미친다.

2.2 자발적 공시

완전 공시가 이루어지지 않는 요인들을 좀 더 상세히 검토하자. 앞에서 언급한 해명 결과의 조건이 충족되지 않는 이유를 각 조건 별로 간단히 살펴본다.

(1) 해명 결과의 첫 조건은 공시에 비용이 들지 않는다는 것이다. 그러나 재산적 정보의 공시 비용은 크다.

(2) 두 번째 조건은 경영자의 개인 정보 소유를 투자자가 안다는 것이다. 투자자가 기업의 정보 소유를 확실하게 알지 못하는 경우, 기업은 불리한 정보를 공시하려 하지 않을 것이다. 아울러 경영자는 전략적으로 공시 정책을 선택한다. 즉, 자산 수익률 사이에 상관관계를 갖도록 하거나 혹은 공시 시간을 조정한다.

(3) 세 번째 조건은 투자자의 공시 해석은 동일하고 경영자는 투자자의 반응을 안다는 것이다. 투자자가 개인 정보를 갖거나 정보를 처리하는 수준이 낮은 경우 경영자는 그에 맞추어 정보를 공시한다.

(4) 넷째, 경영자는 주가를 극대화하려 하고 투자자도 그렇게 안다는 것이다. 경영자가 경우에 따라 (주식을 팔 때) 주가를 올리거나 혹은 (옵션을 받을 때) 낮추는 정책을 섞어서 사용하면 투자자는 제대로 반응하지 않게 되고 경영자는 완전 공시를 할 수 없게 된다.

(5) 다섯째 조건은 진실 공시만을 한다는 것이다. 그러나 다음과 같은 두 가지 경우에는 그렇지 않다. ⅰ) 잘못된 보고의 (직접) 비용이 없다면, 경영자는 어떤 공시를 통해서든 투자자가 주가를 경영자가 원하는 수준으로 결정하도록 유도할 수 있다. 그 결과 균형 상태에서는 경영자의 공시 여부 혹은 그 내용은 중요하지 않게 된다. 이 경우를 **값싼 이야기 모형**(cheap-talk models)이라고 부른다. 그러나 이렇게 비용이 없더라도, 경영자의 동기가 부분적으로 투자자 혹은 다른 정보 이용자와 다르다면, 경영자는 너무 낙관적이거나 비관적으로 정보를 공개하려 하지 않을 것이다.[18] 그 결과, 공시는 정보를 전달한다. 반복 게임(repeated game)에서는 진실 공시로 경영자가 이익을 얻으므로 공시는 향상될 것이다.

이 값싼 이야기 모형들은 회사 정보환경의 서로 다른 여러 요소들 사이에 상호의존 관계가 있음을 보인다. 즉, 투자자에게 어느 정도의 정보가 전달되는가는 경쟁자도 마찬가지로 그 정보를 수신하는지 여부에 따라 달라지고, 또 미래 기간에 전달되는지 여부에 따라서도 달라진다. 또한 경영자의 개인 정보가 재산적 정보라는 사실은 자발적 공시를 저해하기 보다는 장려할 것이라는 점을 이 모형들은 보여준다(Gigler, 1994). 여러 요소들의 상호작용은 질적으로

---

18 예를 들어 투자자에게는 기업 가치가 높은 것을 알리고 싶은데, 경쟁자에게는 그렇지 않다고 알려 진입 혹은 생산을 억제하고자 하는 상황을 생각할 수 있다.

상이한 공시행동을 유발하기 때문에, 여러 요인들을 함께 고려해야 함을 알 수 있다.

ii) 비용이 드는 상태 반증 모형(costly state falsification models)은 공시가 진실일 필요는 없지만, 보고 왜곡은 경영자에게 비용이 든다고 가정한다. 이 비용은 경영자의 개인 정보가 갖는 진실 가치와 보고 사이의 차이가 클수록 커진다. 이 모형은 값싼 이야기 모형(왜곡표시에 직접 비용이 없다)과 해명결과의 전제 조건(공시는 진실해야 한다)에 비해 '중도'에 위치한다. 이 모형에서 경영자는 때로 개인 정보를 공시하지 않는다. 왜냐하면, 비용이 들지 않는 (진실한) 공시가 가능하다고 하여도 균형 상태에서 경영자는 정보의 실제 가치를 공시하는데 비용이 들기 때문이다. 즉, 경영자가 비용이 들지 않는 공시만 한다면, 투자자는 공시를 과소평가하고 경영자는 상향 공시하게 된다. 그러면 공시 비용이 들게 되어 경영자는 결국 공시하지 않게 된다.

(6) 여섯 번째 조건은 기업이 개인 정보를 얻기 이전에 특정의 공시 정책을 신뢰성 있게 약속하지 못한다는 것이다. 공시를 사전에 약속할 수 없는 경우에는, 예를 들면 상해보험의 경우 사전에 사고 확률을 안다면 위험공유 기회를 줄이기 때문에 사회적 후생이 낮아진다. 그러나 사전에 사고 확률을 공시하지 못하게 약속(구속)할 수 있다면(예: 사고 확률이 낮아도 위험공유 효과가 아주 큰 경우) 보험 효과가 발생할 것이다. 공시가 후생을 향상시키려면, 공시는 비용을 초과하는 실제 효과(위험공유 포함)를 가져야 한다. 예를 들면, 공시가 전략적 보완효과를 산출하든가 혹은 자본시장에서 역선택 문제를 감소시킬 때, 공시는 기업의 현금흐름 창출능력을 높일 것이다(Göx and Wagenhofer, 2009).

자발적 공시에 관한 이론을 요약한다. 자발적 공시 모형은 경영자가 회사의 수익성 혹은 성과에 관해 개인 정보를 소유할 때의 최적공시 결정을 보여 준다.

첫째, 공시 및 비공시에 대한 투자자의 해석이 자발적으로 정보를 공시하는 경영자의 결정에서 핵심 역할을 한다. 투자자는 경영자가 개인 정보가 유리할 때에만 공시할 것이라고 합리적으로 예상한다. 따라서 투자자가 공시, 특히 공시 결여를 해석하는 방법은 그들의 인지, 경영자 인센티브에 관한 지식, 그리고 기업의 기초적인 경제 상태에 의존한다. 많은 모형들이 투자자들은 경영자의 공시결정 맥락을 안다고 가정한다. 실제로는 경영자의 개인 정보 실현과 경영자가 정보를 얻는 과정, 기업의 경제 및 경쟁 환경, 경영자의 인센티브와 효용과 같은 맥락관련 변수에 관해 투자자들은 불확실하다. 경영자와 투자자가 여러 기간에 걸쳐 상호작용하면, 이러한 불확실성의 추가적 차원은 경영자에게 명성을 쌓을 기회를 준다. 예를 들어,

경영자는 정확한 공시를 한다(Stocken, 2000), 혹은 정보가 없다(Einhorn and Ziv, 2008), 곧 공시할 예정이다(그 결과 투자자는 경영자의 무공시를 덜 회의적으로 해석함)(Beyer and Dye, 2010)와 같은 명성을 얻게 된다. 당기의 높은 보상과 명성 이득 사이의 경영자 절충을 고려하는 모형은 경영자와 공시 이용자들 사이의 다기간 상호작용을 잘 보여준다.

둘째, 공시 결정은 기업이 하는 것이 아니고 경영자가 한다. 그 결과 공시 결정을 설명하는 공시의 비용과 혜택은 결정과 관련되는 경영자의 효용과 비효용을 반영한다. 공시로 인한 경영자의 효용과 비효용에 영향을 주는 요인들에는 경영자의 보상 계획과 회사 지배구조가 포함된다. 주주들은 자신들의 투자가치를 극대화하기 위해 경영자의 인센티브와 회사 지배구조를 설계할 때, 경영자 인센티브와 지배구조가 경영자 공시와 그로 인한 기업 가치에 영향을 미치는 방식을 검토한다(John and Ronen, 1990; Core, 2001). 대부분의 모형은 경영자가 주가를 극대화한다고 가정한다. 그러나 경영자는 주가를 낮출 인센티브도 갖고 있다. 예를 들어, 옵션의 행사가격을 낮추든가(Yermack, 1997; Kasznick, 2000) 혹은 정치적 압력에 노출될 때이다(Watts and Zimmerman, 1986).

더욱이, 실제로는, 경영자는 시간을 두고 정보를 얻고 공시한다. 따라서 어느 시점에서의 주가에 대한 경영자의 선호를 규정할 수 없다. 대신에 주가의 시계열에 관한 경영자의 선호를 규정할 필요가 있다. Dye(2010)는 경영자의 자기 주식 최적 거래 결정에 토대를 두는 선호를 도출한다. 최적 보상 구조와 경영자 공시 결정에 대한 그 구조의 영향을 다루는 모형의 개발은 기업의 공시 행동과 최적 인센티브 구조에 새로운 통찰을 제공해줄 것이다.

셋째, 인센티브 시스템은 경영자의 공시 결정에 영향을 줄 뿐 아니라, 투자결정과 경쟁행동, 자본구조 선택에도 영향을 준다. 대부분의 자발적 공시 모형은 정보를 공시하는 경영자의 결정에만 초점을 맞춘다. 공시결정과 다른 실제 결정 혹은 노력 배분을 포괄하는 모형은 공시가 시장 가치평가에 미치는 영향 뿐 아니라, 기업의 다른 실제 결정, 현금흐름, 다른 지분그룹의 후생에 미치는 영향에 관해서도 더 잘 이해할 수 있게 해 줄 것이다(Kanodia, 2006). 자발적 공시 모형에 이러한 실제 결정을 포함시키면 복잡해지는 것은 분명하나 모형의 가치는 커진다.

이론 모형은 추상적이지만, 경험적 연구에 필요한 예측을 제공한다.

2.3 경험적 연구

위에서 검토한 모형들에서, 경영자는 기업 가치와 수익성 면에서 외부 투자자보다 정보 우위에 있고, 투자자에 의해 인지되는 기업 가치를 극대화할 동기를 갖는다. 그 목적을 위해, 경영자는 전략적으로 그리고 선택적으로 정보를 공시할 유인을 갖는다. 또한 투자자도 이러한 전략적 공시를 합리적으로 예상하고, 경영자에게 정보 비대칭을 감소시키는 정보를 공시하도록 인센티브를 제공한다.

경영자가 주가 극대화를 위한 공시를 선택할 유인이 가장 높은 때는 외부자금을 조달할 때, 회사 통제 콘테스트(control contest)에 관심을 가질 때, 보상이 주가와 연계될 때 등이다. ① 주가 관련 공시, ② 공시비용, 유동성, 자본비용을 통한 주가 영향, ③ 소송 위협, 지배구조 등의 제도 상황이나 조직구조가 경영자의 공시 전략에 미치는 영향, ④ 자발적 공시의 정보를 측정하는 대리변수, ⑤ 경영자 공시를 다룬다.

2.3.1. 자발적 공시 동기와 재무보고 결정

(1) 자본시장 거래 동기

외부인이 기업 가치를 과대 추정한다고 내부인이 믿을 때, 기업의 외부 자본조달 동기는 증가한다(Myers and Majluf, 1984). 기업은 이익발표 후, 특히 정보적이고 좋은 뉴스를 포함하는 이익발표 후 주식을 발행한다(Korajczyk et al., 1991).

주식발행 기업에 대한 분석가의 등급은 높다(Lang and Lundholm, 1993). Healy et al.(1999)는 분석가의 공시정책 등급이 높은 기업이 회사채를 발행하고, Ruland et al.(1990)과 Marquardt and Wiedman(1990)은 주식발행 시 경영자 이익 예측 횟수가 증가한다고 본다. Lang and Lundholm(2000)은 유상증자 6개월 전에 공시활동이 급격하게 증가한다고 주장한다.

그러나 기업이 새로운 투자기회를 가질 때, 추가 자금 수요는 증가한다. 새로운 추가 투자기회는 내부인과 외부인 사이의 정보 비대칭 증가와 관련된다. 그 결과 증가된 정보 비대칭 혹은 기타 복합 요인 가운데 어떤 것이 경영자의 공시 전략에 기여했는지를 확인하는 것은 곤란하다(Healy and Palepu, 2001).

(2) 주식기준 보상과 회사통제 콘테스트

주식기준 보상계획은 경영자의 자발적 공시를 유인한다. 주식기준 보상은 좋은 뉴스와 나쁜 뉴스 모두를 고무한다. 또한 낮은 주가성과는 경영자 교체와 관련되므로, 경영자는 자발적 공시를 사용하여 낮은 성과를 '설명'한다.

2.3.2. 공시의 비용과 효익

(1) 공시의 재산적 비용

재산적 비용의 대용변수인 제품시장 경쟁정도가 기업공시에 미치는 영향에 관한 증거는 혼합적이다. 부문 보고(segment reporting) 연구에서 Berger and Hann(2007)은 재산 비용이 부문이익 공시에 영향을 미치는, 그러나 결정적이지는 않은, 증거를 발견하였다. 대조적으로, Botosan and Stanford(2005)는 경쟁이 작은 산업에서 기준서 14호의 조항들을 사용하여 수익성 있는 부문 운영현황을 숨기는 증거를 찾았다. 그러나 이 기준서의 요구사항들을 사용하여 낮은 성과를 숨기는지에 관한 증거는 찾지 못하였다.

Verrecchia and Weber(2006)는 기업들이 경쟁 산업에 속할 때, (재산적) 정보를 편집할 가능성이 크다는 사실을 찾아내었다. 이는 재산 비용 가설과 합치되는 것이다. 그러나 Bamber and Cheon(1998)은 경쟁이 낮은 산업에서는 기업의 이익예측 정보가 덜 제공된다는 것을 보여 준다. 산업 내 경쟁정도로 대리 측정된 재산 비용이 자발적 공시와 얼마나 관련성이 있는지에 관한 명확한 경험적 증거는 지금까지 제시되지 못하고 있다.

재산 비용의 측정 문제에 많은 연구가 이루어지고 있다. 재산 비용에 대한 측정치로서의 산업 경쟁성을 파악하기 위해, COMPUSTAT 자료에 의한 산업집중도를 사용할 경우, 많은 측정 오차를 갖는 것으로 나타났다(Aji et al., 2009).

(2) 유동성

자발적 공시와 정보품질의 향상은 정보 비대칭을 감소시킨다. 그 결과 기업의 주식 유동성을 높인다(Easley and O'Hara, 2004). 공개 정보를 더 많이 제공하는 기업은 매매호가 차이(bid-ask spread)의 역선택 요소를 감소시키고, 따라서 자기자본비용을 감소시키는 것으로 나타난다(Amihud and Mendelson, 1986). AIMR 등급[19]이 높은 기업은 정보 비대칭성이 낮다(Welker,

19 AIMR 등급(Association for Investment Management and Research rankings)은 미국 기업들의 공시활동에 대

1995). Healy et al.(1999)은 분석가의 등급이 지속적으로 높은 기업은 주식 유동성, 분석가 추종(analyst following), 기관 투자, 주식성과가 증가함을 보여준다. Leuz and Verrecchia(2000)는 높은 품질의 보고체계를 갖는 독일 기업은 낮은 매매호가 차이와 높은 거래량으로 반영되는 정보 비대칭성이 낮음을 보고한다. Botosan and Harris(2000)는 분기 부문보고 실행 후 분석가 추종이 증가함을 발견하였다.

전반적으로 경험적 증거에 따르면, 높은 품질의 공시 및 회계정보는 주식의 유동성 증가와 높은 관련성이 있으며, 이는 공시가 역선택 여지를 감소시킴을 의미한다. 문헌에서는 공시에 관한 AIMR 등급이나 기타의 지표들이 대체로 자발적 공시를 나타내는 것으로 보고 있으나, 이 측정치들은 자발적 공시와 강제적 공시 효과를 함께 지니고 있다. 따라서 공시와 유동성 사이의 관련성이 자발적 공시에 기인한 것인지 강제적 공시에 기인한 것인지, 아니면 양자의 상호작용에 따른 것인지는 분명하지 않다.

(3) 자본비용

공시정책과 재무보고가 기업의 자본비용에 영향을 주는지 여부는 재무 및 회계분야에서 가장 흥미 있고 중요한 문제이다. 그러나 이 가설의 이론적 토대는 **정보 위험의 분산 가능성** 여부이다. 나아가서 이 가설의 경험적 검증은 공시와 재무정보 제공의 비용을 포함하지 않고, 그 결과 모든 기업이 완전공시를 통해 자본비용을 최소화 하지 않는 이유가 무엇인지 알 수 없게 된다.

공시 특성과 자본비용이 연결되는 이유를 지지하는 두 가지 주요 이론적 변수로는 **추정 위험의 가격설정**과 **정보 품질의 가격설정**을 들 수 있다. 기업의 공시가 추정 위험을 낮추고, 또 추정 위험이 가격에 반영된다면 정보 공시는 기업의 자본비용을 낮출 것이다.

Easley and O'Hara(2004)는 기업이 투자자에게 제공하는 회계정보의 **정도**(precision)와 **수량**(quantity)을 통해 자본비용에 영향을 줄 수 있다고 주장한다. 이들은 구체적으로 합리적 기대 자산 가격결정 모형(rational expectations asset pricing model)을 사용한다. 이에 따르면 개인적인 정보가 많이 존재할수록 정보가 없는 투자자가 직면하는 위험이 증가되는데, 그 이유는 정보를 가진 투자자가 새 정보를 반영하여 포트폴리오의 비중을 바꿀 수 있기 때문이다. 그러나 Hughes et al.(2007)은 같은 모형을 재검토하여, **정보 위험**은 분산 가능하거나 혹은 기존

해 기업의 연차 및 분기 재무제표 등의 자료를 토대로 재무 분석가들이 등급을 부여한 것으로, 매년 보고서가 발표된다.

위험 요인에 포함된다고 결론짓는다. 나아가서 이들은 커다란 경제에서 개별적 위험이나 개별적 요인과 관련되는 비대칭 정보위험은 완전히 분산가능하고, 체계적 방식으로 자본비용에 영향을 주지 않는다고 주장한다. 즉 이들은 정보가 없는 투자자는 개인 정보가 있는 투자자와의 거래에서 가격보호를 받기 때문에 정보 비대칭이 가격에 반영된다는 일반적인 직관은 잘못된 것이라고 본다. 큰 규모의 경제에서 모든 투자자는 정보 유무에 상관없이 유동성 거래자(liquidity traders)로부터 이익을 얻기 때문이다.

Lambert et al.(2007)은 분산투자 상황에서 회계보고와 공시가 자기자본비용에 영향을 주는지 여부와 그 방법을 검토하고 있다. 이들은 CAPM과 일치하는 모형을 사용하여, 현금흐름이 상관관계를 갖는 다수 증권을 분석함으로써, 회계정보의 품질이 직접 및 간접적으로 자본비용에 영향을 줄 수 있다고 본다. 회계정보의 품질은 한 기업의 현금흐름과 다른 기업의 현금흐름의 공분산에 직접 영향을 준다. 즉, 이익 품질은 기업의 베타를 통해 자본비용에 영향을 준다. 나아가서 이익 품질이 실제 결정과 현금흐름에 영향을 준다면 자본비용에 간접적인 영향을 준다. 이들은 잘 규정되고 미래 전망적인 베타는 예상 수익의 횡단 차이를 완전히 포착한다고 주장한다. 그러나 베타에 측정 오차가 수반되고, 정보위험 대용치가 베타의 측정오차를 대신하면, 정보위험 대용치가 평가되는 것으로 보인다. 이들은, Easley and O'Hara(2004) 모형을 다수의 거래자 상황에서 볼 경우, 정보위험은 분산되어 없어진다고 본다. 이들의 주장이 옳다면, 정보위험 혹은 회계품질이 평가된다는 가설을 Easley and O'Hara(2004) 모형은 지지하지 못한다. 즉 이들은 Easley and O'Hara(2004)가 개발한 정보효과가 분산가능하다고 본다. 이 의미와 결론이 새로운 것은 아니다. Fama(1991)는 정보위험은 개별적 위험이고, 완전하게 분산가능하다고 이미 주장하였다. 따라서 정보위험은 평가되어서는 안 된다(그리고 예상 수익에도 영향이 없다).

P. Christensen et al.(2008)은 Lambert et al.(2007)이 정보발표 후의 자본비용을 검토한다고 본다. 공시 품질의 증가로 인한 정보발표 후의 자본비용 감소는 간접적인 공시효과가 무시되는 한, 정보발표 전의 자본비용 증가와 정확하게 상쇄된다. 따라서 이들은 공시 품질이 불확실성 해결의 시기에 영향을 주며, 실제 효과가 무시되는 한 전체적인 자본비용에는 영향을 주지 않는다고 주장한다. Bartomeu et al.(2010)은 투자 결정을 도입하여, 기업의 자발적 정보공시의 범위와 자본비용 사이에 음의 관계를 예측한다. 그러나 음의 관계가 주어진 자본구조에서 자발적 공시의 증가가 자본비용을 낮춤을 의미하는 것은 아니다. 반대로 공시의 증

가는 자본비용의 상승을 의미한다. 이 분석을 전제로 경험적 연구가들은 자산 위험의 개별적 부분 혹은 체계적 위험 부분을 정보품질이 대리하는지 여부에 초점을 맞추어, 정보품질(이익품질), 정보위험, 자본비용 사이의 관계를 조사해야 한다고 주장한다.

공시, 재무보고 품질, 그리고 자본비용 사이의 관련성을 분석하는 경험적 연구는 회사의 특정사건[20] 관련 분석(corporate event-driven analysis)과 횡단 분석(cross-sectional analysis)의 두 종류로 구분된다. 전자의 연구에서는 신규상장 이전 기간의 집중적 공시는 낮은 저평가와 관련되는 것으로 나타난다(Schrand and Verrecchia, 2005; Leone et al., 2007).

횡단 관련성의 초기 연구는 혼합된 증거를 보인다. Botosan(1997)은 증권 분석가의 추종이 낮은 제조업 분야에서만 음의 관계를 발견한다. Botosan and Plumlee(2002)는 연차 보고서 공시 수준과 자본비용 사이에서는 음의 관계를 발견하지만, 분기보고 공시 수준과 자본비용 사이에서는 양의 관계를 발견한다. 이와 대조적으로 Senugupta(1998)는 높은 AIMR 등급과 사전적 부채비용 사이에서 음의 관계를 발견한다.

두 번째 종류의 연구에서는, 공시가 많으면 자본비용이 낮음을 보인다. 그러나 이 관찰은 기계적일 수 있다(Heitzman et al., 2010). 특히, 자본비용이 높은 기업은 낮은 이익반응 계수를 보인다. 낮은 이익반응 계수 기업은 주가가 회계정보에 민감하지 않게 반응함으로 특정 공시가 중요한지 여부를 결정하는 관문(중요성 기준)이 높아진다. 강제적 공시와 자본비용 사이의 음의 관계도 이 높은 중요성 기준에 의해서 설명될 수 있을 것이다.

다음에 검토하는 주제는 발생의 품질이 자기자본 비용에 영향을 주는 소위 평가되는 위험요인(priced risk factor)인지 여부에 관한 것이다. Francis et al.(2004, 2005a, 2005b)에 따르면, 발생 품질은 또 다른 분산 불가능한 평가 위험 요인이다. 그러나 이들은 이익품질과 정보 비대칭 사이의 관계를 정립하지 않아서, 그 결과를 해석하기가 곤란하다. 정보 비대칭의 가격반영 효과가 분산가능한지는 논쟁 중이다.

Mohanram and Rajigopal(2009)은 정보거래 확률(probability of informed trading, PIN)[21]이 사전적 자기자본 비용 측정치와 양의 통계적 관계를 갖는지 결론을 내릴 수 없다고 한다. 이들은 작은 기업 표본에서는 음의 관계를, 대규모 표본에서는 양의 관계를 발견했다. 더욱이 PIN 요인부하량(factor loading)은 주가수익률과 관련이 없고, PIN과 자기자본 비용의 사

20 예를 들면, 신규주식상장(IPO), 기존주식상장(SEO, seasonal equity offerings), 새로운 회계기준의 적용 등.

21 PIN 측정치는 어떤 거래주문이 사적 정보를 가진 투자자로부터 일어날 확률에 관한 기업특유의 추정치로서, 투자자들 사이의 정보 비대칭의 정도를 나타낸다.

전적 측정치 사이의 관계는 강하지 않았다. PIN이 평가된 위험요인이라고 한다면, 높은 PIN 측정치와 높은 PIN 요인부하량은 사전적 자기자본 비용 측정치와 높은 관련성이 있을 것으로 예상되는데, 조사 결과 이러한 점을 관찰하지 못하였을 뿐 아니라, PIN 요인부하량은 사전적 자기자본 비용과 음의 관계를 보였다.

여러 경험적 개념으로 측정되는 정보위험이 기대 수익에 영향을 주는지 여부는 미해결 문제이다. 근본적으로 대규모 경제에서, 사전적 정보 위험이, 가격에 반영된다고 예상하는 이유와 전통적인 자산평가 이론(Fama, 1991)과 일치하는 이유를 찾아야 한다. 실제로 Francis et al.(2005a, 2005b)을 비롯한 많은 연구들에서 발생 품질과 자본비용과의 관계에 대한 평가는 완전하지 않다.

이와 관련하여, Easton and Monahan(2005)은 자본비용 측정치의 신뢰성을 측정하고, 측정오차가 상당함을 발견한다. 특히 분석가의 예상에 기초하는 자본비용 측정치는 낙관론적 편견이 크다.

최근의 경험적 증거는 연구자의 연구 설계에 따라 결과가 크게 달라짐을 보여준다. 예를 들면, 내생성과 자기선택 통제, 기업 고유의 영업환경 특성, 자본비용과 회계품질 속성, 특히 발생 품질을 어떻게 측정하느냐에 따라 연구결과가 영향을 받는 것으로 나타난다. 현실적으로 고려해야 할 다른 중요요인들이 너무 많아서 어떤 분석결과를 한 가지 면에서만 해석하는 것은 불가능하다. 대표적으로 산업경쟁은 중요한 생략변수이다.

요약하면, 오늘날의 경험적 연구의 주된 한계는 공시비용에 대한 대리변수와 공시증가의 자본시장 혜택 사이의 상관성으로 인해, 공시증가가 미치는 자본시장 효과를 추정하기 곤란하다는 점이다. 회계과정이 유용하고 관련성 있는 정보를 전달하는 능력에 따라 공시가 어떤 영향을 받는가는 앞으로 연구되어야 할 매우 중요한 문제이다.[22]

끝으로 Fields et al(2001), Cohen(2008)에서 지적하듯이, 완전공시가 중요한 효과를 갖는다면, 왜 모든 기업이 공시 극대화를 선택하지 않는지 그 이유는 수수께끼이다. 이에 대한 하나의 설명은 공시비용과 같은 요인이 이를 제약하기 때문이라는 것이다. 공시 증가에 따른 상대적 비용과 효과를 분석해야 한다.

22 Lev and Zarowin(1999)은 기술집약적 기업 및 성장 기업에서 회계측정 과정이 심각하게 왜곡되고 있어, 재무정보의 정보전달성 수준이 낮은 원인이 되고 있다는 점을 지적하고 있다.

2.3.3. 제도적 맥락의 효과

(1) 소송비용

공시와 소송 가능성 혹은 소송비용 사이의 관계에 대한 연구들의 결과는 상반되거나 증거가 없다고 나온다. 아울러 양자 사이의 내생적 관계도 아직은 구명되지 않고 있다.

(2) 지배기구

공시, 재무보고, 감시는 공시를 대체하지 않고 보완한다(Bens, 2002). Bushman et al.(2004)은 외부 투자자에게 투명성이 낮으면 대리 문제를 감소시키기 위해 지배 기제 수요가 높아진다고 본다. 소유권 집중, 이사와 경영자의 지분 기준 보상, 사외 이사의 명성은 이익의 적시성과 반대로 변동하고, 소유 집중도, 이사의 지분 기준 보상은 기업의 복잡성에 따라 증가한다. 그러나 이사회 규모, 내부 이사의 비중은 이익의 적시성 혹은 기업의 복잡성과 별 관계가 없다.

Fan and Wong(2002)은 7개 극동 아시아 국가의 회사 표본에서 이익의 정보성과 소유 구조 사이의 관계를 조사하여 두 가지 보완적인 설명을 한다. 첫째, 소유 집중도와 피라미드 및 상호 출자 구조는 통제 소유자와 외부 투자자 사이의 대리 갈등을 창출한다. 그 결과 통제 소유자는 자신의 목적을 위해 회계 발표를 하고 이는 외부 투자자의 신용을 떨어뜨린다. 둘째, 소유 집중이 기업의 독점 이익 행동에 관한 재산적 정보의 유출을 막기 때문에 소유 집중은 낮은 이익 정보성과 연관된다.

Francis et al.(2005a, 2005b)은 이중 집단 소유 구조와 단일 집단 소유 구조 기업에 있어 이익과 배당의 정보성을 비교하였다. 일반적으로 이중 집단 소유구조 기업은 단일 구조 기업에 비해 이익의 정보성은 낮고, 배당의 정보성은 최소한 같거나 높다. 이 결과는 이중 구조가 회계이익의 신용도를 낮춘다는 것과 성과 측정치로서 배당 중요성을 높인다는 점을 보여준다.

Hope and Thomas(2008)는 경영자가 주주들의 비용으로 이익을 얻는 행동을 할 유인이 있는지 여부(대리 비용 가설)를 조사하였다. 해외 지역 이익을 보고하지 않는 기업은 해외 매출의 확대, 해외 마진의 저하, SFAS 131 이후 기간의 기업가치 하락을 보인다. 이는 대리 비용 가설과 일치하며 경영자 감시 면에서의 회계 공시의 중요성을 보여준다.

Healy et al.(1999), Bushee and Noe(2000)는 공시의 증가가 기관 투자자 소유권 증가와 관

련됨을 보고한다. 이유는 이들의 경영자에 대한 압력 때문이다. 공개적인 컨퍼런스 콜은 투자자 구성과 연관을 갖는다. 분석가 추종과 기관 투자자 소유가 큰 기업은 공개 설명회가 낮다. 이는 정보를 가진 투자자는 낮은 공시를 선호하고, 분석가와 기관은 정보 비대칭을 감소하는 정보를 산출하는 중개인임을 보여준다(Core, 2001). 기관 투자자 집중도가 높은 기업은 자발적 공시를 줄인다(Ajinkya et al. 2005).

Ali et al.(2007)에 따르면 설립자 가족이 소유하고 통제하는 기업은 높은 품질의 이익을 보고하고, 나쁜 뉴스 시 경고를 하고, 지배 실제에 대해 잘 공시하지 않는다. 가족 기업은 공시를 잘하고, 분석가 추종이 많고, 정보성이 있는 분석가 예상이 많고, 매매 호가 차이가 작다. 가족 기업은 이익 예상, 설명회를 잘 갖지 않지만, 이익 경고는 많이 한다(Chen et al., 2008).

경영자 이익 예상 발표 확률과 예상의 빈도는 이사회의 외부 이사 비중과 양의 관계를 갖는다(Ajinka et al., 2005). 이러한 기업은 정확하고 낙관적으로 편의되지 않는 이익 예상을 발표한다. 효과적인 지배 구조를 가진 기업은 특히 나쁜 뉴스를 잘 발표한다. 주주와 경영자 사이의 정보 비대칭도 작다.

지배 구조, 공시, 재무보고 실무의 관계에 대한 경험적 연구는 인과성과 내생성 문제를 해결해야 한다(Armstrong et al., 2010).

2.3.4. 자발적 공시와 재무보고의 측정치

이 분야의 연구 논문들은 일반적으로 공시에 대한 측정치로 AIMR 순위, 연구자들이 스스로 개발한 공시 품질 지수, 자연적인 언어 처리 기술을 사용한다. AIMR 순위는 80년대와 90년대에 주로 대규모 기업의 순위를 평가하였다. 1997년 이후에 중단되어 지금은 사용되지 않는다. 연구자들이 개발한 지수는 광범위한 적용이 곤란하다. 양자의 공통적인 문제는 이들이 자발적 공시와 강제적 공시를 모두 포착한다는 점이다. 해독 가능성과 같은 공시의 언어적 속성도 공시의 측정치로 사용된다. 예를 들어 읽기 어려운 연차 보고서는 기업의 성과가 낮음을 의미한다. 읽기 쉬운 보고서의 이익은 지속성이 크다. 이 측정치도 자발적 공시와 강제적 공시를 모두 포함한다.

회계정보의 품질에 대한 측정치는 좀 더 직접적이다. 이익의 품질을 측정하기 위해 현금흐름과 발생 사이의 관계를 조사한다(Dechow and Dichev, 2002; Francis et al. 2004, 2005). 많은 연구에서 이 발생 품질을 전반적인 정보 품질로 사용한다.

이 측정치는 조작된 발생과 높은 품질의 발생을 구분하지 못하는 단점을 갖는다. 또한 이 측정치는 현금흐름과 발생 사이에 음의 관계를 강조한다. Wysocki(2009)는 Dechow and Dichev(2002)의 측정치를 개량한다. 이 측정치는 발생과 과거 및 미래 현금흐름 사이의 증분 관계를 포착한다.

Jones(1991)의 재량적 발생 모델도 그 후 많이 개선되었다. 중요한 점은 이들 측정치에 대한 경제적 정의와 의미가 없다는 점이다. Dechow et al.(2010)은 이점을 강조한다.

2.3.5. 경영자 예측과 기타 자발적 공시 기제

경영자 예측은 자발적 공시의 중요한 형태이다. 공개적인 이익 가이드를 발표하는 기업의 수는 갈수록 많아지고 있다. 이러한 경영자의 발표는 분석가들과의 게임 관계로도 해석된다. 낮은 경영성과 기업들은 분기 가이드를 중지한다.

이익 예상은 양적이거나 혹은 질적 형태를 갖는다. 통상 분기 혹은 연차 이익을 예상한다. 기업의 영업 및 정보 환경의 특징이 경영자의 공시 동기를 결정한다. 재산적 비용이 들든가 혹은 경영자의 개인 정보에 대해 투자자가 불확실할 때, 기업은 좋은 뉴스는 발표하고 나쁜 뉴스는 숨긴다(이론 고찰 항목 참고). 경험적 연구들이 이를 뒷받침한다. 최근에는 현금흐름 예상을 공시하는데, 그 결과 발생 기준 이익 관리의 여지가 감소된다(Wasley and Wu, 2006).

상당수의 분기 이익발표에는 경영자 예상이 함께 포함된다. 이러한 동시 공시는 좋은 뉴스를 전달하는 경향을 갖는다(Rogers and Van Burskirk, 2008).

회사의 설명회는 분석가의 이익 예상 능력을 향상시키고 분석가 사이의 분산을 줄인다. 설명회는 재무 분석가와 기타 시장 참여자 사이의 정보 차이를 줄인다. 공개 설명회는 소규모 거래의 증가와 높은 가격 변동을 수반한다. 이는 투자자들 사이의 장기적인 정보 비대칭 감소 역할을 한다(Bowen et al., 2004).

제3절 가치 관련성과 회계 기준

3.1 가치 관련성의 회계기준 근거 비판

Holthausen and Watts(2001)는 가치 관련성 연구로부터 회계 기준을 추론하는 연구를 비판한다. 이들은 회계기준 추론의 토대가 되는 회계, 기준 결정, 그리고 가치평가 이론이 각각 회계, 기준결정, 그리고 가치평가를 설명하고 예측한다는 의미에서 기술적이지 않다고 비판한다. 경험적 관련성을 해석하는 기술적 이론이 없으면 가치 관련성이 기준 결정에 주는 의미는 제한될 수밖에 없다: 단지 관련성만 있을 뿐이다. 만일 기준 결정자가 주가 관련성을 중요한 요소로 고려하지 않는다면, 회계이익과 주가 사이의 높은 관련성은 기준 결정에 아무런 의미를 주지 않을 것이다. 가치관련성으로부터 회계 기준에 대한 의미를 도출하고자 한다면, 기준 결정의 목적과 그 목적을 달성하는데 주가관련성 기준이 어떻게 사용되는가를 규정하여야만 한다. 이렇게 규정된 목적과 관련성 기준이 기준 결정자의 행동을 설명하거나 예측하지 못한다면, 기준 결정자가 왜 그 목적을 추구하지 않고 또 왜 그 목적의 추구가 관련성이 있고 또 가능한지를 먼저 규명해야 할 것이다.

이들의 연구는 일반적인 자본시장 연구와 또 회계 기준 결정과 관련되는 당사자들(예: 경영자)이 특정 회계 대안을 더 선호하는지에 관한 연구(예: 회계선택 연구, Fields et al., 2001)와 관련을 갖는다. 가치관련 연구에는 포함되지 않지만 회계 기준 결정에 영향을 주는 요인(예: 계약과정)을 확인해 주는 연구도 필요하다. 이런 요인에 대한 고려는 회계 및 기준 결정에 대한 기술적 이론을 개발하는데 필요하다.

가치관련성 연구는 회계 및 기준 결정 이론으로서 직접적 가치평가 이론과 가치평가-투입 이론, 두 가지를 사용한다. 직접적 가치평가 이론에서 회계이익은 주식의 시장가치 변화 혹은 주가 수준(항상 이익을 통해)을 직접 측정하든가, 아니면 이들과 높은 관련성을 가지려 한다. 이 이론에서 지분의 장부가치는 지분의 시장가치를 측정하든가 혹은 지분의 주식의 시장가치와 높은 관련성을 갖고자 한다. 직접 평가 이론 하에서, 기준 결정자는 회계이익 대안 혹은 지분 측정치의 장부가치의 상대적 주가 관련성 연구 결과에 관심을 가질 것이다.[23]

23 측정과 관련성 목적은 동일하지 않다. 측정을 중시하면 관련 통계량은 항목의 계수이고, 관련성을 중시하면 R^2이다.

가치평가-투입 이론에서 회계의 역할은 투자자의 가치평가 모형에 투입 자료를 제공하는 것이다. 이 이론 하에서 기준 결정자가 상대적 관련성 연구 결과에 관심을 가질 것인지는 불분명하다. 이 이론 하에서는 증분 관련성 연구가 필요하다.[24]

대부분의 가치관련성 연구자는 (기준 결정자의 관점에서) 회계의 지배적 역할이 지분 가치평가라고 본다. HW는 다른 목적의 회계 역할을 배제하고 가치평가 목적에만 집중하는 것은 기준 결정에 유용한 기술적 이론의 개발을 방해한다고 주장한다.

가치관련성 문헌에 사용되는 두 이론은 연구 결과 면에서는 같다. 즉, 직접적 가치평가 이론이나 가치평가-투입이론은 모두 이익이 지분 시장가치 혹은 그 변화를 측정하거나 혹은 높은 관련성을 가진다고 본다. 또한 지분 장부가치는 지분 시장가치를 측정하거나 혹은 높은 관련성을 갖는다고 본다.

먼저 이 두 이론에 관한 FASB의 기술을 살펴보자. 회계 및 기준결정의 이론으로서 직접 가치평가 이론은 SFAC 1호와 배치된다. 나아가서 FASB에 의하면 지분 가치평가-투입 역할은 재무보고의 여러 역할 가운데 하나에 지나지 않는다. 결국 가치관련 문헌에서 사용하는 이론은 현실을 기술하지 못한다.

가치관련성 연구는 다음 세 가지 가정에 토대를 두고 있다. 첫째, 가치 관련성 문헌은 재무보고의 지배적인 이용자를 투자자로, 지배적인 이용은 가치평가라고 가정한다. 둘째, 투자자가 주식의 가치를 평가하는데 이용하는 정보를 주가가 대표한다고 가정한다. 셋째, 주가에 기반을 두는 목적 적합성과 신뢰성 테스트가 FASB가 규정하는 목적 적합성과 신뢰성을 측정한다고 가정한다. 그런데 이 가정들은 FASB의 기술과 일치하지 않는다.

먼저 FASB 개념 보고서 1호에서는 투자자와 채권자를 넓은 의미로 사용한다. 실제 및 잠재적인 주식 및 사채 소유자, 외상 거래 채권자, 청구권을 가진 고객과 종업원, 대출 기관과 개인 채권자를 포함한다. 또한 일반 목적 재무제표는 비슷한 정보 수요를 갖는 여러 의사결정에 투입 자료로 사용된다고 규정한다(SFAC 5호). 회사의 재무 건전성 혹은 유동성과 해산 가능성을 평가하는 데에도 이용된다고 언급한다. 이 가정이 깨지면, 주식 가치평가에 관한 목적 적합성은 회계 기준 결정의 필요조건이 될 수 없다.

두 번째로 주가가 투자자의 주식 평가 정보를 대표한다고 말하는 것은 개인 투자자들 전체의 가치평가와 사용된 정보의 총합을 의미한다. 그러나 FASB는 전체 투자자가 아닌 개인 투

24 상대적 관련성 연구에서는 R^2를 중시하고, 증분 관련성 연구에서는 계수가 영이 아님을 중시한다.

자자에 대해, 그리고 정보에 대한 대등하지 못한 접근과 정보 취득 비용의 차이에 대해 관심을 갖는다. SEC도 공평한 게임을 강조한다. 이는 공정 공시 규제(2000)에서 다시 확인된다. 개인 투자자들의 가치평가 모형과 투입 정보에 대한 수요는 횡단면적으로 다르고 주가에 반영되지 않는다. 적시성에 대한 해석도 다르다. 주가 반영 시기가 아니고 개인 의사결정자에게 정보가 공급되는 시기를 말한다. 정보가 주가에 반영될 때에는 그 신뢰성을 측정하기 어려울 것이다. 이 가정이 사실과 다르면, 이는 가치관련성 연구가 개별 투자자의 정보 수요를 적절하게 포착하는지 여부에 관한 문제를 제기한다. 상대적 관련성과 증분 관련성 연구는 주가 자료에 전적으로 의존하기 때문이다. 또한 시기 차이는 한계 정보내용이 회계 숫자 보고의 필요조건이 아님을 의미한다.

세 번째로 가치관련성 연구에서는 관심을 갖는 회계 변수의 계수값에 반영되는 관련성 증가는 FASB가 규정하는 목적 적합성과 신뢰성 요건을 충족한다고 해석한다. 그리고 신뢰성은 측정 오차로 해석된다. FASB는 신뢰성에 측정 오차 뿐 아니라 검증 가능성도 포함한다. 효율적 시장을 가정하면, 검증 가능성의 결여는 회계 숫자의 목적 적합성과 신뢰성에 영향을 줄 수 있다. 이 가정이 지켜지지 않으면, 회계 기준에 포함되기 이전에 가치 관련성을 갖는 회계 자료가 만일 검증가능성이 없다면 회계기준이 된 후에는 더 이상 가치 관련성을 갖지 않을 수 있다. 회계 기준에 포함되면 경영자가 왜곡시키거나 오차를 줄 동기가 발생하기 때문이다. 주석에 포함된 내용을 본문에 인식하는 경우도 마찬가지 문제가 발생한다. 검증 가능성은 회계 자료의 적시성에도 영향을 준다. 경영자의 자발적 공시를 검증하기 때문에 신용도를 높이게 된다. 이 점 때문에도 한계 정보내용이 기준 결정의 필요조건이 될 수 없다.

다음에는 이 이론들이 관찰되는 회계 실무를 설명하는지 여부를 검토하자. 예를 들어 보수주의 실무는 이 두 이론에 의해 설명되지 않는다. 이점은 회계 숫자의 가치평가 역할이 지배적인가에 의문을 제기한다.

끝으로 관련 문헌에 사용되는 가치평가 모형과 투입 자료로서의 회계 숫자와의 연결 관계를 검토한다. 앞장에서 살펴본 바와 같이 가치관련성 문헌에는 대차대조표 모형, 이익 모형, Feltham and Ohlson 모형이 사용된다. 이 모형들은 매우 제약된 환경 안에서만 타당하고 또 모든 모형이 경제적 지대 혹은 포기 옵션을 적절하게 처리하지는 못한다(이 문제는 완화될 수는 있다). 또한 이 모형들은 어떤 회계 역할도 제시하지 못한다. 이 모형들 안에서 정보는 무비용이고 정보 비대칭성이 없으며, 따라서 회계의 역할은 존재하지 않는다. 이로 인해 회계의 유용성을 설명하는 것이 비록 불가능하지는 않지만 곤란하게 되며, 회계 개념의 대안들을 평가하는데 가치평가 모형을 사용하는 것에는 의문이 제기된다.

3.2 회계기준 근거 옹호

Holthausen and Watts(2001)의 비판에 대해 Barth, Beaver, and Landsman(2001)은 가치관련성 연구가 회계 기준의 근거가 된다고 반론을 주장한다. 이들은 Holthausen and Watts(2001)의 비판이 여러 오해에서 기인한다고 본다.

첫째, 가치관련성 연구는 기준 결정자와 비 학계 관계자들의 관심에 부응하는 통찰을 제공한다. 회계와 기준 결정의 학술적인 이론은 없지만, FASB는 개념 보고서에 자신의 이론을 주장한다. 가치 관련성 연구는 인정받는 가치평가 모형을 사용하여, 회계 자료의 목적 적합성과 신뢰성을 평가하기 위해 FASB 이론의 핵심 차원을 조작가능하게 하려 한다.

둘째, FASB와 다른 기준 결정자들의 기본 초점은 주식 투자에 맞추어진다. 재무제표는 주식 투자 이외에도 다양하게 사용되지만(예: 경영자 보상과 부채계약), 재무제표의 계약에의 이용이 가치관련성의 중요성을 감소시키지는 않는다.

셋째, 모형 사용에 관한 단순화 가정에도 불구하고, 가치평가 모형의 경험적 실행은 가치관련성 문제를 처리하는데 사용될 수 있다.

넷째, 가치 관련성 연구는 보수주의와 조화될 수 있고, 회계 금액과 지분 가치 사이의 관계에서 보수주의의 의미를 연구하는데 사용된다. 실제로 가치 관련성 연구는 투자자가 보수주의와 같은 일부 회계 실무를 인식한다는 점을 보여주는 근거가 된다.

다섯째, 가치 관련성 연구는 특정 회계 금액이 투자자의 지분 가치 평가에 사용되는지 여부를 평가하도록 설계된다. 회계 연구에서 '유용성'은 잘 정의된 개념이 아니기 때문에, 가치관련성 연구는 회계 금액의 유용성을 평가하지 않고 또 그렇게 하도록 설계되지도 않는다.

여섯째, 계량 경제적 문제는 완화될 수 있다.

제4절 요약

지금까지 계약 동기에서의 자본 시장 연구를 살펴보았다. 사실 자본 시장 연구 가운데 많은 주제는 가치평가 관점이나 계약 관점에서 함께 검토되어 이를 어느 관점에 따른 것인지 구분하기 곤란하다. 다만 서로 강조하는 바의 차이는 분명하다.

계약 관점에서는 다음 사항을 강조한다. 첫째, 주가와 이익 사이의 관계를 조사하고 해석하는데 계약 이론을 포함시켜야 한다. 둘째 이익의 정보내용보다는 발생의 역할을 더 규명하고자 한다. 셋째, 총 발생을 재량적 부분과 비재량적 부분으로 구분하는 방법을 강조한다. 넷째, 정보내용의 크기가 아주 작은 이유는 회계이익의 측정 방법이 계약 목적을 위해 고안되었기 때문이라고 본다.

Kothari(2001)는 자본 시장 연구를 다음과 같이 요약한다. 자본 시장 회계연구의 수요는 (1) 기본적 분석과 가치평가, (2) 시장 효율성 검증, (3) 계약 및 정치 과정에서의 회계의 역할, (4) 공시 규제에 있다.

초기 자본시장 연구는 1960년대 말에 시작되었다. 당시에는 취득원가주의 회계를 비판하는 규범적 연구가 성행하고 있었다. Ball and Brown(1968), Beaver(1968)는 실증적 경제이론, 효율적 시장가설과 CAPM, 사건 연구의 영향을 받았다. 이들의 연구는 회계 숫자가 기업의 재무성과에 관한 정보를 포함하는지 혹은 전달하는지 여부에 관한 증거를 제공하였다. Beaver(1968)는 사건 연구 방법론을 사용하여 이익발표 무렵에 주가 수익의 변동성과 거래량이 급증함을 발견하였다. Ball and Brown(1968)은 연관성 연구를 통해 회계이익이 주가 수익에 반영된 정보 집합의 일부를 포착함을 보여 준다. 또한 연차 이익의 정보는 다른 정보 원천에 의해 대부분 선취된다는 점, 즉 적시성이 떨어진다는 점을 제시한다. 이들은 발생과정으로 인해 이익이 현금흐름보다 더 정보를 잘 전달하는지 여부를 조사하였다. 이 연구는 그 후에도 지속된다(예: Dechow, 1994).

초기 자본시장 연구에 영향을 미친 경제이론과 재무이론은 1970년대 말에 회계 문헌에 혁명을 일으킨 실증적 회계이론에도 영향을 미친다. Watts and Zimmerman은 Jensen and Meckling(1976)의 재무이론에서 동기를 얻었다.

초기 연구의 증거를 넘어서는 의미로서 중요한 문제는 수익-이익 관계의 회계기준 선택에 관한 의미와 시장 비효율성에 관한 의미이다.

일부 연구자들은 이익과 주가 사이의 연관성에 관한 초기 증거로부터 기준 결정 의미를 찾으려 하였다(Beaver, 1972). 시회적으로 가장 바람직한 회계 기준의 결정 기준으로 주가 연관성을 사용하려는 시도는 비판을 받는다(Gonedes and Dopuch, 1974: 회계정보 비구매자의 무임 승차 문제). 그러나 이 논쟁은 계속된다.

GAAP 이익과 주가 사이의 낮은 상관관계를 이유로 재무회계기준이 바뀌어야 한다는 주장이 많이 일어난다(예: Lev). 이들은 주가 수익과의 상관관계를 높이는 대체적 회계방법을 주장한다(예: Lev and Zarowin, 1999). 다른 사람들은 회계 숫자와 주가 사이의 상관관계는 재무제표 목적 가운데 하나의 기능이라고 주장한다. 계약과 성과평가 목적에 유용한 객관적이고 검증 가능한 정보에 대한 수요가 존재한다(Watts and Zimmerman, 1986). 이 수요는 기대되는 거래보다 실제 거래의 효과를 요약하는 역사적 정보를 제시하는 방향으로 회계 과정에 영향을 준다(수익 인식 원칙 적용). 이에 비해 주가 변화는 근본적으로 미래 수익성 기대의 변화를 반영한다. 그 결과 현행 수익-이익 관계는 작을 것이다(Kothari, 1992). Lee(1999)는 "미래 교환으로부터의 예상 이익을 보고 이익이 포함하도록(즉, 수익 인식 원칙 포기) 규제기관이 결정하기 전에는, 주가 수익 상관관계가 어떤 기준 결정 의미를 갖는지 알기 어렵다"고 결론을 내린다.

이러한 논쟁에도 불구하고 수익 관계 기준은 자주 사용된다. Dechow(1994), Ayers(1998). FASB(1978, par. 47) 규정이 그 근거로 인용된다.

시장 비효율성의 구체적 형태에 관한 검증 가설의 개발은 회계 제도와 재무 분석가의 회계 정보 이용에 관해 잘 알고 있는 회계인들이 비교 우위를 갖는다. 시장 비효율성 이론은 이익관리 문헌에서 다루는 문제의 본질을 변화시킨다. 즉 이익관리의 동기를 계약 및 정치과정 고려로부터 시장 가격 동기(보고 이익에 대한 지나친 고정관념)를 포함하도록 확장시킨다. 이를 위해 장기간 주가 성과에 대한 조사가 이루어진다. 그러나 여러 가지 방법론 문제(재무 변수의 편중분포, 자료의 생존 편의, 기대 수익률 추정의 곤란성)와 이론 문제(귀무가설 등)가 해결되어야 한다.

제7장

계약 관점

앞장에서는 가치평가 관점과 계약관점의 차이를 자본시장 연구와 관련하여 검토하였다. 이 장에서는 계약관점의 회계 이론을 살펴본다. 계약관점에서 재무 회계는 주주와 경영자 그리고 주주와 채권자 사이의 계약에서 대리 문제를 완화시키는 역할을 중시한다. 회계 숫자는 계약을 이행하는데 필요한 성과평가와 감시 역할을 한다. 부채와 수탁책임 계약 과정에서 재무 회계 숫자가 이용되는 이유와 그 과정을 살펴본다. 이를 전제로 보수주의와 공정가치 회계가 갖는 재무보고의 계약 목적 적합성에 관한 효과를 고려한다.

계약 관점에서 보면, 회계는 조직 장치와 계약 장치의 역할을 갖는다. 1장과 앞장에서 계약 관점의 회계이론에 관하여 이미 검토한 바 있다. 1장에서는 실증적 회계이론 혹은 계약관점의 이론이 경영자와 규제기관의 회계 선택을 설명하고 예측하는 이론이라는 점을 개략적으로 살펴보았다. 그리고 6장에서는 정보관점과 계약관점의 가설을 경험적으로 판별하기 위한 자본시장 연구(방법론적 연구), 경영자의 자발적 공시, 그리고 가치관련성 연구가 회계기준 결정의 근거가 되는지 여부에 관하여 검토하였다. 7장에서는 계약 상황에서 회계 자료가 어떻게 사용되는지를 중심으로 계약관점을 검토하고자 한다. 그리고 8장에서는 대리이론을 통하여 경영자 성과 측정치의 여러 성질을 추가로 검토한다. 이익관리는 10장에서 검토한다.

제1절 개요

1.1 기업과 계약 비용

Watts and Zimmerman(1986, 1990)의 회계 선택이론은 Coase(1937)의 기업이론에 토대를 둔다. 즉 두 사람이 시장을 통하지 않고 생산 과정에서 협동할 때 기업이 존재한다고 정의한다(Watts, 1992). 책상을 만들기 위해 목수가 목재상을 고용하면 양자는 기업을 통해 협동한다. 목수가 시장에서 목재를 구입하면 양자는 시장을 통해 협력한다. 양자는 장기 고용 계약을 갖는다. 이 때 한사람은 기업의 현금흐름에 대해 잔여 청구권을 갖는다. 기업에 대한 이 정의는 지배 구조를 포함한다. Coase(1937)와 Williamson(1975)은 시장에서의 계약 비용보다 기업의 **계약 비용**이 낮기 때문에 기업이 존재한다고 본다. 계약 비용에는 계약과 관련하여 발생하는 모든 직접 및 간접비용이 포함된다.

기업에서 계약 비용이 더 낮은 이유에 대해서는 여러 가지 가설이 검토되고 있다. (1) 계약 측면에서 **규모의 경제**가 존재한다. (2) 팀 생산은 개인이 할 수 없는 일을 하게 해준다. 그러나 생산 함수의 분리불가능성 때문에 사람들은 **게으름 부리기**(shirking)를 하려한다. 이로 인해 계약 비용이 발생한다. 이러한 비용에는 **대리 비용**도 포함된다. 기업은 대리비용을 줄이기 위해 잔여 청구권자는 감시인을 고용한다. 경영자에게 인센티브 보상을 지급한다. 회사 통제 시장도 통제 역할을 한다. 대량의 주식 보유자는 최고 경영자의 노력을 감시한다. (3) 전문화된 자산은 준지대를 갖는다. 전문화된 자산의 계약 당사자는 준지대를 갖기 위해 양 당사자 전체의 생산량을 낮추려 한다. 수직 결합된 기업은 이로 인한 사중 손실(deadweight loss)을 방지한다. 물론 장기 계약이나 보증, 명성 효과에 의해서도 이 문제가 해결될 수 있다. 결국 비용의 크기가 중요하다. (4) 기업은 지식을 창조한다. 개인 채소 가게와 연쇄점을 비교하면, 후자는 지역의 전체 채소 수요를 알 수 있다. 이 정보의 효과는 일종의 공공재로서 무임승차 문제가 수반된다. 기업은 이 문제를 해결한다. 즉 지식 비용도 계약 비용의 일종이다.[1]

기업들 사이의 경쟁 때문에 모든 비용을 부담하면서 가장 낮은 가격에 재품을 판매할 수 있는 기업이 생존하게 된다. 이를 경제적 진화론(Economic Darwinism)이라고 부른다. 계약 비용도 기업의 비용에 포함되므로 계약 비용을 최소화하는 기업은 생존한다. 기업은 새로운 효과적인 계약 장치를 채택하려 한다. 기업의 진화는 오랜 기간 동안에 걸쳐 이루어진다.

1.2 자본 조달과 대리 문제

계약은 대부분의 기업 활동에서 핵심적인 역할을 한다. 복잡한 기업 활동이 주주, 채권자, 경영자, 노동자, 공급자, 고객, 정부를 포함하는 많은 사람들의 협동에 의존할수록 그 중요성은 더 커진다. 이런 상황에서 기업은 대리문제에 직면한다. 대리 문제는 협동 주체들의 목적이 서로 다르고, 각자가 개인 이익을 추구할 때 발생한다. 계약 관점의 회계이론에서는 주로 주주와 채권자 그리고 주주와 경영자 사이의 대리관계를 다룬다.

주주와 채권자 사이의 대리 문제는 주주 지분의 가치를 극대화하려는 주주가 채권자에게 해로운 행동을 선택할 인센티브를 갖는 경우에 발생한다. 예를 들면, 차입 후에 주주는 고위험 사업계획을 선택할 유인을 갖는다. 부채의 유한책임성 때문에 고위험 사업계획은 기대 수익이 높아진다. 마찬가지 이유로 기업은 양의 NPV 사업계획을 포기하고 배당을 높이는 과소 투자 유인을 갖는다. 양의 NPV 사업은 부도 위험을 줄이고 그에 따라 부채 가치는 올라간다. 주주는 모든 투자 비용을 혼자 부담하고 투자 효과는 채권자와 공유하게 된다. 따라서 주주는 채권자로부터 부를 직접 이전시키는 행동, 예를 들면 부채 수준을 높이거나 배당을 지급하는 행동을 하려 한다. 이러한 주주의 행동은 채권자의 원금 상환 가능성을 줄인다.

1 Watts, Accounting Choice Theory and Market-Based Research in accounting, British Accounting Review, 1992.

주주와 경영자 사이에서도 대리문제는 발생한다. 오늘날의 복잡한 조직은 거래 활동과 영업뿐 아니라 경영과 자금 조달 면에서의 비교우위에 초점을 맞춤으로써 발달한다. 자본 공급자에게는 투자 기회 확인, 인재 관리, 효과적인 자원관리 기술이 없다. 그러나 이러한 관리 기술을 가진 경영자는 자본이 부족하다. 이 상황에서 투자자가 자본과 의사결정 권한을 경영자에게 수여함으로써 성립하는 기업이 등장한다. 경영자의 수탁책임 역할은 대리 문제를 야기한다. 즉, 투자자의 대리인인 경영자는 본인(기업의 소유자)의 비용으로 자기의 재산을 증가시키려 한다. 경영권을 가진 경영자는 자기에게 불리한 정보(기회주의 행동 혹은 비효율적인 결정의 노출)를 은폐하고 특권을 남용하여 경영기술에 대한 수익을 증가시키려 한다.

자본 공급 계약은 주주와 경영자 그리고 주주와 채권자 사이의 대리문제를 방지하는 장치를 갖는다. 예를 들어 경영자 보상 계획은 유인 기제를 사용하여 주주와 경영자의 이해관계를 일치시킴으로써 경영자의 도덕적 해이 문제를 완화시킨다.

1.3 재무회계의 역할

재무회계는 계약의 대리 문제 완화 기제에 사용된다. 여기에서는 회계 실무와 규제의 이해에 필요한 핵심 요점을 간추려 보려한다. 아울러 계약 목적에서 재무보고의 목적적합성에 관한 특정 회계 속성의 효과를 일반적으로 고려한다. 여기에서 검토한 결과는 미국 자료에 토대를 둔 것이므로 국제적으로 동일하게 적용된다고 간주할 수는 없다. 계약 측면에서 재무 보고의 역할은 회계 규제, 제도 특성, 법률, 문화의 속성에 따라 국가 별로 많은 차이를 보이는 것 같다.

회계 숫자의 주요 역할은 계약 목적에서의 이용에서 나온다. 시장 참여자 입장에서 보면, 이익발표 기간이 아닐 때 이용 가능한 정보에 비해, 이익발표 기간에 이익발표가 전달하는 새로운 정보는 아주 작다. 이러한 증거를 토대로 Ball and Shivakumar(2008)는 '투자자와 기타 자본시장 참여자에게 제때에 새로운 정보를 제공하는 것', 즉 가치평가 목적의 정보 제공은 보고 이익의 기본적인 경제적 역할이 아니라고 주장한다. 대신에 그 역할은 부채와 보상 계약의 이행을 돕고 또 미리 발표되는 경영자 정보를 규율하는 데에 있어야만 한다.[2]

2 이 장은 L. Shivakumar, The Role of Financal reporting in Debt contracting and in stewardship, Accountig and Business Research, 2013, Vol. 43, No. 4, pp.362–383을 참고 하였음.

재무 회계는 공식 계약과 암묵적 계약에서 중요한 역할을 한다. 법률 용어를 사용하는 공식 계약은 법정을 통해 이행된다. 이러한 계약은 비이행 확률이나 원가가 아주 높거나 혹은 다른 이행 수단이 비효과적일 때 사용된다. 이에 비해 암묵적 계약은 당사자 사이에 법적 구속력이 있는 약속을 의도하지 않고 대신에 계약 당사자들의 선의, 명성 효과 혹은 경제적 처벌 위협을 통해 이행된다. 공식 계약은 계약 불이행 손실을 극소화하고 비기대 성과의 불확실성을 낮추는 면에서 유리하다. 오늘날의 복잡한 계약 장치를 감안하면 암묵적 계약은 잘 사용되지 않을 것 같지만, 실제로는 많이 사용된다. 예를 들면 S&P 500 회사 가운데 절반 이상의 최고경영자 계약은 암묵적 계약이다.

계약에서 회계 숫자를 이용하는 방법은 계약의 공식성 여부에 따라 다르다. 공식 계약에서는 계약 주체의 권한의 범위를 규정하는데 회계 숫자가 사용된다. 예를 들어 계약 체결 시, 회계 숫자는 계약의 모수, 예를 들어 차입 이자율 그리고 보너스 보상 비율을 결정하는데 사용된다. 또한 재협상을 요구하거나 당사자의 행동을 추가로 제약하는 사건을 규정하는데 회계 숫자를 명시적으로 사용한다. 예를 들어 부채 계약은 부채 비율, 이자보상비율 등의 회계 비율을 기준으로 차입, 투자, 배당지급을 제한한다. 이에 비해 암묵적 계약에서는, 공식적 계약에서와 같이 회계 숫자에 대한 특수한 규정을 사용할 수도 있지만, 보통은 일반적인 재무성과 측정치를 적용한다. 예를 들어, 암묵적인 공급 계약에서 결제 조건은 회사의 일반적인 재무상태에 따라 결정되고, 미리 정한 재무적 약점에 의존하지 않는다. 2절과 3절에서는 수탁책임과 부채 계약에서의 재무 회계의 역할을 검토한다. 그리고 4절에서는 회계요소와 재무 보고의 구체적 속성, 즉 보수주의와 공정가치 회계가 계약에서의 회계 숫자 이용에 어떻게 영향을 미치는가를 검토한다.

제2절 수탁책임에서의 재무보고 역할

회사 **지배구조**는 경영자 행동을 본인, 즉 주주의 이익과 일치시키는 대표적인 통제 기제이다. 지배구조에는 내부 기제와 외부 기제가 있다. 전자에는 이사회의 감시, 보상 계획 및 비재무적 보상 계획에 의한 인센티브 조정이 있고, 후자에는 분석가, 집단 소송 변호사, 규제 당국 그리고 경영노동시장과 인수 합병 시장에서의 명성 효과가 있다. 회사 지배의 효과성은 경영자를 감시하는 정보와 인센티브 조정 계약에 사용되는 정보의 품질에 따라 결정된다.

2.1 이사회 감시와 재무 회계

대기업의 주주는 너무 많아서, 모든 주주가 내부 감시를 하는 것은 불가능하고 또 재산적 정보의 누출로 인해 바람직하지도 않다. 이 문제는 이사회에서 주주 대표권을 행사함으로써 해결된다. 경영자를 감시하고 주주의 이익을 보장하는 이사회의 효과성은 그들이 이용할 수 있는 기업 고유 정보에 의해 결정된다.

효과적 감시에는 미래를 전망하는 정보(즉 주가)와 과거를 회고하는 회계 정보가 필요하다. 주가 변화는 경영자가 창조한 모든 가치를 알려준다. 그러나 주가에는 투자자의 기대가 반영되는데, 이로 인해 주가는 잡음을 갖고 감정의 영향을 받는다. 이에 비해 이익은 경영자를 감시하는 좀 더 정밀한 측정치를 제공하며, 과거를 지향하는 숫자는 주관적 기대보다는 실제 현실과 성과에 토대를 둔다. 회계 이익이 경영자를 감시하는 역할을 한다는 주장은 이익과 경영자 교체 사이에 상관관계가 있다는 점을 통해 확인된다.

회계 숫자의 감시 역할 측면에서 보면, 감사에 의해 외부적으로 검증되고, 규제된 재무제표는 이사회에 목적 적합하고 신뢰성 있는 정보를 제공하는 탁월한 수단이다. 그러나 이 재무제표는 적시성이 낮아서, 이사회는 재무제표에만 의존할 수는 없다. 더욱이 감사는 비용과 시간이 많이 들기 때문에 수시로 할 수도 없다. 이사, 특히 독립된 감시자인 사외이사는 일상적인 기업 운영에 참여하지 않아서 경영자의 자발적 공시 이외에는 정보를 얻을 기회가 낮다. 그러나 믿을 만한 경영자의 약속이 없는 상태에서는 경영자가 스스로에게 유리한 발표를 할 가능성이 크기 때문에 자발적 공시의 정보 전달성은 떨어진다.

감사받은 재무보고는 비록 적시성은 낮지만 신용도가 높아 경영자의 개인 정보를 잘 전달한다. Ball(2001), Ball et al.(2012)에 따르면, 감사받은 재무 보고는, 사외 이사 등의 외부인이 재무보고 이전의 경영자 자발적 공시에 대한 진실성을 평가하는 역할을 한다. 그리고 이 역할은 이사회가 미래의 자발적 공시를 평가하는 기초를 제공하고, 경영자가 진실하지 않은 보고를 할 유인을 사전적으로 배제한다. 즉, 경영자는 지금의 거짓말이 나중의 재무제표 감사에서 밝혀질 것임을 안다. 감사받은 재무제표가 갖는 이러한 규율 역할의 효과는 감사인이 보고 자료를 독립적으로 검증할 수 있는지 여부에 의해 좌우된다. 또한 재무 보고가 규율 측면에서 효과적이기 위해서는 과거 지향적인 검증가능한 자료를 보고할 필요가 있다. 이사회의 품질이 높은 기업들은 감사 품질이 높은 대규모 회계 법인을 비싸게 고용한다. 그러면 감사 검증 수준이 높아지고 그 결과 이사회는 경영자로부터 신용할 수 있는 정보를 적시에 공급받게 된다.

사외 이사들(outside directors)이 감시 및 충고 역할을 효과적으로 수행하기 위해서는 높은 품질의 정보가 필요하다. 사외 이사들은 스스로의 상대적인 정보 열위의 정도를 알지 못한다. 따라서 정보 환경의 투명성을 약속하는 기제가 필요하게 된다. 이러한 공시 약속은 자발적 공시와는 구별된다. 공시 약속은 정보 내용과는 무관하게 정보를 제공한다는 사전적 결정이고, 자발적 공시는 정보 내용 관찰 후에 이루어지는 정보 공시의 사후적 결정이다. 이사회는 경영자의 이해관계와 상관없이 경영자가 정보를 공시하도록 강제한다.

투명한 정보환경을 약속하는 장치에는 이익의 적시성(earnings timeliness), 보수주의 회계(conservative accounting), 감사인과 감사위원회, 재무 전문가의 사외 이사 임명, 능동적 투자자(active investors), 부채 조달로 채권자 감시 활용, 경영자 인센티브 계약 등 여러 종류가 있다.[3]

경험적 연구 결과에 의하면, 투명성이 높은 정보 환경에서는 사외 이사들의 수가 많았다. 투명성을 약속하는 장치들 사이의 상호관계는 아직은 많이 규명되지 않고 있다. 그러나 정보 비대칭, 보수주의 적용, 그리고 경영자 지분 인센티브 사이의 관계에 대해서는 상당한 연구가 이루어졌다. 투명성이 낮아서 곤란을 겪는 경우 손실의 적시보고를 약속한다. 보수주의 보고와 경영자 지분 인센티브는 대체적인 감시 장치이다. 즉, 투명성이 낮은 정보 환경에서 보수주의를 더 많이 사용하지 못할 때에는 지분 인센티브를 대신 사용한다. 이는 이익의 적시성과 지분 인센티브 사이의 음의 관계를 통해서도 확인된다. 다른 장치들 사이의 관계도 확인된다. 적시의 이익 예상 빈도가 높으면, 보수주의의 사용은 감소된다. 적극적인 투자자들의 존재는 적시 이익 보고를 대체한다. 투명성을 약속하는 장치들 사이의 상호관계가 파악되면 정보 환경의 투명성에 대한 이해가 더 높아질 것이다.[4]

3 C.S.Armstrong et al., The role of information and financial reporting in corporate governance and debt contractng, JAE, 2010, p.187.

4 C.S.Armstrong et al.(2010), p.198.

2.2 경영자 인센티브

회계 숫자는 최고 경영자 보상 계약에 많이 이용되는데, 보상 계약은 주주와 경영자의 인센티브가 일치하도록 설계된다. 주당 이익, 순이익, 영업 이익 등의 재무 측정치가 많이 사용된다. 최고 경영자 뿐 아니라 상위 경영자의 보상 결정에도 회계 성과 측정치가 사용된다.[5]

회계 숫자가 보상 결정에 이용되는 근본적인 이유는 경영자의 노력을 직접 관찰하는 것이 불가능하기 때문이다. 경영자의 노력을 직접 관찰할 수 있는 이상적인 상황에서는 성과가 아닌 경영자 행동(노력)을 기준으로 보상을 결정하면 된다. 성과는 경영자 노력 이외의 다른 요인의 영향도 받기 때문이다. 따라서 주주가 원하는 행동을 경영자가 선택하도록 하는 것이 가능하다면 성과를 기준으로 보상을 결정할 필요가 없다. 즉 1차 최적해가 가능하다. 그러나 경영자의 행동을 직접 관찰할 수 없는 현실 상황에서는, 주주와 경영자가 모두 관찰할 수 있는 성과 측정치를 기준으로 보상을 결정하게 된다. 대부분의 인센티브 계약에서는 보고 이익과 같은 실현된 성과 측정치를 이용한다. 그러나 성과를 기준으로 하는 보상 계약은 경영자로 하여금 단기성과 목표만을 추구하는 근시안적 행동을 유인하는 문제를 야기한다. 따라서 장기적인 주주 가치 극대화는 배제된다. 또한 경영자는 이익관리를 통해 성과 측정치를 조작하는 데 자원을 낭비할 수도 있다.

그럼에도 불구하고 회계 숫자가 인센티브 계약에 사용되는 이유는 무엇인가? 바꾸어 말하면 회계 성과측정치보다는 주가가 더 적절하고 충분한 성과 측정치라고 언뜻 생각할 수 있다. 주가는 주주의 의사결정에 회계 숫자보다 더 목적적합하다고 주장할 수 있다. 그리고 주주의 부에 직접 영향을 주기까지 한다. 주가는 상위 경영자에 의한 조작도 어렵다. 경영자 행동은 미래 다기간의 성과에 영향을 미치므로 당기 이익보다는 주가를 기준으로 보상을 결정하면 경영자의 근시안적 행동도 방지할 수 있다. 장기 인센티브가 없으면, 경영자는 자기 임기 내에 성과를 산출하지 않는 양의 NPV 투자를 줄이고 또 수익성이 큰 프로젝트를 당기 성과를 위해 처분할 수도 있다(Dutta and Reichelstein, 2003, 2005). 최근에는 주가에 기반을 두는 보상이 차지하는 비중이 높아지고 있다. 주주 재산 변화에 대한 경영자 재산의 민감도는 현금 및 기타 지불보다는 경영자의 주식 보유 및 옵션의 영향이 지배적이다. 현금 보상은 최고 경

5 Shivakumar, The Role of financial reporting in debt contracting and in stewardship, Accounting and Business Research, No. 4, 2013, p.366. 경영자 보상 문제와 관련되는 대리이론에 대해서는 다음 장에서 상세하게 검토한다.

영자의 전체 지불-성과 민감도에서 갖는 중요성이 갈수록 낮아지고 있다.

이처럼 주가를 사용하는 장점이 많음에도 불구하고 실제로는 회계 측정치도 성과 평가에 사용되는 것을 보면 회계 기반 보상 계획이 주가에 비해 갖는 장점이 존재함을 의미한다. 첫째, 사적 회사의 경우에는 주가 기반 보상이 매력적이지 않다. 기존 주주들이 다른 사람의 소유권 보유를 싫어하기 때문이다. 둘째, 주가는 일시적인 유동성 혹은 감정의 영향을 받는다. 따라서 일시적인 주가 변동에 기반하는 보상은 비효율적이다. 주식 유동성은 최고 경영자의 연간 보상의 구성에 영향을 준다. 즉, 주식의 유동성이 증가함에 따라 주가에 관하여 지분-기준 보상 비율과 지불-성과 민감도 양자에 미치는 영향이 더 커지고 있다(Jayaraman and Milbourn, 2012). 셋째, 주가는 가치평가 목적을 위한 정보를 총합하지만, 이 총합은 보상 계약 목적에서는 최적이 아니다. 가치평가 목적에서 증권 시장 투자자는 미래 성과의 예측에 더 많은 관심을 갖고, 기업에 관한 각 신호(기업의 여러 사업의 수익성에 관한 신호)를 합계할 때 각 신호가 미래 이익의 불확실성을 해소하는 정도를 가중치로 삼는다. 그러나 성과 계약 목적에서 최적 신호 합계는 여러 사업에 투입된 경영자의 노력을 정확하게 반영하는 정밀도를 가중치로 사용한다(Paul, 1992). 만일 증권시장 투자자가 기업의 모든 사업계획에 관한 정보를 같은 정밀도(precision)로 관찰한다면, 주식 보상 계약은 경영자 노력의 잡음이 가장 높은 사업계획에 가장 큰 비중을 준다. 이 경우 이 사업계획의 신호는 주가 변동에 가장 많이 기여한다.[6] 넷째, 주식 기준 보상은 경영자의 통제 범위를 벗어나는 산업 혹은 경제 전반 효과에 보상이 좌우되는 추가 위험을 경영자가 부담하게 한다(Paul, 1992). 따라서 주가에 의한 보상과 회계 측정치에 의한 보상은 함께 사용된다.[7]

2.3 외부 통제 기구

외부 지배 구조의 주요 기제는 인수 합병 시장이다. 재무제표는 인수 합병 결정의 핵심 정보로 사용된다. 목표 기업을 선택하고 시너지 효과를 추정하는데 목표 기업의 공개 재무 정보가 이용된다. 비효율적인 경영자를 교체하기 위한 양도인 경우 신뢰성 있는 내부 정보를 얻기 어

6 이 책의 다음 장, p.302-307 참고. 이 항은 8장 2절을 요약하고 있으므로, 학부 강의에서는 8장 2절은 참고만 하여도 무방할 것임.

7 Shivakumar(2013), p.367.

렵다. 재무 보고의 품질이 높은 경우 통제 시장은 더 효과적으로 작동한다. 좀 더 투명한 재무제표를 발표한 기업은 적대적 방법으로 양도될 가능성이 높고, 이는 재무 보고의 품질이 높을수록 통제 시장이 잘 작용함을 보여 준다(Raman et al., 2012). 이들은 또한 재무보고 품질이 낮을수록 경매 프리미엄(경매의 기대가치)이 높아짐을 보인다.

2.4 이익관리 동기

회계숫자가 수탁책임 목적에 사용된다는 점을 전제로, 경영자가 이익을 관리하도록 할 동기를 갖는지 여부를 연구하기 시작하였다.[8] Healy(1985)의 연구를 필두로 하는 많은 연구 결과에 의하면, 경영자는 보상을 높이는 회계 방법과 추정을 사용한다. 전형적인 보상 계획은 이익의 상한과 하한을 포함한다. 경계선 밖의 이익은 보너스와 무관하다. 이런 구조 때문에 경영자는 당기 보너스만 극대화하려 하지 않고 다음 기의 기대 보상도 극대화하려 한다. 따라서 한계 구간 범위 안에서는 이익 증가 방법을 선택하지만, 구간 밖에서는 이익을 낮추는 선택을 하여 다음 기의 이익과 보상을 높이려 한다. Holthausen et al.(1995)은 상한 부근의 결과는 Healy와 일치하지만 하한 부근에서는 다른 결과를 보인다. 이들은 두 연구 사이의 표본 기간의 차이로 이런 결과가 나타난 것으로 해석한다. 90년대 초에는 그 이전의 보너스 풀 공식 대신 기업의 재무성과에 보상을 직접 연결하는 계약 방식을 많이 사용한다. Burns and Kedia(2006)등의 최근 연구는 경영자의 지분 인센티브가 회계 재표시(accounting restatements)의 확률을 높인다는 점을 보여준다.

Dechow and Sloan(1991)에 의하면 회계 기반 보상 계획은 임기 문제를 야기한다. 즉 은퇴 직전의 경영자는 단기 이익 성과를 높이려고 R&D 지출과 같은 투자를 하지 않는다. 새로운 경영자는 자신들의 명성과 보상을 높이려고 첫해의 이익을 다음 해로 이전시킨다. 이러한 점을 토대로 임기 경계선의 경영자(취임 초기 경영자와 말기 경영자)가 이익관리를 하는지 여부를 조사한다.

그럼에도 불구하고, 경영자에게 회계 재량을 허용하는 이유는 회계 숫자의 계약 목적적합성을 희생하지 않으면서 조작을 완전히 없애는 것이 불가능하기 때문이다. 실제로 경영 행동이 완전히 관찰가능하지 않는 한, 예를 들어 주가 성과처럼 비회계 성과측정치를 보상계약에

8 이익관리에 대해서는 이 책 10장에서 상세히 검토한다.

서 기준으로 사용하더라도, 조작 동기를 완전히 없애지는 못한다. 예를 들어 주식 옵션 보상은 경영자 보상을 기회주의적으로 올리는 시기에 이루어진다(Yermack, 1997).

비록 낮은 성과를 은폐하거나 보상을 높이는 이익관리는 대부분 주주에게 불리한 것으로 간주되지만, 이는 반드시 그런 것은 아니다. Arya et al.(1998)은 회계 재량은 소유자 혹은 이사회의 과도한 개입을 방지하는 역할을 한다고 주장한다. 이익 관리가 없으면 이사회가 단기적인 낮은 성과에 과도하게 반응하여 경영자를 자주 교체하거나 혹은 과도하게 감시하는 문제가 발생할 수 있다. 재량을 줌으로써 경영자는 일을 마무리할 수 있는 여지와 시간을 갖게 된다. 이는 단기 이익 충격에 과잉반응하는 주주의 비용을 감소시킨다.

더욱이 소유자와 경영자가 모두 합리적 기대를 갖는다면 이익 관리는 서로에게 손해가 아니다. 합리적 세계에서는, 이익 관리가 예상되면 주주는 계약 시 보상 비율을 그만큼 내리거나 혹은 현금 보상의 형태를 조정할 수 있다. 이는 경영자가 회계 추정과 방법의 재량을 기회주의적으로 사용하여 전체 보상을 높이는 것을 방지한다. 이에 관한 경험적 증거는 없지만, Shivakumar(2000)는 주식 발행과 관련하여 투자자와 경영자 사이의 이익관리 게임에서 유사한 이익관리에 관한 합리적 반응에 관한 증거를 제공한다.

2.5 '양호' 혹은 '미흡'한 지배구조의 구분 문제

지금까지 계약 상황에서의 지배구조 문제를 검토하였다. 경영자, 이사회, 주주들 사이의 대리 갈등 해소를 위한 재무보고의 역할을 강조했는데, 그러나 계약비용이나 당사자들 간의 마찰 때문에 대리문제의 해소에는 한계가 있다. 지배구조와 관련된 재무적 혹은 비재무적 정보를 외부 이사들이나 주주들에게 전달하는 데 발생하는 비용은, 기업의 대리문제를 해소하는 능력에 한계로 작용하는 대표적인 마찰의 한 예이다. 경영자, 이사, 주주들 사이에 정보를 전달하는 데 따르는 비용과 효익은 기업별, 산업별, 국가별로 매우 다양하기 때문에, 이사회 구조나 보상체계 등의 지배구조 메커니즘은 기업 특성별, 산업 특성별 그리고 국가 특성별로 달라질 수 있다. 이러한 다양성은 연구자들로 하여금 지배구조 메커니즘의 비용과 효익, 대리 갈등 문제들이 여러 경제 환경에 따라 어떻게 차이가 나는지를 보다 적절히 이해할 수 있도록 만들어 준다.

여러 연구들마다 지배구조 상의 횡단면적 차이에 대해 명시적 혹은 암묵적으로 서로 다른 시각으로 바라봄으로써, 어떤 지배구조 특성(예를 들면, 외부이사의 비중이 높다든가 성과에 따른 보상지급의 강한 적용 등)에 대해 '양호'('강함')(good or strong) 혹은 '미흡'('취약')(bad or weak)으로, 무조건적 등급을 부여하는 경향이 많다. 이를 정리하여 Armstrong et al.(2010)에서는 '미흡'한 지배구조란 기업이 주주와 경영자 사이에 심각한 대리 갈등을 겪고 있고, 이러한 문제를 해결할 수 있는 '양호'하거나 보다 '개선된' 지배구조를 실행하는 데 계약비용이나 마찰이 방해요소가 되고 있는 경우를 의미한다고 본다.

여기서 한 가지 주의할 사항은 어떤 지배구조를 '양호' 혹은 '미흡'으로 주장할 경우, 어떤 기업에 있어서는 '미흡'한 구조의 반대 개념이 '양호'한 구조는 아니라는 점이다. 예를 들면, 많은 논문들이 외부이사의 구성비중이 상대적으로 높으면 이를 양호한 지배구조로 구분함으로써 외부이사 비중이 높은 것이 '최선'의 지배구조를 의미하는 것으로 간주하고 있다. 그러나 이러한 구분은 '미흡'한 지배구조를 가진 기업의 이사회에서 사외이사의 비중이 낮을 수밖에 없는 경제적 이유나 경험적 증거들을 소홀히 한다는 문제를 안고 있다.

또 한 가지 강조할 점은 단순히 대리 갈등이 존재한다는 것 혹은 대리갈등으로 인한 행동들(예를 들면, 이익관리나 혹은 심지어 회계부정)이 관찰된다는 것 그 자체만으로 그 기업의 지배구조가 주주들이 원하는 지배구조로부터 이탈된 것이라고 간주해서는 안 된다는 것이다. Jensen and Meckling(1976)이 지적한 것처럼 어떤 지배구조도 대리문제를 완전히 해소할 수는 없으며, 따라서 가장 잘 형성된 지배구조 기업에서도 경영자들의 행동에는 대리갈등 증거가 관찰될 수 있다. Guay(2008)는 이사회가 CEO에 부여한 의사결정 재량에 관해 언급하고 있다. 분산 소유된 공개기업(widely held corporation)의 경우, 주주들은 막대한 정보획득 및 조정비용으로 인해 많은 실질적 의사결정 권한을 이사회에 광범위하게 위임하고 있음은 널리 알려진 사실이다. 또한 어떤 경우에는 경영자들이 주주들의 이익에 반하여 기회주의적으로 행동할 가능성이 있지만, 주주들과 동일한 이유에서 이사회가 많은 실질적 결정권한을 경영자에게 위임하는 것이 더 효율적이다.

지배구조의 '양호' 혹은 '미흡'의 구분에 관해 다른 접근방법은 무조건적인 구분이 아니라 어떤 최소기준에 따른 조건적 구분을 취하는 입장이다. 다시 말해, 해당 기업과 관련된 경제적 특성, 그 영업 혹은 정보 환경, 지배구조의 보완 혹은 대체과정 등의 상황적 요인을 고려하여, 특정 지배구조의 '양호' 혹은 '미흡' 여부를 결정하는 것이다.[9]

9 이러한 맥락에서 어떤 특정 경제적 속성 면에서 지배구조가 '너무 과도'(too much)하거나 '너무 미흡'(too little)한 경우도 '미흡'한 지배구조로 구분된다는 것으로, 예를 들면 외부이사들의 수가 너무 과도하거나 너무 소수인 경우에도

조건적 상황에 따라 구분할 경우, 예외적 지배구조를 가진 것으로 분류되는 여러 기업들이 있다면, 이런 예외적 지배구조를 갖게 된 이유는 무엇인가? 기존의 여러 문헌을 토대로 크게 세 가지 가능성을 제시할 수 있다(Armstrong et al. 2010). (1) 연구자들에게 알려지지 않았지만, 지배구조에 영향을 미치는 기업 특유의 어떤 결정요소가 존재할 수 있다. (2) 주주들이 합리적으로 행동하지만, 어떤 경제적 마찰이 존재하여 주주들의 '양호'한 지배구조 형성을 방해했거나, 그 형성과정이 매우 완만하게 진행되고 있을 수 있다. (3) 주주들이 비합리적으로 행동함으로써 주주가치를 극대화 하는 지배구조 체계를 제도화지 못할 수 있다. 세 번째 가능성은 현실적으로 다루기가 어려운 부분이며, 첫 번째 가능성에 대해서는 연구자들이 더 정교하게 이러한 가능성을 연구모형에 도입해야 한다. 두 번째 가능성은 향후 여러 연구들에서 관심을 더욱 확장해야 할 점이다. 기업이 보다 개선된 지배구조를 갖는 것을 방해하는 비용이나 마찰요인들을 계량화하고, 이러한 기업 간 마찰요인들의 횡단면적 차이를 확인하는 데, 향후 연구들이 더욱 집중되어야 한다는 것이 계약 관점 학자들의 공통된 인식이다. 마찰요인들의 기업 간 횡단면적 차이는 **조직구조**, **소유권 구조**, 경영자와 주주 사이의 **정보 비대칭** 등 기업의 경제적 특성이나 기업의 지역적 특성 등과 연관이 있을 것으로 보인다.

마찰요인의 기업 간 차이 외에도, **규제 체계의 차이**(즉, 규제 환경의 국가 간 혹은 증권거래소 간 요건차이 등)가 지배구조의 차이를 가져올 수도 있다. 이러한 점들에 대한 심층적 연구는 관련 연구를 위한 풍부한 가설의 개발이나 검증능력의 향상을 위해 매우 중요한 기여를 할 수 있다. 지배구조 측정치와 기업성과나 회계품질과 같은 결과와의 강건한 관련성(robust relations)을 제시하기는 어렵다(Larcker, Richardson and Tuna, 2007; Dey, 2008).[10]

2.6 회계정보와 소유 구조

기업을 계약의 집합체로 인식할 경우, 계약 당사자로서 주주는 하나의 집단으로 간주된다. 그러나 주주집단은 실제 지분권이 많은 대주주도 있고, 지분권이 낮은 소수 주주도 있다. 여

그 지배구조는 '미흡'한 구조가 된다.

10 이러한 결과에 대해, Larcker et al.(2007)은 소위 '기업 지배구조'라고 명명된 복잡한 구조를 신뢰성 있고 타당하게 측정할 측정치를 개발하기가 어렵기 때문이라고 주장한다. 이 의견에 대해, Armstrong et al.(2010)은 '양호한 기업 지배구조'에 대한 신뢰성 있고 타당한 측정치 개발이 어렵다고 표현하는 것이 적합하다고 말한다. 다시 말해, 기업 지배구조의 여러 차원들을 확인하는 것도 쉽지는 않지만, 이보다는 각 기업들이 확인된 어떤 차원에서 구체적으로 어느 단계에 있는지를 측정하기가 더 어렵다는 의미이다.

기에서는 기업의 정책에 대한 통제권을 지닌 대주주 혹은 지배 주주(controlling shareholders)와 소수 주주(minority shareholders) 사이의 대리 갈등 문제를 살펴본다. 지배 주주가 존재하지 않거나 지배 주주와 소수 주주의 목적이 일치하는 기업의 경우, 대리 갈등 문제는 전체 집단으로서의 주주와 다른 당사자들(경영자, 이사회, 채권자 등) 사이에 발생한다. 그러나 지배 주주가 소수 주주와 다른 목적함수(예를 들면, 자신들의 지배권을 기반으로 한 개인적 이익의 추구)를 가질 경우, 소수 주주들은 대리갈등이나 계약 문제에 있어서 채권자 등의 다른 자본공급자들과 유사한 입장에 있게 된다.

분산 소유되고 있는 기업들과 비교하여, 소유와 통제의 분리정도가 낮고 이사나 경영자가 개인적 관계에 따라 선출되며, 경영자 감시도 보다 집중적으로 이루어질 수 있으면, 지배 주주는 경영자나 이사회와 대리 갈등이 매우 낮은 것으로 생각된다. 그 결과, 경영자 감시를 위한 고품질의 공시나 재무보고에 대한 수요는, 경영자 감시를 주로 외부이사에 의존하고 있는 분산소유 구조를 가진 기업들에 비해, 지배 주주를 가진 기업들에서는 그 중요성이 낮다(LaFond and Watts, 2008). 그러나 지배 주주들이 지배권을 이용하여 과도한 향락이나 개인적 목적의 투자결정 등 개인적 이익을 취할 힘과 동기를 갖는 경우에는 지배 주주와 소수 주주 사이에는 중요한 갈등문제가 존재할 수 있다(Shleifer and Vishny, 1997).

기업의 성장과정에 필요한 추가 자금은 통상 외부 주주나 채권자로부터 조달한다. 채무자들의 사적 이익 추구를 위한 행동 가능성을 채권자들이 합리적으로 기대하는 것처럼 소수 주주들도 지배 주주들과의 대리 갈등 가능성을 인식하며, 이 갈등이 클수록 주가를 낮추려 한다. 결국 지배 주주들은 소수 주주들을 이용하여 이익을 취하지 않겠다는 것을 약속하고 보증하게 된다. 다시 말해, 부채 계약에서 채무자의 영업 혹은 투자결정 재량에 대한 구속적 제한을 약정하는 것처럼, 지배 주주들도 기회주의적 이익을 제한하는 내부적 장치(예를 들면, 고품질의 투명한 재무보고)를 마련한다. 이러한 감시 및 보증이 모든 대리 비용을 없애지는 못하고 또 감시 및 보증에도 비용이 들기 때문에 대리 갈등으로 인한 기업가치의 하락은 불가피하다. 이 점 또한 주주와 채권자들 사이의 갈등으로 인한 결과와 매우 유사하다(DeAngelo and DeAngelo, 1985).

경험적 연구를 검토하자. Fan and Wang(2005)은 동아시아 기업들을 조사하여, 소유권이 집중된 기업은 고품질 감사인(소위 'Big 5')을 채택하는 경향이 높다는 점을 확인하였다. Ali, Chen and Radhakrishnan(2007)은 가족소유 기업을 조사하여 가족소유 기업들이 악재(bad news)를 보다 적시에 보고하고, 이익 수치의 품질도 높으며, 재무 분석가가 더 많이 추종하고, 매매가격 호가 차이(bid-ask spreads)가 더 낮음을 확인해 준다.

이들의 연구 결과와는 상반되게, Francis, LaFond, Ohlson, and Schipper(2005)에서는 이중 의결권 주식(dual-class stock) 구조[11]를 가진 기업이 상대적으로 이익의 정보성(informativeness)이 낮고, Fan and Wang(2002)에서는 동아시아 기업의 경우 소유권 통제의 정도는 이익의 정보성과 음의 상관관계를 보여준다.

외부 계약 당사자들의 정보 수요는 소유권 구조에 따라 다양하며 따라서 재무보고의 품질과 소유권 구조 사이의 관계도 복합적이다. 예를 들면, 위에서 언급했던 Fan and Wang(2002)이나 Francis et al.(2005)은 지배 주주는 공개 정보 없이도 경영자를 감시할 수 있으므로 고품질 재무보고의 수요는 작고 재산적 정보를 잘 보호한다고 주장한다. 기관 투자자는 사적 정보에 접근할 수 있고, 따라서 고품질의 시기적절한 공시를 크게 필요로 하지 않는다.

지배 주주가 존재하는 기업에서 재무보고가 지배 주주의 도덕적 해이를 방지하는 약속도구로 사용되는지, 아니면 정보환경을 왜곡하고 개인적 이익을 보다 쉽게 얻기 위한 도구로 사용되는지 여부는 아직 해결되지 않은 상태이다. 또한 재무보고의 투명성을 높이는데 분산 소유가 집중 소유보다 더 우월한지 여부도 마찬가지이다. 이 문제에 대한 답은 주주 소유권 구조가 투자나 영업 의사결정 측면에서 효율적 역할을 하는지, 아니면 경영자나 기업가, 설립자 가족 혹은 기타의 투자자들이 개인적 이익을 취하는 수단으로서 역할을 하는지 여부에 달려 있다(Armstrong et al., 2010). 이 문제는 재무보고가 주주와 채권자 사이의 대리문제에서 갖는 역할에서도 동일하다. 재무보고가 순기능 혹은 역기능을 하는 조건이 핵심 관건이다. 부채계약을 연구한 기존 문헌에서는 전자를 지지하는 입장에서 재무보고가 담당하는 사전적 역할을 주장하는 경우가 많다. 이점에 관해서는 다음 절에서 보다 자세하게 검토한다.

11 이중 의결권 주식 구조란 현금흐름에는 동일한 권리를 가지지만 의결권에서는 권리가 다른 두 종류의 주식으로 구성된 소유구조를 발한다.

제3절 부채 계약에서의 재무 회계의 역할

부채 시장에서의 차입은 가장 전형적인 자금 조달 방법이다. Armstrong et al.(2010)은 2006년도에 미국 기업 자금 조달의 95%가 차입에 의존한다고 주장한다. 차입은 은행 또는 은행 신디케이트와의 개인적인 협상, 혹은 사채의 공개 발행을 통해서 이루어진다. 두 형태 모두 채권자는 대리 문제에 직면하지만, 대출 은행은 예산, 기타 상세한 재무 자료와 같은 재산적 정보를 얻을 수 있다. 이 때문에 대출 은행이 재무제표에 의존하는 비중은 낮아진다. 이에 비해 회사채의 경우 재산적 정보는 투자자에게 발표되지 않는다. 이러한 정보는 신용평가기관을 통해 간접적으로 사채의 가격 결정에 반영된다. 유리한 재산적 정보를 가진 기업은 은행 대출과 같은 사적 대출을 선호한다. 증권시장은 새로운 은행 대출 발표에 긍정적으로 반응한다(James, 1987).

대부분의 부채 연구는 Jensen and Meckling(1976)의 대리 이론 관점에서 개발된다. 이 이론은 다음과 같은 세 가지 요점을 갖는다. 첫째, 소유자/경영자는 외부 자본공급자의 손해를 통해 자신의 이익을 높이는 행동을 할 인센티브를 사후적으로 갖는다. 둘째, 외부 자본 공급자는 이러한 행동을 예상하고 자신들의 청구권을 보호하는 가격을 결정한다. 셋째, 소유자/경영자는 이 가격 보호를 예상하고 사전적으로 이러한 행동을 제한하기 위하여 감시 및 보증 비용을 부담하려 한다.

Smith and Warner(1979)는 채권자와 주주 사이에 발생하는 대리 갈등을 네 가지로 분류한다. 첫째, 채권자는 주주가 과도한 배당을 통해 그들의 부채를 상환할 자원을 감소시키는 데에 관심을 갖는다. 둘째, 추가 부채를 얻어 원금 상환 가능성을 줄인다. 셋째, 더 위험한 자산에 투자함으로써 채권자의 부가 주주에게로 이전된다(**자산 대체 문제**). 넷째, 양의 순현가 프로젝트의 효과가 주주보다는 채권자에게 더 큰 경우 그에 대한 투자를 포기함으로써 부도 위기를 맞는다(투자보다는 배당을 선택함으로 인한 **과소 투자문제**).

회계 정보는 부채 계약 과정에서 발생하는 대리 비용을 감소시키는 면에서 중요한 역할을 한다. 부채 계약은 회계 정보에 기준을 두는 **부채 약정**을 포함하는데, 이를 통해 과도한 배당 지급, 추가 차입을 제한한다. 기업 자산을 담보로 제공하여 위험을 전가시키는 채무자의 행위를 제한한다. 채권자는 또한 자본적 지출 제한, 자산 매각 혹은 교환을 제한하여 자산 대체를 방지한다.

과소 투자 문제를 방지하거나 성장 시 위험 수준을 일정하게 유지하도록 할 방법을 설계하는 것은 곤란하다. 이 경우 채권자는 이자율, 만기 등을 조정하여 가격 결정에 의한 보호 기제를 사용한다.

외부 주주와의 계약이 대부분 비공식적인데 비해, 부채 계약은 명시적이며 회계 숫자를 기준으로 하는 조건이나 조항을 사용한다. 암묵적 계약과 마찬가지로 부채 계약도 경영자의 회계 선택에 영향을 미친다. 여기에서는 계약 단계별로 회계 시스템 속성의 중요성과 회계 선택에 미치는 영향을 검토한다.

3.1 부채 계약 시 회계의 역할

부채 계약 시, 재무제표는 계약 내용을 결정하는 핵심 정보를 제공한다. 재무제표는 가치 평가(이자율 결정) 이상의 큰 역할을 한다. 재무제표는 부채 계약의 다른 특징, 예컨대 지불능력, 전환성, 상환 계획, 담보 필요성을 결정하는데 자료를 제공한다. 계약 모수 결정에 회계 숫자가 사용되는 방식은 비공식적이고 주관적이다.

채권자는 주주에 비해 우선권과 담보 설정권을 갖는다. 이로 인해 회계 정보 속성에 대한 수요가 달라진다. 채권자는 상환 능력을 평가하기 위해 기업에게 감사받은 재무제표를 요구한다. 은행과 같은 사적 채권자는 예산, 예상, 그리고 기타의 재무 정보를 요구하는 정보 우선권을 갖는다. 채권자는 하방 위험, 담보 가치 평가, 기존 사업계획과 예상 투자로 인한 미래 기대 현금흐름의 시기와 위험을 평가하는데 필요한 신뢰 가능한 정보를 원한다. 이러한 채권자의 수요를 충족하지 못하면, 기업의 부채 시장 접근은 곤란하게 된다.

제도적 차이로 인해 채권자(은행 혹은 공적 (회사채) 투자자)별로 요구하는 회계 정보의 속성이 달라진다. 은행과 같은 사적 채권자는 사적 정보에 대한 접근이 가능하지만 공적 채권자는 그렇지 못하다. 사적 채권자와 평가 등급 결정기관은 공정 공시의 제한을 받지 않는다. 이들은 경영자와 비공개 정보에 접근할 수 있다. 차입 이전과 차입 기간 중에 필요한 자료를 청구할 수 있다. 공적 부채 채권자는 재산적 정보에 접근할 수 없다. 양자 사이에는 다른 차이도 존재한다. 회사채 보유자는 재협상에 2/3 이상의 승인이 필요하다. 그 결과 공적 부채의 재협상 비용은 사적 부채보다 더 높다. 공적 부채는 증권 감독의 대상이 되지만 사적 부채는 그렇지 않다.

이러한 차이로 인해 부채의 종류에 따라 필요한 회계 정보의 유형, 계약상의 특징, 채권자에 대한 인센티브가 달라진다. 예를 들면, 공적 부채는 재협상 비용이 높기 때문에 사적 부채에 비해 부채 약정이 없거나 느슨하다.

마찬가지로 회계 시스템의 역할도 다르다. 은행은 정보 접근 면에서 우월하기 때문에 역선택 비용이 낮고 따라서 회계 품질이 낮은 기업에게 대출을 허용한다. 공시 비용이 높은 기업은 대출을 선택한다. 회계 품질이 낮으면 리즈를 더 선호한다. 대출이나 리즈는 기업의 재무 곤란 시 더 큰 법적 보호를 받는다.

사적 채권자 사이에서도 부채 계약에 차이가 난다. 보험 회사는 은행에 비해 만기가 더 길다. 은행은 신디케이트(다수 채권자)를 구성하는데 보험회사는 그렇지 않다. 그 결과 감시와 재협상 비용 면에서 달라지게 되고 또 부채 조항과 회계 역할 면에도 영향을 준다. 보험회사는 은행에 비해 GAAP을 더 수정하고, 부채 조항에 의한 제약이 더 많고, 이처럼 감시가 강한 대신 여유는 더 많다. 이는 채무자의 필요와도 일치한다. 재무 보고의 신용 품질이 높으면 신디케이트 대출의 비중이 작아지고 그 집중율도 낮아진다.

재무 회계 시스템의 속성은 차입 계약의 설계에 영향을 미친다. 차입 조건의 결정면에서 재무 보고의 중요성은, 재무제표가 투명성이 낮으면 이자율이 높아지고 차입조건이 엄격해진다는 점에서 알 수 있다(Bharath, et al., 2008). 또한 사적 기업이 자발적으로 감사를 받는 경우 이자율이 더 유리하다는 연구 결과도 이를 뒷받침한다(Minnis, 2011).

Armsrong et al.(2010)은 재무 보고가 계약 조건에 미치는 영향을 정리한다. 즉, 재무 보고는 이자율, 만기, 담보, 성과에 따른 가격 조정, 가격 조정의 유형, 또 그 절차, 부채의 규모, 추가 차입 제한, 투자 제한, 자산 매각 및 교환, 재무 (비율) 조항, 배당 제한, 이익 연계 순가치 기준(income escalators), GAAP의 수정 여부 등의 계약 조건에 영향을 미친다.[12] 여기에서는 이 내용을 부채 약정의 역할, 가격 결정 역할, 그리고 GAAP 수정과의 관계로 나누어 간단히 검토한다.

3.2 부채 약정의 역할

회계 숫자의 좀 더 공식적인 역할은 부채 약정(debt covenants)에서 나타난다.[13] 부채 약정은 대부분 부채와 관련된 대리 비용을 감소시키는 역할을 한다. 대리 문제는 채권자와 기업의 정보 비대칭 때문에 발생하므로 기업의 재무 보고는 부채 약정과 관련된다. 부채 약정은 차입 계약 시, 당시 및 미래에 예상되는 재무 보고의 속성을 감안하여 설계된다.

12 Armstrong et al.(2010), p.218.

13 부채 계약의 내용은 두 부분으로 구성된다. 차입 금액, 이자율, 만기, 지급 방법 등은 계약의 본질적 내용이고, 계약의 이행을 위한 추가 약정 부분이 있다. 이 추가 약정을 본서에서는 부채 약정이라고 부른다.

예를 들면, 보수주의 보고는 부채 약정과 관련된다. 보수주의가 많이 적용되는 기업은 회사채 발행 시 부채 약정을 많이 사용한다. 부채 약정과 적시 손실 인식 정도는 대리 비용 감소 측면에서 보완작용을 한다(Nicholaev, 2008). 회계 재표시, 내부 통제의 취약성은 부채 약정, 담보 제공 등의 부채 계약 설계에 영향을 준다.

부채 약정은 채무 기업의 활동을 제약하든가(제약적 약정, restictive covenants) 혹은 특정 행동을 요구한다(적극적 약정, affirmative covenants). 예를 들어, 전자에는 배당 지급, 추가 차입의 제한을, 후자에는 재무제표 감사, 운전자본의 최소 수준 유지에 대한 요구의 예를 들 수 있다. 많이 이용되는 회계 숫자는 순자산, 이자 보상 비율, 부채 비율, 당좌 비율 등이다.[14]

부채 약정은 사채 보유자에게 불리한 경영자 행동을 직접 제한하고, 경제성과 하락 후 재협상의 기회를 알려준다. Christensen and Nikolaev(2012)는 부채 약정이 어떤 대리문제를 완화시키는가를 기준으로 자본 약정(capital covenants)과 성과 약정(performance covenants)으로 분류한다. 전자는 대차대조표 자료(예: 부채 비율)를 사용하는데, 주주에게 자본을 충분히 유지하여 경영 행동에 민감하도록 요구한다. 이 약정은 채권자와 주주 사이의 이해관계를 조정하고 채권자가 경영자를 밀착 감시하게 한다. 이에 비해 성과 약정은 손익계산서와 현금 흐름표 자료를 사용하며 경제적 성과가 낮은 상태에서 통제 여부를 결정하는 인계선 역할을 한다. 재무적 한계가 심한 기업의 경우, 자본 약정은 너무 심하게 제약하기 때문에 상대적으로 성과 약정이 더 많이 사용된다. 성과 약정은 재무제표가 신용 위험 변화를 잘 반영하는 기업에서 더 효과적이기 때문에 회계 정보가 잘 전달되는 기업에서는 성과 약정이 더 많이 사용된다.

Demerjian(2012)은 채무자에 관한 불확실성 때문에 발생하는 계약 문제를 해결하는 약정의 역할을 주장한다. 대출자는 채무자의 재무상태가 불확실한 경우 대출을 중단하려 한다. 이로 말미암아 극단적으로는 대출 시장이 소멸될 수 있다. 약정은 이 문제를 방지한다. 즉, 채무자에 관한 추가 정보가 나올 때 재협상할 수 있는 약속을 사전적으로 제공한다. 대출 계약 시점에서는 제한된 정보로 계약을 하지만 나중에 충분한 정보가 나오면 재협상할 것을 미리 약속하는 것이다. Demerjian의 주장 이전에는 약정은 대출이 이루어진 후 발생하는 대리 문제와 채무자의 경제 환경의 변화에 초점을 맞추었다. 그러나 Demerjian은 대출 계약 시점에서의 정보 관련 문제의 해결을 주장한다.

이론적으로 말하자면, 신뢰성이 높은 즉 품질이 높은 재무 보고는 약정의 이용을 높일 수도

14 이 항은 L. Shivakumar(2013), pp.369-371 참고.

있고 낮출 수도 있다. 재무보고의 품질이 낮으면 계약 시점에서 불확실성이 크기 때문에 위에서 검토한 이유로 약정의 수요가 증가한다. 그러나 신뢰성이 낮은 회계 숫자는 약관에서 이용 가치가 낮고 또 채무자의 재무 상태가 나빠짐을 신호하기 때문에 약관에 대한 수요가 감소한다고 생각할 수 있다. 실제 조사 결과는 후자를 지지하고(Costella and Wittenberg-Moerman, 2011), 또 재무 상태가 나빠진 경우에는 비회계 자료를 이용하는 조항을 더 많이 사용한다(Graham et al., 2008). 예를 들면 Standards and Poor's의 공시 지수가 낮으면 배당 제한 조항을 더 많이 사용한다(Chava et al., 2010).

Ball et al.(2008)은 신용 위험 악화를 적시에 알려주는 고품질 재무 보고는 신디케이트 대출의 소유 구조와 계약 구조에 영향을 준다는 사실을 찾아내었다. 재무 보고 품질이 높으면 주대출자와 참여 대출자 사이의 정보 비대칭성이 낮아져서 주대출자의 지분이 낮고 아울러 신용 등급보다는 단일의 성과 가격 결정 조항이 더 많이 사용된다.

3.3 가격 조정 역할

Jensen and Meckling(1976)에 따르면 채권자의 비용으로 주주의 이익을 높이려는 경영자의 유인으로 발생하는 대리 비용의 가장 중요한 결과는 **이자율**이 높아지는 것이다. 회계 보고 속성의 변화는 대리 비용에 영향을 주고, 그 결과 이자율이 달라진다.

예를 들면, 보수주의 보고가 많이 적용된 기업은 신용 등급이 높은 경향이 있다. 물론 신용 등급이 높으면 이자율은 낮아진다. 회계 품질과 이자 비용도 관계를 갖는다. 마찬가지로 회계 품질과 투명성은 신용 등급과도 관계를 갖는다. 기준 금리(LIBOR)와 실제 금리와의 차이에 관한 자료를 쉽게 이용할 수 있게 된 후에는 이자율 차이를 직접적으로 조사하게 된다. 공적 부채의 경우 사적 부채의 경우에 비해 회계 품질의 영향이 더 크다.

회계 품질에 영향을 주는 감사인의 규모나 품질, 감사 위원회의 독립성, 지배 구조의 건실성도 부채 비용과 관련을 갖는다.

재협상 비용도 영향을 받는다. 채무자의 재무 상태가 변화하면 대출자와 채무자 모두 원래의 계약 조건을 바꾸고자 한다. 채무자의 신용 품질이 좋아지면 채무자는 이자율을 낮추려고 할 것이다. 그 결과 비용이 드는 재협상을 하게 된다. 특정의 성과 측정치와 다음 해의 이자율을 자동적으로 연동시키는 약정은 이 비용을 절약시킨다. 재협상 비용은 흔히 신용 등급 혹은 회계 비율(예: 부채-이자, 세금, 감가상각 공제전 이익 비율, 이자 보상비율, 부채비율, 고정비 보상비율)로 측정된다(Asquith et al., 2005).

재협상, 역선택, 도덕적 비용이 높을 때에는, 성과-가격 조항이 부채 계약에 많이 사용되는 경향을 갖는다. 따라서 채권자가 성과-가격 선택 조항을 기업에게 선택하도록 하면, 그 선택의 결과에 따라 채권자는 기업의 성장 기회를 확인할 수 있다(Manso et al., 2009). 또한 회계 정보의 부채 계약 가치가 높을수록 성과-가격 조항은 회계 정보에 기반을 두는 경향을 갖는다(Ball et al., 2008).

3.4 GAAP의 수정

부채 계약에 회계 숫자가 이용되면, 채무 기업의 경영자는 재무 숫자를 조작하려 한다. 조작을 통하여 자본 비용을 낮추거나 약관 침해를 회피할 수 있다. Jensen and Meckling(1976)은 기업이 회계 재량을 이용하여 부채 약정의 제약에 영향을 미치려 하면 채권자는 가격(이자율)을 조정하여 스스로를 보호하려 한다고 본다.

또한 이러한 조작을 방지하기 위해 채권자는 자발적 회계 변경뿐 아니라 심지어 강제적 회계 변경의 효과를 배제하려 한다. 그리고 계약에 고정된 GAAP(frozen GAAP)을 사용하려 한다. 그러나 채무자가 여러 종류의 부채를 이용하는 경우 각 부채에 맞는 회계 숫자를 표시하기 위해서는 GAAP이 고정되면 여러 개의 장부를 쓰려고 할 것이다. 여러 기준에 맞는 장부를 유지하는 데에는 비용이 많이 들고 혼란도 야기된다.

실제 조사로는 약정의 절반 정도가 고정된 GAAP을 요구한다(Beatty et al., 2002). 그리고 채권자는 채무자가 허용된 회계 재량을 이기적으로 사용할 것으로 예상하고 높은 이자율을 부과한다. 영업권을 반영하지 않도록 회계 기준이 변경되자 그에 따라 순자산 계산에서 영업권을 제외하도록 약정이 변경되었다.

그리고 약정에서 사용하는 순이익의 정의에서는 일시적 이익을 제외하는데, 순가치 정의에서는 포함시킨다(Li, 2010). 누적된 기타 포괄 이익은 순가치에 포함시키지만 포괄이익은 사용하지 않는다. 부채 계약에서 손익계산서는 채무자의 미래 상환 능력 저하를 경고하는 역할을 하는데, 일시적 항목은 이 역할에 유용하지 않기 때문이다.

3.5 부채 계약과 이익 관리

여러 연구에서 약관 침해가 비용이 드는 경우, 채무 기업에서는 이를 회피하기 위해 이익을 관리하는지 여부를 조사하였다. 초기 연구에서는 그 증거를 찾지 못하였다(Healy and Palepu, 1990). 그러나 Sweeney(1994)의 연구에서는 실제 부도 기업을 조사한 결과, 부도 이전 기간에 이익 증가 방법을 선택한다는 사실을 보여준다. Graham et al.(2005)의 설문 조사 결과는 재무 상태가 취약한 채무 기업의 CFO들이 약정 조항을 회피하는 회계 방법을 선택한다고 주장한다. Dichev and Skinner(2002)는 조항 여유(covenant slack; 기준과 실제 값의 차이)가 영을 중심으로 대칭 분포를 한다고 보고 조사한 결과, 영보다 약간 높은 여유의 밀도는 높고 영보다 약간 낮은 여유의 밀도는 낮음을 발견하여 이를 이익 조작의 증거로 해석한다. Kim et al.(2010)은 발생 조작 보다는 재량적 지출 혹은 자본 투자와 같은 실제 결정을 통한 이익 조작을 더 선호한다고 주장한다. 실제 결정은 최적 결정과 구분하기 어렵기 때문에 감사인이나 규제 기관의 감시를 피할 수 있다.

3.6 미완성 계약 이론

Armstrong et al.(2010)은 최근에 개발된 중요한 재무이론 및 경제학의 계약 이론을 소개한다.[15] Hart(1995)와 Tirole(1999)은 새롭게 개발된 이론을 미완성 계약 이론이라고 부른다. 기업에 관한 표준적인 '본인-대리인' 관점은 계약을 작성하는 비용을 무시하는데 이는 커다란 이론적 약점이다. 즉, 두 당사자가 계약을 협상할 때, 계약 후의 모든 상태를 규정하는 완성된 계약을 하기 위해 필요한 정보를 얻는 데에는 매우 큰 비용이 들거나 혹은 아예 불가능하다. 만일 '완성된 계약'의 작성 비용이 매우 높다면, 계약에는 특정 상태에서 재협상을 허용하는 조항이 포함될 것이다. 어떤 상태의 결과는 인정하지만, 다른 상태 하에서는 재협상을 한다.

전통적인 대리 이론에서, 부채 계약 과정에서 회계 정보가 유용한 이유는 주주가 채권자의 이익을 침해하지 않는다고 약속하는데 회계 정보를 이용할 수 있기 때문이다. 미완성 계약 이

15 Armstrong et al.(2010), pp.225-226.

론의 관점에서는, 회계 정보는 대리 비용과 완성 계약 작성 비용 모두를 감소시킨다. 회계 측정치를 재협상에 관련시킴으로써, 이 이론은 미래 회계 연구에 새로운 길을 열어 주었다.

회계 숫자에 기준을 두는 약정은 주주가 특정 행동을 하지 못하게 약속하는 기제일 뿐 아니라 기업의 투자 기회에 관한 새로운 정보가 이용 가능할 때에는 재협상하는 조건을 정하는 역할도 수행한다(Garleanu and Zwiebel, 2009). 이 이론에 의하면, 부 이전의 형태와 크기에 관해 채권자와 소유자 사이의 정보 비대칭이 클수록 부채 약정은 더 많이 (엄격하게) 제약할 것이다. 또한 이러한 정보 비대칭은 기업 내부에서도 복잡성과 투명성의 결여 면에서 증가한다. 이 경우 소유자는 채권자에게 특정 투자를 금지하는 권한을 부여할 것이다. 또한 현금 흐름과 현금 보유의 크기와 예측가능성은 약정의 엄격성과 양의 상관관계를 갖는다. 현금이 많으면 부의 이전이 용이하기 때문이다. 아울러 재무 약정이 침해되면, 미래에는 더 여유 있게 약정할 것이다.

Sridhar and Magee(1996)는 기업이 채권자와 주주에게 관찰 가능한, 기업의 미래 가치에 관한 두 개의 신호를 보내지만, 채권자는 검증 불가능한 두 번째 신호는 이용할 수 없는 상황을 분석하였다. 이 모델에서 그들은 부채 계약에 포함되는 변수의 특성을 밝히고자 하였다. 계약 변수의 보고 자유에 관한 불확실성은 채무자에게는 바람직하지 않다. 채무자는 성과 측정의 재량을 줄이도록 하며 그 결과 이자율과 부채 약정은 유리하게 된다. 마찬가지로 회계 기준이 재량을 줄일 것으로 예상되면 이자율과 약정이 채무자에게 유리하게 결정될 것이다.

Li(2009)는 이 이론을 보수주의의 역할에 적용하였다. 채권자가 보수주의를 요구하는 정도는 기대 재협상 비용, 기업의 투자 기회, 청산 가치에 의해 결정된다. 부채의 기한, 청산 가치, 재무 구조, 자산의 전문성과 내구성 등에 대해서도 이 이론의 관점에서 연구가 이루어진다. 발생주의 회계는 운전자본에 관한 핵심 정보 원천이며, 발생 정보의 품질은 부채 계약의 요소를 설명하는데 중요하게 사용될 것이다. 나아가서 발생주의 정보와 부채 결정의 관계에 대한 연구도 중요하다. 또한 회계 기준에서 시장 가치, 공정 가치, 혹은 취득 원가에 관해 결정하면, 그로 인한 채권자 그리고/혹은 기준 결정자의 이해관계에 회계 정보 속성이 어떤 영향을 주는지 연구할 수 있을 것이다. 미완성 계약 이론은 Townsend(1979)의 비용이 드는 상태 검증 모형과 함께 사용되기도 한다.

제4절 인식과 측정

지금까지 계약에서의 회계 보고의 역할을 검토하였다. 여기에서는 현행의 회계가 계약에서의 회계의 역할을 잘 수행하는지를 살펴본다. 경제적 회계원칙에서의 회계 인식의 특징을 검토한다. 그 다음에는 보수주의와 공정가치 회계를 정리한다.

4.1 회계원칙

GAAP은 경제적 GAAP과 규제 GAAP으로 구분될 수 있다. **경제적 GAAP**이란 정치적 고려 없이 효율적 계약의 필요에 의해 만들어지고 사용되는 GAAP을 말한다.[16] 이에 비해 **규제 GAAP**이란 여러 이익 집단의 정치적 필요를 절충한 결과 제정되는 FASB 혹은 IASB 기준을 말한다.

재무보고의 근본 목적은 자산과 이익의 개념과 인식에 대한 논의에서도 중심 역할을 한다. 논쟁의 핵심은 회계의 목적이 성과 측정과 통제(효율적 계약)에 있는지 혹은 지분 가치평가에 있는지 여부이다. 많은 학자들과 기준 결정자들은 소유 지분 가치평가를 재무보고의 근본 역할로 본다: Francis, Olsson, and Schipper(2006); Barth, Beaver, and Landsman(2001).

GAAP의 경제이론에서 여러 지분 보유자들의 회계정보 수요와 공급은 **성과 측정**과 **통제/수탁책임**을 강조한다. 그 과정에서 재무 정보는 소유 지분 가치평가에도 유용한 측정치(예: 이익)를 발생시키지만, 이는 근본 목적은 아니다. 기본적인 대리 관계(Jensen and Meckling, 1976)의 의미를 검토하면, 재무보고는 **보수주의**, **분리 및 판매 가능한 자산**들만을 포함하는 대차대조표, **경영성과**에 대한 신뢰 가능 측정치를 제공하는 손익계산서와 같은 성질을 갖는다. 이런 특징들은 자본 지분 가치평가를 위한 재무제표의 유용성에서도 나올 수 있겠으나 여러 지분 보유자들의 이해관계에 기여하는 **일반목적 재무제표**를 산출한다.

---

16 이 항은 Kothari et al., Implications for GAAP from an analysis of positve research in accounting, JAE(2010)을 참고함.

4.1.1 GAAP의 경제적 이론

경영자와 소유자 사이에 신뢰성 문제가 없는 완전 지분 소유 기업의 상황에서 이익 측정은 경영자 노력의 측정과 노력의 미래 성과를 예측하는데 수반하는 곤란성 때문에 노력보다는 관찰되는 성과에 초점을 맞춘다.

소유자-경영자 대리 문제가 포함되면, 검증 가능성과 같은 GAAP의 추가 속성이 필요하게 된다. 경영자들이 스스로 공급하는 정보에 존재하는 편의를 막기 위해, GAAP은 경영자가 완전한 노력을 투입할 때까지 (도덕적 해이를 방지하기 위해) 수익의 인식을 이연한다.

그리고 관련되는 효과가 충분하게 불확실하면 즉각 비용 처리한다(예: 연구비 지출). 또한 GAAP은 나쁜 뉴스의 효과는 즉각 이익에 인식하도록 하는데, 그렇지 않으면 주주들은 경영자가 자산을 대체하는 위험을 부담한다.

채권자를 도입하면 대리 문제가 추가된다. 채권자는 회사의 이자 지급능력과 자산의 청산가치에 관한 재무정보를 매 기간 필요로 한다. 주주와 채권자 사이의 대리 갈등은 재무보고가 검증 가능성과 보수주의 성질을 갖도록 요구한다.[17]

4.1.2 혼합 잉여

위에서 소개한 경제적 GAAP 이론이 손익계산서와 대차대조표의 인식 및 측정 규칙에 관련하여 갖는 의미를 검토하자. 손익계산서는 경영자 성과 측정에 유용한 정보를 제공하고, 대차대조표는 통제(수탁책임) 목적을 위해 분리 가능한 자산과 부채의 가치에 관한 정보를 제공한다. 이렇게 손익계산서와 대차대조표의 역할이 다르기 때문에 '혼합' 잉여(dirty surplus) 회계가 발생한다. 현행의 미국 GAAP에는 시장성 있는 유가증권의 미실현 손익, 외화 환산 손익, 연금 부채의 효과와 같은 일시적이고 영업과 무관한 기타 포괄 이익(즉 혼합 잉여)이 포함된다. 이 항목들은 경영자의 당기 업적과 관계가 없으므로 이익에서 제외되는 것이 합리적이다. 많은 개인 사채 계약에서는 누적 기타 포괄 이익을 제외한다.

---

17 증권 투자자에게 유용한 정보를 제공하는 것이 재무제표의 목적이라고 보면, '불편' 성과 측정치가 필요하고 따라서 보수주의는 없어야 한다(Kothari et al.(2009), p.30.)

4.1.3 대차대조표

대차대조표는 주로 채권자(예: BIS와 같은 은행 규제에 사용되어)의 이익을 보호한다. 따라서 대차대조표는 분리 가능한 자산과 부채의 가치를 합계하여 청산 가치의 하한을 제공한다. 이는 대차대조표 항목의 인식과 측정 규칙에 의미를 갖는다.

(1) 인식 기준

현행 미국 GAAP은 자산의 인식 기준으로 세 가지 조건을 요구한다: i) 미래 경제적 효익 제공 가능, ii) 과거 거래 혹은 사건의 결과로 발생, iii) 실체의 통제 하에 있어야 한다. 이러한 전통적인 자산 인식 기준은 효율적 계약 관점으로 잘 설명된다.

실체의 통제 하에 있어야 법적으로 파산이나 청산 시 채권자의 청구권을 충족시킬 수 있다. 자산을 발생시킨 (그리고 원가 측정의 증거를 제공하는) 사건은 신뢰성과 검증가능성을 갖추어야만 한다. 이는 과거의 거래나 사건이다. 대차대조표는 채권자 뿐 아니라 주주의 수탁 책임에도 기여한다. 주주는 기업의 자산이 횡령당하지 않았다는 보증을 필요로 한다. 또한 포기 옵션(abandonment option)의 가치를 알 필요가 있다.

채권자의 청구권을 충족할 수 없는 경제적 자원(상표 가치, 고객 만족, 지적 자본 등의 자가 개발 무형자산)은 외부와의 거래가 없고, 아주 불확실하고, 재산권이 잘 개발되지 않기 때문에 자산 인식 기준을 충족하지 못한다. 이러한 무형 자산의 인식을 주장하는 사람들은 중요한 경제적 가치가 있는 자산을 제외하면 안된다고 본다. 그러나 이런 자산에 대한 경영자의 가치 추정치는 신용성이 낮고, 계약 목적에서는 청산 시 사용에 한계가 있다. 현금을 제외한 모든 자산은 미래 현금흐름과 관련하여 어느 정도의 불확실성을 갖는다. 따라서 GAAP은 불확실성에 대한 기준을 제시하는 셈이 된다.

계약 목적에서, 자산이 인식되려면 경제적 자원은 자체적이고 독립적으로 경제적 가치를 가져야 한다; 분리가능하고 판매 가능해야 한다. 따라서 일부 무형자산처럼 계속기업 시에는 가치가 있지만 영업이 중단되면 가치가 사라지는 자산은 대차대조표에 포함되지 않는다. 사적으로 협상되는 대출 계약에서는 당사자의 합의에 의해 GAAP을 조정하여 특정의 무형자산을 제외하고 또 특정 부채를 포함시킨다. 개발비의 경우, 미국 GAAP과 IFRS는 경영자의 재량에 관하여 차이를 보인다. 미국은 더 보수적이고 이는 계약 목적에 더 적합하다. BIS 규칙은 무형자산과 이연 법인세 자산을 자본 계산 시 제외한다. 영업권이 제외되는 이유는 분리 및 판매 가능성이 없어 담보 가치가 없다는 것과 경영자에게는 관찰 가능하지만 외부인에게는 그렇지 않다는 것 두 가지이다. 구입된 영업권도 손상 인식을 하도록 한다. 공정가치의 결정은 주관적이며 감사인이 검증하기 곤란하다.

회사채 등급평가기관은 채권자 목적에서 증권화, 운영 리스, 연금 부채 등의 부외부채를 부채에 포함시켜 부채비율을 높인다. SFAS 140은 QSPE를 이용하여 증권화 거래의 일부로서 타 실체에 이전된 자산과 부채를 제거하도록 허용하였다. 그러나 증권이 청산되지 않으면 최초 발행자(보통은 은행)는 채무를 진다. 계약 모형에서 보면 이는 채권자에게 이용 가능한 순자산을 과대 표시한다. 이 문제는 최근의 서브 프라임 금융 위기 때 많은 관심을 받았다. FASB는 이 문제를 재고하도록 시장 압력을 받고 있다.

리스, 구매 계약, 헷징 등은 경제적 실질을 반영하여야 하고 '통제' 테스트가 이루어져야 한다. 통제에 기반한 자산 인식은 구매 계약과 같은 대부분의 집행 계약을 대차대조표에서 제외시킨다. 기업이 계속 영업을 하는 한, 이 거래들에서 나오는 청구권과 의무는 정상적인 영업 과정에서 해소된다.

소송 사건, 보증, 보험 계약 등의 우발 채무는 최악의 경우에 발생하는 전체 손실 금액보다는 기대값을 반영한다. 예를 들어 최근의 AIG 문제는 재무보고 규칙의 실패라기보다는 손실 발생 확률을 정확하게 추정하지 못한 데에서 비롯된다. 우발 채무를 주석 사항으로 표시하는 것과 인식의 차이는 무엇인가? 인식이 측정의 신뢰성이 높음을 시그널링하기도 하고, 혹은 공시의 경우 개인 투자자는 의무의 비중을 낮게 생각할 수도 있을 것이다.

(2) 측정 기준

기존의 회계 모형은 자산과 부채를 '혼합 속성' 모형을 사용하여 측정한다. 일부 예외를 제외하고, 대부분의 대차대조표 항목은 수정된 역사적 원가 기준으로 기록된다; 취득 시 원가로 기록하고, 체계적 방법으로 상각되거나 배분되고, 손상 테스트를 거치고, 손상 시에 상각액은 감소한다. 미국 GAAP은 자산 증가가 허용되지 않는다. 이는 오랫동안의 보수주의 경향을 반영한 것이다.

FASB는 1993년의 SFAS No. 115 발표에서부터 공정 가치 회계로 바뀌기 시작한다. 이 기준으로 대부분의 시장성 있는 유가증권은 공정 가치로 측정되고 공정 가치의 변화는 이익으로 혹은 (혼합 잉여로서) 직접 지분으로 처리된다. 이들 자산에 대한 공정 가치 회계의 적용은 효율적 계약의 입장과도 일치한다(즉, 외부 거래에 의해 가치가 객관적으로 검증될 때에만 시장 가치를 사용한다).

1998년 FASB는 SFAS 133을 발표한다. 이 기준은 때로는 가치를 신뢰성있게 결정할 수 없는 파생상품에 공정 가치를 적용하고, 파생 상품을 자산과 부채로 인식하도록 하였다. 이 규칙은 파생 상품의 대규모 손실을 투명하게 보고하도록 하였다. 대차대조표는 적시에 또 완전하게 경제적 의무와 그에 필요한 자원에 관하여 확신시킴으로써 채권자와 일반 투자자를 손실로부터 보호한다.

그렇다면 공정 가치 회계는 일반적으로 적절한 측정 기준인가? 자산이 분리 가능하고 신뢰성 있게 측정된다면, 자산의 잠재적 경제 가치를 전달하는 수단으로서 공정 가치 측정치는 역사적 원가 기준보다 우월하다. 따라서 신뢰성 있는 측정에 대한 충분조건은 투자 유가증권처럼 유동성 있는 2차 시장에서의 거래이다. 그러나 이러한 시장이 없는 경우에는 특히 경영자가 공정 가치 추정에 재량을 크게 행사한다면 공정 가치가 실행가능하다고 생각할 수는 없다.

유동성 있는 시장이 없는 경우 공정 가치 추정에 Black-Scholes 모형과 같은 모형 참조 접근을 고려한다. 이 접근에는 최소한 두 가지 문제가 있다. 그것은 모형 투입의 신뢰성과 모형의 신뢰성이다.

영업권과 기타 자가 개발 무형자산 인식의 한 가지 문제는 공정 가치 결정의 곤란성이다. 대부분의 자가 개발 무형자산은 다음의 특징을 갖는다: ⅰ) 재산권의 정의가 약함, ⅱ) 분리 불가능성, ⅲ) 미래 효익의 불확실성으로 인한 불확실한 경제적 가치, ⅳ) 가치 측정에 관한 경영자와 외부인 사이의 정보 비대칭. 이로 인해 무형 자산에 공정 가치 회계를 사용하는 것은 어렵다.

재무 증권에 광범위한 공정 가치 선택을 허용하는 최근의 FASB 보고서를 검토하자(SFAS 159). 이 기준에 의하면 자산과 부채 모두 공정 가치로 측정될 수 있다. 의무의 공정 가치는 미래 현금흐름 유출을 실체의 부채 비용으로 할인한 현재가치로 측정된다. 따라서 부채 비용이 높아지면 즉 실체의 신용이 악화되면, 부채의 측정된 공정 가치는 작아진다. 이는 채무가 실제 금액으로 측정되지 않고 실체가 재무적으로 곤란한 경우 실제 채무를 과소 표시함을 의미한다. 더욱이 손익 계산서는 이득을 보고하고, 이로 인해 전체 기업 가치는 이 사건의 영향을 받지 않고, 지분 가치는 높아진다. 효율적 계약의 관점에서 이 기준을 보면, 채권자에게 의미 있는 정보를 제공하는 대차대조표 능력과 성과를 측정하는 손익 계산서 역할을 떨어뜨린다.

요약하자면, FASB와 IASB의 공정 가치 확대 추세가 지속될 것인지 여부에 관해서 효율적 계약 관점은 회의적이다.

4.1.4 손익계산서

효율적 계약 관점에서 손익 계산서의 기본 역할은 경영자의 기간 성과를 측정하는 것이다. 손익 계산서 인식의 토대가 되는 GAAP 규칙은 여러 지분 보유자, 특히 경영자 보상 계약과 지위 유지 인센티브를 반영하도록 발달하였다. 그 결과 수익 인식 기준은 수익 인식을 (1) 수익이 '가득될 때'까지, 그리고 (2) 지급이 합리적으로 보증될 때까지 지연시킨다.

이익 측정 규칙은, 손실은 발생 시 인식하고 이득은 현금으로 실현되든가 혹은 법적으로 강제 실행되는 청구권이 발생할 때까지 지연된다. 이러한 조건부 보수주의는 보상을 높이기 위해 보고 이익을 높이려는 경영자의 인센티브를 막는다. 그리고 이런 유형의 도덕적 해이에 대한 균형 계약 반응으로서 발달하여 왔다.

이런 접근의 한 가지 단점은 주가에 반영되는 정보에 비해 상대적으로 투자자에게 적시에 정보를 제공하지 못한다는 것이다(Kothari, 2001). 이 때문에 수익 인식의 적시성을 높이는 방법이 가능한지에 대해 고려할 필요가 있다. 주어진 기간 동안 주가에 반영되는 현행 가치 증가의 대부분은 수익에 대한 시장의 예상과 관련 된다. 예를 들어 항공기 구매 계약 발표에 시장은 유리하게 반응하지만, 관련 수익은 납품될 때까지는 인식되지 않는다.

구매 의향을 발표할 때, 혹은 좀 더 일반적으로 경영자가 사업 계획이 수익성을 갖는다고 생각할 때, 수익을 인식하는 것은 실제로는 이루어질 수 없다.

4.2 보수주의의 역할

재무 보고는 경제적 이익을 적시에 혹은 지연해서 인식할 수 있다. 경제적 이익이란 당기의 현금 흐름에 기대 미래 현금흐름의 현재가치 수정을 합한 값이다. 지연 인식 접근에서는 현금 흐름이 실현될 때 손익계산서에 이익 혹은 손실을 인식한다. 이에 비해 적시 인식 접근에서는 현금의 실현과는 상관없이 경제적 이득이나 손실을 발생 시점에서 인식한다. 보수적 보고는

경제적 손실은 적시에 인식하고 경제적 이익은 지연 인식한다.[18]

Basu(1997)는 보수주의를 호재 뉴스의 재무제표 인식에는 악재 뉴스에 비해 높은 수준의 검증을 요구하는 경향이라고 정의한다. 바꿔 말하면, 보수적 보고는 호재에 비해 악재를 더 빨리 이익에 반영한다. 이 정의의 핵심은 '뉴스'이다. 경제적 이익 혹은 손실에 관하여 경영자가 수취한 새로운 정보를 조건으로, 보수주의는 경제적 이익에 비해 경제적 손실을 더 빨리 인식한다. 그 예는 손상 인식, 재고자산의 저가법 평가이다. 보수주의는 경제적 손실은 적시에, 그리고 경제적 이익은 지연 인식한다.

뉴스의 도달에 초점을 맞추는 Basu의 정의는 이전의 보수주의 정의와 다르다. 이전에는 조건부 보수주의와 무조건부 보수주의가 혼합되어 있었다. 즉, 경제적 뉴스와 무관하게 자산은 과소 기록하고 부채는 과대 기록한다. 계약 관점에서 보면, 무조건부 보수주의는 재무제표에 단순히 잡음만 도입하고 의사결정에 목적적합한 정보를 제공하지 않는다. 더욱이 합리적인 당사자는 계약 변수의 기준치를 바꿈으로써 그 효과를 없앨 수 있다. 무조건부 보수주의의 예는 연구 개발비 지출의 비용 처리이다. 무조건부 보수주의는 약정의 발효 시기에 관해 영향을 미치지 않는다.

이에 비해 조건부 보수주의는 경제적 상황에 관한 뉴스가 도달할 때에만 계약에 영향을 주고 약정이 목적적합한 정보 도달에 반응하게 한다. 이 때문에 조건부 보수주의는 계약 목적에 더 적합하게 한다. 여기에서 보수주의는 곧 조건부 보수주의를 의미한다.

Watts(2003)는 보수주의가 기업의 조직과 다른 당사자와의 계약에서 사용되는 효율적인 기술의 일부이기 때문에 정착된 것이라고 설명한다. 다른 계약 당사자들에 비해 경영자는 정보 비교 우위를 가지고 있다. 이를 통한 도덕적 해이 가능성에 대비하기 위해 사용되는 방법이 보수주의이다. 다음에는 보수주의 보고가 수탁책임 및 부채 계약에서 어떤 역할을 하는지 검토한다.

4.2.1 보수주의와 수탁책임

적시 손실 인식은 경영자의 투자 의사결정과 관련된 대리 문제를 완화시킨다(Ball and Shivakumar, 2005). 경영자가 손실을 지연 인식하도록 허용된다면, 임기 중에 그 효과가 주주나 이사회에 알려지지 않기 때문에 음의 NPV 계획에 투자할 것이다. 마찬가지로 투자 시점

18 4.2, 4.3항은 Shivakumar(2013), pp.373-379를 참고함.

에서는 수익을 기대하였으나 사후적으로 그렇지 않다고 밝혀진 사업을 계속 운영할 것이다. 예상되는 손실에 관한 경영자의 개인 지식을 적시에 인식하도록 함으로써 조건부 보수주의는 비수익 사업과 관련되는 기대 경영 책임을 완화시킨다. 이 효과는 가치 감소 사업에 투자하거나 계속 운영하는 것을 막고 경영 계약의 효과를 높인다.

적시 손실 인식 기업은 인수 발표일에 높은 주가 반응을 보인다. 인수 후에도 이익과 현금 흐름이 높게 나타난다. 나아가서 인수 후 권한 박탈 확률도 낮다. 또한 인수 후 권한 박탈도 빨리 이루어지는데, 이는 보수주의가 손실 사업을 빨리 중단시킴을 의미한다(Francis and Martin, 2010).

Ahmed and Duellman(2007)은 보수주의가 사외이사로 하여금 경영자를 더 잘 감시하도록 한다고 주장한다. 경영자는 사외 이사에 비해 정보를 더 많이 알기 때문에 유리하게 정보를 전달할 수 있는데, 보수주의는 이러한 편의를 방지하는 역할을 한다. 강하고 독립적인 이사회는 더 보수적인 회계를 요구한다.

4.2.2 보수주의와 부채 계약

보수주의는 재무제표 변수를 사용하는 부채 계약의 효과성에도 영향을 미친다. 적시 손실 인식은 대출자에게 하방 위험을 조기에 알려줌으로써, 부채 협상 기간 중에 이자율 결정을 돕는다. 대출이 이루어진 후에는 회계 기준 약정이 더 빨리 작용하도록 하고, 그 결과 추가 제약 조치를 하도록 하기 때문에 보수주의는 유용하다. 이러한 주장은 손익계산서에 토대를 두는 약정이나 대차대조표에 토대를 두는 약정 조항에 모두 적용된다. 손실은 이익과 자산에 함께 영향을 주기 때문이다.

Jayaraman and Shivakumar(2013)는 보수주의가 자산 대체 위험을 낮춘다고 주장한다. 이 위험은 대출 후 위험 자산에 투자할 가능성을 말한다. 보수주의 보고는 기업이 재무 곤란에 처하자마자 빨리 보고하게 하기 때문에 채권자에게 힘의 균형을 제공한다. 부도나 파산 협상 중, 채권자는 하방 위험 사업의 계속에 합의하지 않고, 이로 인해 그런 사업은 설사 주주에게 이롭다 해도 빨리 포기될 것이다. 사업을 빨리 포기하려는 채권자의 입장을 인식하는 경영자는 보수주의에서 손실을 적시에 인식하면 하방 위험 사업을 포기하는데 망설이지 않을 것이다.

보수주의의 대리 문제 완화 역할과 일치하는 경험적 결과는 차입 원가와 회계 보수주의의 역관계이다(Zhang, 2008). 나아가서 채무자가 더 보수적일수록 부채 조항을 더 침해하게 되는데, 이는 부채 약정의 효과성을 의미한다. Nikolaev(2010)는 보수주의가 약정 이용 때문에 대출자에게 가치가 있으면, 약정이 많은 채무자는 제무제표에 더 신속하게 손실을 인식할 것이라는 가설을 검증한다. 공공 부채 계약의 표본에서 부채 조항의 의존도는 보수주의 정도와 양의 관계를 갖는다.

보수주의는 부채계약에서 간접적인 효과도 갖는다. 보수적 채무자는 신디케이트 대출 2차 시장에서 낮은 매매 호가 차이를 갖는다. 이는 채무자에 관하여 정보 비대칭성이 낮음을 의미한다. 2차 대출 시장에서의 낮은 마찰은 신용 이용도를 높이고 또 신용 조건을 향상시킴으로써 보수주의가 채무자에게 유리함을 보여준다.

대출자의 보수주의 수요는 계약에 이용되는 회계 숫자의 수정을 통해 조정된다. Beatty et al.(2008)은 신디케이트 대출 표본에서 이러한 조정의 존재를 확인하였으나, 그 조정이 보편적인 것은 아니었다. 표본의 보수주의가 크면 계약 조정이 많았는데, 이는 계약 조정만이 유일하게 대출자의 보수주의 요구를 수행하는 것은 아니라는 것을 의미한다.

4.2.3 보수주의와 적시 인식

이익과 손실 모두 적시 인식을 하는 것이 지배 구조를 더 향상시키고 또 부채 계약 면에서 재무 보고의 효과를 높인다고 생각할지 모르지만, 경영자 편의는 비대칭적임을 고려해야 한다. 경제적 이익이 손익계산서에 인식되도록 요구되지는 않지만, 경영자는 경제적 이익을 자발적으로 외부인(예: 대출자)에게 알리려 한다. 나아가서 경영자는 음의 NPV사업을 선택하고 계속 운영하려 한다. 따라서 수탁책임 측면에서의 기본적 수요는 적시 손실인식이지 이익인식이 아니다. 마찬가지로 부채 계약도 재무적으로 곤란한 때에만 의사결정권한을 이전시킨다. 따라서 대출자는 이익 인식은 요구하지 않을 것이다.

적시 이익 인식의 수요가 낮기는 하지만, 부채 및 보상 계약의 효율성을 높이는데 도움이 될 수는 있을 것이다. 이익과 손실의 적시 인식은 목적 적합한 현행 정보를 계약에서 이용하게 해준다. 그러나 Ball and Shivakumar(2006)는 적시 인식에는 비용이 들고 특히 이익의 경우 손실에 비해 그 비용이 더 크다고 주장한다. 적시 이익 인식을 하려면 미래 현금흐름의 증가(즉, 미실현 이익)를 추정해야 한다. 손실은 자금조달의 한계를 야기하여 오래 지속되지 않지만, 이익은 미래의 장기간에 걸쳐 발생하므로 그 추정은 곤란하다.

또 다른 문제는 미래 이익이 손실과는 반대로 할인의 필요성이 더 크다는 점이다. 할인되지 않은 숫자를 포함시키면 재무제표는 과대표시 된다. 이 과대표시는 손실에 비해 이익의 경우가 훨씬 더 크다. 손실 사업은 없애도록 투자자들이 압력을 행사하기 때문에, 손실은 기간이 짧다. 따라서 미할인 손실 표시의 편차는 낮다. 경제적 이익의 장기성은 감사를 곤란하게 한다. 이로 인해 감사와 재무 보고의 신뢰성이 떨어진다.

끝으로 적시 이익 인식은 소송 원가를 증가시킨다. 추정 이익의 부정확성이 드러나면 소송 가능성이 높아진다. 소송은 음의 충격 후에 이루어진다. 이처럼 비용-효익 분석 결과는 적시 이익 인식이 손실 인식에 비해 본질적으로 매력적이지 않음을 보여준다.

4.3 공정가치 회계의 계약 역할

공정 가치 회계는 보수주의처럼 재무제표에 관한 적시의 정보를 제공하고자 한다. 그러나 이익과 손실을 대칭적으로 인식하는 전통적인 보수주의의 단순한 확장은 아니다. 양자 사이의 핵심 차이는 이익 혹은 손실이 인식되는 시기에 관한 경영자의 재량에 있다. 보수주의 보고에서 경영자는 손실이 일시적이지 않다고 믿을 때에만 손실을 인식한다. 이 시기에 대해서는 경영자가 상당한 재량을 갖고 결정한다. 이와 달리 공정가치 회계에서는 시기 결정에 경영자의 재량이 없다. 보수주의에 대한 비판은 손실을 지속적으로 과소 표시한다는 점이다(Linsmeier, 2011). 동시에 공정 가치 회계가 투자자 의사결정에 목적 적합한 정보를 제공하기 때문에 유용하다는 주장이 있다(Barth, 2006).

4.3.1 긍정적 효과

고전적 이론가들은 계약 당사자에게 공정 가치 회계가 적시에 정보를 제공하기 때문에 회계 숫자의 목적 적합성이 높다고 주장한다. 또한 역사적 원가에 비해 경영자 재량이 낮아서, 특히 손실 인식 면에서 경영자의 정보 우위를 낮추고, 이로 인해 계약 주체들은 경영자에게 유리한 조건을 요구할 수 있게 된다. 예를 들어 증권 시장에서 거래되는 증권의 주가 변동에 의한 손익을 인식함으로써 미실현 손익을 지연 인식하는 경영자 재량을 공정가치 회계는 없앤다. 이는 이익을 기회주의적으로 높이는 경영자 능력을 낮춘다. 그리고 기업의 성과를 좀 더 정확하게 반영한다. 이러한 기준은 계약 목적에 대한 이익 숫자의 목적 적합성을 높인다.

Kim et al.(2011)은 자발적으로 공정가치 회계를 강조하는 IFRS를 채택한 비 미국기업 표본에서 은행에서 낮은 이자율, 덜 제약적인 약정, 큰 대출액, 긴 만기 조건을 제시함을 발견하였다. 또한 외국 은행들은 IFRS를 자발적으로 채택한 기업에 대한 대출을 증가시킨다.

보상 계약 맥락에서 공정 가치 회계는 보상 목적에서의 회계 숫자의 유용성을 향상시킨다(Livne, 2011). 공정 가치 회계 숫자는 역사적 원가 숫자에 비해 경영자노력에 대한 신호를 더 명확하게 전달한다. 또한 회계 손실의 인식 시기에 관한 경영자 재량을 제한함으로써 공정 가치 회계는 보상을 높이려는 회계 숫자 조작을 방지한다. IFRS 채택 국가에서 회계 숫자의 성과에 대한 보수의 민감도가 증가하였다(Ozkan et al., 2012). 회계 숫자의 CEO 교체와 종업원 해고의 민감도가 자발적으로 IFRS 혹은 미국 GAAP을 채택한 기업 표본에서 증가하였다(Wu and Zhang, 2009).

공정가치 회계는 효과적인 규제에서도 중요한 역할을 한다. 예를 들어 1980년대의 미국의 저축은행 위기에서 공정가치 회계 주장자들은 역사적 원가주의 회계가 위기의 부분적인 원인을 제공한다고 비판하였다. 이들은 역사적 원가 회계가 저축 은행의 손실을 적절하게 인식하지 못하였고, 따라서 저축 은행들이 감독 기관의 개입 없이 운영될 수 있었다고 지적한다. 또한 감독이 제때 이루어지지 않아 재무 손실을 만회하려고 과도한 위험을 부담할 수 있도록 허용했다고 지적한다. 그 결과 대부분 투자 유가증권을 공정가치 회계로 보고하도록 요구하는 FASB SFAS 115호가 발행된다.

4.3.2 부정적 영향

자산의 가치는 기대 현금흐름과 할인율에 의해 결정되지만, 회계 정보는 전통적으로 현금 흐름에 관한 정보만을 기록한다. 따라서 자산의 공정 가치 혹은 자본 시장 가격과는 달리, 전통적인 역사적 원가 접근에서의 회계는 자산에 관한 할인율의 변화를 무시하였다. 이처럼 현금 흐름에만 전적으로 집중하는 것은 계약 목적에서 볼 때 회계숫자의 핵심 매력 가운데 하나이고 계약 목적에서 회계 정보의 중요성을 자본 시장 정보에 비해 더 크게 만든다.

그러나 공정 가치 회계는 자산의 현금 흐름에 대한 집중을 훼손하고 할인율 변동으로 인한 자산 가격 변동을 즉각적인 이득과 손실로 재무제표에 기록하도록 요구하였다. 그러나 할인율 변동으로 인한 손익은 전형적으로 일시적이며 미래에 결국에는 역전된다. 오늘의 높은(낮은) 할인율은 미래의 기대값에 대해 커다란(낮은) 자산 수익을 의미하기 때문이다. 손익계산서에 일시적 손익을 포함시키는 것은 경영자 성과 평가 목적에 적합하거나 혹은 기간 중의 경제적 이익을 포착하기 때문에 정당화될 수 있다. 그러나 손익계산서에 일시적 손익을 포함하는 것은 부채 계약 입장에서는 손익계산서의 목적 적합성을 낮춘다. 이 손익은 기업의 미래 부채 상환 능력에 관한 정보를 거의 제공하지 않기 때문이다. 채무자의 재무 곤란을 신호하는 인계선으로서의 약정 침해가 너무 빈번하게 발생하기 때문이다. 자산의 공정 가치가 투자자 감정과 유동성 효과로 과도하게 변동할 때에는 일시적 손익에 대한 이러한 관심은 확대된다.

Ball et al.(2012)은 공정 가치 보고가 기업의 고유 신용에 대한 공정가치 변화를 포함하기 때문에 부채 목적에서 대차대조표의 유용성에도 영향을 준다고 지적한다. 기업의 부도 위험이 증가할 때, 이득을 인식하면 부채는 줄어든다. 낮은 부채 가치는 실제에 비해 기업이 재무적으로 더 건전하게 보이게 하며 대차대조표 기준 부채 조항을 향상시킨다. 따라서 공정 가치 회계 숫자에 기준하는 약정은 해로운 결과를 가져 오며, 약정 제약을 완화하여 신용 위험을 저하시키고, 대출자를 해롭게 하는 경영자 행동 능력을 증가시킨다. 더욱이 공정 가치 부채는 경영자 위험 부담을 제한하는 대차대조표 기준 약정의 효과를 낮춘다. 위험 선호 경영자가 수행한 사업의 손실이 부분적으로 감소된 부채가치 이득과 상쇄되기 때문이다.

공정 가치 회계는 추정에 대한 의존도가 증가한다. 활성 시장에서 거래되는 자산 이외의 대부분 자산의 공정 가치는 경영자 판단을 요구하는데, 특히 검증 불가능할 때에는 공정 가치 추정치는 오용될 가능성이 있다(Ball, 2006; Kothari et al., 2010). 또한 Watts(2006)도 이익 측정에서의 검증 불가능한 추정치 이용에 관심을 갖고 Enron 사례를 사용하는 일화적 증거를 제시한다. Enron은 에너지 관련 계약을 시장 참조하고 보너스 계획에 사용되는 이익에 가치 변화를 인식하였다. Watts는 Enron이 (유일한) 시장 결정자이었음을 관찰하였다. 회사 경영자는 이 계약 가격을 결정하는데 상당한 재량을 행사하였다. 사실 Benston(2006)은 'Enron의 수준 3의 공정가치 회계는 파산에 중요한 역할을 하였다'고 갈파한다. 이러한 공정 가치 추정치의 오용은 회계 숫자의 계약 유용성을 제한한다.

Demerjian(2011)은 미국의 사적 부채 계약에서 대차대조표 기준 약정의 이용이 급격하게 감소하였다고 보고하는데, 그는 미국 회계 기준 결정기관이 공정가치 회계와 재무보고의 대차대조표 접근을 강조한 데에서 그 이유를 찾고 있다. Ball et al.(2005)은 2005년에 IFRS 채택 국가는 미채택 국가에 비해 회계 숫자에 기준하는 부채 약정의 사용이 급감하였음을 보고한다.

마찬가지로 보상 계약 맥락에서도 영국 기업들은 IFRS 채택 이후 경영자 성과를 평가하고 보상하는데 회계 숫자를 덜 이용한다(Voulgaris et al.,2012). 그 원인은 IFRS가 공정 가치 회계를 강조한 때문이라고 해석한다. 공정가치 회계는 회계 숫자가 시장 변동에 민감하게 만들고 결과적으로 잡음을 제거하는데 시장 숫자의 가치를 감소시킨다. 더욱이 공정 가치 회계는 이익의 변동성을 높이는데, 이 변동성이 기업의 근본 가치와 무관하면 성과 기준 계약의 기준으로서 이익의 장점을 저감시킨다. 이 증거는 공정가치 회계가 보상 계약 측면에서 덜 바람직하다는 Dutta and Zhang(2002)의 분석을 지지한다. 이들은 경영자가 예상 성과를 기준으로 보상받고 따라서 실제 성과를 유인하는 경영자 인센티브가 낮아진다고 보았다.

제5절 결론

재무 보고의 계약 역할에 관한 기존 문헌을 검토한 결과, 재무 회계 정보의 계약 및 지배 구조 가치는 객관적이고, 검증 가능한 기업 성과에 대한 보고에서 나온다는 점을 알 수 있다. 조건부 보수주의는 계약 목적에 유용한 특징이다. 공정 가치 회계를 통해 재무 보고에 미래 전망 정보를 결합하는 것은 기업의 성과 혹은 재무 건전성에 대한 주관적 평가 측면에서 목적 적합성을 향상시키기는 하지만, 공정가치 회계는 부채 약정의 역할을 약화시키고, 보상 결정에서의 명시적 이용을 감소시킨다. 회계 기준 결정기관이 검증 가능한 과거 지향적 자료의 제공에서 가치 관련적 공정 가치 추정치로의 전환을 강조하는 현행 추세는 계약에서의 회계 숫자의 명시적 이용을 감소시킨다. 회계 숫자의 계약 이용은 계약에서의 주가 이용에 비해 명확하게 더 유용하기 때문에 전통적으로 회계에서 중요한 역할을 차지하고 있다.

미국에서의 연구 결과를 제도, 문화, 법적 속성이 다른 경제에로 일반화시킬 때 어떤 차이가 있는지를 연구하는 것도 중요하다.

제8장

대리이론

계약 관점과 정보내용 관점은 모두 경영자 성과평가 상황에서의 회계정보 이용을 설명하는데 대리이론을 사용한다. 그러나 그 내용은 다르다. 계약관점에서는 성과 측정치가 갖추어야 할 속성을 중심으로 연구한다. 여러 성과 측정치가 함께 사용되는 경우 각 성과 측정치의 비중, 경영자가 여러 업무를 담당하는 경우 각 업무에 대한 성과 측정치의 일치성, 개인 정보가 존재하는 경우 그로 인한 원가 배분, 이전가격 결정, 그리고 다기간 모형에서 투자결정과 운영결정을 통한 감가상각 문제 등을 다룬다. 그리고 계약 관점에서의 이익의 품질도 검토한다.

정보내용 관점에서는 대리 정보관계를 다룬다. 대리관계에서 여러 정보가 결합하는 경우 나타나는 문제를 검토하고, 가치평가 상황과 성과평가 상황에서의 동시 이용에 따른 갈등을 검토한다.

제1절 개요

이 장에서는 대리이론(agency theory)과 대리이론의 회계에 대한 적용을 검토한다. 대리이론은 회계 연구에서 가장 중요한 이론 모형 가운데 하나이다. 이 이론은 이해관계의 충돌, 인센티브 문제, 인센티브 문제를 통제하기 위한 기제를 명시적으로 고려하기 때문에 회계 연구에서 중요한 역할을 한다. 회계와 감사의 대부분의 동기는 인센티브 문제의 통제와 관계를 갖는다. 예를 들어 독립된 감사가 필요한 이유는 경영자의 보고서가 진실하다고 믿을 수 없기 때문이다. 재무보고에서 객관적이고 검증가능한 정보와 보수주의에 초점을 맞추는 이유도 인센티브 문제 때문이다. 대리이론이 회계 연구에서 다루는 기본적인 문제는 두 가지이다. (1) 정보, 회계, 그리고 보상 시스템의 특징이 어떻게 인센티브 문제에 영향을 미치는가? (2) 인센티브 문제의 존재가 정보, 회계, 보상 시스템의 설계와 구조에 어떻게 영향을 미치는가?[1]

대리이론은 재무회계와 감사 이슈에 대한 통찰을 제시하지만, 관리회계 분야에서 더 크게 기여해 왔다. 어떤 성과 측정치가 최선인가라는 문제는 사람과 조직이 상호작용하는 방식에 영향을 미치기 때문에 중요하다. 회사 차원에서, 성과 측정치로서 주가 대 회계 숫자의 상대적 장점은 계속적으로 논쟁의 대상이 되었다. 특히 1990년대 이후에는 주식-기준 보상의 사용이 급격하게 증가되었다. 대리이론은 이들 이슈를 검토하고 또 정보 시스템, 인센티브, 그리고 행동 사이의 연결을 엄밀하게 확인하는 틀을 제공한다.

대리이론은 정보 경제학에 뿌리를 두고 있다. 정보 경제학의 관점에서 보면, 회계와 다른 정보는 명시적인 의사결정 상황에 이용된다. 정보의 가치는 정보 이용 결과 더 개선된 결정(그리고 더 높은 이익)으로부터 나온다. 또 다른 의미는 어떤 두 회계/측정 시스템은 그 최적 이용을 전제로 상호 비교된다는 점이다. 예를 들어 추가 회계정보가 역할을 하려면, 다른 수단을 통해서는 인센티브 문제가 해결되지 않아야만 한다. 따라서 모델에 포함되는 다른 정보의 유형은 제한된다. 아울러 불확실성과 측정 문제를 모델 안에서 명시적으로 고려한다.

대리이론과 전통적인 정보 경제학과의 차이는 조직의 운영을 이해하는데 다수인, 인센티브, 비대칭 정보, 그리고/혹은 조정 문제를 중시한다는 점에 있다. 다수인 상황이 중요한 이유는 이해관계의 갈등에 대한 고려 때문이다. 대리이론의 모형은 인센티브 문제가 실제로 존재하는 경제적 상황에서 인센티브 문제와 그 해결을 검토하는 것이 중요하다는 근본 철학을 가지고 있다. 이해관계의 갈등이 존재하는 전형적인 이유로는 (ⅰ) 대리인의 위험 회피, (ⅱ) 개인 소비 혹은 용도에 자원 사용, (ⅲ) 고려하는 기간의 차이, (ⅳ) 본인과 대리인의 위험회피 차이가 손꼽힌다.

1 이 장은 1절과 2절은 Lambert, Contracting theory and accounting, JAE(2001)을 참고함.

1.1 기본 모형

가장 단순한 대리 모형에서, 조직은 본인(principal)과 대리인(agent)이라는 두 사람으로 구성된다. 본인은 자본 공급, 위험 부담, 인센티브 제공 역할을 하고, 대리인은 본인 대신 의사결정을 하고 위험을 부담한다(이는 부차적 역할이다). 본인은 '대표 주주' 혹은 '이사회'로 간주된다. 좀 더 복잡한 대리 모형에는 다수 본인/다수 대리인이 포함된다. 조직의 중간 경영자는 본인과 대리인 역할을 동시에 하기도 한다.

누가, 언제, 무엇을 아는가를 쉽게 표현하는 데 시간 직선이 사용된다. 표준적인 대리 모형의 시간 직선은 다음과 같다.

〈도표 8-1〉 시간 직선

본인은 성과평가 시스템과 보상함수의 형태를 선택한다. 성과평가 시스템은 대리인 보상의 기준인 성과측정치(혹은 정보 신호)를 규정한다. 보상함수는 성과측정치와 대리인 보상을 연결하는데, 그 형태로는 고정급제와 성과급제가 있다. s를 보상함수, $\mathbf{y}$는 계약에 사용되는 성과측정치 벡터라고 하자. 이 계약을 전제로, 대리인은 행동의 벡터 $\mathbf{a}$를 선택한다. 이러한 행동에는 영업 결정, 재무 결정, 혹은 투자 결정이 포함된다. 이 결정은 다른 외생변수(확률 변수)와 함께 기업의 성과(outcome), x와 성과측정치에 영향을 준다.

성과는 화폐단위로 측정되고, 단일 기간 모형에서는 화폐 성과는 기말 현금흐름 혹은 경영자 보상을 뺀 배당으로 잘 정의된다. 처음에는 성과 x가 관찰가능하고 계약 변수로 사용된다고 가정한다. 나중에 이 가정은 완화된다. 성과 측정치가 함께 관찰되고, 대리인은 계약 조건에 따라 지급받는다. 성과에 대한 소유권은 본인이 갖는다. 대리인이 소유권을 갖고 '미보고 이익'을 허용하는 경우에 대한 연구도 있다.

표준적인 대리 모형은 여러 방식으로 확장된다. 앞에서 언급한 바와 같이 성과는 관찰 불가능할 수도 있다. 이 경우 성과를 추정하는 정보의 역할이 필요하다. 상당수의 회계 연구는 정보가 신호 y를 보내는 여러 기제에 관한 모형을 만들려고 노력하였다. 가장 단순한 모형에서 신호는 행동에 의해 발생하고 '자동적'으로 관찰된다. 다른 연구에서는 기말에 본인이 정보를 관찰하고 더 많은 정보에 대한 조사 여부를 결정한다(예: 차이 조사). 또한 정보는 대리인의 보고서를 통해 발생할 수도 있다. 이 경우에는 진실한 보고에 관한 도덕적 해이가 수반될 수 있다. 정보는 감사인과 같은 제3자에 의해 발생할 수도 있는데, 이 경우에는 감사인에 대한 인센티브 문제가 발생한다. 마지막으로 성과 측정치는 증권시장이 정보를 주가에 총합하는 과정에서 나올 수도 있다. 투자자에게 이용가능한 정보가 무엇인지, 그리고 이 정보는 대리인의 영업 및 보고 결정에 어떻게 영향을 미치는지를 분석한다.

대리인이 행동을 선택하기 이전에 본인/대리인이 정보를 취득할 수도 있다. 이 정보는 다른 영업 행동, 일반적으로 유리한 환경, 대리인 유형(예: 기술 혹은 위험회피성향)과 관련될 수 있다. 행동 이전 정보는 계약 이전 혹은 계약과 행동 선택 사이의 기간에 취득될 수 있다(참여 예산을 통한 정보소통). 대리 모형은 다기간 모형으로 확장된다(한 기간 모형의 반복 혹은 기간 간 상관관계 존재).

끝으로 다수 대리인이 모형에 포함될 수도 있다. 이 모형에서는 대리인 사이의 경쟁, 상대성과평가 문제가 검토된다. 이 모형은 또한 자원 분배(혹은 원가 분배) 면에서의 인센티브 문제와 이전 가격 문제를 다룬다.

1.2 기본 모형의 확장

기본 대리모형과 확장된 모형에 관해 좀 더 자세히 요약해 보자. 먼저, 단일 기간-단일 대리인 모형을 검토한다. 대리인의 행동을 본인이 관찰할 수 없기 때문에 인센티브 문제가 발생한다. 인센티브 문제의 유형은 도덕적 해이 혹은 숨겨진 행동 문제라고 부른다. 순수한 인센티브 문제 해결에는 비용이 든다. 성과 측정치는 대리 문제의 크기를 감소시키는 역할을 한다. 이때의 핵심 특징은 대리인 행동에 관한 성과 측정치의 정보 전달성(informativeness)이다. 성과 측정치의 정보 전달성은 대리인 행동에 대한 성과 측정치의 민감도(sensitivity)와 잡음(noisiness)에 의해 결정된다. 최적 계약의 형태, 성과 측정치의 선형 결합 조건(회계 시스템은 항목을 합계함), 책임 회계와 통제 가능성 원칙을 검토한다.

그 다음 항에서는 숨겨진 행동 모형을 계속 분석하지만, 대리인은 다수 행동을 책임진다. 이 모형에서는 선형 계약, 지수 효용함수, 정규 분포(LEN)의 틀로 대리 문제를 다룬다. 다행동 모형에서는 행동 노력의 강도에서 노력의 분배로 관심이 바뀐다. 따라서 성과 측정치의 일치성(혹은 전체 성과측정치의 일치성에 기여하는 정도)이 중요하다. 회계 분식(window dressing)과 이익관리, 미완성 혹은 근시안적 성과 측정치, 비재무 성과 측정치, 부문 및 기업 전체 성과, 정보의 가치평가 대 수탁책임 이용, 보상 계약에서의 주가 대 회계숫자 문제에 이 모형을 적용한다.

다음 항에서는 대리인이 성과발생 과정에 영향을 주는 모수 혹은 성과 자체에 관한 우월한 정보를 가지고 있는 경우의 대리 문제를 검토한다. 회계 시스템은 조직 내에서 정보 소통을 위해, 집단 간 행동 조정을 위해, 선택한 행동과 발생한 성과를 평가하는데 사용된다. 회계 시스템의 새로운 역할은 대리인이 정보 우위를 이용하여 얻을 수 있는 정보 지대(information rent)를 감소시키는 것이다. 이 결과는 참여 예산과 목표 설정(조직 여유의 창출 포함), 회계숫자의 '확인' 역할, 자본 배분의 기준(huddle rate), 이전 가격, 그리고 원가 배분에 적용된다.

그 다음에는 의사소통, 이익관리, 그리고 현시 원칙을 검토한다. 특히 이익관리를 검토하기 위해서는 현시 원칙이 적용되지 않는 조건이 중요하다. 마지막으로, 다기간 대리 모형을 다룬다. 다기간 모형은 이익과 현금흐름이 일치하지 않고, 또 발생주의가 실질적 역할을 하는데 필수적이다. 장기 투자 결정의 동기 부여, 성과 측정치로서 현금흐름 대 발생주의 대 잔여 이익의 사용, 감가상각정책의 역할을 검토한다. 먼저 기본 모형부터 살펴보자.

1.3 단일 행동 모형

회계 숫자는 경영자 보상 계약에 이용되어, 경영자가 주주의 이익을 보장하게 한다. 주당 이익, 순이익, 영업 이익 등이 많이 사용된다. 최고 경영자 뿐 아니라 고위층 경영자의 보상 결정에도 회계이익 측정치는 사용된다.

계약 관점에서는 정보 경제학의 대리이론을 토대로 경영자 성과 측정치의 특성을 분석한다. 여기에서는 대리이론의 기본 모형과 성과 측정치의 특성을 간단하게 살펴본다.

대리이론에서 본인의 문제는 보상 함수(함수의 형태와 계약 변수)를 선택하는 제약조건이 있는 극대 문제로 표현된다. 목적함수는 본인의 효용함수를 극대화하는 보상을 선택하는 것이다. 본인의 효용 함수는 성과에서 대리인에 대한 보상을 뺀 순성과에 대해 정의된다. 본인의 효용 함수는 금액이 클수록 더 높고, 위험 회피 혹은 위험 중립으로 가정된다. 본인이 위험 중립인 경우 그의 기대 효용은 기업의 기대 이익이다. 위험 회피이면 순이익 분포의 분산도 중요하게 된다. 본인의 효용은 통상 위험 중립으로 가정된다.

보상함수는 본인의 순이익에 두 가지 방식으로 영향을 준다. 첫째는 직접 효과로서 성과에서 경영자 보상을 빼서 결정된다. 둘째로 보상함수의 구조는 대리인의 행동 선택에 영향을 주고, 이는 총 성과의 확률 분포에 영향을 준다. 즉, 성과와 성과측정치는 그 분포가 대리인의 행동에 영향을 받는 확률 변수로 표시된다. $f(x, \mathbf{y}|a)$는 주어진 대리인 행동을 조건으로 하는 x와 $\mathbf{y}$의 결합 확률 분포이다. 이 확률 분포는 연속 변수 혹은 이산 변수로 취급된다. 처음에는 본인과 대리인 모두 이 분포에 대해 동일한 신념을 갖는다고 가정하지만, 나중에는 어느 한 당사자가 더 우월한 정보를 갖는 상황도 검토한다.

보상 함수를 선택함에 있어, 본인은 대리인에게 '수용 가능한' 기대효용 수준을 제공하는지 여부를 확인해야만 한다. 이 제약 조건을 개인 합리성 제약(individual rationality constraint)이라고 부른다. 대리인이 수용 가능한 최소한의 효용 수준은 외생적으로 규정된다. 이 최소한의 효용 수준은, 다른 차선의 고용 기회에서 얻는 대리인의 기대 효용 수준, 혹은 보장 효용 수준이라고 해석된다. 이 해석은 본인이 대리 관계에서 모든 '권력'을 가지고 있음을 의미한다; 대리인에게는 이 최소 수준만을 보장하고 그 초과분은 본인이 갖는다. 그러나 대리 관계는 Pareto 최적 상태를 확인하는 것으로도 해석할 수 있다. 즉, 최소한의 효용 수준은 대리인의 협상력을 이미 반영한 것으로 볼 수 있다.

두 번째 제약식은 인센티브 적합성 제약식(incentive compatibility constraints)이다. 제안된 계약 하에서, 대리인은 그의 효용을 극대화하는 행동(그리고 정보 우위에 있는 경우 메시지)을 선택한다. 이 제약식은 마치 본인이 계약과 행동을 선택하는 것처럼 대리 문제를 취급한다. 다만, 본인은 대리인의 인센티브에 적합한 (계약, 행동) 조합을 선택해야 하는 제약을 갖는다.

대리인의 효용 함수는 그에 대한 화폐 보상, s와 선택한 행동, a에 대해 규정된다. 대부분 대리인의 효용함수는 보상과 행동이 덧셈 모습으로 분리된다고 가정된다: $H(s, a)=U(s)-V(a)$. 비금전 부분은 노력 수준을 의미한다. 더 많은 노력은 더 높은 성과를 내지만, 대리인이 개인적으로 그 비용을 부담한다. 다른 모형에서는 비금전적 수익이 권력, 권위, 자원의 개인적 용도, 혹은 소비에로의 전환이라고도 해석된다.

대부분의 연구에서, 금전적 효용은 대리인이 받는 유일한 보상으로 취급된다. 실제로는 다른 원천의 금전적 보상(노동 시장 혹은 인수 합병 시장)과 비금전적 보상(직무 만족, 승진 등)이 존재한다. 또한 대리인은 다른 재산이 없다고 가정하거나 본인이 대리인의 전 재산에 대해 계약할 수 있다고 가정한다. 이 가정은 대리인이 부담하는 위험과 대리인 소비의 기간 배분(다기간 모형)을 본인이 결정하게 만든다. 대리인이 보험 시장이나 자본 시장에 접근할 수 있으면, 본인이 부담시키고자 하는 위험을 상쇄시키거나 미래 이익을 차입할 수도 있게 된다.

1.3.1 1차 최적해

일반적으로 대리이론 연구에서는 비교의 기준을 만들기 위해 인센티브 문제가 없는 대리 문제의 해를 먼저 계산한다. 이는 1차 최적해인데, 행동은 모든 사람의 이익에 맞추어 협동적으로 선택되고 모든 보고는 진실하게 이루어진다. 수학적으로 이 해는 다음 문제를 풀면 계산된다.

본인의 효용함수는 위험 중립이고, 성과, x와 행동, a가 모두 관찰가능하다고 가정하자.

$$\max_{s(x),a} \int [x - s(x)] f(x|a)\,dx \tag{1}$$

$$\text{s.t} \quad \int U[s(x)] f(x|a)\,dx - V(a) \geq \underline{H} \tag{1a}$$

여기에서 x는 성과, $s(x)$는 보상 함수, $f(x|a)$ 는 행동 a를 선택하였을 때의 x의 확률 분포, $V(a)$는 노력에 대한 비효용, $\underline{H}$는 경영자의 최소 보장효용 수준(시장 기회비용)이다. (1)식은 본인의 목적함수로서 성과에서 경영자 보수를 뺀 기대 순성과를 극대화하는 보상 함수(성과급)와 최적 행동을 선택한다. (1a)식은 개인 합리성 제약(individual rationality constraint)으로서 계약 체결을 위해 경영자는 시장 기회비용 효용 수준인 $\underline{H}$를 최소한 얻어야 한다. 여기에는 인센티브 적합성 제약조건은 없다.

이 문제의 답은 다음과 같다.

$$\frac{1}{U'[s(x)]} = \lambda \tag{2}$$

여기에서 λ는 위 제약식의 라그랑제 승수로서 제약식의 그림자 가격(shadow price)을 의미한다. 즉 제약식의 우변 상수의 크기를 한 단위 증가시킬 때의 목적 함수의 민감도를 나타낸다. 그리고 1차 최적의 경우에 경영자의 보수형태는 고정급이 된다. 즉, $s(x)=k$가 된다. 따라서 최적 계약에서 대리인은 아무런 위험도 부담하지 않는다. 마찬가지로 대리인이 위험 중립이고 본인이 위험 회피이면, 모든 위험은 대리인이 부담한다. 최적 계약은 $s(x)=x-k$이다. 양자가 모두 위험 회피이면 최적 위험 배분 형태는 각 효용함수의 형태에 따라 결정된다. 흥미있는 경우로서 양자의 효용함수가 음의 지수함수라면 최적 위험분배 계약은 x에 대해 선형이고, 기울기 계수(대리인의 위험 부담분)는 본인의 위험 인내정도에 대한 대리인의 위험 인내정도의 비율에 비례한다. 대리인의 보상은 (2)식을 풀면 나온다. 만일 본인의 효용함수가 위험 회피이면, 좌변의 분자는 본인 효용함수의 1차 미분값(한계효용)이 된다. 본인과 대리인 양자의 한계효용의 비율은 **최적위험분배 조건**이다.

여기에서는 계약은 성과 x에만 의존하고 성과 측정치는 계약에 사용되지 않는다. 성과가 관찰 가능한 한, 성과는 **유일한 실질적인 위험**이고 위험분배 목적에 관련되는 유일한 변수가 된다. 1차 최적해에서는 인센티브 문제가 없기 때문에 다른 성과 측정치의 역할은 없다.[2]

1차 최적해가 얻어지는 특수한 경우를 검토해 보자. 첫째로는 **대리인이 위험 중립**이고 본인이 위험회피인 경우이다. 이때 본인은 대리인에게 기업을 매도한다. 둘째로는 대리인이 위험회피이어도, 노력이 관찰 가능한 경우이다. 이 유형의 계약은 강행 계약(forcing contract)이라고 부르는데, 행동이 관찰 가능하므로 본인이 원하는 행동이 관찰되면 1차 최적해를 지급하고, 그렇지 않으면 벌을 부과해서 본인이 원하는 행동을 강제로 선택하게 만든다. 셋째, 성과 분포가 확실할 때이다. 마지막으로, 성과 분포가 '변역 범위'에서 일양분포를 갖는 경우이다. 즉 $x \in [a^*-c,\ a^*+c]$이면 1차 최적해를 지급하고, $x < a^*-c$ 이면 아주 작은 보상을 지급하거나 대리인이 본인에게 지급하게 하면 대리인은 1차 최적 행동을 택한다. 이 경우들은 계약에서 인센티브가 너무 강하여 균형 상태에서 게으름 부리기나 벌 받는 일이 발생하지 않는다. 또한 계약에서 성과 측정치의 정보 역할을 잘 보여준다. 이들 경우에는 대리인의 바람직하지 않은 행동을 정확하게 말해주는 신호가 극단적으로 관찰 가능하다.[3] 일반적으로 정보 신호는 대리인 행동에 관한 불확실한 지표이다. 다음에는 이 경우를 검토한다.

1.3.2 2차 최적해: 성과만 관찰 가능

단지 성과만을 기준으로 계약하는 경우 1차 최적해에 비해 **후생 손실**이 발생한다. 이는 추

2 Lambert(2001), pp. II-12~13.

3 Lambert(2001), pp. II-13~15.

가 정보가 가치를 갖기 위한 필요조건이다. 대리인이 행동의 한 차원, 노력 공급량에만 책임을 지는 단순한 경우를 먼저 검토한다. $f(x|a)$는 주어진 노력 수준에서의 성과의 확률 밀도이다. 노력이 커지면 기대 성과는 증가한다. 높은 노력 수준은 성과 확률분포를 오른쪽으로 이동시킨다: 1차 확률지배. 그리고 어떤 성과 실현도 확실하게 어떤 행동을 확인하거나 부인하지 않는다. 높은 노력 수준은 높은 개인 비용을 수반한다.[4]

이 때의 본인의 문제에는 앞의 (1) 식에 다음과 같은 두 번째 제약식이 추가된다.

$$a\text{는 maximize} \int U[s(x)]f(x|a)dx - V(a). \tag{3}$$

이는 인센티브 적합성 제약식이다. 본인이 제안한 계약을 조건으로 대리인의 기대효용을 극대화하는 행동을 대리인은 선택한다. 이 제약식은, 최적 노력이 행동 집합 안에 존재한다면, 대리인의 노력에 관한 1계 조건으로 표시할 수 있다.

$$\int U[s(x)]f_a(x|a)dx - V'(a) = 0 \tag{4}$$

이 식의 라그랑쥐 승수를 μ라고 하면, 이 문제의 해는 다음과 같다.

$$\frac{1}{U'[s(x)]} = \lambda + \mu \frac{f_a(x|a)}{f(x|a)} \tag{5}$$

$\mu=0$이면, 1차 최적해의 최적 위험분배계약이 된다. 본인이 행동 집합 안에서 가장 낮은 행동 수준보다 높은 행동을 원한다면 $\mu > 0$이어야 한다.[5] 좌변은 위험 중립인 본인과 위험 회피형인 대리인의 한계 효용의 비율을 나타낸다. $\mu > 0$이면, $f_a(x|a)/f(x|a)$의 부호와 크기에 의해 최적 계약이 결정된다. 이 비율은 x를 통해 a를 추정하는데 x를 산출할 확률이 가장 높은 a를 추정해 준다.[6] 대리인의 높은 노력을 알려주는 성과에 대해 본인은 큰 보상을 주고 그렇지 않은 성과에 대해서는 벌을 준다($f_a(x|a)$가 양이면 노력이 커질수록 높은 성과가 나올 확률이 높

---

4 이 항은 Lambert(2001), pp.15~20을 요약함.

5 $\mu=0$이면, 보상은 상수가 되어 성과나 행동과 무관하게 된다. 따라서 대리인은 최소의 노력을 투입한다. 이는 최적일 수 없다.

6 최대 우도법으로 x를 통해 a를 추정하려면, $f(x|a)$에 대수를 취하고 1차 미분해서 이를 0으로 놓으면 된다. $\partial log f(x|a)/\partial_a = (1/f(x|a))f_a(x|a)$.

아지고, 음이면 노력이 커질수록 성과가 나올 확률이 낮아짐을 의미한다).

이 최적해는 위험 회피형인 경영자 유인을 위한 위험 부담의 효익과 비용을 절충한다. 즉, 본인이 최적 위험분배 계약을 제안하면, 대리인은 높은 노력을 투입할 유인을 갖지 못한다. 위험 부담은 대리인의 기대 효용을 낮추므로 본인은 대리인의 **최소 보장 효용**을 맞추기 위해 기대 보상을 높여야 한다.

(5)식은 **계약의 형태**가 $f_a(x|a)/f(x|a)$와 본인과 대리인의 효용 함수에 의존함을 보여준다. $f_a(x|a)/f(x|a)$가 x에 대해 증가하면 계약은 성과에 대해 증가한다. 이는 충분조건이다. 이는 성과 분포의 평균이 대리인의 노력에 대해 증가한다는 가정보다 더 강하다. 높은 노력은 높은 x값이 나올 확률을 높인다. 행동 집합을 풍부하게 하면 계약의 단조성이 보장된다. 만일 계약이 성과에 대해 감소하는 구간을 갖는다면 먼저 성과를 관찰하는 경영자는 본인이 성과를 관찰하기 전에 성과를 파괴할 것이다. 본인도 감소 구간을 갖는 계약을 선호하지 않는다.

2.1항에서 보겠지만, 우도 비율 $f_a(x|a)/f(x|a)$는 많은 보통의 확률 분포에서 성과에 대해 단조하고 선형이다. (5)식은 이 비율과 함께 각자의 효용함수에도 영향을 받기 때문에 이 비율이 선형이라고 해서 계약도 선형이라고 할 수는 없다. 그러나 본인은 위험중립이고 대리인의 효용함수는 HARA형 효용 함수라고 가정하면[7], 대리인의 위험회피계수가 1보다 크면, 최적 보상함수는 x에 대해 오목하고, 1이면(로그함수) 직선이고, 0보다 크고 1보다 낮으면 볼록이다. 따라서 계약의 형태는 **대리인의 위험회피 정도**에 의존한다. 그리고 성과함수가 하방 한계를 가져야만 대리 문제에 최적해를 구할 수 있다.[8]

1.3.3 추가 성과측정치 가치

본인이 대리인의 행동을 관찰가능할 수 없는 2차 최적해에서는 1차 최적해에 비해 후생 손실이 발생한다. 이 경우에 **추가 성과측정치**는 더 높은 유인을 제공하거나 혹은 계약의 위험분배를 향상시킬 수 있다. 추가 성과 측정치가 존재하는 경우 최적해는 다음과 같다.

$$\frac{1}{U'(s(x,y))} = \lambda + \mu \frac{f_a(x,y|a)}{f(x,y|a)} \quad (6)$$

7 HARA형 효용함수에는 제곱 함수나 제곱근 함수, 음의 지수함수가 포함된다.

8 (2)식의 좌변은 항상 양이다. 만일 $f(x|a)$가 평균이 0인 정규분포라면 우변은 음이 될 수 있다. 따라서 하방 한계가 필요하다.

여기에서 $f_a(x, y|a)/f(x, y|a)$가 y에 의존할 때 그리고 오직 그 때에만 최적 계약은 성과 측정치 y에 의존한다. 즉, x가 a에 관하여 x와 y의 충분 통계량이 아니면, $f_a(x, y|a)/f(x, y|a)$는 y에 의존한다.[9] 이 조건은 계약이, 많은 변수에 기초를 두고 풍부해질 수 있음을 의미한다. 원래 변수가 추가 변수에 대해 충분하다면 추가 변수가 가치가 없다는 점은 놀라울 일이 아니지만, 원래 변수가 추가 변수에 대해 충분하지 않으면 추가 변수가 가치를 갖는다는 점은 아주 놀라운 일이다. 특히, 추가 변수가 약간의 정보 전달성을 갖지만, 잡음이 너무 커서 많은 위험을 계약에 추가시킬 수도 있다. 이 문제는 추가 변수가 계약에서 '어떻게' 사용되는가에 따라 달라진다. 이는 다음 항에서 검토한다.

제2절 대리이론과 성과 측정치*

계약관점에서는 대리이론을 통하여 성과 측정치의 여러 속성을 연구한다. 다수 측정치가 사용되는 경우, 각 측정치를 합계할 때의 비중; 다수 행동을 하는 경우, 성과 측정치의 일치성; 개인 정보와 의사전달의 경우, 이익관리, 원가 분배, 이전가격 결정; 그리고 다기간 상황에서의 투자 결정과 운영 결정의 조정 등을 검토한다.

2.1 성과측정치의 합계

정보 전달성 조건은 언제 새로운 추가 변수가 가치를 갖는지 말해주지만, 가치의 크기를 결정하는 요인 혹은 계약에 어떻게 사용되는가에 대해서는 보여주지 않는다. 여기에서는 계약의 함수 형태와 신호가 합계되는 방식을 검토한다. 대리이론의 결과를 해석하는데 있어서 한 가지 문제는 보상 함수의 형태와 신호 합계 방법 양자가 함께 결정된다는 사실에서 비롯된다. 기초적인 신호를 보상 숫자로 사상시키지만, 정보 합계과정을 보상 함수 형태로부터 분리

9 Holmstrom(1979)의 정보 전달성(informativeness) 조건이라고 부른다. $x = a + \tilde{e}_1$, $y = x + \tilde{e}_2 = a + \tilde{e}_1 + \tilde{e}_2$, $\tilde{e}_1$과 $\tilde{e}_2$가 독립이면, y가 a에 관해 정보적이라 해도 y는 추가로 정보를 전달하지 못한다. x가 이미 그 정보를 전달하였기 때문이다.

해서 해석하는 것은 곤란하다. 회계인은 성과측정 과정에 비해 보상 계약 구성에는 관심이 적기 때문에, 양자를 분리하는 것은 아주 흥미롭다. 회계 시스템은 일반적으로 신호를 선형으로 합계한다. 따라서 선형 합계가 언제 최적인지를 이해하는 것은 중요하다. 신호의 선형 합계가 계약이 선형임을 의미하는 것은 아니다.

본인은 위험 중립이고 두 신호 y_1과 y_2가 계약에 사용된다고 하자. Banker and Datar(1989)는 계약을 최초로 두 부분으로 분해한다: (ⅰ) 합계 성과 측정치: $\pi=\pi(y_1, y_2)=\lambda+\mu f_a(y_1, y_2)/f(y_1, y_2)$, (ⅱ) 합계 성과 측정치를 토대로 하는 보상 함수, $s(\pi)$. 많은 유형의 확률 분포에서 $f_a(y_1, y_2)/f(y_1, y_2)$는 y_1과 y_2에 대해 선형이다.[10] 이는 성과 측정치가 선형으로 합계된다는 뜻이지 보상이 성과 측정치의 선형이라는 뜻은 아니다. 예를 들면, 계약 $s(y_1, y_2)=[y_1+3y_2]^2$에서 신호는 선형으로 합계되지만, 성과는 합계 성과측정치와 비선형이다.

각 성과 측정치에 비중을 주는 문제를 검토하자. 신호를 선형 결합하면 비중이 잘 규정된다. 각 변수의 기울기 계수는 계약에 사용되는 비중으로 볼 수 있다. $\pi(y_1, y_2)=\beta_1 y_1+\beta_2 y_2$라고 하자. 확률 분포가 지수함수 계열이면 기울기 계수는 변수의 신호-잡음 비율에 비례한다.[11]

y_1과 y_2가 주어진 노력에 대해 독립 분포라면, 성과 합계의 상대적 비중은 다음과 같다.

$$\frac{\beta_1}{\beta_2}=\frac{\partial E(y_1|a)/\partial a}{var(y_1)}\frac{var(y_2)}{\partial E(y_2|a)/\partial a} \tag{7}$$

민감도는 노력의 변화에 신호가 반응하는 기대값의 크기를 측정한다. (7)에서 신호의 민감도가 클수록, 그리고 신호의 분산이 작을수록 신호의 상대적 비중이 커진다. 분산은 대리인의 노력 이외의 요인들이 신호에 미치는 중요도의 영향을 받기 때문에 잡음의 크기를 측정한다. 회계의 '동일 비중' 합계 성질은 최적인가? 대리인이 행동을 조정하여 비중을 비슷하게 맞춘다면 그렇다.

2.1.1 통제 가능성 원칙과 상대 성과 평가

신호들의 분포가 독립적이라면, 대리인 행동에 민감한 신호는 모두 계약에 유용하다. 이는

10 정규 분포, 지수 분포, 이항 분포, 감마 분포, 카이 제곱 분포 등에서 성립. Lambert(2001), p. II-22.

11 Lambert(2001), p. II-22 참고.

권한을 가지고 통제 가능할 때 책임을 진다는 통제 가능성 원칙의 정신과 비슷하게 여겨진다. 대리 이론에서는 이 개념을 좀 더 정확하게 정의한다. 즉, 대리인의 행동이 어떤 변수의 확률 분포에 영향을 미친다면, 그 변수는 '통제 가능하다'. 이 정의에 따라 대리이론에서는 모든 신호가 독립적으로 분포한다면, 통제 가능한 모든 신호는 보상 계약에 사용될 수 있다.

이는 대리인에 의해 통제되지 않는 변수가 계약에 사용되어도 유용함을 보여준다. 예를 들어 본인이 자본 투자 결정을 하고, 이 결정이 생산의 평균, 분산, 혹은 대리인 노력의 생산성에 영향을 미친다면, 이 투자 결정은 계약의 모수에 포함된다. 대리인은 이 결정에 무관하지만, 본인은 이 결정의 영향을 고려함으로써 대리인의 노력을 더 잘 평가할 수 있다.

성과 측정치들이 상관관계를 갖는 좀 더 현실적 시나리오에서는 문제가 더 복잡해진다. 첫째, 추가 측정치가 처음 측정치의 가블링인 경우에는 대리인에 의해 통제 가능하더라도 가치를 더하지 못한다. 둘째, 반대로 두 변수 사이에 상관관계가 있는 경우에는 대리인이 그 성과 측정치를 통제할 수 없더라도 계약에 유용할 수 있다. 즉, 잡음 감소 역할을 할 수 있다.

이 잡음 감소 역할은 상대 성과평가와 자본 시장 연구에서의 '단일 요인' 지수(주가 β) 모형과 연결된다. 대리인과 동료의 성과는 공통된 환경 등과 같은 동일한 요인의 영향을 받는다. 이 공통된 충격은 이들 요인의 공분산이다. 두 성과 측정치를 결합하면 공분산은 사라진다(Lambert, 2001, p.II-25). 즉, 대리인 성과의 시장 부분은 제거되고, 대리인은 자신의 개인적 요인에 의해서만 평가를 받는다.

상대 평가는 많은 맥락에서 사용되지만 경영자 보상에서 사용되는 증거는 적다. 이에는 여러 비용이 든다. 예를 들면 성과 부분 가운데 통제 가능한 부분에 관한 비생산적 논란이 발생한다. 또 다른 기업에 비해 주가 하락이 작더라도 주가가 하락하는 경우 경영자에게 보너스를 많이 지급하면 주주 집단 사이에 정치적 비용이 발생한다.[12]

2.1.2 성과 측정치 가치의 크기

성과 측정치의 가치의 크기는 민감도-잡음 비율과 비슷하다. 유일한 차이는 분자의 민감도가 제곱된다는 점이다. 정보 시스템 가치의 측정치는 성과 측정치의 척도와는 관련이 없다. 다른 점이 동일하다면, 정보 신호는 높은 민감도와 낮은 분산을 가지면 가치가 커진다(Kim and Suh(1991)).

12 기타의 요인에 대해서는 Lambert(2001), p. II-25, 26 참고.

2.2 다수 행동 모형

단일 행동 모형에서, 신호의 민감도는 중요한 특성이지만, 단일 행동 체계는 측정치가 '올바른 일'에 민감한지 여부는 다루지 못한다. 실제로 대리인은 일반적으로 여러 행동 집합에 대해 책임을 진다. 경영자는 여러 생산 라인, 수익 발생 대 원가 절감, 고객 만족 혹은 제품 품질, 설계 혹은 활동, 신규 투자 등의 일을 한다. 나아가서 모든 성과 측정치가 특정 행동에 같은 크기로 민감하지는 않고, 또 어떤 측정치는 더 쉽게 조작되고, 또 어떤 측정치는 좀 더 적시성을 갖는다. 예를 들어 균형 성과표는 대리인 행동의 여러 차원, 그리고 이들 행동과 그 결과를 반영하는 성과 측정치의 능력 차이를 포착한다.

Holmstrom 체계는 다수 행동 상황으로 쉽게 확장된다. Bank and Dartar의 선형 합계의 최적 조건 결과는 계속 적용되고, 성과 측정치에 관한 상대적 비중은 '민감도-정도' 해석을 여전히 갖는다. 신호의 정도에 대한 정의(예: 분산)는 단일 행동 모형과 같지만, 민감도는 좀 더 복잡하게 된다. 특히, 다수 행동 모형에서 성과 측정치의 전반적 민감도는 개별 행동에 대한 민감도의 가중 합이다. 가중치는 각 행동에 관한 인센티브 적합성 제약식의 라그랑쥐 승수 μ_i이다. 라그랑쥐 승수는 그림자 가격(shadow price)이므로 가중치의 성질을 갖는다. 단일 행동 모형의 비중에서는 라그랑쥐 승수가 상쇄되어 소거되지만, 다수 행동 모형에서는 μ_i가 서로 다르기 때문에 그렇게 되지 않는다. 라그랑쥐 승수는 내생적이어서 풀기가 어려우므로 대리 모형의 구조에 선형-지수-정규(LEN) 체계를 도입한다. 즉, 선형 보상함수, 지수함수 형태의 효용함수, 그리고 상태에 관한 정규분포 함수를 가정한다.

2.2.1 LEN체계를 사용하는 다수 행동 모형

대리인은 m차원의 노력에 책임을 진다. 본인은 개별적 혹은 총 노력 수준을 관찰하지 못한다. x는 기업의 기말 현금흐름(보상 지급 이전)이다. 이 성과는 본인에게 반드시 관찰 가능할 필요는 없다. 대신 본인은 K개의 신호에 의해 보상을 정한다. 행동의 수가 성과 측정치의 수보다 크다. 통제 대상 변수(행동)에 비해 통제 변수(기울기 계수)가 작기 때문에 본인의 통제 문제는 더 어려워진다.

성과 측정치 y는 정규 분포를 갖는 확률변수이다. 대리인의 행동은 성과 측정치의 평균에는 영향을 주지만 분산, 공분산에는 영향을 주지 않는다고 가정한다. 편의상 x, y는 노력의 선형 함수로 가정한다. 성과 함수는 $x=\sum_{j=1}^{m} b_j a_j + e_x$이다. 그리고 성과 측정치는 $y_i=\sum_{j=1}^{m} q_{ij} a_j + e_i$, $i=1, \cdots, K$이다. 성과 측정치의 민감도 q_{ij}와 b_j가 꼭 같을 필요는 없다. e_x와 e_i는 평균이 영인 결합 정규분포를 갖는다. 이 변수들은 행동 이외의 모든 변수들이 성과와 성과 측정치에 미치는 영향을 나타낸다. $\text{var}(y_i)$, $\text{cov}(y_i, y_j)$, $\text{cov}(x, y_i)$는 각각 분산과 공분산을 의미한다. x가 성과 측정치로 사용되지 않는 한, $\text{cov}(x, y_i)$는 계약 목적에서는 중요하지 않지만, 가치평가 관점에서는 아주 중요하다.

대리인의 효용함수는 음의 지수함수, $U(W)=-e^{-\rho W}$이다. ρ는 절대 위험회피계수이고, $W=s(y)-V(a)$는 대리인의 노력 비용을 뺀 순이익이다. $V(a)=0.5\sum_{j=1}^{m} a_j^2$이라고 가정한다. 보상 함수는 관찰되는 성과측정치의 선형 함수로 가정한다.

$$s(y_1, \cdots, y_K) = \beta_0 + \sum_{i=1}^{K} \beta_i \tilde{y}_i$$

정규 분포, 선형 계약, 음의 지수함수를 가정하면, 대리인 효용 함수의 확실성 등가(CE)는 기대 보상에서 위험 부담 비용(분산과 위험회피정도의 함수)과 노력 비용을 뺀 값이다. 이를 사용하여 본인의 문제를 정리하면 본인의 목적 함수는 다음과 같다(Dartar et al.(2000)).

$$\underset{\beta_1, \cdots, \beta_K}{\text{minimize}} \sum_{j=1}^{m} [b_j - \sum_{i=1}^{K} \beta_i q_{ij}]^2 + 0.5\rho [\sum_{i=1}^{K} \sum_{j=1}^{K} \beta_i \beta_j \text{cov}(y_i, y_j)] \quad (8)$$

이 식에서 첫 항은 본인이 원하는 대리인의 적정 노력 배분이다. 이는 기업의 성과와 대리인의 전반 성과측정치 사이의 일치도(congruence)가 극대화되게 성과측정치의 비중이 결정되어야 함을 의미한다. 두 번째 항은 본인이 대리인의 보상 위험 감소를 원한다는 것을 의미한다. 첫 항은 대리인의 전반적 성과와 기업 성과의 불일치성을 나타낸다.

완전한 일치성은 모든 $j=1,\ldots,m$에 대해, $b_j=\sum_{i=1}^{K} \beta_i q_{ij}$이면 이루어진다. 즉, 성과 측정치와 행동의 수가 최소한 같으면 완전하게 일치할 수 있다. 그러나 행동의 수가 성과측정치의 수보다 많으면 우연한 경우가 아니라면 완전히 일치하지는 않는다. 이때에는 가능한 한 일치성을 높이도록 성과 측정치의 비중을 정해야 한다. 일치성을 극대화하려면 먼저 성과 민감도 벡터와 대리인의 전반 성과 측정치 벡터의 각, θ를 극소화한 후, 전반 벡터가 성과 벡터와 일치하도록 전반 성과 측정치에 주어지는 인센티브의 강도를 근접시켜야 한다. 최적 비중의 두 번째 효과는 민감도-정도 효과이다. 성과 측정치들끼리 서로 완전히 일치하게 조정된다고 하자. 이 조건에서는 대리인의 전반 성과 측정치와 기업 성과 사이의 각(θ)은 이미 정해져 있고, 유일한 선택 변수는 길이이다. 따라서 성과 측정치의 비중은 대리인 노력의 배분에는 영향을 줄 수 없고, 보상 계약은 단지 대리인 노력의 강도에만 영향을 준다. 이 경우는 단일 행동 모형에서와 같이 최적 비중은 성과 측정치의 민감도와 잡음에 의해 선택된다.[13]

2.2.2 다수 행동 결과의 적용

간단한 경우를 살펴보자. 하나의 성과 측정치와 두 행동 모형에서 성과 측정치의 기울기 계수는 다음과 같다.

$$\beta_1 = \frac{b_1 q_{11} + b_2 q_{12}}{q_{11}^2 + q_{12}^2 + \rho var(y_1)} \tag{9}$$

(1) 회계 분식

성과 측정치가 실제 성과에서 이탈하는 두 가지 통상적인 방식을 살펴보자: 인센티브가 해로운 회계 분식과 추가 성과 측정치를 필요로 하는 근시안적 성과 측정치. 대리인은 실제 성과를 높이지 않고 보고 이익만 높이는 행동을 할 수 있다. 이러한 행동은 '성과 조작(performance padding)', '회계 분식(window dressing)', 감독자 로비로 생각할 수 있다. 또한 이익관리의 한 형태로 볼 수도 있다. 행동 1은 실제(b_1, q_{11}은 양)이고, 행동 2는 계수 조작이다($b_2 = 0$, $q_{12} > 0$).

식 (9)에서 성과 측정치가 계수 조작일수록, 이 측정치에 대한 기울기 계수는 낮아진다. 본인은 성과 측정치 계수를 낮추어 이런 행동을 방지하려 한다. 그러나 이 비중을 영으로 만들 수는 없다. 왜냐하면 생산적 행동 a_1을 유인하는 성과 측정치는 하나뿐이기 때문이다.

회계 분식 행동이 실제 성과에 부정적 영향을 주면 문제는 더 악화된다. 이때에는 기울기 계수는 더 낮아지고 최적 계수는 영이 된다. 즉 나쁜 유인보다는 유인이 없는 것이 더 낫다. 생산 노력과 성과 조작을 구분할 수 있도록 두 번째 성과 측정치를 추가하는 것은 가치를 가질 수 있다.

13 Lambert(2001), p. II-35.

회계 분식 행동이 실제 성과 관찰 이전인 기초에 발생한다는 점은 중요하다. 보통 이익관리는 실제 성과 발생 이후에 이루어지므로 이 모형은 이익관리의 설명에는 적합하지 않다.

(2) 근시안적 성과 측정치

이제는 근시안적 성과 측정치를 검토하자. 성과 측정치가 모든 실제 효과를 내는 행동에 대해 민감한 것은 아니다. 예를 들면, 회계 순이익 혹은 영업 현금흐름 측정치는 자본 투자, 연구 개발, 고객 만족, 품질 향상 행동을 즉각 반영하지는 않는다. 부문 이익의 타 부문에 대한 넘침(spillover) 효과도 마찬가지이다. 이는 (9)에서 $b_2>0$, $q_{12}=0$라고 볼 수 있다. 이 경우 성과 측정치는 두 번째 행동에 전혀 동기를 줄 수 없다. 더 극단적으로는 $b_2>0$, $q_{12}<0$으로 생각할 수도 있다. 경영자 행동은 장기적 효익을 갖지만, 회계에서는 그 혜택은 인식하지 않고 즉각적 비용만 인식하는 경우이다. 연구개발비나 자가 생성 영업권의 비용 처리가 이에 해당한다.

두 번째 행동을 유인하려면 성과 측정치를 고치거나 두 번째 행동 효과를 잘 반영하는 추가 성과 측정치를 도입하여야 한다. 이전 가격은 첫 번째 경우이고, 비재무 성과 측정치는 두 번째 해법이다. 추가 측정치를 도입하는 것은 원래 측정치가 어떻게 불일치하는가 보다는 어디에서 불일치하는지를 아는 것이 더 중요하다.

(3) 일치성과 민감도-정도의 절충

한 성과 측정치($y_1=x=\sum b_j a_j+e_1$)는 기업의 성과와 완전히 일치하고 다른 성과 측정치(y_2)는 그렇지 않은 상황에서, 미완성적이거나 부분적인 성과 측정치($y_2=q_{21}a_1+e_2$; 1번 행동만 측정하고 다른 모든 행동은 측정하지 않는다)에도 본인이 비중을 두는 것은 더 나은 위험분배를 위해서 일치성을 어느 정도 희생시키는 것을 의미한다. 예를 들어 b_1과 q_{21}이 양이면 완전하게 일치하는 측정치는 잡음을 갖는다($var_1>0$). 그리고 신호들이 상관관계가 없으면, 부분 측정치 y_2는 양의 비중을 갖는다.

행동 1 이외의 모든 행동의 생산성이 더 커진다면, y_1의 상대적 비중은 증가한다. 전반 성과가 어느 한 행동에 대해 더 민감해 지면, 본인은 이 행동을 더 시키려 할 것이다. 부분 측정치인 y_2는 이 행동에는 민감하지 않아서 상대적으로 y_1에 대한 비중이 커진다.

그러나 다수 행동의 경우에는 다른 민감도(b_1 혹은 q_{21})의 증가는 상대적 비중에 대하여 비단조 효과를 갖는다. 단일 행동의 경우와는 대조적으로, 어느 성과 측정치의 민감도 증가가 반드시 그 성과 측정치의 상대적 비중을 증가시키지는 않는다. 다수 행동의 경우에는 노력의 강도 뿐 아니라 노력의 배분도 중요하기 때문이다.

예를 들어, q_{21}이 증가하면, y_2 비중의 증가는 민감도-잡음 효과를 갖지만, 결국에는 y_2의 성과 불일치성도 함께 올라간다. 따라서 본인은 y_2 비중을 더 올리지 못하고 y_1의 비중이 높아진다. 그 결과 다른 행동에 대한 유인이 커진다. b_1의 비단조 효과는 그 민감도가 직접적인 정보 효과 뿐 아니라 생산 효과도 갖기 때문에 흥미롭다. 비단조 효과의 이유는 본인이 다른 행동에 대한 인센티브 넘침 효과에 관심을 갖기 때문이다. y_1의 비중을 높이면 본인이 원하는 행동 뿐 아니라 다른 행동에도 동기를 부여하는 효과를 갖지만, y_2의 비중을 높이는 것은 그 효과를 갖지 못한다. 그러나 본인은 다른 노력 차원을 유인하는데 드는 비용을 회피할 수 있기 때문에 y_2의 비중을 어느 수준까지는 올릴 수 있다. 그 결과 비단조 효과가 발생한다. 인센티브 효과는 여러 행동 차원에서 상호작용을 한다.

(4) 부문 성과 대 기업 전체 성과

자기 부문과 타부문 이익 추구 행동 사이에 최적의 노력을 분배하도록 대리인에게 동기를 부여하는 문제를 생각하자. 부문들 사이에 상호 의존성이 증가하면, 기업 이익 대 부문 이익에 적용되는 비중은 증가할 것이다. 상호 의존성의 유형이 중요하다. 자기부문과 타부문에 모두 좋은 영향을 주는 행동 1의 넘침 효과가 증가하면 기업 전체 성과측정치의 상대적 비중은 처음에는 감소하다가 나중에 올라간다. 그러나 자기 부문 이익에는 영향이 없고 전체 이익에만 효과를 갖는 상호 의존성이 증가하면, 기업 전체 측정치에 부과되는 상대적 비중은 항상 증가한다.

(5) 수탁책임과 가치평가 이용

수탁책임 목적에서의 정보 이용과 가치평가 목적에서의 정보 이용 방법을 비교한다. 주가는 기업가치에 관한 정보에 토대를 둔 투자자 거래 결정의 결과이다. 주가는 투자자의 부에 직접 영향을 주므로 경영자 보상을 주가에 연계하면 경영자와 주주의 이해관계를 일치시키는 이상적인 방법이라고 생각할 수 있다. 많은 언론 기사와 자문 및 연구 저널에서 이런 주장이 나온다. 그러나 대리 문헌에서는 가치평가 목적과 성과평가 목적에서 정보가 합계되는 방법이 다르다고 본다. 즉, 기업의 가치평가와 경영자의 기여에 대한 성과평가는 다르다.

(가) 성과가 관찰 가능한 경우

몇 가지 경우로 나누어 검토하자. 첫째, 성과 x가 관찰가능하다고 하자. 이 경우 가치평가 함수는 논의의 여지가 없다. 기말 주가는 x(좀 더 정확하게는 x 에서 경영자 보상을 뺀 값)이다. 가치평가에 다른 정보의 역할은 존재하지 않는다. 그러나 보상 관점에서는 다른 정보가 필요하다. 특히 경영자 행동의 효과와 '다른 요인'의 효과를 분리할 수가 없다. 성과 함수를 $x = a + \epsilon$이라고 하자. a는 경영자 행동이고, ϵ은 성과에 영향을 미친 다른 요인들을 나타내는 확률 변수이다. 가치평가 관점에서는 경영자 행동과 ϵ의 합계에만 관심을 갖지만, 보상 관점에서는 각 요소가 모두 중요하다. 단일 행동 모형이나 다수 행동 모형에서 보면, 기업의 성과 x가 관찰될 때, 추가 성과 측정치가 대리인 행동에 관해 추가로 정보를 전달하면 그 성과 측정치는 계약 역할을 갖는다. 이 변수들은 성과가 아니라 행동에 관해 추가로 정보를 전달한다.

주가에 다른 성과 측정치(예: 회계 숫자)를 추가하는 경우 다수 행동 모형에서 보다는 단일 행동 모형에서 정보 가치가 더 클 것으로 보인다. 왜냐하면 단일 행동 모형에서는 회계 숫자를 보상 기준으로 사용하여도 인센티브 효과가 왜곡되지 않기 때문이다. 단일 행동 모형에서는, x(주가)와 y_i(회계이익)은 모두 경영자 행동의 증가함수이다. 따라서 대리인 행동을 높이는 y_i의 이용은 성과 x도 또한 증가시킬 것이다. 다수 행동 상황에서 회계 숫자는 성과를 높이는 행동에 대해 민감하지 않고 또 성과와 무관한 행동에 대해서는 민감할 수 있다. 즉, 회계숫자는 주가에 비해 일치성이 떨어진다. 본인은 회계숫자를 사용하여 보상을 결정할 때 발생하는 노력 왜곡과 위험 감소 효과를 절충해야 한다.

(나) 성과가 관찰 불가능한 경우*

성과가 관찰 불가능할 때, 시장의 가격 결정 기제는 참여자들에게 이용가능한 기본적인 정보 신호를 총계해야 한다. 가치평가 함수의 비중 결정방식과 최적 보상계약에서의 비중 결정방식을 비교해보자. 만일 두 방식이 같다면(혹은 서로 비례한다면), 가치평가와 성과평가 이용은 동일할 것이다. 기본적인 정보 신호를 y_i라고 하자. 최적계약은 $s = \alpha + \sum_{i=1}^{n} \beta_i y_i$, 가치평가 혹은 가격 결정 공식은 $p = \gamma_0 + \sum_{i=1}^{n} \gamma_i y_i$라고 하자. 만일 모든 i에 대해, $\beta_i = k\gamma_i$(k는 상수)이면 최적 계약은 가격 p의 함수로 다시 쓸 수 있다: $w = \alpha + k(p - \gamma_0)$. 이 계약은 원래의 계약과 동일한 정보를 사용하고, 주가를 기초로 대리인 보상을 정하여도 아무런 손실이 없다.

y_i가 공개된 정보이고 위험중립 가치평가가 적용된다고 하자. 성과와 성과 측정치가 정규분포를 한다면, 가격결정 공식은 선형이다.

$$p = \gamma_0 + \gamma_1 \tilde{y}_1 + \gamma_2 \tilde{y}_2, \quad \gamma_0 = E(x|\hat{a}) - \gamma_1 E(y_1|\hat{a}) - \gamma_2 E(y_2|\hat{a})$$

따라서 $$p = E(x|\hat{a}) - \gamma_1[\tilde{y}_1 - E(y_1|\hat{a})] - \gamma_2[\tilde{y}_2 - E(y_2|\hat{a})] \qquad (10)$$

가격은 성과 측정치 $\tilde{y}$의 실현과 시장 참여자가 예상하는 경영자 행동, 즉 추정된 행동, $\hat{a}$의 함수이다. 성과 측정치의 실현은 경영자의 행동과 교란항의 실현에 의존한다. 순수 도덕적 해이 문제에서는 교란항만이 확률 변수이다. 물론 추정된 행동은 계약에서 설정된 인센티브에 의해 결정된다. 그러나 순수 도덕적 해이 대리 문제에서는, 시장(그리고 본인)은 생산 환경과 인센티브 계약에 관한 정보를 충분히 알고 있어서 경영자 행동을 정확하게 추정할 수 있다. 따라서 경영자 행동은 추정된 행동과 정확히 일치한다.

그 결과 성과 측정치의 실현은 시장에게 대리인 행동에 관한 어떤 것도 가르쳐 주지 않는다. 시장이 성과 측정치를 일단 관찰하면, 기업 가치의 변화는 오직 신호의 교란항 평가에 대한 시장 수정에만 관련된다. 따라서 가치평가 공식에서 신호의 비중은 $\tilde{y}$의 교란항과 성과의 랜덤 부분 사이의 상관관계 구조와만 관련된다. 사실, 가치평가 공식에서의 비중은 x의 y_1, y_2에 관한 회귀식의 기울기 계수와 같게 된다. 기울기 계수는 교란항 $(\tilde{e}_x, \tilde{e}_{y_1}, \tilde{e}_{y_2})$의 공분산 행렬과만 관련된다. 예를 들어 $\tilde{e}_{y_1}$과 $\tilde{e}_{y_2}$가 독립이면, $\gamma_i = cov(\tilde{e}_x, \tilde{e}_y)/var(\tilde{e}_{y_i})$이다. 극단적으로 신호의 교란항과 성과의 교란항 사이에 상관관계가 없으면, 가치평가 목적에서 신호의 비중은 영이다. 가치평가 목적에서는, 가치평가 비중은 대리인 행동에 대한 성과 측정치의 민감도와는 관계가 없다. 이러한 모든 것은 시장에 의해 예상되고 가치평가 공식의 절편에 반영된다.

대조적으로, 행동에 대한 신호의 민감도는 보상 함수의 비중에서는 중요한 역할을 한다. 예를 들어 단일 행동의 경우, 상대적 비중은 행동에 대한 성과 측정치의 민감도, 분산, 그리고 다른 측정치와의 공분산의 함수이다.[14] 성과 측정치와 성과와의 상관관계는 계약에서의 성과 측정치 이용과는 무관하다. 다수 행동과 대리인이 위험 중립인 상황에서는 이 점이 더 뚜렷

14 통제가능성 원칙 항 참고.

이 부각된다. 이 경우, 신호는 성과 측정치의 민감도 벡터와 대리인 행동에 대한 성과의 민감도 벡터 사이의 일치도를 극대화하도록 비중이 정해진다.[15] 교란항의 상관관계 구조는 무관하다. 즉, 보상 계약에서 성과 측정치의 중요한 역할은 측정치의 민감도와 관련되는 일치성(congruity)이다. 이에 비해, 가치평가 공식에서 성과 측정치의 역할은 교란항과 관계되는 상관관계이다.

대리인이 위험 회피이면, 교란항도 또한 중요하다. 그러나 이제는 기업 평가 관점에서 '실제'인 변동은 대리인 행동 평가 관점에서는 잡음이 될 수 있다. 예를 들어 기업 성과가 두 요소로 구분된다고 하자: $x=x_1+x_2$, 여기에서 $x_i=b_ia_i+\theta_i$이다. θ_i는 경영자 행동과 무관한 실제 현금흐름이다. 따라서 θ_i 항은, 가치평가 관점에서는 관련성이 있지만, 계약 관점에서는 잡음이다. 관찰되는 변수는 기저의 현금흐름을 잡음과 함께 측정한다: $y_i=x_i+\varepsilon_i=b_ia_i+(\theta_i+\varepsilon_i)$. 편의상 모든 θ_i, ε_i는 독립이라고 가정하자. ε_i는 가치평가와 보상 관점에서 모두 잡음이다. 반면에 θ_i는 보상 관점에서만 잡음이다.

계약이 y_1과 y_2에 기준을 둔다면, 계약은 비중을 분산의 감소함수로 정할 것이다. 즉, y_i의 비중은 θ_i의 분산과 ε_i의 분산의 감소함수이다. 그러나 (10)의 가치평가 공식에서 신호 y_1의 비중은 다음과 같다.

$$\gamma_i=\frac{cov(x,y_i)}{var(y_i)}=\frac{cov(\theta_1+\theta_2,\theta_i+\varepsilon_i)}{var(\theta_i+\varepsilon_i)}=\frac{var(\theta_i)}{var(\theta_i)+var(\varepsilon_i)}$$

$$=\frac{1}{1+var(\varepsilon_i)/var(\theta_i)}$$

이는 고전적인 '변수 내 오차' 공식이다. 가치평가 공식에서 기울기 계수는 보상 공식에서와 마찬가지로 $var(\varepsilon_i)$의 감소함수이다.

그러나 보상 함수에서의 비중과는 달리, 가치평가 공식의 기울기 계수는 $var(\theta_i)$에 대해서는 증가함수이다. 즉, 성과 측정치에 더 많은 '실제' 변동이 존재할수록 주가는 측정치의 실현에 대해 더 민감하다. 불행하게도, 이 실제 변동은 대리인의 행동과는 무관하고 따라서 가격결정 공식은 실제 변동 부분이 측정 오차에 비해 클수록 성과 측정치의 비중을 '과대평가'한다. 이 비중 왜곡은 대리인 행동 선택에 있어 실제로 인센티브 작용을 한다. 특히 대리인이 가

15 성과 측정치의 일치성 참고. 위험 중립이므로 벡터의 길이는 무관하다.

격만을 기준으로 보상을 받으면, 보상함수가 성과 측정치에 기준을 둘 때에 비해 높은 실제 변동을 갖는 행동 쪽으로 대리인 노력은 기울어질(skewed) 것이다.[16]

위에서 검토한 바와 같이 인센티브와 가치평가 목적에 따라 정보 합계 방법이 다른 중요한 하나의 이유는 인센티브 목적에서는 민감도가 중요한데 가치평가에서는 그렇지 않다는 데에 있다. 이런 결과는 대리인의 행동 선택의 토대가 되는 정보가 투자자와 같기 때문이다. 따라서 투자자는 행동 선택에 대해 완전하게 추정하고 이를 주가의 절편에 반영한다. 정보는 시장이 대리인 행동 부분의 평가를 수정하는데 도움이 되지 않는다. 정보는 단지 시장이 성과의 교란항을 예측하는 것을 도울 뿐이다.

그러나 좀 더 일반적인 상황에서 시장은 경영자의 행동 혹은 재능에 관해 불확실하게 알게 된다. 이 상황에서 시장은 성과 측정치의 실현을 이용하여 성과의 두 요소(노력과 잡음)에 대한 평가를 수정할 것이다. 그 결과 가치평가 목적과 성과평가 목적에서 신호의 비중은 근접할 것이다. 이 이슈에 관한 개인 정보 모형은 아직 많이 연구되지 않고 있다.

(6) 가치평가 대 수탁책임 목적의 이용에 관한 기타의 이슈

주가가 갖는 하나의 중요한 역할은 기업 가치를 추정하는데 관련된 다양한 낱낱의 정보를 총합하는 것이다. 대부분의 경우, 투자자들이 수집한 개별적인 정보 변수들은 공개적으로 관찰되지 않거나 보상 계약에 쉽게 포함되는 형태가 아니다. 주가는 계약 가능 변수이므로, 기저의 정보 신호에 대한 유용한 대용치가 된다. 다수의 연구들은 투자자가 개인 신호를 관찰하고 균형 상태에서 거래하는 잡음이 있는 합리적 기대 모형을 사용한다. 이 연구에서는, 앞의 항에서 검토한 내용에 추가하여, 균형 주가에 잡음이 포함된다(정의상). 따라서 가치평가나 보상에 추가 정보의 역할이 존재한다. 가치평가 상황에서 투자자는 가격과 개인 정보를 조건으로 수요를 결정한다. 성과 평가 상황에서는 다른 성과 측정치가, 가격이 포함하는 잡음의 일부를 없앨 수 있다.

나아가서 계약은 시장에서 관찰되지 않는 변수를 사용할 수도 있다. 이사회는 시장이 믿을 수 있게 공시하는 데에는 비용이 너무 큰 내부 정보를 가질 수 있다. 이러한 상황에서는 이 정보를 보상 계약에 추가로 사용함으로써 이득을 얻을 수 있다.

주가 기준 보상을 이용하는 비용과 효익을 이해하는 데에는 미래 전망 주가와 다른 성과측

16 Kothari(2001), p. II-45.

정치가 갖는 관계가 중요하다. 통상적으로 주가는 아주 미래 전망적이라고 간주된다: 극단적으로, 주가는 당시에 투자자에게 이용가능한 모든 정보에 토대를 둔 모든 미래 현금흐름의 현재가치를 나타낸다. 주가가 갖는 이러한 미래 전망치 특성은 경영자의 의사결정의 효과가 미치는 기간을 고려할 때 인센티브 측정치로서 유용하다고 간주된다. 그러나 경영자가 행동 선택 이전에 미리 예상 효과에 의한 보상을 받으면 주주에게 불리한 행동을 선택할 수도 있을 것이다. 이때에는 주가를 보상에 사용하는 것이 해로울 수 있다. 보상과 성과 측정치의 다기간 측면은 뒤에 나오는 항에서 다시 검토한다.

마지막으로, 주가 기준 보상을 사용하는 비용과 효익을 고려할 때에는 경영자가 스스로 증권 시장에서 거래할 수 있음을 감안해야 한다. 이러한 거래 기회는 주주가 주가를 사용하여 경영자에게 원하는 인센티브 효과를 없앨 수 있다. 경영자가 개인 정보를 수집하여 공시하는 것도 투자 기회에 영향을 줄 수 있다. 대리 모형에서의 개인 정보와 정보 소통에 관해서는 다음 항에서 다룬다.

2.3 개인정보와 의사전달

지금까지는 본인과 대리인이 모두 관찰할 수 있는 공개 정보가 갖는 역할을 살펴보았다. 이제는 대리 모형의 한 주체가 개인 정보를 갖는 경우를 검토한다. 대부분의 연구에서는 대리인이 개인 정보를 갖는 상황을 분석한다. 경영자는 대리 관계를 맺기 이전에 개인 정보를 얻을 수 있다(기술, 전문성, 위험 회피정도, 최소보장 효용 수준 등). 또는 경영 과정에서 생산 및 판매에 관한 정보를 얻을 수도 있다. 나아가서 수익성이 높은 투자 계획을 경영자가 알아내서 본인에게 투자를 제안할 수도 있다.

개인 정보 모형에서는 세 가지 차원이 고려된다: (1) 정보 취득 시기(계약 이전, 행동 이전, 행동 이후), (2) 정보 신호 수취 후 계약 해지 가능성, (3) 정보 소통 가능성 여부.

경영자가 고용 계약을 먼저 한 후 행동을 선택하기 이전에 개인 정보를 취득하고, 정보 취득 후 회사를 그만둘 수 없으며, 정보 소통도 불가능한 상태를 살펴보자. 경영자는 개인 정보의 내용에 따라 그의 행동 선택을 조정할 것이다. 물론 그의 행동은 본인의 인센티브 계약의 영향을 받는다. 경영자 보상 $s(x, y)$는 개인 정보 m의 영향을 받지 않는다. 개인 정보이므로 계약 변수로 사용될 수 없기 때문이다. m이 x, y의 분포에 영향을 준다면, 대리인의 행동은 달라질 것이다.

공개 정보만 있는 경우와 이 경우의 주된 차이는 인센티브 적합성 제약이 각 신호에 대해서 개별적으로 부과된다는 점이다. 사전적인 기대 성과는 신호의 확률 밀도함수 $g(m)$, 신호에 따른 행동 $a(m)$, 그리고 주어진 신호와 최적 행동 하에서의 기대 성과 $E[x|a(m), m]$를 고려하여 결정된다.

경영자가 신호 후 회사를 떠날 수 없으면, 본인은 최소보장 효용 수준을 기대 효용으로 충족시킨다. 즉, 본인은 평균적으로는 제약조건을 충족시키지만, 각 실현신호에 대해서는 그럴 수 없다. 따라서 경영자는 어떤 신호에서는 기회비용을 달성할 수 없게 된다. 경영자가 회사를 떠날 수 있으면, 신호가 불리할 경우 회사를 그만 두어야 한다. 이 상황에서 본인이 경영자의 사직을 원하지 않는다면 그는 **최소 보장 효용 수준**을 평균값이 아닌 **모든 신호**에 대해 보장해야 한다. 그러면 개인 합리성 제약 조건도 모든 신호 m에 대해 성립해야 한다.

일반적으로 경영자의 사직이 가능할 때에 비해 본인은 더 불리하게 된다. 특히, 경영자가 최악의 m에 대한 최소 보장 효용에 상응하는 보상을 항상 받는다면, 그는 유리한 m에 대한 최소 임금을 초과하는 보상을 받는다. 이 효용 초과분을 **정보 지대**(information rent)라고 부른다. 우월한 개인 정보는 경영자의 권력을 키워 준다.

본인이 경영자에게 개인 정보를 보고하도록 계약을 하면, 즉 **정보 소통**을 허용하면 정보 지대는 감소될 수 있다. 만일 외생적으로 진실 보고가 이루어지면, 그 보고는 공개 정보 추가로 생각할 수 있다. 본인은 구체적인 정보 신호에 맞추어 보상 계약을 조정할 수 있다. 예를 들어 한계 상산성이 높으면(낮으면) 더 많은 노력을 유인하기 위해 성과에 대한 보상의 민감도를 높여야(낮추어야) 한다. 마찬가지로 성과의 기대값에 관한 정보를 전달하면, 대리인의 노력으로 인한 성과 부분에 초점을 맞추기 위해 신호에 의한 성과 부분을 제거한다.

물론 경영자의 진실 보고를 외생적으로 보장할 수 있는 경우는 별로 없을 것이다. 경영자는 유리한 보상 계약을 위해 신호를 거짓 보고할 가능성이 크다. 경영자의 개인 정보 신호 보고를 메시지 $\hat{m}$라고 하자. 계약은 관찰 가능한 변수 x, y, 그리고 $\hat{m}$에 의해 결정된다. 본인이 보상 함수를 미리 약속하고 그 다음에 경영자가 메시지를 보고한다고 하자. 혹은 본인이 계약의 메뉴 $\{s(x, y)\}$를 제시하고 경영자가 그 안에서 하나를 선택한다고 생각할 수도 있다. 경영자는 자신의 정보에 맞추어 기대 효용을 극대화하는 계약을 그 메뉴에서 선택한다. 계약 선택은 결국 정보를 보고하는 것이나 마찬가지이다. 본인의 문제에서, 기본 대리 모형의 개인 합리성 제약, 인센티브 적합성 제약에, 이제는 대리인의 보고 전략에 관한 인센티브 적합성 제약이 추가된다.

본인의 입장에서 어떤 메시지 전략을 유인하는 것이 최적인지 결정하는 것은 아주 어렵다. 다행히(또 불행하게) 현시원칙(revelation principle)은 문제 구성과 풀이를 단순하게 만든다. 이 원칙은 대리인이 개인 정보를 받을 때, 모든 차원을 완전하게 전달할 수 있고(즉 합계를 통해 차원을 줄이지 않고), 또 본인이 정보를 어떻게 사용할지에 대해 미리 약속할 수 있을 때 성립한다(Myerson, 1979).

현시원칙이 성립하면 비진실 보고를 포함하는 어떤 메카니즘도 진실 보고가 유인되는 균형 메카니즘보다 기대 효용이 더 높을 수는 없다. 마찬가지로 어떤 다단계 과정도 대리인이 진실을 보고하는 한 단계 과정에 비해 더 나을 수는 없다. 이 원칙이 진실 보고의 비용이 영이라고 주장하는 것은 아니다. 진실 보고 유인 계약을 설계하기 위해서 본인은 그 정보를 대리인에게 불리하게 사용하지는 않는다(under-utilizing)고 미리 약속해야 한다. 즉, 진실 보고를 유인하는 비용은 진실 보고를 유인하지 않았을 때처럼 본인이 그 정보를 완전하게 이용할 수 없다. 극단적으로는 본인이 그 정보를 전혀 이용하지 않는다고 약속해야 한다. 현시원칙은 단지 비진실 보고전략을 유인하는 것에 비해 진실보고 유인 비용이 더 크지는 않다고 주장할 뿐이다.

본질적으로, 현시원칙은 임의의 제안된 비진실 보고를 없애서 실제 계약으로 바꾼다. 본인이 $s^1(x, y, \hat{m})$의 제안을 고려하는데, 이 계약은 $a(m)$ 행동 전략과 $m^1(m)$ 보고 전략을 유인한다. 이 계약의 마지막 변수를 당초 대리인에게 최적이었던 보고 전략으로 대체하는 다른 계약을 고려하라. 즉 $s^2(x, y, \hat{m}) = s^1(x, y, \hat{m}) \circ m^1(m)$을 검토하자. 그러면, 대리인의 최적 행동 전략은 전과 같고, $m^1(m)$이 계약 1에서 최적 보고 전략이었다면, m은 계약 2의 최적 보고 전략이다. 기대 효용은 계약 1과 계약 2가 동등하다. 대리인의 보고는 진실한 신호로 대체되었다.

개인 정보 문제는 자본예산, 인센티브 문제와 자본비용, 원가배분, 이전가격, 정보 소통의 가치, 이익관리 등의 회계 문제를 분석하는데 이용된다.

2.3.1 인센티브 문제와 자본 비용

경영자가 사용하는 (자기) 자본의 비용을 회계에 포함시킬지 여부와 그 크기는 얼마이어야 하는가를 개인 정보 모형을 통해 검토해보자. 이 문제는 자체적으로도 중요하지만 자본 비용이 잔여이익과 경제적 부가가치와 같은 재무성과 측정치의 요소이고 나아가서 원가 배분, 이전 가격 결정 문제와도 관련되기 때문에 중요하다. 특히 EVA 이론가와 대부분의 회계 교과서에서는, 일반적으로 경영자에게 부담시키는 자본비용은 기업의 자본 비용과 같아야 한다고 주장한다. 이론적 연구들도 이 주장을 지지한다. 그러나 일부 대리이론에서는 자본 비용이 소유자의 자본비용과 같아서는 안 된다고 주장한다. 특히 이 연구들은 최적 자본 비용이 소유자의 자본 비용보다 더 높아야 한다고 제안한다.

Antle and Fellingham(1997)을 살펴보자. $m_i x$가 기말에 현금흐름 x를 창출하는 투자액이라면, 투자수익률 r_i는 $m_i(1+r_i)=1$, 혹은 $r_i=(1-m_i)/m_i$이다. 최적해는 원가 기준 수준 m^*을 설정하고, $m_i<m^*$ 일 때에만 투자하는 것인데, 이는 r^*를 기준율(hurdle rate)로 설정하고 $r_i>r^*=1/m^*-1$일 때, 그리고 오직 그 때에만 투자함을 의미한다. 대리인의 투자 계획이 승인되는 경우 대리인은 r^*를 부담한다. 기준 원가율은 일반적으로 1보다 작으므로 r^*는 양이다. 본인의 자본 비용을 영으로 표준화하는 경우에도 마찬가지이므로 대리인의 자본비용은 본인의 외부자본 비용보다 높게 된다.

기말에 다른 정보가 추가되면 대리인의 정보 지대는 감소하고, 이는 더 효율적인 생산을 유발한다. 이로 인해 대리인에게 부담되는 자본비용이 낮아지는 것은 아니다.

Rogerson(1997), Reichelstein(1997, 2000)은 정보 지대 감소보다는 투자 인센티브와 인센티브 문제의 상호작용을 다룬다. Lambert(2001)는 투자 인센티브와 생산노력 인센티브의 관계가 없을 때, 정확한 자본 비용이 본인의 자본 비용과 같게 되는 조건을 구한다. 이 조건 하에서 EVA 혹은 잔여이익은 올바른 성과측정치가 된다. 만일 이 조건이 성립되지 않으면, 투자 자본비용은 다른 인센티브 문제의 성질과 강도를 고려해야 한다. 이 상황에서는 EVA는 정확한 자본 비용을 반영하지 않는다.

대리인은 생산 노력(a)과 자본 투자(I)에 책임을 진다. 대리인은 투자액과 관련되는 비금전적 효익 $V(I)$를 갖는다. $V(I)$는 증가할 수도(투자가 클수록 권위나 여유가 커진다), 감소할 수도(투자가 크면 업무량이 많아진다) 있다고 하자. 본인의 이자율은 r이다.

이 상황에서 자본비용은 본인에게 최적인 투자 수준을 유인하는데 사용된다. 이 최적자본비용은 생산노력에 관한 인센티브 문제를 고려해야 한다. 그 내용은 다음과 같다.

(1) 대리인이 위험중립이거나 투자의 한계 비금전적 효익이 없으면, 최적 자본비용은 $1+r$이다.

(2) 대리인이 위험회피이고 투자의 한계 비금전적 효익이 양이면, 최적 자본비용은 $1+r$보다 크다.

(3) 대리인이 위험 회피이고 투자의 한계 비금전적 효익이 음이면, 최적 자본비용은 $1+r$보다 작다.

(1)번 조건에서는 잔여이익이 성과 측정치이면 1차 최적 투자수준을 산출한다. 대리인이 비금전적 효익을 얻지 않는다면, 대리인은 투자수준의 재무효과에만 관심을 갖는다. 마찬가지로 대리인이 위험중립이면, '기업을 파는 것'이 최적이고 정확한 투자수준을 얻으려면 쌍방의 자본비용을 본인의 자본비용 $1+r$로 정하면 된다.

그러나 대리인이 위험회피이고 비금전적 효익이 영이 아니면, 최적 자본비용은 본인의 자본비용과 달라진다. 대리인이 높은 투자(즉, 권위)를 원하면 자본비용은 $1+r$보다 더 커야 한다. 대리인이 과잉투자를 하려하므로, 본인이 이를 방지하려면 성과 측정치의 자본비용을 높여야 한다. 반대로 비금전적 효익이 음이어서 대리인이 과소투자를 원하면, 높은 투자를 유인하기 위해 자본비용을 낮추어야 한다.

회계 시스템과 내부 자본비용의 연결은 중요하다. 기업 내부의 자본 분배 문제에 영향을 주는 측면에서의 관리 회계 시스템과 공시의 역할은, 투자자의 기업 간 자본 분배를 돕는 측면에서의 재무 회계와 공시의 역할과 개념적으로 유사하다. 따라서 이 연구는 기업의 외부 자본비용에 대해서도 의미를 갖는다.

2.3.2 이전 가격

이전 가격 문제는 자본 예산 문제와 상응하는 점이 많다. 그 이유는 양자 모두 기업 내의 자원 분배 형태와 관련되기 때문이다. 자본 예산 결정에서 자원은 자본이고 본부에서 부문으로 이전된다. 이전 가격 결정에서는 '상류(upstream)' 부문에서 '하류(downstream)' 부문으로 이전되는 중간재가 자원이다.

조직이 본인, 하나의 상류 부문과 다수의 하류 부문 경영자로 구성된다고 하자. 상류 부문 경영자는 본인으로부터 자본을 받아 노력을 투입하여 재공품을 만든다. 하류 부문 경영자들은 재공품에 노력을 투입하여 소비자에게 판매할 제품을 만든다. 각 하류부문 경영자는 상류부문에서 공급한 자원 대비 노력의 상대적 생산성에 관한 개인 정보를 갖는다. 이들은 자신의 노력 투입을 줄이려고 상류부문 자원의 효과를 과대 표시하려 한다.

그 결과는 자본예산결정 연구에서 자본 제약과 여유가 최적해에 포함되는 것과 유사하다.[17] 하류부문 경영자의 상류부문 자원에 대한 과대 수요를 막기 위해 이전 가격은 원가보다 높게 결정된다. 이는 한계 원가로 이전 가격이 결정되어야 한다는 신고전파 이전 가격 문헌의 처방과는 다르다.

한계 원가를 낮추는 '특수 관계' 투자 상황(혹은 제품의 한계수익 또는 순실현 가치를 높이는 최종 부문)에서도 한계 원가는 이전 가격으로 적절하지 않다. 모든 부문이 이 혜택을 공유해야만 하는데 계약 변수로 사용될 수 없어(혹은 비금전적 투자이거나 혹은 다른 부문의 투자와 합쳐져서 관찰되지 않는 금전 투자이어서) 완전 원가를 부담한다면, 과소 투자가 이루어진다.[18]

이전 가격결정 문헌에서는 여러 가지 인센티브 문제를 검토한다: 한계 수익성을 높이기 위한 선행 투자 부문의 인센티브, 이전된 자원 사용 대 자신의 노력을 절충할 때의 최적 생산량 결정의 갈등, 외부 판매 대 내부 이전 제품 사이의 노력 배분.

최적 이전 가격결정 메카니즘 연구에서 특수한 이전 가격 결정 방법의 비교 연구로 이행하는 추세를 보인다. 예를 들면 원가 기준 대 협상 이전 가격 결정을 연구한다.

2.3.3 원가 배분

이전 가격 결정과 원가 배분은 매우 비슷하다. 실제로 원가 배분은 이전 가격의 특수한 경우로 볼 수 있다. 물론 두 문헌 사이에 다른 점도 있다. 초기의 대리 관계 연구는 원가 배분 시스템의 가치가 대리인 행동에 관한 정보를 잘 전달하는 성과 측정치라는 점에서 나온다는 점을 강조한다(Demski, 1981; Magee,1988). 이전 가격 모형은 하나의 하류 부문에 초점을 맞추는데 원가 배분 문헌은 다수의 이용자를 고려한다. 예를 들면, 원가 배분 장치는 각 부문의 생산성을 여러 부문 경영자들이 담합하여 허위 보고 하는 능력을 감소시킨다.

이전 가격 결정 모형에서는 총원가 기준 이전 가격을 다루지 않는데 비해 원가배분 연구에서는 총원가 배분의 적정성을 검토한다. 총원가 배분의 효과를 분석하는 데 중요한 이슈는 자원 분배 수취와 이용의 동태적 성질이다. 분배 시스템은 대리인들이 적정한 생산 능력의 크기를 갖추고 (기대 이용 예측 포함), 일단 취득된 자원은 효율적으로 분배되도록 유인해야 한다. 원

17 자본 예산편성에서는 자본 제약을 이유로 이익이 나는 투자를 희생시키는데 실제 이유는 대리인이 얻는 여유를 낮추는데 있다.

18 한계 원가를 낮추는데 공헌한 부문에 그 혜택을 주지 않으면 과소 투자가 이루어진다.

가 배분 시스템이 양자를 모두 할 수 있는지는 분명하지 않다. 고정 부분을 이용자들에게 분배하는 문제에는 다음과 같은 것들이 있다. (1) 고정자산의 대부분은 사용 시점에서는 매몰원가이다. (2) 자원 이용의 기회원가는 이용자의 수에 의존한다. 혼잡 비용(cost of congestion)은 비선형이다. (3) 자본 집약적 생산 자원은 흔히 집합(무더기)으로 수취된다. (4) 자원 이용의 수익성에 관한 새로운 정보가 이용자들에게 전달되는 것은 자원이 취득된 이후 시점이다.

2.4 다기간 모형과 투자 문제

다기간 대리 문제에는 많은 이슈가 있지만 그 가운데에서도 큰 흥미를 끄는 이슈는 성과 측정치의 **선행-후속 효과의 역할**이다. 예를 들어, 발생주의 회계를 검토하려면 다기간 모형이 필요하다. 다기간 모형에 대한 연구는 중요하지만 많이 이루어지지는 않는다. 가장 큰 이유는 추적 가능성 문제이다. 또한 많은 기술적 문제가 있다. 예를 들어 모든 것이 기간 간에 독립된 모형에서도, 자금 대차 관계, 재산의 효과, 랜덤화, 계약 모수가 이전 기간의 실현과 어떤 관계를 갖는가, 계약의 형태, 장기 계약의 약속 능력 등이 존재한다. 정보 측면에서 무의미한 것으로 보이는 신호도 때로는 행동을 랜덤화하거나 혹은 협동하도록 돕는데 중요한 역할을 한다.

일부 논문에서는, 실제로는 한 기간 모형이지만 계약 기간 내에는 진실된 성과가 관찰되지 않는 상황을 연구한다. 예를 들어 일부 대리인의 행동은 당기 회계이익에 적절히 포착되는 단기 효과만을 갖는데 비해, 다른 행동들은 당기에 포착되지 않는 장기 효과를 갖는다. 그 후 순수한 다기간 모형이 분석되고 있다.

이익관리 모형 이외에도, **장기 투자를 유인**하는 다기간 모형이 많이 연구된다. 이 연구는 영업 현금흐름, 발생주의 회계 순이익, 잔여이익, 현재가치와 같은 **재무 성과 측정치**를 비교한다. 특히 Rogerson(1997), Reichelstein(1997, 2000), Dutta and Reichelstein(1999)의 연구가 흥미롭다. 대부분은 잔여 이익 혹은 경제적 부가가치를 이론적으로 지지한다.

대리인은 매 기간 투자 수준 (I)과 생산 노력 수준(a)을 선택한다. 투자는 수명 기간에 걸쳐 수익을 낳지만 노력은 즉각적인 수익만을 창출한다. 대리인은 투자의 한계 수익성에 관한 개인 정보, m_i를 갖는다. 이 연구의 주된 결과는 **잔여 이익**을 기준으로 보상이 결정되면, **1차 최적 투자 수준**이 선택된다는 것이다. 잔여 이익 계산에 사용되는 자본 비용은 본인의 자본비용이다. 자본 비용은 투자의 장부가치에 적용되는데, 이 장부가치는 취득원가에서 누적 회계 감가상각을 뺀 값이다. 연구는 투자의 장부가치가 어떻게 정확하게 측정되는지를 보여준다.

대리인의 투자를 유발하는데 보상함수의 형태는 무관하다. 따라서 본인은 노력을 유인하는 보상 함수 형태를 사용할 수 있다. 더욱이 이 결과는 (1) 대리인의 시간 선호와는 무관하게 (대리인의 임기는 본인보다 짧다), (2) 대리인의 효용함수와는 무관하게, (3) 본인이 개인 정보 m을 관찰하지 않아도, 혹은 정보 소통이 없어도 성립한다.

이 결과는 다른 대리이론 결과에 비해 너무 강해서, 진실하다고 믿기에는 너무 좋다. 부분적으로는 투자의 비금전적 효과를 배제한 점도 하나의 이유가 될 수 있다. 이 가정이 완화되면, 1차 최적 투자 수준이 이루어질 수 있지만, 정확한 자본 비용은 본인의 자본 비용은 아니다. 그리고 정확한 자본 비용은 다른 대리 문제에 의해 수정된다.

이 논문들은 또한 투자 수익의 시간 형태에 관한 정보에 대해 강한 가정을 한다. 투자가 여러 기간에 걸쳐 수익을 창출하면, 회계이익과 잔여 이익 측정치는 감가상각 방법을 결정해야 한다. 잔여 이익이 대리인의 투자 선택을 정확하게 유인하려면, 본인은 감가상각 방법을 정확하게 계산해야 한다. 이렇게 하기 위해서 본인은 투자에 의해 창출되는 현금흐름의 시간 유형에 맞게 감가상각을 대응시켜야만 한다. 대리인의 투자 결정과 개인 정보 신호는 수익의 크기에는 영향을 주지만 시간 유형에는 영향을 주지 않는다. 따라서 매 기간의 현금흐름 실현은 투자의 수익성에 관한 새로운 정보를 주지 않으며, 본인은 정확한 감가상각을 계산하기 위해 대리인의 투자 규모를 알아야 한다.

2.5 계약관점에서의 이익 품질*

2.5.1 개요

Christensen, P., et al.(2005)은 계약관점에서의 이익 품질을 검토하면서 지금까지 살펴본 대리이론을 아주 잘 요약한다. 여기에서는 계약관점의 회계연구에 대한 요약으로서 관련 내용을 검토하고자 한다.[19]

P. Christensen et al.(2005)은 재협상을 하는 동태적 대리관계에서 성과 측정치의 신호-

19 이 항은 Christensen, P., et al. A contracting perspective on earnings quality, JAE(2005)를 참고하였음.

잡음 비율과 자동 상관관계가 본인의 후생에 미치는 영향을 분석한다. 회계이익의 지속성, 일시성, 역전 부분의 변화가 가치평가 혹은 계약 과정에서의 유용성에 미치는 영향을 분석한다. 가치평가 상황에서는 지속성 부분이 증가하고 역전 부분이 감소하면 일반적으로 바람직하지만, 계약 과정에서는 그렇지 않다. 또 가치평가 상황에서는 이익의 일시적 부분을 없애면 일반적으로 바람직하지만, 계약 과정에서는 반드시 그렇지는 않다. 회계이익과 주가 수익의 자동 상관관계의 차이는 계약 과정에서 다른 의미를 갖는다.

이익 혹은 다른 회계정보가 좋은 성과 측정치로서 가져야 할 특성은 무엇인가? 이익 혹은 기타 회계 성과 측정치는 어떤 항목을 포함해야 하는가? 이 문제에 대답하기 위해서는 이익 혹은 기타 회계 성과 측정치의 가치평가 역할과 성과평가 역할을 구별해야 한다. 왜냐하면 두 역할에서의 정보 시스템의 서열은 일반적으로 일치하지 않기 때문이다(Gjesdal, 1981). Christensen et al.(2005)은 회계이익의 자동 상관관계에 의해 계약 역할을 검토한다. 이익의 자동 상관관계는 이익의 지속적, 일시적, 그리고 역전 부분의 상호 작용에 의해 결정된다. 결과는 Holthausen and Watts(2001)와 같다. 이들은 인센티브 계약을 재무보고에 중요한 영향을 미치는 하나의 요소로 본다.

일련의 경험적 연구는 가치평가 상황에서 이익을 유용하게 만드는 이익과 다른 회계 변수, 특히 발생과 현금흐름의 특성을 검토한다(예를 들어, Dechow, 1994; Sloan, 1996; Dechow and Dichev, 2002). 이들은 회계정보의 시계열 속성이 미래 가치관련 변수에 대한 예상 능력을 갖는지에 관심을 갖는다. 시장성 있는 유가증권의 손익, 외화 환산 수정과 같은 일시적 부분은 현행 이익의 미래 이익 예측력을 감소시킨다. 마찬가지로 대손 예상의 오차와 같이 역전되는 발생 추정 오차는 이익의 가치평가 유용성을 감소시키는 잡음이다. 일시적 이익과 발생 추정 오차는 일반적으로 이익의 지속성을 감소시키는데, 지속성은 일반적으로 예상에 바람직하다. 회계이익이 경영자 인센티브 보상에 사용된다면 이 속성들은 어떤 의미를 갖는가?

많은 이론적 논문에서 회계 측정치의 속성과 최적 인센티브 계약, 그리고 본인의 후생과의 관계를 개발하였다. 처음 연구(Holmstrom, 1979, 1982; Gjesdal, 1981, 1982)는 1 기간, 1 업무 모형에서 단일 성과 측정치 혹은 다수 측정치의 바람직한 속성을 고려하였다. 회계 연구자들은 이들의 연구에 주목하였는데, 그 이유는 회계이익이 경영자 보상 계약에서 주가와 같은 다른 성과 측정치 대신 사용되거나, 그와 함께 사용되는 성과 측정치이기 때문이다.

일련의 회계 연구는 1 기간 대리 모형에서 추가 통찰을 개발한다(Banker and Datar, 1989;

Lambert and Larcker, 1987; Bushman and Indjejikian, 1993; Sloan, 1993). 1 업무, 1 기간 모형은 성과 측정치의 속성을 표현하는데 본질적인 한계를 갖는다. 대리인이 선택한 행동에 대한 성과 측정치들의 정도(precision)와 측정치들 사이의 상관관계가 중요하다.

회계이익의 중요한 특징은 행동과 사건이 장기간 상호작용하는 환경에서 월간, 분기, 혹은 연간 측정치의 개발에 발생주의를 사용하는 것이다. 또한 기업(본인)과 경영자(대리인)의 계약관계는 일반적으로 월, 분기, 혹은 1년보다 더 오래 지속된다. 따라서 회계이익 그리고 주가와 같은 성과 측정치의 기간 간 성격이 최적 인센티브 계약과 본인의 후생에 어떻게 영향을 미치는지가 중요한 문제가 된다.

Demski and Sappington(1999)은 경영자 인센티브와 성과 측정치 사이의 관계를 조사하는 경험적 연구가 기간 간 효과를 고려하지 않는 문제를 지적한다. 즉, 많은 경험적 연구는 같은 기간의 다수 성과 측정치의 정도와 상관관계를 강조한다. 그러나 P. Christensen et al.(2005)은 성과 측정치의 자동 상관관계도 중요하다고 본다.

대리인이 보상받아야 할 위험은 성과 측정치의 자동 상관관계가 증가할수록 더 커진다. 따라서 Christensen et al.(2005)은 인센티브 비율(혹은 성과에 대한 보상 지불 민감도)은 성과 측정치의 정도가 증가할수록, 그리고 자동 상관관계가 감소할수록 높아진다고 본다. 이는 회계이익이 자동 상관관계가 낮을 때 (즉, 발생 추정 오차가 더 높을 때; Dechow and Dichev(2002)의 이익품질이 낮을 때) 계약에 더 많이 사용됨을 의미한다. 나아가서 주가 수익은 회계이익에 비해 더 많은 잡음을 포함하지만, 주가 수익에 기반하는 성과 측정치의 상대적 장점은 낮은 상관관계에 의해 더 높아질 수 있다.

Christensen et al.(2005)은 두 기간 LEN 모형을 사용한다. 각 기간에는 단일 업무와 단일 성과 측정치만 존재한다. 기간 t의 행동은 그 기간의 성과 측정치에만 영향을 미치지만, 측정치의 잡음은 기간 간 상관관계를 갖는다. 회계이익의 경우, 상관관계는 기저의 현금흐름, 사용되는 발생, 그리고 회계이익을 계산하는데 사용되는 여러 요소들의 측정 오차 사이의 상관관계에 의해 결정된다. 반면에, 효율적 시장에서, 주가 수익은 상관관계가 없을 것이다. 각 기간에 다수 업무를 포함시키면 기간 내 특성(본인의 기대 효용과의 일치성)도 분석할 수 있다 (Feltham and Xie, 1994). 이 경우 완전한 일치성은 기간 내 그리고 기간 간 1차 최적 노력 선택의 달성을 의미한다.

다기간 계약은 본인과 대리인 사이의 실행 가능한 약속 수준에 관한 문제를 제기한다.

Christensen et al.(2005)은 완전하지 않은 약속 수준을 가정한다. 즉, 두 기간 고용은 유지하지만, 2기 초에 원래 2 기간 계약에 대해 재협상을 약속하지는 않는다. 계약 쌍방이 사후적 변경을 지지한다면, 법원은 사후적으로 약속을 유지하지 않을 것이므로, 장기 계약의 재협상을 방해하는 것은 곤란하다. 그러나 이들은 첫 기의 행동과 첫 기의 보고서 발표에 따라 재협상을 허용한다. 이 시기의 제한은 아주 중요하다. 특히, 행동과 그 후의 보고 사이에는 재협상이 존재하지 않는다.

경제학 문헌에서는 계약 재협상의 정보 수요에 대한 영향에 많은 관심을 기울였다(Hart and Tirole, 1988; Fudenberg and Tirole, 1990; Dewartripon and Maskin, 1995). 재협상 시점에서 미래 사건에 관한 사후적 신념의 정도의 감소는, 사후적으로 효율적인 재협상이 사전적으로 효율적인 계약으로부터 이탈하는 범위를 감소시키므로, 가치를 갖는다. 이는 회계정보가 어떻게 산출되고 보고되는지에 관해 특히 관련성을 갖는다. 예를 들면, Arya et al.(1998), Demski and Frimor(1999), Christensen and et al.(2002)은 이익 관리가 계약의 효율성을 어떻게 높이는지 잘 보여준다. 마찬가지로 Indjejikian and Nanda(1999)는 기간 내 합계가 동태적 대리 관계의 재협상 시점에서 사후적 신념의 정도를 감소시키는 다른 기제를 제공한다고 본다.

P. Christensen et al.(2005)은 동태적인 (2 기간) 순수 도덕적 해이 재협상 모형에서 기간 특유의 분산(잡음)과 자동 상관관계가 성과 측정치의 가치에 미치는 동시적 영향을 검토한다. 회계 시스템의 설계는 회계이익의 잡음과 상관관계를 암묵적으로 결정하고, 회계이익은 성과 평가와 가치평가의 두 상황에서 사용된다. 이들의 분석은 이익 품질에 관한 계약 관점을 제공하고, 회계 측정의 잡음이 자동 상관관계를 효율적으로 감소시키는 조건을 서술한다. 그 결과는 예를 들면, Dechow and Dichev(2002), Schipper and Vincent(2003)에서 보이는 이익 품질에 관한 가치평가 관점과 대비된다. Gjesdal(1981)은 의사결정과 수탁책임 목적에서 정보 시스템의 서열이 일반적으로 일치하지 않음을 보여준다. 이들의 분석은 바로 이 갈등을 보여준다.

P. Christensen et al.(2005)은 회계이익의 서로 다른 구성 요소의 확률적 특성이, 인센티브 계약에서 성과 측정치로서 회계이익의 가치에 관해 어떻게 다른 영향을 미치는지를 보여준다. 지속적인 확률 변동(예: 지속적인 시장 조건으로 인한 이익의 통제 불가능 부분)은 항상 바람직하지 않고, 일시적인 확률 변동(예: 시장성 있는 유가증권의 손익)은 일반적으로 바람직하지 않고, 역전 가능한 확률 변동(예: 발생 추정 오차)은 일반적으로 바람직하다. 그러나 가치평가 상황

에서는, 지속성은 일반적으로 바람직하고, 일시적 및 역전 가능한 변동은 항상 바람직하지 않다.

양 및 음의 상관관계를 모두 고려한다. 분석적 문헌에서는 일반적으로 양의 상관관계를 갖는 성과 측정치를 가정한다(Holmstrom, 1999). 경험적 연구도 이를 뒷받침한다. 예를 들어 Ball and Watts(1992)는 회계이익의 랜덤 워크 가설을, 그리고 Myers(1999)는 비기대 회계이익에 관한 증거를 보인다. 반대로 일정 상황에서 음의 상관관계를 보이는 경험적 연구도 있다(Kormandi and Lipe, 1987). Sloan(1996)에서는 이익의 발생부분이 현금흐름보다 지속성이 낮게 나타난다. Dechow et al.(1999)은 일시적 이익 부분 때문에 비정상 이익의 지속성이 낮아짐을 보여준다. 이 결과는 발생 추정 오차가 음의 상관관계를 보인다는 점을 간접적으로 인정한다. 따라서 관찰되는 이익의 시계열 속성은 많은 요인들의 상호작용 결과이며, 그 가운데 경영자 능력 혹은 업무 적합성, 발생, 그리고 측정 오차는 중요한 역할을 한다.

P. Christensen et al.(2005)의 결과는 동태적 대리관계에서 성과 측정치의 잡음과 자동 상관관계의 동시적 영향을 고려하는 것이 중요함을 보인다. 세 가지 유형의 잡음을 고려한다: 지속적, 일시적(즉, 기간 특유의), 발생 추정 오차(다음기에 역전되는). 이들은 성과 측정치의 상관관계에 미치는 효과가 서로 다르다. 완전한 약속이 가능하다면, 어떤 유형의 잡음이든 없는 것이 본인에게 유리하다. 그러나 재협상이 존재하면, 단지 지속적 잡음 감소만이 모든 상황에서 본인에게 유리하다. 지속적 잡음이 존재할 때, 특정 임계치 수준 이하로 일시적 및 발생 추정 오차를 낮추는 것은 비효율적이다. 왜냐하면, 발생 (일시적) 잡음은 성과 측정치의 상관관계(의 절대적 가치)를 감소시키기 때문이다. 실제로, 같은 기간 안에서 상관관계가 없는 성과 측정치를 산출하는 발생 잡음의 최적량이 존재한다. 이 점은 발생 추정 오차를 감소시켜 '이익 품질'을 높이는 것이 가치평가 관점에서는 유리할지 모르나, 인센티브 계약에서는 해로울 수 있음을 보여준다.

좀 더 일반적인 모형(예: Christensen et al., 2004)에서는 각 기간에 당기 및 미래 성과 측정치에 영향을 주는 다수 업무(예: 당기 판매 활동과 자본 투자 업무)를 수행한다고 보고, 성과 측정치와 본인의 후생을 고려함으로써 기간 내 일치성을 분석한다. 잡음과 자동 상관관계가 여러 성과 측정치의 상대적 효과에 미치는 영향은 상황의 일반성에 따라 달라질 수 있음에 유의해야 한다. 예를 들어, 주가는 보수주의 회계이익에 비해 단지 장기 결과에만 영향을 갖는 행동의 영향을 더 받을 가능성이 높다. 이는 성과 측정치로서 주가와 회계이익의 상대적 이용을 검토할 때에는 아주 중요하다.

2.5.2 기본적 의미

연구 결과를 검토하자. 먼저 기본적인 이론적 의미를 살펴보자.

P. Christensen et al.(2005)은 단일 성과 측정치의 정도와 자동 상관관계가 인센티브 계약 과정에서 그 측정치의 가치에 어떻게 영향을 미치며, 계약 재협상이 존재한다면, 자동 상관관계가 최적 인센티브 비율에 어떤 영향을 미치는지를 검토한다. 인센티브 비율이 양의 상수라면, 성과 측정치의 분산 혹은 자동 상관관계의 증가는 대리인에게 지급되는 사전적 위험 프레미엄을 증가시킨다. 그러나 다기간 그리고 매 기간 말 재협상이 이루어진 상황에서, 인센티브 비율이 내생적으로 결정된다면 이 영향은 아주 달라진다.

성과 측정치의 잡음은 많은 이유로 기간 간 상관관계를 갖는다: 지속적, 경제적 조건 혹은 경영 능력은 양의 상관관계를 유발하고, 발생 추정 오차 혹은 기간 간 합계액 실현에 관한 불확실성은 음의 상관관계를 산출한다. 성과 측정치의 순 상관관계는 이 요인들의 결합 효과와 일시적 잡음 혹은 측정 오차의 합에 의해 결정된다.

재협상에 의해, 두 번째 기간의 보상율은 두 번째 기간 성과 측정치의 사후적 분산을 기준으로 선택된다.(사전적 위험 의미는 무시된다.) 따라서 사전적 관점에서는, 상관관계가 양이면, 두 번째 기간의 인센티브가 너무 강하고, 왜곡의 크기는 상관관계에 따라 증가할 것이다. 더욱이 본인이 첫 기의 보상율을 결정하는데 사전적 위험을 고려하고 또 두 번째 기간 보상율의 왜곡으로 인한 사전적 위험의 예상 왜곡을 고려한다고 하자. 이 경우, 사전적 관점에서는, 상관관계가 양이면, 첫기의 인센티브는 너무 약하게 된다. 이 왜곡은 자동 상관관계가 증가할수록 더 심각해진다. 따라서 본인의 기대 효용은 성과 측정치의 자동 상관관계에 대해 감소한다.

이 결과는 성과 측정치의 선택에 관한 의미를 갖는다. 성과 측정치의 잡음을 증가시키면서 동시에 성과 측정치의 자동 상관관계를 감소시키면(예: 일시적 혹은 역전되는 잡음의 증가), 본인의 기대 효용은 증가한다. 반대로 잡음과 자동 상과관계를 함께 증가시키면(예: 지속적 잡음의 증가) 본인의 기대 효용은 감소한다.

2.5.3 가치평가 대 성과평가

다음에는 회계이익의 성과평가와 가치평가 상황에서의 역할을 비교해 보자. 일시적 및 발생 추정 오차는 지속적 성과 측정치 잡음의 역효과를 완화시킨다(두 유형의 잡음은 가치평가의 기반이 되는 예상 관점에서는 음의 결과를 갖는다). 그 결과, 이익 품질을 검토함에 있어서, 발생 추정 오차와 일시적 이익 부분(잡음) 양자 사이에는 가치평가와 계약 면에서 절충(tradeoff)이 존재한다.

회계이익은 통상적으로 사용되는 성과 측정치이다. 이익의 일부 특성은 GAAP에 의해 제약을 받는다. 그러나 GAAP은 특히 발생에 관하여 상당한 재량을 허용한다(회계방법 선택 혹은 추정 측면). 나아가서 본인은 성과 평가에 사용되는 이익 숫자에서 특정 항목(예: 예외적 항목)을 제외하기도 한다. 따라서 본인과 대리인은 회계이익의 자동 상관관계와 정도에 영향을 줄 수 있다. 자동 상관관계가 존재할 때 재협상에서 나오는 인센티브 왜곡의 핵심 의미는, 만일 회계이익이 인센티브 목적을 위해 성과 측정치로 사용된다면, 본인은 정도를 유지 혹은 증가시키면서, 자동 상관관계를 최소화하는 상관관계를 선호한다는 것이다.

재무보고 연구 문헌의 중요한 부분은 기업의 가치를 평가하는데 사용되는 정보의 원천 혹은 표현으로서의 회계이익의 이용에 초점을 맞춘다(예: Dechow, 1994; Dechow et al., 1998). 이 문헌에서는, 회계이익의 지속성 형태에서 양의 상관관계는 바람직한 속성으로 간주된다. 상관관계가 양이고, 상관관계가 증가하면 현행 이익을 조건으로 다음 기간 이익에 관한 신념의 정도가 증가한다. 이익 혹은 발생의 품질이 많이 검토되었다. Dechow and Dichev(2002)는 발생 추정 오차와 그 역전의 표준 편차에 의해 발생 품질을 정의하고 측정한다(발생 추정 오차는 과거, 현재, 미래 현금흐름에 관한 운전 자본 변화의 회귀식에서의 잔차이다).

이 정의에서는 높은 자동 상관관계가 낮은 상관관계에 비해 선호된다. 이들은 현금흐름과 발생은 양의 자동 상관관계를 갖는다고 보고한다. 그러나 이익의 지속성은 발생 추정 오차와 음의 관계를 갖는다. 따라서 이들은 '추정 오차와 이후의 수정은 발생의 효과를 감소시키는 잡음'이라고 서술한다. Christensen et al.(2005)의 결과에서도 발생 추정 오차는 이익의 자동 상관관계를 감소시킨다. 그러나 인센티브 계약 목적에서는, 발생 추정 오차와 이후 수정에 의해 발생의 효과가 증가한다.

Dechow and Dichev(2002)의 발생을 선택하는 **이익 품질** 기준은 Christensen et al.(2005)의 **성과 측정치 품질** 기준과는 다르다. 따라서 발생의 선택은 회계이익을 가치평가 혹은 성과

평가의 어떤 상황에서 사용하는가에 따라 달리진다. 자동 상관관계가 낮을 때에는 회계이익을 성과 측정치로 사용할 것이다. 즉, 인센티브 목적에서 성과 측정치로 회계이익을 중요하게 사용하는 기업은 그렇지 않은 기업에 비해 발생 추정 오차가 클 것이다.

어떤 목적에서 회계이익이 사용되는가는 발생의 선택 뿐 아니라 이익 인식기준으로도 사용된다. 가치평가 관점에서는 미래 포괄 이익과 무관한 현행 이익 요소가 일시적이고 미래 영업 이익을 예측하는데 도움이 되지 않기 때문에 제외해야 한다고 주장한다. 경험적 연구에서 특별 항목 이전의 이익을 사용하는 점에서 잘 엿볼 수 있다. 또한 이들은 '핵심' 혹은 '예상' 이익을 강조한다. 성과 평가 관점에서도 특별 항목을 제외해야 한다고 주장한다. 그러나 일시적 항목이라는 이유는 충분하지 않다. 일시적 이익도 여전히 이익이며 기업이 가득한 가치를 표현한다. 다만 대리인 행동과 무관한 우연 이득이라면, 그 제외는 노력의 성과 측정치 잡음을 제거하므로 인센티브 목적에서 효과적이다(시장성 있는 유가증권의 손익, 외화 환산 회계 수정 손익; Sabac et al., 2005). 그러나 일시적 항목의 평균이 경영자 행동의 영향을 받는다면, 그 항목을 제외하는 것은 노력에 의한 성과측정치의 분산을 증가시킬 것이다.

마지막으로 이익과 같은 회계 숫자의 시계열 속성은 회계 시스템의 설계에 의해 내생적으로 영향을 받는다. 이 설계는 회계 숫자의 가치평가와 계약 역할 사이의 절충을 반영해야만 한다. 결과적으로, 회계 숫자의 질적 속성(예: '이익 품질')은, 경영자가 회계 숫자를 조작할 수 없다고 하더라도, 어떤 역할에 대해서든 부차적이다.

2.5.4 회계이익 대 주가

이제는 성과 측정치로서 회계이익과 주가를 비교해 보자. Banker and Datar(1989), Bushman and Indjeikian(1993), Feltham and Xie(1994), 그리고 Feltham and Wu(2000) 등의 이론적 연구는 단일 기간 모형을 사용하여 정도와 상관관계가 서로 다른 성과 측정치의 가치에 어떻게 영향을 미치는가를 검토한다. Lambert and Larcker(1987) 그리고 Sloan(1993)은 이론적 연구로부터 성과 측정치로서 회계이익과 주가의 상대적 이용에 관한 가설을 개발한다.

예를 들어, Sloan(1993)은 기간 내의 성과 측정치 상관관계의 보험 효과를 통제한 후, 이익과 주가 사이의 상관관계에 대해 인센티브 비중이 감소함을 발견한다. Christensen et al.(2005)은 두 성과 측정치가 별개로 사용된다면 자동 상과관계의 효과는 동등하게 중요하다고 본다. 두 유형의 상관관계(기간 내 및 기간 간 상관관계)는 이익과 주가의 상대적 인센티브 비중에 동시적인 영향을 줄 것이다. Feltham and Wu(2000)는 기간 내 상관관계의 영향을 통제하면 자동 상관관계만 문제가 된다고 본다. 기간 내 상관관계 영향을 통제하기 위해 '여과된 가격'을 사용하는데, 이는 이익에 관한 가격의 회귀식에서의 잔차로 표현되며, 같은 기간의 이익과는 무관하다.

이론적으로, 시장 효율성은 상관관계가 없는 주가 수익을 산출한다. 그러나 회계이익은 상관관계를 갖는다(시장 참조 회계가 아닌 경우). 이는 회계이익에 대한 주가 측정치의 상대적 이용이 기간 정도와 기간 내 상관관계에 비교하여 더 커짐을 의미한다.

좀 더 일반적으로 이들의 경험적 연구를 바탕으로 가설을 도출하면 다음과 같다: 다른 조건이 일정한 한, 기업은 상관관계가 낮은 성과 측정치를 조건으로 인센티브 계약을 맺으려 한다. 성과 측정치의 인센티브 비중은 잡음과 자동 상관관계에 음의 관계를 갖는다.

Lambert and Larcker(1987) 그리고 Sloan(1993)에서는 회계이익에 대한 현금 보상의 민감도가 주가에 대한 민감도에 비해 더 높다. 실제로 사용되는 성과 측정치의 자동 상관관계를 확인하는 것은 중요하다. 랜덤 워크 과정에서 인접 기간의 이익 수준은 높은 양의 상관관계를 갖는데 비해 1차 차이의 상관관계는 영이다. 따라서 이론적으로는 1차 차이보다 이익 수준에 대한 인센티브 비중이 더 낮다. 그러나 자동 상관관계를 추정하는데 충분한 시계열 자료를 얻을 수 있는지 여부는 실제 경험상의 문제이다.

P. Christensen et al.(2005)의 연구는 경영자 보상에 이익 측정치를 사용하는 새로운 근거를 제공한다: 발생 과정은 현금흐름에 비해 이익의 자동 상관관계를 더 낮추고, 그 결과 이익은 더 효율적인 계약 변수가 된다. Watts(2003)는 이익의 보수주의가 계약 관점에서 가치를 갖는다고 본다. 따라서 P. Christensen et al.(2005)의 근거는 회계 보수주의와 보완적 관계를 갖는다.

제3절 정보내용 관점

앞에서 소유와 경영이 분리된 상황에서 대리인이 열심히 일하도록 소유자가 인센티브를 제공하는 문제와 관련된 여러 주제를 검토하였다. 계약관점에서는 대리이론 연구를 통해 성과 측정치의 특성을 설명하려 한다. 그러나 정보내용 관점에서는 본인–대리인 모형에서 정보가 갖는 역할을 설명한다.[20] 이를 **대리 정보관계**라고 부른다.[21]

기본 모형은 두 관점 모두 동일하다. 정보내용 관점에서는 단일 행동 모형에서 성과만이 관찰가능한 2차 최적 상황에서 성과는 정보로 해석된다.

3.1 기본 모형

소유자와 경영자의 계약에서 경영 서비스 혹은 '노동'은 보상과 교환되고, 성과평가는 이 교환에 필요한 정보를 제공한다. **경영자 노동시장**의 거래는 상품시장에서의 거래와는 여러 측면에서 다르다. 첫째, 교환 대상인 노동이 공급자 자신의 행동이기 때문에 공급자는 본질적으로 자기 자신을 위하여 행동한다. 또한 공급자가 실제로 제공하는 노동행동을 구매자가 직접 관찰하는 것이 불가능하기 때문에, 구매자는 공급자 행동의 품질을 완전하게 통제하지는 못한다. 이 문제에 대해서는 **고용계약**(예: 성과급)과 **조직구조**라는 두 가지 대응방식이 있을 수 있다. 여기에서는 고용계약, 즉 대리관계라고 불리는 상황에서의 계약을 검토한다.

둘째, 경영자는 소유자보다 전문 능력이나 기타의 여러 측면에 관한 정보가 더 많다. 이 점 때문에 소유자가 경영자를 고용하겠지만, 경영자는 **개인적 정보**를 이용하여 소유자를 희생시키고, 자신의 이익은 높이려고 행동하기 때문에, 이러한 행동에 대한 통제 문제가 중요해진다. 이에 대한 대응으로도 보상계약(그리고 조직 구조)이 사용된다.

셋째, 소유자 편에서도 문제는 발생한다. 소유자가 과연 자신이 약속한 작업조건을 약속대로 제공할 것인지, 성과평가는 성실하게 수행할 것인지, 양 당사자 사이의 관계는 제대로 잘 이해하고 있는지 등도 문제가 된다. 이에 대한 대응에는 역시 용의주도한 고용계약이 중요하며, 여기에는 직무설계, 계층구조에서부터 감사인, 자문역 등의 독립 서비스 도입 등까지도 포함될 수 있다.[22]

Christensen and Demski(2003)에서는 기업을 생산함수로 본다. 특히 경영자 성과평가 상황에서는 생산량 $q \geq M\sqrt{KL}$의 생산함수를 예로 든다. M은 경영자의 생산성으로서 행동(노력

20 이 절은 Christensen and Demski(2003), 11–13장을 참고함.

21 Gjesdal, Accounting for Stewardship, JAR, 1991.

22 Christensen and Demski(2003), p.230.

수준)에 따라 달라지는 확률 변수이다. 경영자가 높은 노력 수준(a_H)을 택하면 M이 클 확률(성공 확률)이 커지고, 낮은 행동(a_L)을 택하면 낮아진다. 경영자 생산성이 크면 노동(L)의 투입이 작고, 생산성이 낮으면 노동의 투입이 커진다. 그 결과 생산 원가가 달라진다. 즉, 생산원가는 경영자 행동을 추정하게 도와주는 하나의 정보 원천(y)이고 이 정보 원천에서 높은 원가(1)와 낮은 원가(0)의 신호가 발생한다. 이 모형은 경영자 행동 선택에 의해 정보 신호가 발생하는 과정을 내생적으로 보여 준다. 본인은 위험중립이고, 대리인은 위험회피이면서 음의 지수 효용함수를 갖는다. 그리고 노력의 크기에 따라 달라지는 개인 비용을 부담한다. 본인은 대리인이 택할 수 있는 행동 집합 안의 각 행동에 대해 생산함수를 적용하여 낮은 원가를 산출하는 행동을 경영자가 선택하도록 인센티브 보상을 결정한다. 목적함수는 원가의 최소화이고 개인 합리성 제약과 인센티브 적합성 제약 조건이 적용된다.[23]

대리 모형에서 모수들이 계약에 미치는 영향을 살펴보자. 모형의 모수에는 (i) 개인 비용, (ii) 위험회피성향, (iii) 성공 확률이 있다. 노력 수준에 따른 개인 비용의 차이가 클수록 행동을 구별하기가 쉬우므로 최적 보상은 낮아진다. 마찬가지로 대리인의 위험회피 성향이 낮으면 위험 보상이 낮아지므로 최적 보상이 낮아진다. 선택 가능한 행동이 두 개인 경우, 낮은 행동과 높은 행동의 성공 확률의 비율($\pi(y=0|a_L)/\pi(y=0|a_H)$)과 실패 확률의 비율($\pi(y=1|a_L)/\pi(y=1|a_H)$)의 차이는 행동을 구분해 준다. 즉 두 비율의 차이가 커지면 높은 행동을 더 잘 알려주어 최적 보상은 낮아진다. 예를 들어 높은 행동의 성공확률(π_H)이 0.5일 때, π_L이 0.35일 때 보다는 .25일 때의 보상이 낮아진다. 마찬가지로 π_L이 0.25라면, π_H가 1.0으로 근접할수록 보상은 낮아지고 극단적으로 1.0이 되면 1차 최적과 일치한다.[24]

3.2 추가 정보의 역할

정보내용 관점에서 회계정보는 다른 정보와 함께 사용된다. Christensen and Demski(2003)에서는 공개 정보와 개인 정보가 추가되는 경우를 검토한다. 단일 행동 모형에서 다수 정보가

23 Christensen and Demski(2003), pp.246-249.

24 Christensen and Demski(2003, p.238)에서는 이 모형에 관한 하나의 숫자 예를 모든 문제에 적용한다. 설명의 편의를 위해 그 예를 소개한다. $q=1{,}000$, $M_H=1.1$, $M_L=0.9$, $\pi_H=0.5$, $\pi_L=0.3$, $\rho=0.0001$, $\hat{\imath}=5{,}000$, $C_H=5{,}000$, $C_L=3{,}000$, $P_K=100$, $P_L=100$, $\iota_H=10{,}000$, $\iota_L=8{,}000$이다. 이 예에서 2차 최적해는 $I(0)=18{,}063$, $I(1)=5{,}595$이다. 이 숫자 예는 본서의 나머지 부분에서 계속 인용된다.

추가되거나 혹은 개인 정보가 존재하는 경우의 대리이론에 대해서는 앞절에서 살펴본 바와 같다. 다만 Christensen and Demski(2003)에서는 추가 정보의 정보내용을 분석하는데 초점을 둔다. 회계정보시스템도 현금주의와 발생주의로 구성되어 이들은 보완 효과를 갖는데, 이 점에 대해서는 3장과 5장에서 이미 검토한 바 있다. 이는 계약 상황에서도 마찬가지이다.

3.2.1 행동 이후 공개정보 추가

먼저 행동 선택 이후의 공개정보가 추가되는 경우를 살펴보자. 원래의 정보(y_1=(0,1))와 추가 정보(y_2=(g, b))가 함께 사용되는 경우, 두 정보 원천이 독립이든 혹은 상관관계를 갖든 심지어 두 번째 정보가 완전히 조잡(coarse)하더라도 추가 정보는 정보내용을 가질 수 있다. 정보가 완전히 조잡하다는 것은 (g, b)가 (0.5, 0.5)이어서 신호가 상태를 구분하는데 전혀 도움이 되지 않음을 말한다. 아울러 정보내용을 갖는다는 것은 기대보상이 낮아짐을 의미한다.

행동 집합 안의 행동이 두 개이고 정보가 두 개인 경우, 추가 정보가 정보내용을 갖지 않는 경우, 처음 원천과 행동을 조건으로 하여 두 번째 원천의 신호가 나올 확률, 즉 $\pi(y_2|y_1, a_L)$과 $\pi(y_2|y_1, a_H)$가 일치할 때뿐이다. 이때에 추가 정보는 정보내용을 갖지 않는다. 다음 공식을 보자.

$$R(y_1, y_2) = \frac{\pi((y_1, y_2)|a_L)}{\pi((y_1, y_2)|a_H)} = \frac{\pi(y_2|y_1, a_L)\pi(y_1|a_L)}{\pi(y_2|y_1, a_H)\pi(y_1|a_H)}$$

이 우도비율이 원래 정보만 있을 때에 비해 달라지면 추가 정보는 정보내용을 갖는다. 이 비율이 원래 정보의 우도비율 $\pi(y_1|a_L)/\pi(y_1|a_H)$과 다르기 위해서는 $\pi(y_2|y_1, a_L) \neq \pi(y_2|y_1, a_H)$이어야 한다. 이는 1절에서 추가 공개정보가 가치를 갖기 위해서는 원래 정보가 추가 정보에 대해 충분하지 않아야 한다는 Holmstrom의 정보전달성 원칙을 두 정보의 경우에 적용한 것이다.[25]

이 성질 때문에 전통적인 '통제가능성 원칙'이 조건부 통제 가능성 원칙(condtional controllability principle)으로 바뀐다. 이점은 2절에서 이미 살펴본 바 있다. 반복하자면, 경영자의 통제 범위 안에 있는 변수에 대해서만 책임을 지우는 것이 아니고, 직접 통제 범위 안에 있지

25 Christensen and Demski(2003), pp.263-265.

않다 해도 추가 변수가 정보내용을 갖는 것을 조건으로 책임을 지우는 것이 경영자의 행동을 통제하는데 도움이 된다.[26]

3.2.2 행동 이후 개인정보 추가

대리인이 개인 정보를 갖는 경우와 현시원칙에 대해서도 앞 절에서 이미 검토한 바가 있다. Christensen and Demski(2003)는 추가 공개정보가 정보내용을 갖는 경우를 개인정보 상황에서 재검토하여 개인정보의 가치를 설명한다.

기업이 경영자의 말을 듣는 것은 가치가 있지만, 경영자의 사적 정보는 대응하는 공개적 정보에 비해 더 낫지는 않다. 설사, 실제로 개인 정보가 공개적이었더라면 정보내용을 갖는 경우에도, 개인 정보의 전달이 반드시 유용하다는 보장은 없다. 경영자의 개인 정보가 함께 관찰되는 공개 정보와 조건부 독립일 때나 조건부 독립성이 없는 경우에도 이런 현상이 나올 수 있다.

요약하면, 사적 (사후적) 정보의 전달은 유용할 수도 있고, 그렇지 않을 수도 있다. 이는 기저의 정보가 공개적이었더라면 유용했을 지 여부와, 다른 정보원천에 달려있다. 이 때 다른 원천은 검증 기능을 수행하며, 진실 보고를 유도하는 중심역할을 한다. 두 원천이 조건부 독립인 극단적인 경우, 정보 전달은 유용하지 않다. 왜냐하면, 조건부 독립이 두 정보원천 사이에 아무 연관이 없음을 의미하고, 공개적 정보는 사적 정보의 자기 보고에 대한 검증 능력을 갖지 않기 때문이다. 그러나 두 원천이 의존적일 때에도 정보전달이 항상 유용하지는 않다. 공개 정보는 두 가지, 즉 경영자의 행동선택 목적과 보고행동의 규율 목적이 있다.[27] 어떤 때에는 이 두 역할이 충돌하여 정보전달을 무시하는 것이 최선인데, 이는 사실상 정보의 자기 보고 규율 역할을 제거하는 것이다.

3.3 이용의 갈등

Chrisensen and Demski(2003)는 가치평가 상황에서 정보내용을 갖는 정보와 노동계약

26 Christensen and Demski(2003), pp.266.

27 행동선택 목적에서는 행동에 관한 정보가 중심이고, 보고행동 규율 목적에서는 공개 정보와 개인 정보의 상관관계가 중요하다.

상황에서 정보내용을 갖는 정보 사이에 일정한 관계가 존재하지 않는다고 본다. 그 이유는 정보가 거래 마찰을 증가 또는 감소시킬 수 있고, 그 영향이 상황에 따라 다르기 때문이다. 신속한 공시는, 다른 조건이 동일한 한, 자본시장에서는 환영받지만, 기업 비밀을 누설하여 경쟁우위를 감소시킬 수도 있다. 이사회의 보상위원회가 경영자를 세밀히 감시하지만, 그 내용은 가치평가 시장에는 영향을 주지 않는다. 정보의 공격적 발표는 통제 측면에서 오히려 해로울 수도 있다. 예를 들어, 은행이 감시 카메라가 고장이라는 점을 공개하는 것은 현명하지 않을 것이다.[28]

3.3.1 모형

Christensen and Demski(2003)에서는 가치평가 및 계약의 두 상황에서 정보가 함께 사용될 때의 정보내용을 분석한다. 이들은 동시적 정보가 갖는 역할을, 경영자 행동이 경영투입에 영향을 미치고, 경영투입이 다시 추가 인건비에 영향을 미쳐, 결과적으로 생산원가가 달라지는 모형을 사용한다. 그 결과 원가 정보 $y_1 \in \{0, 1\}$이 발생한다. 그리고 경영자 행동선택 이전에 공개 정보원천 $y_2 \in \{g, b\}$가 추가로 보고된다.

행동 선택 이전에 추가 정보의 공개로 계약 문제가 확장된다. 즉, 경영자의 보상은 신호 y_1과 신호 y_2에 의해 결정되는 데, 경영자는 행동선택 시에 이미 y_2를 알고 있다. 행동선택 시점에서 경영자가 아는 바가 고려되어야 하므로, 인센티브 적정성 조건이 확장된다.

확률분포 $\pi((y_1, y_2)|a)$를 고려하자. 사전적으로 보고되는 정보원천의 내용이 무엇이든 관계없이, 본인은 경영자가 높은 행동을 공급하기를 원한다고 가정하자. 행동선택 전에 보고원천이 $y_2=g$를 보고한다고 하자. 행동선택 시, 경영자가 이미 $y_2=g$임을 알게 되므로, 남아 있는 불확실성은 수정된 확률평가 $\pi(y|y_2=g, a)$이다.[29]

다음에는 이와 밀접하게 관련된 여러 사례들을 검토하는데, 모두 결합 확률 $\pi((y_1, y_2)|a)$에

28 Christensen and Demski(2003), p.285.

29 $\pi(y_1, y_2)$를 각 신호 조합이 발생할 확률이라고 하자. 이때의 대리 모형은 다음과 같다(Christensen and Demski, 2003, p.288).

$$\min_{I(y)} E[I|a_H \text{ 항상}]=\sum\pi(y_1, y_2)\, I(y_1, y_2)$$

$$\text{s.t} : E[u|I, a_H \text{ 항상}] \geq -exp(-\rho\hat{I})$$

$$E[u|I, g, a_H] \geq E[u|I, g, a_L]$$

$$E[u|I, b, a_H] \geq E[u|I, b, a_L].$$

맞게 조정된다. 경영자의 행동선택 이전에 추가 정보가 있는 경우, 행동선택을 지시하는 데 그 정보가 유용할 수 있다. 그러나 신호 $y_2 \in \{g, b\}$와 상관없이 항상 높은 행동을 선택하는 것이 효율적이도록 사례가 설계되었다. 이는 사례를 다룰 때 동일한 경영자 행동을 전제할 수 있게 해준다.

3.3.2. 동시적 정보내용

공개 정보 $y_2 \in \{g, b\}$가 행동선택 이전에 알려질 때, 이 정보의 역할에 관해 계약 상황과 가치평가 상황의 두 가지 관점에서 검토해 보자. 이 정보로 인해 계약 상황에서는 경영자의 기대 보상이 달라지고, 가치평가 상황에서는 베이즈 규칙에 의한 확률 수정으로 원가가 달라진다.

이 두 가지 상황을 결합하면, 동시적 정보내용, 즉 가치평가 상황과 계약 상황에서의 정보내용을 검토할 수 있다. 두 가지 요점이 중요하다. 첫째, 새 정보는 경영자 행동 이전에 알려지므로, 경영자에게 기회주의 유혹에 대한 가능성을 추가시킬 수 있다. 새로운 정보가 게임에서 빨리 도달하므로, 경영자의 선택기회는 넓어진다. 이로 인해 행동이 환경에 더 잘 적응될 수 있으므로 의사결정을 향상시킬 수도 있지만, 통제 문제(control problem, 즉 기업(본인)이 통제하고자 하는 경영자의 도덕적 해이 문제)의 본질에 관해 경영자가 더 잘 파악하게 되어, 통제 문제의 복잡성을 더 증가시킬 수도 있다. 유혹을 포함한 기회의 확장과 성과평가 토대의 확장 사이에서 갈등이 발생한다. 그 결과는 긍정적일 수도 있고, 부정적일 수도 있다.

둘째, 가치평가 측면에서의 관심은 새 정보가 기업의 현금흐름 기대값을 바꾸는지 여부이다(단일기간 상황에서). 기대값에 대한 이런 관심은 편리하지만 문제의 소지가 있을 수 있다. 즉, 잘 작동하는 가치평가 시장에서의 위험 중립적 가치평가는 추가 정보가 있는지 여부와는 상관없이 동일한 최초 현금흐름 분포를 가진 두 자산에 대해 동일하게 가격을 결정할 것이다.[30]

30 두 번째 원천이 정보내용을 갖는지 여부에 관심을 갖고 있다. 가치평가 측면에서 이는 명백하다. 새 정보는 원래의 정보 이전에 도달한다. 따라서 우리는 새 원천이 보고시점에서 정보내용을 갖는지 여부를 묻는다. 이는 자본과 노동에 대한 기업의 지출의 기대값이 신호 $y_2 \in \{g, b\}$에 따라 변동하는지 여부를 묻는 것이다. 간단히 말해, 두 번째 원천이 가치평가의 시간 경로에 영향을 미치면 가치평가 영역에서 정보원천을 갖는다. 그러나 계약 측면에서는 정보내용은 달라진다. 경영자 보상은 축적된 모든 정보에 의존한다. 따라서 첫 번째 정보가 보고되는 것을 전제로 두 번째 원천의 정보내용에 관심을 갖는다. 앞으로 보겠지만, 새 정보가 경영자의 (높은 행동) 보상을 낮추는지 여부가 문제이다. 이는 새 정보가 효율적 계약 과정에서 유의하게 사용되는지 여부 보다 더욱 중요하다. 곤란한 점은 낮은 행동과

Christensen and Demski(2003)는 단일기간 모형을 분석하였다. 추가 정보는 계약과 자본이 선택된 후, 그러나 경영자 행동선택 전에 공개적으로 알려진다. 추가 정보는 기업 전망에 관해 알려주거나, 그렇지 않을 수 있다. 즉, 추가정보를 조건으로 $\pi(M_H|a_H, y_2)$가 변화하면 가치평가 관점에서 정보내용을 갖는다. 또한 계약 분야에서는 도움이 될 수도, 중립적일 수도, 혹은 해로울 수도 있다. 즉, 이는 추가정보가 없을 때의 기대보상($E(\bar{I}|a_H)$)과 추가정보가 있을 때 항상 a_H를 조건으로 하는 기대보상 $E(I|a_H$ 항상)을 비교하여 결정된다. 후자가 그렇게 되는 이유는 추가 정보가 양날의 칼이기 때문이다. 새로운 정보는 기저의 환경에 맞게 경영자 행동선택을 잘 조정할 수도 있지만, 경영자의 기회주의를 높일 수도 있다.[31]

해로운 경우에도 정보를 사용하는 이유에 대해 잠시 생각해 볼 필요가 있다. 기업은 그 정보가 공개적으로 이용 가능한 한, 새 정보의 존재를 부인할 수가 없다. 정보가 공개적이라는 사실을 가장 잘 처리하는 방법은 계약 질서에 이를 명시적으로 사용하는 것이지만, 기업에게는 이 정보가 이용 가능하지 않을 때가 오히려 더 나을 수도 있다.[32]

3.3.3 행동선택 후 정보

추가 정보의 도달 시점을 달리해 보자. 예를 들어 경영자의 행동선택 후, 임금 지출이 알려

높은 행동 사이에서의 경영자 선택이 이제는 새 정보의 영향을 받고, 따라서 경영자가 만나는 각 정보 사건으로 통제 문제가 확장되며, 설사 효율적 계약이 새 정보를 사용해도 계약비용이 증가할 수 있다는 것이다. Christensen and Demski(2003), p.289.

31 두 번째 원천이 완전히 랜덤하다면 두 영역 모두에서 정보내용이 결여되는 상황을 만들 수 있다.

32 이 경우, 가치평가 영역에서는 정보내용이 없고 정보의 존재로 기업은 오히려 해를 입는다.

	신호 $y=(y_1, y_2)$			
	(0, g)	(0, b)	(1, g)	(1, b)
$\pi(y\|a_H)$	.25	.25	.25	.25
$\pi(y\|a_L)$	.10	.15	.40	.35
$I(y_1, y_2)$	14,605	18,063	6,859	5,595
$\bar{I}(y_1)$	15,848	15,848	6,334	6,334

높은 행동을 실행하는 것이 최적이다. 이를 전제로 기업의 원가가 결과적으로 높은지 혹은 낮은지에 관해 어떤 정보도 전달하지 않는다. 또한 $E[I|a_H\ always] = 11{,}280 > E[\bar{I}|a_H] = 11{,}091$이다.

가치평가 상황에서 사용되지 않는 것은 $\pi(y_1=0|a_H, y_2)=\pi(y_1=0|a_H)$에 의존한다. $\pi(y|a_H)$의 적당한 변화는 물론 신호 y_2가 정보적임을 의미한다. 추가 정보가 g이든 혹은 b이든 높은 행동 선택시 0이 나올 확률은 0.5로(=0.25/0.5) 동일하다. 따라서 이 예는 극단적 경우이지만, 이 적당한 변화는 자본과 노동에 관한 기업 지출의 기대값의 변화를 적당하게 변화시킨다. 따라서 다른 해석은 두 번째 정보원천이 계약 영역에서 1차적으로 중요하고, 가치평가 영역에서는 2차적으로 중요하다는 것이다.

지기 이전에(즉, $y_1 \in \{0, 1\}$이 관찰되기 전에) 새로운 공개 정보가 발생한다고 생각해 보자.[33] 이는 정보가 행동선택 후에 도달하므로 경영자의 기회주의적 행동기회에는 영향을 주지 않는다. 그러나 경영자 성과 평가와 기업 전망 예측에는 도움이 될 수 있다.

Chrstensen and Demski(2003)는 추가 정보가 완전감시(perfect monitor) 기능을 하는 사례를 검토한다. 즉, 단지 $a=a_H$일 때에만 $y_2=g$를 보고 한다(그리고 $a=a_L$일 때에만 $y_2=b$를 보고한다). 완전감시 하에서 경영자는 지시대로 행동할 경우 1차 최적 보수를 받고, 기회주의적 경영자는 0의 보수를 받는다. 균형상태에서는 행동 $a=a_H$가 확실히 공급되고, 신호 $y_2=g$가 확실히 관찰되며, 그 시점에서는 기업 전망에 관해 아무 것도 배우지 않는다. 이 정보는 계약 영역에서는 분명히 중요하지만, 가치평가 영역에서는 완전히 쓸모가 없다.

이와는 반대로 가치 평가에서는 유용하나, 계약에는 쓸모가 없을 수도 있다. 경영자가 행동할 때 어떤 신호이든 나올 확률이 양이고, 각 신호가 기업이 추가 노동을 필요로 하는지 여부에 관해 서로 다른 의미를 전달하면, 그 정보는 가치평가 영역에서 유용하다. 그리고 만일 우도비율에 변화가 없다면 그 정보는 계약 영역에서는 쓸모가 없다.

따라서 두 상황에서의 갈등은 추가 정보의 시기와는 관계가 없다. 정보가 '늦게' 도달한다는 전제 하에서는, 정보내용이 두 상황 모두, 혹은 어느 한 상황에서만 존재할 수 있다. 정보내용은 상황과 성질의 차이에 따라 달라진다.

3.4 완전 및 공정 공시

이용의 갈등에서 다룬 주제는 실제로는 두 가지이다. 첫째로 회계에서는 전통적으로 가치평가 상황에서의 이용을 강조하여 왔다. 통제 측면은 항상 존재한다. 계약 마찰이 존재하는 전형적 상황으로서 경영자 계약을 검토하였지만, 계약 마찰은 전략적 행동, 정보의 이용으로 행동이 영향을 받는 다른 계약 상황에도 존재한다. 어떻든 한 분야에서의 정보내용이 다른 분야에서의 정보내용을 반드시 의미하는 것은 아니다.

둘째로 정보의 미묘함이다. 비록 정보비용이 없다고 해도 '많은' 정보가 '적은' 정보에 비해 반드시 나은 것은 아니다. 비록 정보 생산이 비효율적일 때에도 정보내용은 존재할 수 있다.

33 다른 방안은 새 정보를 좀더 빠른 시간에 발생하는 것으로, 즉 자본 선택이 정보의 영향을 받는 것으로 만드는 것이다.

물론 로빈슨 크루소 경제에서처럼, 완전한 1인 상황에서는 많은 정보가 적은 정보보다 나으며, 해로운 정보내용이 발생할 수도 없다. 그러나 이 사실을 다수인이 상호작용하는 상황으로 확장하여, 한 영역에서의 정보내용이 다른 상황에서의 정보내용을 의미한다고 (최소한 해롭지는 않다고) 전제하면 안 된다.[34]

이는 일반적인 공시 문제를 야기한다. 보고 기업에 관하여 어떤 정보가 생산되고 기업 내외에 공급되어야하는가? "상황에 따라 답은 다르다". 간단히 말하면 일반적 규칙이나 지침은 없다.

경영자에게 추가 정보가 발생하면 거래 마찰, 통제 문제가 증가한다. 나아가서 더 넓은 관점에서는 거래 마찰의 전략적인 창조, 감소, 유지에 초점을 맞출 수 있다. 예를 들어, 기업은 자신이 아는 바를 경쟁자가 아는 것을 원할 수도 있고, 원하지 않을 수도 있다. 시기적절한 신제품 발표는 고객이 경쟁자에게로 이탈하는 것을 방지하고, 새로운 경쟁자의 진입을 지연시킬 수 있다. 반대로 기업이 신제품 개발 실패를 발표하는 것은 어리석을 것이다. 기업은 감사인, 자문역, 투자 은행과 재산적 정보를 공유하려 하지 않는다.

장기 계약 관계(공급자, 노동조합, 고객 그룹 등과의 장치)에는 재계약 협상이 필요하다. 이는 극적으로 정보의 영향을 받으므로, 기업이 아는 바 혹은 알 수 있는 바를 모두 보고할 수는 없다.

또한 통상적으로 다수의 정보 생산자가 존재한다. 공시에 대한 반응은 제도의 중요한 상세내용이다. 예를 들어, 새로운 재무보고 규제가 추가 공시를 요구한다고 하자. 경영자는 추후의 재무보고 이전에 보고내용을 바꿀 것인가? 제도 관계자들은 추가 공시가 예상될 때 정보를 더 모색할 것인가 혹은 덜 모색할 것인가? 이런 상황에서 당사자들은 수동적으로 행동하지는 않을 것이다.

3.5 요약

우리는 회계를 연구할 때 특정 상황에 초점을 맞추는 경향을 갖는다. 예를 들어, 재무보고에 초점을 맞추고 자본시장에 무엇이 공시되어야 하는가를 탐구하거나 혹은 경영자 보고에서 어떤 (비재무) 측정치가 조직 내부에서 가장 유용한지를 연구한다. 그러나 회계는 여러 목

34 가치평가 상황에서 유용한 회계정보는 계약 상황에서도 유용하다는 FASB 개념체계의 예를 들 수 있다.

적을 가지며, 재무 분야를 위한 보고가 경영자의 수탁책임에 관해서도 이용된다. 이는 여러 목적 사이에서의 갈등 문제를 제기한다.

이 문제에 관한 상식적인 답은 간단하다: 재무 분야에 초점을 맞추면 이 모든 것을 해결할 것이다; 재무 분야에 최선인 것이 계약에도 최적이다. 흔히 하는 말로, 가치 창조를 강조하고 '시장'을 사용하는 것보다 더 나은 길은 없다. 회계는 모든 영역에서 가치 창조 서비스를 입증해야 하며, 이에 따라 논의가 이루어지고, 가치평가 시장에 확고한 초점을 맞추어야 한다. 이는 측정관점의 입장이다.

시장은 완성적이거나 완전하지 않고, 따라서 시장 지침에 따라 자원을 분배할 수는 없다. 이 단순한 사실이 여기에서 검토한 갈등을 산출한다. 계약 상황에서의 정보내용이 가치평가 상황에서의 정보내용을 의미하지 않으며, 가치평가 상황에서의 정보내용이 계약 상황에서의 정보내용을 의미하지 않는다. 정보내용은 간단하게 표현되지 않는다. 가치평가 상황은 주어진 균형 행동, 말하자면 경영팀이 잘 행동한다는 전제 하에 기업 전망을 강조한다. 계약 상황은 경영팀의 좋은 행동을 강조하는데, 본질적으로 경영팀이 잘 행동했을 때와 잘못 행동했을 때의 보고를 비교한다. 균형 행위와 탈 균형(off-equilibrium) 행위의 대조에 초점이 맞추어진다. 경영자 노동시장에서의 마찰 때문에 이런 대조가 중요하다.

그렇다면, 가치평가와 계약 상황은 동일한 연장선상에 존재하는 것이 아니다. 이 때문에 거래기반 (시장) 가치평가라는 통상적인 상황을 넘어서서 회계정보 이용을 분석하는 것이다.[35]

35 가치평가 상황과 계약 상황 사이의 갈등은 Gjesdal(1981)에 의해 처음으로 강조되었다. 후속 연구에는 Feltham and Xie(1994), Kim(1995), Arya, Glover, and Sivaramakrishnan(1997)이 있다. 시기 이슈는, 예를 들면, Demski and Sappington(1986), Christenson and Feltham(1997)에서 개발된다. 공시 문제에 관한 좀 더 넓은 연구는 Demski and Frimor(1999), Dye(2001), 그리고 Verrecchia(2001)에서 발견된다. Baiman and Verrecchia(1995), Farlee, Fellinggham, and Young(1996)은 동시적 가치평가와 성과평가 문제를 강조한다.

제9장

인식: 정보내용 관점

이 장에서는 정보내용 관점에서의 회계 인식과 발생을 검토한다. 정보내용 관점에서는 회계정보가 가치평가 상황과 성과평가 상황에서 동시에 이용된다고 본다. 따라서 회계 인식도 두 상황에서의 이용에 적합하게 설계되어 있다고 설명한다. 검증 가능성이 높다는 점은 회계정보 원천의 장점이다. 감사받는 발생과 조건부 발생이라는 회계 인식의 특징은 이 점을 잘 보여준다.

제1절 인식과 발생

회계에서 인식(recognition)은 무엇을 언제 기록할 것인지를 결정해 준다. 예를 들어, 공정가치 접근은 현행가치에 집중할 것을 요구하고, 역사적 원가 접근은 최초 거래가 기록되는 시점에서의 가격을 강조한다. 따라서 인식 규칙(recognition rules)은 어떤 내용을 회계시스템에 포함시킬지 혹은 제외할지를 결정한다.[1]

정보내용 관점에서 기업의 회계시스템은 일종의 정보 원천이며, 기저의 불확실한 상태와 행동 집합을 분할하여 의사결정에 도움을 준다. 회계 인식은 우리가 관심을 갖는 분할을 규정해 준다. 이렇게 보면 인식과 발생은 회계가 정보를 전달하는 수단이다.[2]

완전시장에서는 자산과 부채의 경제적 가치를 알 수 있으므로, 회계는 시장가격에 토대를 두고 회계 인식은 특별한 기능을 갖지 않는다. 전통적인 회계 사고는 완전시장에서 잘 알려진 경제적 저량과 유량의 이상을 강제로 주입시킨다. 회계 사고와 실무에서 경제적 저량과 유량의 개념을 사용하지만, 경제적 사고와 회계 사고는 구분되어야 한다.

1.1 인식의 수사

인식문제는 보고실체의 회계를 통해 자산, 부채, 비용, 수익 등을 적절하게 식별하고 측정할 때 대두된다. 2장에서 검토한 것처럼, **완전시장**에서는 자산 등에 대한 경제적 가치를 시장가격에 기초하여 정확히 알 수 있고, 경제적 저량과 유량을 회계 저량과 유량에 적절히 반영할 수 있다. 이렇게 되면, 회계는 특별히 할 일이 없을 정도로 간단해지며, 인식문제 역시 단순해진다.

현실 세계에서는 경제적 저량과 유량의 이상이 성립하지 않는다. 회계 사고와 실무에서는 경제적 저량과 유량의 개념에 회계 사고를 각인한다. 다시 말해, **회계 저량**과 **유량**은 직접 관찰되는 현행 시장가치와 다르게 정의되고 추정된다. 회계 인식은 그 역할을 수행한다. 자산, 부채, 비용, 수익 등의 개념을 규정한 후 자산 혹은 특정 수익 항목이 언제 회계시스템에 인식되고 기록되는지를 결정하는 소위 **인식 테스트**(recognition test)의 문제로 넘어간다. 이러한 인

1 이 절은 Christensen and Demski(2003)의 14장을 요약한 것임.

2 발생은 인식의 일종이다.

식 검증은 회계시스템에 어떤 사건의 포함과 제외 그리고 기록 방법을 구체적으로 규정한다.

이런 종류의 분석은 지난 세기 초의 학술문헌과 FASB, IASB와 같은 재무보고 규제기관의 발간물에 보편적으로 나타난다. 예를 들면, FASB(1985)는 인식을 '한 실체의 재무제표에 어떤 항목을 공식적으로 기록하고 포함시키는 과정'이라고 정의한다. FASB의 주요 관심사인 미국 상장회사 주식의 시장가치 대 장부가치 비율은 보통 1보다 높다. 즉, 증권 시장에서 경제적 가치는 회계가치보다 더 높다. 시장은 회계보다 더 많은 것을 인식한다.

회계 인식을 조금 더 살펴보자. FASB에 의하면 보고실체의 재무계산에는 정의의 타당성, 측정가능성, 목적적합성, 신뢰성 등 네 가지 요소가 필수적으로 포함된다.[3] 그리고 이 필수 요소들은 중요성과 원가-효익 고려가 충족되는 범위에서 작용한다.

예를 들어 수익인식을 생각해 보자. 일반적으로 주된 수익-창출활동이 완료되고, '신뢰할만한 가치가 있는' 자산이 수취되었을 때, 수익은 인식된다. 이는 여러 상황에 따라 생산시점(예: 장기 건설공사), 인도시점(예: 배달음식), 현금 회수기준(예: 불확정적 부동산 판매), 혹은 반환기간 종료 후(예: 시험사용 기간 후 소프트웨어 판매 혹은 도서 출판)시점 등이 될 수 있다. 또 실무적 고려 때문에 원칙의 순수성이 감소될 수 있다. 모든 판매 관련 비용을 수익인식 사건에 대응시키지는 않는다. 주문을 받는 비용과 현금회수 비용은 통상 발생할 때 비용 처리된다.[4]

IASC(1989)도 비슷하다. 즉, 경제적 유량을 유발할 가능성이 높고, 신뢰성 있게 측정될 수 있는 재무제표 요소만 인식되어야 한다고 강조한다. 발생가능성과 신뢰성 같은 특정 유형의 기준 조건이 인식을 결정한다.

감사인들도 이 문제에 관심을 갖고, 다음과 같이, 감사 목적의 충족이라는 그들 나름대로의 수사적 표현을 사용한다. 즉, 기록된 거래는 유효한가(거래의 실제 존재)? 적합한 거래는 모두 기록되었는가(완전성)? 적절한 기간에 기록되었는가(시기적절성)? 적절하게 평가되었는가(정확성)?

이 모든 주제에서 공통점은 선택이다. 어떤 현상은 포함되고 어떤 것은 제외된다. 이는 회계에만 고유하게 존재하는 것이 아니다. 모든 정보원천은 선택한다.

---

3 이 네 가지는 구체적으로 (1) 재무제표 구성요소(즉, 자산, 부채 등)의 정의에 합당할 것, (2) 충분히 신뢰할만하게 측정 가능한 속성을 지닐 것, (3) 재무제표 이용자에게 중요한 차이를 초래할만 할 것, (4) 표현충실하고, 검증가능하며, 중립적일 것을 말한다(FASB, 1984).

4 더욱이 거래 자체는 혼란스러울 정도로 복잡할 수 있다. 예를 들어 배달된 제품이 실제로 사용될 때까지는, 소유권이 이전되지 않은 채 위탁상품 조건으로 제품이 적송될 수 있다. 또 정교한 가격 조정 조항이 구매자의 원가 경험과 관찰된 가격에 따른 조정과 함께 존재할 수 있다.

인식은 회계 저량과 유량에 어떤 현상이 반영되는지 여부를 정하는 열쇠이다. 그리고 적절한 인식 정책을 설계하는 것은 정보원천들 가운데에서 회계시스템이 갖는 비교 우위를 식별하고 추출하는 열쇠이기도 하다.

여기에서는 회계시스템의 내용을 지배하는 것은 인식이라는, 인식에 관한 넓은 관점을 강조한다. 대응(matching)은 하나의 파생 개념이다. 좁은 의미로 볼 때, 대응은 인식하려는 수익과 연관되는 요소원가를 비용으로 인식하는 것을 말한다. 비용은 수익에 대응된다.[5] 판매 기업에서의 재고회계가 그 예이다. 좀더 넓게 보면, 대응은 어느 기간의 비용, 손실, 이득을 인식하는 것을 말한다. 가장 넓게 보면, 이는 인식과 동의어이다.

자본자산의 회계처리를 생각해 보자. 현금주의 인식 규칙은 대가를 지불할 때 구입가격을 비용으로 처리한다. 현금주의는 자산을 공격적으로 비용 처리한다. 이렇게 되면 대응 처리는 발생할 여지가 없게 된다. 그 결과 현금 이외의 자산은 회계시스템에 기록되지 않는다. 경제적 가치 접근은 자산의 경제적 가치를 기간별로 추적하며, 그 결과 나타나는 가치 변동을 인식한다. 전형적인 역사적 원가 접근은 자산의 구입원가를 '적절한' 기간에 걸쳐 '적절한' 방법으로 분산시킨다. 그 방법은 대응규칙에 의해 구체화된다.

Paton and Littleton(1940)은 원가는 '노력'을 측정하고 수익은 '성과'를 측정한다는 아이디어를 강조한다. 이 아이디어가 노력과 성과의 적절한 대응을 강조하는 역사적 원가 회계 모형의 초석이다.

회계 저량과 유량은 보수주의 경향을 반영한다. 보수주의는 대응 과정에서의 편의(bias)라고 볼 수 있다. 좀 더 구체적으로 말하면, 모든 상세한 문제가 해결될 때까지 수익인식은 지연시키고, 비용(과 손실)은 공격적으로 인식하도록 인식정책이 설계된다. 이는 모든 수익의 지연과 모든 비용의 예상이라는 격언으로 수렴된다.

이와 같이 인식정책(대응정책 포함)은 회계시스템의 행동을 지배한다. 인식은 회계시스템 설계의 원동력이다. 정보내용 관점에서는 전통적인 인식 개념에 구조를 설치한다.

5 전통적으로 이를 수익비용 대응의 원칙이라 한다. 예를 들어, 재무회계개념보고서 제6호(FASB, 1985)에서, FASB는 "수익, 비용, 이득, 손실, 자산과 부채의 관련 증가 혹은 감소의 인식-원가와 수익의 대응, 배분과 상각-은 실체의 성과 측정에 사용되는 발생주의 회계의 본질이다(문단 145)." 계속하여(문단 146), 대응은 "같은 거래 혹은 다른 사건으로부터 직접 혹은 함께 발생하는 수익과 비용의 동시적 혹은 결합된 인식이다"고 기술한다.

1.2 기간 합계

1.2.1. 인식의 정보전달 구조

회계시스템은 하나의 정보 원천이다. 즉, 상태를 신호로 사상시킨다(상태 집합을 분할한다). 이는 매 기간 끊임없이 진행되는데, 기업이 알고 있는 모든 것을 매 순간 끊임없이 보고한다는 것은 어려운 일이다. 따라서 기간 합계(temporal aggregation)가 중심 주제로 떠오른다.

4장에서 회계의 정보 전달 구조를 살펴본 바가 있다. 회계는 현금주의와 발생주의라는 두 정보시스템으로 구성된다. 각 기간 현금흐름은 상태를 분할하고 모든 기간에 누적된 정보는 보완 효과를 갖는다. 단순한 발생주의(예: 감가상각)는 현금흐름 숫자에 다른 척도를 적용한 것(모든 숫자를 일정하게 높이거나 낮추는 것)일 뿐, 전달되는 정보내용 즉 상태 분할은 현금흐름과 동일하다. 바꾸어 말하면, 발생주의와 현금흐름은 동등한 정보 시스템이다.

만일 경영자가 다음 기간에 발생할 상태에 관해 미리 예상한다면, 그는 발생 금액을 조정함으로써 자신이 알고 있는 상태에 관한 정보를 표현한다. 즉 적극적으로 인식 규칙을 적용하여 더 많은 것을 회계에 기록하고, 그 결과 기간별 분할 시리즈는 좀 더 정세하게 변화된다.

1.2.2. 수익인식의 예

예를 들어 어떤 기업이 1개의 제품을 생산하여 판매한다고 하자. 기업의 목표는 이 제품을 고객에게 판매하고, 현금을 회수하는 것이다. 판매가격 P는 생산원가 C보다 높다($P>C$). 만일 판매가 이루어지지 않아 재고로 남거나, 판매되었으나 대금 미납으로 반품되면, 이 제품은 원가 C로 청산되어 원가가 회수된다. 이 상황에서 수익을 언제 인식해야 하는가에 대해 생각해 보자.

수익 가득과정은 (1) 제품생산, (2) 잠재 고객의 확인(t=1), (3) 고객에게 판매(t=2), (4) 반품(t=3) 및 (5) 대금회수(t=4)의 다섯 가지 사건으로 분리하여 살펴볼 수 있다. 이자율은 없다고 가정한다. 또한 현실적인 불확실성을 고려하여 발생 가능한 상태들을 몇 가지로 생각하자. 상태 s_1은 잠재 고객이 없는 경우, s_2는 잠재 고객은 있으나 판매가 이루어지지 않은 경우, s_3는 판매는 성공하였으나 반품된 경우, s_4는 반품되지 않았으나 부도가 난 경우, s_5는 현금이 회수된 경우라고 하자. 이들을 고려한 상세 내용은 기업의 순현금흐름과 함께 〈도표 9-1〉에 나타나 있다.

〈도표 9-1〉 인식 논의를 위한 상태와 현금흐름

	상 태				
	s_1	s_2	s_3	s_4	s_5
단계별 내용					
고객확인(t=1)	N0	Yes	Yes	Yes	Yes
판매(t=2)		No	Yes	Yes	Yes
반품(t=3)			Yes	No	No
대금회수(t=4)				No	Yes
현금유입(t=4)	C	C	C	C	P
현금유출(t=0)	$\underline{C}$	$\underline{C}$	$\underline{C}$	$\underline{C}$	$\underline{C}$
순현금흐름	0	0	0	0	$P - C$

잘 알고 있듯이, 회계에서 인식정책을 달리하면 산출되는 기간이익은 달라진다. 이 예의 상황에서, 어떤 인식정책을 사용하느냐에 따라 산출될 기간이익 시리즈로부터 얻을 수 있는 상태분할들을 요약한 것이 다음 〈도표 9-2〉이다.[6]

앞의 5 가지 사건들 중 어느 사건이 발생했을 때 수익을 기록하느냐에 따라, 여러 종류의 인식기준들을 생각할 수 있다. 완전인식(full recognition)은 기업이 아는 모든 사건들에 대해, 그것들을 알게 되자마자 그 시점에서 바로 기록하고 보고하는 것이다. 이는 현실적인 비용문제 등으로 인해 실행에 옮길 수 없으며, 따라서 현실적으로 보다 온당한 접근방법들이 선택된다.

'보다 온당한(more modest)' 접근들은 완전인식 정책에 의한 분할에 비해, 덜 정세한 분할을 선택한다. 사건은 인식과정에서 결합된다. 매 사건이 발생할 때마다 합계된다. 그러나 항상 이를 보고하는 것은 아니다. 인식 정책은 회계시스템에서 기간 합계를 규정한다. 매 순간마다 모든 낱낱의 사건을 기록하고 보고하지 않으며, 이들 중에서 뽑고, 선택하고, 합계한다. 한마디로 기간 합계의 정도를 가공하는 것이다.

6 판매기준의 경우 회계이익은 t=1에는 모든 상태에 0이다. 즉 상태분할이 없다. t=2에는 $\{s_1, s_2\}$에는 0이고 $\{s_3, s_4, s_5\}$에는 $(P-C)$이다. t=3에는 $\{s_1, s_2\}$에는 0, $\{s_3\}$에는 $-(p-c)$, $\{s_4, s_5\}$에는 0이다. t=4에는 s_4에는 $-(p-c)$, 나머지 모든 상태는 0이다. 〈도표 9-2〉의 판매기준의 상태 분할은 이 내용을 보여준다.

〈도표 9-2〉 여러 인식기준에 따라 유발되는 분할

인식기준	t 시점에서의 분할			
	$t=1$	$t=2$	$t=3$	$t=4$
현금	$\{\{s_1, s_2, s_3, s_4, s_5\}\}$	$\{\{s_1, s_2, s_3, s_4, s_5\}\}$	$\{\{s_1, s_2, s_3, s_4, s_5\}\}$	$\{\{s_1, s_2, s_3, s_4\}, \{s_5\}\}$
조기	$\{\{s_1\}, \{s_2, s_3, s_4, s_5\}\}$	$\{\{s_1\}, \{s_2, s_3, s_4, s_5\}\}$	$\{\{s_1\}, \{s_2, s_3, s_4, s_5\}\}$	$\{\{s_1\}, \{s_2, s_3, s_4\}, \{s_5\}\}$
판매	$\{\{s_1, s_2, s_3, s_4, s_5\}\}$	$\{\{s_1, s_2\}, \{s_3, s_4, s_5\}\}$	$\{\{s_1, s_2\}, \{s_3\}, \{s_4, s_5\}\}$	$\{\{s_1, s_2\}, \{s_3\}, \{s_4\}, \{s_5\}\}$
지연	$\{\{s_1, s_2, s_3, s_4, s_5\}\}$	$\{\{s_1, s_2, s_3, s_4, s_5\}\}$	$\{\{s_1, s_2, s_3\}, \{s_4, s_5\}\}$	$\{\{s_1, s_2, s_3\}, \{s_4\}, \{s_5\}\}$
혼합	$\{\{s_1\}, \{s_2, s_3, s_4, s_5\}\}$	$\{\{s_1\}, \{s_2\}, \{s_3, s_4, s_5\}\}$	$\{\{s_1\}, \{s_2\}, \{s_3, s_4, s_5\}\}$	$\{\{s_1\}, \{s_2\}, \{s_3\}, \{s_4\}, \{s_5\}\}$
완전	$\{\{s_1\}, \{s_2, s_3, s_4, s_5\}\}$	$\{\{s_1\}, \{s_2\}, \{s_3, s_4, s_5\}\}$	$\{\{s_1\}, \{s_2\}, \{s_3\}, \{s_4, s_5\}\}$	$\{\{s_1\}, \{s_2\}, \{s_3\}, \{s_4\}, \{s_5\}\}$

어떤 인식 정책은 다른 정책에 비해 '더 많은 혹은 더 적은' 정보를 제공 한다. 즉, 이 정책들은 그들이 유발해 내는 부분 분할 혹은 정세성 관계를 토대로 하여 그 순위를 정할 수 있으며, 이러한 관계를 나타낸 것이 〈도표 9-3〉이다. 이 부분 분할 방법에 의하지 않고서는 비교가 불가능하다.

〈도표 9-3〉 인식기준들 사이의 정세성(부분 분할) 관계

수익은 생산, 고객 확인, 판매계약, 제품인도, 부도, 현금회수 등의 과정을 거친다. 어느 시점에서 인식하는가에 따라 인식 기준은 달라진다. 이들 인식 기준은 정세성을 기준으로 비교할 수 있다. 현금보고는 정세성이 가장 낮고, 완전보고는 정세성이 가장 높다. 따라서 완전보고에서 혼합으로, 이어 조기, 그리고 현금보고의 순서로, 정세성을 기준으로 순위를 정할 수 있다. 완전→혼합→조기→현금, 완전→판매→지연→현금은 서로 다른 순위 관계를 보인다.

그러나 혼합과 지연은 비교 불가능하다. 마찬가지로 혼합과 판매, 판매와 조기도 비교 불가능하다.

1.2.3 정의

회계시스템은 현금주의와 발생주의 측정값을 보고한다. 이는 회계시스템이 두 가지 인식 규칙을 모두 사용한다는 의미이다. 발생주의 과정의 정보내용은 현금주의 인식 규칙이 제공한 정보내용에 어떤 정보내용을 추가로 더해준다. 현금주의 보고에 발생주의 규칙을 결합하면, 미래 사건에 관한 정보가 발생주의 규칙에 의해 전달된다. 추가적으로 정보를 전달하는 것은 발생이다.

정보내용 용어로, 인식 정책은 회계시스템에 의해 각 기간에 전달될 정보를 구체적으로 규정한다. 즉, 알려진 상태 공간의 분할 계열을 구체화한다.[7]

정보원천으로서의 회계를 공식적으로 표현하면 다음과 같다. 기업이 현금흐름 연속 및 기타 모든 이용 가능한 정보원천 등을 통해, 다음과 같이 **정보원천의 연속**을 관찰한다고 하자.

$$\hat{\eta}(s) = [\hat{\eta}_0(s),\ \hat{\eta}_1(s),\ \cdots, \hat{\eta}_T(s)] \qquad (1)$$

S는 상태의 집합이고 각 $\hat{\eta}_t(s)$는 S의 분할들이다. $\hat{\eta}_t(s)$는 내생적으로 혹은 기업이 실제 선택한 것으로 취급하여야 하지만, 간단하게 주어진 것으로 보자.[8]

이제 기업은 이 정보, 즉 상태 분할을 다음의 **회계시스템**을 통해 전달하기를 원한다고 하자.

$$\eta(s) = [\eta_0(s),\ \eta_1(s),\ \cdots, \eta_T(s)] \qquad (2)$$

각 기간 t에서, 기업이 알고 있는 것($\widehat{\eta_0}(s),\cdots,\widehat{\eta_T}(s)$의 결합된 분할)은 회계시스템에 '기록'된 것($\eta_1(s),\cdots,\eta_T(s)$의 결합된 분할들)의 부분집합이다. 인식 기준은 $\widehat{\eta}(s)$와 연관되는 $\eta(s)$를 규정하는

7 기호로 표시하자면, $f(s, a)$, $s \in S$, $a \in A$로 기술되는 생산함수를 관리하는 기업을 생각하자. 넓게 보면, 인식 규칙은 $S \times A$의 어떤 분할을 확인하는 것이다; 불확실성과 기업 행동에 관한 어떤 것을 드러낸다. 예를 들어 경영자 계약의 경우 완전감시는 상태와 무관하게 경영자 행동선택에 대응하는 신호를 보고한다.

8 물론 기업이 공식적인 회계보고를 통해 어떤 기저의 정보를 공시하고자 원한다면, 당국의 보고규제는 기업으로 하여금 그 정보를 의도대로 취득하도록 요구할 수 있다.

하나의 규칙 혹은 사상이다.[9]

기업 정보는 기간 경과에 따라 보다 정세화된다.[10] 인식 규칙은 기업이 알고 있는 것을 회계 측정치를 통해 각 시점에서 얼마나 많이 드러낼 것인지를 규정한다. 말하자면, 인식 규칙은 분할의 연속 혹은 정보 계획을 정의한다.

그러면 인식은 분할, 즉 전달되는 정보를 정의하며, 이에 따라 이를 수행하는 스케일도 규정될 수밖에 없다. 스케일링 및 기저의 현상을 확인하기 위한 회계 측정치의 해독이 중요하다. 위에서 검토한 수익인식 예에서, 양 끝 시점(t=0 시점 및 t=5 시점)에서는 가치평가 함수가 다음과 같이 제약된다. 즉, 초기에는 $A_0=C$, 청산시에는 $A_5=0$(현금 잔액은 전액 배당으로 지급됨)이다. 이 두 극단시점 이외에서는, 가치평가 함수 자체에는 아무 제약이 없다.[11] 가치 측정치는 그것이 반영하고자 하는 기저의 정보와 일치할 필요가 있다. 그러나 자유도가 존재 한다. 다시 말해, 결과적으로 적용된 척도가 하나만 있는 것은 아니다. 예를 들어, 직선법 혹은 가속 상각법의 선택은 모두 가능하지만, 이는 단순히 척도 선택(스케일링) 문제이며, 여기서 중요한 것은 우리가 정보내용(분할)에 관심을 갖는 것이지, 척도에 관심을 갖는 것이 아니라는 점이다.[12]

1.3 인식 규칙의 선택

상술한 바와 같이, 기업의 인식 규칙은 회계정보 구조를 정의한다. 따라서 인식 규칙이 달라지면 상이한 회계정보 구조가 만들어지고, 그 역도 성립한다. 이미 앞에서 회계는 정보 채널이며, 회계시스템의 기간 개발과 역함수성, 즉 회계 보고서의 해독 능력이 중요함을 언급하였다. 또한 회계시스템을 정의하는 것, 즉 인식 규칙도 주어진 것으로 언급되었다.

이제부터는 선택의 문제가 된다. 인식규칙의 선택은 그 규칙에 의해 만들어지는 정보의 용

9 기업이 t시점에서 알고 있는 것, 즉 $\hat{\eta}_0(s), \cdots, \eta_T(s)$의 결합된 분할을 t시점에서의 정보 집합이라고 부른다. 이렇게 부른다면, 인식 규칙이란 매기 정보 집합을 회계시스템에 대응시키는 하나의 사상이 된다. 여기서 이러한 설명이 우리의 정보내용 주제에도 부합하려면, 이 설명이 강조하는 것은 분할들이지, 그 분할들이 전달하려는 특정의 척도(scale)가 아니라는 점을 주목해야 한다.

10 즉, t=1기의 $\{\{s_1\},\{s_2, s_3, s_4, s_5\}\}$로부터 t=4기의 $\{\{s_1\},\{s_2\},\{s_3\},\{s_4\},\{s_5\}\}$로 보다 정세화 된다.

11 마찬가지로, 연결 관계에서는, 회계이익은 $C-C=0$ 혹은 $P-C$이지만, 기간별 금액은 제약되지 않는다.

12 우리가 흔히 만나는 수사 예를 들어 정의의 적절성, 측정 가능성, 목적 적합성, 신뢰성 등을 생각해 보자. 무엇이 인식되고 또 무엇은 인식되지 않는가에 대한 관심을 여러분은 보는가?

도에 따라 이루어진다: 가치평가(배당지급)와 성과평가.

1.3.1. 가치평가 상황

먼저 배당지급(가치평가)에 관한 정보 제공을 검토하자. 그 다음 경영자 계약 상황을 다룬다. 수익 사이클의 예에서, 현금 회수시점(t=4)에 배당을 지급한다고 하자. 배당은 상태에 따라 $P-C$ 혹은 0이다. 인식기준이 각 시점별 배당전망에 관해 말하는 바는 서로 다르다. 예컨대, 현금주의와 지연인식은 판매시점(t=2)까지 아무 것도 말하지 않는 반면, 조기인식, 판매기준 인식, 혼합인식은 판매 사실을 알려준다.

판매 사실의 보고는 어떤 용도에서 유용한가? 배당청구권이 위험 중립적으로 평가된다고 가정하자. 상이한 인식규칙은 상이한 가치평가 경로를 유도한다. 다만 출발점과 도착점은 항상 동일하다. 위험 중립적 가치평가란 각 경로가 무차별함을 의미한다.[13] 즉, 불확실성이 조기에 해소될 필요가 없다. 위험 중립적 상황에서는 모든 인식규칙이 무차별하다.

배당 청구권자가 관련기간 내의 소비계획을 작성한다고 가정하자. 현금회수 시점(t=4)의 배당을 미리 알면 보다 양호한 소비계획을 작성할 수 있으므로, 미래배당을 미리 아는 것은 중요하다. 완전정책은 불가능하다고 보고, 비용 측면을 고려하지 않는다면, 흥미 있는 선택은 혼합인식과 판매기준 인식 사이의 선택이다. 지연인식, 조기인식, 그리고 현금기준 인식은 열등하다. 이들로부터는 배당 청구권의 전망에 관해 더 이상의 상세한 정보를 알 수 없다. 혼합인식 정책은 초기에 관해 더 많은 것을 말해주지만, 반품 시(t=3)에는 아무 것도 말해주지 않는다. 이에 비해 판매기준 인식은 반품 시(t=3), 이후에 대해서도 모두 말해준다. 쉽게 말해, 수익가득 과정에서 초기가 중요하면 혼합기준을, 후기에 관해서도 많은 것을 알고 싶으면 판매기준을 선택해야 한다. 선택은 각자의 몫이다.[14]

1.3.2. 성과평가 상황

두 번째로 기업이 경영자의 투입을 필요로 하는 경영자 계약 상황을 검토하자. 보통, 경영

13 이 무차별성은 위험 중립성과 수정된 기대의 마팅게일 구조(martingale structure)에서 나온다.

14 입찰의 경우를 생각해 보자. 비유하자면, 우리는 t=0에 있고, 이 배당 청구권의 현 소유자가 경매에서 이를 팔려고 한다. 경매는 t=2에 발생한다. 또 판매자는 완전 분할을 개인적으로 관찰한다고 하자. 지금, 즉 t=0에 t=2의 경매 직전의 회계 보고서를 발행할 수 있다고 하자. 이때에 판매자는 여러 인식 규칙에 무차별할 것인가?

자와 기업 사이에는 이해관계 측면에서 갈등이 존재한다. 노력 수준이 높은 행동(a_H)과 낮은 행동(a_L)의 두 행동이 선택 가능하다. 낮은 행동은 비생산적이며, 고객 확보에 실패하고, 재고 처분도 하지 못한다.[15] 따라서 순현금흐름은 $-C$가 된다. 고객이 대금을 갚지 못하는 부도(s_4) 상태에서는 아예 전액을 회수하지 못한다고 하자. 이 경우도 순현금흐름은 $-C$이다. 따라서 순현금흐름 $-C$가 관찰되면, 이는 경영자가 좋은 행동을 했으나 나쁜 운이 겹쳐서일 수도 있고, 경영자의 기회주의적 행동으로 인한 것일 수도 있다. 상황을 여러 경우로 확장 설정하여, 각 경우들의 현금흐름 상세를 나타낸 것이 다음 〈도표 9-4〉이다.

〈도표 9-4〉 상태별 수정된 인식에서의 현금흐름

경영자 노력	상 태				
	s_1	s_2	s_3	s_4	s_5
a_H	0	0	0	$-C$	$P-C$
a_L	$-C$	$-C$	$-C$	$-C$	$-C$

먼저 현금주의 인식을 고려하자. 경영자가 잘 행동한 경우에는, 부도(t=4) 시에 현금주의 인식은 분할 $\{\{s_1,s_2,s_3\},\{s_4\},\{s_5\}\}$를 제공한다. 결국 처음 세 상태에는 영의 현금흐름이, 네 번째 상태에는 C의 손실이, 다섯 번째 상태에는 $P-C$의 현금흐름이 발생한다. 그러나 경영자가 기회주의적으로 행동한다면, 현금주의 인식은 $\{\{s_1,s_2,s_3,s_4,s_5\}\}$분할을 제공한다.

이제 발생주의에 해당하는 판매시점(t=2)에 수익을 인식하는 시스템을 고려하자. 경영자가 잘 행동하면, 최초 지출 시 C를 기록하고, 판매가 이루어지면 판매가 기록된다. 앞의 예와 유일한 차이는, 구입대금을 받지 못하는 경우, 앞에서는 $P-C$를 수정하였는데, 이제는 P를 수정하는 것이다. 이로 인해 t=4에, $\{\{s_1,s_2\},\{s_3\},\{s_4\},\{s_5\}\}$의 분할을 보인다. 이는 현금주의 인식보다 더 정세하다. 그러나 이는 계약 목적에는 별 유용성이 없는 사건들을 구별해 주고 있다. 특히, 상태와 상관없이 $-C$ 이외의 현금흐름이 나타난다면, 이는 경영자가 잘 행동하였음을 의미한다.

경영자가 기회주의적으로 행동하였다면, 판매시점에서 수익인식은 무엇을 보고할까? 표면적으로 볼 때, 판매는 발생하지 않았고, 따라서 수익은 인식되지 않는다. 그러나 발생주의

15 기술함수는 다음처럼 해석될 수 있다. $q \leq M\sqrt{KL}$. 여기에서 높은 노력은 M=1을, 낮은 노력은 M=0을 의미한다.

는 재고자산 발생의 기록에서 출발된다. 이와 함께 저가법을 적용한다고 가정하자. 적절한 재고자산 평가는 경영자가 기회주의적으로 행동했음을 드러낼 수도 있을 것이다.

이와 관련하여 많은 질문이 제기된다. 재고가 쓸모없을 때, 경영자가 이를 자기보고 할 것인가? 이 최초 재고 발생은 감사를 받는가, 그리고 자질이 충분한 감사인은 이 시점에서의 저가법 적용을 인정할 것인가? 이들에 대해서는 다음 절에서 검토한다.

1.3.3. 요약

요점은 인식 규칙의 미묘한 측면을 제대로 식별하는 것이다. 가치평가 상황에서 우리는 유발된 상태 분할과 어떤 인식 규칙이 가치평가 목적에 최적인지에 관심을 갖는다. 경영자 계약 상황에서는 경영자 성과평가에 관심을 가지며, 이는 경영자가 행동을 잘하거나 혹은 잘못하는 것을 정보원천이 어떻게 보고하는가가 중요하다. 인식 규칙의 중요성은 그 규칙이 전달하는 정보 뿐 아니라, 행동이 다를 때 (즉, 균형이탈 행동 시) 전달되는 정보에 의해서도 좌우된다. 균형 행동 시의 정보와 다른 내용이 보고된다는 위협은 중요하다. 실제로 인식 규칙의 힘은 이 위협에서 나오므로, 인식 규칙은 겉으로는 별 정보내용이 없을 수도 있다.[16] 예를 들어, 인식규칙의 근본 목적이 경영팀의 조기 자기보고를 규율하는 것이고, 모든 것이 계획대로 진행된다면, 발생주의 회계시스템으로부터 일찍이 몰랐던 어떤 새로운 것도 발견하지 못할 것이다.

앞의 〈도표 9-4〉의 예에서는 경영자 시장 상황에서 극히 초보적인 내용을 고려하였다. 이 사례를 확장함으로써 어떤 제안된 인식 규칙이 가장 적절하게 되는 상황을 만들 수 있다. 예를 들어, 주된 통제 문제가 판매라면, 이를 집중적으로 잘 보여주는 인식 규칙이 선택될 수 있다. 결과적으로 계약 관점만 고려하여도, 인식 규칙은 맥락에 따라 선택이 달라진다. 가치평가 상황을 추가로 더 고려하면, 앞장에서 검토한, 통제 용도와 가치평가 용도의 갈등으로 돌아간다. 용도가 다르면 정보원천의 순위도 달라진다. 인식 규칙의 선택은 회계시스템의 여러 용도에 균형을 맞추어야 한다.

또한 실행가능성 문제도 검토되어야 한다. 인식 규칙은 기업이 아는 것을 회계시스템 기록에 대응시킨다. 기업이 아는 것은 대부분 개인적인 것이고, 따라서 보고에 대한 유인도 선택 문제에 포함된다. 주어진 인식 규칙의 실행가능성은 전달되는 정보의 용도에 달려있다. 다르

16 위협 때문에 균형 행동이 이루어진다면 문제가 없기 때문이다.

게 말하면, 경영자가 발행한 보고서의 진실성 검토가 중요하다. 감사 서비스의 수요는 인식과 관련된 선택문제에 포함된다.[17] 이는 다음 절에서 검토한다.

제2절 회계 발생의 특성

2.1 개요

앞 절에서 회계 인식의 의미와 정의를 살펴보았다. 그리고 회계 인식에 따라 전달되는 정보가 어떤 상황에서 이용되는가에 따라 인식 규칙의 선택이 달라진다는 점을 검토하였다.

수익 인식의 예에서 보면, 같은 가치평가 상황에서도 정보 이용자의 위험 회피성향에 따라 정보에 대한 수요는 달라진다. 성과평가 상황에서는 상태의 분할만 중요한 것이 아니다. 탈균형 행동 시 보고되는 정보 때문에 대리인은 소유자가 원하는 행동을 하게 되고, 그 결과 겉으로는 아무 것도 관찰되지 않지만 정보는 제 역할을 훌륭하게 수행한다.[18]

나아가서 수익 과정에서 판매가 중요한 사건이라면 인식 규칙은 판매 부근에 집중하여 선택하는 것이 효과적일 것이다. 실제로 회계 인식에서 발생주의가 중요하다. 발생주의는 재고자산의 인식에서부터 출발한다.

Christensen and Demski(2003)는 회계 인식 규칙의 비교 우위를 검증 가능성에서 찾는다. 특히 감사 목적에서 발생주의 회계가 도입되고 또 다른 정보를 조건으로 인식하는 조건부 인식을 강조한다.

이 두 가지 인식 규칙 즉 감사받는 발생과 조건부 인식은 두 개 이상의 정보 원천의 혼합을 통해 분석된다. 회계는 많은 정보 원천 가운데 하나이다. 회계정보 이용과 그 정보내용은 이러한 넓은 정보 환경에 대해서 민감한 관계를 갖는다. 예를 들어, 이익발표는 이익 기대값을 미리 예상하여 발표하는 것으로 해석된다. 마찬가지로 감사의 많은 측면은 감사받는 재무제

17 이 실행가능성 관심은, 감사 및 보고기준에 포함된 감사목적과 검증가능성에 대한 관심에서 볼 수 있듯이, 인식에 대한 수사에 내포되어 있다.

18 〈도표 9-4〉에서 a_L의 경우, 모든 상태에서 $-C$가 관찰된다.

표의 내용에 따라 영향을 받는다.

회계정보와 비회계정보는 흔히 비대칭적으로 혼합된다. 예를 들어, 손실은 빨리 인식되고 이익은 지연 인식된다. 양자는 모두 미래 현금흐름에 대한 예상이지만, 회계시스템에서는 비대칭적으로 취급된다.

또 추가 정보의 포함 여부가 다른 정보를 조건으로 결정된다. 예를 들면, 재고자산의 경우 시가는 원가보다 낮을 때에만 기록된다.

한마디로 회계시스템은 여러 가지 정보 원천을 전략적으로 혼합한다. 비대칭 혼합은 편차를 유발한다. 회계시스템이 이처럼 편차를 유발하는 이유는 무엇인가? 또 편차에는 일정한 유형이 존재하는가? 이 질문은 회계의 '신뢰성'과 '보수주의'를 탐구하는데 중요한 의미를 갖는다.

경영자 성과평가 상황에서 볼 때, 정보 원천에서 나오는 신호는 '좋은' 뉴스와 '나쁜' 뉴스로 해석된다. 대리인에게 유리한 정보가 좋은 뉴스이다. 둘 가운데에서 어떤 뉴스를 추적하는 것이 효율적인가? 먼저 발표되는 정보가 개인 정보인 경우에는 좋은 뉴스를 추적해야 하고, 공개 정보인 경우에는 나쁜 뉴스를 추적해야 한다. 경영자가 개인 정보를 공개할 때에는 자신에게 좋은 뉴스를 허위로 발표할 유인을 갖는다. 만일 먼저 발표되는 정보가 공개 정보이고 나쁜 뉴스이면 그대로 수용하면 된다. 추가 정보가 혼합되는 이유는, 경영자가 본인이 원하는 높은 행동을 선택하였음에도 불구하고 낮은 성과가 나올 경우, 추가 정보가 경영자의 높은 행동을 알려준다면 계약은 1차 최적 수준으로 접근하기 때문이다.

2.2 일반 이론

먼저 이 문제에 대한 일반 이론을 살펴보자.[19] 모형은 특별한 언급이 없는 한 기본 모형을 가정한다: 단일 기간, 단일 행동, 본인은 위험 중립, 대리인의 효용함수는 음의 지수함수, 높고 낮은 한 쌍의 성과, a_H의 성공 확률 π_H는 낮은 행동의 성공 확률보다 높다($\pi_H > \pi_L$).

이 모형에 두 정보 원천을 추가한다. 처음 원천은 신호가 성과와 조건부 독립이다. 신호 $y_1 \in \{g_1, b_1\}$. $P(g_1 | x, a_H) = P(g_1 | a_H) = \alpha = P(b_1 | x, a_L) = P(b_1 | a_L)$. $1 > \alpha > 0.5$. 이 가정과 조건부

19 Chrstensen and Demski, Asymmetric Monitoring: Good versus Bad News Verification, Schmalenbach Business Review, 56, July, 2004, pp.206-222.

독립 가정을 토대로, g_1을 관찰되는 성과와는 무관하게 좋은 뉴스로, 그리고 b_1은 나쁜 뉴스로 해석한다. 이 원천이 존재한다면, 행동 이후에 관찰된다.

두 번째 원천은 $y_2 \in \{g_2, b_2\}$로 표시한다. 이 원천은 처음 원천의 대칭적 가블링이다: $P(y_2|x, y_1, a) = P(y_2|y_1)\ \forall x, y_1, a$. $P(g_2|g_1) = P(b_2|b_1) = \gamma$, $1 > \gamma > .5$. 만일 첫 원천이 없다면, g_2는 성과와는 무관하게 좋은 뉴스, b_2는 나쁜 뉴스이다. 처음 원천을 대리인이 자기 보고하면, g_2는 행동에 관해 좋은 뉴스이고, 또 대리인의 자기보고에 관해 좋은 뉴스이다. 마찬가지로 b_2도 같은 의미를 갖는다.

2.2.1 기준 상황

이제 계약 정보는 성과와 두개의 감시이다. 정보 사건의 구체적 시기는 상황에 따라 다르다. 먼저 기준 상황을 검토하자. 계약은 성과와 두 감시의 조합으로 이루어진다. 감시의 조합은 행동 선택 이후 동시에 이루어진다. y_2가 y_1의 가블링이고, 높은 행동이 최적 행동이면, Holmstrom(1979)의 정보 전달성 원칙에 의해 다음이 성립한다: $E[x-I^*(x, y_1, y_2)|a_H] = E[x-I^*(x, y_1)|a_H] > E[x-I^*(x, y_2)|a_H] > E[x-I^*(x)|a_H]$. 각 상황에서 신호의 해석은 그대로이다.

감시 정보의 조건부 생산을 검토하자. 추가 정보가 앞에 발표된 정보에 따라 결정된다면, 어떤 뉴스일 때 추가 정보가 생산되는가가 문제이다. 정보 생산 비용이 아주 커서 모든 뉴스에 대해서는 정보를 생산하지 못한다고 가정한다.

2.2.2 성과 후 처음 감시

행동 선택 후 성과 관찰 후 공개 신호가 발생하는 경우, 성과와 공개 신호에 의한 계약은 성과에만 의존하는 계약보다 우월하다. y_{1H}는 x_H 관찰 후 감시 보고를 나타낸다. $\pi_H \geq .5$이고 $\pi_L \leq .5$이면, $y=(x, y_{1L})$에 의한 계약이 $y=(x, y_{1H})$에 의한 계약에 비해 완전히 선호된다. 높은 성과 혹은 낮은 성과를 조건으로 하면, 추가 정보가 나타날 확률이 달라진다. 어느 쪽이든 상관없이 보험 효과는 작용한다. 균형 상태에서는 나쁜 뉴스 정책을 선택한다. 물론 탈균형 상태에서, 나쁜 뉴스 정책은 추가 정보가 나타날 확률을 더 높인다. 두 가지 추가 사항이 있다(Christensen and Demski, 2004, p.56). 첫째, $y=(x, y_{2L})$에 의한 계약이 $y=(x, y_{2H})$에 의한 계약보다 완전히 선호된다. 둘째, 이 결과는 성과가 공개정보일 때에 한해 성립한다. 만일 성과가 개인정보로서 자기보고 되고, 높은 행동을 유인해야 한다면, 보고 성과와 상관없이 감시정보 y_1은 산출되어야 한다. 그 이유는 두 가지이다. 첫째, 진실성 검증(다음 변수와의 상관관계)이 없으면 자기 보고는 무의미하다. 둘째, 성과를 계약에 이용할 수 없을 때, 높은 행동을 유인하려면 감시 정보를 이용해야만 한다. 따라서 이후에도 성과는 공개적으로 관찰가능하다고 가정한다.

2.2.3 자기 보고 후 두 번째 감시

처음 감시는 개인 정보로서 자기보고 된다. 성과는 앞에서와 같이 공개적으로 게임의 마지막에 관찰된다. 처음에는 두 번째 감시가 없는 상황을 다룬다. 행동 선택 후 자기 보고 $\hat{y}_1$가 발표된 다음, 성과가 공개적으로 관찰된다. 기준 상황에서 처음 감시가 공개적이면 성과만 있는 경우에 비해 완전히 더 가치가 크다. $E[x-I^*(x, y_1)\,|\,a_H] > E[x-I^*(x)\,|\,a_H]$. 그러나 처음 감시가 개인적으로 관찰되어 자기보고 되면 성과만 있는 경우나 마찬가지가 된다. $E[x-I^*(x, \hat{y}_1)\,|\,a_H] = E[x-I^*(x)\,|\,a_H]$. 성과가 처음 감시와 **조건부 독립**이면, 성과는 자기보고의 진실성을 규율하지 못한다.

다음에는 두 번째 감시가 존재하는 경우를 검토하자. 핵심은 개인 보고 이후에 두 번째 감시가 공개적으로 발표된다는 데 있다. **가블링 정보**는 자기 보고에 대한 진실성 검증에 사용된다. 행동 선택 후 개인 정보(y_1)가 관찰되고 자기 보고($\hat{y}_1$)된 후, 성과가 관찰되고, 공개 신호(y_2)가 관찰된다. 그 다음 보상이 지급된다. 이 경우 처음 자기보고가 좋은 뉴스를 검증하는 정책은 두 번째 정보를 항상 사용하는 정책과 동등하며, 나쁜 뉴스를 검증하는 정책보다는 완전히 우월하다. $E[x-I^*(x, \hat{y}_1, y_{2g})\,|\,a_H] = E[x-I^*(x, \hat{y}_1, y_2)\,|\,a_H] > E[x-I^*(x, \hat{y}_1, y_{2b})\,|\,a_H]$.

직관적으로, 대리인의 자기 보고를 이용하려면, 좋은 뉴스와 나쁜 뉴스의 해석이 가능해야 한다. 이 해석이 분명하다면, 나쁜 뉴스가 좋다는 유혹을 가질 것이다. 따라서 진실성 검증은 통제 시스템의 약점을 지향한다: 좋은 뉴스의 자기보고. 이런 방식으로 두 번째 감시는 첫 번째 감시의 자기보고에 대한 **진실성 검증**을 확인하는데 사용되고, 처음 감시는 대리인에게 성과 측면에서의 불운에 대한 **보험을 제공**하는 역할을 한다.[20]

대리인이 좋은 뉴스를 자기보고하고 두 번째 감시가 이를 확인하기 때문에, 성과가 낮더라

20 이 결론을 이익 예상에 적용하자. 이익 예상이 낮으면 경영자는 무관하지만, 이익 예상이 높으면, 경영자는 벌을 받는다. 마찬가지로 높은 이익 예상을 조건으로 하는 이익 관리는 효율성을 향상시킨다.

도 두 뉴스가 모두 좋은 뉴스이면 보상이 비슷하게 높고, 두 뉴스가 상반되면 보상이 낮다. 이 상황에서 대리인의 자기보고는 가치를 갖는다.

2.2.4 두 번째 감시: 자기보고 대 성과

마지막으로 두 번째 감시는 성과 혹은 자기보고 가운데 어떤 것을 조건으로 해야할 것인가의 문제를 생각해보자. 답은 상황에 따라 달라진다.[21]

양자를 비교하기 위해 성과와 처음 감시에서 좋은 뉴스가 나올 확률이 같다고 가정하자: $P(g_1 | a_H)=.5 > P(g_1 | a_L)$, 그리고 $\pi_H=.5$, $\pi_L=.3$. 이렇게 가정하면 두 정보는 질적 특성으로 비교하는 것이 가능해진다.[22]그 결과 두 번째 감시는 어떤 변수를 조건으로 하든 같은 확률로 관찰된다.

앞에서, 자기보고를 조건으로 하는 경우 두 번째 감시는 좋은 뉴스일 때, 그리고 성과를 조건으로 하는 경우에는 나쁜 뉴스(즉 낮은 성과)일 때 두 번째 감시를 하는 것이 좋다는 것을 살펴보았다.

두 번째 감시의 품질과 이해 갈등의 크기가 다른 상황에서 두 정보를 비교해 보자. 이해 갈등이 작고(즉, 행동의 개인 비용 차이가 작고), 두 번째 감시의 품질이 낮을 때(γ가 .5에 가까울 때)에는 성과를 조건으로 나쁜 뉴스를 추적하는 것이 최선이다. 반대로 두 번째 감시의 품질을 높이면, 자기보고를 조건으로 좋은 뉴스를 추적하는 것이 좋다. 인센티브 문제가 증가하면 반대의 결과가 나온다.

지금까지의 분석을 종합하면, 뉴스가 공개적으로 전달되면 '나쁜 뉴스'를, 그리고 개인정보가 자기보고로 전달되면 '좋은 뉴스'를 추적하는 것이 적절하다. 두 유형의 정보가 모두 이용가능하면, 이 원칙은 각 정보시스템에 적용된다. 그러나 자기보고의 좋은 뉴스 혹은 공개원천의 나쁜 뉴스가 추적되어야 하는지 여부는 구체적 내용(finer detail)에 따라 달라진다.

행동 선택 혹은 자기보고 선택 유인 문제인지 여부에 따라 효율적 정보 취득 정책은 달라진다. 이 원칙은 앞 절에서 검토되었던 재고자산의 감사와 평가 문제와 연결된다. 이 예는 발생주의가 감사를 받기 쉬운 형태를 갖추기 위해 실시되고 또 보수주의가 내생적으로 필요한

21 이 항은 J.Christensen and J.Demski(2004), pp.213-214 참고.

22 정보내용 관점에서는 다른 관점에서와 달리 회계정보의 질적 특성을 비교하여 어떤 정보가 더 유용한지를 비교할 수 없다고 본다. 그 이유는 구체적인 의사결정 상황에 따라 정보 가치가 달라지기 때문이다. 그런데 여기에서는 행동에 따른 두 정보의 성공 확률을 같다고 가정한 것이다.

이유를 설명해 준다.

2.3 감사받는 발생

회계시스템에서 본질적 정보는 발생 처리에 의해 전달된다. 발생 처리가 없는 현금주의 인식은 형식적이고, 또 현금흐름은 어차피 보고되므로 발생의 역할을 더 살펴 보아야 한다. 발생 처리에 대한 독립된 제3자의 감사를 살펴보자. 경영자가 재고자산의 수준에 관한 개인적 정보를 갖고 있고 공개적인 다른 정보원천 즉 감사가 존재할 때, 두 정보원천의 혼합을 검토한다. 감사는 경영자 주장의 진실성에 대해 말해주므로 정보내용을 갖는다. 회계에서 중요한 정보는 발생주의로 전달되며, 감사인은 그 과정에서 중심 역할을 한다.[23]

앞에서 개인 정보가 자기보고되는 경우 좋은 뉴스를 추적하는 추가 감시가 효율적임을 살펴보았다. 이 원리는 재고자산 보고와 감사 상황에 적용된다.

회계와 감사는 불가분의 밀접한 관계를 갖는다. 회계 보고와 관련하여 거래 마찰이 존재하지 않을 경우, 정보를 알고 있는 당사자가 정보를 공개하면 그것으로 상황은 끝난다. 그러나 거래 마찰이 존재하면 이야기는 달라진다. 회계정보를 공급하는 경영자와 이용자 사이에 정보 공급을 놓고 갈등이 존재하는 경우, 이 갈등을 해소하기 위해 독립된 감사가 개입된다.

결과적으로 두 가지 주제가 중요하다. 첫째, 감사받은 재고기록, 즉 감사받은 발생주의 처리는 경영자의 자기보고를 규율하는 데 유용하다. 둘째, 경영자가 없으면 감사도 필요 없다. 실제로 발생주의 회계처리는 편리하게 감사를 할 수 있게 돕는 역할을 한다. 회계시스템은 감사 검증과 조화되도록 설계되어 있다.

2.3.1 모형

Christensen and Demski(2003)는 경영 투입(M), 자본, 노동의 세 가지 생산요소로 구성되는 생산함수를 검토한다. 첫 기의 행동 선택에 따라 경영 투입이 달라지고 그에 따라 기말에 재공품이 발생된다. 재고 발생 확률은 높은 행동이 선택될 때 더 높다. 재고 발생은 경영자만 관찰할 수 있다. 재고가 있으면 다음 기의 생산 원가는 낮아진다. 생산 원가는 성과이고 대

23 이 항은 Christensen and Demski(2003)의 15장을 참고함.

리 모형에서 원래의 정보($y_1 \in (0,1)$)이다.

재고 발생 여부는 경영자 개인 정보이므로 계약 변수로 사용될 수 없다. 계약 변수로 사용되려면 본인이 관찰할 수 있게 자기보고 되어야 한다. 재고 존재 여부는 1기말에 자기보고 된다. 2기에 생산이 이루어지고, 감사를 받는다. 마지막으로 2기말에 보상이 지급된다. 감사가 도입되는 이유는 경영자가 재고의 존재에 관해 거짓말 할 가능성이 높기 때문이다.

이 모형에서 시간 직선은 다음과 같다.

〈도표 9-5〉 감사 보고를 포함하는 정보 사건의 시간 순서

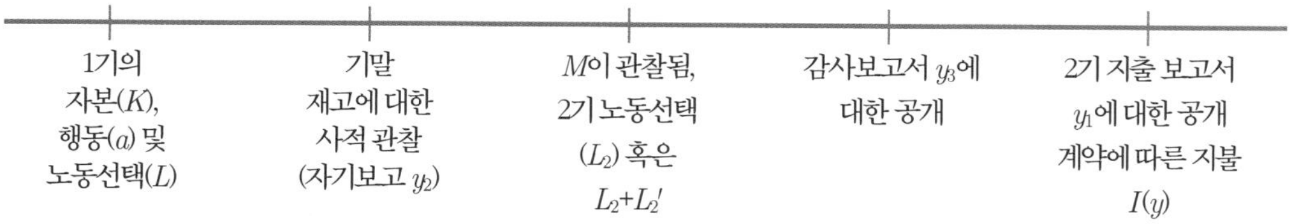

그리고 총원가와 자기보고의 결합 확률 분포는 다음과 같다.

〈도표 9-6〉 기초 사례의 확률 분포

	신호 $y = (y_1, y_2)$			
	$(0, g)$	$(0, b)$	$(1, g)$	$(1, b)$
$\pi((y_1, y_2) \mid a_H)$	.44	.06	.36	.14
$\pi((y_1, y_2) \mid a_L)$	0	.30	0	.70

감사는 세 번째 정보원천으로 추가되는데, 두 번째 정보의 가블링 정보로서 정보내용을 갖는다.

〈도표 9-7〉 확장된 사례의 확률

	신호 $y = (y_1, y_2, y_3)$					
	$(0, g, g)$	$(0, g, b)$	$(0, b, b)$	$(1, g, g)$	$(1, g, b)$	$(1, b, b)$
a_H	$.44\alpha$	$.44(1-\alpha)$	.06	$.36\alpha$	$.36(1-\alpha)$	.14
a_L	0	0	.30	0	0	.70

이제 $\alpha = .9$로 가정하고 가능한 모든 경우의 최적 임금을 예시하면 〈도표 9-8〉과 같다. 사

례1은 경영자가 두 번째 원천의 개인적 정보를 자기보고하고, 그 후 처음 원천이 관찰되는 사례이다. 이는 세 번째 원천을 무시하는 것과 같다.

<도표 9-8> 세 번째 신호 시 여러 정보구조의 최적 성과-보상

계약	신호 $y = (y_1, y_2, y_3)$						
정보	$(0, g, g)$	$(0, g, b)$	$(0, b, b)$	$(1, g, g)$	$(1, g, b)$	$(1, b, b)$	$E[I \mid a_H]$
사례1: $y=(y_1, y_2)$, y_2 자기보고	18,063	18,063	8,000	5,595	5,595	8,000	11,562
사례2: $y=(y_1, y_2, y_3)$, y_2 자기보고	10,816	9,730	8,000	10,816	7,341	8,000	10,080
사례3: $y=(y_1, y_3)$	10,865	8,687	8,687	10,865	7,720	7,720	10,085
사례4: $y=(y_1, y_2)$, y_2 공개정보	10,569	10,569	8,000	10,569	10,569	8,000	10,056
사례5: $y=(y_1, y_2, y_3)$, y_2 공개정보	10,569	10,569	8,000	10,569	10,569	8,000	10,056

둘째로, 세 번째 원천의 역할을 생각해 보자. $y_2=g$라는 경영자의 자기보고는 세 번째 원천에서 $y_3=g$일 가능성이 높다고 주장한다. 세 번째 원천이 α =.9의 확률로서 자기보고의 내용을 지지하기 때문이다. 사례 2에서 $y_2=b$가 자기 보고되면 인센티브는 없어지지만, $y_2=g$가 세 번째 원천에 의해 확인되면 보상은 높아진다. 역으로 자기보고가 세 번째 주장으로 확인되지 않고 또한 $y_1=1$이 나타나면, 나쁜 뉴스를 이중으로 갖게 되고, 보상은 낮아진다. 결국 경영자의 성과를 평가하는 정보기반이 향상된다.

사례 3에서는, 경영자의 자기보고를 완전히 무시한다. 즉, 공개적 정보 y_1과 y_3에만 의존한다. 세 번째 원천은 경영자의 개인 정보에 비해 상대적으로 오류가 더 크다. 정보기반을 향상시키기 위해 경영자의 개인적 정보를 사용할 수 있다. 물론 경영자의 보고는 공개 정보보다 빨리 나와야 한다.

마지막으로 사례5는 세 가지 모든 신호가 공개적인 경우를 다룬다. 세 번째 원천은 다른 두 원천의 존재를 전제로 정보내용을 갖지 않는다. 즉 두 번째 원천의 가블링이다. 실제로 두 원

천이 공개적인 사례4와 사례5의 기대 보상은 같다.[24]

경영자가 없다면 감사는 그 기능이 무엇이든 존재할 이유가 없다. 감사인의 유일한 기능은 경영자의 자기보고를 확인하는 것이다. 경영자가 자기보고할 가치가 있는 개인 정보와 거짓 보고할 유인을 가지고 있기 때문에 감사가 필요하다. 만일 재고 존재에 관한 경영자 자기보고(두 번째 원천)가 공개적이거나, 혹은 경영자가 이기적이지 않다면, 세 번째 정보 원천은 계약 상황에서든 혹은 가치평가 상황에서든 정보내용이 없을 것이다.

마찬가지로 경영자가 이기적이면, 감사는 경영자 정보의 단순한 가블링이라 해도 가치를 지닌다. 가블링된 정보도 경영자의 개인적 정보를 비용 없이 접근할 수 있도록 해 주므로 유용하다. 예상되는 자기보고 즉 좋은 뉴스를 의도적으로 덜 이용한다.

이 점에서 회계시스템의 비교 우위를 볼 수 있다. 경영자는 중요한 개인적 정보를 갖고 있으나, 이를 발표할 유인이 없다. 정보를 발표하는 암묵적 가격은 이 정보가 공개적인 경우에 비해 덜 사용된다는 점이다. 그러나 감사인에 의해 경영자 개인적 정보의 일부가 검증될 수 있다.

여기에서 발생주의 기록의 힘을 볼 수 있다. 발생주의를 통하여 회계시스템에서 현금 관찰(여기에서는 경영 투입, M에 대한 관찰이 여기에 해당함)을 초과하는 정보가 전달된다. 이 예에서 재공품 재고의 인식은 발생주의의 적용이고, 이 발생 처리는 감사인의 검사를 통과한다는 점에서 회계가 비교 우위를 갖는다. 즉, 발생은 스스로 감사받을 수 있는 모습을 갖춘다.

이제 원가, 자기보고, 감사받은 발생항목이 모두 사용되는 계약 제도의 모습이 드러난다. 재무보고 시스템은 현금흐름과 감사받은 발생항목을 보고하는 것으로 생각할 수 있다. 여기에, 다른 정보, 경영자의 자기보고가 추가된다. 결국 재무보고 시스템은 감사받은 발생이 담당하는 중요한 역할이 포함된, 정보원천의 혼합인 셈이다.

2.3.2 모수의 변화

감사를 정보원천의 가블링이라고 보면, 감사의 품질은 α의 크기에 비례한다. $\alpha=0$은 감사인의 행동이 유용하지 않음을, 그리고 $\alpha=1$은 실수가 전혀 없음을 의미한다. 감사 품질 α가 0에서 1로 커짐에 따라 고용계약의 효율성(기대 성과급)은 어떤 영향을 받는가? 〈도표 9-9〉를 보자.

24 두 번째 원천이 공개적일 때, 두 번째 원천의 존재를 전제로 처음 원천은 정보내용을 갖지 않는다는 사실을 확인한다.

〈도표 9-9〉 여러 정보 구조에서의 $E[I|a_H]$와 α

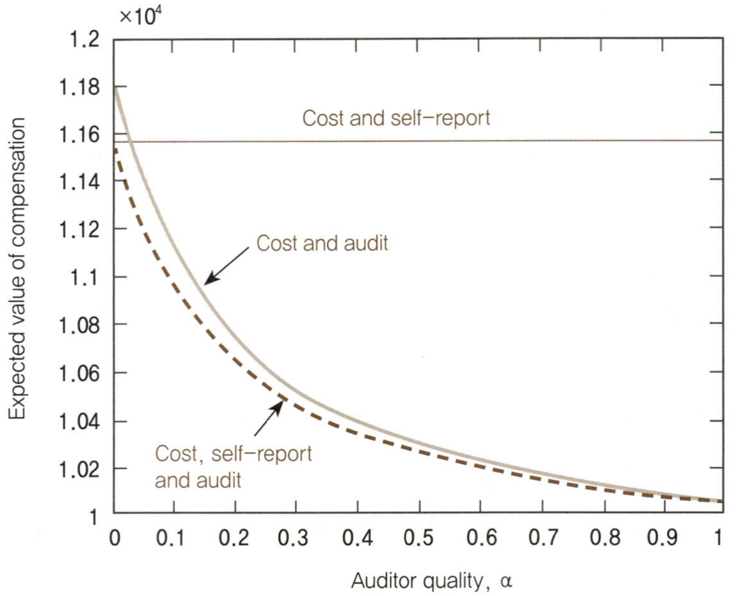

비교 기준점으로서, 원가 관찰만으로 계약하면(〈도표 9-9〉) 기업의 보상원가는 $E[I|a_H]=$ 11,829이다. 물론 이는 감사 품질이 없어서 $\alpha=0$일 때 원가와 감사보고서를 기준으로 계약하는 경우와 동일하다. 역으로 경영자의 자기보고와 원가 관찰에 의한 계약은 보상 원가가 $E[I|a_H]=11{,}562$이다. 이 표의 요점은 두 가지이다. 첫째, 감사인의 품질이 충분히 낮으면, 즉 α가 0에 가까우면, 감사와 원가에 기준을 두는 것보다 자기보고와 원가에 기준을 두는 것이 기업에게 유리하다. 둘째, 감사인의 품질이 완전하지 않은(즉, 오류가능성이 있는) 경우, 즉, $\alpha \neq 1$인 한, 원가와 감사보고서에 의한 계약을 원가, 자기보고 및 감사에 의존하는 계약이 강하게 지배한다.

2.3.3 다시 인식으로

이 감사받은 발생과 인식 주제를 연결하는 것은 중요하다. 앞 절에서 본 것처럼, 기업의 인식 정책은 회계시스템에서 인정되고 수집되는 정보를 규정한다. 여기에서 확장된 사례에서는, 기업의 회계시스템은 현금흐름과 감사인에게 그 존재를 확인받는 재고도 기록한다. 이것이 회계시스템의 인식 정책이다. 회계시스템은 재고에 관한 경영자의 주장을 단순히 기록하지 않고 그 주장에 대한 감사에 의존한다.

앞 절에서처럼, 정보를 상태 집합의 분할로 표시해 보자. 그리고 상태 집합의 기간 분할이 어떻게 달라지는가를 살펴보자. 어떤 정보 원천이 제공하는 기간 분할이든 경영자의 행동에 의존한다. 경영자 행동은 관찰된 것과 기저 상태 사이의 연결을 규정하므로 이는 불가피하다. 이 연결은 행동의 변화나 단순한 비 예상 행동이 실제로는 신호가 다른 시스템에서 유발되었는데도 그 시스템에서 나온 것으로 우리를 오도할 수 있다는 중요한 사실을 극적으로 보여준다. 당사자들의 행동이 기간 분할의 특정 집합, 균형 기간 분할을 유발할 것으로 예상한다.

경영자는 a_H를 제공하도록 요구받았다. 따라서 균형 상태에서는 경영자가 잘 설계된 인센티브 조건에 합리적으로 반응하여 a_H를 제공할 것이다. 〈도표 9-7〉의 확률 구조를 생각해 보자. α =.9라고 하자. 세 가지 정보가 결합하는 각 경우는 각 상태를 나타낸다. 즉, 높은 행동을 선택하였을 때 $(0, g, b)$, 낮은 행동을 선택했을 때 $(1, b, b)$는 s_1을, $(0, g, g)$, $(1, b, b)$는 s_2 등등으로 표시된다. y_2는 재고의 유무를, 그리고 y_3는 감사 결과를 신호로 나타낸다. 〈도표 9-7〉은 6개의 상태인데 a_L을 더 세분하여 8개의 상태를 만들면 각 정보 원천별로 또 기간별로 상태분할이 달라진다. 이 상태분할을 a_H의 경우 (y_1, y_2, y_3)와 (y_1, y_3)에 대해 표시하면 〈도표 9-10〉이 된다. 즉, 〈도표 9-10〉은 균형 기간 분할을 보여준다.

〈도표 9-10〉 균형(a_H를 택했을 때)에서의 기간별 분할

정 보	$t=1$ 분할	$t=2$ 분할
모든 이용가능한 정보 (y_1, y_2, y_3)	$\{\{s_1, s_5\}, \{s_2, s_3, s_6, s_7\}, \{s_4, s_8\}\}$	$\{\{s_1\}, \{s_5\}, \{s_2, s_3\}, \{s_6, s_7\}, \{s_4\}, \{s_8\}\}$
회계(y_1, y_3)	$\{\{s_1, s_4, s_5, s_8\}, \{s_2, s_3, s_6, s_7\}\}$	$\{\{s_1, s_4\}, \{s_2, s_3\}, \{s_5, s_8\}, \{s_6, s_7\}\}$

특히 경영자가 잘 행동한다면, 회계시스템은 t=1에 감사받은 재고 발생을 보고하고, t=1과 t=2에는 수입과 지출을 보고한다. 그러나 이 나중 카테고리에서 유일한 불확실성은 두 번째 기간의 노동지출 뿐이다. 간단히 말하면, 회계시스템은 신호 쌍, (y_1, y_3)를 보고하고, 기저의 확률 구조는 경영자의 균형 행동에 의해 지배될 것이다. 회계 분할은 인식 규칙과 (현금과 감사받은 발생을 포착하는) 경영자 행동에 관련되는 것들이다.

더욱이 회계 분할은 각 시점에서 알려진 것의 부분 집합일 뿐이다. 〈도표 9-10〉에는 경영자의 자기보고를 포함하는 (y_1, y_2, y_3)의 경우도 나타나 있다. 인식은 상태의 분할을 규정하고 또 그 분할은 모든 이용 가능한 정보의 기간 총계임을 알 수 있다.

〈도표 9-10〉은 균형상태일 때, 즉 당사자들이 잘 행동할 때 관찰될 기간 분할(temporal partitions)을 보이고 있다. 당사자들이 잘 행동하지 않는다면 〈도표 9-10〉과는 다른 분할이 관찰되어 경영자가 a_L을 선택했다는 것이 드러나므로, 관찰되는 기간 분할은 경영자에게 일종의 위협이 되며, 이 위협에서 통제 시스템이 갖는 힘이 나온다. 인식은 균형에서의 분할과 균형이탈(off-equilibrium)에서의 분할을 규정해 준다.

2.4 조건부 인식

기업의 인식 규칙은 회계시스템이 보고할 내용을 결정하며, 발생주의 처리가 핵심 역할을 한다. 또한 인식 규칙은 보고내용의 성실성을 보호한다. 회계보고는 기업이 원하는 자기보고 내용을 공개적으로 가블링한 것이다. 회계보고에 제도적 내용을 추가 하자. 회계시스템에 들어오는 내용은 흔히 다른 정보 원천에서 배운 것을 조건으로 하는 경우가 많다. 예를 들어, 저가법은 시장가격이 원가보다 낮으면, 시장가격을 보고하도록 한다. 우리는 이를 조건부 인식(conditional recognition)이라 부른다. 이 특성은 회계보고를 검증하는 업무의 효율성을 높이며, 또 보수주의와도 연결된다.[25]

인식은 본질적으로 조건부라는 특성을 갖는다. 어떤 활동 혹은 사건을 인식할지 여부는 다른 정보원천으로부터 알게 된 내용에 달려 있다. 예를 들면, 미국의 GAAP에서는 소송에 의한 우발채무는 손실의 개연성과 추정가능성에 의해 인식된다. 즉, 이용 가능한 정보가 손실발생의 개연성이 있다는 점을 알려주면, 보고기업은 손실추정의 토대를 제공하는 정보를 탐색한다. 만일 손실이 충분히 잘 추정되면, 그 손실은 인식된다. 말하자면 손실인식은 우발적 사건의 발생 가능성을 나타내는 다른 정보를 조건으로 하며, 그리고 일단 이 가능성이 개연성 기준을 통과하면, 금액을 추정하게 하는 문제는 또 다른 정보의 추가를 조건으로 한다.

마찬가지로, 기업의 부채 상환이 어려울 때 기업은 자산과 부채를 교환한다. 이때 그 자산의 공정가치의 추정이 필요하고, 교환관련 손익의 인식이 요구된다. 이 경우도 조건부 인식이다. 즉 부채 자산 교환은 자산의 공정가치 추정을 요구한다. 교환이 없으면, 공정가치 추정은 인식되지 않는다.

25 이 항은 Christensen and Demski(2003)의 16장을 참고하였다.

감사과정 자체도 동일한 패턴을 보인다. 감사인은 결산일 후에 중요 항목이 인식 혹은 공시에서 누락되었는지를 검토해주는 거래와 사건을 탐색한다. 좀 더 깊은 의미로 전체 감사는 일종의 조건부 인식이다. 왜냐하면 감사팀이 갖고 있는 모든 정보는 어떤 증거를 수집할 수 있는지, 그 정보가 어떻게 해석될 것인지, 또 감사의견을 지지하는 데 충분한지라는 질문에 답할 수 있어야 하기 때문이다.

여기에서는, 조건부 인식을 검토하기 위해 감사받은 발생의 비교우위 문제를 확장한다. 여러 번 언급한 것처럼 회계시스템은 발생주의를 통해 정보를 전달한다. 조건부 인식에서 어떤 정보의 전달 여부는 다른 정보원천에 의해 결정된다. 그리고 비교우위와 조건부 인식 주제를 결합하면, '좋은 뉴스'에는 도전하고 '나쁜 뉴스'는 수용하는 내생적이고 비대칭적인 인식, 즉 보수주의를 설명할 수 있다.

2.4.1 조건부 감시

앞에서 경영자의 높은 행동이 재공품을 발생시키고 생산원가를 낮출 수 있는 있는 상황에서 발생주의가 감사를 위해 적용된다는 점을 검토하였다. 이제는 재고자산의 평가를 생각해 보자. 경영자가 재고의 존재를 주장하면, 감사인은 그 주장을 검증하고, 그 주장이 검증되면, 재고는 인식된다. 즉 인식은 주장과 검증을 조건으로 한다.

여기에서는 한 기간 모형을 다룬다. 따라서 중간 재고는 없다. 추가 정보원천에서 좋은 뉴스($y_2=g$)와 나쁜 뉴스($y_2=b$)를 보고한다. 이 원천은 경영자 행동 완료 후에 보고되는 사후적 원천 혹은 감시(monitor)이다. 이 새로운 원천을 기말 재고의 '공정가치' 추정치 혹은 기타의 발생이라고 생각하자. 좋은 뉴스 혹은 나쁜 뉴스가 나올 확률은 오직 경영투입에만 의존한다: $\pi(y_2|y_1, a)=\pi(y_2|a)$. 또한 다음과 같이 대칭적이다.

$$\pi(y_2=g|a_H) = \pi(y_2=b|a_L) = \beta \geq .50 \qquad (3)$$

좋은 행동을 한 경영자는 감시인으로부터 좋은 뉴스를 받을 확률이 $\beta \geq .50$이고, 나쁜 행동을 한 경영자에게는 나쁜 뉴스가 보고될 확률이 $\beta \geq .50$이다.

또 다른 추가 공개정보를 도입한다(y_3). 이 원천은 두 번째 원천에 대한 노이지한 지표 혹은 가블링이며, 처음 원천 혹은 경영자 행동과 조건부 독립이다. 예컨대 기말 재고평가, 즉 발생 처리에 대한 감사가 이 세 번째 원천이라고 하자. y_3후 y_1이 공개적으로 관찰된다.

이 세 번째 원천에서도 좋은 뉴스(g)와 나쁜 뉴스(b)의 신호가 나오고 대칭적이며, $\pi(y_3|y_2, y_1, a)=\pi(y_3|y_2)$이다. 그리고

$$\pi(y_3=g|y_2=g) = \pi(y_3=b|y_2=b) = \gamma \geq .50 \tag{4}$$

즉, 이 새로운 정보 원천은 두 번째 원천의 대칭적 가블링이다. 확률 γ로 두 번째 원천의 신호를 보고하고, 확률 $1-\gamma$로 반대 신호를 보고한다. 자연히 두 번째 원천이 공개적이면, 이 가블링은 완전히 쓸모가 없다. 흔하지는 않지만, 중복과 오류의 결합이다.

그러나 두 번째 원천이 자기보고 된다면, 이 중복되고 오류를 가진 원천이 자기보고를 규율할 수 있다. 두 번째 원천의 정확도가 80%, 즉 β=.80이라고 하자. 그리고 γ=.70이라고 하자. 나아가서 경영자가 두 번째 원천의 신호를 개인적으로 관찰하고 자기보고 한 후, 세 번째 원천과 첫 번째 원천이 공개적으로 관찰된다. 이는 계약 실행에 있어서 8가지의 사건이 나타나도록 하며, 계약 실행 관련 시간 순서를 나타내면 〈도표 9-11〉과 같다.

〈도표 9-11〉 확장된, 사적 정보 상황의 시간 순서

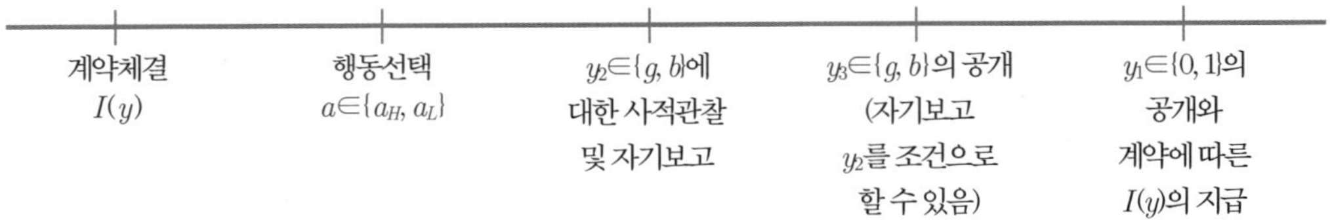

〈도표 9-12〉 자기 보고 y_2를 사용한 최적 성과급

$y=(y_1, y_2, y_3)$								
(0, g, g)	(0, g, b)	(0, b, g)	(0, b, b)	(1, g, g)	(1, g, b)	(1, b, g)	(1, b, b)	$E[I\|a_H]$
12,739	10,584	11,183	11,183	11,591	4,767	6,373	6,373	10,410

세 정보의 신호 조합별 최적보상의 패턴이 〈도표 9-12〉에 표시되어 있다. 경영자의 자기보고가 좋은 뉴스이고, 뒤이은 정보로 이 점이 확인되면 보상이 커지고, 부인되면 벌이 커진다. 말하자면 자기보고 $y_2=g$는 새 원천의 보고내용이 무엇일지에 관해 내기를 거는 것이다. 더욱이 높은 원가, 즉 y_1=1인 경우, 두 번째와 세 번째 원천의 불일치에 따른 벌이 가장 크다.

경영자의 자기보고가 나쁜 뉴스이면($y_2=b$가 사실이면), 이 주장에 대한 진실성 확인은 없다. 그 대신 경영자 보수는 $y_1=0$이면 높은 보수를, 그리고 $y_1=1$이면 낮은 보수를 받는다. 직관적으로 세 번째 원천은 경영자가 좋은 뉴스를 자기보고 할 때만 사용된다. 왜냐하면 통제 시스템에서는 좋은 뉴스를 자기보고 하도록 압력을 넣는 것이 요점이기 때문이다.

$y_1=0$ 혹은 $y_1=1$ 가운데 어느 하나를 조건으로 y_3를 추적하는 경우에는 다시 나쁜 뉴스 $y_1=1$을 추적하는 편이 더 효율적이다. 그 직관은 간단하다. $y_1=1$이 관찰되면 행동을 잘 한 경영자가 운이 나쁜 경우, 간접적이기는 하지만 세 번째 원천이 보험을 제공한다. 이 효과는 진실성 확인을 지배한다. 왜냐하면 좋은 뉴스에 대한 의문스러운 주장에 대해 확인할 필요가 없기 때문이다.

지금까지 검토한 내용을 요약하자. 여러 패턴이 표시된다. 기업은 처음 두 원천이 모두 공개적으로 보고되는 경우의 계약 이상으로 좋아지지는 않는다. 처음 원천의 나쁜 뉴스를 조건으로 두 번째 원천을 취득하는 것은 아주 효율적이다. 그러나 경영자가 두 번째 원천을 개인적으로 관찰한다면, 비록 세 번째 원천이 가블링되어 뒷받침하더라도 자기보고는 유용하다. 경영자가 주장하는 것을 조건으로 세 번째 원천을 취득하는 것이 효율적이며, 처음 원천을 조건으로 하는 것보다 약간 더 낫다.

더욱 중요한 것은 경영자는 자기보고를 하고, 기업은 경영자의 자기보고 내용에 따라 정보를 선택적으로 생산하는 경우를 검토하게 된 점이다.

2.4.2 다시 인식으로

앞항에서는 불확실성을 '상태의 세계'(state-of-the-world) 형태로 바꾸고, 두 가지 분할의 연속을 규정하였다. 하나($\hat{\eta}_s$)는 기업이 접근한 정보를 반영하고, 두 번째(η_s)는 기업이 회계 시스템에 반영하고자 했던 정보, 즉 기업의 공식적인 재무 역사를 반영하는 정보를 설명하였다. 인식 규칙은 $\hat{\eta}_s$와 연관되는 η_s를 규정하는 규칙으로 정의된다.

여기에서는 인식 규칙의 세련된 혹은 조건부 형태를 강조한다. 세 번째 원천을 감사받은 발생이라고 생각하자. 경영자가 나쁜 뉴스를 자기보고할 때에는 감사받은 발생을 산출하지 않고, 좋은 뉴스를 자기보고할 때 산출하는 것이 의미 있는 경우를 다루었다. 이때에 선택되는 정보 혹은 분할은 다른 정보원천, 여기에서는 자기보고가 기업에게 말하는 내용에 의존한다. 간단히 말해, 인식 규칙은 '$\hat{\eta}_s$와 연관되는 η_s'를 계속 규정 한다. 추가된 특징은 조건부 전환인데, 이는 알려진 혹은 관찰된 내용을 조건으로 한다.

2.4.3 내생적 보수주의

전형적 회계시스템은 본질적으로 보수적임을 우리는 잘 알고 있다. 이는 불리한 사건을 조기에 공격적으로 인식하여, 결과적으로 순자산과 회계이익을 극소화하는 경향을 보인다. 재고는 일반적으로 저가법으로 평가되고, 영업권과 인적 자본은 의문스럽고, 수익은 영업 활동 주기에서 늦게까지 인식되지 않고, 연구개발비는 공격적으로 비용처리 되는 등등이다. 시장가격 대 장부가치 비율은 전형적으로 1보다 크다. 이들은 일종의 신중함(prudence)이라 할 수 있는데, 신중함은 어디에나 존재하며, 극단적으로 우리는 모든 손실은 예상하지만 이익은 예상하지 않는다는 냉소적 표현을 한다.

보수주의는 흔히 개인적 성격(회계 분야 훈련을 받은 사람의 성격은 본질적으로 보수적이다.)과 법적 의무(legal liability)에 의해 설명된다. 보고 기업과 감사인은 재무제표가 지나치게 낙관적인 경우 법적 의무에 노출되므로, 자연히 혹은 불가피하게, 재무기록에 낙관주의가 없도록 반응한다. 이러한 요인들이 존재하는 것은 사실이지만, 그렇다면 법적 의무는 처음에 어디에서 온 것인지를 묻지 않을 수 없다.

조건부 인식과 스케일링 또한 작용한다. 경영자가 자기보고를 요구받고 또 경영자가 아는 내용에 대해 잡음이 있는 가블링 형태의 정보를 비용을 들여서 산출할 수 있으면, 경영자가 좋은 뉴스를 보고할 때에만 이 추가 정보를 산출하는 것이 유리하다. 나쁜 뉴스에 대해서는 의심 없이 수용하고, 좋은 뉴스에 대해서는 그 진실성 검증을 시도한다면, 이는 좋은 뉴스에 대한 편의(bias)를 의미한다.

이제 이 세 번째 정보원천을 회계시스템이라고 생각하자. 즉, 이 회계시스템은 감사받으며, 비용이 수반된다. 또 경영자가 아는 모든 것을 검증하는 것은 곤란하다(이 점 때문에 앞에서 경영자가 아는 바를 가블링한다고 가정했다.). 나쁜 뉴스는 바로 인정되지만, 좋은 뉴스는 도전받고, 감사인의 (잡음이 있는) 도전을 견뎌 냈을 때에만 공식적 기록으로 인정된다.

재고가 존재한다고 하자. 그러면 재고의 평가가 중요해진다. 예를 들어, 재고는 궁극적으로 50 혹은 100의 순수익(판매가격에서 다음 기간의 추가비용을 차감)을 반반의 확률로 발생시킨다고 해 보자. 첫 기말의 회계 원가는 70이다(추가 인건비는 두 번째 기간에 발생하며, 재고자산 평가는 전체 원가 y_1의 영향을 받지 않는다.).

이제 두 번째와 세 번째 원천을 설정하는 데, 세 번째는 두 번째의 가블링이다. 그러나 우리는 이 정보를 재고자산 평가와 연결시킨다. 확률분포는 〈도표 9-13〉과 같다. y_2는 식 (3)을 그리고 y_3는 식 (4)를 주장한다. 여기에서 y_1이 표시되지 않는 이유는 두 번째 기간 말에 도달하며, 첫 기간 말에 이루어지는 재고평가와 관련이 없기 때문이다.

〈도표 9-13〉 재고 사례의 확률

순판매가격	$y=(y_2, y_3)$			
	(g, g)	(g, b)	(b, g)	(b, b)
100	.28	.12	.03	.07
50	.07	.03	.12	.28

〈도표 9-14〉 여러 정보원천을 조건으로 한 평가

	$y=(y_2, y_3)$				
평가 방법	(g, g)	(g, b)	(b, g)	(b, b)	$E[net]$
역사적 원가	70	70	70	70	70
모든 정보 하에서 시가	90	90	60	60	75
두 번째 원천(y_3)에서 '시가'	81	69	81	69	75
모든 정보 하에서 저가법	70	70	60	60	65
두 번째 원천 조건부 저가법	70	69	60	60	64.85
두 번째 원천 조건부 순실현가능가치	81	69	60	60	68.7

어떤 정보도 도달하지 않을 때의 순수익의 기대값 $E[net]$=75이다. $y_2=g$라면, 기대값 $E[net|y_2=g]$=90으로 상향 조정되고, 나쁜 뉴스인 때라면 $E[net|y_2=b]$=60으로 하향 조정된다. 더욱이 y_3는 y_2의 가블링이므로, y_2에 y_3를 추가해도, 이 조건부 평가는 수정되지 않는다. 또한 가블된 원천만 사용한다면 수정된 기대값은 $E[net|y_3=g]$=81, $E[net|y_3=b]$=69이다.

이제 회계기술을 적용해 보자. 여러 가지 평가방법이 〈도표 9-14〉에 표시되어 있다. 처음 방법은 역사적 원가로 이미 알고 있는 것, 혹은 알 수 있는 것에도 불구하고 즉 y_2, y_2와 무관하게 회계 원가 70으로 평가한다.

두 번째는 시장기준 순실현가능가치이다. 즉 모든 정보가 이용 가능할 때, 재고를 기대값으로 평가한다. 세 번째는 시장가치이지만, 열등한 정보 y_3를 전제로 한다.

다음으로는 저가법인데, 여기에서 시가는 모든 이용 가능한 정보를 사용하는 두 번째 시가이다. 그 다음으로 수정된 저가법으로 조건부 인식에 의존한다. 만일 y_2가 나쁜 뉴스를 발표하면, 즉 시장가치 60이면, 이 추정은 인정된다. 재고는 60으로 낮게 기록된다. 두 번째 원천이 좋은 뉴스를 발표하면, 이는 회계시스템에서 도전 받는다. 예를 들어 80이라는 가치는 인정되지 않는다. 다음에는 회계원천은 y_3 원천에 접근하여 가치추정을 위해 그 보고를 사용한다. 만일 $y_3=g$가 관찰되면, 즉 두 번째 원천이 첫 번째 원천을 확인하면, $E[net|y_3=g]=81$이 된다. 그러나 확인되지 않으면, $E[net|y_3=b]=69$이다. 따라서 재고는 감액 기록된다. 이러한 보수주의 평가는 사전적 원천에 대한 조건부 도전과 감사 원천에 의존된 것임에 유의하라.

마지막의 경우는 두 번째 원천을 전제로 한 순실현가능가치의 경우이다. 여기에서는 y_2 원천이 나쁜 뉴스이면 인정하고, 좋은 뉴스이면 도전한다. 도전되는 경우에는 오직 y_3 정보만 회계평가에 영향을 준다. 다시 한번 우리는 보수주의 회계평가의 패턴을 개발하면서 조건부 인식의 힘을 본다.

저가법이 하향 편의를 갖는 '평균적' 가치평가(〈도표 9-14〉의 $E[net]$ 행)를 제공함에 유의하라. 가치평가의 변동성이 영향을 받는 것은 분명하다.

〈도표 9-14〉를 다시 살펴보자. 원가가 높든 혹은 낮든 상관없이 (b, g), (b, b)는 구분할 필요가 없고, (g, g)와 (g, b)는 구분할 필요가 있다.

물론 정보내용 주제를 잊어서는 안 된다. 〈도표 9-14〉의 각 평가방법은 사건 분할의 유형을 제공한다. 상태 분할에 경영자 행동을 혼합하면, 정보내용을 정확하게 알려준다. 앞에서 강조한 바처럼, 다른 원천으로부터의 정보는 정보내용을 확인하는 데 결정적이다. 회계시스템의 인식 규칙은 기업의 정보환경을 주의 깊게 가공하여 고안해 낸 반응이다. 그 궁극적 결과는 본 절에서 분석한 세 유형의 정보원천, 즉 엄격한 증거(현금흐름), 경영자 보고, 감사받은 발생을 혼합한 것이다. 감사인 관점은 조건부 인식을 도입하게 하고, 조건부 인식은 자연스럽게 보수주의 등장으로 연결되지만, 정보내용이라는 주제는 가장 중요하다.

2.5 요약

지금까지 정보내용 관점에서의 인식 개념을 검토하였다. 맨 처음 제1절에서, 우리는 인식을 기업이 알고 있는 혹은 알 수 있는 모든 것의 특정 부분 집합을 회계기록에 포함시키는 선택으로 간주하였다. 기업은 즉각 현금으로 대금을 지급하는 고객에게 제품 한 단위를 지금 판매하였음을 안다. 이는 즉각적으로 회계기록에 포함된다. 보고 규제는 특정 증권이 공정가치로 보고되도록 요구한다. 기업이 이 증권의 공정가치를 아직 모른다면, 기업은 이를 발견하여 회계기록해야 한다. 기업은 주요 고객으로부터 중요한 주문을 받았다. 대금이 수령되지 않았으므로, 이 주문은 회계기록되지 않는다. 기업의 제품설계 책임자가 이사회에 흥미 있는 제품 설계안을 제시하였다. 이사회는 시제품을 만들고 시장조사를 하기로 즉각 결정하였다. 이 개발은 중요하고, 또 흥미도 있지만, 지금 단계에서는 회계기록을 하지 않는다.

두 번째 단계는 회계채널의 비교우위를 검토하는 것이다. 회계는 잘 방어되고 조작이 어려운 정보를 전달하기 위해, 가치평가의 언어와 계산을 사용한다. 따라서 제2절에서는 회계채널의 본질적 정보는 발생에 의해 전달되며, 이 발생은 일반적으로 감사를 받는다. 이는 감사인의 검열을 통과해야 한다. 이는 기업이 아는 바로부터 회계시스템에 기록되는 것에로의 사상이 제한받음을 의미한다. 실제로 감사인이 감사하기 아주 곤란한 경우, 기업이 아는 바의 일부는 회계기록에서 빠진다.

세 번째 단계에서, 조건부 인식은 인식 정책의 일부 주요 측면을 보여준다. 기업은 주위 환경과 관계없이 다양한 관찰들을 기록하는 정책을 설계하지 않는다. 우발채무는 기준 검증을 통과하고, 또 합리적으로 방어할 수 있는 추정을 추가정보가 제공할 때에만 기록된다. 저가법은 시가가 원가보다 낮은 때에만 시가를 기록한다. 따라서 우리는 주위 환경에 의해 결정되는 추가정보를 찾고, 그 정보로부터 배운 내용이 있을 때, 그를 조건부로 인식하는 사고를 강조한다.

그럼에도 인식 정책의 선택은 간단하지 않다. 이미 아는 바와 같이, 가치평가 관점에서의 정보내용과 계약 관점에서의 정보내용은 같지 않다.

이와 관련되는 것은 인식 정책에 어떤 재량을 주는 것, 즉 의도적으로 여유를 주는 것이다. 이는 회계채널의 성실성이 보호되는 또 다른 방법이다. 이는 다음 장의 주제이다.

제10장

이익관리

경영자가 진실하게 재무보고를 하는가, 즉 이익관리 여부에 대해서는 21세기 초 겪은 경제위기를 통해 관심이 더 커지고 있다. 경영자는 여러 가지 이유로 회계기준에서 허용하는 재량을 이용하여, 자신이 원하는 회계수치를 보고하려 할 수 있다. 계약 관점의 이론에서는 재량을 이용하여 경제적으로 효율적인 재무보고를 하든가, 혹은 경영자가 기회주의적으로 다른 정보 이용자의 이익을 침해하면서 경영자 자신의 이익을 추구할 수 있다고 본다.

일반적으로 회계재량에는 자발적 공시, 경영자 이익예측, 회계방법 변경, 발생주의 등이 사용된다. 여기에서는 주로 발생주의에 의한 이익관리를 검토한다. 발생주의는 현금흐름에 비해 미래 기업 가치를 예측하는 데 필요한 지속적 부분을 높임으로써, 경제적으로 효율적인 역할을 한다. 또한 보수주의를 통해 신속하게 손실 정보를 전달하여 채권자의 이익을 보호하기도 하는 등 유익한 측면이 있다. 그러나 경영자 혹은 기존 주주의 이익을 높이기 위해, 다른 이용자들에게 손해를 끼칠 수도 있다.

회계이론의 여러 관점들은 이익관리 주제에 있어서도 차이를 보인다. 가치평가 접근에서는 특정 발생항목이 신호 전달 효과를 갖는다고 본다. 계약 관점에서는 이익관리의 효율적인 측면과 기회주의적인 측면을 함께 주장한다. 재량적 발생, 기준치 일치(meet or beat) 연구 등의 경험적 연구가 있다. 정보내용 관점에서는 이익관리가 해롭다면 합리적인 당사자들이 이익관리를 방지하는 보상계약을 설계할 수 있으며, 회계는 그 과정에서 합리적인 역할을 한다고 본다.

제1절에서 이익관리에 관해 정의, 관점, 유형, 동기 등을 개략적으로 검토한 후, 2절에서는 가치평가 관점, 3절에서는 계약 관점에서의 경험적 연구와 이론적 연구를 검토한다. 그리고 4절에서는 정보내용 관점에서의 이론적인 연구를 살펴본다.

제1절 개요

1.1 이익관리의 정의

경영자는 재무보고 과정에서 많은 재량과 판단을 행사한다. 경영자 재량은 (1) 경영자 예측, (2) 이익발표, (3) 회계방법, (4) 재량적 발생 등을 통해 이루어진다. 경영자는 재량을 행사하여 의도적으로 이익을 조정할 수 있다. 이를 이익관리(earnings management)라고 부른다.

이익관리를 이해하기 위해서는 다음 측면을 고려해야 한다. 첫째, 이익관리의 수단에는 회계방법 뿐 아니라 재무, 투자, 판매정책 등의 실제 경영활동도 포함된다. 따라서 정상적인 회계방법 혹은 경영활동과 이익관리를 위한 의도적인 선택행동은 서로 구분해야 한다.

둘째, 이익관리의 효과는 유익할 수도 있고 해로울 수도 있다. 이익관리의 효과는 경제적으로 효율적이거나 혹은 기회주의적이다. 경제적으로 효율적인 경우에는 재무보고를 하는 경영자와 재무보고 이용자(투자자, 계약 당사자, 규제자) 모두에게 이익관리가 유익하고, 기회주의적인 경우에는 경영자가 이용자들의 손해를 통해 이익을 얻는다. 전통적인 이익관리 유형인 이익 유연화(income smoothing)는 경영자와 주주 모두에게 이롭다고 간주된다.

셋째, 회계의 관점에 따라 이익관리에 대한 이해는 달라진다. 경제적 이익 관점(측정 관점)에서는 경제적 이익과 차이가 나도록 회계이익을 의도적으로 표시하면 이익관리이지만, 정보 관점에서는 정보를 전달하기 위해 경제적 이익과 차이가 나게 이익을 보고한다. 따라서 경제적 이익의 차이는 관점에 따라 이익관리일 수도 있고 아닐 수도 있다.[1]

Ronen and Yaari(2008)는 이 세 가지 요점을 함께 고려하여 이익관리를 다음과 같이 정

1 Schipper, Commentary on Earnings management, Accounting Horizons, Dec., 1989.

의한다.[2] 이익관리란 경영자가 알고 있는 단기적이고 가치를 극대화하는 진실이익을 보고하지 않는 제반 경영 결정을 말한다. 이익관리는 그것이 장기적 가치를 신호하면 유익하고, 단기 혹은 장기적 가치를 은폐하면 해로우며, 단기적 진실성과를 표현하면 중립적이다. 이익관리는 이익이 실현되기 이전에는 생산/투자 활동을 통하여, 혹은 진실이익이 실현된 이후에는 이익수치와 그 해석에 영향을 주는 회계선택에 따른 결과이다.[3]

이 정의는 객관적이고 중립적이며, 단기적 가치 극대화 이익수치(단기 진실이익)가 존재한다고 전제한다. 이 전제는 두 가지 이점을 갖는다. 첫째, 이익을 증가시키는 이익관리 활동과 감소시키는 이익관리 활동을 구분해 준다. 전자의 관리활동은 진실이익보다 높은 이익을, 후자의 관리활동은 낮은 이익을 보고한다. 둘째, 이 전제는 단기 진실이익이 장기 진실이익을 흐리게 할 수 있다는 점을 보여 준다.[4]

이익관리 특히 해로운 이익관리에 대해서는 규제기관, 언론, 학계, 실무계 등에서 많은 관심을 갖는다. 특히 21세기 초 IT 버블에서 나타난 Enron, WorldCom 등의 부실회계 사례를 통해 이익관리는 주목을 받게 된다. 그러나 이익관리가 많은 기업들에서 일상적으로 이루어지는지 여부에 관한 증거를 학술적으로 확인하는 것은 매우 어렵다. 왜냐하면 이익관리는 경영자의 의도가 중요한데 주관적 의도의 존재 여부를 객관적으로 확인하는 것은 어렵기 때문이다. 또한 회계를 보는 관점에 따라 이익관리 여부 자체가 반대로 해석될 수도 있다.[5]

1.2 이익관리의 동기와 유형

이익관리 연구에서는 이익관리의 동기가 중요하다. 동기의 존재는 의도의 존재를 밝혀 줄 수 있기 때문이다. 경영자가 재량을 행사하는 동기로는 (1) 자본시장, (2) 계약, (3) 과세, (4) 규제가 손꼽힌다. 예를 들어 신규주식상장의 경우에는 이익관리의 자본시장 동기가 존재할

2 J. Ronen and V. Yaari, Earnings Management, Springer, 2008, pp.27-28.

3 Schipper(1989)는 어떤 개인적 이득을 얻으려는 의도를 가지고, 외부 재무보고 과정에 고의적으로 개입한다(반대로 말하자면, 중립적으로 과정을 운영하지 않는다)는 의미에서의 '공시관리'를 '이익관리'라고 정의한다. 이 정의는 외부보고 기능에만 논의를 국한시킨다. 예를 들어 관리회계 보고 혹은 GAAP에 영향을 주거나 변경하려는 활동(예: FASB에 대한 로비) 등은 포함하지 않으며, 또한 어떤 특정의 이익개념에도 의존하지 않는다.

4 예를 들어, 기업의 지속적 이익이 ₩10,000인데, 기업제품에 대한 1회적 수요급등으로 인해 이번 분기 이익이 ₩15,000으로 상승했다고 하면, 이 경우 단기적 진실이익이 장기적 진실이익과 분명 차이가 있음을 알 수 있다.

5 앞에서 언급한 Schipper(1989)를 참고하라.

수 있다.

이익관리의 유형은 (1) 이익 유연화, (2) 이익 극대화, (3) 이익 극소화로 분류된다.[6] 이익 유연화는 전통적인 이익관리 형태이다. Healy는 경영자 보상계획의 내용을 분석하고 보상이 이익의 크기에 따라 상한과 하한을 갖는다는 점에 주목한다. 이익이 보상의 하한보다 낮으면 경영자는 보상을 받지 못한다. 이 경우 경영자는 미래 예상 손실도 모두 미리 당기에 처리하여 다음 기에 보상을 받을 확률을 높이려 한다. 이로 인해 이익은 극소화('big bath')된다. 이익이 커서 보상의 상한을 넘는 경우도 마찬가지이다. 상한과 하한 사이에서는 이익 극대화가 이루어진다.

1.3 회계 관점과 이익관리

회계이론의 관점에 따라 경영자 재량에 관한 이해와 설명도 달라진다. 가치평가 관점에서는 자본시장에서 금융산업의 재량적 발생항목을 연구하여 발생항목도 정보내용을 갖는다는 점을 규명한다. 이는 효율적 관점 즉 이로운 이익관리에 해당한다.

계약관점에서 재량은 특히 중요하다. 경영자의 회계선택은 재량에 의해 이루어지기 때문이다. Watts and Zimmerman(1986)은 인정된 회계절차 집합 안에서의 회계선택에 관한 가설을 경제적 효율성 형태와 기회주의적 형태로 표현한다. 예를 들어 부채계약에서 추가약정은 회계수치를 기준으로 경영자 행동을 감시하고 규율한다. 부채비율이 높은 기업의 경영자는 회계이익을 높이는 방법을 선택한다. 그 결과 채권자는 손해를 볼 수도 있고 또 이익을 볼 수도 있다. 계약은 일반적으로 미완성적인데, 모든 불확실성을 계약에 포함시킬 수 없기 때문에 재량의 허용은 채권자와 채무자의 파산비용을 줄이는 효과를 가질 수 있다. 물론 기준을 회피함으로써 채무자는 이익을 보고, 반면 채권자는 손실을 입을 수 있다. 회계선택의 이러한 양면성 때문에 계약 관점의 이론은 효율적 계약이론과 이익관리로 나누어 설명되기도 한다.[7]

자본시장에서 이익관리의 증거를 찾는 데 있어, 계약관점에서는 총발생에서 비재량적 발

6 Ronen and Yarri(2008)에서는 진실 보고도 이익관리의 한 유형으로 본다. 즉, 진실 보고의 동기가 있을 때 진실 보고가 이루어진다고 본다. 이렇게 보면 이익관리 연구는 회계연구와 동일한 범위를 갖게 된다.

7 Ronen and Yarri(2008)에서는 회계이론을 비용이 드는 계약 접근, 의사결정 접근, 법적-정치적 접근으로 분류한다. Scott(2015)는 효율적 계약이론과 이익관리로 구분한 후, 이익관리는 다시 이로운 이익관리와 해로운 이익관리로 나누고 있다.

생 부분을 뺀 재량적 발생과 기준점 일치를 조사한다.

가치평가 관점이나 회계선택 이론에서는 주로 경험적 조사방법을 사용하여 재량과 이익관리를 연구한다. 이익관리는 대리이론을 통해 이론적으로도 분석된다. Lambert(2001)는 정보비대칭 조건에서 현시원칙이 적용되지 않으면 비진실 보고(즉, 이익관리)가 균형일 수 있다고 설명한다. 이러한 상황으로는 (1) 정보소통(communiction)의 불가능, (2) 계약(contract)의 불완전성, (3) 약속(commitment)의 미이행 등이 있다.

Christensen and Demski(2003)는 발생주의 처리(기간 간 발생과 기간 내 발생)에서의 경영자 재량 행사를 이익관리로 설명한다. 주주(즉 대리관계의 본인)가 합리적이라면, 주주는 경영자의 이익관리 방식을 예상하고 전략적으로 이용하여 양자가 모두 Pareto 최적인 균형을 이룰 수 있다. 기간 간 발생, 예를 들어 수익인식의 기간 귀속 재량을 통해, 경영자는 불완전한 보상계약을 회피할 수 있다. 또한 기간 내 발생, 즉 이전가격 결정, 원가배분을 통해 한 경영자의 다부문 관리 혹은 다수 부문 경영자 사이의 경쟁과 협력, 조정 등이 가능해진다. 아울러 회계 원가배분 방식은 계약목적 뿐 아니라 가치평가 상황에서도 효율적임을 보여준다.

이 장에서는 이익관리의 정의, 동기, 유형, 효과, 경험적 조사 및 이론적 분석방법에 관해 각 이론 관점별로 검토한다.

제2절 가치평가 관점

2.1 재량적 회계선택과 이익관리

회계수치에 관한 재량 행위는 재무보고의 중요한 주제이다. 경영자는 회계수치에 대한 재량을 행사함으로써 재무제표의 질을 개선할 수도 혹은 저하시킬 수도 있다. 대표적인 재량 행위로는 이익예측, 자발적 공시, 회계방법 선택, 발생의 추정 등이 포함된다.[8] 특히 발생의 관리는 흔히 이익관리로 알려진 분야로서 그동안 많은 연구들이 이 주제에 집중하였다. 가치평

8 Schipper(1989), McNicholes(2000)는 회계자료에 관한 재량 행위, 이익관리 등에 관한 관점과 연구들을 검토 및 정리하고 있다.

가 관점에서는 발생 회계를 재무보고 시스템의 핵심부분이라고 본다(Beaver 2002, 2015). 따라서 재량 행위는 재무보고 시스템의 효과성에도 영향을 미친다.

경영자가 발생을 관리하는 동기는 크게 **기회주의적 동기**와 **신호전달 동기**의 두 가지로 구분될 수 있다. 이러한 관리의 여지가 존재하는 이유는 회계기준에서 허용하는 추정과 판단이 명확하거나 구체적이지 않은 경우가 많기 때문이다(Beaver 2015).[9]

전통적 관점에서는 재량 행위에 의해 누군가가 '속는다'고 가정하였다. 그러나 다른 관점에 따르면, 재량 행위는 경영자가 재량 행위를 할 것으로 기대되는 미완성 시장에서 다기간 계약에 따라 나타나는 자연스러운 결과라고 간주되며, 그 동기는 보상계약, 부채계약, 자본시장에서의 가치평가, 세금, 소송이나 규제에 대한 고려 등과 같이 다양하다고 본다(Watts and Zimmerman, 1986; Beaver and Engel, 1996). 이러한 동기들은 서로 보완 혹은 상쇄하는 방식으로 작용될 수 있으며, 그 결과 원래의 동기를 분리하기는 쉽지 않다(Healy and Wahlen, 1999).

가치평가 관점의 많은 학자들은 재량 행위가 보통주의 시장가치에 미치는 효과에 관심을 집중한다. 회계수치의 재량 요소가 갖는 가격결정 효과는 재량 행위와 관련되는 동기이면서 또 결과이다. 가치평가 관점에서는 재량 행위의 가치평가 관련 증거가 그 자체로 중요한 의미를 갖는다고 본다. 그 이유는 관련 증거는 주가가 재량 행위의 영향을 받는지 여부를 보여주고 나아가서 규제당국 등 다른 당사자들도 그러한 구분을 하고 있는지 여부에 관한 간접적 증거도 보여주기 때문이다(Beaver, 1998).

2.2 이익관리에 관한 경험적 증거

경영자들의 재량 행사와 관련되는 이익관리에 대한 경험적 연구에는 크게 세 가지 접근이 존재한다. 즉, 재량적 발생에 관한 일반모형(Healy; 1985; Jones, 1991), 보고이익 분포의 비연속성에 관한 검증(Burgstahler and Dichev, 1997), 특정 계정 중심 재량행위 모형(McNicholes and Wilson, 1988; Petroni, 1992; Beatty et al., 2000) 등 세 접근이 있으며, 이들의 결합모형(Beaver, McNicholes et al., 2000)도 있다.[10] 가치평가 접근은 **특정 계정 중심 재량** 또는 **결합 모형**

9 예를 들어 SFAS 5호에서는 수취채권과 대여금의 손실이 발생가능하고 합리적으로 추정 가능하면 손실의 추정을 요구한다. 이 기준과 그 해석서들은 측정방법에 관한 일반 지침과 최소한의 공시수준만을 규정한다. 따라서 경영자는 최소 금액 이상이라면 그 금액을 재량적으로 자발적 공시를 할 수 있다.

10 재량적 발생항목에 대한 대부분의 검증모형들은 그 설명력이 높지 못하다(Dechow et al., 1995). 그러나 경험적으

에 관심을 갖고 나머지는 계약 관점에서 연구한다.

가치평가 접근에서의 재량적 발생(그리고 그에 따른 이익관리)에 관한 연구들은 대부분 은행산업의 대출손실준비금(loan loss reserves) 혹은 대출손실충당금(allowances for loan loss)이나 손해보험업계(property and casualty insurance)의 책임손실준비금(policy loss reserves)에 관한 경영자 재량을 조사한다.[11] 대출손실준비금은 은행의 보통주 지분에서 높은 비중을 차지한다. GAAP에서 대출손실충당금을 정의하는 부분과 대출손실의 추정과 관련된 불확실성 부분 때문에, 이 충당금들은 재량 행위의 대표적 본보기로 알려져 있다. 이 기준에서 사용하는 소위 '발생 가능하고 합리적으로 추정 가능한(probable and reasonably estimable)'이라는 표현의 의미는 매우 모호하며, 또 그 해석과 실무에서 많은 차이를 초래한다.

Moyer(1990)는 은행 경영자들이, 규제당국이나 입법자들이 설정한 어떤 회계측정치가 최소기준 이하로 떨어질 경우 부담하게 될 규제비용을 감소시키기 위해, 그 회계 측정치에 대해 조정하는지 여부를 조사하였다.[12] 이러한 대표적인 회계 측정치는 본원적 자본적합률(primary capital adequacy ratio, PCAR)이다.[13] 은행 경영자들은 대출손실충당금을 증가시키는 조정을 함으로써, 혹은 불량채권상각을 감소시키는 조정을 함으로써 PCAR을 높일 수 있다. 검증결과는 이 점을 지지한다.[14]

Collins, Shackelford, and Wahlen(1995)은 은행산업에서 규제받고 있는 자본조달 결정

로 이 모형들은 대부분 이익관리가 존재함을 관찰하고 있으며, 이러한 관리의 구체적인 형태들은 연구자들은 물론 시장에 의해서도 확인되고 있다.

11 이 이유에 관해 Beaver(2015)는 특정 분야 연구(sector-specific studies)가 재무보고나 발생과정의 본질에 관해 진면목을 보여준다고 설명한다.

12 은행의 순이익은 이자수익, 수수료수익, 유가증권 손익 등에서 이자비용, 영업비용, 대출손실충당금 및 법인세 등을 차감하여 산출된다. 일반적인 경우 은행 경영자들이 이자수익이나 이자비용, 수수료수익이나 영업비용 등을 기말에 와서 급격하게 변동시키지는 않는다. 즉, 이 항목들은 기말시점에 조정 가능한 항목으로 간주되지 않는다. 이에 비해 유가증권 손익은 비교적 손쉽게 기말 조정이 가능한 항목이다. 또한 SFAS No.5에 따라 대출손실충당금 역시 조정 가능한 항목이며, 불량채권상각(loan charge-offs) 역시 조정가능 항목으로 분류한다.

13 이들의 모형에 따른 조정전 본원적 자본적합률($PVAR_{BA}$)은 다음과 같이 표현된다.

$PVAR_{BA} = \{\text{주주지분 + 대출손실충당금}\} / \text{총자산} = \{SE + LLA\} / GA$

여기서 대출손실충당금전입액, 불량채권상각 및 유가증권손익에 대한 조정을 각각 ΔLLP, ΔLCO, ΔSGO , 대출손실충당금전입액과 유가증권손익이 당기순이익에 비치는 유효세율을 τ라고 하면, 조정후 본원적 자본적합률 $PVAR_{AA}$은 다음과 같이 표현된다.

$$PVAR_{AA} = \{ SE + LLA + \tau\Delta LLP - \Delta LCO + (1-\tau)\Delta SGL\} / \{ GA - \Delta LCO + (1-\tau)\Delta SGL\}$$

14 이들은 이 조사와 함께, 경영자들이 수익이 비경상적으로 증가할 경우 부담하게 될 정치적 비용을 감소시키기 위해 회계 조정을 할 것이라는 정치적 민감성 가설을 검증하고 있다. 검증결과는 가설을 지지하지 않는 것으로 나타났다.

들이 재무보고나 세금목적에서 조정되는지를 조사하였다. 구체적으로 자본, 이익 및 세금의 크기 변화가 자본조달 방법(유가증권처분손익, 대출손실충당금 전입액, 불량채권상각, 후순위채권, 보통주, 우선주, 배당)에 영향을 미치는지를 조사하였다. 검증결과 이익이나 자본의 관리 동기에 따른 재량적 행동의 증거는 충분하지만, 세금문제로 인한 증거는 작은 것으로 나타났다. 이러한 증거의 차이는 이 세 가지 영역에 대한 은행들의 대응 능력과 선호정도가 동질적이지 않음을 보여준다.[15]

Beatty, Chamberlain, and Magliolo(1995)는 은행들이 본원적 자본(자본적합률), 세금, 목표이익을 달성하기 위한 거래의 시기, 크기 및 발생을 관리하는지 조사하였다. 당시의 연구들이 거래결정이나 발생조정을 할 때 다른 모든 의사결정들은 고정되어 있다고 가정했던 데 비해, 이들은 이러한 결정들이 동시에 결정되는 연립방정식 체계를 사용한다. 이들은 은행 경영자들이 본원적 자본(자본적합률), 세금, 목표이익으로부터의 이탈로 인한 복합적 비용을 최소하고자 하며, 다섯 가지 항목(대출손실충당금전입액, 불량채권상각, 연금청산거래, 투자유가증권의 매각이나 실물자산의 처분에 따른 손익, 신주발행)에 대한 재량 행사에 따른 비용도 최소화 한다고 보았다. 검증결과는 대출손실 충당금 전입액 계정과 불량채권상각 계정에서 재량 행위가 나타났지만 자본관리 목적의 재량 행위에 따른 손익이나 신주발행과는 반대효과를 보여준다. 이는 경영자들의 발생결정이 자본모집 활동들 사이에서 복합적으로 작용한다는 점을 보여준다.[16]

Beaver, Egar, Ryan, and Wolfson(1989)은 미이행 자산(nonperforming assets)[17] 때문에 보통주의 시장가치 대 장부가치(Market-to-Book Value)의 비율(BTM의 역수)이 은행들 간에 차이가 난다고 보았다. 검증결과 미이행자산 변수는 대출손실 충당금을 감안하더라도 유의적이게 나타났다. 이 결과에 대해 이들은, 대출손실충당금의 추가계상이 이익이나 순자산 및 자산 등을 낮추어 재무제표에 역효과를 보이지만 시장이 이를 긍정적으로 평가하는 증거라고 해석한다. 즉 이 충당금에 대한 경영자들의 재량적 계상은 미래 수익력에 대한 우호적 개인정보를 전달하는 수단이다.

15 이러한 차이는 은행산업에서 생산함수 상의 차이는 물론이고, 그 규모나 성장성, 수익성 등에서도 차이가 있기 때문에 나타난다.

16 또한 발생결정, 투자결정 및 재무결정은 상호 독립적이 아니고, 이는 계약 및 감시비용 감소를 위한 회계시스템의 역할에만 집중하는 것은 다른 중요한 관련변수들을 고려하지 못할 가능성을 보여준다고 이들은 주장한다.

17 은행이 보유하고 있는 자산들 중 미이행자산 혹은 미이행대출채권(nonperforming loans)이란 대출채권 중 만기가 도래하였음에도 이자나 원금회수가 이루어지지 못하고 있는 불량채권을 말한다.

사건연구(event study) 설계를 통해서도 이 현상을 조사하였다. Griffin and Wallach(1991), Elliot, Hanna and Shaw(1991)는 1987년 브라질의 대출금 지불포기 선언(moratorium)으로 인해 촉발된 미국의 금융위기 사태에서, 대규모 해외대출을 보유 중인 13개 미국 은행들의 해외 비발생 대출금(foreign nonaccrual loans) 규모변경 발표와 대출손실충당금의 추가계상 발표가 해당 은행들의 주가에 어떤 영향을 미치는지를 사건연구 방법으로 살펴보았다. 그들은 중대한 경제적 및 정치적 상황에 대응하는 발생회계 결정이 효과를 갖는지 여부를 확인하고자 하였다. 조사 결과, 비발생 대출금 변경에 대해서는 시장이 부정적 반응을 보인 반면, 대출손실충당금의 비기대 증가는 발표 시점에서 양의 시장반응을 보인 것으로 나타났다. 이는 은행들의 추가계상 행동을 시장에서 국제금융위기에 대한 은행들의 적극적 해결 의지와 능력의 긍정적 신호로 받아들인 결과로 여겨진다.

은행의 대출손실 공시연구에서 주가와 대출손실충당금전입액은 양의 시장 관련성을 보여준다. 이 점에 관해 Wahlen(1994)은 이 전입액이 결국 미래 대출손실의 예상 비용이라는 점을 감안하면, 양의 시장반응은 이해하기 곤란하다고 보았다. 그는 대출손실충당금 계정의 비기대 증가는 신호역할을 하여, 경영자의 개인정보를 전달하고 시장은 이를 '호재(good news)'로 해석하여 양의 주가반응을 보인 것이라고 추측한다. 그는 은행의 실패 위험이 세 가지 항목, 즉 미이행 대출채권, 대출손실충당금 전입액 및 불량채권상각 계정과 관련을 갖는다고 보고, 이 세 가지 항목 관련 공시가 은행의 미래 현금흐름에 관한 정보에 미치는 영향을 분석한 후 이 정보를 투자자들이 주가에 어떻게 반영하는지를 조사하였다.[18] 조사결과 은행 경영자들은 미래 현금흐름 전망이 개선될 때에만 비기대 대출손실충당금 전입액 중 재량적 구성부분을 증가시키는 것으로 나타났다. 특히, 이 충당금 전입액의 비기대 부분이 미래 재량전 이익(future prediscretionary earnings)과 양의 상관관계를 갖는데, 이는 **신호전달 관점**과 일치한다. 이러한 결과는 은행 경영자들의 이익관리와 자본시장에 미치는 그 영향에 관한 증거를 보여준다.

나아가서 Wahlen(1994)을 포함한 많은 연구들이 대출손실충당금전입액과 주가반응 사이의 양의 상관관계를 보이고 있는데, 이러한 결과는 특히 재무적으로 취약한 은행들이 주로 4분기에 보이는 현상임을 Liu, Ryan and Wahlen(1997)은 분기수익률을 사용하여 확인하

18 이들의 연구에서, 미이행대출채권은 이자와 원금의 지불 만기가 90일을 초과한 연체대출들을 말하며, 재무제표에 보충적으로 공시된다. 대출손실충당금전입액은 손익계산서에 당기에 발생한 비용으로 보고되고 기대 미래 대출손실액의 당기 증가액을 나타낸다. 불량채권상각 계정은 기간 중 회수불능으로 판명된 모든 대출채권을 나타낸다.

고 있다.[19]

Beaver and Engel(1996)은 은행의 가장 주된 재량 항목인 대출손실충당금에 대해 자본시장이 이를 재량적 구성부분과 비재량적 구성부분으로 구분하여 두 구성요소에 대한 가격을 다르게 평가하는 것처럼 주가가 움직이는 것을 발견하였다. 이들은 두 단계 접근법을 사용하여, 먼저 이 충당금 계정을 재량적 구성부분과 비재량적 구성부분으로 분해하고, 다음 단계로 각 구성부분의 추정치들에 대한 시장의 가치평가 정도를 살펴보았다. 이들은 비재량적 구성부분을 잠재적 대출손실을 반영하는 미이행 자산과 불량채권상각 등 몇 가지 정보변수를 이용하여 추정한다. 재량적 구성부분은 대출손실충당금 총액과 비재량적 구성요소 추정치와의 차액으로 추정하는데, 이 차액은 다양한 재량 행위 동기에 따라 경영자가 대출손실충당금을 추가적으로 조정한 부분이다. 검증결과에 따르면, 비재량적 요소는 시장에서 부정적으로 가격이 평가되나, 재량적 요소는 가격결정 계수의 증분크기가 양으로 나타난다. 이를 통해 재량적 요소가 시장에서 덜 부정적으로 가격을 결정함을 보여준다.

손해보험업계의 책임손실준비금은 이익관리와 관련이 큰 것으로 조사되고 있다. Beaver and McNicholes(2001)에 따르면, 표본 회사들의 주가는 마치 책임손실준비금의 예측가능성을 충분히 반영하는 것처럼 나타나고 있다. 즉, 이들은 손해보험 회사의 주가가 이익, 현금흐름, 발생항목, 그리고 특수한 발생항목인 책임손실준비금에 내포된 정보를 충분히 반영하는지를 조사하였다. 손해보험 업계에서 책임손실준비금은 대표적 발생항목으로서, 실질적 판단을 요하며 경영자의 추정과 사후적으로 오차가 발생하는 유일한 공시항목이다. 검증결과 투자자들은 현금흐름의 지속성은 과소추정을 하고 발생에 대해서는 과대추정을 하지만 특수 발생 항목인 책임손실준비금에 대해서는 과소추정을 하지 않는 것으로 나타났다.

Beaver, McNicholes and Nelson(2003)은 책임손실준비금에 대한 과거년도 추정액의 사후적 수정액(이를 'development'라고 함)과 이익과의 관계를 조사했다. 조사결과 이익이 작게 나온 경우에는 책임손실준비금의 사후적 수정액이 상향됨으로써(즉, 양의 development), 과거연도에 손실회피를 위해 이익을 과대보고 하였음을 보였고, 이익이 크게 나온 연도에는 사후적 수정액이 하향됨으로써(즉, 음의 development), 과거이익이 과소보고 되었음을 나타낸다.

---

19 이들이 4분기에 관심을 가진 것은, 경영자들이 감사가 실시되는 4분기가 될 때까지 이익감소를 초래하는 발생의 인식을 연기하려는 동기가 강하다는 여러 기존 연구들(예: Mendenhall and Nichols, 1988; Boyd et al., 1994)을 근거로 할 때, 다른 분기보다 4분기에 경영자들의 이익 감소적 발생인식이 증가할 것으로 기대되기 때문이라고 밝히고 있다.

제3절 계약관점

3.1 재량과 이익관리

회계기준 결정자는 경영자가 기업의 외부 지분 소유자들에게 정보를 전달하는 데 사용하는 회계언어를 규정한다.[20] 독립된 감사인과 경영자가 실행할 수 있는 보고체계를 규정하여, 회계기준이 기업의 성과에 관한 정보를 낮은 비용으로 신뢰성 있게 외부에 보고하도록 한다. 재무보고는 성과가 높은 기업과 낮은 기업을 잘 구별해 주고 그 결과 효율적인 자원 분배와 수탁책임에 관한 결정을 돕는다.

이러한 재무보고와 회계기준 결정을 위해, 기준 결정자는 회계의 목적 적합성과 신뢰성을 절충한다. 회계 자료의 신용도를 너무 강조하면, 재무제표의 기업 성과에 관한 목적적합성과 적시성은 낮아진다. 반대로 목적 적합성과 적시성을 지나치게 강조하는 기준은 이용자의 신용도를 떨어뜨릴 것이다. 물론 어떤 경우에도 외부 투자자와 경영자는 효율적 자원 분배를 달성하기 위해 비재무제표 정보(투자 은행과 재무 분석가, 사채 등급 결정기관, 재무 관련 언론이 제공하는 정보)를 사용한다.

경영자가 재무보고를 통해 기업의 성과에 관한 정보를 잘 전달하도록 하려면, 회계 기준은 경영자에게 재무보고에 관한 재량을 허용해야 한다. 경영자는 이 재량을 활용하여 기업에 관한 지식과 기업의 경제 실상에 맞는 보고 방법, 추정, 그리고 공시내용을 잘 전달할 것이다. 그러나 감사가 불완전하다면, 경영자는 재량을 '이익관리'에 사용할 수도 있을 것이다. 즉, 경영자는 이익관리를 통해 기업의 기저 경제 현실을 정확하게 반영하지 않는 보고 방법과 추정을 선택하려 한다.

SEC의 의장인 Arther Levitt는 이익관리와 자원배분 효과에 관심을 표명한다(1998). 그는 경영자가 대규모 구조조정 비용, 미성숙 수익 인식, '사탕 항아리' 적립금, 구입된 진행 중인 R&D의 상각을 남용하는 것은 재무보고의 신용을 위협한다고 우려한다.

따라서 기준 결정자와 규제자들은 재무보고에 관한 경영자의 최적 재량 범위를 결정해야

20 이 절은 Dechow and Skinner, Earnings Management: Reconciling the views of Accounting Academics, Practitioners, and Regulators, Accounting Horizons, 2000을 참고함.

한다. 이를 위해 기준 결정자는 (1) 이익관리의 규모와 빈도, (2) 이익관리에 사용되는 발생과 회계방법, (3) 이익관리의 동기, (4) 경제내의 자원 분배 효과에 관한 증거를 알아야 한다.

3.1.1 이익관리 연구 동향

이익관리 연구는 이 질문들에 대해 일부 증거를 보여준다. 그러나 대부분의 연구는 이익관리의 발생 여부와 시기에만 초점을 맞추고 있다. 연구자들은 이익 관리의 넓은 측정치(즉, 총 발생에 토대를 둔 측정치)와 동기가 강한 표본에 초점을 맞추었다. 일반적으로 주식 공개 발행 이전의 재무제표 분식, 경영자의 보상 증가와 임기 보장, 부채 계약 위반 회피, 규제 비용 감소, 규제 효과 증대를 위하여 이익을 관리하는 증거를 찾았다.

그 후 다수의 연구들은 은행 대출 손실 준비금, 손해 보험의 보상 손실 적립금, 이연 법인세 평가 충당금과 같은 구체적 발생을 사용하여 이익관리를 조사한다. 이들은 초점을 좁힌 것이다.[21]

자본시장 관련 이익관리의 증거에 의하면, 투자자는 이익관리에 의해 속지 않고 재무제표는 투자자에게 유용한 정보를 제공한다. 경영자의 판단을 반영하는 당기 이익은 가치관련성을 갖고, 당기 현금흐름보다 미래 현금흐름 성과를 더 잘 예측한다. 주가 수익 증거에 의하면, 투자자는 정상적인 발생에 비해 비정상 발생을 더 할인한다. 이는 비정상 발생이 이익관리를 반영할 가능성이 더 크다는 것을 의미한다.

그러나 일부 연구는 이익관리가 최소한 일부 기업에 대해서는 자원 분배에 영향을 미친다는 점을 보여준다. 예를 들어, 신주 발행의 가격이 높은 이유는 부분적으로 발행 이전의 이익관리 때문이다. 언론이나 SEC의 이익관리 주장에 대한 음의 주가 반응은 투자자들이 이익관리를 완전하게 통찰하지는 않는다는 증거이다.

이익관리에 대한 연구 결과는 기준 결정자와 규제자에게 제한된 도움밖에는 주지 못할 것으로 여겨진다.

3.1.2 이익관리의 정의

기준 결정자에 적합한 이익관리 연구를 검토하는 입장에서는 이익관리가 다음과 같이 정

21 이 접근은 가치평가 관점으로 앞 절에서 이미 검토하였다.

의 된다. 경영자가 회사의 기저 경제성과에 관해 지분 소유자를 오도하거나 혹은 보고 이익 숫자에 의존하는 계약 결과에 영향을 미치기 위하여, 재무보고 판단에 사용하고 또 재무보고를 변경하려고 거래 구조를 결정할 때 이익관리는 발생한다.

이 정의는 다음 몇 가지 특징을 갖는다. 첫째, 경영자는 재무보고에 재량을 행사할 수 있는 많은 방법을 가지고 있다: 장기 자산의 내용 년수와 잔존가치, 연금 혜택과 퇴직 후 혜택의 부채, 이연 법인세, 대손, 자산 손상과 같은 경제적 사건에 대한 추정이 필요하다. 또한 경영자는 동일한 경제적 거래에 대하여 여러 회계방법 가운데 하나를 선택하는 것이 인정된다. 정액법 혹은 정율법, 선입선출법 혹은 평균법. 나아가서 경영자는 운전자본 관리(재고 수준, 재고 판매 및 구입의 시기, 신용 판매 정책)에 판단을 필요로 한다. 이는 원가 배분과 순이익에 영향을 준다. 경영자는 또한 R&D, 광고비, 수선비의 지출 시기를 결정할 수 있다. 마지막으로 경영자는 거래 구조를 결정 한다. 예를 들어 기업 합병 방법, 리즈 계약, 지분 투자 등의 경우는 원하는 회계처리 방법에 맞추어 거래 방법을 결정할 수 있다.

둘째로, 경영자가 실제 경제적 성과에 관하여 지분 소유자를 오도할 목적으로 이익을 관리한다. 이는 지분 소유자가 이익관리를 무효로 만들 수 없어야 가능하다. 또한 경영자가 외부 지분 소유자가 알 수 없는 정보에 접근할 수 있어야 한다. 이익관리는 회계의 투명성을 떨어뜨린다. 지분 소유자는 일정한 크기의 이익관리를 예상한다.

물론 경영자는 재무보고 이용자를 위하여 정보를 더 전달하기 위해 회계 판단을 할 수도 있다. 이는 특정의 회계선택 혹은 추정이 기업 성과에 관해 신용할 수 있는 신호라고 인지될 때 가능하다. 예를 들어 감사가 효과적일 때, 순 수취채권에 관한 경영자 추정은 믿을 수 있는 미래 현금 회수 예상액이 된다. 나아가서 현행 회계 기준의 한계를 극복함으로써 재무보고의 정보 전달성을 높이기 위해 판단을 행사할 수 있다. 예를 들어, 일부 성공한 R&D 기업은 R&D 파트너 자회사를 만들어 R&D 지출을 자본화한다. 이와 같이 재무보고의 정보 전달성을 높이기 위한 판단의 행사는 이익관리의 정의에 포함되지 않는다.

셋째, 재무보고에 관한 경영자의 판단은 비용과 효익을 갖는다. 비용은 이익관리로 인한 잘못된 자원 분배 가능성이다. 외부 지분 소유자에게 개인 정보를 믿을 수 있게 잘 전달하여 자원 배분 결정을 향상시키도록 한다면 이는 효익에 해당한다. 따라서 경영자의 판단을 허용하는 기준이 회계정보의 유용성을 언제 높이고 또 언제 낮추는가를 알아야 한다. 이익관리에 관하여 앞에서 언급한 네 가지 이슈는 이런 입장에서 중요하다.

3.1.3 이익관리 동기의 테스트

이익관리가 존재한다는 것은 잘 알려져 있지만, 이를 연구 결과로 보여주는 것은 어려운 일이다. 왜냐하면, 이익 관리 여부를 확인하려면, 관리 이전의 이익을 추정해야 하는데, 이는 쉽지 않다. 하나의 통상적인 방법은 먼저 이익을 관리할 경영자의 동기가 강한 조건을 확인하고, 그 다음에 비기대 발생(혹은 회계선택)의 유형이 이 동기와 일치하는지 여부를 테스트하는 것이다. 이 연구 방법에는 두 가지 중요한 연구 설계 문제가 대두된다. 첫째, 경영자의 보고 동기를 확인해야만 한다. 둘째, 회계 재량의 행사가 비기대 발생 혹은 회계방법 선택에 미치는 효과를 측정해야만 한다.

첫 번째 이슈와 관련해서는 세 가지 동기가 많이 연구된다. (1) 자본 시장 기대와 가치평가, (2) 회계수치를 기준으로 사용하는 계약, (3) 반 트러스트 혹은 기타 규제. 다음 항에서는 이 동기들을 차례로 검토한다.

두 번째 이슈와 관련해서는, 비기대 발생 추정치가 경영자의 회계 재량의 효과를 측정해야 한다. 물론 이 측정치는 일정 수준의 회피할 수 없는 오차를 갖는다. 비기대 발생을 추정하기 위해, 먼저 총발생을 계산한다. 이는 보고 순이익과 영업 현금흐름의 차이이다. 그 다음에 총 발생은 정상적인 발생을 나타내는 대용 변수에 관하여 회귀된다. 이러한 변수로는 전형적인 운전자본 수요(외상 매출금, 재고, 외상 매입금)를 허용하는 수익(혹은 고객으로부터의 현금 회수)과 정상적인 감가상각을 허용하는 총 고정자산이 사용된다. 비기대 발생은 총 발생의 설명되지 않는 (잔차) 부분이다. 대출 준비금, 손해보상 손실 준비금 그리고 이연 법인세 평가 충당금과 같은 특정 발생 항목에 대해서도 많은 연구가 이루어진다.

3.2 자본시장 동기

주가 평가와 관련하여 투자자와 재무 분석가에 의해 회계정보가 보편적으로 이용되기 때문에 경영자는 단기 주가 성과를 얻기 위해 이익관리의 동기를 갖는다. 여기에서는 증권시장 동기에서 이익관리가 발생하는가, 이익관리에 어떤 특정 항목이 이용되는가, 증권 시장 동기의 이익관리의 규모와 빈도, 증권 시장 목적의 이익관리가 자원분배에 영향을 주는지 여부를 검토한다.

3.2.1 자본 시장 목적의 이익관리

증권 시장 동기의 이익관리에 관한 최근 연구는 동기가 높은 기간의 비기대 발생 변동에 초점을 맞추어 왔다. 자본 시장 거래, 기업 성과와 분석가 혹은 투자자의 예상 차이가 큰 경우를 조사한다.

경영자가 환매(buy-out)하기 이전의 이익관리를 조사한다. DeAngelo(1988)는 이익 정보가 경영자 환매의 가치평가에 중요하다고 보고, 환매 기업의 경영자는 이익을 과소 표시할 것이라는 가설을 테스트한다. 발생 변화를 통해서는 이익관리를 찾아내지 못한다. Perry and William(1994)은 수익과 상각 가능 자산을 통제한 후, 비기대 발생을 조사하여 경영자 환매 이전에 비기대 발생이 음(이익 감소)임을 밝혀낸다.

주식 공개 전에 이익을 과대 표시하는지 여부에 대해서도 조사한다. 유상 증자, 최초 상장, 주식 발행 인수 시 양의 비기대 발생(이익 증가)이 관찰된다. 최초 상장 이후 비기대 발생의 역전에 관한 증거도 존재한다. 끝으로 Dechow et al.(1996)에서는 SEC의 이행 조치에 직면한 기업들이 위반 적발 전에 유상 증자를 빈번하게 실시한다.

기타 자본 시장 동기 연구는 재무 분석가나 경영자의 예상에 맞추려고 이익을 관리한다는 점을 보여준다. 분석가 예상에 비해 낮게 보이지 않도록 상향 조정하거나, 매입 추천 종목은 분석가 이익 예상에 맞도록, 또 처분 추천 종목은 음의 비기대 발생을 보인다. 경영자 이익 예상보다 낮은 기업들은 비기대 발생을 사용하여 이익을 상향 조정한다.

끝으로 이익 관리는 특수 유형의 투자자의 기대에 영향을 준다. 기관투자자 비중이 높은 기업은 보고 이익 감소를 회피하려고 R&D 지출을 삭감하지 않는다. 모멘텀 투자 전략과 포트폴리오 교체가 높으면 기관 투자자 비중이 높아도 R&D 삭감에 의해 이익을 높인다.

3.2.2 특정 발생 항목

지금까지 검토한 연구는 이익 관리의 대용치로서 비기대 발생을 사용한다. 기준 결정자들은 어떤 특정 발생 혹은 회계방법을 이익관리에 사용하는 지에도 관심을 갖는다.[22]

최초 상장 기업은 상장 무렵과 그 후 몇 년 동안 이익 증가 감가상각 정책과 대손 상각 충당금을 이용한다. 은행과 보험 산업이 집중적으로 연구된다. 은행의 대출 손실 적립금과 보

22 이 항은 2.2항을 간단히 요약한 것이다.

험 회사의 손해보상 손실 적립금은 대부분 치명적인 자산과 부채와 직접 연결되어 있고, 전형적으로 순이익에 비해 상대적으로 매우 크고, 경영자의 판단에 크게 의존한다. 많은 연구들이 증권 시장 목적에서 은행의 이익관리 증거를 찾아내었다. 그러나 이 연구들은 증권 시장이 이러한 이익 관리를 '통찰'한다고 주장한다. 손해 보상 손실연구도 보험 회사의 이익 관리 증거를 찾는다. 그러나 그 동기가 증권 시장 때문인지 혹은 규제 때문인지는 확실하지 않다.

이연 세금 가치평가 충당금도 조사한다. FAS No. 109호는 이연 세금 자산은 사용될 것으로 기대 되지 않는 세금 혜택을 예상하도록 요구한다. 이 기준은 재량을 너무 많이 허용한다고 비판 받는다. 이를 조사한 논문들은 모두 이익을 관리하기 위해 가치평가 적립금에 관련되는 판단을 경영자가 오용한다는 증거를 거의 찾지 못하였다. 그러나 이들 연구는 경영자가 강한 증권시장 동기를 갖는 상황을 조사하지 않아 검정력이 낮다.

전체적으로 특정 항목을 이용하는 이익 관리에 관한 증거는 놀라울 정도로 작다.

3.2.3 증권 관련 이익 관리의 크기와 빈도

자본 시장 목적의 이익 관리의 크기나 빈도에 관한 증거도 상대적으로 아주 작다. 최초 상장 법인의 상장년도에 중위수 비기대 발생은 자산의 4-5% 정도이다. 주식 인수 분기에 비기대 발생은 자산의 2%이었다. 이 크기는 전형적인 자산 수익의 25-50%로서 놀라울 정도로 큰 값이다. 이로 인해 이 연구에 사용되는 비기대 발생 모형이 잘못 규정된 것이라는 의문이 제기된다.

최초 상장 법인의 62%가 대응 기업에 비해 높은 비기대 발생을 사용한다. 무조건적 빈도가 50%라면, 이는 발행 기업의 12%가 이익을 관리함을 의미한다. 그러나 이 결과를 다른 자본 시장 동기의 경우로 확대하기는 곤란하다.

3.2.4 증권 관련 이익관리와 자원 배분

이익 관리에 대한 관심에도 불구하고 투자자들은 이익을 현금흐름 자료에 비해 정보를 더 잘 전달하는 가치관련 자료라고 본다. 이 결과는 장기간 여러 나라에서 반복적으로 조사된 것이다. 투자자들은 이익관리가 보편적이기 때문에 이익자료에 대한 신뢰성이 없다고 보지는 않는다. 이 해석은 당기 이익이 당기 현금흐름보다 미래 현금흐름을 더 잘 예측한다는

Dechow(1994)의 연구 결과에 의해 확인된다.

다수의 연구에서 투자자가 이익에 고착되는지 혹은 세련되게 취급하는지 여부를 테스트하기 위해 회계방법 변경 혹은 비정상 발생에 대한 주가 반응을 조사하였다. Hand(1992)는 기업이 요소가격 상승기에 LIFO를 채택할 세금 동기를 갖는다는 점을 투자자가 인식하지만 보고 이익의 감소에 순진하게 반응하지는 않음을 보여준다.

은행 산업의 대출 손실 적립금 연구에서는 적립금의 정상 변화에 주가 수익이 음의 관계를 보인다. 그리고 비정상 적립금과는 양의 관계를 보인다. 나아가서 비정상적으로 적립금이 낮은 은행은 상대적으로 미래 이익과 현금흐름 성과가 낮았다(Wahlen, 1994). 이 발견에 대한 하나의 해석은 다음과 같다: 투자자들이, 정상적인 적립금은 기저 대출 포트폴리오 성과를 반영하는 것으로 보지만, 비정상적으로 적립금이 낮은 기업에 대해서는 이익을 높게 관리한다고 의심하여 보고 성과를 할인한다. 비슷한 결과는 손해 보험의 비기대 적립금과 관련되는 주가 수익에서도 나타난다.

투자자들이 이익관리를 통찰하는지 여부도 조사한다. 예를 들어, 주식 발행 무렵의 이익관리 연구에서는 유상 증자 년도의 이익 증가 비정상 발생 기업은 이후 년도에 주가 성과가 정상 이하로 나타났다. 최초 상장의 경우도 마찬가지이다. 이는 주식 발행 이전에 미래 성과에 대한 투자자 기대와 주가를 높이기 위하여 이익을 높게 보고하였음을 의미한다. 뒤따른 이익관리의 역전에 투자자들은 실망하고 그 결과 음의 주가 성과가 나타난다. 따라서 이 결과는 주식 발행 이전의 이익관리가 주가에 영향을 미침을 보여준다(Toeh, Welch, and Wong, 1998 등).

또 다른 여러 연구들은 이익관리가 탐지될 때의 시장 반응을 조사한다. 재무보고 오도의 사례로 비난받은 기업들은 8%의 평균 주가 하락을 경험한다(Foster, 1978). 이익관리로 SEC 조사를 받은 기업들은 이익관리가 처음 보고될 때 9%의 주가 하락을 보인다(Dechow et al., 1996). 실제로 GAAP을 위반한 기업들은 그 후 2년간 음의 비정상 수익을 보인다(Beneish, 1997). 이 연구들은 회계 원칙을 심하게 위반하거나 사기 보고가 있었음에도 불구하고 투자자들이 이익 관리를 완전하게 통찰하지 못함을 보여준다.

Sloan(1996)은 미래 비정상 주가 수익은 이익에서 당기 발생이 큰 기업은 음, 작은 기업은 양임을 보인다. Xie(1998)는 이 결과가 비정상 발생에 대한 충격 때문이라고 본다. 또한 이 비정상 발생 충격은 이익관리 동기와 일치한다. 이 발견에 대한 하나의 해석은 투자자가 비정상 발생에 반영된 이익 관리를 완전하게는 통찰하지 못한다는 것이다. 결과적으로 이익을 높게 관리한 기업은 이후 주가가 하락하고, 이익을 낮게 관리한 기업은 이후에 양의 주가 상승을 보인다. 이 결과와 이익 모멘텀 기반 거래 전략의 성공은 관계를 가질 수 있다.

마지막으로 실험실 증거는, 세련된 분석가는 주가 결정 때는 이익관리를 완전히는 탐색하지 못하지만, 재무제표에 관리 관련 항목이 표시될 때에는 이익관리를 '통찰'할 수 있다고 주장한다. 예를 들면 포괄 이익의 구성 부분을 명확히 보고하는 것은 각주 표시 보다 분석가의 이익관리 탐색을 높이고 가치평가를 향상시킨다(Hirst and Hopkins, 1998). 이 결과는 재무보고가 투명하면 이익 관리가 자원 배분에 미치는 영향은 작아진다는 것을 의미한다.

요약하면, 최소한 일부 기업은 증권 시장 동기로 이익을 관리한다. 빈도가 얼마인지는 잘 모른다. 또한 이익관리가 실제로 주가 영향을 갖는지에 관한 증거도 상반된다. 투자자들이 이익관리를 통찰하지 못하는 상황이 존재한다. 은행 및 손해 보험 산업에서 투자자는 이익관리를 통찰한다. 이처럼 상반되는 결과에 대한 하나의 설명은, 은행 등 규제 산업은 핵심 발생 항목의 공시가 충분하기 때문이라는 것이다. 이러한 공시는 투자자가 이익관리 가능성을 더 잘 추정하게 돕는다.

그러나 자본 시장 동기에서 이익 관리가 보편적인지, 그 크기는 얼마나 되는지, 어떤 특정 발생 항목을 사용하는지, 같은 동기를 갖는데도 이익관리를 하지 않는 이유는 무엇인지, 어떤 조건에서 투자자가 이익관리를 탐색하고 반응하는지 등에 대해서는 아직도 잘 밝혀지지 않고 있다.

3.3 계약 목적*

회계 자료는 기업과 기업에 대한 지분 소유자 사이의 계약을 감시하고 규제를 돕는데 이용된다. 명시적 혹은 암묵적인 경영자 보상 계약은 경영자와 외부 주주 사이의 이해관계를 조정하는데 이용된다. 부채 계약은 채권자의 비용으로 주주에게 혜택을 주는 경영자 행동을 제한하기 위해 작성된다. Watts and Zimmerman(1978)은 이들 계약 때문에 이익 관리의 동기가 형성된다고 주장한다. 왜냐하면, 보상 위원회와 채권자가 이익관리를 무효화하는 데에는 비용이 들기 때문이다.

규제 기관 입장에서는 계약 관련 이익관리에 대해 두 가지 이유로 관심을 갖는다. 첫째, 어떤 이유로든 이익관리는 재무제표를 오도하고 자원배분에 영향을 줄 수 있다. 둘째, 재무보고는 증권 투자자 뿐 아니라 부채 투자자에게도 경영자 정보를 전달하는데 이용된다.

부채 및 보상 계약에 의해 발생된 동기가 이익관리를 설명할 수 있는지 여부를 테스트하는 많은 연구가 이루어졌다. 계약 동기와 회계방법, 추정, 그리고 발생의 자발적 변경 사이의 관계에 관한 증거를 살펴보자.[23]

3.3.1 부채 계약

다수의 연구가 부채 약관의 기준에 근접한 기업이 이익을 관리하는지 여부를 조사한다. 예를 들어, Healy and Palepu(1990), DeAngelo et al.(1994)은 배당 제한 기준에 근접한 기업이 배당 감소와 구조조정을 회피하려고 회계방법, 추정, 혹은 발생을 변경하는지 여부를 조사한다. Holthausen(1981)은 배당 제한 기준에 근접한 기업이 정액법으로 감가상각방법을 변경한다고 본다. 이 세 연구는 모두 이익관리 증거를 찾지 못한다. 대신, 재무적으로 곤란한 기업은 배당을 줄이고 영업과 계약관계를 구조조정하여 현금흐름을 강조하는 경향을 갖는다. (이익관리 대신에 실제로 현금흐름을 줄인다. 이는 실제 거래에 의한 이익관리 형태로 볼 수 있다.)

물론 배당지급을 감소시켜 배당 제한 조항을 회피할 수도 있지만, 이 기업은 이자 보상 혹은 부채-지분 비율 제한 등의 다른 약정에 이용 가능한 수단이 없었을 수도 있다. 실제로 부채 약관 조항을 위반한 기업들에 대한 연구를 살폈더니, 약정 위반 1년 전에 이익을 높였다. 이는 약관 제한 기준에 근접한 기업의 이익관리로 해석된다(Defond and Jiambalvo, 1994). Sweeney(1994)는 약관 위반은 이익 증가 회계 변경을 수반하지만 이는 위반 이후에 발생한다고 본다. 이는 약관 위반을 회피하기 위해 회계방법을 변경한 것으로 볼 수 없다. 다만, 미래 위반 가능성을 줄이려고 회계방법을 변경한 것으로 해석할 수는 있다.

Sweeney(1994)는 부채 계약 목적에서 이익관리의 빈도와 자원 배분 효과에 관한 증거를 보고한다. 부채 약관을 위반한 22개 기업을 조사한 결과 그녀는 5개 기업만이 회계방법 변경을 통해 1분기에서 수 분기 동안 기술적 부도를 지연시키는데 성공하였음을 발견한다. 이익관리 동기가 강한 기업들임을 전제로 하면, 이 빈도는 아주 낮다. 그러나 이 조사는 실제로 위반이 드러난 기업들만을 조사한 것이기 때문에 이익관리를 통해 빠져나간 기업들은 제외되었다. 따라서 이 결과는 이익관리 빈도를 저평가한 것으로 볼 수 있다.

23 이 항에서는 2000년대 이전의 연구를 검토한다. 그 이후의 연구는 본서 7장 3절을 참고할 것.

3.3.2 경영자 보상 계약

다수의 연구는 경영자의 이익관리 동기를 확인하려고 실제 보상 계약을 검토하였다. 연구 결과는 경영자들이 이익 기준 보너스를 높이기 위해 회계 판단을 이용한다는 점을 보여준다. 예를 들면 다국적 기업의 부서장들은 보너스 계획에서의 이익 목표를 충족하지 못하거나 최대 보너스를 받을 때에는 이익을 이연시킨다. 또는 보너스 상한이 정해진 경우 그 부근에서 이익을 높이든가 혹은 낮춘다.

암묵적 보너스 계약도 이익관리 동기에 영향을 준다. 최고 경영자의 지위가 불안할 때 혹은 기대 임기가 짧을 때 이익관리의 빈도가 증가하는지 여부를 조사한다. 경영권 경쟁 기간 중, 기존 경영자는 보고 이익을 높이기 위해 회계 재량을 행사한다. 그리고 임기 끝나는 해에는 아마도 이익을 높이려고 R&D 지출을 줄인다. 이는 보상 계약 기간과 임기가 짧기 때문이다.

요약하면, 보상 계약과 부채 계약 때문에 보너스를 높이고 임기를 보장받고 부채 약정의 침해 가능성을 낮추기 위해 기업은 이익을 관리한다. 그러나 이러한 행동이 보편적인지 여부, 그리고 어떤 발생이 가장 많이 사용되는지에 관해서는 증거가 없다. 끝으로 계약 동기에 의한 이익 관리가 주가효과 혹은 자원 배분 효과를 갖는지에 관한 증거는 별로 없다.

3.4 규제 동기

이익관리 문헌은 산업 규제와 반 트러스트 규제의 효과를 조사한다. 회계 기준 결정자는 산업 규제를 회피하기 위한 이익관리에 관심을 갖는다. 공정 가치 회계와 위험 관련 공시의 증가(그리고 은행과 기타 금융기관에 대한 회계기준의 변경)는 1980년대의 저축은행 사건 후의 반동이다. 이러한 기준 변화는 적어도 부분적으로는 이익관리를 완화시키고, 지분 소유자에게 정보를 제공하고, 은행 규제자의 결정을 향상시키기기 위한 것이다. 기준 결정자는 반 트러스트 목적에서도 이익관리에 관심을 갖는다.

3.4.1 산업 규제

일부 산업(은행, 보험, 공익사업)은 회계 자료와 명시적으로 연결되는 규제 감시를 받는다. 은행 규제는 회계 자료에 의한 자본 적합도 기준을 요구한다. 보험 규제도 최소한의 재무 건전성을 요구한다. 공익사업에서는 요금 규제를 하는데, 투자자산에 대한 정상 수익만을 허용한다. 이러한 규제 때문에 규제자가 관심을 갖는 재무제표 항목을 관리할 필요가 생긴다.

자본 적합도 기준에 근접한 은행은 대출 손실 준비금을 과대 표시하고 대손 상각을 과소 계상하고, 투자유가증권의 실현된 비정상 이익을 인식한다. 규제 가능성이 높은 재무 불건전 보험회사는 손실보상 손실 준비금을 과소 계상하고 재보험 거래를 한다.

이 연구들은 규제 목적의 이익관리의 빈도에 대해서도 조사한다. 절반 정도의 은행이 규제자본을 관리하는 5-7개의 수단을 가지고 있다. 보험회사는 1.5%가 규제를 회피하려고 재보험 거래를 한다.

이 증거에 의하면 회계 재량은 산업 특유의 규제 제약의 관리에 이용된다. 그러나 빈도는 연구에 따라 차이가 크다. 규제자가 이익관리를 통찰하는지 여부는 알려진 바가 없다.

3.4.2 반 트러스트 및 기타 규제

다른 형태의 규제도 이익관리 동기를 제공한다. 반 트러스트 규제 혹은 기타 정치적으로 불리한 규제에 직면한 기업들은 이익을 작게 표시하려 한다. 정부 보조금 혹은 보호를 받으려는 기업도 마찬가지이다.

반 트러스트 관련 기업은 조사 기간 중 이익 감소 비정상 발생을 보고한다. 수입 제한을 원하는 산업에서는 적용 기간 중에 이익을 이연시킨다(Jones, 1991). 케이블 티브이 산업은 규제 완화에 관한 의회 청문회 기간 중에 비정상 발생을 이연시킨다.

이익관리의 빈도에 관한 연구 결과는 해석이 곤란하다. 이 분야 연구는 대부분 표본이 작다. 그러나 음의 비기대 발생의 빈도는 아주 높다. 규제 동기가 일부 산업에만 한정된 것인지 여부는 잘 모른다.

끝으로, 규제자가 이익관리에 어떻게 반응하는지에 관해서도 직접적인 증거는 없다.

요약하면, 규제 관련 기업들은 이익을 관리한다. 그러나 이런 행동이 광범위한지 여부, 그리고 규제자 혹은 투자자에 관한 효과에 관한 증거는 아주 낮다.

3.5 보고이익의 분포 및 발생

이익관리를 연구하는 세 번째 접근법은 이익관리의 존재를 평가하기 위해 보고 이익의 분포를 조사한다(Burgstahler and Dchev, 1997, 1998; Degeorge et al., 1998). 이 연구들은 경영자가 손실이나 이익 감소를 회피할 동기를 갖는다고 보고, 보고 이익의 분포를 조사한다. 조사 결과 약간의 양의 이익(혹은 이익 변화)을 보고하는 기업의 분포는 기대 보다 더 높고, 약간의 음의 이익(혹은 이익 변화)를 보이는 기업의 분포는 기대 보다 더 낮은 것으로 나타난다. 이러한 패턴은 분기 자료 혹은 분석가의 이익 예상을 기준치로 삼았을 때에도 마찬가지로 나타난다. 이들은 이 결과를 일부 기업들이 음의 이익, 이익 감소, 혹은 시장 기대에 미달하는 이익의 보고를 회피하기 위해 이익관리를 하는 증거로 해석한다.

이 연구는 몇 가지 장점을 갖는다. 첫째, (잡음이 있는) 비정상 발생을 추정할 필요가 없다. 대신 특정의 기준치에서 비정상 불연속성을 이익 분포가 보이는지 여부를 조사한다. 관련되는 장점은 이 접근에서는 비기대 발생 측정치에서는 포착되지 않는 현금흐름(즉, 감소된 R&D 혹은 광고비 지출)을 통한 이익관리 효과를 포착한다는 점이다. 둘째로, 기준치에서 이익관리의 보편성을 추정할 수 있다. 손실 보고 기업 가운데에서의 이익관리 빈도는 아주 높다. 그러나 이 접근은 이익관리의 크기 혹은 특정의 관리 방법에 대해서는 포착하지 못한다.

요약하면, 이 테스트에 의하면 손실 보고, 이익 감소보고, 투자자 기대에 미달하는 이익 보고 기업은 이익을 관리한다. 이 증거는 기준 결정자에게 직접적인 의미를 주지 않는다. 이 연구에서 부족한 것은 이익을 높이는 절차, 이익관리의 크기, 자원 분배에 미치는 효과, 추가 기준으로 이익관리가 완화되는지 여부이다.

3.6 이익관리와 현시원칙

지금까지는 이익관리에 관한 경험적 연구를 검토하였다. 이익관리는 대리이론에 의해서도 분석적으로 연구된다. 여기에서는 Lambert(2001)를 주로 검토한다.[24] 대리이론 연구에서는 이익관리가 왜, 어떻게, 그리고 언제 발생하는지에 관해 많은 진보를 보이지 못하였다. 가장 큰 이유는 현시원칙(revelation principle) 때문이다. 현시원칙은 균형 상태에서 진실보고가 비

24 Lambert, Contracting theory and Accounting, JAE, 2001, pp.71-77.

진실보고(이익관리)보다 우월함을 보장한다. 따라서 현시원칙의 조건이 보장되지 않을 때, 이익관리는 가능하다. 물론 이는 이익관리의 가능성을 보여주는 것이지, 이익관리가 최적임을 보장하는 것은 아니다. 이하에서는 의사전달의 제약과 비용, 계약 형태의 제약, 정보사용 약속이 불가능한 경우를 분석한다.

3.6.1 의사전달의 제한과 비용

의사전달의 제한과 비용은 경영자의 차이보고와 진실보고 능력과 관련된다. 어떤 유형의 제한이든, 비진실보고가 균형행동이 될 수 있는 가능성을 보여준다.

(1) 차이보고의 제한

차이보고(misreport)가 제한되면 그렇지 않은 경우에 비해 높은 기대이익이 유도된다. 기말에 경영자만 성과를 알고 성과보고에 제한이 없는 상황을 생각해 보자. 경영자의 보고가 유일한 보고라면, 이 보고는 보상결정에 사용될 수 있는 유일한 변수이다. 이 경우 본인(주주)은 성과급제를 버리고 고정급제를 택할 것이다. 성과급제를 택하면 무한하게 높은 성과를 보고할 것이고 그에 따라 보상도 커질 것이기 때문이다. 고정급제를 택하면 결과 성과에 관한 진실보고는 이루어지지만, 경영자의 높은 노력은 유인되지 않는다. 이처럼 정보 전달과 인센티브 문제는 경영자 행동에 관해 상호작용한다.

이제 경영자의 보고에 제한이 있다고 하자. 보상이 보고 성과에 대해 증가함수라면 경영자는 보고 이익을 제한선까지 높일 것이다. 본인이 보고 제한을 안다면 경영자의 보고를 통해 진실된 성과를 알 수 있다. 이 경우에 균형 상태에서 진실보고는 이루어지지 않지만, 경영자 행동을 유인할 수는 있다. 이 예에서 보고 제한이 확률변수라고 하면, 보고 제한이 외생적인 때에 비해서(본인도 알 수 있는 때에 비해서) 후생손실이 발생한다. 또 다기간 상황에서는 발생주의의 역전현상 때문에 경영자 재량이 제한되어 후생손실이 감소된다(Evans and Sridhar, 1966).

보고 제한이 내생적으로 결정되는 경우를 살펴보자. 경영자가 진실성과(x)를 관찰한 후, 보고 이익을 바꾸기 위해 '조작 노력'(c)을 부가한다. 보고 이익이 $x+c$이고 경영자 부가 노력의 비효용이 $V(c)$이고, 보고 이익의 제안된 수준 부근에서 보상계약의 기울기 계수가 조작 금액에 대해 증가함수라면, 일정한 진실성과 구간에서 경영자는 조작을 선택할 것이다. 이로 인해 보고 제한이 외생적으로 규정될 때에 비해 본인은 후생손실을 입는다.

진실보고에 직접 비용이 들 때에도 이익관리는 발생한다. 비관리 이익수치가 잡음을 포함하는데, 경영자는 그 잡음을 관찰하지만 제거하는 데 비용이 든다고 하자. 본인은 최종 보고만 관찰할 수 있고, 원래 이익수치 혹은 잡음 제거 여부를 알지 못한다. 이 경우 잡음 제거 여부를 경영자에게 맡기는 것이 본인에게 최적이다. 항상 잡음을 제거하도록 유인하는 것은 너무 비용이 크기 때문이다(Verrecchia, 1986).

(2) 진실보고의 제한

경영자는 그가 알고 있는 정보의 모든 차원을 완전하게 전달하지 못한다. 본인은 경영자만큼 전문기술을 가질 수 없다. 이 경우 현시원칙은 정의상 성립되지 않는다. 보고문제에는 차이보고 차원에 합계 차원이 추가된다.

경영자가 기말에 그 기간의 현금흐름과 미래 기간 행동의 수익성에 관한 정보를 함께 안다고 하자. 경영자가 하나의 차원(예: 회계이익)만 보고한다면, 두 신호를 하나의 보고에 합계하는 것에 대해 본인은 어떤 선택을 할 것인가? 본인이 하나의 차원을 선택한다면, 진실보고와 비진실보고의 구분은 명확하다. 그러나 본인이 두 차원을 결합한 보고를 원할 수도 있다. 예를 들어, 미래 수익성이 유리할(불리할) 때 당기 현금흐름보다 더 높은(낮은) 이익을 보고하는 것이 이상적인 보고 전략일 것이다. 본인이 어떤 합계규칙을 선호하는지, 혹은 경영자가 합계규칙을 위반할 어떤 유인을 갖는지 우리는 알지 못한다.

3.6.2 계약 형태의 제약

(1) 단일기간 모형

보상계약 형태가 외생적으로 제약될 때에도 이익관리는 발생한다. 예를 들어, Demski and Dye(1999)는 다음 상황을 분석한다. 경영자가 기말 현금흐름의 평균과 분산에 영향을 미치는 행동에 책임을 진다고 하자. 기초에 경영자는 평균과 분산에 관한 개인 정보를 얻고, 이를 본인에게 보고한다. 보상함수는 기말 현금흐름의 선형 함수이고 실현 현금흐름과 예상 현금흐름의 차이의 제곱에 비례하는 벌을 부과한다. 이 경우 경영자는 항상 과소 추정된 기대 현금흐름을 보고한다. 즉 경영자는 예상에 여유를 준다. 이에 비해, Antle and Fellingham(1997), Kirby et al.(1991)의 보상계약 하에서는, 경영자의 예상은 불편추정치이고, 경영자가 예상을 정직하게 보고하도록 유인하기 위해 본인이 여유를 제공한다.

(2) 다기간 모형

다기간 상황에서는 기간 내 보상계약의 형태와 기간 간 보상계약의 구조에 의해 기간 간 이익관리가 영향을 받는다. 다른 조건이 일정한 한, 경영자의 보고 행동은 당기 소비의 한계 효용과 미래 소비의 기대 한계효용을 일치시키려 할 것이다. 경영자는 이를 위해 기간 간 보고이익을 관리하려 한다. 보고이익을 낮추는 것은 그의 보상을 이연하는 것과 같다.

예를 들어, 경영자는 위험 회피적이고 효용함수가 기간 간 부가적이고, 분리된다고 하자. 경영자의 보상은 각 기간의 보고이익에 의해서 결정되고, 비관리 이익은 기간 간 독립적으로 분포한다. 이 경우 경영자 보상이 선형 혹은 오목이면, 극단적으로 높은(낮은) 첫 기의 성과는 낮게(높게) 보고된다. 이는 이익유연화에 해당한다. 그러나 보상함수가 충분히 볼록이면, 반대로 보고할 것이다. 즉 첫 기의 이익이 아주 낮으면 더 낮게 보고할 것이다. 다음 기의 보고이익이 높을 때, 그 때의 한계보상이 더 크기 때문이다. 이는 '반-유연화' 모습을 보인다.

다른 유형의 보상함수와 이익의 확률과정에서는 좀 더 복잡한 이익관리 전략이 발생할 수 있다. 예를 들어, Healy(1985)는 S자형의 구간선형 보상함수를 가정한다. 또한 두 번째 기간의 계약이 첫 기의 성과를 기준으로 수정되지 않는다고 가정한다. 이 구조는 이익이 극단적으로 높거나 낮을 때에는 보고이익을 감소시키고, 중간 구간에서는 이익을 높게 보고한다.

계약 형태가 왜 그렇게 규정되는지에 관해서는 아직은 잘 모른다. 경험상 계약이 이런 형태를 취하고 있고, 그런 형태가 인센티브에 영향을 준다는 정도만 알 수 있을 뿐이다.

3.6.3 정보이용에 대한 사전 약속 불가능

정보를 대리인에게 불리하게 사용하지 않는다는 사전 약속은 대리인의 진실보고를 유인하기 때문에 현시원칙에서 중요하다. 사전 약속을 하지 않은 제3자, 예를 들어 감사인이 경영자의 보고를 이용한다고 하자. Baiman et al.(1987)은 이 경우 균형 상태에서 경영자는 진실보고를 하지 않음을 보여준다. 즉 감사인이 경영자의 진실보고를 믿는다면, 감사 시간과 노력을 투입하지 않을 것이다. 이론적으로는, 제3자는 기업의 다른 종업원, 경쟁자, 노동시장 혹은 증권시장일 수 있고, 현시원칙은 적용되지 않는다.

두 번째 경우는 본인이 스스로 사전 약속이 불가능한 때이다. 일반적으로 말하면 이 모형은 다기간 상황에서 성립한다. 본인은 첫 기 보상에는 사전 약속이 가능하지만, 첫 기 보고가 두 번째 기간의 보상에 미치는 영향에 대해서는 사전 약속이 불가능할 수 있다. 하나의 해석은 두 기간 약속을 한 후, 두 번째 기간에 유리하다면 약속을 어길 수 있다는 것이다. 두 번째 해석은 본인은 한 기간 계약만 하고, 고용계약은 '임의적'이라는 것이다(Arya et al., 1997). Demski and Frimor(1999)는 본인이 신용할 수 있는 두 기간 계약을 하여도, 양자가 두 번째 기간에 재협상을 한다면 현시원칙을 회피할 수 있다고 본다. 이 모형에서는, 본인이 경영자 보고를 나중에 불리하게 사용할 것임을 경영자가 예상하기 때문에 진실보고의 비용이 높아진다.

제4절 정보내용 관점

앞 장의 정보내용 관점에서는 인식의 문제를 단일기간의 상황에서 살펴보았다. 그런데 기업이 단일 제품만을 생산하고, 단일 기간에만 생존한다면 발생주의는 존재의 여지가 없다. 발생주의는 다품종 다기간 기업경영 상황에서 정보를 전달하는 역할을 하는데, 특히 다기간 상황에서 중요한 인식문제가 바로 인식 시기(timing) 문제이다. 예를 들어, 수익은 공격적으로 당기에 인식되어야 하는가, 혹은 보수적 형태로 다음 기간에 인식되어야 하는가?[25]

이러한 상황에서 발생주의는 소위 이익관리의 수단으로 활용될 수 있다. 다시 말해 정보내용 관점에서는 이익관리를 검토하려면 최소한 두 기간, 유의한 거래 마찰, 개인 정보의 소유가 전제되어야 한다고 본다.

이익관리 문제의 기회주의 측면을 이해하는 데에는 두 가지 열쇠가 있다. 첫째는 정보 전달에 발생주의를 사용한다는 점이다. 발생의 차원 혹은 시기를 변경하면, 전달되는 정보가 변경된다. 둘째로 완전하고 무제한적인 정보 전달에는 한계가 있다는 점이다. 정보 전달에 한계가 있다면, 기업의 정보 실무는 모든 상황에서 완전하고 시기적절한 공시만을 하지는 않을 것이다. "재량은 없어져야 한다" 즉, 이익관리는 부정적 활동이라는 생각은 잘못이다.

아무리 기술수준이 진보했다고 해도, 정보의 전달, 수령, 처리에는 비용이 들며, 기업이 아는 모든 것을 완전하게 공시할 것이라고 예상할 수는 없다. 기업은 어떤 공시로 인해 심각한 피해를 입을

25 이러한 문제들은 바로 이익관리의 기초 내용에 해당하며, 이러한 의미에서 정보내용 관점에서는 이익관리 문제를 기간 간 발생(intertemporal accruals)이라고 표현한다.

수 있다. 신제품 설계가 누설되면 제품시장에서 선도 기업으로서의 장점이 축소될 수 있다. 어떤 기업이 위험하다고 경쟁자가 인식하면, 그 경쟁자는 정치적으로 이 문제를 벗어나려고 할 수도 있다. 미국 철강 산업에서의 반덤핑 절차의 이용이 그 대표적인 예이다.

또 계약 재협상 문제가 있다. 재협상 시 어느 일방이 소유한 정보는 재협상에 심각한 영향을 준다. 모든 단계에서 완전공시가 이루어지는 것은 예외적이다. 오히려 관리되는 정보흐름을 둘러싼 교묘한 게임이 일반적이다. 이 관점에서 보면, 기저의 정보를 가블링하는 이익관리는 **관리된 정보흐름 게임**의 일부분이고 그 집합에 속한다.

Christensen and Demski(2003)는 발생이 기록되는 시기가 정해지지 않은 상황에서, 경영자가 개인적 정보를 소유하고 기회주의적으로 발생 시기를 결정하도록 한다. 여기에서 두 사례를 검토하는데, 하나는 이러한 어떤 기회도 거부하도록 유인하는 것이 최적인 사례이고 다른 하나는 이런 기회를 활용하는 것이 최적인 사례이다. 이 사례는 전반적으로 이러한 시기결정 게임은 자연스러운 것이라는 점을 보여준다. 이것은 기업의 정보발표 관리에 대한 당연하면서도 불가피한 해석이다.

Christensen and Demski(2003)는 이익관리를 발생주의 회계처리로 해석한다. 따라서 다기간 상황에서의 발생주의, 즉 수익 인식 문제와 기간 내 다부문 사이의 원가배분 및 이전가격결정과 같은 기간 내 발생주의를 검토한다.

4.1 기간 간 발생

먼저 두 기간 상황을 검토한다.[26] 매 기간 생산함수는 동일하다. 각 기간의 경영투입은 확률적이다. 이 확률구조는 〈도표 10-1〉에 표시된다.[27]

〈도표 10-1〉 행동에 의한 경영투입의 기간별 확률

기간 t 행동	$M_t = 10$	$M_t = 11$	$M_t = 12$
$\pi(M_t \mid a_t = a_H)$	.04	.32	.64
$\pi(M_t \mid a_t = a_L)$	.64	.32	.04

26 이 항은 Christensen and Demski, Accounting theory: Information Content Perspective(2003)의 17장을 요약하였음.

27 이 확률구조는 기본 생산을 10단위로 할 때 추가 1 단위 성공확률이 0.8인 베루눌리 과정이다. 즉 10단위일 확률은 0.2×0.2=0.04, 11 단위일 확률은 0.8×0.2×2=0.32, 12 단위일 확률은 0.8×0.8=0.64이다.

〈도표 10-2〉 불확실한 산출의 두 기간 상황의 시간 순서

계약체결	제1기 선택:	$y_1=q_1=M_1\sqrt{KL_1}$	제2기 선택:	$y_2=q_2=M_2\sqrt{KL_2}$
$I_1(y_1)$ $I_2(y_1, y_2)$	자본(K), 노동(L_1) 및 행동 ($a_1 \in \{a_H, a_L\}$)	의 공개관찰: $I_1(y_1)$에 따른 지급	노동(L_2) 및 행동 ($a_2 \in \{a_H, a_L\}$)	의 공개관찰: $I_2(y_1, y_2)$에 따른 지급

4.1.1. 적립

$K=L_t=1$이면, 각 기의 생산량은 다음과 같다.

$$q_t = M_t\sqrt{KL_t} = M_t$$

즉 생산량은 매기 10, 11,혹은 12 단위가 된다. 높은 행동과 $L_1=L_2=K=1$일 때, 경영자 보상은 〈도표 10-3〉과 같다. 수확체감이 성립한다.[28]

〈도표 10-3〉 정책 a_H, δ^H를 유인하는 최적 보상계약[29]

기간 t의 보상	$q_t = 10$	$q_t = 11$	$q_t = 12$
$I_t(q_1)$	2,929	10,227	10,545
$I_2(q_1, q_2) = I_2(q_2)$	2,929	10,227	10,545

그 결과 기간 간 차이보고의 여지가 발생한다. 〈도표 10-4〉는 첫 기의 생산량이 12일 때 11로 한 단위를 적립하고, 두 번째 기에 그 한 단위를 보고하는 것이 유리함을 보여준다(지연인식). 이 경우 두 번째 기간의 생산량이 12가 되면 적립한 한 단위는 폐기된다. 물론 이는 기업 입장에서는 바람직하지 않다.

---

28 경영자 최적보상은 다음 프로그램의 해이다.

$$\underset{I_1(q_1),\, I_2(q_1,\, q_2)}{\text{minimize}}\ E[I_1+I_2 \mid a_H, \delta_H]$$

s.t. $E[u \mid a_H, \delta^H] \geq u(\hat{I})$

$E[u \mid a_H, \delta^H] \geq E[u \mid a, \delta]$, 모든 a와 δ에 대해.

29 여기서 δ_H는 제1기의 생산량과 무관하게 항상 a_H를 선택하는 정책을 표시한다.

〈도표 10-4〉 기간 간 재정확률(q_1=12, $a_2 = a_H$, 적립실시)

	제2기 산출량, q_t			보상추첨에 따른 확실성 등가
	q_t = 10	q_t = 11	q_t = 11	
$\pi(q_2 \mid a_2 = a_H)$	.04	.32	.64	
진실 상황의 $q=(q_1, q_2)$ 보고	(12, 10)	(12, 11)	(12, 12)	
q보고에 따른 총 보상	10,545+2,929 = 13,474	10,545+10,227 = 20,772	10,545+10,545 = 21,090	20,545
1단위 적립 시 $q=(q_1, q_2)$ 보고	(11, 11)	(11, 12)	(11, 12)	
q보고에 따른 총 보상	10,227+10,227 = 20,454	10,227+10,545 = 20,772	10,227+10,545 = 20,772	20,759

4.1.2. 기간 관리

〈도표 10-5〉는 제2기의 산출량의 일부를 경영자가 미리 아는 경우를 보여준다. 사례 A와 B를 비교하면 B가 더 유리하다. 또 C와 D를 비교하면 D가 더 유리하다. 두 기간의 생산량 합계는 같으므로, 경영자는 B 또는 D로 보고할 것이다.

〈도표 10-5〉 원래의 보상조건과 제2기 산출량을 미리 알 경우의 재정확률

	q_1	q_2	q_1+q_2	$I(q_1)+I(q_2)$	확률
사례 A	12	10	22	10,545+ 2,929 = 13,474	1-α
	12	11	23	10,545+10,227 = 20,772	α
사례 B	11	11	22	10,227+10,227 = 20,454	1-α
	11	12	23	10,227+10,545 = 20,772	α
사례 C	10	11	21	2,929+10,227 = 13,156	1-α
	10	12	22	2,929+10,545 = 13,474	α
사례 D	11	10	21	10,227+ 2,929 = 13,156	1-α
	11	11	22	10,227+10,227 = 20,454	α

4.1.3. 개인 정보

이제 개인 정보가 있는 경우를 검토하자. 오직 경영자만이 각 기의 생산량을 안다. 첫 기말에 첫 기는 알고 두 번째 기간의 추가 1 단위 생산을 미리 알 수 있다고 하자. 추가 한 단위가 발생하면 두 번째 기의 생산량은 11 혹은 12이고, 그렇지 않으면 10 혹은 11이 된다. 경영자는 매 기의 생산량을 자기보고 해야 한다. 감사인은 자기보고의 총합계는 알 수 있지만, 기간 사이의 이전은 적발할 수 없다고 가정하자.

〈도표 10-6〉 사적 정보를 가진 경영자의 유연화 선택안

보고시점에서의 경영자 개인 정보	제2기 잠재 산출량	제1기 실현보고 및 제2기 잠재보고
사례 1: q_1=10 및 첫 번째 추가단위 성공	q_2 = 11 혹은 12	q_1 =10 및 q_2 =11 혹은 12; 또는 q_1 =11 및 q_2 =10 혹은 11
사례 2: q_1=10 및 첫 번째 추가단위 실패	q_2 = 10 혹은 11	q_1 =10 및 q_2 =10 혹은 11
사례 3: q_1=11 및 첫 번째 추가단위 성공	q_2 = 11 혹은 12	q_1 =11 및 q_2 =11 혹은 12
사례 4: q_1=11 및 첫 번째 추가단위 실패	q_2 = 10 혹은 11	q_1 =11 및 q_2 =10 혹은 11
사례 5: q_1=12 및 첫 번째 추가단위 성공	q_2 = 11 혹은 12	q_1 =12 및 q_2 =11 혹은 12
사례 6: q_1=12 및 첫 번째 추가단위 실패	q_2 = 10 혹은 11	q_1 =11 및 q_2 =11 혹은 12; 또는 q_1 =12 및 q_2 =10 혹은 11

발생 가능한 모든 경우가 〈도표 10-6〉에 표시된다. 경영자는 '유연화' 기회를 갖는다. 당기 수익이 낮으면 차기 수익을 미리 인식하고, 당기 수익이 높으면 늦게 인식한다. 물론 이처럼 허위보고하는 것은 이익관리의 한 형태이다. 이 특수한 경우는 이익 시리즈를 유연화 하는 효과를 갖는다. 즉, 경영자는 이익관리의 기회를 갖는다.

이는 유연화만 유발하는 것(〈도표 10-5〉와 〈도표 10-6〉의 본질)이 아니라, 모든 경우에 높은 행동을 실행하지 못하게 할 수도 있다. 높은 행동을 실행하도록 하는 방안은 두 가지이다.

(i) 이익관리 방지 : 하나의 노선은 경영자가 항상 높은 행동을 선택하고 이익관리를 하지 않도록 인센티브를 설계하는 것이다. 즉 높은 행동과 진실보고를 유인하도록 본인의 프로그램을 설계하는 것이다.[30]

30 기본 대리 모형에 진실 보고 유인 제약식을 추가한다.

최적 인센티브 구조는 〈도표 10-7〉의 진실보고 유인 시 열에 표시된다. 원래 경우에 비해 유연화 유혹을 없애기 위해 경영자 보수는 왜곡된다. 기업 원가는 증가한다.

(ii) 이익관리 허용 : 두 번째 노선은 유연화를 유인한다. 이 경우 최적계약을 확인하기 위해 앞에서와 동일하게 진행하는데, 다만 경영자가 가능한 한 유연화를 하고 항상 높은 행동을 선택하게 인센티브를 설계한다. 이 경우 최적보상은 〈도표 10-7〉의 유연화 유인 시 열에 표시된다. 진실보고 유인 시와 비교하면 진실보고 유인이 더 유리하다.

〈도표 10-7〉 효율적 보상 계약

보고 산출량 q_1	q_2	원래 사례	진실보고 유인 시	유연화 유인 시	수정된 사례
10	10	5,858	6,833	6,760	20,000
10	11	13,156	12,300	12,289	20,000
10	12	13,474	14,883	벌금	벌금
11	10	13,156	11,674	12,122	12,929
11	11	20,772	15,094	14,815	20,227
11	12	20,772	20,344	21,057	20,545
12	10	13,474	14,883	벌금	벌금
12	11	20,772	21,904	21,469	20,000
12	12	21,090	22,559	22,621	20,000
$E[I_1+I_2 \mid \cdots]$		20,227	20,518	20,530	20,067

그러나 유연화 유인이 반드시 일반적인 해답인 것은 아니다. 예를 들어, 경영자가 50 대 50의 확률로 결정적인 예상을 하는 경우에는 유연화를 허용하는 것이 최적이다. (반반의 확률에서는, 가블링은 실제로 작아지고, 이는 유연화된 발생 시리즈의 정보내용 감소가 작아짐을 의미한다. 이제 가블링을 제거하지 않는 인센티브 제약은 전과 같이 존재하고, 유연화 접근을 유리하게 하도록 절충이 작용한다.)

더욱 흥미로운 것은 경영자가 두 기간 모두 높은 행동을 할 때에만 유연화를 허용하는 경우이다. 이는 〈도표 10-7〉의 마지막 열인데, 이 계약이 기업에게는 가장 유리하다(원래 사례

20,227 대 20,067 지급). 따라서 유연화는 높은 행동에 대한 신호가 된다.

4.1.4. 큰 그림

경영자의 이익관리가 가능할 때, 기업은 유리할 수도 있고 불리할 수도 있다. 이러한 기회주의 가능성이 유혹적이고 무상이라면, 경영자는 가치 있는 계약 정보를 파괴한다. 그러면, 기업은 이러한 두 번째 유인효과를 견디는 것과 성과 시리즈를 유연화 하는 유혹을 제거하기 위해, 기저의 정보사용을 파괴할 것인지를 결정해야만 한다. 어떤 접근이 다른 접근에 비해 더 우월한지를 보이는 케이스를 검토하는 것은 쉽다. 실제로, 유혹과 특출한 신호 그리고 상세한 내용을 알 수 있다면, 우월한 계약 노선을 선택할 수 있을 것이다. 결국 이 분야에서 보편적인 답은 없다.

또한 보고의 정보내용과 계약 자체의 안정성을 파괴할 기업의 유인도 고려해야 한다. 경영서비스 시장은 경영자의 보고된 성과를 통찰하며, 따라서 경영자의 재능에 대한 시장평가를 통해, 보수와 성과의 가장 바람직한 연결을 기업이 조작할 능력을 감소시킨다. 마찬가지로 기업과 경영자는 그들 사이의 계약 내용을 재협상할 수 있는 자유를 갖고 있다. 이러한 자유는 알려진 것이 얼마나 많이 공개적인가라는 이슈를 제기하며, 또한 각 당사자들이 얼마나 많은 정보를 탐색하는가라는 이슈도 제기한다.

가치평가 문제도 다루어야 할 부분이 될 수 있다. 물론 여기에서는 위험 중립적 가치평가를 전제로 하므로, 이런 관심을 침묵 시킨다. 왜냐하면, 이런 상황 하에서는 불확실성을 조기에 해소할 필요가 전혀 없고, 또한 합리적 기대가 작용하여 이익관리 행동이 무엇 때문에 이루어지는지를 가치평가 시장이 알도록 만들어 준다. 가치평가 시장에 이런 저런 형태로 마찰을 도입되는 것은 정보 시기(timing)의 문제를 여러 계약 영역에 걸쳐서 가치평가 영역에까지 퍼뜨릴 것이다.

가장 중요한 것은 기간 간 발생에 대한 유연화 유인, 혹은 더 범위를 넓혀, 기간 간 발생에 대한 관리 유인은 내생적이라는 점이다. 이 문제를 다루는 일은 기업의 전반적 계약과정의 일부이며, 일상적이거나 단순한 것이 결코 아니다. 넓은 의미에서, 기업은 여러 당사자 사이에서의 정보흐름을 기간 사이에서 관리하고자 한다. 정보에는 비용이 들며, 또 해로울 수도 있다. 따라서 우리는 모든 당사자가 알 수 있도록 완전하고 시기적절하게 공시가 이루질 것이라고 예상할 수 없다. 기간 간 발생을 관리함은 이러한 사실의 한 측면을 보여주는 것이다.

4.2 기간 내 발생

발생주의 이슈는 한 기간 내에서도 나타날 수 있으므로, 여기에서는 기간 내 발생(intratemporal accruals)에 관해 살펴보자. 기업은 다품종 제품을 생산하든가 혹은 유의한 조직 질서 안에서 활동한다. 특정 제품의 한계원가 추정, 현행 이익의 고객 집합 혹은 부문 조직에 대한 배분 등과 같은, 기간 내 이슈는 가치평가 영역(예: 영업 라인별 보고)과 계약 영역(여러 제품에 대한 노력 배분)에서 나타나지만, 이들은 대부분 조직 내 활동에서 발생한다(예: 두 경영자가 공통적 자원을 공유한다). 이런 이유로 여기에서는 조직 내 상황을 강조한다.[31]

한 기간 모형에서 두 제품과 두 경영자를 다룬다. 조직 내 활동에 대한 이런 관심은 회계가 조직 내외에서 중요한 역할을 수행한다는 점과 회계이론이 양쪽 노선에서 동등하게 중요함을 일깨워 준다. 분리 불가능성은 여전히 중요하다.

정보문제는 경영자 팀의 성과측정(예: 경영자가 충분히 생산적인가)과 제품관리(특정 제품이 충분히 수익성이 있는가, 혹은 특정 주문을 수락해야 하는가)를 통해 발생한다. 첫 번째 문제는 성과평가 측면이고 둘째는 가치평가 측면이다. 이런 활동들은 기업 내에서 발생하며, 다수의 제품과 경영자를 포함한다.

분리 가능성은 없다. 한 제품에 대한 가치평가는 일반적으로 다른 제품의 가치평가와 분리할 수 없으며, 마찬가지로 한 경영자에 대한 성과평가는 다른 경영자의 성과평가와 분리할 수 없다. 조직은 무엇인가 이유가 있어서 제품과 노동원천을 결합시킨 것이다. 이 이유가 경제적 요인들이 이런 결합에 유리하다는 전제를 성립하게 하며, 또 만일 그렇다면 그 활동들은 본래 분리 불가능하다. '전체'는 '부분의 합'보다 더 생산적이다. 기업은 범위의 경제를 추구한다.

그러나 회계절차는 분리 가능성을 제공한다. 한 제품의 생산원가, 수익성, 경영자의 재무적 책임과 기여 등등을 항상 검토한다. 회계절차는 이런 식으로 설계되어 있다.

처음에는 한 경영자가 두 제품을 취급하는 사례를 다룬다. 이 사례는 성과평가 주제를 강조하며, 앞에서 다룬 기간 간 발생주의와 긴밀한 관계를 갖는다. 그 다음에는 각 제품별로 다른 경영자가 할당되는 사례, 즉 독립된 부문 경영자 상황을 검토한다. 결국 한 부문에서 타 부문에 공급하면 협력 행동이 발생하고, 그 이전을 적절히 기록하는 것은 경영자의 성과평가에서 문제가 된다. 그 다음에는 제품원가와 수익성 문제로 돌아가 가치평가 주제

31 이 항은 Christensen and Demski(2003)의 18장을 요약한 것임.

를 다룬다.

통상적으로 이 모든 상황에서 회계시스템이 정보를 전달하는지 묻고 있는데, 이는 현금흐름 자체와 다른, 혹은 현금흐름 그 이상의 무엇을 말해야 함을 의미한다. 이는 발생의 역할이다.

4.2.1. 한 경영자-두 제품 상황

두 제품 생산에 따른 경영자 최적보상은 다음 〈도표 10-8〉과 같다고 하자.

〈도표 10-8〉 정책(a_H, a_H)를 실행하기 위한 최적 $I(q_1, q_2)$

체계	산출량 쌍(q_1, q_2)								
($E[I\|(a_H, a_L)]$)	10, 10	10, 11	10, 12	11, 10	11, 11	11, 12	12, 10	12,11	12,12
규준점 (20,264)	−3,051	14,383	14,890	13,383	20,399	20,678	14,890	20,678	20,948
전환(12, 10) (20,302)	−7,196	15,882	16,430	11,918	19,249	20,765	19,249	20,639	20,983
only if(a_H,a_H) 20,000	20,000	20,000	20,000	20,000	20,000	20,000	벌금	20,000	20,000
합계 (20,316)	−8,646	14,018	18,819	14,018	18,819	20,709	18,819	20,709	20,991

〈도표 10-9〉 i=1, 2일 경우의 행동에 따른 경영 투입 확률

제품 i, 행동	M_i = 10	M_i = 11	M_i = 12
$\pi(M_i\|a_i=a_H)$	.04	.32	.64
$\pi(M_i\|a_i=a_L)$	.64	.32	.04

〈도표 10-10〉 생산량이 불확실한 두 제품 상황의 시간 순서

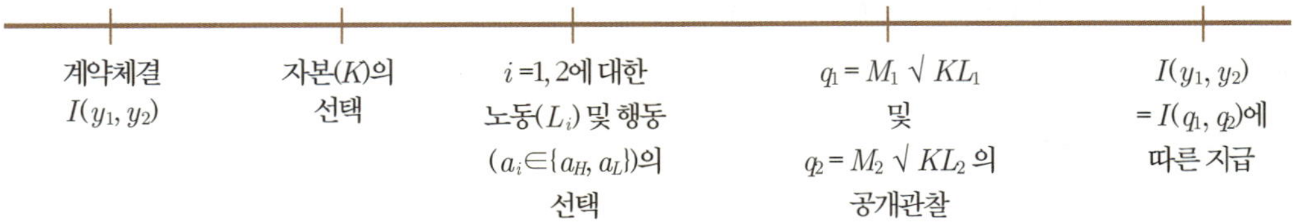

경영자가 재량을 행사하여 제품별 생산량을 실제와 다르게 보고(misreport)한다고 하자. 〈도표 10-8〉을 보자. 이 보고로 보상은 $I(12,\ 10)$=14,890에서 $I(11,\ 11)$=20,399로 높아진다.

바꿔 말하면, 회계시스템이 각 제품의 생산량을 완전하게 보고한다는 가정 하에 설계된 인센티브 계획은 부적절한 분류의 침해를 받을 수 있다. 이런 가능성이 있으면, 우리는 인센티브 시스템을 바꿔야 한다. 이것이 〈도표 10-8〉의 전환 (12,10)이다. 요점은 인센티브 적합성을 확대하여 부적절 분류를 방지하면서 각 제품에 a_H 공급을 하도록 하는 것이다. 이 경우 q=(12,10)이나 q=(11,11)이나 보상은 같다. 또한 기대 보상은 20,264에서 20,302로 높아진다. 결국, 인센티브 계획은 이런 유혹이 발생하지 않도록 설계되었다.[32]

경영자가 두 제품에 모두 높은 행동을 하는 경우에만 이런 부적절 분류를 할 수 있다고 가정하면, 다른 견해가 생길 수 있다. 경영자가 바람직한 행동을 하고 보고 재량을 적절히 행사하면, q_1=12, q_2=10은 발생하지 않게 된다. 따라서 (12,10)을 (11,11)로 잘못 보고하는 것은 경영자가 기회주의적으로 행동하지 않았음을 알려준다. 〈도표 10-8〉에서 이것이 'only if $(a_H,\ a_H)$'의 경우이다. 이때에는 (12,10)이 아니면 20,000을 받는다. 그리고 경영자가 잘 행동하였다면 (12,10)은 회피할 수 있다. 달리 표현하면, 기회주의적 발생 처리는 경영자 행동에 관한 정보를 전달한다. 그리고 이런 유형의 정보를 발표하는 것은 경영자에게 이익이다. 따라서 계약은 이 정보에 의존할 수 있으며, 또 개선된다.

앞의 기간 간 경우에서와 같이, 계약의 중심은 표시(display)에 있다. 경영자는 보고재량을 행사하여 회계방법 변경을 통해 회계보고에 영향을 줄 가능성이 있다. 어떤 경우에는 이로 인해 기업이 손해를 보고, 어떤 경우에는 이익을 본다. 기간 간 및 기간 내 '유연화'는 밀접한 연관이 있다.

세 번째로 합계 보고의 경우를 살펴보자. 경영자는 두 제품에 생산량이나 이익을 분배할 때 완전한 재량을 갖는다. 단지 총합만 정확하면 된다. 이 경우, 경영자는 개인적으로 각 제품의 산출량을 관찰하지만, 총합의 어떤 구성도 자유롭게 보고할 수 있다. 이 경우가 〈도표 10-8〉에서의 '합계'로 이름 붙여진 경우이다. 경영자가 개인적으로 q_1=10, q_2=12를 관찰한

32 〈도표 10-8〉의 규준점은 다음과 같이 계산된다.

$$\min_{I(q_1,\ q_2)} E[I \mid (a_H,\ a_H)]$$

$$\text{s.t } E[u \mid (a_H,\ a_H)] \geq u(\hat{I})$$

$$E[u \mid (a_H,\ a_H)] \geq E[u \mid (a_i,\ a_j)]$$ 모든 $a_i,\ a_j \in [a_H,\ a_L]$에 대해.

다고 하자. 이 관찰을 (10,12), (11,11), 혹은 (12,10)으로 보고하는 것은 완전히 자유이다.

자연히 기대보상이 20,316으로 증가함으로써 기업에는 손실이 발생한다. 두 생산량을 아는 것이 경영자 행동에 관해 더 정보적이다. 이것이 합계의 본질이다. 아주 드문 경우에만 합계를 하면서 아울러 그 기저의 원래 자료에 의존하기도 한다.

4.2.2. 두 경영자 상황

이제 각 제품별로 경영자가 다르다고 하자. 의사결정 권한(누가 제품을 설계하는가), 협력 행동(기술자와 설계자는 의사소통을 해야 한다), 성과평가 경합(판매부는 최선의 판매원을 확인하기 위한 경합을 해야 한다) 등의 상황이 발생한다. 책임회계, 이전가격 결정과 같은 회계 주제들이 등장한다.

각 제품 별로 전문 경영자가 존재하고, 이들의 보상함수는 〈도표 10-11〉과 같다. 기업의 기대 보상 합계는 2(10,139)=20,278이다.

〈도표 10-11〉 경영자 i의 최적 $I(q_i)$

	산출량 (q_i)		
$E[I\|a_H)$	10	11	12
10,139	2,929	10,227	10,545

이는 앞의 기준점 〈도표 10-8〉 20,264보다 약간 높다. 그 이유는 앞에서는 한 경영자가 동시에 두 투입 요소를 공급하는데, 이로 인해 계약이 간단해지기 때문이다.

성과평가를 완전히 분리하는 것(각 경영자의 성과평가는 각 제품의 생산량에만 의존한다)은 협력의 결여와 독립성에서 비롯된다. 그러나 흔히 경영자들은 명시적이든 묵시적이든 상호작용한다. 그러면 한 경영자에 대한 성과평가 측정치는 다른 경영자의 성과평가에 유용한 정보를 포함할 것이다. 예를 들어, 각 경영자가 a_H를 공급할 때, 두 M_i가 양의 상관관계를 갖는다고 하자. 그러면 한 경영자에 대한 최적계약은 자신의 생산량과 함께 다른 경영자의 생산량에도 의존하는데, 그 이유는 두 변수의 상관관계가 경영자가 일하는 데 수반되는 '잡음'을 이해하는 데 도움이 되기 때문이다.

(1) 직무의 분리

밀접하게 연관된 이슈가 의사결정 권한(decision rights)의 분배이다. 두 경영자가 분리되면 한 경영자인 기준점 보다 비효율적이다. 한 경영자의 경우, 동시적 행동선택과 두 생산에 대한 완전한 관찰이 가능하다. 그러나 이는 표면적 언급에 불과하다. 전형적인 조직에서는 여러 유형의 정보에 대한 생산과 이용을 분리한다. 대표적으로 '장부 기록(doing the books)' 업무와 '현금 취급(working the cash)' 업무의 분리를 들 수 있다. '엄격한(hard)' 자료의 중시도 또 하나의 예가 된다. '직무의 분리'라는 주제는 여러 사람이 담합하여 기업이 원하지 않는 행동선택을 막을 수 있다는 점에 토대를 두고 있다.

(2) 부문간 이전

물론 두 경영자가 협력하도록 격려하는 것도 가능하다. 고전적 예는 한 부문에서 다른 부문으로 재화나 서비스를 공급하는 데 따른 이전가격 결정(transfer pricing) 상황이다. 자연히 개인적 정보를 고려하게 된다. 경영자들은 거래기회가 존재하는지를 자기들만 안다. 그리고 기업은 경영자들이 스스로 이를 정리하도록 하는 것이 편리하다고 하자.

지금까지의 예를 약간 변형하자. 각 경영자는 분리된 자율적 부문을 관리한다. 두 경영자가 바람직한 a_H를 공급하면, .25 확률로 '이익이 되는 거래' 혹은 협력 기회가 발생한다고 하자. 그렇다면, 이는 두 경영자가 행동한 후, 생산량이 관찰되기 전에 발생한다. 이 기회의 내용은 〈도표 10-12〉에 표시된다.

〈도표 10-12〉 행동에 따른 경영투입 확률

부문 1의 행동, $i=1$	$q_1 = 10$	$q_1 = 11$	$q_1 = 12$
a_H 및 이전 없음	.16	.48	.36
a_H 및 이전	.40	.60	.00
a_L	.36	.48	.16
a_H 합계	.22	.51	.27
부문 2의 행동, $i = 2$	$q_2 = 10$	$q_2 = 11$	$q_2 = 12$
a_H 및 이전 없음	.16	.48	.36
a_H 및 이전	0	0	1.00
a_L	.36	.48	.16
a_H 합계	.12	.36	.52

협력기회가 없다면, 각 경영자의 높은 행동은 M_i=10,11, 혹은 12를 각각 .16, .48, 그리고 .36의 확률로 발생시킨다. 마찬가지로 낮은 행동은 이 확률을 반대로 만든다. 그러나 두 경영자가 모두 높은 행동을 하고, 서로 협력한다면, 첫 경영자의 생산량 확률은 .4, .6, 0이 되고, 두 번째 경영자의 확률은 0, 0, 1로 증가한다.[33] 이 아이디어는 간단하다. 즉 이전은 두 번째 경영자의 성과를 개선하여, q_2=12를 보장한다. 그러나 첫 경영자의 성과를 감소시키는 비용이 따른다. 결국 이 이전은 유용한 자원을 한 경영자로부터 다른 경영자에게로 이동시킨다. 그리고 이는 다른 조건이 동일한 한, 첫 경영자의 성과를 낮추고, 두 번째 경영자의 성과를 높인다.

다시, 이 이전 혹은 협력기회는 양자가 모두 높은 행동을 한 경우에만 가능하며, 그것도 확률이 .25인 경우, 즉 〈도표 10-12〉의 'a_H 합계'의 경우, 확률은 이전의 경우 .25, 그리고 비이전의 경우 .75로 가중 합한 것이다. 따라서 각 부문 경영자는 각자의 개인 정보에 의해 서로 거래할 수 있다.

이 경우 기업은 이전기회를 허용하는 것이 유리하다. 먼저 이전 혹은 협력이 없는 단순한 케이스를 검토하자. 이 경우 두 부문 활동이 독립적이면, 최적 인센티브 구조는 앞의 두 경영자 케이스에서와 마찬가지로, 각 부문의 생산량에 대한 각 성과평가에 의존한다.[34] 첫 부문 경영자의 효용을 계산하면 비협력의 경우가 더 높게 된다. 기준 상황은 생산량에 토대를 두는 성과평가를 요구하고, 이전에 합의하면 이 부문의 보고 생산량이 감소하기 때문에, 이는 명백하다.[35] 이전은 성립하지 않는다.

이때에 기업은 세 가지 옵션을 갖는다. 첫째는 각 경영자를 자기 부문만의 성과로 평가하지만, 서로 협력하게 하고 이 내부거래는 발생주의를 통해 반영한다. 이 경우 그 2 부문에서 1 부문에 1 단위를 이전한다. 그 결과 (11, 12) 확률이 (0.4, 0.6)이 되고, 2 부문 경영자는 (11, 12) 확률이 (1.0, 0)이 된다. 둘째로 이 내부시장 접근을 사용하지만 각 부문 경영자를 평가하는 데 두 부문 합계 성과를 반영한다. 이 때 이전을 기록에 반영할 수도 있고 그렇지 않을 수도 있다. 셋째로 경영자들이 협력 가능성의 존재를 보고하도록 하고, 관찰된 부문성과와 함께 이 자기보고를 성과평가에 사용한다. 이 세 가지 경우에 각각 협력을 유인하는 인센티브 적합성 제약을 부과하여 최적보상을 계산하면 모든 정보를 완전히 사용하는 세 번째 옵션이

---

33 1부문 경영자가 2부문 경영자에게 1단위를 이전한다고 가정하자. a_H에서 1단위 추가 성공 확률은 0.6이다.

34 이 경우 확률변화로 인해 〈도표 10-11〉에 비해 최적 보상이 더 높아진다.

35 〈도표 10-12〉에서 부문 1 경영자는 (a_H, 이전)이 (a_H, 무이전)에 비해 확률적으로 불리하다.

가장 유리하다.[36]

이 사례에서 거래의 유일한 의사소통은 회계기록에서의 인식이다. 명시적으로 이전을 차이 보고하는 세번째 방법이 가장 우수하고, 다음으로는 두 부문 성과 합계로 보상하면서 회계 인식하는 경우이다. 즉, 회계기록에 이전을 기록하는 것은, 비록 상당히 애매하기는 하지만, 처음 부문에서 두 번째 부문에로의 이전의 존재를 간접적으로 인정한다. 우리는 다시 한 번 발생이 정보를 전달함을 본다!

4.2.3. 제품 라인 보고

이제 우리는 제품 라인 보고 문제를 검토하자. 이는 항상 회계에서 인기 있는 어려운 문제 가운데 하나이다. 이 주제는 겉보기로는 제품 라인, 소비자 그룹, 특정 주문의 생산성을 추정하거나, 보고하는 문제이다. 원가계산 기술로는 원가배분, 활동기준 원가계산 등등이 있다.

정보내용 관점에서는 두 이슈가 통합된다. 하나는 정보를 전달하기 위해 회계계산을 사용하는 것이다. 다음은 '이용자에게 친숙한' 형태로 정보를 보고하기 위해, 정보가 실린 측정치를 스케일링하는 것이다.

앞에서의 두 제품 설정을 약간 수정하자. 경영자를 고려할 때 대리문제를 배제한다. 즉 $c(a_H)=c(a_L)$ 이다. 그리고 경영투입 M_i가 자본, 노동투입 이전에 관찰된다고 가정한다. 이는 분석을 쉽게 만들면서 중요한 통찰을 준다.

개별 제품의 수익성이 기본 관심인 상황에서, 어떤 점에서의 각 제품의 한계원가를 측정한다고 하자. M_1과 M_2를 관찰하고, 기업은 q_1과 q_2를 생산하려 한다. 다른 때와 마찬가지로, 기업은 자본시장에서 p_K를 노동시장에서 p_{Li}의 요소가격을 지불한다. 따라서 원가는 M_i와 q_i에 의해 결정된다. q_i가 주어진다고 보면 결국 원가는 M_i에 의해 결정된다. 즉, 두 제품 경영 생산성이 모두 낮은 경우, 모두 높은 경우, 그리고 어느 한 제품은 높고 나머지는 낮은 경우로 원가는 구분된다. 그 결과 높은 행동과 낮은 행동을 구분할 수 있게 한다. 두 제품의 총원가는 두 제품의 생산성이 모두 높거나 낮은 경우를 잘 보여준다. 그러나 생산성이 서로 다른 경우 총원가는 같게 표시되어 제품별 생산성이 구분되지 않는다. 이 경우 한계원가는 각 제품의 생산성을 구분하여 표시한다. 결과적으로 총원가와 한계원가가 함께 표시되면 각 제품별 생산성이 전달된다.

36 생산량에 따른 최적보상의 분산이 작아진다. 즉 10개 보상은 높아지고 12개 보상은 낮아져서 보상 차이가 감소한다.

물론 여기에서 검토한 제품 생산성 보고 문제에도 통제 측면이 존재한다. 앞에서 살펴본 이전가격 결정과 유용한 계약 정보, 그리고 자기보고 유인 등은 통제 측면에 해당한다. 각 제품 경영자가 자본 선택에 필요한 정보를 가지고 제품 수익성 측정치를 설계할 때, 상호 협력하는 문제를 생각해 보자. 이 문제는 가치평가와 계약 상황을 동시에 고려한다.

4.3 다른 관점과의 비교

Demski(1998)는 정보내용 관점에서의 이익관리 연구와 다른 관점에서의 연구를 비교한다. 여기에서는 그 내용을 통하여 이 장 전체의 내용을 정리하고자 한다.[37]

Demski(1998)는 먼저 자신의 접근이 갖는 특징을 다음과 같이 요약한다. (1) 기준 상황에서기저의 산출량이 갖는 정보내용(자연스러운 이익관리 발생), (2) 1기 보고 시점에서 경영자가 아는 산출량 정보, (3) 경영 노력투입이 보고 시점의 정보에 미치는 영향. 나아가서 모형은 총계와 감사인의 역할에 의존한다.

결론은 확실하지 않다. 이익 관리가 생산적인지 혹은 비생산적인지, 이익관리에 대한 최선의 대응은 무엇인지 확실하지 않다. 이는 완전 보고 대신에 이익관리가 허용되는 경우, 여러 방향에서 갈등이 존재하기 때문이다.

이익관리 가운데 유연화는 여러 각도에서 검토되었다. 경험적 연구는 유연화가 실무적으로 사용되기 위한 조건을 확인하기 위하여 Demski가 말하는 '기준이 되는 이익관리 인센티브'의 직관적 역할을 사용한다. 이익 유연화의 목적은 예를 들면 보상 계약의 구조(최소 이익 수준 이상에서 보상), 경영자 환매, 부채 약정 침해, 빈약한 상대적 성과 등이다. 가치평가 목적의 이익관리도 연구된다.

Jones(1991)의 재량적 회계 발생이 통상적으로 사용된다. 직관적으로 회계 기반 성과 관리 혹은 허위 보고는 재량적 발생을 통해 이루어진다. 그리고 재량적 발생과 비정상적인 사건을 연관시켜서 비정상 사건에서의 보고 활동을 검토한다. 이는 발생에서의 통계적 유형을 통해, 회계 구조를 개발하는 장점을 갖는다. 그러나 허위 보고가 관찰된다는 전제는 문제가 된다.

비유하자면, 재량적 발생은 Demski의 모형에서는 실제보다 적게 보고되는 생산량이라고

---

37 이 항은 Demski, Performance Measure Manipulation, Contemporary Accounting Research(1998), pp.274-276을 참고함.

생각할 수 있다. 그러나 이 모형의 본질은 경영자가 사적으로 허위 보고 대안을 알고 행사할 수 있다는 점이다. 보고의 재량적 부분을 직접 확인하거나 혹은 관찰할 수 있다면, 현시 원칙이 성립하는 상황으로 되돌아간다.

이론적 분석 연구는 불가피하거나 최적인 허위보고를 야기하는 계약 갈등을 강조한다. 이 분석적 연구의 공통 주제는 허위보고가 균형이라는 점인데, 이는 현시 원칙이 불가능함을 의미한다. 제한된 의사소통은 통상적인 이야기이다. 어느 쪽이든 현시 원칙은 제한된다.

경험적 연구는 성과 관리 활동의 관찰 가능성을 강조하는데 비해, 분석적 이론은 본질적인 관찰 불가능성과 함께 이익 관리 활동이 존재한다는 공통 지식을 강조한다. 성장과 기타 시장 조건을 통제하더라도 표본 기업들의 허위 보고가 일정하다고 가정할 이유가 없다. 따라서 경험적으로 허위 보고 정책을 확인하는 것은 곤란하다.

제11장

제도와 규제

다른 분야에서의 규제 완화와는 달리 회계 분야에서는 규제가 더욱 강화되는 추세를 보인다. 이 장에서는 회계규제를 하는 이유, 방법 그리고 결과 즉, 공시규제의 근거, 회계원칙의 내용, 규제의 효과에 관한 이론을 소개한다.

회계규제 이론의 주된 배경이론은 정보경제학, 규제의 경제이론 등이다. 공시규제의 근거는 일반 경제규제와 마찬가지로 효율성 측면과 공평성 측면에서 검토되어야 한다. 효율성 측면에서는 외부효과, 정보 비대칭성 등이 검토된다. 그러나 공평성 측면에서는 규범적 기준이 없다.

회계규제는 크게 정보공시 관련 규제와 회계기준의 제정으로 나누어 검토할 수 있다. 증권법과 S-X법 등은 회계기준 이외의 기업의 정보공시에 관한 규제내용을 포함하고 있다. 회계기준에 관해서는 회계이론에 토대를 두는 기준 제정과 정치적 과정에 의한 기준 제정의 측면에서 생각할 수 있다. 1970년대 초 FASB가 기준을 제정하기 시작한 이후에는 정치적 과정을 중시한다.

회계이론의 세 관점들 사이에서 규제에 관해 가장 현저한 차이를 보이는 것은 질적 특성에 대한 이해이다. 정보원천의 가치는 의사결정 문제(상태-행동-결과), 취향, 신념 등의 구체적인 상황, 즉 소위 상세한 내용(finer details)에 따라 결정된다. 정보내용 관점에서는 이를 질적 특성이 대신할 수는 없다고 주장한다.

그럼에도 불구하고, 이 접근에서는 개념체계가 FASB 혹은 IASB가 조정기구로서 회계규제에 관해 사회적 기대의 안정성을 유지하기 위한 일종의 수사(rethoric)로서 필요하다고 본다(Christensen and Demski, 2003, p.429). 그러나 가치평가 관점에서는 개념체계를 규제기관이 선택한 일종의 (기술적인) 회계이론이라고 본다. 그리고 이 이론을 토대로 회계기준 선택을 연구한다(Barth et al., 2001, JAE). 계약 접근에서는 이에 관해 경제적 GAAP이론을 주장한다(Kothari, 2010, JAE).

이 장에서는 회계규제의 근거를 살펴보고, 현행의 주요 규제 이슈로서 FASB와 IASB의 기준 합치, 원칙중심, 규제측면에서의 효율적 시장 가설의 의미 등을 검토한 후, 정보내용 접근에서 보는 제도와 개념체계에 관한 이론적 입장을 검토한다.

지금까지 회계의 목적, 이용, 실행, 보고, 비교 우위 등 전반적인 모습을 살펴보았다. 오늘날 회계는 정해진 회계기준에 따라 이루어진다. 최근에는 국제회계기준이 적용되고 있다. 여기에서는 이처럼 국가적으로 혹은 국제적으로 회계기준이 제정되고 실행되는 이유는 무엇인가, 또 회계 기준은 어떤 과정을 거쳐 제정되고 어떤 특징을 갖는가, 그 결과 사회적 효과는 무엇인가 등에 관한 문제들을 검토하고자 한다.

이 장에서는 회계의 제도적 측면, 즉 회계규제 문제에 관해 세 관점의 입장을 검토한다. 규제는 크게 회계기준을 통한 규제와 기타의 규제로 구분할 수 있다.

먼저 회계규제의 근거에 관해 재무보고의 외부효과, 정보 비대칭성 등으로 인해 최적 정보생산이 불가능하기 때문이라는 점에 있어서는 가치평가 접근과 계약 접근이 궤를 같이 하고 있다.

공시 규제의 경제적 결과에 대한 경험적 연구로서는 공정 공시 규제, 사베인-옥슬리 법; 재무제표 본문이나 주석에 표시하지 않아 GAAP의 직접적 적용을 받지 않는 정보들[1]이나 보충적 정보들의 정보전달성, 성과 측정치 대안들의 지속성을 검토하고, 자본시장 참여자에 대한 유용성을 평가한다(Beyer et al., 2010, JAE).

규제의 동기에 관해서는 공익추구, 사익추구, 포획이론, 이데올로기 이론 등이 있는데, 계약 관점은 사익추구론, 이데올로기론을 택한다. 이를 전제로 미국회계기준과 국제회계기준의 합치보다는 경쟁을 주장하고, 원칙중심과 규칙중심 사이의 선택은 경영자 책임과 감사인 책임 사이의 선택 문제로 귀착된다고 보며, 시장이 효율적이어야 규제의 의미가 존재한다는 의미에서 효율적 시장의 규제상의 의미를 강조한다(Kothari et al., 2010, JAE).

이상의 두 관점에 비해, 정보내용 접근에서는 회계기준 규제의 이유로서 기업의 재무보고 관리를 제시하며, 이를 다수기업-다기간 상황에서 검토한다. 또한 회계규제는 일종의 조정 수단이라는 입장에서 조정의 필요성을 중시한다. 이 접근에서는 네트워크 효과의 존재를 주장하며, 각종 조정기구와 제도는 상호 경쟁을 통해 보다 높은 효율성을 확보할 수 있다고 본다.

회계기준의 선택과 관련하여 정보내용 접근의 가장 큰 특징은 정보의 질적 특성으로써는 유용성을 판단할 수 없다는 것이다. 정보내용은 기업의 보다 상세한 내용(finer details)에 의해 결정되며, 이를 목적적합성이나 신뢰성과 같은 질적 특성으로 대체하는 것은 불가능하다고 이 접근에서는 주장한다. 또 비용-효과 분석을 통한 규범적 선택도 불가능하다고 보는데, 사회적 선택에서 목적함수를 정의할 수 없다(K. Arrow)는 이유에서이다(Christensen, 2010. ABR). 또한 이 접근에서는 효율적 규제를 설계하는 데 있어 규제자들이 공시규제(즉, 회계기준)에 대해 보고 실체들이 어떻게 반응할지를 미리 예상하여 기준을 설정한다는 점도 고려해야 한다(Christensen & Demski, 2007).

---

1 비GAAP 회계수치(non-GAAP Accounting numbers)로서, 예를 들면 경영자 검토 및 분석보고(MD&A)를 들 수 있다.

제1절 가치평가 접근

Beaver(1998)는 주로 경제적 관점에서 규제의 논거와 효과를 검토한다. 여기에서는 그의 소론에 따라 규제의 주요 측면들을 검토한다.[2]

1.1 재무보고 규제

1933년 증권법, 1934년의 증권거래법은 SEC에게 상장기업이 완전하고 공정한 공시를 하도록 규제하는 권한을 부여하였다. 특히 회계기준 제정권을 부여하였는데, SEC는 이 권한을 FASB에 위임하고 있다.

투자자들은 증권시장 환경 안에서 투자 활동을 한다. 시장은 자발적으로 정보를 공시할 유인을 갖는다. 효율적 시장은 현금흐름 효과가 없는 회계방법 선택을 통찰하며, 일반 투자자는 가격에 의해 보호된다. 또한 증권 거래자들에게 공정한 게임을 보장한다.

그럼에도 불구하고, 증권시장을 규제하고 또 규제가 강화되는 이유에 대해서 Beaver(1998)는 주로 경제적 근거를 추구한다. 전통적인 규제 논거는 사기이다. 그러나 문제의 행동이 실제로 사기인지, 잘못된 재무보고가 그 원인인지, 규제는 효과를 가지며, 또 그 비용은 사소한지 여부 등에 관해서는 확실하지 않다. 나아가서 어떤 시스템도 비용을 수반하므로, 규제가 바람직할 정도로 시장실패가 심각한지도 중요하다.

정보는 일종의 경제재이다. 회계규제는 투자 사회에 대한 정보 흐름의 규제이다. 이 관점에서 보면 효율성과 공평성 두 가지의 경제적 문제가 대두된다.[3] 정부는 두 가지 범주의 문제에 관여한다. 그러나 정부 개입의 타당성은 문제의 유형에 따라 달라진다.

투자자에 대한 정보 흐름에 영향을 주는 두 가지 기본적인 수단이 존재한다. 첫째는 일반적인 사기 조항이고, 둘째는 SEC 보고와 연차 보고 등을 통해 재무보고를 명시적으로 규제하는 것이다.

2 이 절은 Financial Reporting: Accounting Revolution, Prentice Hall, 1998, 7장을 참고함.

3 효율성은 파레토 최적을, 그리고 공평성은 부의 재분배를 의미한다.

증권법은 증권 매매와 관련하여 중대한 사실을 허위 혹은 오도하는 표시를 하거나, 생략하는 것은 불법이라고 규정한다. 대부분의 상품 판매에 대해서 사기 규정은 통상적이다. 판매되는 제품 혹은 용역의 품질의 불확실성은 중요하다. 거래의 일방이 품질에 관한 정보우위를 갖는 경우가 많다. 법적 책임에 의한 사기 방지는 매우 통상적이지만, 무엇이 공시되어야 한다고 명시적으로 규정하는 규제 메카니즘의 존재는 증권 규제의 특징이다.

1.2 재무보고 규제의 근거

사기 규정만으로는 부족한 재무보고 규제의 근거는 외부 효과, 정보 비대칭, 경영자의 불리한 정보 은폐, 세 가지이다.

1.2.1. 재무보고의 외부효과

거래 일방의 행동이 가격 메카니즘을 통해 가격을 부담하지 않는 다른 당사자에게 영향을 미칠 때 외부효과(externality)가 존재한다. 이는 시장 실패(market failure)를 유발한다. 원칙적으로는 정교한 가격 시스템이 이 영향에 대해 가격을 부과할 수 있으나, 이런 시스템은 너무 비용이 많이 들거나 실행이 불가능하여 바람직하지 않다.[4]

이 경우 외부이익을 얻는 사람은 무임 승차자(free rider)이다. 무임승차로 인해 공공재는 과소 생산된다. 재무보고 맥락에서는 두 가지 사례가 거론된다.

(1) 한 기업의 생산기회에 관한 정보가 다른 기업의 생산기회에 관한 정보를 전달할 때, 외부효과가 발생한다. 공시 기업의 주주는 공시 비용을 부담하지만, 다른 기업의 주주는 그 공시의 영향을 받더라도 대가를 지불하지 않는다. 예를 들어, 제품 개발의 성공에 관한 기업의 공시는 유사 제품 개발의 기회에 관하여 다른 기업에게 정보를 제공할 수 있다. 사실, 제품 개발에 대한 자원 소비를 중단시킬 수도 있다. 따라서 불리한 경쟁을 이유로 공시를 반대하는 것은 외부효과를 그 근거로 보는 것이다. 이 상황에서 공시 기업은 보상을 받지 않으므로 완전하게 공시할 유인이 없다.

(2) 두 번째 예는 잠재 주주에 대한 긍정적인 외부효과를 다룬다. 투자자는 주식의 여러 포

4 고속도로의 경우 울타리로 진출입을 차단할 수 있다.

트폴리오와 관련되는 위험과 보상을 평가하기 위한 정보를 필요로 한다. 소비와 투자 결정을 하면서 투자자는 특정 주식의 포트폴리오 포함 여부를 결정하는 데 유용한 정보를 필요로 한다. 최적 포트폴리오 선택은 본질적으로 투자 대안을 고려한다. 따라서 어떤 주식이 포트폴리오에 포함되지 않더라도, 그 주식에 관한 정보는 가치가 있다. 이 상황에서 미래 주주는 직접 비용을 지불하지 않지만, 그들은 공시의 혜택을 입는다(무임 승차자이다).

마찬가지로 가격이 포괄적인 정보 시스템을 반영하는 증권시장을 고려해 보자. 투자자는 노력이나 비용 부담 없이 가격 수용자로 행동하여, 가격 정보를 반영하는 단순한 무비용 포트폴리오 전략을 선택할 수 있다. 즉, 주가에 반영된 합의된 신념을 채택하는 것처럼 행동하고, 주가는 다시 포괄적 정보 시스템을 반영한다. Fama의 '공정 게임' 해석의 맥락에서 보면, 투자자는 포괄적이며 공개적으로 이용 가능한 정보 시스템에 관하여 공정 게임을 수행한다. 투자자는 정보가 주가에 반영될 때 그 정보의 혜택을 본다. 그러나 그 정보는 주가에 반영되었으므로, 그에 대해 직접적으로 수요하고 지불할 필요는 없다.

1.2.2. 투자자 사이의 정보 불균형

시장에서는 투자자 사이에 정보 비대칭이 존재한다. 즉, 정보를 가진 사람들과 그렇지 않은 사람들이 존재한다. 이러한 정보 접근 상의 비대칭은 증권법의 공정 공시를 침해한다. 이 논의의 근거는 정보가 적은 그룹은 정보가 많은 그룹으로부터 공평하게 보호받아야 한다는 것이다.

개인 정보의 수요에 관한 경제 분석에 의하면, 거래를 위해 비공개적으로 이용 가능한 정보를 탐색할 필요가 있다. 이 과정에서 불공정성이 자명하지는 않다. 다음과 같이 정보 취득의 비용-효과 문제가 개입하기 때문이다.

재무 분석가는 정보탐색의 혜택을 직접적이든 혹은 간접적이든 고객에게 전달할 것이다. 이런 점에서 분석가의 고객은 정보가 많은 투자자가 된다. 그러나 이들은 직간접으로 분석가에게 지불한다. 지불 의사가 있는 모든 사람에게 그 서비스가 이용 가능한 한, 정보가 적은 투자자에게 어떤 손해가 발생하는지는 분명하지 않다. 투자자는 주어진 정보비용을 전제로, 추가정보 이용에 따른 한계 기대효익과 한계 기대비용이 동일한 시점에서, 정보 그룹과 비정보 그룹 사이에서 무차별한 점까지 분석가의 정보 서비스를 구매할 것이다. 일부 투자자는 분석가의 서비스를 구매하려 하지 않는다는 통상적인 주장이 있다. 그러나 재무 중개기관의 존재는 이 주장을 불분명하게 만든다. 더욱이 이 주장은 상대적으로 정보가 적은 투자자들이 갖고 있는 여러 대안을 무시한다. 이런 대안 가운데 하나는 **구매 및 보유 전략**이나 **지수 펀드**를 통해 자신을 보호하는 것이다. 또한 정보가 많은 투자자의 행동은 정보가 적은 투자자에게 정보를 시그널하고, 그 결과 그 정보를 부분적(극단적으로는, 완전히)으로 반영한다.

분석가 정보의 구매는 품질이 높은 재화를 구매하는 것과 같다. 일반적으로 어떤 상품이든 품질 차이는 있기 마련이며, 어떤 소비자는 좋은 품질을 사고, 다른 소비자는 낮은 품질을 산다고 해서, 불공정하다고 생각하지는 않는다.

선택적 공시는 흔히 공정성 관점에서 검토되지만, 이는 효율성 관점에서도 논의될 수 있다.[5] 예를 들어 Hirshleifer(1971)는 교환 상황에서 정보 취득의 사회적 가치는 영이라고 본다. 합의 비용이 없다면, 투자자들은 사적으로 정보 탐색을 하지 않기로 합의할 것이다. 그 사회에서 이득을 보는 모든 사람은 우월한 정보에 의한 거래를 통해 투자자 사이의 부의 재분배를 위한 정보의 사적 탐색비용을 더 이상 부담하려 하지 않을 것이다. 즉, 전체 투자자 입장에서 보면, 사적 정보 보유로 인한 우월한 거래에서 얻는 이득은 영이 될 것이다. 영화 게임에서는, 일부 투자자의 우수한 수익은 열등한 다른 투자자 수익과 상쇄된다. 그러나 이런 탐색은 투자자에게 실제 비용을 부담시키므로, 그만큼 비영화 게임이 되고, 이 비용은 투자자 전체로는 일종의 자중손실(deadweight loss)로서, 아무런 효과 없이 상실되어 버린 완전한 손실이 된다. 이 손실을 회피하는 합의에 의해, 투자자들은 혜택을 얻을 수 있다.

그러나 이러한 집단적인 합의와 그 이행 비용은 아주 크거나 혹은 아예 불가능할 것이다. 이행이 잘 안 되면 합의는 깨질 수 있다. 따라서 SEC나 FASB는 **정보의 사적 탐색**을 효과적으로 감소시키는 면에서 비교 우위를 가질 수 있다. 다음과 같은 두 가지 규제수단 가운데 하나 혹은 모두를 이용할 수 있다. (1) 그 정보를 강제적으로 공개 혹은 연차 보고하도록 함으로써, 사적 정보탐색을 방지할 수 있다. (2) 경영자로부터 분석가에게로의 정보흐름이 차단되도록 법적 책임을 부과한다. 이 주장은 공정 공시 규제(Fair disclosure regulation)의 근거가 된다.

이는 공공재 주장과 모순된다. Hirshleifer의 주장은 분석가와 다른 사람들이 사적 정보를 탐색하고 발표해서 나타나는 **'과잉' 정보**의 상태를 의미한다. 이는 공공재 주장과는 반대이다. 즉 이는 '비최적' 정보를 의미한다. 두 요인은 서로 반대로 작용한다. 어떤 경우에는 사적 유인이 과대하고, 다른 경우에는 부족하다. 후자가 존재하는 범위만큼, 공개적으로 공시되는

5 선택적 공시 규제의 예로 SEC, Regulation FD(2000)를 들 수 있다. 이는 분석가나 다수 주주에 대한 정보를 공개하도록 요구한다.

부적절한 유인을 상쇄할 사적 정보활동을 허용하는 것이 바람직하다. 그러나 너무 많이 허용하는 것은 위에서 기술한 비효율을 낳을 것이다.

1.2.3. 경영자의 공시 동기

경영자는 불리한 정보를 발표하려 하지 않는다. 투자자들은 그 가능성을 짐작은 하지만, 은폐된 정보의 내용을 구체적으로 알 수는 없다. 그 결과 투자자는 완전 공시 하에서와 같은 정도로, 보통주의 품질 차이를 알 수 없게 된다. 따라서 주가는 주식들 사이의 품질 차이를 완전하게는 반영하지 않고, 각 주식의 품질에 관한 불확실성이 존재한다. 낮은 품질 주식이 완전 공시 하에서보다 더 높은 가격을 받고, 반대로 높은 품질 주식의 가격은 낮을 수 있다. 이는 역선택 현상을 발생시킬 수 있는데, 이 상황에서는 품질이 낮은 주식의 경영자(와 투자자)는 품질이 높은 기업 경영자에 비해 추가 주식을 더 많이 팔려는 유인을 갖는다.

기업은 여러 방식으로 대응한다. (1) 고품질 기업은 저품질 기업이 모방할 수 없는 행동으로 고품질을 신호한다. 이에는 비용이 든다. (2) 공시 시스템을 감사시키고, 이를 감사인이 인증한다. (3) 불리한 정보가 은폐된 것이 밝혀지면 벌을 받는다는 보증을 제공한다.[6] 사실 감사나 보증은 그 자체가 고품질에 관한 신호이다. 양자 모두 비용이 든다. 보증의 가장 큰 비용은 경영자의 과도한 위험 부담이다.

다른 불리한 사건과는 반대로, 부적절한 공시를 수정하여 주가 하락을 회복하는 것은 어렵다. 따라서 경영자는 경영자 공시 정책으로 야기되는 사건들에 추가되는 사건에 대해 보험자가 된다. 이는 주식 품질에 관한 불확실성이 없을 때에 비해, 상대적으로 비효율적으로 위험을 분배한다.

사기 조항은 기업이 투자자에게 공시 보증을 제공하도록 요구한다. 법적 책임 때문에 경영자는 불리한 정보를 은폐하지 못한다. 정부 개입을 찬성하는 주장은 이 결과를 산출하는 데 SEC가 사적 계약보다 비교 우위를 갖는다고 본다. 그러나 이 주장은 사기 방지법의 근거는 되지만, 규제 공시 시스템이 바람직한 이유를 보여주지는 않는다. 사기 방지법에 의존하는 것이 부적절한 이유는 무엇인가?

사기 방지법은 투자자에게 기업의 공시 보증을 요구한다. 재무보고의 법적 책임도 상당하다. 아마도 법적 책임은 경영자가 불리한 정보를 숨기지 못하게 할 것이다. 소송 위험은 경영

---

6 이 논의는 signaling theory에서 나온다.

자 재무보고 결정의 주요 요인이다. Francis et al.(1994)은 소송 위험과 그 주요 결정 요인을 검토한다.

지금까지 규제의 세 가지 근거를 검토하였다. 세 주장 모두 SEC가 어떤 형태의 집단행동에 비해 비교 우위를 갖는다고 전제한다. 그러나 이 점이 타당한지에 관한 경험적 증거는 분명하지 않다. 따라서 규제의 바람직성은 미해결 이슈이다.

1.3 규제의 효과

이제 특정의 재무보고 규제안의 바람직성 혹은 내용을 결정하는 문제를 검토하자. 재무보고 규제는 여러 잠재적인 경제적 영향을 갖는다.[7] 또한 집단들에 따라 영향의 크기는 달라지며 특정 정책의 바람직성에 대한 합의는 곤란하다. 앞에서 본 것처럼 효율성과 공정성 기준이 서로 다른 결과를 초래할 수 있다. 각 집단을 포함하는 전반적 목적 함수, 사회적 후생 함수의 존재는 분명하지 않고, 또 잘 정의되지 않는다.

이런 개념적 이슈 외에도, 각 그룹 혹은 영향에 대한 선호를 결정하는 실제 문제가 있다. 개인들이 그들의 참된 선호를 드러내지 않으며, 알려지지 않은 방식으로 선호를 왜곡시킬 것이다. 더욱이 특정 규제를 지지하거나 반대하는 표면적인 이유는 실제의 개인 동기를 정직하게 드러내지 않을 것이다.[8]

1.3.1. 재무규제 효과에 관한 경험적 증거

재무보고의 자원분배 효과와 기타의 여러 효과에 대해 그 영향을 평가하는 것은 곤란하다. 그러나 규제가 주가에 미치는 효과는 경험적으로 검토되어 왔다.

이 연구들은 사후적으로 공시에 관한 주가 행동을 조사하였다. 앞의 4장에서 여러 공시의 주가 효과를 언급한 바 있다. 예를 들면, 연금 공시(FAS No. 87), 은행의 부실채권(nonperforming loans)과 금융상품의 공정가치(FAS No. 107) 등이다. 그러나 주목할 만한 예외로는 현행원가와 불변 화폐가치 공시(FAS No. 33)가 있다.

7 투자자 사이의 부의 재분배, 전체 위험의 크기와 개인들 사이의 위험분배, 자본형성률, 기업들 사이의 자원 분배, 공시 관련 자원 투입, 공시 규제 관련 자원 투입, 개인 정보탐색 비용.

8 Watts and Zimmerman(1979).

주가 연구는 공시규제의 한 측면을 다루는 데 있어 정보적일 수 있다. 신호 보내기에 따른 가격효과의 조사와 관련하여, 이들 연구는 이러한 신호가 체계적으로 신념을 수정하는지 여부에 관한 증거를 제공할 수 있어야 한다. 신호가 정보내용을 갖는다고 투자자들이 인지하는 것처럼 주가는 반응하는가? 이 질문의 답은 공시가 아직 주가에 반영되지 않은 새로운 정보를 제공하는 범위와 관련된다.

물론 가격효과는 재무보고 규제 효과 가운데 한 측면에 지나지 않는다. 이는 다른 많은 경제적 영향을 대신 나타낸다. 위에서 예를 든 것처럼, 주가에 반영되는 정보 시스템을 추가하는 것이 규제의 근거라면(즉, 더 풍부한 정보시스템에 관하여 시장이 효율적이게 하는 것이라면), 가격효과는 공시의 합리적인 기대 영향일 수 있다. 그러나 주가효과를 발견하지 못한다 하더라도 규제의 가치가 없다고 해석할 수는 없다. 다른 의도나 목적에서 규제를 할 수도 있기 때문이다. 예를 들면, 이미 주가에 반영된 정보를 사적 부문의 정보 원천보다 더 싸게 공급한다면, 정보 비용을 낮추는 것이 규제의 의도일 수 있다.

마찬가지로, 주가효과가 발견되어도 그 결과를 해석하는 데 주의를 기울여야 한다. 주가효과의 존재가 정책 결정자의 의도와 일치한다고 하여도, 사적 부문의 공시 유인이 부적절하다는 증거가 되는 것은 아니다. 사적으로 볼 때 효익이 비용과 조화되지 않아, 그 공시가 개인적 입장에서는 별 가치가 없다고 생각되었을 수도 있으므로, 주가효과의 존재가 곧 규제의 정당한 근거를 의미하지는 않는다. 핵심 문제는 공시 실패가, 사적부문이 부적절 공시를 원해서인지 혹은 규제기관이 원해서인지 여부를 결정하는 것이다.

주가 연구는, 스스로 그리고 그 자체에 의해, 이 문제에 답할 수 없다. 종합하면, 주가 효과가 없음이 반드시 규제 잘못은 아니다. 또 주가 효과의 존재가 규제 가치를 확인하는 데 충분한 것도 아니다. 그러나 주가 연구는 재무보고 규제의 한 측면에 대한 증거를 보여줄 수는 있다.

1.3.2. 결론

지금까지의 논의를 통해 Beaver의 가치평가 관점에서는 환경의 많은 기본 측면들이 아직은 여전히 미해결 상태에 있음을 보여준다. 그러한 과제들 중 하나는 발생주의의 효율성 문제로서, 발생주의는 현재 재무회계 구조의 심장에 해당한다. 또 다른 과제는 재무보고 규제의 효율성으로서, 이는 재무보고 환경의 주요 구성 요소이다. 어떤 측면에서 보면, 이 불확실성은 매우 절망스럽게 느껴진다. 그러나 다른 측면에서 보면, 그것은 진보의 기회를 제공한다. Beaver(1998)는 회계의 혁명을 해석하고, 환경에 관한 우리의 지식이 진보하는 길을 찾도록 해 주는 개념체계를 서술한다.[9]

제2절 계약 관점

2.1 공시 규제 모형

대부분의 자본시장에서는 회사 공시를 규제하지만, 그 이유는 명확하지 않다. 공시원칙(disclosure principle)[10]이 성립한다면, 기업은 자발적으로 모든 정보를 공시할 것이다. 그러나 해명결과(공시원칙)는 실제 공시 현상을 성공적으로 설명하지 못한다. 자발적 공시에서 검토한 바와 같은 이유로 완전공시는 이루어지지 않는다. 그러나 비록 완전공시가 이루어지지 않는다 해도, 이 점이 공시 규제의 바람직성을 의미하는 것은 아니다.[11]

구체적으로, 공시 규제는 어떤 사람은 이롭게 하고, 또 어떤 사람에게는 불리하게 작용하므로, 규제의 바람직성은 이해관계자들에게 미치는 후생효과를 어떻게 평가하는가에 따라 결정된다. 이러한 공시 규제의 규범적 측면은 규제 현실에 관한 통합이론이 없는 이유를 부분적으로 설명한다. 그렇기는 하지만, 공시 규제의 근거와 구체적 맥락에서 회계기준의 바람직성에 관해 관련 문헌에서는 검토한다.

공시 규제를 이해하는 또다른 접근은 공시 규제의 사회적 바람직성에 초점을 맞추는 대신, 회계기준 개발 방식에 관한 정치적 과정을 검토하는 것이다. FASB, SEC의 기준 제정 시, 많은 정치적 압력이 작용한다(Watts and Zimmerman, 1978; Sunder, 1988).

9 Beaver(1998), p.172. 즉 가치평가 관점의 개념체계를 서술한다.

10 이는 경영자가 좋은 정보이든 나쁜 정보이든 모든 정보를 시장에 공시할 것이라는 주장으로서, 시장에서 투자자들이 경영자가 무엇인가 의사결정에 도움이 될 정보를 가지고 있음은 아는데, 그것이 어떤 정보인지를 아직 모를 경우, 만일 그 정보가 좋은 것이라면 그 경영자는 그것을 공시할 것이라고 생각한다는 것이다, 따라서 경영자가 그것을 공시하지 않을 경우 투자자들은 그것이 나쁜 정보일 것이라고 생각하여 그 기업의 주가를 하향 설정한다는 것이다. 해명결과(revelation results)라고도 부른다.

11 2.1과 2.2항은 Beyer et al.(2010), pp.315-321을 참고함.

2.1.1. 공시 규제의 근거

공시 규제의 근거로 네 가지, 즉 재무 외부효과, 실제 외부효과, 대리 비용, 규모의 경제 등이 검토된다. **재무 외부효과**(financial externalities)는 한 기업의 공시가 자신의 재무상태 뿐 아니라 다른 기업의 재무상태에 대한 정보도 전달할 때 발생한다. 그런데 일반적으로 기업은 이 효과를 무시하므로, 사회적으로는 공시수준이 비효율적으로 낮게 된다. 따라서 강제로 공시를 추가하는 규제는 사회 후생을 높일 수 있다.

실제 외부효과(real externalities)는 한 기업의 공시가 다른 기업의 실제 결정에 영향을 주는 것을 말한다. 예를 들어, 미래 기대이익에 대한 공시는 경쟁자의 진입 여부 혹은 생산량에 영향을 준다. 공시 정보가 다른 기업이 더 많은 정보를 갖고 결정하도록 한다면, 공시를 추가하는 규제는 사회 후생을 증가시킨다.

성과 관련 정보의 공시는 대리인 계약의 효율성을 높이거나, 대리인을 더 잘 살펴볼 수 있게 하므로 가치를 갖는다. 이러한 상황에서 공시는 계약의 일부이고 주주에 의해 강제된다. 나아가서 공시 규제는 빈번하고 상세한 미래 공시를 실행하는 비용-효과적 기능을 한다. 특히 자본시장의 신규 진입자에게는 가치를 갖는다. 다수의 대리이론 연구가 "많은 정보는 대리 비용을 감소시킨다"고 주장하지만, 이 유형의 효율성 이익은 공시 규제의 근거로서는 불충분하다. 그 이유는 첫째, 대리인이 최소한 본인 이상으로 착취한 자원을 평가하면, 착취는 부를 이전하지만, 사회전체의 후생 손실은 발생하지 않는다. 둘째, 대리인이 포기한 수익성 투자 기회는 경쟁자가 가져갈 수 있다. 대리 문제를 근거로 공시 규제의 바람직성을 주장하려면, 주주 스스로 실행할 수 없는 공시를 규제기관이 실행할 수 있어야 하고, 또 대리 문제의 감소가 부의 창조를 높인다는 점을 규명해야 한다.

공통된 회계기준은 투자자의 중복된 정보 생산을 감소시키고, 기업간 비교 가능성을 높여 효율성을 높인다. 이로 인해 개별 기업에 대한 성과 평가의 정확성이 높아지고, 투자자의 공시 이해/평가 면에서 **규모의 경제**(economy of scale)가 발생한다. 공시 규제는 최적 공시 수준이 상대적으로 기업 간에 비슷하면, 시장 전체 차원에서 비용 절약과 효율성 이익을 제공한다.

이상의 네 가지 이유로 공시 규제가 어떤 효과를 얻기는 하지만, 공시 규제의 근거로서는 두 가지 이유 때문에 불충분하다: (1) '모든 기준을 하나의 사이즈로 맞추는 것'에 비해 비규제가 더 선호될 수 있고, (2) 공개 정보의 증가는 해로운 효과도 수반할 수 있다.

예를 들어, 추가 공시의 강제는 위험 부담을 감소시킬 수 있지만, 공시 비용이 사회 후생을 감소시킬 수도 있다. 더욱이 추가 공시 강제는 다른 시장 참여자의 정보 생산을 감소시키고, 따라서 시장 가격의 전체적인 정보성을 떨어뜨린다(Diamond, 1985; Fisher and Stocken, 2008; Guttman, 2010). 또한 투명성이 높으면 대리 상황에서는 바람직하지 않을 수 있고(Christensen and Feltham, 2000; Gigler and Hammer, 2004), 대리인 사이의 담합을 조장할 수 있다.

2.1.2. 최적 회계기준

특정 회계기준이 바람직한지 여부는 시장 참여자들의 결정과 후생에 어떤 영향을 주는지에 달려 있다. 따라서 회계 측정과 공시 규제가 투자자 사이의 위험분배와 기업의 실제 결정에 어떻게 영향을 미치는지를 이해할 필요가 있다. 보수주의 혹은 중립회계(취득원가주의, 공정가치 회계) 등의 특정 회계기준의 경제적 영향에 관해 최근 연구는 많은 진보를 하였지만, 많은 문제들이 아직 규명되지 않고 있다.

(1) 보수주의

회계정보의 한 보편적 특성은 보수주의(conservatism)로서, 이는 손실보다는 이득의 경우 더 높은 검증가능성을 요구한다. 경영자는 나쁜 뉴스를 보고하려 하지 않기 때문에, 손실이 외부인에 의해 검증되지 않더라도 경영자의 손실 보고는 정보적이다. 따라서 손실은 검증 가능성을 요구할 필요가 없다. 이에 비해, 이득 보고는 경영자가 기꺼이 보고하려 하기 때문에, 그 정보성의 강도가 희박하다고 볼 수 있다. 그 결과 보수주의는 경영자가 기회주의적으로 자산 가치나 이익수치를 상향보고 하려는 편의를 막는다.

보수주의는 '보수적인' 회계기준과 개별 기업의 보고 선택에 의해 적용된다. 예를 들어, 회계기준은 저가법을 적용하도록 정하고 있다. 또 경영자는 금융상품을 공정가치 모형으로 측정하는 회계기준에 의해 설정된 범위 안에서 보수주의 수준을 선택할 수 있다. 회계선택이 없더라도 회계기준에 의해 반영되는 보수주의 정도는 경영자의 회계보고 조작 동기 때문에 실제 회계보고의 보수주의 수준과는 다를 수 있다. 이런 선택 요소가 있지만, 보수주의를 강제공시/공시 규제의 맥락에서 다루는 이유는 (i) 보수주의는 경영자가 좋은 뉴스를 발표하지 않도록 구속하거나, 혹은 더 높은 검증을 하도록 하는 어떤 장치를 요구하기 때문이다. (ii) 보수주의는 실제로 여러 회계기준의 특성이기도 하다.

보수주의 개념은 직관적이지만, 보수주의 회계수치가 정보로서 바람직한 속성을 갖고 있는지 여부는 확실하지 않다. 이 점에 관해, 현존의 연구모형들은 좋은 뉴스 보고가 나쁜 뉴스 보고에 비해 더 정보적인가 혹은 그 반대인가에 따라 달라진다. Guy and Verrecchia(2006), Gow(2008), Caskey and Hughes(2009), Göx and Wagenhofer(2009)에서는, 보수주의 회계는 낮은 이익/자산가치이고 이는 높은 이익/자산가치보다 더 정보적이다. 이와는 대조적으로 Chen and Zhang(2007), Gigler et al.(2009)은 보수주의는 낮은 보고에 비해 더 정보적인 보고라고 본다.

물론 낮은 보고보다 더 정보적인 보고를 산출하는 정보 시스템이 보수적 혹은 공격적으로 고려되는지 여부는 모형의 예측을 해석하는 데 의미를 갖는다. Beyer et al.(2010)은 보수적 회계수치의 정보 속성을 더 잘 이해하기 위해서는 보수주의와 함께 합계(aggregation)라는 회계의 또 다른 특성을 동시에 고려한다. 그 이유는 검증가능성이 없는 좋은 뉴스를 무시하는 것은 그것이 회계보고의 정보전달성을 감소시키기 때문이다. 이는 이득과 손실을 분리하여 보고할 때에는 항상 사실이다. 그러나 이득과 손실이 합계되면, 정보내용이 적은 이득은 정보내용이 많은 손실과 서로 상쇄되어, 결국은 정보성이 낮아진다. 이득이 인식되지 않을 때 보다는 인식될 때, 합계된 수치를 보고하는 것은 전체적으로 정보전달성을 떨어뜨린다.

보수주의가 바람직한지 여부는 회계수치가 이용되는 구체적인 의사결정 맥락에 의해 결정된다(Demski, 1973). Watts(2003)는 기업의 가치/이익에 대해 상대적으로 대리인의 보상이 비대칭적으로 이루어지도록 계약이 설계되는 경우(예: 부채 계약과 경영자 보상 계약), 보수주의 회계는 더 유용한 정보를 제공한다고 주장한다. 보수주의가 계약 목적에의 회계정보 이용을 향상시킨다는 점이 직관적으로는 호소력을 갖지만, 이론 모형이 이를 일관되게 지지하지는 않는다. 예를 들어, Gigler et al.(2009)은 보수주의가 부채 계약의 효율성을 감소시키는 조건을 도출한다. 그 내용과 상식이 모순을 보이는 주된 이유는 내생적인 (부채) 계약이 회계 시스템의 보수주의 정도에 따라 다르게 설계되기 때문이다(Gigler et al., 2009; Gow, 2008). 그러나 다른 모형은, 상식적 직관과 부합되게 보수주의 회계는 계약 목적에 유용한 정보를 제공한다고 예측한다. Caskey and Hughes(2009)는 사업 계획 선택에서 주주가 계약 이후 재량을 갖는 상황을 연구한다. 이 상황에서 보수주의는 채권자와 주주 사이의 수탁책임 문제의 완화를 돕는다.

보수주의 회계기준이 사회후생 관점에서 바람직한지 여부는 설사 보수주의가 계약 목적상 회계정보의 유용성을 증가시킨다고 해도 미해결 문제이다. 그 이유는 두 가지이다. 첫째, 회계정보의 적시성과 검증가능성 사이에는 절충 관계가 있으므로 보수주의는 가치평가 목적에서는 유용성이 낮아질 것이다. 둘째, 기업의 이익관리 결정과 자발적 공시 결정을 통해, 보수주의는 회사 정보환경에서 추가적인 간접적 의미를 갖는다. Gigler and Hemmer(2001)는 상대적으로 더 보수적인 회계를 하는 기업은, 적시의 자발적 공시가 잘 안 된다는 점을 보여준다. 보수주의의 바람직성 범위를 평가하기 위해서는 기업의 정보환경과 궁극적으로는 기업의 현금흐름 창출 능력에 관한 보수주의의 간접적 효과를 고려하는 포괄적 관점이 필요하다.

(2) 공정가치 회계와 헤지 회계

회계의 중요성은 행동 주체의 경제적 선택과 그로 인한 현금흐름 분포에서 나온다는 주장의 입장에서, 두 가지 '중립 회계', 즉 (i) 모든 가치의 변화를 무시하는 역사적 원가주의 회계(저가법 제외), (ii) 모든 가치 변화를 반영하는 공정가치 회계를 검토한다. 두 방법 모두 좋은 뉴스와 나쁜 뉴스를 대칭적으로 취급하지만, 정보 속성 면에서는 다르다. 회계수치가 주체의 실제 결정에 영향을 줄 때, 취득원가와 공정가치 회계는 아주 다른 결과를 유발한다.

Allen and Carletti(2008), Plantin et al.(2008)은 양자를 비교하고 자본시장에 관한 의미를 연구한다. 이들의 모형은 증권시장에서 투매와 같이 가격을 계속 하락시키는 소위 가격하락 촉진 판매 가능성을 밝히고 있다. 이러한 가격의 하방 악순환은 최근의 경제적 위기에서 많은 주목을 받았다. 이 모형과 최근의 자본시장 발달은 기업의 실제 현금흐름(즉, 실제 효과)에 대한 회계수치의 의미를 보여주며, 강제된 거래로 인한 가격을 시장참조 회계(marked-to-market accounting)의 기준에서 제외시킨 SFAS 157의 중요성을 강조한다.

Reis and Stocken(2007)은 재고자산과 같은 특정의 자산에서 역사적 원가와 공정가치 측정의 효과를 비교한다. 과점 상태에서 경쟁자들은 재고자산의 가치를 역사적 원가 혹은 공정가치 측정치로 보고한다. 생산 원가가 임의적이면 (랜덤하면), 재고자산이 공정가치로 평가될 때에는 경쟁자들이 다른 경쟁자의 생산량을 완전하게 추정할 수 있으나, 역사적 원가로 측정하면 그렇지 않다. 그 결과 기업들은 공정가치 회계 하에서 가격 면에서 더 잘 협조하고 높은 기대이익을 얻는다. 이 모형은 또한 공정가치 회계에 대한 하나의 도전을 보여준다. 불완전한 경쟁 상황에서 공정가치는 기업의 전략적 선택과 경쟁자들 사이에서의 전략적 상호작용에 의존한다. 따라서 공정가치의 결정과 감사는 경쟁 환경의 모든 측면을 감안해야 한다.

특정의 회계기준과 그로 인한 현금흐름 분포의 예로서, 헤지 거래의 회계를 검토하자. 헤지 파생상품의 시장가격 참조가 기저 위험을 노출하는 한, 헤지 회계는 공정가치 회계와 관련을 갖는다. 즉, 관련 회계기준은 투자자가 헤지로 인한 노출이 아닌, 기업의 총 위험 노출만을 배울 때에는 공정가치 회계를 채택하지 않는 옵션을 허용한다. 그러나 관련 기준이 헤지 관련 이익을 당기순이익 계산단계에서 보고할 것인지 혹은 기타포괄손익 계산단계에서 보고할 것인지에 대해서는 규제하지만(예: SFAS 133), 결과적으로 재무제표에 의해 발표되는 정보(총포괄손익)가 동일할 때에는 이러한 헤지관련 이익의 분류주장은 주가영향 관점에서는 아무 의미가 없다. 따라서 헤지 회계를 연구하는 모형들은 대중에게 공시되는 정보가 달라지는 회계기준만을 고려한다.

헤지 거래의 맥락에서, 회계정보는 근본적으로 경영자 능력을 평가하기 위해(DeMarzo and Duffie, 1995), 기업 가치를 평가하기 위해(Sapra, 2002), 혹은 미래 수요를 평가하기 위해(Kanodia et al., 2000; Hughes et al., 2002) 사용된다. 서로 다른 헤지 회계기준이 각각 다른 정보를 발표하면, 경영자의 효용이 달라지고, 그 결과 정보는 상이한 결정을 유발할 것이다. 경제적 효과는 기저의 위험노출을 헤지 하려는 경영자의 결정(DeMarzo and Duffie, 1995)과 경영자의 생산 결정(Kanodia et al., 2000; Hughes et al., 2002; Sapra, 2002)에 영향을 준다. Kanodia et al.(2000), Hughes et al.(2002), Sapra(2002)는 각 헤지 회계기준의 현저한 실제 효과를 포착함으로써, 헤지 회계기준에 관한 이해를 크게 향상시켰다. 특히 이들 모형은 헤지 회계기준이 기업의 위험 관리 전략과 생산 결정에 동시에 영향을 주도록 허용하였다. 그 결과 헤지 공시의 사회적 바람직성은 위험관리 왜곡의 사회적 비용과 생산 왜곡의 사회적 비용의 상대적 비교에 의해 달라진다. 선물계약의 강제공시 규제가 필요한지 여부는 개인적인 정보를 갖고 있는 기업이 그 정보를 공개하여 이익을 보는지 여부에 달려 있다. 기업의 현재 주주/경영자가 정보 공개로 혜택을 본다면, 경영자는 공시규제가 없더라도 자발적으로 그 정보를 공시할 것이므로, 헤지 회계기준은 실제 효과를 갖지 않을 것이다. 그러나 강제 공시가 기업의 생산 혹은 위험관리 결정의 왜곡으로 인한 사회적 비용을 감소시킨다면, 공시규제는 사회 후생을 증가시킬 것이다.

(3) 요약

많은 연구가 이루어졌음에도 불구하고 공시규제가 보편적인 이유는 아직도 많은 측면에서 분명하지 않다. 그 이유는 이 질문의 규범성, 기업의 재무결정과 실제 결정을 포착하는 모형 설계의 곤란성, 모형 예측의 맥락 특수성일 것으로 추측된다. 회계기준과 공시규제에 대한 미래 연구는 두 가지 이유 때문에 필요하다. 첫째, 회사 공시는 영업 및 재무결정에 영향을 미치고 이를 예측하는 것은 다수의 전략적 주체들이 상호작용할 때에는 복잡하기 때문이다. 예를 들어, 직관적으로 좀 더 정확한 정보는 항상 바람직할 것이다. 그러나 전략적인 주체들이 상호작용할 때에는 더 많은 정보가 항상 바람직하지는 않다. Kanodia et al.(2005)은 다양한 종류의 정보 비대칭보다 하나의 정보 비대칭이 더 나쁠 수 있음을 보여준다. 이 결론은 어떤 불확실성이 고려되는가에 따라 영향을 받기 때문에 기준 결정자나 이론가들에게 중요하다.

공시 규제를 더 잘 이해하려면 기업의 다양성 효과, 영업 및 재무결정에 대한 공시 규제의 영향, 상이한 이익 집단에 대한 영향 등에 관한 연구가 더 필요하다.

2.2 공시 규제의 경제적 영향: 경험적 증거

2000년 무렵에 공정 공시 규제(2000)와 Sarbanes-Oxley Act(2002)가 통과되었다. 이에 관한 경험적 증거를 검토한다.

2.2.1. 공정 공시 규제

공정 공시 규제(fair disclosure regulation)는 특정 시장 참여자에 대한 차별적 정보전달을 금지한다. 이 규제는 투자자들 사이의 공정한 게임의 장을 제공하며, 공개 자본시장의 신뢰성을 제고함을 목적으로 한다. Heflin et al.(2003)은 수익 변동성 증가, 주가변화 속도 감소, 분석가 예상 정확성 감소에 관한 어떤 증거도 찾지 못하였다. 이는 이 규제로 인해 시장 참여자가 이용 가능한 정보 수준이 크게 감소될 것이라는 비판이, 근거 없음을 보여 준다. 공시 수준의 증감에 관한 증거는 분명하지 않다.

분석가 이익 예측의 주가 효과, 재무 분석가의 기업 추종 변화 등의 증거도 마찬가지이다. 투자자들 사이의 정보 비대칭이 감소하였는지 여부에 관한 증거도 연구에 따라 다르다. 사채 등급평가 기관과 주가 분석가 사이의 비교 결과, 규제 이후 사채평가 기관의 정보 효과가 더 커졌다. 이는 규제의 결과, 개인 정보 발표가 변화하였음을 의미한다. 자본비용의 감소 여부는 연구마다 다르다.

종합적으로 보면, 공정 공시 규제가 경기장을 공정하게 만들었지만, 동시에 개인 정보 발표를 감소시켰다. 그러나 이 기간 중 분석가 범위 감소와 투자은행 산업의 인수합병 증가와 같은 사건들이 발생하여, 그 결과를 해석하는 데 어려움이 따른다.

2.2.2. Sarbane-Oxley Act

투자자에게 제공되는 회계정보의 성실성에 대한 관심을 야기한 다수의 지배구조 실패 사례 이후, 미 의회는 2002년 7월 30일 SOX를 통과시켰다. 이 법안은 기업계에 유례없는 가장 큰 변화를 유발하였다. 대표적인 예는 지배구조 규제를 주 정부에서 연방 정부로 이관한 것이다. 법안 제정의 결과는 현재 확인 중에 있다.

SOX 제정에 대한 사건 연구는 음의 누적 비정상 수익을 보여준다. SOX 통과 가능성을 높이는(낮추는) 사건들에 대한 연구 결과는 양(음)의 비정상 수익을 보였다. 이 결과는 SOX의 효익이 비용보다 큼을 의미한다. 또한 이익관리가 많았던 기업들의 이익관리가 감소함으로써, 재무제표 정보의 품질이 향상된 것으로 조사되었다.

연구결과가 상반된 이유는 연구설계 문제, 특히 SOX 관련 사건의 발생일자 선택 문제가 큰 것 같다.

Cohen et al.(2008)은 발생기준 이익관리는 1987년 이후 꾸준히 증가하여 왔으나, SOX 통과 이후 크게 감소하고, 반면에 실제 이익관리는 SOX 이전에는 감소하다가 이후에는 증가하고 있음을 보여준다. 이 증거는 SOX와 같은 규제 변화가 재무보고 환경에 영향을 미친다는 의미를 갖는다.

요약하면, 공정 공시나 SOX 규제에 관한 연구는 투자자 및 기타 이익집단에게 규제가 미치는 혜택과 비용에 대한 우리의 이해를 증대 시킨다. 그러나 아직도 규제에 관한 미해결 문제는 많이 남아있다.

2.2.3 결론

Beyer et al.(2010)은 회사의 정보환경의 세 가지 측면(자발적 기업 공시, 강제적 기업 공시, 분석가 보고서)을 검토하여 각 측면이 가치평가와 수탁책임 목적에 이용 가능한 정보에 어떻게 기여하는가를 이해하고자 하였다. 가치평가 목적에 한정하여 여러 정보원천이 분기 누적비정상수익율(CAR) 변동을 설명하는 비중을 경험적으로 조사한 결과, 경영자 이익 예측(발표 빈도는 낮음)의 비중이 크고, 나머지 원천도 중요함(비중은 낮음)이 드러났다. 이 조사는 수탁책임 목적에서의 회계정보의 중요성에도 불구하고, 가치평가 목적에서의 사용만을 조사하였다. 가치평가 목적 하나만 검토해 보아도 이들 여러 정보원천 사이의 상호작용을 고려하지 않고, 회사 정보 환경의 한 측면이 다른 측면에 비해 더 중요하다고 결론짓는 것은 너무 성급하다.

여러 정보원천 사이의 상호작용을 연구하는 것은 회계연구가 직면한 가장 큰 도전과 기회이다. 아직까지는 기업의 자발적 공시 정책, 강제적 공시 요구, 그리고 증권 분석가들의 정보 사이의 관계에 관해 알려진 바가 거의 없다. 이 관계를 검토하려면, 연구자는 기업, 경영자, 규제자, 분석가, 투자자, 기타 시장 참여자 사이의 상호작용(각 집단 간 또 집단 내), 그리고 균형 상태에서 관찰되는 정보 환경을 결정하는 면에서의 이들의 동기를 알아야 한다. 예를 들어, 회계선택의 포괄적 이론을 개발하려면, 언제 어떻게 회계정보가 이용되고, 규제자, 경영자, 분석가 등의 동기가 무엇인지를 이해하여야 한다. 예컨대 기존의 기대를 충족시키려는 경영자의 시도를 조사하는 경험적 이익관리 문헌에서는 분석가는 이익관리의 효과를 없애지 않는다(혹은 못한다)고 가정한다. 이 가정이 중요하기는 하지만, 예를 들어 이 문헌은 분석가와 기타 정보 중개인이 보수주의와 같은 회계 특성 혹은 경영자 결정에 의해 언제 그리고 얼마나 영향을 받는지 만족할 만한 이해를 제공하지 못한다(Louis et al., 2010). 더욱이 회사 정보 환경에 관한 분석적 및 경험적 연구는 잘 연결되지 않고 있다. 분석적 모형은 경험적 방법으로 검증되기에는 너무 집중적이고 상세하다. 대조적으로 경험적 연구는 매우 넓지만, 필요한 깊이는 부족하다.

이 포괄적 접근이 중요한 이유는 개별적 접근의 결론을 바꿀 수 있기 때문이다. 예를 들어, 강제적 회계변경을 검토하는 연구자가 새 기준이 정보를 적게 공급한다고 결론을 내렸다고 하자. 이 결론은 자발적 공시 그리고/혹은 제삼자 정보 생산을 무시하고 내려진 것일 수 있다. 전체 회사의 정보 환경을 고려하지 않고, 새 회계 기준에 의해 전반적인 회사 정보 환경이 개선되었는지 여부를 알 수는 없다. 이 상황은 분석적 연구의 초기 연구도 마찬가지이다. 이 연구들은 인수기관을 선택하는 내생적 측면을 고려하지 않는다. 그 결과, 관계 분석가는 다른 분석가에 비해 편견이 심하다고 결론을 내린다. 부채나 주식을 통한 자본조달 시의 자발적 공시 연구에는 '자기 선택' 이슈가 존재하며, 정보 품질을 자본비용과 연결할 때 더욱 그러하다.

지금까지의 연구는 매도측 증권 분석가에 집중하였으나, 전체적인 회사 정보 환경의 발달을 이해하는 데에는 다른 정보 중개인도 중요하다. 예를 들어, 평가 기관, 부채 분석가도 중요한 집단이고, 이 분야에 대한 연구도 필요하다. 이는 최근의 금융 위기와 미국 및 국제 자본시장 발달 측면에서도 그러하다. 이 제안은 좀 더 넓은 이슈와 관계 된다. 지금까지의 연구는 증권시장에 집중되었으나, 부채시장에 대한 연구도 더 이루어져야 한다. 기업의 정보 환경에서 부채시장의 역할도 연구되어야 한다. DeFranco et al.(2009), Johnston et al.(2009) 등이 이 방향에 부합된다. 부채시장에서의 회계정보의 역할과 증권시장에서의 역할 사이의 관계에 대한 연구도 필요하다.

경험적 검증에 필요한 가설을 만들고, 검증을 설계하고, 또 그 결과를 해석하게 하는 관련 이론 연구에 초점을 맞추어야 한다. 좋은 예는 정보 품질/정보 위험과 자본비용 사이의 관계에 관한 경험적 연구가 그 좋은 예이다. 구체적으로, 자산 가격결정 이론과 많은 분석 모형이 정보 품질과 자본비용 사이의 유의한 관계를 예측하지는 못하지만, 그럼에도 불구하고 여러 연구는 양자 사이의 관계가 존재한다고 결론을 내린다. 미래 연구와 기준 결정에 대한 의미는 주관적인 연구 설계에 의존한다. 경험적 연구는 건전한 경제적 동기와 이론에 토대를 두어야만 한다. 또한 경험적 연구자들은 경쟁적인 이론적 연구의 존재를 인정하여야 한다(Hughes et al., 2007).

2000년 이후 특히 공시규제의 결과와 재무보고 결정의 경제적 결과에 관한 면에서 진보가 있었다. 아울러 정보 환경에 대한 포괄적인 측정치를 검토하고, 기준설정 과정의 정치학과 정보 환경 사이의 상호작용에 관한 연구의 재유행을 보았다. 이러한 진보에도 불구하고, 시장에서 개발된 공시규제의 이유, 규제 형식의 결정 요인, 회계선택의 목적, 자발적으로 공시하는 경영자와 분석가의 목적, 그리고 이들 사이의 상호작용에 대해, 거의 아는 바가 없음은 놀라운 일이다. 이론적으로나 경험적으로 모든 관계를 분석하는 것은 불가능하지만, 이 방향으로 나아가는 것이 회사의 정보 환경을 이해하는 데 도움이 되는 것만은 분명하다.

2.3 GAAP 규제

2.3.1. GAAP 규제 이론

GAAP을 규제하는 이유에 관한 연구는 FASB가 산출하는 회계기준의 본질을 설명하고, 서로 다른 기준설정 방법들이 미래의 GAAP에 어떤 영향을 미칠지 예측할 수 있게 한다. 여러 규제이론이 GAAP 규제에 적용될 수 있다. 여기에서는 이 이론들을 검토하고 IASB와 같은 회계기준 설정기관의 역할을 살펴본다.[12]

GAAP의 규제와 재무보고의 규제는 구분되어야 한다.[13] GAAP 규제의 검토에는 기준설정 기관의 역할도 포함된다. 경제 활동에 관한 규제이론은 정치 경제 문헌에서 다루어진다. 이들 문헌에서는 규제의 역할을 설명하는데 공공이익 이론, 포획 이론, 이데올로기 이론 등 세 이론이 검토된다. 여기에서는 회계기준의 맥락에서 이 이론들을 살펴본다.

(1) 공공이익 이론

공공이익 규제이론은 규제를 시장실패에 대한 천리안적인, 그리고 사회적으로 효율적인 반응이라고 규제를 해석한다. 시장실패의 원인에는 자연 독점, 외부효과, 정보 비대칭, 과잉 경쟁이 거론 된다.[14]

공공이익 이론(public interest theory)에서는 GAAP의 규제가 자유시장의 비배제성(non-exclusiveness)으로 인한 회계기준의 과소생산 문제를 해결해 준다고 보고 있다. 규제자는 과오가 없기 때문에 GAAP규제는 사회적으로 최적이다.[15] 이 이론이 맞는다면, 기준설정에 관한 더 이상의 논의는 필요하지 않다.

그러나 시장 시스템과 마찬가지로, 규제 시스템도 비용을 수반한다. 결국 양자 사이에서의

---

12 이 항은 Kothari et al.(2009)을 참고하였다.

13 전자는 회계원칙의 규제를 말하고, 후자는 상장기업에 대한 재무보고 규제를 말한다. 재무보고는 앞 절에서 이미 검토한 바와 같이, 재무정보 시장에서 외부효과와 정보 비대칭으로 인해 내생적으로 발생하는 시장실패와 자본시장의 공정성 그리고/혹은 효율성 때문에 규제된다. 또한 전자는 기본 수요자가 투자자와 채권자이지만 후자는 회계인과 감사인이다.

14 앞 절에서 규제의 근거를 검토하면서 재무보고의 공공재 성격, 정보 비대칭 문제, 경영자의 불리한 정보 은폐와 같은 요인들로 인해 시장실패가 발생할 수 있다는 것과, 이에 대한 대안으로서 회계규제가 필요함을 살펴보았다.

15 대리이론 식의 표현을 빌리자면, 공익이론은 규제에 관한 제1차 최적 이론이라고 말할 수 있다. 실제로 1차 최적 해는 그 실행문제로 인해 달성이 불가능할 수 있다. 이로 인해 규제에 관한 또 다른 이론이 나오게 된다.

선택은 비용-효익 문제로 귀착된다.[16]

(2) 포획 이론

공익이론과는 반대로 포획이론에서는 규제자를 스스로의 효용을 극대화하는 경제주체라고 간주한다. 규제자는 금전(뇌물)과 권력을 소비하는 정치가이다. 포획이론에 의하면, GAAP 규제는 경영자, 회계인, 감사인들이 자신들의 이익을 옹호하는 규제를 성취하기 위한 로비 과정의 결과로 해석된다.

포획 이론(capture theory)을 회계규제에 적용하면, 빈약한 기준을 생산할 위험을 사회화하려는 회계 전문직의 노력 때문에, GAAP에 대한 규제가 발생한다. 빈약한 기준 생산의 기대비용은 명성에 대한 관심과 법적 책임에 의해 결정된다. 포획 이론은 규제 하에서 산출되는 기준의 성질에 관해 의미를 갖는다. 특히, 규제된 GAAP은 시장에서 산출되는 GAAP에 비해 사회가 실패 비용을 부담하므로 회계방법 규제 면에서 더 많은 위험을 부담한다. 바꿔 말하면, 개인시장 참가자들이 혁신의 혜택을 갖지 못하기 때문에 규제된 GAAP은 시장에서 산출된 GAAP에 비해 혁신성이 낮다.

포획이론이 맞는다면, GAAP에 대한 규제는 중지되어야 하고, 회계규제는 자유 시장에 의해 이루어져야 한다. 회계 담당자와 감사인은 FASB와 같은 국가의 지원을 받는 기준 설정자가 산출하는 GAAP을 따를 필요가 없다. 설사 시장에서 여전히 FASB의 존속을 선택한다고 하여도, 이들은 자발적으로 그렇게 선택할 것이고, 혹은 회계기준을 산출하는 다른 경쟁적인 기구를 만드는 집단행동을 할 것이다.

자유 시장에서 산출되는 기준이 어떤 성질을 갖는가에 대해서는 확실하게 말할 수 없다. SEC 규제 이전에는 사적인 설정기구가 없었다. 기업 수준에서의 회계 및 감사 결정에서 나오는 최선의 실무가 회계 '기준'이다. 감사인들이 회계방법 선택의 위험을 부담하고, 그 품질 유지에 대한 책임을 진다. 그렇다면 감사 법인이 혁신적이고 너무 위험하지 않는 회계절차 집합을 개발할 것이다. 이런 감사인 중심 방식은 규제 기관의 포획과 이데올로기로 인한 규제 비용을 줄일 것이다. 또 다른 방식으로 증권 거래소 중심 방식을 생각할 수 있다. 증권 거래소마다 고객 기업의 특성에 맞는 회계절차 집합을 혁신적으로 만들 수 있다. 이 방식에서는 빈약한 기준의 비용은 거래소가 부담한다.

16 비용-효익 선택 문제에 대해서는 다음 절에서 상세히 검토한다.

즉 포획 이론은 기준설정이 사유재가 되어야 하며, 규제받지 않는 시장 과정을 통해 이루어져야 한다는 의미를 갖는다. 이 주장이 그럴듯하여도 기존의 기준설정 제도가 짧은 기간 내에 폐지될 것 같지는 않다. 따라서 이데올로기 이론에 주목할 필요가 있다.

(3) 이데올로기 이론

이데올로기 이론도 GAAP 규제가 비배제성, 즉 시장실패 때문에 필요하다는 점을 인정한다. 그러나 이 규제가 실제로 사회적으로 최적인지에 대한 경험적 조사를 해야 한다고 주장한다. 규제의 효과성은 규제기관의 정치적 이데올로기와 규제를 둘러싼 특정 이익을 대표하는 로비스트의 영향에 의존한다.

이 이론이 맞는다면, 기준설정 기관의 설계에 가장 중요한 의미는 개별적인 이데올로기나 특정의 이익을 위한 로비의 효과를 최소화하는 것이다. 그렇게 하는 하나의 방법은 기준 설정자들 사이의 경쟁을 강화시키는 것이다(Dye and Sunder, 2001; Sunder, 2002).[17] 기준설정 기관들의 경쟁은 시장의 힘에 의해 가장 효율적이라고 시장에서 결정된 이데올로기가 생존하도록 만들 것이다. 경쟁은 어느 특정의 이데올로기나 로비 활동이 GAAP을 지배하지 못하게 할 것이다. 특정의 이해관계가 GAAP을 지배한다면, 신용이 훼손될 것이다. 아울러 특정 기준설정 기관이 실패하더라도, 경쟁으로 인해 그 사회적 비용은 낮아진다. 기준설정의 제도적 지식이 경쟁적으로 여러 기관에 보급되고, 특정의 실패한 기준설정 기관을 없애는 비용은 낮아질 것이다.

---

17 다른 견해로 규제에 관한 이익집단 이론(interest group theory)을 들 수 있다. 이 이론에서는 고객 집단, 환경론자 등과 같은 다양한 집단들이 규제의 양과 유형에 대해 입법부에 로비 활동과 같은 방식을 통해 영향력을 행사한다. 이러한 여러 집단들은 규제의 수요자로 생각할 수 있다.
정치권력이나 입법기관도 일종의 이익 집단으로 볼 수 있는데, 이들은 규제를 공급할 권력을 지니고 있다. 정치권력의 관심은 권력을 유지하는 데 있다. 따라서 이들은 자신들의 권력 유지에 효과적이고 유용할 것으로 생각되는 이익집단들에게 규제를 공급할 것이다. 이 때 규제 담당기관은 중간에 위치한다. 이 규제 담당기관을 통해서 규제가 실제 공급되는 것이다. 규제 담당기관은, 정치권력을 포함한 여러 이익 집단들의 요구를 절충하고 균형을 맞춤으로써, 자신의 후생을 극대화하고자 한다.
실제로 이익집단 이론에서는 규제를 수요와 공급이 존재하는 하나의 상품으로 간주한다. 입법기관에 정치 효과가 가장 크게 미치는 이익집단에게 이 상품은 배분될 것이다. 공익이론 보다는 이익집단 이론이 규제의 현실적 작용과정을 더 잘 예측해 준다.
기준설정 기관들은 적정과정(due process)을 거쳐 기준을 결정한다. 적정 과정은 이해관계자 상호작용에 관한 갈등 이론과 일치한다. 적정과정은 기준설정에 내재되어 있는 이해관계자 사이의 갈등을 완화시키는 하나의 방법이다.

2.3.2. 규제기관 경쟁

효율적 기준 결정을 위해서는 경쟁이 필요하다. 개별적인 기준 설정자들이 경쟁을 한다면, 그들의 목적함수가 중요해진다. 회계기준의 비배제성 때문에 기준 설정자가 이윤을 추구하지는 않을 것이다. 만일 기준 설정자가 권위를 추구한다면, 경쟁은 권위를 극대화시킬 것이다. 좀 더 가능한 목적은 권위와 자금 모집일 것이다. 많은 자금을 모집할 수 있으면, 기준 생산을 확대할 수 있다.

기준설정 규제 방안으로서의 경쟁은 몇 가지 함정을 갖는다. 첫째, 경쟁은 **하향 경쟁**을 유발한다. 특히, 어떤 기준으로 인해 부의 불균등분배가 초래될 경우[18], 시장이 이에 대해 가격보호를 하지 못한다면, 특정 이익집단은 기회주의적 기준 설정을 모색하려 한다. 이 경우 기준 설정자들은 품질 경쟁보다는 특정 이익을 옹호하는 면에서 경쟁할 것이다.

둘째, 기준 설정의 손실 함수가 큰 경우 이들은 서로 담합할 유인을 갖는다. 담합, 나아가 합병을 통해 기준설정 기관들은 저품질 기준을 산출할 위험을 공유한다. 현재 진행 중인 FASB와 IASB의 **일치 프로젝트**는 좋은 예이다.[19] 이러한 담합은 혁신을 중지시키고, 특정 이익을 증대시킨다. 이러한 담합을 중지시키는 하나의 방안은 미국의 법정, 의회, SEC가 반 트러스트 관점에서 담합을 폐지하게 하고, 미국의 상장 법인들이 FASB 기준으로 조정하지 않고 IFRS를 채택하도록 허용하는 것이다. 이렇게 하면 두 기준 설정기구는 경쟁할 것이다.

IASB와 국가 회계기준 설정기구의 경쟁이 효율적인 GAAP을 산출하는 또 다른 이유가 있다. 첫째, 회계인과 감사인의 훈련, 실행의 품질, 법적 규정과 문화와 같은 국가수준의 제도

---

18 그 기준으로 인해 어떤 집단은 이익을 보고 다른 집단은 손해를 입게 될 경우, 전자가 후자의 재산을 착취하였다는 의미로, 이러한 결과를 초래하는 기준을 재산착취 기준이라 표현한다.

19 이점과 관련하여, 두 기준의 일치가 국제자본 시장의 통합 추세에 맞고, 또 각 국가의 자본비용을 낮추는데 IASB의 기준과 같은 고품질 GAAP이 기여한다. 따라서 국제적 통합 혹은 FASB와 IASB 간의 일치 노력이 바람직하다는 견해도 있다. 이 견해에서도 제도나 정치 환경이 나라마다 다르므로, 완전한 일치를 보이는 데에는 시간이 걸릴 것이라고 본다. 실제로 2002년 Norwalk Agreement에서는 양질의 공통적 회계기준을 연구하기로 하였다. IASB와 FASB의 기준 통합을 위한 몇 가지 절차들이 그동안 진행되어 왔었다. 예를 들면, 금융상품의 인식과 측정을 다루고 있는 IAS 39의 여러 조항들은, IAS 39가 금융자산뿐만 아니라 금융부채에 대해서도 적용되기는 하지만, 미국의 FASB 115나 FASB 133과 실질적으로 유사하다. IFRS 2는 SFAS 123R에서처럼 ESO(종업원주식선택권, employee stock option)의 비용처리를 요구하고 있다. IFRS 3은 매수한 영업권에 대해 매입법 회계처리를 요구하고 있다. 영업권은 상각하지 않으며 대신 한도검증의 대상이다. 이러한 요구사항들은 SFAS 142와 유사하다. IASB 기준에서는 이제 기타포괄이익도 인식하도록 하고 있다.
그러나 아직 차이점도 여전하다. 예를 들면, IAS 16에서는 유형자산에 대해 상향 재평가를 허용하고 있으나, 미국과 캐나다에서는 대체로 역사적 원가가 사용되고 있다. 개발비(develpoment costs)는 IAS 38에서 자본화되는데, 미국에서는 거의 모든 R&D가 비용처리 된다. 여러 차이들이 존재하는 상태에서, 기준의 완전통합에는 시간이 좀 걸릴 것이며, 먼저 모두가 합의하는 공통적인 개념체계가 필요할 것으로 보인다(Scott, 2012, pp.514-515.).

차이가 국가별로 회계기준과 재무보고의 본질을 결정한다(Ball, Kothari, and Robin, 2000; Ball, Robin, and Wu, 2003; Skinner, 2008; Ball, 2009). 보수주의적 보고행태를 검증하기 위해, BKR은 Basu(1997)가 사용한 기법과 유사한 기법을 적용하였다. 그들은 경제적 이익과 보고 순이익과의 관련성을 경제적 이익이 양인 집단과 음인 집단별로 구분하여 평가하였다. 효율적 시장에서는 경제적 호재를 가진 기업들의 주가가 상승 되고, 악재를 가진 기업들의 주가는 하락된다는 점을 상기하자. 보수주의 회계 하에서는, 악재기업들(즉, 경제적 이익이 음인 경우)에서의 인식시차가 호재기업들에서보다 더 작다. 따라서 경제적 악재와 순이익 간의 관련성은 경제적 호재와 순이익 간의 관련성보다 더 높을 것이다. BKR의 경험적 연구결과는 실정법 국가들에서 보수주의 회계가 덜할 것이라는 그들의 예측과 대체로 일치한다.

높은 인식시차와 수준이 약한 보수주의 회계는 실정법 국가들에서의 재무보고의 질이 관습법 국가들에서보다 더 낮음을 말하는 것이다. 그러나 이것이 실정법 국가들에서의 재무보고가 반드시 관습법 국가들에서보다 더 기회주의적이라는 것을 의미하지는 않는다. 오히려 이 차이는 각종 제도나 대리 비용 그리고 기업 지배구조 등에서 기본적인 차이가 있음을 반영하는 것이다.

Ball, Robin and Wu(2003) (BRW)는 1984~1996년에 걸쳐 홍콩, 싱가포르, 말레이시아 및 태국을 대상으로 총 2,726개 기업을 조사하였다. 이 국가들은 모두 그 기원을 관습법 국가들에서 출발한 IASB와 같이 우수한 기준들을 이미 채택하고 있었다. 그러나 이 네 국가들에서의 제도들은, 가족과 은행의 영향이 강하고, 사금융 부채가 더 많은, 전형적인 실정법 국가적인 특성을 지니고 있다. 이러한 점들은 경영자 계약이나 부채계약에 따른 대리 비용을 줄여준다. 왜냐 하면, 감시와 수정조치에 필요한 정보가 재무보고를 통해서가 아닌, 내부자들을 통해서 전달될 수 있기 때문이다. 이로 인해, BKR 연구에서와 같은, 시기적절하고 보수적인 재무보고의 필요성은 거의 없어진다. BRW는 이 국가들이 관습법 국가들의 회계기준과 유사한 양질의 회계기준을 채택하고 있지만, 이 국가들에서의 재무보고는, 이를 인식시차와 보수주의로 측정할 경우, 실정법 국가들에서와 같이 그 품질이 낮음을 발견하였다. 이는 우수한 회계기준이 그 자체로써 당연히 재무보고를 개선해 줄 것이라고 생각할 수는 없음을 말해준다.

Bushman and Piotroski(2006)는 1992-2001년에 걸쳐 38개 국가들을 표본으로 연구를 하였다. 그들은 국가가 경제에 실질적으로 개입하는 국가들에서는 호재를 발표한 기업들의 인식시차가 상대적으로 낮았으나, 반면 악재를 발표한 기업들에서의 인식시차가 높음을 발견하였다. 호재에 대해서는 보다 빨리 인식을 하고, 손실에 대해서는 평준화를 시도함으로써, 보고이익을 극대화하려는 이러한 경향은 곧 국가의 개입이 심화되는 것을 막고자 하는 바람이, 기업들이 갖는 재무보고의 질 저하와 인종적 긴장의 초래 가능성 대한 우려에 큰 영향을 미친다는 것을 말해준다.

따라서 IFRS와 같은 하나의 국제회계기준이 세계적으로 회계 실무를 일치시키거나 혹은 효율적으로 자본 배분을 결정할 것으로 보이지는 않는다.[20] 특히, 공정가치 회계는 기준 합치 과정에서 가장 대립하는 이슈 가운데 하나임이 입증되었다. 왜냐하면, 자산가치가 하락하는 기간 중에 시장 참조 혹은 모형 참조 방법의 사용에 관해 20여개 선진국의 규제기관들이 합의하지 못하고 있기 때문이다. 국제회계기준을 강제적으로 적용하는 문제, 그리고 고품질 회계기준의 효과 문제에 관해서는 앞으로 더 고려할 점들이 남아 있다.[21]

둘째, 미국이나 혹은 국제적으로 기준 설정을 방해하는 정치적 증거가 존재한다(Watts and Zimmerman, 1978; Zeff, 2005; Ramanna, 2008). 국가 GAAP을 결정하는 정치력이 세계적인 IFRS 채택을 막을 것으로 보이지는 않는다. 더욱이 발전된 주권 국가들은 강한 국가적 반대 때문에 IASB 기준을 인정하려 하지 않는다. 따라서 국제적으로 조화된 규칙으로 출발하였지만, 국가 정치 조건에 적합한 기준이 될 가능성을 가지고 있음은 국제적인 회계기준의 일치 시도가 무의미함을 보여준다.

2.3.3 원칙중심 대 규칙중심

비규제 상황에서의 회계선택은 규제되는 GAAP 안에서의 회계선택의 역할에 대해 중요한 의미를 갖는다. 자유 시장에서는 이익, 자산, 부채의 상이한 측정치가 상이한 경제 상황에 적절하므로 회계선택이 발달한다. 이러한 상이한 경제적 상황은 규제 하에서도 존속하므로, 규제기관이 회계선택을 제한할 필요가 있는가라는 의문이 제기된다. 회계선택과 관련하여 규

20 IASB의 기준들과 같은, 고품질 재무보고 기준들은 보다 우수한 자본시장을 만드는 데 역할을 한다. IASB의 채택으로 인해 이익의 질이 개선되고, 해외투자가 증가할 수 있다. 그러나 IASB 기준을 채택했다고 해서 그 자체만으로 양질의 재무보고를 보장하는 것은 아니다. 회계기준의 실제 적용은 강한 규제 환경과 감사인의 책임에 의해 강화 될 필요가 있다. 또한 그렇게 된다 할지라도, 투자자들이나 기준 설정자들은 다양한 관습과 제도적 구조들이 실제 재무보고에 계속 영향을 미칠 수 있다는 점을 인식해야 한다. 관습이나 제도를 변경한다는 것은 회계기준을 변경하는 것보다는 훨씬 더 어려운 일이기 때문에, 각국의 환경적 차이점은 수년 동안 지속될 수 있다. 결과적으로 회계기준의 완전한 통합은, 그것이 바람직한 것은 사실이지만, 당분간은 시간을 요하는 문제라고 할 수 있다. 그 동안에는, 기업들이 여러 경쟁적 회계기준 사이에서 선택할 수 있도록 여지를 남겨둘 필요가 있다. Scott, 2012, pp.521-522 참고.

21 Scott, 2012, pp.517-519 참고.

제기관은 비교가능성, 계속성, 조작가능성을 근거로 제시한다. 그런데 비교가능성과 계속성은 자유 시장 GAAP의 핵심 요소이다. 또한 자유 시장 GAAP도 조작가능성을 최소화하려 한다.

최근에 회계선택 이슈와 관련하여, 원칙(principle)과 규칙(rule)에 관한 논쟁이 일고 있다.[22] IFRS에 비해 미국의 GAAP은 너무 규칙중심이라는 비판을 받는다. 여기에서는 이 논쟁을 이해하고 규칙중심 회계가 실제로 문제가 있는지 여부를 조사하는 데 필요한 기본 틀을 제시한다.

GAAP 규제를 전제로 할 때, 원칙중심(principle-based)이냐 혹은 규칙중심(rule-based)이냐 하는 문제는, 회계수치를 결정하는 데 경영자가 더 큰 선택재량을 행사함으로써 발생하는 효과와 비용에 관한 규제자들 사이의 논쟁이다. 한쪽 극단에서 원칙중심론은 규제자는 광범위한 회계 '원칙'을 설정하고, 경영자는 그들이 직면하는 구체적인 경제 상황에 그 원칙을 적용한다. 역으로 다른 쪽 극단에서 규칙중심론은 경영자가 많은 판단을 행사할 필요가 없게 상세한 지침을 제공한다(예: SFAS 13은 리스기간이 자산의 추정 경제적 수명 기간의 75% 이상일 때 자본리스로 분류된다고 규정한다).

주어진 경제적 거래에 대해 경영자는 이론적으로 무한한 회계방법을 가지고 있다. 규제자가 결정한 원칙과 규정은 그 선택을 제한한다. 물론 이 제한은 규제자의 인센티브와 손실함수에 따라 결정되고, 비교가능성, 계속성, 신뢰성에 대한 관심에 의존할 것이다. 원칙중심의 경우 경영자에게 더 큰 회계선택 집합이 주어지지만, 이 선택 집합은 이사회, 회계인, 그리고 감사인에 의해 순차적으로 제한되고, 결국 경영자는 하나의 방법을 선택한다. 양자는 기업 차원에서의 경영자 회계선택을 제약한다. 기업 차원에서의 제약은 규제 차원에서 부여된 회계방법 자율성 정도의 함수이다.

이론적으로 보면, 원칙중심론의 사고는 광범위한 경계를 설정하고 경영자, 회계인, 그리고 감사인이 그 안에서 회계실무를 개발하도록 허용한다. 즉, 이사회와 경영자가 기업의 경제 상황을 더 구체적으로 잘 아는 만큼 그에 대한 회계방법도 더 잘 설계한다고 본다. 원칙중심 접

---

22 이 점에 관하여, SEC는 2003년의 연구 "Study Pursuant to Section 108(d) of the Sarbanes-Oxley Act"에서 FASB가 원칙중심의 회계기준 접근법을 택할 것을 권장하고 있다는 점을 밝힌다. 이 접근법에서는 전문적 판단을 위한 체계를 제공하기 위해 개념체계(Conceptual Framework)에 보다 큰 비중을 두고 있다. 이 SEC 연구는 2002년 FASB의 자체 보고서인 "미국 회계기준 설정에 대한 원칙중심 접근 제안(Proposal for a Principles-Based Approach to U.S. Standard-Setting)"과 일맥상통한다. FASB는 현재 이 접근방향을 실행에 옮기는 작업을 수행 중에 있다.

근은 논리 정연한 개념체계를 필요로 한다. 이 체계는 개발될 것으로 예상되는 회계실무의 기초를 제공한다.[23] 재무보고 작성자와 감사인에게 회계 실무를 개발하는 신축성을 주게 되면, 그 부산물로 회계방법의 혁신을 얻는다. 즉, 원칙이 광범위할수록 혁신의 여지는 커진다. 물론 이로 인해 즉각적인 비교가능성은 감소하고 조작가능성은 증가한다. 따라서 이 논쟁은 경영자 차원에서의 회계선택이 갖는 효과와 비용 사이의 절충이라고 볼 수도 있다.

그러나 실무에서 이러한 논의는 실종된다. 이 논의에서 FASB의 목적은 회계방법의 산업별 예외를 줄이고, 경영자 선택을 줄이는 것이다(Benston, Bromwich, and Wagenhofer, 2006). 이들은 자산-부채/공정가치 모형과 원칙중심 접근은 공존할 수 없다고 주장한다. 공정가치 실무는 다수의 실행 복잡성을 유발하고, 이는 불가피하게 상세한 회계지침을 초래한다. 그렇지 않으면 감사인은 경영자의 평가, 비교 가격, 평가모형 자료(기대 현금흐름, 확률, 할인율)를 조사할 기준이 없게 된다.

회계가 단순히 준수하는 도구가 아니고 전략적으로 중요하다면 회계 실무의 혁신은 더욱 필요하다. 우수한 회계성과 측정치의 개발로 어떤 개인적 이득을 얻을 수 있다면, GAAP 규정보다는 원칙이 경영자에게 이 이득을 갖도록 허용할 것이다. 경제 내의 다른 사람들에 비해 이들은 그럴만한 능력과 의지를 갖고 있다.

이상의 이분법적 논의는 두 시스템 사이에서 하나의 선택을 전제로 한다. 그러나 원칙중심 접근이 채택되더라도 '규정'이 사라지지는 않을 것 같다. 실무상의 이유로, 대부분의 원칙은 상세한 규정에 토대를 두기 때문이다. 최소한 네 가지 이유가 있다.

첫째, 회계 담당자와 감사인들이 일상적으로 회계원칙으로 일하는 것은 비용-효과적이지 못하다. 경제 내에서 GAAP을 해석하고 실행하는 권위는 효율성의 이유 때문에 수천 명에 달하는 회계 담당자와 감사인들에게 위임된다. 이는 실무 지침이 원칙으로부터 규정될 때에만 가능하다.

둘째, 감사 의견이 법정에서 검토된다면, 감사인은 추상적인 원칙보다 엄격한 규정을 더 선호한다. 법적 책임은 상세한 회계규정을 필요로 하고, 단순히 '최선의 실무' 차원을 넘어서

---

23 아울러 원칙중심의 기준은, 회계담당자나 감사인의 판단을 강조하기 때문에, 중요한 윤리적 문제들을 제기하고 있다. 전문 회계기구들에서는 자신들이 단기적인 고객의 이익(즉, 경영자들의 기회주의적 이익조정)보다는 장기적인 공익적 관점(즉, 증권시장이나 경영자 고용시장의 기능 정상화)을 우선시한다는 점을 확고히 인식시키는 데 노력을 기울여야 한다. 물론 전문 회계기구들에서는 이미 이러한 일들을 직업 행동강령이나, 규율위원회 및 기준설정에서의 적정과정(due process) 등을 통해 수행하고 있다. 최선의 판단이라는 것은 강제할 수 없는 것이어서, 회계직업 전문가들의 투명성을 높이기 위해 보다 증대된 노력이 보증될 필요가 있다(Scott, 2012, p.19).

는 정부가 강제하는 독립된 기준설정 기관을 더 선호한다.

셋째, 소송이 없는 경우에도 감사인 명성 때문에 상세한 지침이 필요하다.

넷째, 일상적으로 재무제표 이용자는 실무 지침에 따라 작성된 회계보고서를 효율상의 이유로 더 선호한다.

따라서 잘 기능하는 회계 시스템에서 실무 지침과 규제 원칙은 동전의 양면과 같다. 회계인과 감사인 사이에서 원칙의 적용으로부터 개발된 실무 지침과 규제 기관에 의해 부과된 규정을 구분하는 것은 중요하다. 전자는 회계 혁신을 발생시키는 시스템에서 나온다. '실무의 다양성'이 규칙중심론의 부정적 결과라고 단정하면, 이 구분은 무시된다(Schipper, Schland, and Wilks, 2009).

여기에서는 산업별 실무의 다양성은 실무 지침 즉 서로 다른 산업에서 상이한 경제적 환경을 반영하면서 진화된 균형 회계기준을 의미한다고 본다. 이러한 다양성은 잘 기능하는 GAAP의 본질이다. 다양성이 없으면 재무보고는 거래의 경제 내용을 반영할 수 없기 때문이다. 산업별 다양성은 GAAP의 비교가능성과 계속성 같은 경제적 필요에 대한 실용적 해답이다. GAAP의 경제 이론은 광범위한 원칙을 주장하지만, 실무적 문제 때문에 산업별 지침이 필요하다. 이러한 세부 지침이 없으면 GAAP의 근본 목적인 효율적 자본배분은 달성되지 않을 것이다.

2.3.4. 기준설정과 효율적 시장 가설

(1) 효율적 시장가설 인정 이유

효율적 시장 가설은 기준설정자가 회계기준을 제정하는 과정에서 중요한 고려 요인이 된다. 1960년대 이후 전통적으로 시장 효율성이 인정되었지만, 근래에 이르러 이상현상(anomalies)과 재무행동론(financial behavior)이 제기되고 있다. 그러나 그 사실 여부와는 관계없이, 회계기준 결정 측면에서 보면, 시장 효율성을 공인된 가정으로 사용할 필요가 있다. 그렇지 않으면 기준 설정자는 개념적으로 또 실무적으로 난관에 봉착한다.

시장 효율성을, 인정되는 가설로 간주해야 하는 이유를, 기준설정 관점에서 검토해 보자. 모든 공개적으로 이용 가능한 정보에 관하여 증권시장 가격이 효율적이라면, 시장은 사회적으로 자본과 위험을 효율적으로 분배하는 바람직한 결과를 산출한다. 시장 효율성은 공개적인 재무보고를 포함하여 내생적으로 발생하는 제도를 통하여 달성된다. 공개적 재무보고의 기준을 설계할 때 GAAP 규제자는 재무제표 정보와 증권시장 가격 사이의 관계를 인지해야만 한다.

효율적 시장 가설 하에서 주가는 모든 공개적인 (가치 관련적인) 정보를 완전하고 불편적으로 반영한다. GAAP 규제자에게 주는 의미는 회계정보 자체의 형태는 증권시장과 무관하다는 것이다. 시장의 초점은 재무제표의 실질적 정보에 맞추어진다. 즉 특정 회계 실체가 미래 현금흐름의 금액, 시기 및 불확실성에 관한 정보를 제공하는지 여부가 중요하다.

회계정보와 관련하여 증권시장의 가격이 잘 결정되지 않는다는 문헌이 증가하면서, 효율적 시장 가설의 타당성이 도전받고 있다. 그러한 증거에도 불구하고, 아래와 같은 이유로 시장 비효율성을 미리 전제하는 기준은 의미가 없을 것으로 여겨진다. 나아가서 어떤 상황에서는 사회적으로 비용이 발생한다.

첫째, 시장 비효율성은 균형이론이 아니다. 자본자산 가격결정 균형을 기술하는 효율적 시장 가설과 달리, 행동이론은 일시적인 가격결정을 기술한다. 즉, 완전시장 조건에서 지속될 것으로 예상되지 않는 상태를 기술한다. 더욱이, 시장 비효율성 균형에서의 증권시장 가격과 회계정보와의 관계를 기술하는 행동이론은 존재하지 않는다. 시장 비효율성의 균형이론이 없으므로, 비효율을 가정하는 규제는 자연적인 출발점을 갖지 못한다. 그리고 더욱 중요한 것은 시장을 다시 효율적으로 되돌릴 틀이 없다는 것이다. 즉, GAAP이 시장 비효율성 가정 하에 설계되면, 이러한 GAAP이 어떻게 시장 효율성 균형 상태로 이끄는지 그 과정이 불분명하다. 비합리적 가격결정의 근원과 지속성을 이해하는 데 필요한 체계가 없으면, 비효율성은 GAAP 설계와 무관하게 지속되는가? 빈약한 이해와 규제를 통해 비효율성은 더욱 악화되는가? 등의 여러 가지 중요한 질문들이 제기된다.

둘째, 시장 비효율성 가정의 실제 문제로서, 기준 설정자가 설사 인정된 가정으로 비효율성을 채택하더라도, 시장 비효율성이 기준 설정자들로 하여금 적합한 GAAP을 결정하도록 인도할 가능성이 있는지 의심스럽다. 어떤 행동 가정이 전제되고, 그 결과 어떤 형태의 비효율성이 가정되어야 하는가? 가격은 과잉반응 혹은 과소반응 하는가? 기업이 일련의 좋은 뉴스 혹은 나쁜 뉴스를 보고하면(이는 대표적 편의를 유발한다), 처음에는 과소반응 하다가 나중에 과잉반응 하는가? 반응 변화에 어느 정도의 뉴스 지속이 필요한가? 재정거래 기회와 성공 가능성은 어떠할까?

이러한 질문들의 제기가 개인들(그리고 그 결과 시장)이 행동상의 편의를 보이지 않으며, 따라서 그로 인해 가격이 체계적으로 근본 가치로부터 이탈하지 않는다는 의미는 아니다. 비록 개인 투자자들이 행동 편의를 갖더라도, 마치 시장이 효율적인 것처럼, 즉 투자자들이 평균적으로 경제적 기초를 반영하는 식으로 합리적인 것처럼 가정하고서 GAAP이 설계되어야 한다. 예를 들어, 투자자가 발생에 과잉반응 한다고 하자. 투자자가 보고 발생에 과잉반응을 하는 만큼, 경영자는 발생액을 작게 보고해야 하는가? 이러한 보고를 위해 경영자에게 어느 정도의 재량을 허용해야 하는가? 감사인에게는 어떤 지침을 주어야 하는가?

(2) 의미

재무보고의 형식은 지분의 가치평가에는 중요하지 않지만, 효율적 계약에는 중요하다. 즉 회계정책 측면에서는 논점이 가격결정과 거래규칙에 있지 않으며, 기준 설정자는 형식보다는 내용에 초점을 맞춘다. 예를 들어, 기준 설정자는 각주 공시 혹은 재무제표 본문 표시가 위험과 현금흐름 가능성에 차별적 정보를 주는지 여부에 관심을 갖는다. 시장 효율성이 성립한다면, GAAP이 상당한 혹은 아주 적은 선택권을 경영자에게 주는지 여부는 가격이 보고수치에 고착된다는 관념 이외의 고려에 의해 결정된다. 대리 문제는 기준 설정자가 GAAP을 설계함에 있어 가장 중요하다. 반면에 인식 대 공시 혹은 회계선택 자체의 중요성은 떨어진다.

2.3.5 요약

규제에 관한 경제적 접근에서는 회계 및 보고기준에 대한 규제의 타당성 문제가 해결되지 않은 상태임을 살펴보았다. 규제가 없는 상태에서도 사적 정보생산을 위한 여러 가지의 계약 및 시장차원에서의 유인이 존재하기는 하지만, 기업의 정보생산에 대한 규제를 완화함으로써 발생할 각종 시장실패의 사회적 비용이 기준설정 과정의 여러 비용보다 더 큰지 혹은 작은지 알 수가 없다. 결과적으로 투자자들은 인지된 정보부족을 보충하기 위해 규제를 하도록 압력을 넣게 된다.

이는 기준설정이 본질적으로 경제적 과정일 뿐 아니라, 정치적 과정임을 의미한다. 이러한 견해는 회계 관련 이해관계자 집단의 개념, 실증적 회계이론의 정치적 비용 가설, 그리고 이해관계자 갈등에 관한 게임이론 및 대리이론의 관점과 일치한다. 다양한 회계 관련 이해관계자들이 이해관계 갈등을 계약 혹은 시장의 힘으로 해결할 수 없을 때, 그들은 정치적 과정에 호소할 것이다.

실증적 회계이론에서는 두 가지의 규제이론, 즉 공익이론(public interest theory)과 이익집단 이론(interest group theory)을 검토한다. 공익이론에서 규제기관이 전체 공익을 극대화하기 위하여 규제정책을 선택한다고 보는 데 비해, 이익집단 이론에서는 규제기관도 수요자와 공급자 같은 시장 참여자들과 마찬가지로 개인 이익을 극대화하려 한다고 본다. 실증적 이론에서는 이익집단 이론이 현실의 회계규제를 더 잘 설명한다고 본다.

회계기준의 국제적 일치, 원칙 혹은 규칙중심 회계기준 등의 재무보고와 회계기준 설정에 대한 새로운 도전들에 관해 검토하였다.

2.4 회계, 회계연구와 정치적 과정 역할의 제도적 체계

효율적 시장 가설은 잘 기능하는 시장에서의 균형가격은 순현재가치에 대한 불편 추정치라고 주장한다. 이 가설의 근거는 잘 기능하는 시장에서의 총체적 인간 행동은 신고전파 인간 모형(인간은 합리적이고, 모든 것을 잘 안다)과 일치한다는 가정이다. 총체적인 비합리성을 지지하는 증거가 있기는 하지만, 정책 결정에서 합리적 기대 모형을 대신할 수 있는 인간 행동의 균형이론은 아직은 미흡하다. 행동이론의 한계는 자산 가격 결정과 자본 분배 결정(예: 1988-1989 저축은행 위기, 2000-2001 IT 위기, 2008-2009 재무위기 등)에서의 체계적인 비효율성 증거로 무엇을 할 수 있는가라는 의문을 갖게 한다. 합리적 기대 모형에서는 이런 위기는 예측되지 않는다. 회계의 본질과 역할 그리고 다른 시장 제도의 '제도적' 체계는 이 분야의 미래 연구에 대한 지침이 될 것이다. 기준설정 균형을 결정하는 데 정치 요인의 역할은 이러한 제도적 체계와 일치한다. 다음에는 회계연구와 관련되는 제도적 체계의 모습을 검토한다.

신고전파 합리적 기대 모형에서 효율적 결과는 특정 가정에 의해 설명된다. 즉, 자본시장에서 가격과 기본적 가치가 일치한다는 가정은 필요(혹은 때로는 충분) 조건이다. 가격 수용, 무담합, 자유로운 진퇴, 완전 정보, 무 대리 문제, 시장 청산, 무 상대방 위험 등이 이러한 가정에 해당한다.

이 가정들 가운데 어느 하나 혹은 대부분은, 어떤 자본시장에서도 그리고 어느 시대에서도, 현실적으로 지켜지지는 않을 것이다. 그러나 신고전파 모형에서는 '제도'가 이 가정들의 부재를 조정하기 위해 내생적으로 형성된다. 여기에서 제도는 시장의 경쟁적 균형을 조장하는 기제라고 넓게 정의된다. 이러한 제도의 예는 다음과 같다. 가격 수용을 조장하는 브로커 같은 제품 총합자의 진화, 담합을 방지하기 위한 법원과 규제, 제한된 진퇴로 인한 가격 왜곡을 막기 위한 회사 지배시장의 진화, 정보 비대칭을 완화하기 위한 회계사와 분석가 같은 정보 중개기관의 등장, 대리 문제를 처리하기 위한 회계 보수주의 같은 감시 장치와 감사인, 회사 이사회, 비영리 감시견과 같은 감시자의 출현, 투자 은행, 중개인, 기타 시장 청산을 조장하는 시장조성 제도의 출현, 체계적인 상대방 위험(counterparty risk, 부도위험)을 해결하기 위한 위기 상황에서의 정부 개입 등이다.

이러한 제도 체계 안에서, 회계는 일반적으로, 그리고 GAAP은 특수하게, 시장의 경쟁적 균형을 조장하기 위해 발전되어 왔다. 구체적으로, 효율적 계약이론에서 기술된 바와 같은(비교가능성, 계속성, 검증가능성, 보수주의, 감사가능성 등의) GAAP의 속성은 GAAP의 '제도'가 자본시장 거래에서의 정보 비대칭과 대리 문제를 완화하는 데 도움을 주고, 그로 인해 자본시장의 장기적 효율성을 조장한다.

제도적 체계는 '완고한' 비효율적 제도의 존재로 인한 자산 가격과 자본 분배 결정의 체계적 비효율성의 증거를 설명할 수 있다. 제도 진보가 거의 순간에 이루어지고, 어떤 잠재적 비효율성이든 즉각 처리되는 합리적 기대 모형과는 달리, 제도적 체계는 제도적 타성, 즉 느리고, 불만스러운, 정치적 과정인 제도적 진화를 가정한다. 제도적 타성은 자본시장이 일정 시점에는 경쟁적 균형을 조장하는 적절한 제도가 없을 가능성을 의미한다. 적절한 제도가 발전할 시간을 가진 성숙된 시장에서는 이럴 가능성이 낮지만, 1990년대 후반의 인터넷과 2000년대 중반의 파생증권화 같은 새로운 기술 시장에서는 제도적 타성이 나타날 가능성이 크다. 새로운 시장에서의 잘못 개발된 제도의 결과는 자본시장의 불균형, 즉 체계적인 비효율이다. 예를 들어, 2000년대 초에 증권화가 붐을 이룰 때, 증권화 자산에 대한 적절한 회계의 부재는, 균형을 벗어난 시장가격을 조장한 잘못된 '제도'라고 볼 수 있다.

이상의 체계는 제도의 진화에 대한 올바른 이해가 자본시장의 완전시장 조건을 보장하는 데 중요함을 일깨운다. 제도 진화는 경제 및 정치의 과정이고, 따라서 정치 경제 접근이 이러한 유형의 연구에 적합하다. 정치 과정의 결과가 항상 최적인 것은 아니다. 만일 특수한 이익이 정치 과정을 포착한다면, 부의 이전 제도가 발달할 수 있다. 이는 제도 진화의 기원과 결과를 설명하는 규제 이론이 필요함을 보여준다. 예를 들어, 감사 실무, 회사 지배 실무, 보수주의, 기준설정과 같은 회계 제도가 어떻게 발생하는지, 그리고 정치적 요인에 의해 어떻게 결정되는지에 대해 거의 아무것도 알지 못한다(기존의 경험적 문헌은 이 제도가 주어진 것으로 가정하고 그 경제적 결과를 조사하였다).

회계기준과 재무보고는 경제적 및 정치적 요인들에 영향을 주고, 또 그 영향을 받는다고 가정되어 왔다. 지난 40년 동안 회계의 경제적 결정 요인과 결과에 관한 상당한 연구가 이루어졌으나, 회계와 정치적 과정에 대한 우리의 이해는 별로 달라지지 않고 있다. 회계 학계가 시장과 시장설계에 관한 지식을 지속적으로 알려주고자 한다면, 이 분야에 대한 연구는 아주 중요하다. 추가적으로, 2008-2009년의 재무위기는 회계에 대한 정부 개입(정치)을 증가시키는 환경을 만들었고, 그로 인해 회계에 대한 정치적 연구의 필요성을 가속화하였다. 회계와 정치 과정에 대한 연구 과제는 다음과 같다.

- 언제 정치적 요인이 재무보고에 영향을 주는가.
- 정치적 요인이 발생주의 속성에 체계적 경향을 창출하는가.
- 언제 회계재량이 정치 과정에 영향을 주는가.
- 정치적 요인은 어떻게 회계기준의 본질에 영향을 주는가.

제3절 정보내용 관점

앞에서 살펴본 Beaver(1998)나 계약 관점(실증적 회계이론)에서와 달리, 정보내용 관점에서는 제도나 규제가 필요한 이유와 역할을 다수 기업의 존재와 동태성의 조정에서 찾는다. 정보내용 관점에서는 기업이 가지고 있는 정보가 회계를 통해 전달되는데, 현실 세계에는 다수의 기업이 존재하고 또 다기간 상황이 적용되기 때문에 척도의 선택, 네트워크 효과 등과 관련하여 조정이 필요하게 된다. 회계 규제는 다수-다기간 상황에서의 조정 기구인 것이다.[24]

24 이 절은 Christensen and Demski(2003)의 19장을 요약하였음.

3.1 개별 기업의 보고 관리

정보내용 관점은 기업의 회계선택(예: 인식과 합계)이 보고기업의 조직 형태, 기술, 시장구조와 다른 정보원천과 같은 환경의 영향을 받는다는 점을 강조한다. 어떻게 해야 최선의 회계를 할 것인가에 관한 일반적 대답은 존재하지 않는다. 오히려 최선의 선택은 그때그때 상황의 보다 상세한 내용(finer details)과 기업이 활동하는 환경에 따라 달라지므로, 보편적인 지침을 찾을 수 없다. 이에 따라, 예를 들면 GASB, FASB처럼 개별적인 규제기관이 존재한다.

정보내용 관점에서 기업은 주어진 회계규칙을 스케일로 사용하여 자산 가치와 회계이익을 계산하는데, 그 과정에서 경영자의 개인 정보를 전달한다. 따라서 다수 기업을 전제로 할 때, 이 관점에서는 보고 활동에서의 협력과 그 협력 업무를 수행하는 제도가 중요한 역할을 한다. 또한 그 협력 기능을 매 기간 지속적으로 관리하여야 하므로, 동태성도 중요한 요인이 된다. 물론 이러한 협력에 대한 관심은 규제 위원회(예: FASB)와 개념체계를 중요하게 만든다. 이 개념체계는 규제 위원회의 활동을 조정하는 데 필수적 역할을 하지만, 이는 본질상 정보내용 관점과 근본적으로 일치하지 않는다. 그 이유는 개념체계가 조직 단위와 정보 이용자 및 이용 방법에 관심을 두지 않기 때문이다.

다수 제품과 합계는 기업의 정보흐름과 현금흐름 사이의 관계를 흐리게 하는 경향을 갖는다. 마찬가지로 기간을 확대하면 기간 관련 문제도 많아진다. 이러한 복잡성으로 인해 언제, 어떻게, 어떤 다른 정보와 결합하여 기업이 자신의 재무 역사를 기록해야 하는지, 또 그 기록 혹은 요약을 공개해야 할 것인가라는 문제가 제기된다. 결국 기업 스스로 지속적인 거래와 장기적 계약 그리고 당면한 기회의 정확한 성질을 제일 잘 안다. 인식 규칙은 회계 데이터베이스(data base)가 유지되는 방법을 규정하는 데 필수적이다. 인식 규칙은 주의 깊게 선택되어야 한다. 예를 들면, 합계의 수준을 정해야 한다. 이로 인해 경영자는 자연히 재량을 갖게 된다. 재무정보에 대한 여러 요구에 대한 균형을 맞추기 위해 경영자는 이 재량을 사용한다. 재무정보 요구에는 가치평가와 계약 혹은 수탁책임 목적, 회사 내부 혹은 외부 목적 등이 있다.

회계 시스템이 당면의 과제와 상황에 잘 맞는지가 중요하다. 예를 들어, 회계 시스템은 근본적으로 가치평가 영역 혹은 성과평가 영역에 맞추어져 있어야 한다. 이를 판단하려면, 특정의 상황 설정이 중요하다. 조직 내외의 인센티브 문제, 회계 시스템을 통해 자본시장에 전달될 것으로 여겨지는 정보, 다른 수단으로 전달되는 정보, 발생주의 처리에 대한 감사 가능성,

기업 보고와 관련된 인센티브 문제 등이 이에 포함된다.

이는 단순하지 않다. 여러 정보원천과 정보이용 사이의 관계는 교묘하다. 더욱이 일부 구조는 숨겨져 있다. 균형 이탈 행동이 보고될 수 있다는 위협은 결국은 균형 행동이 실현될 수 있게 하는 중요한 요인이 된다.

보고 선택은 주어진 상황과 구체적 관련을 갖는 문제로서, 고도로 맥락적인 성격의 문제이다. 앞에서의 모든 예는 최적보고 선택이 조직과 환경의 구체적 내용에 의해 달라짐을 보여준다. 구체적 상황이 없이 '회계를 어떻게 해야 하는가'에 대한 지침을 만들 수는 없다. 이는 정보내용 관점의 불가피한 결론이다.

3.2 다수 기업과 기간의 조정

규제와 전문가 단체는 회계의 세계에서 친숙한 제도적 특징이다. 제도들은 중요한 조정 서비스를 제공하며 회계 분야를 통합한다. 개별 기업이 회계수치를 통해 정보를 전달하려면 스케일이 필요하다. 다수 기업의 경우에는 이 스케일을 통일할 필요가 있다. 근본적으로 조정 제도는 한 사회가 미터법과 같은 동일한 척도를 사용하는 것처럼, 회계에서 동일한 측정 척도의 사용을 보장한다. 정보내용과 스케일 양자를 통한 조정은, 다양한 기업의 회계보고 연구자와 감사인의 업무(보고 및 감사에 대한 규제업무 포함)를 쉽게 만들어 준다.

다수의 이질적인 기업들이 존재하는 상황을 검토하자. 이러한 상황에서는 보다 상세한 내용이 더욱 중요하다. 따라서 각 개별 기업들이 따로 따로 보고 선택을 하는 것은 다양한 양상을 초래하여 사회 전체적으로 매우 혼란스러운 상황이 초래될 것이다. 따라서 스케일의 통일이 필요하며, 다양한 발생주의 절차가 적용되지만, 스케일의 통일을 통해 동일한 정보를 전달할 수 있는 것이다. 다수 기업의 경우에는 척도 선택을 조정해야 한다.

더욱이 네트워크 외부효과(network externalities)가 존재한다. FASB의 금융상품 보고기준(financial instruments reporting standards)(예: FAS 133과 FAS 137)을 보라. 금융상품의 다양성과 많은 이용으로 인해, 어떤 특정 기업이 이 분야에서 무엇을 했는지 혹은 하지 않았는지에 관한 좀 더 많은 정보가 관심을 받는다. 다른 기업의 행동에 대한 비교, 흔히 말하는 벤치마킹도 흥미롭다. 이는 한 기업의 보고내용의 유용성은 다른 기업의 보고내용에 영향을 받음을 의미한다.

한마디로 조정문제는 매우 중요하며, 한 기업이 선택한 절차가 넓은 재무보고 네트워크에서 다른 기업에 영향을 미칠 것이라는 점은 의심의 여지가 없다.

보고 절차의 선택을 조정하였다는 의미에서 전반적인 의사소통 문제가 감소되고, 다양한 기업들의 보고서를 쉽게 비교할 수 있게 된다. 예를 들어, 이익을 측정하는데 사용된 절차가 잘 조정되지 않은 상황에서 이익을 예측하는 업무를 생각해 보라.[25] 감사도 마찬가지로 조정 업무를 돕는다.

종합하면, 우리는 많은 기업들, 많은 이용자들, 또 많은 중개기관(예: 감사인, 분석가, 보상 자문가)이 존재하고 있는 경기장을 다룬다. 우리는 또한 감독기관과 전문가(예: SEC와 법률 전문가)를 갖고 있다. 각자는 자신의 역할을 갖고 있으며, 상호작용도 풍부하다. 재무보고서는 이용자 의사결정에 영향을 미친다. 재무보고서의 이용은 재무보고서의 정보내용에 의미를 갖는다. 감사인의 존재는 비회계 원천의 행태를 포함하는 보고 게임에서의 균형에 영향을 미친다. 감독기관의 존재도 마찬가지이다. 참가자들의 수는 허용되는 보고 전략에 영향을 미친다. 조정은 모든 곳에 존재한다.

회계는 흔히 기업의 언어(language of business)라고 불리운다. 이 말은 실제로 보고조정의 핵심을 표현한다. 조정 도구는 보고 관습을 정의하는 통상적 언어, 인식 규칙, 명시적 공시와 표시 요구, 합계 방법을 연결하는 필수적 언어를 포함한다. 이는 회계가 정보 전달을 위해 가치평가의 언어와 계산을 사용한다는 표현에 내용을 부여한다.[26]

더욱이 새로운 관습이 발명되어 점차 언어로 채택되고, 또 어떤 관습은 낡고 사라지기 때문에, 이 언어는 정태적이지 않으며, 시간이 흐름에 따라 변화한다. 이러한 발전에 결정적으로 중요한 점은 이 관습들이 회계 시스템의 정보전달을 잘 돕는지 여부이다.

3.3 조정 제도

마지막으로 조정 제도 자체를 검토한다. 조정된 행동을 실행토록 강제하는 사람들은 감사

25 여기에서 인센티브 문제에 주목할 필요가 있다. 우리는 가치평가와 성과평가에 회계정보가 사용된다고 흔히 기술한다. 보상계획은 예를 들면 스톡옵션 형태와 같은 시장가치를 종종 사용한다. 따라서 가치평가 목적에서의 회계정보 사용이 성과평가 사용에 의해 영향을 받는다. 성과평가 제도에서 가치평가 측정치의 사용은 가치평가 분야에서 보고 유인을 고려해야 함을 의미한다.

26 사실 조정활동은 보편적이다. 재무보고 분야에서의 자료를 체계적으로 제공하는 Extensible Business Reporting Language(XBRL)의 국제적 '조화' 혹은 사용에 대한 관심을 고려하라.

인이지만, 교육, 교과서, 전문 기준, 기관들 사이의 경쟁에 따른 실행 제도도 조정 제도에 포함된다. 경쟁적인 개념체계는 보고기준의 진화 과정에서 기간 사이의 조정을 위한 경쟁적 시도이다.

교육 이외의 다른 조정 제도는 기준설정 기관(standard-setting bodies)이 결정한다. 예를 들어 FASB, IASB[27]가 있다. 이외에도 수많은 국가회계기준 설정기관들이 있다.[28]

FASB의 목적은 '발행기관, 감사인, 회계정보 이용자를 포함하는 일반 대중들을 인도하고 교육하는 재무회계 및 보고 기준을 설정하고 향상시켜 나가는 것'이다. 마찬가지로 IASB의 목적은 '이해가능하고 실행할 수 있는 높은 품질의 회계기준의 단일 집합을 대중의 입장에서 개발하는 것; 이 기준의 사용과 엄격한 적용을 증대하는 것; 국가 회계기준과 국제 회계기준을 일치시키는 것'이다.

이 기준설정 기관들은 여러 유형의 거래, 사건, 대차대조표 항목들을 기록하고 표시하는 방법을 지시한다.[29] 따라서 이들은 특정 유형의 회계사건에 대해 허용하는 것과 허용하지 않는 것으로 회계절차 집합을 규정한다. 이는 분할과 척도의 선택을 제한하지는 않지만, 구체화 해준다. FASB와 IASB의 제약이 항상 일치하는 것은 아니다. 예를 들면, IASB에서 개발비는 장기 자산으로 인식하도록 하지만, FASB는 비용으로 처리하게 한다. 양자 모두 비용이 공시되므로, 이 차이는 근본적으로 스케일링 문제가 된다.[30] 마찬가지로 IASB는 공정가치 중심으로 가치 평가하지만, FASB는 원가 주의와 공정가치의 혼합 형태를 유지한다.

물론 이 이야기는 다분히 정태적이어서 조정의 필요성은 인정하면서도 세계가 변하고 있다는 사실은 고려하지 않는, 서로 얽혀있는 어떤 상황을 보여주고 있다. 그러나 기술, 국제적 제도, 그리고 거래 유형의 변화는 모두 회계에서의 변화 필요성을 제시한다. 예를 들어, 현대 정보기술은 감사인에게 새로운 임무와 곤란성을 주었으며, 새로운 감사 기술과 규제를 유발

---

27 국제회계기준위원회(IASB)는 IASC의 조직 변경으로 탄생하였다. 2001년 창립회의에서 IASC에서 개발한 국제회계기준을 채택하였다(이 기준은 IFRS라고 불리운다.). FASB도 전신인 회계원칙심의회(APB)의 원칙을 승계하였다.

28 우리는 많은 감독기관과 정부 감독의 법률 측면에서 비슷한 패턴을 볼 수 있다. 또한 우리는 자신의 보고규정을 부과하는 핵규제기구(Nuclear Regulator Agency)와 같은 규제기관에 초점을 맞춘다.

29 회계를 언어라고 언급하는 것은 이 차원에서도 적절하다. 덴마크에서는 Dansk Sprognævn이라고 불리우는 정부기관이 있다. 이 기관의 임무는 공식적인 덴마크어를 규정하고 유지하는 것이다. 자연히 국제적 의사소통을 통해 언어는 발전하고 새로운 단어가 들어온다. Dansk Sprognævn는 그 발달을 감시하고, 새로운 단어가 공식 언어가 되는지, 또 언제 되는지를 결정한다.

30 그러나, IASB는 원래의 추정이 너무 낙관적임을 추후에 보고하는 옵션을 갖는다는 점에 주목하라. 낙관주의 혹은 사후적 정밀화는 FASB에서는 불허된다. 말하자면, 한 번 비용처리 되면 그 문제는 종결된다.

한다. 마찬가지로 금융상품의 증가는 새로운 보고기준을 만들게 한다.[31]

보다 넓게 보면, 조정은 동태적 과정이다. 조정 장치를 감시하고, 잘 조율하고, 진화시키기 위해, 여러 가지 제도와 장치에 의존한다. 즉 조정의 지배구조(governance)가 중요한 과제가 된다. 우리는 조정 선택의 진화를 다루기 위해, 지배구조를 설계하고 관리하는 문제를 검토한다.[32]

여러 규제 제도 상호간의 경쟁도 심하게 나타난다. 교육 분야에서와 마찬가지로 자기 규제는 규제와 경쟁한다. 보고기준 자체도 마찬가지이다. 세계화는 어떤 기관이 그 세계화 단계의 기준을 결정할 것인지에 관심을 갖게 만든다. 현재는 여러 국가 그룹들이 그들의 활동을 조정하려고 하는데, IASB는 중대한 구조변화를 겪고 있다. FASB도 또한 SEC의 촉구에 의해 국제화 경향을 띄고 있다. 현재로서는 이 국제화의 이행 절차가 중요한 요소로 남아있다. 기준설정 시장에는 심한 경쟁이 야기되고 있다. 예를 들어, FASB나 GASB도 독립된 것은 아니며, 서로의 활동을 인식하고 있다.

지배 기관은 누가 지배하는가? 대부분의 기관들은 감사회사, 산업계, 학회 등의 대표로 구성되는 위원회가 운영한다. 어떤 차원에서는 거래소나 거래소를 규제하는 기관들이 참여하는데, 해당 거래에 관해서 따라야만 하는 보고기준의 집합을 그들이 승인하기 때문이다.[33] 이 과정에는 보통 정부기관들이 깊이 관여한다. 이는 AICPA나 국제 재무집행위원회(FEI, Financial Executive International)와 같은 전문적 기관도 마찬가지이다.

예를 들면, EU의 재무보고는 디렉티브 4호와 7호에 의해 규제된다. 이들은 그 후 회원국들의 회계 법률로 채택된다. 따라서 회원국들의 재무보고는 이들 회계 법률과 일치해야 한다. 결과적으로 재무회계기준은 국가 회계법과 일치해야 한다. 그 이유로 EU는 일정한 경과 기간 후에 IASB 기준을 준수하도록 하고 있다.

미국에서는 SEC가 회계기준 발행권한을 갖고 있다. 이 권한은 FASB에 위임된다. FASB의 감독과 재무 독립성은 그 신탁인들로부터 제공되는데, 이들은 그 자신이 다양한 여러 조

---

31 원가회계기준은 또 다른 예이다. 원래 일부에서는 원가회계기준위원회(CASB)는 정부 분야의 원가기반 계약에 사용되는 원가계산 기준을 발행하고 기준이 충분히 개발되고 분명해지면 폐쇄되는 것으로 생각하였다. 물론 이는 정태적 세계를 전제한 것이었지만, 기술과 조직 제도의 변화는 이들 원가계산 문제를 지속적으로 현재까지 유지시키고 있다.

32 소위 '기준 과부하(standard overload) 문제'는 규제 수의 증가에 따라 여러 원천으로부터 들리는 불평이다.

33 예를 들어 토론토 증권거래소의 모든 상장법인은 캐나다 GAAP을 준수해야 하는 반면, 몬트리올 거래소의 해외 상장법인은 IASB 혹은 FASB 기준을 사용할 수 있으며, 캐나다 GAAP과 조정할 수 있다. SEC의 규제를 따르는 미국 거래소는 미국 GAAP과의 조정을 전제로, 해외 법인들이 IASB 기준을 사용할 수 있게 허용한다. 현재 미국내 회사들은 이런 선택이 허용되지 않는다.

직들을 대표하고 있다.[34] 또한 FASB 자신도 여러 자문 기관의 도움을 받고, SEC, 의회, AICPA의 회계기준 집행위원회의 영향을 받는다. 더욱이 모든 제안된 기준은 공청회, 발표, 재발표 등의 정밀한 절차를 거쳐 승인된다.

기준설정 과정에서 또 다른 중요 기관은 IASB이다. 그 지배구조는 FASB와 흡사한데, 차이는 초점을 국제화에 맞추고 있다는 점뿐이다. 이 기구의 성공 여부는 각 국가에서 인정하고 실행하는지 여부에 달려 있다.

3.4 사회후생 관점

회계(그리고 감사) 기준은 기술적이며, 의사결정 위주의 과정이라기보다는 정치 과정의 산물이다. 기업들은 자연히 서로 다른 회계 시스템을 채택하고, 그들의 다양한 관점을 종합하지 않는다. 더욱이 상황은 변화하고, 각 회사의 회계 시스템도 변화하며, 다양한 선택들은 동태적으로 변동한다.

3.4.1. 개념체계와 질적 특성

FASB와 IASB는 개념체계를 개발하고 지속적으로 발전시키고 있다. FASB의 개념체계는 재무회계와 보고기준을 개발하는데 기초가 되는 목적들과 기본 요소들을 결정할 의도로 작성된 것이다. 목적들은 재무보고의 목표와 의도를 확인해 준다. 기본 요소들은 재무회계의 기초적 개념들로서, 예를 들면 거래, 사건, 회계가 이루어지는 상황, 그들을 인식, 측정 및 합계하고, 이해관계자에게 전달하는 수단 등이다. 이런 유형의 개념은 다른 개념들이 이 개념에서 나오며, 회계 및 보고기준을 설정하고, 해석하고, 적용하는 데 반복적인 인용이 필요하다는 점에서 기본 토대가 된다.[35]

개념체계의 목표는 보고기준을 개발하는 데 필요한 체계(framework) 혹은 합리적 기초를 제시하는 것이다. 개념체계는 정보가 제공된다는 것[36], 정보는 가치평가의 언어와 계산을 사용

---

34 S-X 법 제정 이후에는 상장법인들로부터 운영비용을 징수한다.

35 FASB, 1980, 주요 결론의 요약(Summary of Principal Conclusions).

36 기업 분야에서 FASB는 다음과 같이 기술한다. "재무보고는 현재 및 미래의 투자자, 채권자, 그리고 다른 이용자들이 배당 혹은 이자로부터 예상되는 현금수입과 유가증권 혹은 대출의 판매, 상환, 만기로부터의 대금의 금액, 시기, 그리고 불확실성을 평가하는 데 도움이 되는 정보를 제공해야만 한다. . . . 재무보고는 기업의 경제적 자원, 그 자원

하여 전달된다는 것[37], 정보 관점은 그 정보의 질적 특성과 함께 혹은 질적 특성에 의해 명확해진다는 것 등 세 가지 특징에 의존한다. 정보내용 관점은 정보가 가치평가의 언어와 계산을 사용하여 전달된다는 면에서는 정보 관점에 동의하지만, 질적 특성 개념은 의도적으로 회피하였다.

질적 특성 관념은 확실히 호소력을 갖는다. 각 대안의 기초적 특성의 수준을 통해 점수를 매기고 선택한다.[38] 특성들 사이에서의 절충(trade-off)이 분석의 본질적 내용이다. 목적적합성과 신뢰성이 기본적으로 강조된다.

이는 정보원천의 가치는 개념적으로 볼 때, 예를 들어 보고내용의 목적적합성과 신뢰성에 의존한다는 사고이다. 다시 말해, 가치=f(목적적합성, 신뢰성)이라는 것이다. 실제로 이 논의는 '회계정보 이용자는 그 정보의 각 특성에 부착되는 상대적 가치를 유일하게(uniquely) 인지할 것'이라는 견해로 확장된다.[39] 즉, 기초가 되는 정보 시스템의 선택 문제는 각 대안의 질적 특성을 확인하고, 그에 따른 처리에 의존 한다는 것이다.

그러나 정보내용 관점은 질적 특성보다 훨씬 구체적인 그 무엇, 즉 상황의 명시적 확인을 주장한다. 이 점이 정보내용 관점의 기초이며, 따라서 상세한 내용(finer details) 주장과 질적 특성 접근을 서로 절충할 방법은 존재하지 않는다.

질적 특성 접근은 상세한 내용의 구체화를 직접 언급하지 않고 우회하며, 목적적합성과 신뢰가능성과 같은 특성, 정보 자체의 특성에 집중한다. 이를 상태 S, 분할 η, 그리고 확률 π로

에 대한 청구권(다른 실체에게 자원을 이전할 기업의 의무와 소유자 지분), 그리고 자원과 자원에 대한 청구권을 변동시키는 거래, 사건, 그리고 상황의 영향에 관한 정보를 제공해야만 한다. . . . 재무보고는 기업의 자원, 의무, 그리고 소유자 지분에 관한 정보를 제공해야만 한다."(FASB, 1978, par. 37-41).

37 "재무제표의 각 요소는 재무제표를 구성하는 일종의 건물벽돌에 해당한다-재무제표를 구성하는 항목들의 분류집단(class). 요소란 자산, 부채, 수익, 비용과 같은 광범위한 분류집단을 말한다. . . . 재무제표에 공식적으로 포함되는 항목들은 실체의 특정 자원, 그 자원에 대한 청구권, 그리고 그 자원과 청구권을 변동시키는 거래, 사건 및 상황의 영향에 대한 재무적 표현(단어와 숫자로 기술)이다. 즉, 재무제표의 상징(언어와 숫자)은 예금, 건물, 미지급 임금, 매출, 노동의 사용, 지진으로 인한 재산 손실, 기타 경제적 사물과 사건의 집합을 표시한다. . . ."(FASB, 1985. par. 5와 6)

여기에서 자산, 부채 등등의 기본 요소는 검색 기능을 제공한다. 한 요소의 본질적 특성을 보유함은 기업의 재무 기록에서 그 항목을 공식적으로 인식하는 데 필수적이다. 다음 단계는 목적적합성과 신뢰성 문제가 작용한다. 그러나 제3장의 자료를 돌아보면, 이 요소에 대한 언급은 전달되는 정보가 무엇이든 그것을 전달하기 위해 가치평가의 언어와 계산을 사용하는 것을 언급한 것은 분명하다.

38 실제로 여기에서 더 나아갈 수 있고 토대를 이루는 특성들의 리스트를 제공함으로써, 모든 재화와 서비스, 그리고 이 특성들로 정의되는 취향을 갖는 경제 내의 개인 등을 상상할 수 있다.

39 FASB, 1980, 주요 결론의 요약

구체화한다고 생각해 보라.[40] 이 간결한 접근이 근본과 일치하는 경우는 단지 상세한 내용이 중요하지 않을 때, 즉 한 정보구조가 다른 정보구조의 부분 집합일 때(정세성 정리가 성립할 때) 뿐이다.

따라서 진실로 정보내용 접근을 택하고, 또 질적 특성을 구체적인 상세 내용으로 대체하면, 부분 집합을 기준으로 하는 비교 방식을 택할 수밖에 없다. 여기에서 한 걸음 더 나아가면, 많은 대안을 비교하거나 혹은 그 가운데에서 하나를 선택하는 것은 불가능함을 알 수 있다. 질적 특성 접근은 필연적으로 토대를 이루는 기초 요소에 대한 혼란스럽고, 미완성적인 표현일 수밖에 없다. 질적 특성 접근은 매력적이지만 정보내용 관점과 절충될 수 없다. 부분 분할 구조는 전이율이 성립하지만, 완성적이지는 않다. 상황의 상세 내용이 없으면, 어떤 정보원천은 단순히 비교하는 것조차 불가능하다.[41]

그렇다면 개념체계를 어떻게 해석해야 할 것인가? 개념체계를 규제기관을 위해 또 규제기관에 의해 작성된 문서의 개념적 기초로 해석하는 것은 별개의 문제이다. 이 기관들은 중요하고, 본질적인 지배 기능을 수행한다. 개념체계는 완전한 정책지침은 아니다. 오히려 이들은 항상 존재하는, 항상 변하는 지배 이슈를 취급할 때 규제기관의 편에서 기간 간 조정을 한꺼번에 폭넓게 시그널하려는 시도를 제공한다. 이들은 각 기관의 정책업무를 수사적으로 인도하고, 정책 논쟁을 종결하는 수단을 제공한다. 동시에 완전히 명확하지는 않아서 도리어 규정이 진화하는 데 필요한 여유를 갖게 해준다. 이런 의미에서 개념체계는 헌장, 즉 모호하기는 하지만 특정 방식으로 진행하도록 하는 약속을 제공한다. 이들은 어느 정도 수사적이지만, 미래에 규제 이슈를 어떻게 관리할 것인가에 관하여 상대적으로 안정적인 예상을 유지하는 데 필수적이다.[42]

---

40 중요성은 사소한 혹은 부차적 문제를 말해주며, 따라서 예외적으로 아주 작은 확률을 갖는 사건을 염려하지 않는 것으로 해서할 수 있다. 계속기업은 좋은 예이다. 다음장 4.1항 참고.

41 위원회 자체가 아마도 이 보고서 시리즈의 가장 큰 직접적인 수익자일 것이다. 이 보고서들은 위원회가 공통된 기초와 대안들의 장점을 고려하는 기본적인 추론에 의해 회계 및 보고기준을 개발하도록 인도할 것이다.

42 여러분이 익살을 즐긴다면, 개념체계는 전제된 임무에 대한 표현 충실한 기술이 아니다. 이 논의를 충분히 보인다면, '마찬가지로 정세하다' 혹은 '의 부분 분할'은 비록 전이적이지만 부분적으로만 정보 대안들의 서열을 제공한다. 유한한 선택 집합에서, 토대를 이루는 서열이 완전하고 전이적일 때에만, 그리고 그 때에만 측정이 존재함을 우리는 안다(Christensen and Demski, 2003, 제6장의 주2). 우리에게는 완전성이란 없다. 일반적으로 정보원천은 비교 가능하지 않다. 어떤 원천은 어떤 것을 말하고 다른 것은 그러지 않으며 반대로도 그렇다. 따라서 상세한 내용이 없이 토대를 이루는 특성들로부터 잘 알고하는 선택(예: 가치의 평가)을 할 능력은 없다. 더욱이 개념체계는 (허위) 보고 문제가 없는 1인 의사결정자의 단순한 경우에 토대를 두고 논의하고 있음을 주목하라. 근본적으로 다수인 상황에서는 부분 분할 서열도 성립하지는 않지만, 시장에서의 가치평가나 성과평가의 경우는 동일한 논조에 직면한다. 예를 들어, 서로 이익이 되는 보험 계약이 이루어지기 전에 어떤 정보가 도달한다면, 그 정보는 거래 기회를 없앨 것이다.

G.L. Sundem(2007)은 정보내용 관점의 입장에서 지금까지와는 다른 개념체계를 규정할 필요가 있음을 지적한다. 회계 목적에 토대를 둔 개념 집합을 개발하는 전통적 접근은 부와 부의 변화를 가장 잘 측정하는 정보의 특성을 확인하려 한다.[43] 그러나 회계의 목적이 사건과 상태에 관한 정보를 공시하는 것이라면, 이는 논리에 맞지 않는다. 정보공시와 부의 측정 사이의 논리적 연결은 명확하지 않다. 즉 양자 사이의 관계가 없다는 의미가 아니라, 논리적 혹은 경험적 연결을 보여주어야 한다는 뜻이다. FASB는 근본 개념으로 수익-비용 관점과 자산-부채 관점을 고려한다.

양자는 모두 자산, 부채, 수익, 비용의 측정으로 끝나기 때문에 거의 같다고 볼 수 있지만, 수익-비용 관점은 가치 변화를 야기하는 사건에 초점을 맞추는 반면, 자산-부채 관점은 그 결과인 가치 자체에 초점을 둔다. 회계의 목적이 부의 측정이라면 최종의 자산과 부채의 가치측정만으로 충분하지만, 회계의 목적이 가치변화를 야기하는 사건에 관한 정보를 전달하는 것이 목적이라면 수익-비용 관점이 더 우수하다. 양자 사이의 선택은 이론적인 것은 아니고 경험적이다. 즉 어느 편이 더 가치가 큰 회계정보를 산출하는가의 문제이다.

의사결정자는 많은 정보원천을 사용한다. 다른 원천이 회계정보에 비해 더 낮은 원가로 불확실성을 감소시키지 못할 때 회계정보는 가치를 갖는다. 즉 회계정보는 특정 유형의 정보 산출에 우위를 갖는다. 시장은 회계에 비해 가치에 관한 정보를 산출하는 데 비교 우위를 갖는다. 회계가 이 정보들을 종합하여 가치 있는 통찰을 제공하기는 하지만, 그 기여도에는 한계가 있다.

이와는 대조적으로 회계는 가치에 영향을 미치는 사건의 결과를 기록하고, 합계하고, 보고하는 면에서 우위를 갖는다. 수익-비용 관점은 보고되는 사건의 유형을 규정하는 데 더 큰 관심을 갖는다. 사건에 집중하는 것이 정보내용 관점에 더 잘 부합한다. 더욱이 사건(혹은 유량)의 역사는 부의 측정 역사보다 미래 사건을 더 잘 예측한다.

3.4.2 선호 합계와 원가-효익의 측정 문제

(1) 비용-효익 분석

질적 특성이 정보 시스템 가치를 규정하는 상세한 내용을 대체할 수 없음은, 설사 질적 특성과 정보내용 주제가 밀접하게 연결된다 해도, 원가와 효익의 균형에 대한 논쟁이 추가로 존

43 G.L. Sundem(2007), p.290.

재하기 때문이다. 규제 차원에서 이들 해결책은 논리적이거나 혹은 합리적이기 보다는, 좀 더 정치적인 단서를 토대로 한다. 이를 위해서는 개인들의 선호를 일정한 방식으로 합계하고 원가-효익 방향으로 진행할 수 있어야 한다.[44]

(2) 불가능성 정리

그러나 이 합계 접근은 사회적 선택과 Arrow의 불가능성 정리(impossibility theorem)에 의해 거부된다. 일정한 (유한한) 수의 사람들이 집단 선택(예를 들어, 금융상품의 이용에 관한 명확한 보고기준의 결정)을 원한다고 하자. 각 개인들은 완전하고 전이율이 성립하는 대안에 대한 서열을 통해 잘 규정되는 선호를 갖고 있다. 이 개인 선호는 공통지식(common knowledge)이라고 하자. 따라서 어떤 사람이 전략적으로 그들의 선호를 잘못 표시하는 데에 관심이 없다.

이제, 서열과는 상관없이 이 개인들의 선호를 사회적 선호로 합계하는 방법을 찾고자 한다. 이렇게 하는 방법은 셀 수 없이 많을 터인데, Arrow는 네 조건, 즉 보편적 영역(universal domain), 비독재(nondictatorship condition), Pareto 최적, 무관련 대안으로부터의 독립(independence of irrelevant alternatives)이 동시에 충족되어야 한다고 보았다.

네 가지 조건은 모두 충족되어야 한다. 문제는 네 조건은 동시 존재가 불가능하다는 데 있다. 어떤 사회적 선택 메커니즘도, 그것이 투표이든, 시장기준 분배이든, FASB 혹은 IASB이든, 최소한 하나의 조건은 침해된다.

예를 들어, 나중 세 조건을 충족한다고 하자. 그러면 개인 선호를 합계하여 잘 정의된(즉, 완전하고 전이적인) 사회 선호를 만들 수 없는 궁지에 빠진다. 어떤 때는 선택이 불가능하고(즉, 불완전하고), 혹은 순환적이다(즉, 전이적이지 않다).

현재로서는 FASB와 IASB가 '글로벌 GAAP'에 관해 경쟁적 관점을 제시하고 있는 국제 분야에 이 주제를 적용해 보자. IASB는 공정가치 측정에 좀 더 기울어져 있는데 반해, FASB는 역사적 원가와 공정가치를 혼합한 형태에 무게를 두고 있다. 따라서 경계선 상에서 이들은 다른 분할 혹은 상이한 정보내용을 제공한다. FASB 기준은 더 포괄적이고 상세하다. 어느 편이 더 선호되는지 혹은 더 나은지 말할 수 있는가? 두 위원회는 각자 다양한 견해를 집계하여 표시하는 것이며, 그 활동의 결과물들은 다분히 정치적 과정의 산물이다. 사회 내에는 상호 경쟁하고 보완하는 제도들이 다수 존재한다. 감사인 훈련, 허가, 이행강제 등의 예를 고려

44 Schipper(2010)는 회계 기준 변경 시 기준 결정기관이 수행하는 원가-효익 분석이 효과적이라고 주장한다.

해 보면, 제도의 중요성을 이해할 수 있다.

3.5 개념체계: 정보내용 관점

회계의 제도적 측면은 풍부하고, 흥미롭고, 또 중요하다. 이는 회계가 조작에 대한 방어에 비교 우위를 갖는 전문적이고, 정밀한 정보 원천이라는 사실을 반영한다. 이는 또한 이러한 비교 우위가 조정에 의해 더 강해진다는 사실도 반영한다. 대부분의 회계 시스템이 핵심측면에서 서로 유사하다는 점과 그리고 보고기준과 상담 결과가 최소한 어느 수준까지는 회계실무의 변화도 조정된다는 점은 중요하다. 경제 전반적 차원에서 회계에 대한 제도적 가공에 의해 이상의 조정이 이루어질 수 있게 된다.

이러한 제도적 가공을 반영함에 있어, 훈련, 원칙의 교육, 규제의 조합이 회계실무를 완전히 규제 혹은 조정하지는 않고 상당히 많은 부분이 기업의 재량에 맡겨진다는 점을 이해하는 것은 중요하다. 상세한 내용이 문제이다. 이러한 제도들이 스스로를 관리할 필요를 갖는다는 점을 이해하는 것 역시 중요하다. FASB와 IASB 그리고 그들 각자의 개념체계가 대표적인 사례이다. 이런 위원회의 최종 결과는 정치적 요소를 갖는다. 이 점이 Arrow 정리의 본질이다. 따라서 자연히 위원회의 조직 규정, 헌장, 개념체계는 완전히 체계적이지는 않으며, 정보내용 접근과도 완전히 연결되는 것은 아니다. 이러한 체계는 정치 생활의 주고받기를 적용해야만 한다. 이는 회의적인 주장이 아니고, 현실을 인정하는 것이다. 개인의 선호를 체계적이고 완전히 일관성 있는 사회적 관점으로 통합하는 논리적 방법은 없다.

그렇다면 정보관점에서는 구체적으로 어떤 모습의 개념체계를 구상하는 것일까? Christensen(2010)의 주장을 간단하게 살펴본다.[45]

3.5.1 재무제표의 기본 특성

앞에서 검토한 정보의 질적 특성 체계는 규제자가 당면하는 회계 의사결정 문제의 상세한 내용을 단순화하는 역할을 한다. 이러한 상세 내용에는 선호, 의사결정 문제와 정보 환경이

45 J. Christensen, Conceptual frameworks of accounting from an information perspective, Accounting and Business Research, 40, 3, 2010, p.294.

포함된다. 질적 특성은 상황을 지나치게 단순하게 만들어 회계 정보를 산출하는 시스템이 갖는 인센티브, 규제자 상호간 그리고 규제자와 정보 생산자들 사이의 복잡한 절충을 무시한다.

Christensen(2010, pp. 294-296)은 정보내용 관점에서 보는 회계 개념체계의 모습을 제시한다. 그가 주장하는 재무제표의 특성을 먼저 살펴본 후, 개념체계의 모습을 살펴보자. 재무제표의 목적은, 아주 넓은 의미에서, 기업의 관계자들에게 정보를 제공하는 것이다. 이는 아주 넓은 목적이지만, 그래도 재무제표는 규제와는 상관없이 다음과 같이 여섯 개의 기본적인 특성을 갖는다. 첫째, 어느 한 기업에서 최적 보고는 그 기업의 특성에 따라 단일하게 결정된다. 둘째, 회계 정보의 일반 목적은 의사결정 정보와 수택책임 정보를 제공한다. 셋째, 회계 정보는 기업 고유 정보라는 면에서 전문적이며, 주로 투기 목적의 투자자들이 재무 보고로부터 혜택을 본다. 넷째, 회계정보는 본질적으로 다른 정보원천에 비해 시기가 늦다. 다섯째, 회계시스템은 진공 상태에서 존재하는 것이 아니다. 다른 정보원천이 존재하고, 다른 정보원천과 분리하여 회계시스템의 목적을 분석할 수 없다. 여섯째, 재무제표는 독립 감사인의 감사를 받는다. 즉, 회계자료는 조작이 어려운 엄격성을 갖는다. 재무제표의 이러한 특성을 종합하면 개념체계의 모습을 도출할 수 있다.

재무제표의 주요 내용은 기업에 관한 재무 정보이다. 이는 역사적으로 발전되었을 뿐 아니라 또한 재무보고의 비교우위를 반영한 것이기도 하다. 최적 정보시스템은 구체적인 보고 상황의 상세한 내용에 의해 결정된다. 따라서 보고 상황의 구체적 내용과 무관하게 보편적인 최적 정보시스템은 존재하지 않는다.

나아가서 의사결정 목적과 수탁책임 목적의 정보시스템의 서열은 서로 다르다(Gjesdal, 1981). 각 목적에 맞는 두 개의 재무제표를 만든다면 이 갈등은 해결될 것으로 생각할 수 있다. 그러나 이는 불가능한 대안이다. 정보 이용자가 경영자에게 불리하지 않게(공격적이지 않게) 정보를 사용한다는 약속의 범위 안에서만, 경영자는 모든 것을 정보 소통할 수 있다. 소유와 경영의 분리를 전제로 하면, 소유자가 이를 약속하는 것은 어렵다. 의사결정 문제에서의 나쁜 뉴스는 통제 문제에 영향을 주고, 그 결과 의사결정 문제에 필요한 완전하고 진실한 정보소통은 불가능하게 된다. 따라서 두 재무제표는 상상할 수 없고, 또한 경영자 인센티브로 인한 편의가 없는 의사결정 목적의 회계(발생주의) 시스템도 만들 수 없다.

회계시스템이 다른 신속한 정보와 어떻게 결합되는가는 중요한 문제이다. Ball and Brown(1968)은 이점을 잘 보여준다. 즉, 재무회계는 새로운 정보를 발표시점에서 전달하지만 그 비중이 낮고, 대부분은 다른 정보원천에 의해 시장에 미리 반영된다. 그러나 이 다른 정보들은 규제되지 않는다. 회계정보는 심하게 규제받고 다른 정보원천에 영향(규율 효과)을 준다.

개념체계에서는 재무제표가 모든 목적적합한 정보를 제공해야 한다고 암묵적으로 가정한다. 정보내용 관점에서는 회계시스템이 기존의 다른 정보를 함께 잘 전달하는 구조를 보여준다. 어떤 정보원천이 모든 재무정보를 가장 잘 총합하는가라는 큰 문제가 존재한다. 회계인이 최선으로 총합한다는 생각은 너무 순진하다. Roll(1984)은 이 문제를 심각하게 생각해야 한다고 주장한다. 각 시장 참여자는 기업에 비해 높은 잡음을 갖는 정보밖에 갖지 못한다. 그러나 시장은, 총합 측면에서는 아주 효율적인, 강한 정보 총합자이다.

마지막으로 재무제표는 유일하게 감사받는 정보원천이다. 따라서 재무제표는 조작이 어렵고 또 시장의 비효율성을 수정하는데 유용하고 엄격한 정보를 산출한다.

이 여섯 개의 관찰이 의미하는 바는 무엇인가? 무엇보다도 분산 투자자에게 재무제표는 용도가 없다. 투기 목적의 투자자는 재무제표 정보를 필요로 한다. 다음으로는 재무제표에 포함되는 정보와 제외되는 정보의 균형이다. 첫째, 회계 혹은 시장 가운데 무엇이 정보를 더 잘 총합하는가는 상황에 따라 달라지기 때문에 이는 경험상의 문제에 속한다. 일반적으로, 회계는 미래 투자에 관한 정보는 제외시킨다. 투자의 효과는 시기나 금액 면에서 불확실하기 때문이다. 시장은 유가증권 평가에 이러한 정보를 반영하는데 아무런 문제가 없다. 둘째, 회계정보는 본질적으로 시기가 늦다. 사건이 발생하고 감사에 의해 검증된 후 재무제표 안에 포함된다. 그 이전에 많은 정보 원천이 들어오고 시차를 메운다. 이에 관한 증거는 Ball and Brown(1968)과 Beaver(1998)에 잘 드러나 있다.

대부분의 정보 효과는 규제를 받지 않는 다른 정보원천에 의해 발생하는데, 회계 정보를 규제하는 이유는 무엇일까? 시기가 빠른 자발적 공시의 정보내용은 회계시스템에 설치된 통제의 함수이다. 즉 재무제표는 이러한 정보를 통제하는 중요한 역할을 한다.

3.5.2 재무제표의 조정

회계 연구는 회계 규제에 암묵적으로 많이 기여하여 왔다. 대표적인 예가 Paton and Littleton(1940), 그리고 미국회계학회의 회계보고위원회가 간행한 보고서(ASOBAT,1966)이다. 그러나 회계 연구 분야는 서로 잘 조정되지 않고 있다. 그 결과, 자산, 부채 등 재무제표 요소의 정의, 인식 규칙의 정의, 그리고 일반적인 회계측정 규칙이 개념체계 안에 포함된다. 이를 종합적으로 고려하면, 재무제표 요소의 정의는 재무제표에 특정 정보의 포함여부를 결정한다.

현행의 개념체계에서 재무제표는 기업에 관한 재무정보를 제공한다. 정보시스템의 양식은 발생주의로 규정되고 보편적으로 합의된다. 이를 보여주는 것은 장기적으로 타당한 개념체계의 영역에 속한다. 재무제표 세부 항목의 내용에 관한 구체적 규정은 환경 변화에 부응하여 변화해야 하는데, 이는 기준에서 처리하는 것이 적절하다.

3.5.3 하나의 개념체계

정보공급 시장의 실패는 회계 규제의 수요를 유발한다. 개념체계는 회사 보고규제의 품질 향상에 어떻게 기여하는가? 개념체계는 회계규제 과정을 통제하는 헌법(기본법과 원칙의 표명)이라고 간주된다. 헌법은 장기적으로 타당하고 사회 기능의 작은 변화에 반응하여 변화해서는 안된다. 개념체계에는 강건한 개념들이 요구된다. 그러나 현재의 개념체계는 그렇지 못하다. 너무 세밀하고 목적을 달성하지 못한다는 비판을 받는다(미국회계학회 재무보고위원회, 2009).[46] Christensen은 이 견해에 동의한다.

개념체계는 일종의 헌법으로서 개별적인 기준들이 지켜야할 전반적인 재무보고 목적을 규

46 이 코멘트에서는 현행의 미국 개념체계가 너무 많은 문제를 포괄하고 그 결과 전체의 체계를 확립하지 못한다고 비판한다. 개념체계가 유용하려면, 첫째, 누구도 부인할 수 없는 일반적 명제는 회피해야 한다. 예를 들면, 회계기준이 재무보고의 목적적합성과 유용성을 극대화해야 한다; 기업의 경제적 실제를 공정하고 객관적으로 표시해야 한다; 회계정보는 미래현금흐름의 크기와 시기를 예상하도록 이용자를 도와야 한다 등이다. 둘째, 개념체계가 넓은 제약을 부과하는 원칙을 지킨다면 기준 설정과정이 단순화되고 체계화된다. 그러나 개념체계가 결과 없이 단어에만 의존하여 공허해질 수는 없기 때문에 범위를 지나치게 제약하여 기준 결정자를 너무 좁은 상자에 가두면 안된다. 예를 들면, 보증은 공정 시장가치에 의해 추정되어야 한다; 재고자산은 시장이 유동성을 갖고 활동적일 때에만, 저가법으로 평가될 수 있다 등이 이 예에 해당한다. 셋째, 문제를 해결하기보다 오히려 더 많은 문제를 제기하는 이슈를 회피하는 것은 중요하다. 예를 들면, 자산, 부채의 '적정한' 정의; 의미가 확정되지 않는 상상 가능한 측정 속성 혹은 인식 원칙 등이 여기에 해당한다. 개념체계는 실무 문제로서 기준을 제약할 수 있다는 한 가지 이유로만 평가되어야 한다. 개념체계는 이러한 세 가지 조건을 갖출 때 유용하다.

회계의 목적, 질적 특성을 개념체계에 포함해도 해롭지는 않다고 생각할 수 있다. 그러나 '목적' 등이 실제로 의미를 갖지 못할 때, 일부 사람들은 그 점을 간파하지 못하고 '목적' 등을 믿을지도 모르는 부정적 측면이 있다. '목적' 등으로부터 어떤 실무적 제약이 나오는지를 똑똑하게 설명할 필요가 있다. 따라서 개념체계는 (때로는 어려운) 회계 선택의 실제에 좀 더 가깝게 접근해야 한다. 예를 들어 '목적적합성'과 같은 특성이 공정가치회계를 지시한다고 하자. 그렇다면 개념체계에서 그 점에 대해 분명하게 설명하지 않는 이유는 무엇인가? ... 실제로 '목적' 등으로부터 회계 실무적인 의미를 도출하는 것이 가능한가? 만일 그렇다면, 그것은 무엇이며 어떻게 도출되는가? 우리의 관점을 재정리하자면, 우리는 전체적으로 그 대답은 부정적이라고 생각한다.

제자들에게 일깨우는 역할을 해야 한다. 따라서 개념체계는 그 전반적 목적을 포함해야 한다. 이해관계자들 사이에 이러한 전반적 목적에 관한 합의는 불가능하고, 정치적 과정을 통해 결정된다. 따라서 회사보고의 품질을 객관적으로 규정하는 것은 불가능하고, 이 문제를 규제의 원가-효익 분석 문제로 국한시킨다. 전반적 목적은 자본시장의 원활한 기능과 기업의 효율적 기업운영에 필요한 기업 고유의 재무정보 공시의 사회적인 최적수준을 모색하는 것이다. 규제과정을 지도하지 못하는 질적특성 집합의 제시보다는, 인지되는 비교우위와 재무제표의 한계를 기술하는 것이 더 유용할 것이다.

회계시스템의 장점 가운데 하나는 감사이며, 이는 정보의 조작가능성을 엄격하게 제한한다. 이는 회계 아니면 공시되지 않았을 정보의 보고와 다른 정보원천에 대한 통제 측면에서 갖는 회계의 역할을 감안하면 아주 중요하다. 또한 어떤 정보 부분은 엄격한 증거이고, 반면에 발생과 같은 부분은 연약한 증거라는 점을 구분해줄 수도 있다. 후자는 경영자에 의해 보고되지만 감사 절차에 의해 회계자료에 포함될 수 있다. 회계 정보 부분들의 유용성은 자료의 엄격성에 결정적으로 의존한다.

재무제표의 한계로는 잠재적인 편의를 지적할 수 있다. 여기에서 편의는 두 가지로 해석된다. 첫째, 재무제표가 자산의 기대값을 표시하지 않는다, 즉 보고값이 평균과 일치하지 않는다는 의미이다. 측정의 불편성은 좋은 성질이지만, 이 문제는 편의 원천이 알려지면 쉽게 해결될 수 있기 때문에 중요하지 않다. 둘째, 곤란한 것은 참여 당사자로 인한 편의이다. 이 유형의 편의를 확인하고 해결하려면 재무제표의 작성과 해석을 위한 경영자 인센티브를 이해해야 한다. 이 인센티브는 새 기준을 개발할 때 그리고 재무제표를 해석할 때 중심 역할을 한다. 이러한 노선에 따라 AAA 위원회는 개념체계를 위한 몇 개의 기본적인 규칙을 개발한다.[47] 기준 사이의 경쟁과 기업이 원하는 기준 집합의 선택을 허용하는 것은 미래 기준의 개발에 도움을 줄 것이다(Dye and Sunder, 2001).

47 이 코멘트는 5개의 원칙을 주장한다. 첫째, 인식과 측정은 거래의 해석에 의존한다. 둘째, 영업 활동과 재무 활동은 구별한다. 셋째, 영업이익 측정이 핵심이다. 넷째, 대차대조표 보수주의. 다섯째, 소유자 지분 회계는 자본주 관점을 따른다. 그리고 재무제표에 이 원칙들이 어떻게 적용되어 재무제표가 어떤 모습을 보여야 하는지를 설명한다.

제12장

맺음말

지금까지 가치평가 관점, 계약 관점, 그리고 정보내용 관점의 회계이론을 검토하였다. 여기에서는 세 관점의 이론을 요약하고 비교한다. 또한 이렇게 이론이 다른 이유와 의미를 "회계이론 및 이론 수용에 관한 보고서(SATTA)"(1978)를 중심으로 검토한다. 그리고 이론의 역할을 검토한다. 마지막으로 1970년대 SATTA 발표 당시의 미해결 문제를 요약하고 40년 동안 이 문제들이 어떻게 연구되어 왔는지를 되돌아 볼 수 있는 기회를 갖고자 한다.

제1절 세 이론의 비교

여기에서는 세 관점의 이론을 간단하게 비교한다. 가치평가 관점과 계약관점, 가치평가 관점과 정보내용 관점, 그리고 계약 관점과 정보내용 관점을 비교한다. 이 세 관점은 강조하는 목적을 기준으로 분류된 것이다. 주로 각 이론의 입장에서 다른 이론과 비교한 내용을 인용하고자 한다.

1.1 가치평가 관점과 계약관점

1.1.1 의사결정과 통제

Sunder는 회계의 핵심을 의사 결정과 통제 사이의 갈등에서 찾는다. 그는 이를 회계의 이중성이라고 부른다. 이는 가치평가 관점과 계약 관점 사이의 핵심적인 차이를 잘 보여준다. 그가 제시하는 의사결정과 통제 사이의 갈등을 살펴보자.[1]

회계는 역사를 다룬다. 그러나 회계가 과거 기업 사건의 단순한 퇴적물은 아니다. 회계는 기록과 예상의 상호작용을 통해 원하는 방향으로 미래를 구상하고자 하는 의도적인 창조물이다.

회계는 의사결정을 돕는 정보 시스템이다. 그리고 동시에 통제 수단이다. **통제**는 여러 상황에서 한 주체가 원하는 행동과 다른 주체가 그에게 예상하는 행동 사이의 대응이라고 정의된다. 의사결정과 통제 면에서, 과거는 더 나은 미래를 모색하는 수단이다. **의사결정과 통제 사이의 긴장**은 통제를 위한 자료와 과정이 의사결정에 반드시 최선인 것은 아니고 그 역도 성립하기 때문이다. 그러나 오늘의 통제는 내일의 더 나은 의사결정을 보장하고 또 내일의 의사결정은 오늘의 통제를 정당화한다. 양자는 조직 내에서 필수적인데 그들의 상호작용은 여러 차원에서 회계에 긴장을 초래한다. 이 긴장은 재무 회계를 포함하는 모든 분야의 회계에서 발생한다. 예를 들면 투자자의 투자안 선택을 돕는 재무보고는 경영자에 대한 통제에는 도움이 되지 않는다.

1 Demski et al., Commentary: Some thoughts on the intellectual foundations of accounting, Accounting horizons, 2002.

(1) 기회 집합과 역사

기회 집합의 확인은 선택에 필수적이다. 기회 집합은 미래에 존재하지만 흔히 과거의 연장에 의해 현재 확인된다. 예를 들어 의사결정 시점에서 여러 가지 옵션에 관련되는 자원 흐름(그리고 흔히 옵션 자체)의 발생 가능성은 미래 상태에 관한 추측에 의해 결정된다. 미래에 관한 예상과 추측은 경험에 의해 확인되는 환경 모형을 이용한다. 역사와 모형이 없으면 예상은 짐작이 된다. 역사는 과거에 발생한 모든 것을 말하는 것이 아니다. 우리는 미래에 유용하다고 믿는 사실을 선택하고 조직한다. 회계는 미래 이용 (과거 약속의 실행과 미래 예상을 위한 모형화 과정)을 위해 선택된 사실의 조직이다. 또한 회계는 과거 관계의 미래 지속성에 의존한다. 관계의 지속성이 없다면, 신용거래의 결재여부는 알 수 없고, 나아가서 신용 거래 자체가 성립하지 않을 것이다.

(2) 주관과 검증 가능

의사결정과 관련되는 정보는 본질적으로 주관적이기 때문에 미래에 관한 개인적 신념과 기대의 문제이다. 프로젝트에서 나오는 현금흐름과 그 불확실성을 객관적으로 추정하는 방법은 없다. 다른 사람의 주관적 신념은 심지어 사후적으로도 검증할 수 없다. 만일 의사결정자가 비올 확률을 40%라고 평가한다면, 그 사실 이전 혹은 이후에 그 평가를 검증할 방법이 없다. 비가 오지 않거나 햇빛이 없는 것은 이 평가를 검증도 부인도 하지 못한다. 그러나 통제에 이용되는 정보는 계약과 약속을 안정시키고 관련 당사자들 사이에 공유되는 자료로 존재한다.

(3) 사적 및 공통 지식

의사결정에 이용되는 주관적 정보는 필연적으로 사적 정보이다. 개인이 발표하는 것 이외에 다른 사람은 이 정보를 알지 못한다. 그 경우에도 다른 사람은 발표되는 것과 실제로 아는 것 사이의 대응 관계를 알 수 없다. 반면에 통제를 위한 정보는 참여자들의 사회적 공간에 존재한다. 이는 공통 지식이다. 사회 시스템이 기능하려면 공유된 사실, 혹은 최소한 공유된 믿음(예: 게임의 규칙 혹은 공정성)에 의존한다. 사실에 토대를 두지 않는 것을 공유하는 것은 어렵다. 그러나 주의 깊게 감시되고 정제되지 않는 한 공유된 지식은 무관한 사실의 저장이 될 위험이 있다. 회계인이 문지기와 조직자로서 기능하기 때문에 회계는 조직에서 공유된 지식 기반의 중요한 부분이다.

(4) 목적 적합성과 정확성

의사결정은 환경과 행동의 결과(양자 모두 미래에 속하는)에 대한 평가를 필요로 한다. 정보 원천을 선택할 때는 '목적 적합성'이 아주 중요하고 흔히 '정확성'은 희생된다. 통제는 발생한 것과 주어진 계획 혹은 예산 그리고 실현된 환경을 전제로 발생할 것으로 예상되었던 것을 비교한다. 발생한 것이 관찰되고 기록되며, 미리 합의된 규칙에 따라 정확하게 측정되는 것은 아주 중요하다. 부정확한 기록이 자원 분배의 기준으로 사용될 때에는 갈등을 야기한다.

(5) 개인적 및 사회적 맥락

개인들은 사회적 맥락에서 회계를 한다. 의사결정은 개인 기능이다; 통제는 사회적 현상이다. 주어진 회계 시스템은 한 쪽에는 강할 수 있지만 다른 쪽에는 약하다. 우리는 어느 한 쪽에 최적이거나 혹은 양쪽에 충분히 좋은 절충안에 맞도록 시스템을 설계할 수 있다. 로빈슨 크루소처럼 통제 목적이 없는 경우에는 회계가 필요하지 않다.

(6) 창조성과 설명 가능성

창조성은 경영과 의사결정에 바람직한 장점이지만 통제 면에서는 그렇지 않다. 통제에서는 설명 가능성이 미덕이지만, 의사결정 면에서는 단순한 도장 찍기에 지나지 않는다. 이는 성장률이 높은 모험 조직들 사이에서, 혹은 특히 크고 잘 정비된 기업이 이들 기업을 인수할 때 긴장의 원천이 된다.

(7) 협동과 경쟁

의사결정은 개인의 목표와 행동으로 구성된다. 다수의 개인이 포함된다고 해도, 그들의 목표와 정보는 일치한다. 개인 혹은 단합된 개인들이 미래를 예상하여 선택할 수 있다. 통제는 복잡한 경쟁/협력 환경에서 다수 개인들의 문제를 취급한다. 집단 후생(파이의 크기)은 협력을 통해 커질 수 있다. 그러나 각 참여자들은 파이의 더 큰 부분을 얻으려고 경쟁한다. 집단의 미래는 그들을 협력시키고, 노력으로 인한 성과에 대한 청구권은 그들을 경쟁시킨다.

(8) 전문화되고 연결되는 회계시스템

회계의 어떤 부분은 과거에 닻을 내리고 있지만 다른 부분은 미래와 연결되어 있다. 이러한 분리는 다른 목적을 갖는 독립된 회계 시스템을 만들게 할 수 있다. 그러나 일관성 측면에서 보면 이는 혼란을 야기하고, '개별적인' 시스템을 통일된 전체로 통합하고 연결시킨다.

회계 분야의 핵심은 지금까지 살펴본 것처럼, 의사결정과 통제 사이의 여러 측면에서의 긴장에 있다. 이러한 긴장이 없다면 회계는 흥미도 없고 지적으로 도전할 가치도 없을 것이다. 비록 권위의 지지를 얻는다고 하여도 어떤 긴장 해결책이든 옳다고 할 수는 없다. 위에서 언급한 요인들과 시대의 동태적인 상호 작용이 회계를 흥미롭게 만든다. 이처럼 복잡하고 재미있는 구조에 눈을 감고, 권위 있는 처방에만 의존한다면 회계인은 소프트웨어로 대체될 것이다.

1.1.2. 두 관점에서의 상호 비교

위에서는 근본적인 차원에서 의사결정과 통제의 차이를 살펴보았다. 여기에서는 각 관점에서 상대방 관점에 대해 비교한 내용 가운데 가장 핵심적인 차이만 간단하게 인용한다.

Beaver(1998)는 계약 관점을 여러 번 언급하고 소개한다. 그가 자신의 이론과 계약 관점을 비교하는 내용을 살펴보자. 첫째, 계약 관점이 성립하려면 계약(혹은 재협상) 비용이 중요해야 한다. 계약 관점의 동기는 계약이 회계 숫자로 규정되고 또 그 회계 숫자는 GAAP을 따른다는데 있다. FASB가 기준을 바꾸면 계약 조건은 자동적으로 바뀐다. 두 가지 의문이 제기된다. (1) 이런 위험에도 불구하고 계약 당사자들이 계약 이전에 회계방법을 서로 정하지 않는 이유는 무엇인가? (2) GAAP 변경 시 원래 조건을 반영하도록 수정한다는 조건을 붙이지 않는 이유는 무엇인가? 두 질문에 대한 답은 그렇게 하는 비용이 너무 크다는 점일 것이다.

계약 비용에는 재협상하고 서류를 작성하는 직접 비용 뿐 아니라 경영자의 생산 및 자본조달과 관련되는 효과도 포함된다. 후자의 비용은 중요하고 또 기업들 사이에서 체계적이라고 단정된다.[2]

둘째, Beaver는 경영자의 회계 재량에 관해 두 가지 상반되는 견해가 존재한다고 지적한다. Watts and Zimmerman(1986)은 재량은 역선택과 도덕적 해이 상황에서 발생하는데, 재

2 Beaver(1998), Financial Reporting: Accounting Revolution, p.33.

량은 기회주의적으로 사용될 수 있다고 본다. 이 점은 상대방에 의해 예상되지만 정보 비대칭이 없는 상태와 비교하면 손실이 발생한다. 감사에 의해 이 문제는 완화될 수 있지만 완전히 소멸되지는 않는다.

이와 다른 견해는 신호 전달(signalling) 이론이다. 이 견해는 경영자가 재량을 이용하여 투자자에게 개인 정보를 전달한다고 본다. 신호를 신용하기 위해서는 모방이 어려워야 한다. Healy and Palepu(1993)는 이 견해를 주장한다.[3]

셋째, Watts and Zimmerman(1986, 1990)은 계약관점에서 주가 효과에 관한 가설과 경험적 증거를 제시한다. 그 가설은 보상 계획, 부채 조항, 사회적 계약에 관한 것이다. 회계방법 선택이 다기간 계약 상황에서 자연스럽게 진화한 것이기 때문이라고 본다면, 회계방법 선택의 가치평가 의미는 분명하지 않게 된다.[4] 이러한 Watts and Zimmerman에 대한 소개를 보면 Beaver의 관점과의 차이를 짐작할 수 있다. 다음에는 계약 관점의 입장에 대해 간단하게 언급하고자 한다. 정보 관점과 계약관점의 차이에 대해서는 1장에서 언급한 바 있다. 그리고 가치평가 관점에서 공정가치와 무형자산 회계에 관한 가치관련성 연구가 회계 기준 결정의 근거가 되는지 여부에 관한 논쟁과 이익의 품질에 관해서는 6장과 8장에서 살펴보았다. 이익관리와 회계 규제에 관한 차이도 이미 검토하였다.

간단하게 그 내용을 정리하면 다음과 같다. 계약관점에서는 Beaver의 정보 관점에 대해 (1) 정보 관점은 회계선택을 설명하지 못한다고 비판한다. (2) 실증적 이론에서 자본시장 연구에 대해 관심을 갖는 이유는 ㉠ 방법론적 측면, ㉡ 성과측정치 측면, ㉢ 회계 기준 측면, ㉣ 자발적 공시 측면에 있다. (3) 계약관점에서 볼 때, 회계선택은 내생적으로 설명된다. 회계기준 결정기관이나 경영자의 재량적 선택 모두 개인이익 극대화 원리로 설명한다. ㉠ 회계기준은 모두 개인이익을 추구하는 규제자와 피규제자 등 이익집단 사이의 경쟁이 작용하는 정치적 과정을 통해 결정된다. 과거에 취득원가주의 회계를 규제 기관이 옹호하였던 것은 취득원주의 회계가 갖는 일종의 피난항 역할 때문이었다. 인플레이션 회계에 관한 Watts and Zimmerman의 조사 결과는 관련 회계기준 선택을 둘러싸고 이익을 보는 그룹과 손해를 보는 그룹 사이에 논쟁이 벌어졌음을 보여준다. ㉡ 경영자의 회계 절차 선택의 결과는 경제적으로 효율적일 수도 있고, 이기적일 수도 있다.

---

3 Beaver(1998), pp.84-85.

4 Beaver(1998), p.99.

다음에는 회계 기준에 관하여 두 관점의 차이를 정리하자. 먼저 가치평가 관점을 살펴본다. (1) 가치평가 관점에서는 FASB, IASB의 개념 체계를 설명하는 입장을 취한다. 개념 체계는 이 기관들이 선택한 회계의 이론이다. 따라서 회계기준을 설명하는 연구자의 입장에서는 회계기준 결정 기관이 선택한 '회계이론'에 관한 논리와 경험적 증거를 제공하면 된다고 본다. (2) 회계 기준은 그 내용에 따라 정보관점과 측정관점을 적절히 사용한다. 가치관련성 연구는 측정관점의 입장에서 목적적합성과 신뢰성을 절충할 때 공정가치 회계와 무형자산의 인식을 주장하는 근거가 된다.

다음에는 계약 관점의 입장을 보자. (1) 계약 관점에서는 GAAP을 정치적 GAAP과 경제적 GAAP으로 구분한다. FASB나 IASB가 정한 회계기준은 정치적 절충 과정의 산물인데 비해 경제적 GAAP은 정치적 고려 없이 계약 관점에서 계약 쌍방의 합의에 의해 경제적 고려에서만 이론적으로 생각되는 회계원칙을 말한다. 이 회계원칙은 국가가 회계 기준 제정에 관여하기 이전부터 역사적으로 확립된 것이다. (2) 이 회계원칙에 의하면, 자산, 부채는 경제적 가치의 유무와 신뢰성(표현 충실성)에 의해서만 인식되는 것이 아니라 개별적으로 분리되어 판매가 능한지 여부에 의해서도 인식 여부가 결정된다. ㉠ 따라서 이 조건을 갖추지 못하는 자가 생성한 영업권, 상표가치 등은 인식되지 않는다. 또 신뢰성에는 검증가능성도 포함된다. 적시성과 검증가능성의 절충 때문에 조건부 보수주의가 필요하다.[5] 또한 현재 우리가 보는 바와 같이 혼합 잉여관계가 인정된다. ㉡ 증권시장과 같은 활성화된 시장에서 거래되는 투자 유가증권을 공정 가치로 평가하는 것은 계약 관점에서도 바람직할 수 있으나, 2 수준 및 3 수준의 공정 가치는 그렇지 않다. ㉢ 혼합측정시스템에 관해 가치평가 관점은 순수한 취득원가주의보다 더 못하다고 주장한다. 그러나 계약 관점에서는 혼합측정시스템을 바람직하다고 본다.

1.2 가치평가 관점 대 정보내용 관점

두 이론 모두 측정 관점과 정보 관점을 함께 사용한다. 그러나 그 내용은 다음과 같이 여러

5 이와 관련하여 Watts, Conservatism in Accounting Part Ⅰ, Accounting Horizons(2003, p.215)는 보수주의에 대한 정보관점에서의 비판(오늘의 보수주의는 내일의 이익을 높인다)이 적절하지 못함을 지적한다. 첫째, 보수주의로 인해 기업의 실질가치가 올라가고 이는 미래이익을 검증가능하도록 실현시킨다. 따라서 이 또한 보수주의에 해당한다. 둘째, 보수주의 여부를 판단하는 순이익(항상이익, 비기대이익) 자체도 계약의 영향을 받아 편의 될 수 있다. WorldCom과 Enron의 사례에서 보수주의 실패의 교훈을 찾는다.

측면에서 완전히 다르다.

1.2.1 측정 척도

정보내용 관점의 이론에서는 정보 관점을 더욱 개발한다. Christensen and Demski(2003)의 "회계이론: 정보내용 관점"에 그 내용이 잘 정리되어 있다. 이 책은 회계 분야에서 정보 관점을 가장 잘 정리한 책으로서 현대판 고전이라고 평가된다.[6] 회계 저량과 유량 사이의 순수잉여관계를 전제로 회계가치와 회계이익을 정의한다. 회계의 정보 전달 구조를 해명하고 그 구조를 통해 전달되는 정보가 가치평가 및 성과평과 상황에서 갖는 정보내용을 설명한다. 회계가치와 회계이익은 정보를 전달하는 척도 역할을 한다. 일반인의 생각과 달리 회계 숫자는 경제적 가치나 경제적 이익에 대한 측정치가 아니다. 회계는 회계가치와 회계이익을 척도로 사용하여 정보를 전달한다.

1.2.2 정보의 이용

이 정보는 가치평가 상황과 성과평가 상황에 사용되는데 그 정보내용은 서로 다르다. 회계정보는 두 상황에서 동시에 사용되는데 그 결과 정보는 전략적으로 전달된다. 따라서 정보비용이 없다고 하더라도 정보가 많을수록, 정세할수록, 시기가 빠를수록 좋은 것은 아니다. 회계가 다른 정보 원천에 비해 갖는 비교 우위는 늦더라도 검증 가능한 정보를 전달하는데 있다. 그리고 재무보고는 사실대로 투명하게 전달되는 것이 아니다. 경영자는 재무보고를 의도적으로 관리한다. 이점에서 가치평가 관점과 정보내용 관점은 차이가 난다. 회계는 정보가 두 상황에서 동시에 사용될 수 있게 기업의 재무 역사를 기간합계하고 인식한다.

1.2.3. 비교 우위

회계가 정보를 전달하는 핵심 구조는 발생주의이다. 발생주의는 경영자가 발표하는 개인정보를 감사가능하게 만든다. 또한 다른 정보를 조건으로 인식하여 검증가능성을 높인다. 두 인식 특징은 가치평가 상황과 성과평가 상황에서 동시에 정보내용을 갖는다. 기간 간 발생과

6 Beaver, Book Review of Accounting Theory: An Information Content Perspective, The European Accounting Review, 2002.

기간 내 발생도 이익을 관리하는 수단이다.

1.2.4. 정보의 질적 특성

가치평가 관점에서 목적적합성, 표현 충실성 등 회계정보의 질적 특성은 회계 인식과 측정 기준을 평가하고 선택하는 근거가 된다. 그러나 정보내용 관점에서는 의사결정이 이루어지는 구체적 상황이 중요하다고 본다. 획일적인 질적 특성에 의해 회계가 인식되고 측정되는 것은 아니라고 본다.

1.3 계약 관점 대 정보내용 관점

정보내용 관점에서는 거래비용 이슈의 효과는 불확실성 해소를 위한 정보효과에 비하면 부차적이라고 본다. 먼저 그 내용을 살펴보자. 회계 훈련을 잘 받은 사람은 회계 시스템을 관리하고 이용하는 것도 잘 훈련 받는다. 조직 자체와 그 환경의 변화에 따라 회계 시스템도 변화해야 한다. 유능한 회계인은 회계 시스템의 이용과 관리에 책임을 갖는다. 이 과정에서 회계이론은 전문가의 판단 능력에 대해 보완재이지 대체재가 아니니다.

이론은 복잡한 것을 압축한다. 물론 중요한 내용을 너무 많이 잃어버리면 안된다. 이런 점에서 모든 이론은 오차를 갖는다. 정보내용 관점에서 회계는 정보 원천이다; 회계는 우리가 모르는 어떤 것을 알려준다. 이는 세 가지 의미를 갖는다. 첫째, 자원 분배 문제를 해결하는데 가장 중요한 요인을 불확실성의 해소이다. 정보내용 관점에서는 전반적으로 자본, 노동, 경영으로 구성되는 생산 함수로 기업 활동을 표시한다. 불확실성(확률과 위험 선호가 항상 존재하는) 하에서의 자원 배분을 모형화하여 가치평가 상황과 성과평가 상황에서의 정보 이용을 검토한다.

둘째, 회계 시스템이 정보 원천이 되려면, 어떤 사건 집합을 관찰하고, 기록하고, 전달해야 한다. 정보내용 관점에서는 회계 시스템을 현재가치 기준 가치평가와 유사하게 기저의 사건 구조에 접근하는 시스템으로 정의한다. 그 효과로 인해 회계는 다양한 사건을 전달하기 위하여 특정의 측정 척도를 사용한다. 회계 기록은 여러 형태로 이루어지며, 대등한 다수의 측정 척도가 존재한다.

셋째, 회계는 아주 오랫동안 존속하여 왔으며, 그 중요성이 감소할 기미는 보이지 않는다. 현대의 정보 기술로 인해 증권 시장에서의 중요성이 감소한다고 주장하는 사람도 더러 있지만, 이는 다른 정보 원천을 규율하는 중요성을 간과한 것이다. 회계정보 원천은 비교 우위를 가지고 있다. 회계의 강점은 조작이 어렵게 설계되어 있다는 점이다. 감사를 받을 수 있게 설계되어 있고 또 감사가 이루어진다. 예를 들어 회계는 정보를 늦게 보고한다. 잘 설계되고 잘 기능하는 회계 시스템은, 균형 상태에서는, 대부분 이미 알려진 것들을 보고한다. 다른 말로 표현하자면, 회계의 기본 강점은 만일 행위자들이 다르게 행동하였더라면 보고될 수 있는 것의 위협을 통해 다른 행동을 하지 못하게 억제하는 것이다.

회계이론은 회계가 이런 세 가지 의미를 갖도록 만드는데 중요한 1차 효과를 설명하는데 집중하고 기타의 효과는 우연에 맡겨 둔다. 이는 이론의 명확성을 위한 불가피한 선택이다. 정보내용 관점에서 갖는 2차 효과의 예는 인식 이슈, 거래 비용 이슈, 사회화 이슈이다. 인식 이슈는 시장 비효율성과 관련되는 재무 행동론을 말하고, 거래 비용 이슈는 계약 관점의 핵심에 해당한다.

여기에서는 거래 비용 이슈를 좀 더 검토하자. 거래 비용은 미완성적이고 암묵적인 계약을 전제로 한다. 그리고 조직 장치, 명성, 신뢰, 공식적인 지배 구조 등의 개념이 중요하게 작용한다. 마찬가지로 잔여 재산 결정권이 역할을 한다. 장기 자산의 구매는 이용자에게 의사결정권을 주고, 그 자산의 리즈는 그 결정권을 다른 사람에게 준다. 이 주제는 훨씬 더 깊고 결국에는 인식 주제와 연결된다. 즉, 인식의 한계를 강조하는 유한한 합리성과 만나게 된다.

정보내용 관점에서는 무한한 예상과 균형 행동의 확인이 가능하여 비용 없이 설계되는 계약 장치를 다룬다. 이는 마치 가치평가를 모든 이용 가능한 정보를 완전히 반영하는 것으로 취급하는 것과 마찬가지이다.

계약관점에서는 정보내용 관점에 대해 특별한 언급이 없다. 그러나 정보내용 관점도 일종의 정보관점이라고 본다면, 정보관점에 대한 비판 즉 회계현상에 대한 설명이 없다고 비판해야 할 것이다. 그러나 정보내용 관점에서는 회계현상을 설명한다. 이 때문에 Belkaoui(2004)에서는 두 이론을 모두 실증적 이론이라고 본다.

제2절 다수 패러다임 학문

본서에서는 현행의 주요 회계이론을 세 관점의 이론으로 분류하고 그 내용을 상세하게 검토하였다. 이렇게 이론의 관점이 다른 현상은 회계학 분야에만 존재하는 것이 아니다. 다른 많은 과학 분야의 경우도 마찬가지이다. 여기에서는 이런 현상에 대한 일반적인 견해와 그 의미를 검토하고자 한다.

미국 회계학회가 발행한 "회계이론 및 이론수용에 관한 보고서"(SATTA, 1977)에 의하면 하나의 보편적으로 인정되는 기초적인 회계이론은 존재하지 않는다. 아주 일반적 차원에서, 재무 회계의 중심 목적은 '보고 실체에 관한 경제적 자료를 체계적으로 제공하는 것'이다.[7] 그러나 각 이론은 회계 자료의 이용자 그리고 회계 자료 작성자와 이용자가 행동하는 환경을 서로 다르게 규정하고 그로 인해 회계 문제마다 서로 다른 해답을 제시한다. SATTA는 당시의 이론들을 분류하고 검토한 후 각 이론은 서로 패러다임이 다르며 유일한 보편적 이론의 지위를 얻기 위하여 경쟁하고 있다고 본다.

2.1 패러다임

패러다임이란 모형을 제공하는 개념적이고 도구적인 체계인데, 모형은 과학 연구에 특수한 핵심 전통을 생성한다. 개별 과학자의 패러다임은 그가 관심을 갖는 문제의 유형을 규정한다. 그리고 개인의 이론과 연구가 적용되는 경험 영역을 정의한다. 또한 대립하는 이론 주장을 심판하는데 사용되는 시험 혹은 표준의 유형을 제시한다. 그 패러다임 안에서 연구와 이론이 상당기간 이루어진 후 과학 사회에서 패러다임이 공유되면, 그 분야의 유일하고 지배적인 이론을 향한 연구와 이론화 과정이 수행된다. 바꾸어 말하면 패러다임은 연구에 필요한 일종의 세계관과 초점을 만들어 낸다.[8]

SATTA는 회계 패러다임의 경험영역을 제시한다. 경쟁적인 회계 패러다임은 회계이론

7 AAA, Statement on Accounting Theory and Theory Acceptance, 1977, p.1.

8 AAA, Statement on Accounting Theory and Theory Acceptance, 1977, pp.41-42.

의 적용 대상인 서로 다른 경험 영역에 의해 구별된다. 예를 들면, 인류학적 접근은 회계인(accountants)의 전문적 실무를 회계의 경험 영역으로 삼는다. 이 패러다임에서 회계이론은 기존의 회계 실무로부터 귀납되고 또 기존 회계 실무의 합리성을 설명한다. 다른 패러다임(총합 시장 수준 연구)은 증권시장 행동을 경험영역으로 삼는다. 또 다른 패러다임(의사결정 모형 접근)에서는 개인의 의사결정 과정 그리고/혹은 기존 의사결정 이론을 회계이론의 경험 역역으로 본다. 회계이론에 관한 이 세 분류는 더 확장되어 이상적 이익 접근 및 정보 경제학 접근과 결합될 수 있다. 물론 이 두 접근도 고유한 경험 영역을 갖는다.[9]

각 패러다임의 경험 영역 차이는 세계관의 기본적 차이를 반영한다. 각 패러다임은 서로 다른 전제와 목적을 지닌다. 따라서 각 패러다임은 바람직한 결과의 달성에 필요하고 또 전제에 의해 밝혀진 경험 현상에 자연스럽게 초점을 맞춘다. 이렇게 본다면, 각 패러다임은 그 자체로서 옳다거나 혹은 그르다고 말할 수 없게 된다.[10] 각 패러다임은 맥락적 요인과 연구자 개인 선호에 의해 평가된다.[11]

2.2 패러다임 경쟁의 의미

패러다임이 다른 다수의 회계이론이 경쟁하고 있다는 점은 이론과 규제 면에서 여러 가지 의미를 함축한다. 먼저 이론 면에서는 세 가지의 의미가 있다. 첫째, 권위 있는 기관의 보고서나 발표에 의해 이론 분야가 종결될 것으로 예상되지 않는다. 둘째, 외부 보고 이론은 일반적으로 인식되는 것보다 훨씬 넓은 범위를 갖는다. 기본적인 측정 논쟁, 이용자 정보 요구의 본질, 인지적 처리 특성 등이 전통적으로 회계이론의 범주에 속하는 것으로 여겨지고, 정책결정 과정이 이루어지는 제도적 틀은 외생적으로 주어진 것으로 간주되었다. 그러나 정책 결정 과정과 제도는 회계이론의 일부이다. 셋째, 이론들 사이의 기본적 차이를 명확하게 인식하는 것은 미래 연구에 도움이 된다: 불완전한 이해 혹은 숨겨진 가정과 결과는 이론의 진보를 방해한다. 그리고 이론들의 본질적 차이는 정책 대안 선택에서 이루어지는 개인과 사회 후생 사이의 절충 문제에 대한 해결의 근거를 제공한다. 다른 이론의 관점에서 보면 모든 이론이 결함을 지

9 AAA(1977)., p.47. 여기에서 언급한 각 접근은 다음 항에서 상세히 설명한다.

10 예를 들어 논리실증주의를 통해 이론의 타당성이 정당화되거나 반증되지 않는다.

11 AAA(1977)., p.47.

니고 있다는 점을 인식하는 것은 중요하다.[12]

물론 정책 결정자에게도 의미를 준다. 즉, 패러다임 합의가 이루어지지 않는 한, 회계이론이 정책 결정을 돕는 역할은 부분적일 수밖에 없다.

2.3 회계 패러다임

앞에서 언급한 바와 같이 패러다임의 주요 구성 요소는 경험 영역, 모형, 시험 기준이다. Belkaoui(2004)는 패러다임의 구성 요소를 (1) 전형(examplar), (2) 주제의 이미지, (3) 이론, (4) 방법과 도구로 본다. Belkaoui의 설명에 따라, SATTA에서 분류한 회계의 주요 패러다임을 좀 더 구체적으로 살펴보자.[13]

여기에서는 1970년대 초까지의 이론을 검토한다. 그 이후의 이론은 본서의 주요 내용으로 이미 검토되었다. 이 이론들을 검토하는 이유는 1970년대 이후의 이론을 더 잘 이해하는데 필요하기 때문이다.

2.3.1 고전적 접근

고전적 접근은 기술-귀납적(인류학적) 접근과 규범-연역적 접근 두 가지로 분류된다. 미국 대학에서 처음으로 회계학 교육이 시작된 것은 1900년대 초이다. 이 때 대학 교수들은 크게 두 집단으로 구분 된다: 회계사 등 실무가 집단과 경제학에 바탕을 둔 박사 집단. 전자는 기술-귀납적 접근을, 후자는 규범-연역적 접근을 따른다. 고전적 접근에서는 회계이익 혹은 회계 숫자의 객관성 혹은 진실성을 추구한다. 따라서 대부분의 이론은 회계가 모든 이용 목적 즉, 수탁책임 혹은 가치평가 목적에 공통적으로 적합하다고 전제한다.

인류학적 귀납적 접근의 전형은 Gilman, Hatfield, Ijiri, Littleton, Littleton and Paton이다. 주제의 이미지는 기존 회계실무와 실무에 대한 경영자의 태도이다. 이론에는 정보 경제학, 분석적 대리 모형, 이익 유연화와 이익관리 가설, 실증적 회계이론이 있다.

진실이익/연역적 패러다임의 전형은 Alexander, Canning, Edwards and Bell, MacNeal,

12 Belkaoui(2004)는 이를 이론의 분해(deconstruction)라고 부른다.

13 Belkaoui(2004), ch. 10 발췌. 개인 이용자 행동 접근은 생략한다.

Moonitz, Paton, Sprouse and Moonitz, Sweeney이다. 주제의 이미지는 논리적이고 규범적이고 개념적 엄밀성을 갖춘 회계이론의 수립, 역사적 원가주의 이외의 기준에 의한 이상적 이익 개념이다. 이론에는 물가수준변동회계, 대체원가회계, 박탈회계, 순실현가치회계, 현재가치 회계가 포함된다. 이 패러다임은 방법을 구체화하기 위해 목적과 환경에 관한 공준으로부터 이론을 개발한다.

2.3.2 의사결정-유용성 접근

의사결정–유용성 접근에서는 객관성 혹은 진실성을 추구하는 고전적 접근과는 달리 회계정보의 유용성을 추구한다. 의사결정 모형 접근과 의사결정자 접근으로 분류되고 후자는 다시 개인 행동 접근과 종합 시장 행동 연구로 분류된다.

의사결정–유용성/의사결정 모형 패러다임의 전형은 Chambers, May가 포함되지만, 실제로는 Beaver, Kennelly, and Voss, 그리고 Sterling이다. Beaver, Kennelly, and Voss는 예측력 기준의 근원, 예측력과 의사결정 조장과의 관계, 실행 면에서의 잠재적인 곤란성을 검토한다. 회계 측정 방법의 대안은 경제적 사건에 대한 예측력을 통해 평가된다.

예측력 기준은 다음과 같은 의미에서 목적을 강조한다: 회계자료는 그 목적 혹은 용도를 통해 평가되어야만 한다. 의사결정을 돕는 것이 회계의 목적이라고 일반적으로 인정된다. 비록 의사결정 모형이 분명하지 않더라도, 예측력은 목적 적합하다고 간주된다.

Sterling은 부와 이익 측정치들을 평가하는데 사용되는 기준을 개발한다. 회계 목적에 관한 관점의 충돌을 감안하여, 그는 객관성과 검증가능성을 강조하면서 측정 방법의 전반적 기준으로 유용성을 선택한다. 의사결정의 다양성과 이용자들이 원하는 모든 정보 제공의 비경제와 불가능성 때문에, 그는 유용성을 의사결정 모형에 대한 목적적합성으로 해석한다. 즉, 의사결정자의 목적을 달성하는데 효과적인 자료에 집중해야 한다.

이 접근의 기본적인 주제는 의사결정 모형에 대한 회계정보의 유용성이다. 의사결정 모형 혹은 기준과 관련된 정보는 최선의 회계방법에 의해 결정되고 실행된다. 의사결정 모형에서의 유용성은 의사결정 모형에 대한 관련성과 같다.

이 접근에는 두 종류의 이론이 사용된다. 첫 번째 유형은 EOQ, PERT, LP, 자본 예산, 매입 대 임차, 매입 대 제조 등과 같은 기업 의사결정 모형 이론이다. 이 모형에 적합한 정보 요구를 규정한다. 두 번째 유형은 계속 기업에 영향을 주는 경제적 사건(파산, 인수, 합병, 사채 등급 평가)에 관한 이론이다. 이 이론에서 많이 사용되는 방법은 판별 분석이다.

이 접근에서는 회계의 목적으로 투자자 의사결정 목적과 통제 목적을 인식하지만 주로 전자에 집중한다. 그리고 유용한 정보가 되기 위한 조건으로 목적적합성, 신뢰성, 중립성, 검증 가능성, 비교가능성 등의 정보 기준을 강조한다. 오늘날 회계 개념체계의 토대를 제공한다.

의사결정 유용성/총합시장행동 접근의 전형은 Gonedes, Gonedes and Dopuch, Beaver이다. Gonedes는 의사결정 유용성 관심을 개인 이용자 반응에서 총합 시장 반응으로 확대하였다. 회계 절차와 숫자는 시장 반응이 지시하는 정보내용을 갖는다는 총합시장 패러다임을 개발한다.

Gonedes and Dopuch는 회계 절차 대안의 바람직성과 효과를 평가하는 이론 틀을 제시한다. 주가(주가 수익률) 분석은 회계 절차 대안의 효과를 평가하는데 충분하다는 주장이 있다. 그러나 이 결론은 무임승차를 배제하지 못하는 공공재 특성으로 인한 시장 실패를 감안하면 주가는 대체적 회계절차 혹은 규제의 바람직성 평가에 사용될 수 없다. 역선택, 시장의 완성성과 위험분배 장치에 미치는 정보 효과도 시장실패를 유발한다.

Beaver(1972)도 이 접근의 전형에 속한다. 그는 회계 자료와 주가 사이의 관계가 중요하다는 점을 강조한다. 회계자료가 주가에 어떻게 반영되는지 모르면서 투자자에게 최적인 정보 시스템을 선택하는 것은 상상할 수 없는 일이다. 왜냐하면 주가는 부를 결정하고 부는 개인들의 다기간 투자 결정에 영향을 미치기 때문이다.

이 접근의 주제는 회계 변수에 대한 총합-시장 반응이다. 일반적으로, 회계 변수의 유용성은 총합시장 행동으로부터 도출되거나 혹은 Gonedes and Dopuch에서 처럼 회계절차 대안의 (바람직성을 제외한) 효과만 시장 행동에 의해 평가될 수 있다.

이 접근의 이론은 효율적 시장 가설에 토대를 둔다. 시장은 효율적이다: (1) 주가는 모든 공개적으로 이용가능한 정보를 '완전하게 반영한다'; 그리고 그 결과 (2) 주가는 불편적(unbiased)이고 새로운 뉴스에 즉각 반응한다. 기존의 정보 집합과 특정의 거래 전략을 사용하여 얻는 비정상 수익(균형 기대 수익을 초과하는 수익)은 영이다. 정보 집합의 변화는 자동적으로 새로운 균형을 초래한다. 이 접근은 효율적 시장이론 이외에도 시장 모형, 자본자산 가격결정 모형 등의 이론을 사용한다.

이 접근의 방법에는 사건연구 방법, Ohlson의 가치평가 모형, 가격-수준 대차대조표 평가 모형, 이익의 정보내용 모형, 이익과 주가 수익과의 관계 모형 등이 많이 사용된다.

2.3.3 정보 경제학 패러다임

정보경제학 접근의 전형은 Crandall, Feltham, Feltham and Demski이다. Feltham은 정보 결정면에서의 변화가 의사결정자에 대해 갖는 가치를 분석하는 틀을 제공한다. 정보 시스템 변화의 가치는 두 정보 시스템의 기대 효용의 차이이다.

Crandall은 응용 정보 경제학 접근이 새로운 주류 회계이론이 될 것이라고 주장한다. 이 접근은 정보 경제학 모형의 구성 요소들을 인식하고 이 구성 요소들을 포함하도록, 회계 설계의 범위를 확대한다. 구성 요소에는 '필터', '모델', '채널', '해독', '의사결정 규칙' 등이 있다. Feltham and Demski는 정보 선택 모형을 검토하고, 원가-효익 기준과 연속 과정(신호, 행동, 성과, 정보 평가 과정)을 통해 정보 평가를 이해한다.

이 접근의 주제는 (1) 정보는 경제적 재화이다. (2) 정보의 취득은 경제적 선택이다. 정보의 가치는 원가-효익 기준으로 평가된다. 예를 들어 발생주의에 의해 전달되는 새로운 정보의 가치는 그 원가보다 더 크다. 회계정보는 개인 혹은 이질적인 다수인이 해결해야 할 선택 문제에서 최적 선택의 품질을 향상시키는 능력을 통해 평가된다. 개인의 경우 베이즈 확률 수정을 통해 기대 효용을 극대화시킨다.

이 접근에서는 팀 이론, 통계적 의사결정 이론, 선택에 관한 경제적 이론을 사용한다. 핵심 가정은 전통적인 일관적이고 합리적인 선택 행동이다. 그리고 통계적 의사결정 이론과 합리적 선택이론을 토대로 분석적 추론을 사용한다.

제3절 이론의 이용

지금까지 회계에 대한 각 관점에 따른 회계이론의 설명 체계와 입증 결과를 요약하였다. 이제 이러한 회계이론들이 어떤 역할을 하는지에 대해 검토하자.

3.1 가치평가 관점

Beaver(1998)는 측정 관점에서 정보 관점으로의 전환을 재무보고의 혁명이라고 부른다. 이 책에서 그는 회계 규제의 역할을 강조하고 또 개념 체계에 대한 해석을 중시한다.

1960년대 중반 이후 FASB와 SEC 같은 규제 기관들은 강제적으로 재무보고의 양과 복잡성을 증가시킨다. 이러한 추세는 21세기 들어와 더욱 강화된다. 비 재무 자료의 공시, 미래 전망 자료, 공정 시장 가치가 더욱 중시되는데, 이는 재무보고에 대한 정보 관점을 채택한 자연스러운 결과이다. 정보 관점은 재무보고를 이해하고, 평가하고, 규제하는 방식에 극적인 영향을 미친다.[14]

가치평가 학파의 이론은 FASB의 개념 체계와 기준서들에 대한 설명을 중시한다. 정보 관점의 근거를 FASB 개념 체계 1호에서 찾는다. 아울러 개념 체계를 인용하여 수탁책임 목적이 정보 관점에 포섭된다고 본다. 또한 발생주의 회계와 이익의 중요성도 그 근거를 개념 체계에서 찾는다. FASB는 재무보고의 목적을 정보관점과 측정 관점을 혼합한 것이라고 본다. Barth et al.(2001)은 가치관련성 연구가 기준 결정자들이 관심을 갖는 문제들에 대한 통찰을 제공한다고 주장한다. 회계 및 회계 기준의 서술적인 학술 이론이 없다고 하더라도, FASB는 개념체계에서 스스로의 회계 및 기준 설정 이론을 주장한다. 가치 관련성 연구는 FASB 이론의 핵심 차원인 목적 적합성과 신뢰성 개념을 조작가능하게 만든다.

Beaver(1998)는 규제의 효율성을 미해결 이슈로 간주한다. 그럼에도 불구하고 재무보고에 대한 규제는 지속될 것으로 예상한다. 경험적 연구는 규제가 주가에 미치는 효과를 평가한다. 주가 효과는 일종의 규제 결과이다. 규제 조치가 예상되는 시점에서의 주가 효과, 그리고 자료가 보고되는 시점에서의 주가 효과를 연구한다. 연구 결과는 맥락에 따라 달라지지만, 경험적 연구는 재무보고 규제의 한 측면에 관한 증거를 제시한다. 결국 Beaver(1998)는 규제와 회계 자료(특히 회계이익과 대차대조표 자료)의 주가 효과를 회계 연구의 핵심으로 보는 셈이다.

재무보고 시스템의 선택은 사회적 선택이다. 기본적인 물음은 다음과 같다. (1) 재무보고 규제와 관련된 추가 비용은 무엇인가? (2) 더 효과적인, 즉 비용이 덜 드는 다른 대체적인 시스템은 없는가? 어떤 대안도 비용이 더 들거나 혹은 잡음효과가 작지 않을 것이다. 규제기관의 실행 오차도 고려되어야만 한다. 재무보고 시스템은 많은 이용자 집단에게 다양한 영향을 미치므로 사회적 선택 문제가 된다. 이 효과 때문에 회계의 전문성을 초월하는 추가적인 고려가 필요하다. 즉, 다수인 불확실성 상황에서 정보 관점이 등장한다.

Beaver(1998)는 발생주의와 규제의 효율성을 미해결 이슈로 간주한다. 발생주의는 재무 회

---

14 Beaver(1998), pp.1–2.

계의 심장이고, 재무보고 규제는 재무보고 환경의 핵심 부분이다. 이러한 미해결은 한편으로는 불안하게 만들지만 다른 한편으로는 진보의 기회를 제공한다. 그의 책은 회계 혁명을 해석하고 환경에 관한 지식이 나아갈 길을 제시하는 개념 체계를 서술한다. 정보 기술의 발달이 재무보고에 또 다른 형태의 혁명을 부를지 여부는 기술 요인이 아니고 정치적 요인이 될 것이다.

3.2 계약 관점

계약 관점은 '실증적' 회계이론이라고도 부른다. Watts and Zimmerman(1986)은 실증적 이론을 과학적 이론이라고 본다. 즉, 회계이론의 목적은 '넓게 규정된' 회계 실무를 설명하고 예측하는 것이다. 물론 회계 문헌에는 다른 견해도 존재한다. 그 가운데 한 관점은 정부의 회계정책(즉, 회계 기준과 공시 규제) 선택을 처방하는 것을 회계이론의 목적이라고 생각한다. 이 규범적 이론은 세계가 작용하는 방식(암묵적 실증 이론)에 대한 가정을 전제로, 또 어떤 목적 함수를 가정한 후, 회계 처방을 연역한다. 이 관점은 기저의 실증적 이론보다는 처방을 더 강조한다. 전형적으로 기저의 실증적 이론을 테스트하려고 하지 않고, 종종 인정되는 경험적 가설(예: 효율적 시장 가설)과 반대 입장을 택한다.[15]

Watts and Zimmerman(1986)은 이 규범적 관점의 이론은 모순이라고 본다. 먼저 그들의 암묵적 실증 이론의 예측력을 검증해야 한다. 이론이 예측을 하지 않는 한, 도출된 처방은 가정된 목적을 달성하지 못할 것이다.

개별 경제 주체들은 그들의 행동 결과를 예측하기 위해 실증적 이론을 필요로 한다. 회계 기준 결정 기관(FASB, SEC 등)도 마찬가지이다. 개인들은 특정 기준 혹은 정책의 결과를 알고자 하기 때문에 실증적 이론을 수요한다. 따라서 규범적 문헌의 이용자들은 실증적 이론을 원한다.

Watts and Zimmerman(1986)은 회계이론의 수요를 규제의 유무를 구분하여 검토한다. 규제가 없는 경제에는 정보 수요, 교육 수요, 그리고 정당화 수요가 존재한다. 규제 경제에서는 개인 시민, 관료, 정치가들이 스스로의 이익을 위해 국가 권력을 사용하려 한다. 담합하여 이익을 얻는 길은 재분배 기능을 갖는 규제를 이용하는 것이다. 기업에 대한 정부 규제에서 비

15 Watts and Zimmerman, Positive Accounting Theory(1986), p.338. 이 항은 같은 책 14장을 참고함.

롯되는 법률과 정책은 회계 연구의 교육 수요와 정보 수요를 증가시킨다. 정당화 수요도 확대된다.

그럼에도 불구하고 규범적 이론이 존재하는 이유는 실증적 회계이론의 수요 이외에도 정치 과정에서 발생하는 변명 수요 때문이다. 개인들은 실제로는 이기적인 처방을 원하지만, 그렇게 표방할 수는 없다. 이들은 자신들이 원하는 처방이 공익(어떤 사회적 후생 개념의 극대화)을 극대화한다고 주장한다. 따라서 바람직한 회계 처방이 공익에 맞는지를 연구할 필요가 발생한다.

규범적 이론은 1930년대 초 증권 관계법의 제정 이후 증가하고, 1950년대에는 지배적인 위치를 차지하였다. 1960년대 중반 이후 감소해 오고 있다. 반면에 실증적 이론의 비중은 1960년대 중반 이후 계속 커지고 있다. 따라서 실증적 이론의 성장은 이론의 수요 측면에서가 아니고 공급 측면에서 이루어진다. 변명 수요와 인센티브 과정을 통해 실증적 이론의 공급이 이루어진다. 실증적 이론의 비용이 크게 낮아지고 있다. 아울러 재무 및 경제이론을 이용할 수 있게 되었다. 물론 실증적 이론 연구자들도 변명 수요로부터 자유로운 것은 아니다.

요약하자면, 실증적 이론의 수요는 시장과 정치 과정의 참여자들(관료 및 경영자)로부터 발생한다. 또한 교육 수요도 존재한다. 특히, 회계 규제 논쟁의 영향이 아주 크다. 실증적 회계이론가들도 규범적 이론가들과 마찬가지로 규제 논쟁에 많은 관심을 갖는다. 물론 이들은 실증적 연구의 전통에 따라 정책 처방을 주장하지는 않지만, 이들의 연구는 권한의 지지를 받는 관심(기득권, vested interests)을 규명하는데 유용하다. 즉, 주장된 효과가 존재하는지 여부에 관한 증거를 제공한다. 예를 들면, 석유 가스 회계에 관한 SEC의 청문회에서, 전부 원가(full costing) 방법을 사용하는 기업은 FASB 19(변형된 성공 노력법 채택)가 기업의 자본 조달을 어렵게 하고 주가 하락을 유발한다고 주장한다. 그리고 주가 하락을 주장한 연구를 인용한다. FASB는 이러한 해로운 결과가 발생하지 않는다고 주장하고 주가 효과를 찾지 못하는 다른 연구를 인용한다.

실증적 회계 연구의 보급은 정치 과정에서 이 이론에 대한 인식을 강화시킨다. 정치 과정에서는 관련 학파들의 권위를 인식한다. 그 결과 FASB, SEC는 규제를 검토하면서 효율적 시장 가설과 같은 개념을 인식한다. 그러나 이러한 인식은 정치 과정의 결과에는 별 영향이 없다. 기득권자는 대중의 눈에 권위를 가진 것으로 보이는 또 다른 학자들의 비판을 이용한다. 아울러 다양한 경험적 연구 결과와 연구 품질을 확인하는 정보비용 때문에 경쟁 관계에 있는 집단들이 자신들의 원하는 결과를 주장하는 연구를 쉽게 찾을 수 있다.

회계 기준 제정의 예를 살펴보자. SEC의 권위 있는 지지를 얻기 위해, AICPA나 FASB는 많은 관련 보고서를 발행하였다. 아울러 이들은 '권위 있는 지지'를 위해 기저의 규범적 이론 혹은 개념 체계를 모색하여 왔다. 회계 학계도 마찬가지이다. 1940년대부터 1960년대까지의 이론들은 존재하는 그대로의 회계가 존재하는 이유를 설명하거나 예측하려 하지 않고, 규범적인 처방과 정책을 주장하였다. 규범 이론은 FASB, SEC 등의 정책 결정 기관에게 지침을 제공하는 것을 목적으로 삼고 실제 실무의 단점을 수정하는데 치중하였다.

3.3 정보내용 관점

회계 전문가는 조직과 그 환경의 변화에 맞추어 회계 시스템을 잘 운영하고 사용해야 한다. 회계와 관련되는 조직의 범위는 아주 넓다: 개별 기업, 정부 기관, 산업, 전체 경제. 회계 시스템을 잘 관리하는 것은 조직에 맡겨진 자원의 관리 면에서 아주 중요하다. 회계이론이 잘 설계된 회계 시스템에 대한 청사진을 제공하지는 않는다. 그러나 이론이 전문직들이 책임을 지고 잘 판단할 수 있도록 돕는 것은 가능하다.

회계는 단순히 규정을 해석하고 적용하는 과정이 아니다. 만일 그렇다면 회계인들은 사회적 역할을 할 여지가 없게 된다. 정보내용 관점의 회계이론이 완전하지 못하다는 점을 전제로 하고, 회계이론이 전문직들로 하여금 회계 시스템을 잘 운영할 수 있도록 돕는 지침을 정리하면 다음과 같다.[16]

3.3.1 외생적 함정

우리는 처음 회계를 배울 때 거래가 주어진 것으로 보고 회계를 시작한다. 예를 들면 고정자산을 취득하였다고 할 때, 어떻게 회계 기록을 해야 하는가를 배운다. 이 방법은 회계의 기제를 배우는 데에는 효율적이지만, 전문가 책임을 보여 주는 면에서는 비효율적이다. 우리는 회계 문제가 발생하는 넓은 상황을 확인하는 데에서 시작해야 한다. 예를 들어, 재고자산의 평가 문제를 고려하려면, 재고를 보유하는 상황에서 문제의 틀을 짜야 한다.

16 Christensen and Demski, Accounting Theory: Information Content Perspective(2003), pp.439-443.

그 이유는 간단하다. 문제를 좁게 규정하면, 먼저 관련 규정을 찾는다. 이는 중심 문제를 외면하는 것이다. 중심 문제는 어떤 정보를 전달하는 가이지, 어떤 규칙을 따를 것인가는 아니다. 이 문제를 책임 있게 다루기 위해서는 기업이 무엇을 왜 하는지를 이해해야 한다.

재고자산의 평가 문제를 생각해 보자. 재고를 어떻게 평가할지 묻기 이전에 기업이 재고를 보유하는 이유를 먼저 생각해 보라. (시장이 불완전하다는 점에 주목하라. 이 상황에서 완전히 믿을 수 있고 잘 정의된 시장 기반 가치평가를 원하는 것은 말 그대로 열망에 지나지 않는다. 결국, 기업이 재고를 보유하는 이유가 있다는 사실은 시장 불확실성을 의미한다.) 요소 가격 변동성을 전달하고자 한다면, LIFO가 적절하고, 상대적으로 안정된 가격(예: 표준 가격)은 재고의 크기를 전달하는 측면을 강조한다. 그러나 그 이전에 기업이 재고를 왜 보유하는지를 먼저 이해해야 할 것이다.

실제로, 보고 문제는 기업이 어떤 활동을 해야 하는지 여부에 대한 전반적인 의사결정 문제의 일부이다. 이처럼 넓은 틀에서 보자면 기업, 종업원, 고객, 이웃, 경쟁자, 감사인 등의 많은 사람들이 활동에 참여한다는 것을 알 수 있게 된다. 또한 기업은 회계 이외에도 다른 의사전달 통로를 가지고 있다.

넓은 틀이 문제를 곧바로 해결하는 것은 아니지만 분석에 맥락과 구조를 포함시키는 장점을 갖는다. 이 때문에 Christensen and Demski(2003)는 항상 자본, 노동, 그리고 경영 생산성을 포함하는 생산 함수를 사용한다.[17]

3.3.2 '자연스러운' 처리

회계방법(즉, 척도) 혹은 다른 원천의 보고에 대한 고려 없이 회계 보고를 액면 그대로 받아들이는 함정에 빠지면 안 된다. 경영자 보상 위원회는 경영자 팀의 성과를 평가할 때 다양한 정보 원천을 사용한다. 이런 상황에서 R&D 지출을 일시에 비용 처리하는 것은 문제가 되지 않는다. 위원회는 어떤 프로젝트가 수행되었고 성공을 나타내는 지표들을 찾을 것이다. 증권시장 참여자들도 마찬가지이다. 정보내용을 추출하기 위해서는 정보를 '자연스럽게' 처리해야 한다. 이 때문에 Christensen and Demski(2003)는 모든 가능한 정보를 일관성 있게, 베이즈 방식으로 이용하는 내생적 정보 처리를 강조한다.

17 본서 9장 인식(정보내용 관점)의 감사받는 발생과 조건부 발생을 참고하라.

3.3.3 다른 정보

회계가 유일하거나 혹은 기본적인 정보 원천이라는 함정에 빠지면 안 된다. 특히 두 가지 요점을 놓치면 안 된다. 첫째는 회계가 어떤 사건을 인식하지 않더라도, 외부 관찰자는 그 사건을 알 수 있다. 주문장이나 신규 기업이 그 예이다. 두 번째는, 다수의 정보 원천이 단순하게 '더해지는 것'이 아니다. 어떤 정보 전달의 중요성은 다른 사람들이 그 사건을 이미 알고 있다는 점 뿐 아니라 다른 사람들이 다른 원천에서 무엇을 알고 있는가에 의해서도 결정된다. 전문적인 책임을 가진 회계인은 넓은 의미에서의 정보 환경을 잘 알아야 한다.

어떤 공시의 중요성은 다른 공시 내용에 따라 달라진다. 다른 정보 원천에 의해 보완될 수도 있고, 반대로 중복될 수도 있다. Christensen and Demski(2003)는 현금흐름을 하나의 정보 원천으로 보면서 발생이 현금흐름과 다른 원천의 정보 이상의 정보를 전달한다는 점을 강조한다.

3.3.4 비교 우위

회계 시스템을 관리함에 있어서 그 장점을 알아야 한다. 회계의 장점은 그 신용도(credibility) 즉, 감사가 가능하고 또 실제로 감사 받는다는 점에 있다. 수익을 늦게 인식하고, 기업 자원의 일시적인 옵션 가치를 실시간으로 보고하지 않고, 또 외부 보고가 보고 기준, 감사, 강제 실행을 따라야 하는 것도 신용도 때문이다.

공정 가치와 무형자산의 보고를 중시하는 현행의 추세는 아주 많은 정보 전달 업무를 요구하고 이는 회계 시스템의 비교 우위에 반할 수 있다.

회계 시스템은 경쟁 환경에서 존속한다. 경제 주체들은 많은 정보 원천에 접근하지만, 그럼에도 불구하고 회계 시스템의 보고 내용에 관심을 갖고 또 그 내용을 예상한다. 이는 책임 있는 전문가는 시스템의 비교 우위를 이해하고 이용해야 함을 의미한다.

3.3.5 증분 변화

이데올로기를 주장하는 일부 학파에서는 모든 자원을 공정 가치로 보고할 때 회계는 이용자들에게 가장 잘 기여할 수 있다고 주장한다. 한 종류의 자원이라도 더 공정 가치를 적용해야 한다고 본다. 비록 공정 가치 추정치가 합리적이고 유용하다고 하더라도, 일부 자원에 공정 가치 회계를 적용하는 것이 좋은 것은 아니다.

그 이유는 간단하다. 예를 들어 $f(x, y)$가 $x=x^*$, $y=y^*$에서 극대화된다고 하자. 이 때 y가 $\hat{y}\neq y^*$로 고정된다면, $x=x^*$는 함수의 모양에 따라 달라진다. $\hat{y}$와 맞는 x가 반드시 x^*는 아니다.

비록, 전체적으로 최선의 보고 방법이 완전한 공정 가치 보고라고 확신한다고 하더라도, 일부 자산과 부채가 공정 가치로 보고되고 다른 항목은 그렇지 않을 때, 소수의 항목을 추가로 더 공정 가치로 보고하더라도 전체 보고가 향상되는 것은 아니다.

3.3.6 동태적인 상호작용

일반적으로 사람들은 어떤 영향을 받으면 그에 대해 반응한다. 예를 들어, 특정의 회계처리를 금지하면, 그 회계처리를 사용하지 않는 다른 거래를 찾으려 한다. 자본화 처리를 하지 않는 유형의 리즈 거래가 설계된다. 합병 요건을 이용하기 위해 복잡한 지배 구조가 설계된다.

회계선택은 기업의 경제 활동에 영향을 준다. 우리는 그 선택에 대한 반응을 예상해야 한다.

제4절 맺음말

SATTA(1977)는 재무 회계이론에서 이론적으로 일치되지 않는 6개의 문제들을 파악하여 검토한다. 이 문제들은 1970년대 당시에 회계 분야에서 어떤 이론도 지배적인 단계에 도달하지 못하는 이유를 보여준다. 그렇다면 지금은 어떠한지 이 문제들을 재고할 필요가 있을 것 같다. 이 문제들을 여기에 요약한다.

4.1 실무 관련 이론 문제

회계인들은 회계이론화 과정이 외부 재무보고의 내용을 규정하는 충분하고 강력한 근거를 제시하기를 희망한다. 그러나 하나의 이론 접근이 탁월하게 정립된다고 해도, 회계 및 감사 실무자가 직면하는 많은 일상적인 이슈는 여전히 지속될 것이다. 예를 들면 중요성 문제이다. 나아가서 회계인들이 실무에 대한 이론의 담당 범위의 한계를 인정하는 정도가 커짐에 따라, 그로인한 실무와 이론의 격차로 인해 모든 이론 접근은 논쟁을 피하기 어렵게 될 것이다.

이론에 대한 첫 번째의 실무적인 불만은 담당 범위의 협소성이다. 예를 들어 귀납적 이론은 자산의 취득원가 평가의 효과에 지나치게 의존하고 또 모든 부채와 현금, 외상매출금은 원가로 평가되지 않는다는 점을 망각한다. 또한 손익계산서를 중시하는 이론에서는 실무적으로 재무상태 변동표에서 인정하는 운전자본 변화를 제외시킨다. 이러한 격차로 인해 실무자가 모색하는 대답의 측면에서 이론이 부적절하다는 인식을 지울 수 없게 된다.

두 번째 실무적 문제는 환경의 다른 특성을 간과하고 그에 대한 처리 방법을 강구하지 못하는데 있다. 이러한 이론의 '약점'은 비현실적 가정과 관련을 갖는다. 예를 들면, 경쟁 균형, 무 거래 비용, 부수적인 취득원가의 무시, 완성 시장, 회계 자료의 생산과 이용 비용의 무시, 이용자 집단의 동일한 의사결정 모형 이용, 소유자와 경영자의 이해관계의 상관성 등이다. 이러한 가정, 그에 토대를 둔 이론과 회계인들의 실무 환경과의 차이 때문에 실무가는 모든 이론에 대해 실망할 것이다.

현실적 가정을 추가하여 이러한 실무와 이론의 격차를 해소할 수 있을지는 명확하지 않다. 실제 세계는 매우 복잡하고 복잡성은 또 다른 약점이 된다. 복잡한 이론은 적용이 어렵고 그 때문에 실무가들은 이론에 다시 실망할 것이다. 하나의 예는 정보 경제학에 입각한 정보 시스템의 평가이다. 마찬가지로 회계방법이 충족해야 하는 많은 규범적 기준을 적용할 때에는 복잡한 절충을 해야 한다. 정보의 순가치를 최대화하기 위해 최적량의 회계 자료를 제공해야 한다는 지침도 회계인들의 상세한 지침에 대한 희망의 차이 때문에 어떤 이론도 비판을 비껴가지 못한다. 이는 어떤 하나의 이론이 일반적으로 인정되지 못하는 하나의 이유이다.

4.2 배분 문제

재무보고의 내용을 규정함에 있어 대부분의 이론 접근은 분배 절차에 크게 의존한다. Thomas(1974)는 배분 문제는 대부분의 재무보고 이론이 가지고 있는 해결 불가능한 문제라고 지적한다.

배분 문제는 근본적으로 자의성 때문에 비판을 받는다. 흔히 인용되는 AICPA(1957)의 감가상각 회계의 정의는 대표적인 예이다: 유형 자본 자산의 원가 혹은 기타 기본적 가치의 ... 체계적이고 합리적인 방법으로 ... .

배분 문제를 포함한 회계 절차에 대한 불만의 정도는 크게 달라진다. 가장 큰 이유는 '배분'에 대한 정의의 차이 때문이다. 물리적이거나 금액과 같은 직접적인 기준이 없는 계정 혹은 기간 배분에서부터 인건비를 작업 부서에 배분하는 것까지 다양한 배분의 스펙트럼이 존재한다. 핵심은 임의성이다.

배분 기술이 임의적이라는 사실은 기술의 방어가 곤란하다는 것을 의미하지는 않는다. 오히려 각 기술이 모두 방어 가능하기 때문에 선택이 곤란하다. 논쟁은 끝이 없다. 이 문제도 특정 회계이론이 보편적인 인정을 받지 못하는 구체적 이유를 제공한다.

4.3 규범적 기준의 곤란성

어떤 이론들은 외부 보고에 포함되는 정보를 선택하는 근거를 제공하는 규범적 기준을 주장한다. 이러한 기준에는 객관성, 검증 가능성, 적시성 등이 포함된다. 이 기준들의 가장 중요한 특징은 이 성질들이 회계 숫자 자체에 고유하다는 점이다. 즉, 회계 숫자 이용자 개인의 선호에서 도출된 것이 아니다. 그 결과 규범적 기준과 의사결정자의 개인 선호의 관계는 간접적이게 된다. 양자는 완전히 분리되어 이러한 기준의 적용은 곤란하다. 만일 회계 시스템이 회계 자료 이용자의 기대 효용을 극대화한다고 가정하면, 이 기준들에 의해 선택된 자료는 그렇지 않은 다른 결과를 산출할 것이다.

개인 이용자가 기대 효용을 극대화하는 행동을 선택한다고 하자. 그리고 이 이용자는 한 가지 이상의 의사결정을 한다고 하자. 만일 객관적인 자료가 어떤 의사결정에 적합하다고 하면, 그 자료는 다른 의사결정에는 부적합하게 되고 이용자의 효용은 극대화되지 않게 된다.

더욱이 동일한 의사결정은 없다. 반복되고 어느 정도 표준화된 결정 분야도 환경이 변하면 갑자기 중요하게 된다. 즉, 규범적 기준이 적합하게 적용되는 의사결정 유형이 환경의 변화에 따라 달라지고, 그 결과 그 기준은 이제는 이용자의 효용을 극대화시키지 않게 된다. 만일 의사결정자의 효용이 기간별로 달라진다고 가정하면 더욱 복잡하게 된다.

좀 더 현실적인 보고 환경에서는 다수의 이용자가 존재하고 사람마다 선호가 다르기 때문에, 회계정보 체계를 규정하는데 규범적 기준을 사용하는 것은 더욱 복잡해진다. 나아가서 우리는 어떤 기준의 집합과 집단 차원의 선택 사이의 관계에 대해서도 잘 모른다.

따라서 의사결정자가 개인인 상황이든 혹은 다수인 상황이든 규범적 기준은 이론 구축 혹은 정책 선택의 확고한 근거를 제공하지 못한다.

4.4 주가 변동 연구 해석의 곤란성

효율적 시장 가설에 근거를 두는 경험적 연구는 투자자 전체의 차원에서 회계 측정치를 어떻게 이용하는지를 조사한다. 한 마디로, 이 연구는 정보 흐름과 주가 수익률의 설명되지 않는 변동 사이의 동시적 관계를 **정보내용**의 지표로 해석한다. 그러나 이 연구의 해석에는 두 가지 요점이 존재한다.

첫째, 이 연구가 **측정 방법 변경의 결과** 혹은 **바람직성**을 **평가**하려 한다면, 전형적인 **내적 및 외적 타당성 문제**가 대두된다. 모든 분명한 수익 요인(예: 시장 전반 현상, 다른 정보의 도달, 위험 변화)을 통제해야 한다. 이 테스트는 수익 요인을 확인하고 통제하는 능력에 따라 결과가 달라진다. 상관관계가 있는 변수가 생략되어도 안 된다.

둘째, 이 연구를 측정 방법 변경의 결과 혹은 바람직성의 **지표**라고 해석한다면, **단순화 문제**를 인식해야 한다. 결과라고 본다면, 가격 변화 자체는 미완성 시장 질서 안에서 (미완성 시장성 때문에) 재분배 영향의 완전한 지표가 되지 않는다. 예를 들면 경영자의 인적 자본은 시장에서 거래될 수 없다.

바람직성의 지표로 해석하는 것은 더 중요하다. Beaver and Dukes(1972, 1973)에서와 같이, 감가상각과 과세 배분 자료를 독자들이 이용할 수 있을 때, 이 자료의 표시 문제를 생각해 보자. 높은 동시적 관계를 산출하는 재무제표 본문 표시는 사람들이 원하는 자료를 제공할 것이고, 따라서 회계인은 본문 표시를 선택해야 한다.

표시보다 더 기본적인 문제가 있다. 현행 가치와 같이 보고되지 않는 대안의 바람직성을 평가하는데 이 접근은 사용될 수 없다(기저의 사건이 다른 정보 원천에 의해 보고되지 않는다고 가정). 더 근본적으로는(Beaver and Demski, 1974; Gonedes and Dopuch, 1974에서 처럼), 시장 관련성 연구를 **회계방법의 서열**을 일반적으로 결정하는 접근으로 볼 수 없다.

비슷한 문제는 시장 가격과 시장가치 극대화 지침이 회계방법의 서열을 결정하는데 이용

가능한지 여부이다. 시장이 미완성적이면 그 답은 부정적이다. Gonedes and Dopuch(1974)는 완전 시장 그리고 기업의 보통주 가치 극대화 목표를 가정한다. 정보는 기업의 생산량이다. 기업이 소비자의 정보 소비를 통제할 수 있고 이용자들 사이에 외부 효과가 없다면, 기업은 한계 수익과 원가를 고려하여 최적 정보량을 결정할 수 있고, 주가는 정보 생산과 관련된 기업의 가치 변화를 반영한다. 따라서 시장 가치 극대화는 효율적으로 자원을 분배한다.

그러나 기업이 정보를 구매하지 않은 사람의 정보 이용을 통제할 수 없으면, 정보 시장은 제 기능을 하지 못한다. 시장 미완성으로 인해 한계 수익과 한계 비용에 의해 정보가 생산되지 않는다. 정보 생산 기업은, 정보 시장이 존재하면, 기업 가치가 증가한다. 그러나 생산된 정보는 비 정보 활동에 음의 현금흐름 효과를 야기한다. 두 효과는 상쇄되어 정보 시장이 없는 경우 주가는 떨어진다. 따라서 정보 시장이 미완성이면, 정보 생산의 바람직성과 주가 변동 사이의 일반적 대응 관계는 존재하지 않는다. 따라서 시장 반응에 대한 관찰에 의해 회계 대안에 관한 논쟁이 해결되지는 않는다.

4.5 원가-효익 분석의 문제

여러 재무보고 대안을 평가할 때, 회계이론가들은 일반적으로 그들의 주장과 관련되는 효익과 비용을 결정하지 않는다. 정보 경제학 접근을 제외하고는 모든 회계이론이 회계선택 대안의 효익과 비용을 측정하고 비교하지 못한다. 정보 경제학도 추상적 수준에서 수학적인 기대 효용 측정치를 주장하지만 실제 숫자로 그 측정값을 표시하지는 못한다. 더 나아가서 K. Arrow의 불가능성 정리에 의하면, 다수인 상황에서는 완전성과 전이율이 성립하는 기준 대안의 서열 관계는 존재하지 않는다.

요약하자면, 일부 회계인들은 대부분의 회계이론이 원가-효익 분석을 포함하지 못하는 것을 이유로 이 이론들을 거부할 수 있다. 반면에, 현재의 경제 지식수준에서는 적정한 원가-효익 분석이 이루어질 수 없다. 물론 이론적으로는 서로 보조금을 지급함으로써 파레토 최적을 얻는 것이 가능하다. 그러나 현재 수준의 회계이론에서는 일반적으로 원가-효익 분석이 이론의 근거가 되지는 못한다.

4.6 자료 확대의 한계

자료 확대 접근에서는 많은 정보가 적은 정보보다 더 낫다고 생각한다. 이 접근을 따르면 많은 회계 논쟁이 공시 확대로 해결될 수 있다. 이 주장은 두 가지 근거를 갖는다.

첫째, 회계인은 이용자의 선호와 행동에 대해 제한된 지식을 갖고 있다. 따라서 여러 자료를 동시에 공시함으로써 단일의 보고를 정당화할 필요가 없다. Sorter의 '사건 접근'(1969)이 여기에 해당한다.

둘째, 시장 효율성도 자료의 확대를 지지한다. 효율적 시장은 회계 공시의 형태나 내용에 의해 오도되지 않는다. 시장 효율성 관점에서 보면, 보고 형태, 보고 장소, 측정 논쟁(예: 인플레이션 회계)은 문제가 되지 않는다. 공시가 충분하면 모든 공시 내용은 가격에 반영된다.

두 접근 모두 공시의 증가로 많은 문제가 해결된다고 보는 점에서는 마찬가지이다. 그러나 (1) 생리적인 이유, (2) 인식 처리의 한계, (3) 경제적 효율성의 입장에서 반대론도 제기된다.

요약하자면, SATTA가 지적하는 이상의 미해결 문제는 회계이론이 외부 재무보고의 내용을 규정하는 충분하고도 강력한 근거를 제시하지 못하는 이유를 보여준다. 지금도 하나의 이론을 인정하는 합의에는 도달하지 못하고 있다. SATTA가 발행된지 40년이 지난 지금 이 미해결 문제들에 대한 답은 무엇인가?

참고문헌

AAA, A Statement on Accounting Theory and Theory Acceptance, 1977, Sarasota,

Abowd, J. M and D. Kaplan, "Executive Compensation: Six Questions That Need Answering", Journal of Economic Perspectives, Vol.13(April), 1999, pp.145-168.

Antle Rick, Joel S. Demski, and Stephan G. Ryan, "Multiple Sources of Information, Valuation, and Accounting Information," Journal of Accounting, Auditing, and Finance, Fall 1994, pp.675-696.

Antle, Rick and Joel S. Demski, Revenue recognition, Contemporary Accounting Research, Vol. 5, No. 2, pp.423-451.

Armstrong, C., M. Barth, A. Jagolinzer, and E. Riedl, "Market Reaction to the Adoption of IFRS in Europe?", Accounting Review, Vol. 85, No. 1, 2010, pp.31-61.

Armstrong, C., W. Guay, and J. Weber, "The Role of information and financial reporting in corporate governance and debt contractng", Journal of Accounting and Economics, Vol. 50, 2010, pp.179-234.

Arya, Anil , Jonathan C. Glover, Verification of Historical Cost Reports, The Accounting Review, Vol. 71, No. 2, 1996, pp.255-269.

Arya, Anil, John C. Fellingham, and Douglas A. Schroeder, "Estimating Transactions Given Balance Sheets and an Income Statement", Issues in Accounting Education, August 2000, pp.393-412.

Arya, Anil, John C. Fellingham, Jonathan C. Glover, Douglas A. Schroeder, and Gilbert Strang, "Inferring Transactions from Financial Statements", Contemporary Accounting Research, Fall 2000, pp.366-385.

Arya, Anil, John C. Fellingham, Jonathan C. Glover, Douglas A. Schroeder, and Gilbert Strang, Inferring Transactions from Financial Statements, Contemporary Accounting Research, Fall, 2000.

Arya, Anil, Jonathan C. Glover, and K. Sivaramakrishinan, "The Interaction Between Decision and Control Problems and the Value of Information", Accounting Review, Oct. 1997, pp.561-574.

Arya, Anil, Jonathan C. Glover, and Sham Sunder, "Are unmanaged earnings always better for shareholders?", Accounting Horizons, Supplement 2003, pp.111-116.
Available at : http://papers.ssrn.com/sol3/papers.cfm?abstract_id=2106788

Available at : http://ssrn.com/abstract=2091619

Available at : http://www.olin.wustl.edu/docs/Faculty/Baldenius.pdf

Bachar, J., et al., "On Cost Tradeoffs Between Conservative and Market Value Accounting", Review of Accounting Studies, Vol. 2, 1997, pp.7-34.

Baiman, S. and J. Demski, Economically Optimal Performance Evaluation and Control Systems, Journal of Accounting Research, Vol. 18, Supp, 1980.

Baiman, S. and R. E. Verrecchia, "Earnings and Price-based compensation contracts in the presence of discretionary trading and incomplete contracting", Journal of Accounting and Economics, 1995, pp.93-121.

Baldenius, T., and B. Michaeli, "Intrafirm Trade, Pay-Performance Sensitivity and Organizational Structure", July 2012.

Ball, R., "What is the Actual Economic Role of Financial Reporting?", Accounting Horizons, 2008, No. 4, pp.427-432.

Ball, R., and L. Shivakumar, "How Much New Information Is There in Earnings?", Journal of Accounting Research, Dec., 2008, pp.975-1016.

Ball, R., and P. Brown, "Ball and Brown(1968): A Retrospective", The Accounting Review, 2014, pp.1-26.

Ball, R., and P. Easton, "Dissecting Earnings Recognition Timeliness", Journal of Accounting Research, December 2013, pp.1099-1132.

Ball., R., S. Kothari, and R., Watts, "Economic Determinants of the Relation Between Earnings Changes and Stock Returns", The Accounting Review, July 1993, pp.622-638.

Bamber, L., T. Christensen, and K. Gaver, "Do we really know what we think we know? A case study of seminal research and its subsequent overgeneralization", Accounting, Organization and Society, Vol. 25, 2000, pp.103-129.

Banker and Datar, Sensitivity, Precision, and Linear Aggregation of Signals for Performance Evaluation, Journal of accounting Research, Vol. 27, No. 1, 1989.

Barth, M. and E. So, "Non-diversifiable volatility risk and risk premiums at earnings announcements", Accounting Review, Vol. 89, No. 5, September 2014, pp.1579-1607.

Barth, M., "Measurement in Financial Reporting: The Need for Concepts", Accounting Horizons, Vol. 28, No. 2, 2014, pp.331-352.

Barth, M., "Valuation-based accounting research: Implications for financial reporting and opportunities for future research", Accounting and Finance, Vol. 40, No.1, 2000, pp.7-31.

Barth, M., Fair value Accounting: Evidence from Investment Securities and the Market Valuation of Banks, Accounting Review, Vol. 69, No. 1, 1994, pp.1-25.

Barth, M., G. Ormazabal, and D. Taylor, "Asset Securitizations and Credit Risk", Accounting Review, Vol. 87, Issue 2, March 2012, pp.423-448.

Barth, M., I. Gow, and D. Taylor, "Why do pro forma and street earnings not reflect changes in GAAP? Evidence from SFAS 123R", Review of Accounting Studies, Vol. 17, No. 3, Sep. 2012, pp.526-562.

Barth, M., L. Hodder, and S. Stubben, "Fair Value Accounting for Liabilities and Own Credit Risk", Accounting Review, Vol. 83, No. 3, May 2008, pp.629-664.

Barth, M., L. Hodder, and S. Stubben, "Financial reportng for employee stock options: Liabilities or equity?", Review of Accounting Studies, Vol. 18, Issue 3, September 2013, pp.642-682.

Barth, M., Relative Measurement Errors Among Alternative Pension Asset and Liability Measures, Accounting Review, Vol. 66, No. 3, 1991, pp.433- 463.

Barth, M., W. Beaver and W. Landsman, "The Relevance of the Value relevance literature for financial accounting standard setting: another view", Journal of Accounting and Economics, Vol 31, 2001, pp.77-104.

Barth, M., W. Landsman, and M. Lang, "International Accounting Standards and Accounting Quality", Journal of Accounting Research, Vol. 46, No. 3, June 2008, pp.467-498.

Barth, M., W. Landsman, M. Lang, and C. Williams, "Are IFRS-based and US GAAP-based accounting amounts comparable?", Journal of Accounting and Economics, Vol. 54, Issue 1, August 2012, pp.68-93.

Barth, M., Y. Konchitchki, and W. Landsman, "Cost of capital and earnings transparency", Journal of Accounting and Economics, Vol. 55, Issue 2-3, April 2013, pp.206-224.

Barth. M., D. P. Cram and K. Nelson, "Accruals and the Prediction of future cash flows", Accounting Review, Vol. 76, No.1, Jan. 2001, pp.27-58.

Basu, S., The conservative principle and the asymmetric timeliness of Earnings, Journal of accounting and Economics, 24, 1997, pp.3-37.

Beatty, A., S. Chamberlain and J. Magliolo, "Managing financial reports of commercial banks: The influence of taxes regulatory capital, and earnings", Journal of Accounting Research, (Fall 1995), pp.231-261.

Beaver, W. and S. Ryan, Biases and Lags in Book Value and Their Effects on the Ability of the Book-to-Market Ratio to Predict Book Return on Equity, Journal of Accounting, Vol. 38, No. 1,

2000.

Beaver, W. H. and E. E. Engel, "Discretionary Behavior with Respect to Allowances for Loan Losses and the Behavior of Security Prices", Journal of Accounting and Economics, Vol. 22, Issue 1-3, 1996, pp.177-206.

Beaver, W. H. and Joel S. Demski, "The Nature of Income Measurement", Accounting Review, Vol. 54, Jan. 1979, pp.38-46.

Beaver, W. H. and M. McAnally, C. Stinson, "The Information Content of earnings and Prices", Journal of Accounting and Economics, Vol. 23, Issue 1, 1997, pp.53-81.

Beaver, W. H. and R. Lambert, and D. Morse, "The Information Content of Security Prices", Journal of Accounting and Economics, 2, March 1980, pp.3-28.

Beaver, W. H. and S. Ryan, "Conditional and Unconditional Conservatism: Concepts and Modelling", Review of Accounting Studies, Vol. 10, 2005, pp.269-309.

Beaver, W. H., "Book Review of Accounting Theory: An Information Content Perspective", The European Accounting Review, Vol. 11, No. 3, 2002, pp.631-634.

Beaver, W. H., "Perspectives on Recent Capital Market Research", The Accounting Review, Vol. 77, No. 2 Apr., 2002, pp.453-474.

Beaver, W. H., "Six Decades of Research, Teaching, and Participation in the AAA", The Accounting Review, Vol. 90, No. 3, May 2015, pp.859-880.

Beaver, W. H., C. Eger, S. Ryan and M. Wolfson, "Financial Reporting, Supplemental Disclosures, and Bank Share Prices", Journal of Accounting Research, Vol. 27, No. 2, Autumn 1989, pp.157-178.

Beaver, W. H., Financial Reporting: An Accounting Revolution, 3rd. ed., Prentice Hall, 1998.

Beaver, W. H., M. F. McNichols, and K. K. Nelson, "Do firm issuing equity manage their earnings? Evidence from the property-casualty insurance industry", SSRN.com/abstract=203408, 2000.

Beaver, W. H., M. F. McNichols, and K. K. Nelson, "Management of the loss reserve accrual and the distribution of earnings in the property-casualty insurance industry", Journal of Accounting and Economics, Vol. 35, Issue 3, 2003, pp.347-376.

Beaver, W. H., R. Lambert, and S. Ryan, "The Information Content of Security Prices A Second Look", Journal of Accounting and Economics, Vol. 9, 1987, pp.139-157.

Beaver, W. H., W. Landsman, and E. Owens, "Asymmetry in Earnings timeliness and persistence: a simultaneous equations approach", Review of Accounting Studies, Volume 17, Issue 4, December 2012, pp.781-806.

Beaver, W., R. Clark and W. Wright, The Association Between Unsystematic Security Returns and the

Magnitudes of Earnings Forecast Errors, Journal of accounting Research, Vol. 17, No. 2, 1979.

Belkaoui, A., Accounting Theory, 5th. ed., Cengage Learning EMEA, 2004.

Bernard, V. and T. Stober, "The Nature and Amount of Information in Cash flows and Accruals", Accounting Review, Vol 64, Oct. 1989, pp.624-652.

Bernard, V., "The Feltham-Ohlson Framework: Implications for Empiricists", Contemporary Accounting Research, Vol. 11, No. 2, Spring 1995, pp.733-747.

Beyer A., D. Cohen, T. Lys, and B. Walther, "The financial reporting environment: Review of the recent literature", Journal of Accounting and Economics, Vol. 50, Issues 2-3, December 2010, pp.296-343.

Beyer, A, I. Guttmanm, and I. Marinovic, "Optimal Contracts With Performance Manipulation", Journal of Accounting Research, Vol. 52, Issue 4, September 2014, pp.817-847.

Bissessur, S., Earnings Quality and Earnings Management: The role of Accounting Accruals, VDM Verlag Dr. M□ller, 2008.

Brief, R. and J. Owen, A Reformulation of the Estiamtion Problem, Journal of Accounting Research, Spring, 1973.

Brief, R. and J. Owen, The Estimation Problem in Financial Accounting, Journal of Accounting Research, Vol. 11, No. 1, 1973.

Brown, P., How can We do Better? Accounting Horizons, Vol. 27, No. 4, 2013.

Brown, T., "Advantageous Comparision and Rationalization of Earngs Management", Journal of Accounting Research, Vol. 52, September 2014, pp.849-876.

Burgstahler, D. and I. Dichev, "Earnings Management to Avoid Earnings Decreases and Losses", Journal of Accounting and Economics, Vol. 24, No. 1, December 1997, pp.99-126.

Bushman, R. and A. Smith, "Financial accounting information and corporate governance", Journal of Accounting and Economics, Vol. 32, No. 1-3. 2001, pp.237-333.

Bushman, R. and R. Indjeikian, Accounting income, stock price, and managerial compensation, Journal of Accounting and Economics, 16, 1993.

Bushman, R. and W. Landsman, "The pros and cons of regulating corporate reporting: a critical review of the arguments", Accounting and Business Research, vol. 40, No. 3, 2010, pp.259-273.

Butterworth, John E., "The Accounting System as an Information Function", Journal of Accounting Research, Vol. 10, No. 1 Spring 1972, pp.1-27.

Byun, S. and K. Roland-Luttecke, Meeting or Beating, Earnings Management, and Investor Sensitivity after the scandars, Accounting Horizons, Vol. 28, No. 4, 2014.

Christensen and G. A. Feltham, "Communication in Multiperiod Agencies with Production and Financial Decisions", Contemporary Accounting Research, Vol. 9, Issue 2, Spring 1993, pp.706-744,

Christensen and G. A. Feltham, "Sequential communication in Agencies", Review of Accounting Studies, Vol. 2, Issue 2, June 1997, pp.123-155.

Christensen, J. and J. Demski, "Anticipatory Reporting Standards", Accounting Horzons, Vol. 21, No. 4, Dec. 2007, pp.351-379.

Christensen, J. and J. Demski, Accounting Theory: An Information Content Perspective, McGraw-Hill, 2003.

Christensen, J., "Accounting Errors and Errors of Accounting", Accountng Review, vol. 85, No. 6, 2010, pp.1827-1838.

Christensen, J., "Conceptual frameworks of accounting from an information perspective", Accounting and Business Research, Vol. 40, No. 3, 2010, pp.287-299.

Christensen, P. and C. Hoffman, Timeliness, Accuracy, and Relevance in Dynamiic Incentive Contracts, Preliminary Stanford Summer Camp Version, July, 2003.

Christensen, P. and G. A. Feltham, F. Sabac, A contracting perspective on earnings quality, Journal of Accounting and Economics, 39, 2005.

Christensen, P. and G. A. Feltham, F. Sabac, Dynamic incentives and responsibility accounting: a comment, Journal of Accounting and Economics, 35(2003)

Christensen, P., J. Demski, and H. Frimor, Acounting Policies in Agencies with Moral Hazard and Renegotiation, Journal of Accounting Research, Vol. 40, No. 4, Supp, 2002.

Chua, "Radical Development in Accounting Thought", The Accounting Review, Vol. 61, No.4, October 1986, pp.601-632.

Collins, J. H., D. A. Shackelford and J. M. Wahlen, "Bank Differences in the Coordination of Regulatory Capital, Earnings, and Taxes", Journal of Accounting Research, Vol. 33, No. 2, Autumn 1995, pp.263-291.

Corona C., and Randhawa R., "The Value of Confession: Admitting Mistakes to Build Reputation", May 10, 2012.(Available at SSRN 1702444, 2014).

Das, S., C. Levine and K. Sivaramakrishinan, "Earnings Predictability and Bias in Analyst's Earnings Forecasts," Accounting Review, Vol. 73, No. 2, April 1998, pp.277-294.

Datar, S., G. Feltham, and J. Hughes, The Role of Audits and audit quality in valuing new issues, Journal of Accounting and Economics, 14, 1991, pp.3-49.

Dechow, P. and D. Skinner, "Earnings Management: Reconciling the views of Accounting Academics, Practitioners, and Regulators", Accounting Horizons, Vol. 14, No. 2, February 2000, pp.235-250.

Dechow, P. and Dichev, "The quality of Accruals and Earning: The Role of Accrual Estimation Errors," Accounting Review, Vol. 77, Supplement 2002, pp.35-59.

Dechow, P., Accounting Earnings and cash flows as measures of firm performance The Role of accounting accruals, Journal of Accounting and Economics, 18, 1994, pp.3-42.

Dechow, P., R. Sloan, and A. Sweeney, Detecting Earnings Management, Accounting Review, Vol. 70, No. 2, 1995.

Dechow, P., S. Kothari, and R. Watts, The Relation between earnings and cash flows, Journal of Accounting and Economics, 25, 1998, pp.133-168.

Dechow, P., Sloan, R. and Sweeney, A. "Detecting earnings management", The Accounting Review, Vol. 70, 1995, pp.193-225.

Dechow, P., W. Ge, and C. Schrand, "Understanding earnins quality: A review of the proxies, their determinants and their consequences", Journal of Accounting and Economics, Vol. 50, 2010, pp.344-401.

Demski, Joel S. and Hans Frimor, "Performance Measure Garbling under Renegotiation in Multi-Period Agencies", Journal of Accounting and Economics, Vol. 37, Supplement 1999, pp.187-214.

Demski, Joel S., "Performance Measure Manipulation", Contemporary Accounting Research, Vol. 15, Issue 3 Fall 1998, pp.261-285.

Demski, Joel S., "Positive Accounting Theory: A Review", Accounting, Organizations and Society, 1988, pp.623-629.

Demski, Joel S., and David E. M. Sappington, "Fully Revealing Income Measurement", Accounting Review, Vol. 65, April, 1990, pp.363-383.

Demski, Joel S., and David E. M. Sappington, "Sourcing with Unverifiable Performance Information", Journal of Accounting Research, Vol. 31, No. 1 Spring 1993, p.1-20.

Demski, Joel S., and David E. M. Sappington, "Summarization with errors : a perspective on empirical investigations of agency relationships", Management Accounting Research, Vol. 10, Issue 1, March 1999, pp.21-37.

Demski, Joel S., and Gerald A. Feltham, "Market response to financial reports", Journal of Accounting and Economics, Vol. 17, January 1994, pp.3-40.

Demski, Joel S., Haijin Lin and David E. M. Sappington, "Asset Revaluation Regulation with Multiple

Information Sources", The Accounting Review, Vol. 83, No. 4, July 2008, pp.869-891.

Demski, Joel S., J. C. Fellingham, Yuji Ijiri, and Shyam Sunder, "Commentary: Some thoughts on the intellectual foundations of accounting", Accounting Horizons, Vol. 16 No. 2, June 2002, pp.157-168.

Desi, M., and D. Dharmapala, "Taxation and Corporate Governance: An Economic Framework", Available at : http://ssrn.com/abstract=983563

Detzen, D., "Inflation, Exchange Rates, and the Conceptual Framework: The FASB's Debates from 1973 to 1984", Accounting Horizons, Vol. 28, No. 3, September 2014, pp.673-694.

Dikolli, S., Agent Employment Horizons and Contracting Demand for Forward-Looking Performance Measures, Journal of Accounting Research, Supplement, Vol. 39, No. 3, 2001.

Dutta Sunil and Quintao Fan, "Equilibrium Earnings Management and Managerial Compensation in a Multiperiod Agency Setting", Review of Accounting Studies, Vol. 19, 2014, pp.1047-1077.

Dutta, S. and S. Reichelstein, Asset Valuation and Performance Measurement in a Dynamic Agency Setting, Review of Accounting Studies, 4, 1999.

Dutta, S. and S. Reichelstein, Leading Indicator Variables, Performance Measurement, and Long-term Vs. Short-term Contracts, Journal of Accounting Research, Vol. 45, No. 5, 2003.

Dutta, S. and S. Reichelstein, Stock Price, Earnings, and Book Value in Managerial Performance Measures, The Accounting Review, Vol. 80, No. 4, 2005.

Dutta, S. and X. Zhang, Revenue Recognition in a Multiperiod Agency Setting, Journal of Accounting Research, Vol. 40, No. 1, 2002.

Dye, R. and S. Sunder, "Why not Allow FASB and IASB Standards to compete in the U.S.?", Accounting Horizons, Vol. 32, Issues 1-3, December 2001, pp.181-235.

Dye, R., "An evaluation of "essays on disclosure" and the disclosure literature in accounting", Journal of Accounting and Economics, 32, 2001.

Elgers, P., "W. Beaver, Financial Reporting: An Accounting Revolution(1981)", The Accounting Review (Book Review), Oct., 1981.

Elliott, J. A., J. D. Hanna and W. H. Shaw, "The Evaluation by the Financial Markets of Changes in Bank Loan Loss Reserve Levels", The Accounting Review, Vol. 66, No. 4, Oct., 1991, pp.847-861.

Farlee, M. A, J. C. Fellingham, and R.A. Young, "Properties of Economic Income in a Private Information Setting", Contemporary Accounting Research, Vol. 13, Issue 2, Fall 1996, pp.401-422.

Fellingham, J. and D. Newman, Strategic Considerations in Auditing, The Accounting Review, Vol. LX, No. 4, 1985.

Feltham, G. A. and J.A. Ohlson, "Uncertainty Resolution and the Theory of Depreciation Measurement", Journal of Accounting Research, Vol. 34, No. 2 Autumn 1996, pp.209-234.

Feltham, G. A. and J.A. Ohlson, "Valuation and Clean Surplus Accounting for Operating and Financial Activities", Contemporary Accounting Research, Vol. 11, Issue 2, Spring 1995, pp.689-731.

Feltham, G. A. and Jim Xie, "Performance measure congruity and diversity in Multi-task Principal/ Agent Relations", The Accounting Review, Vol. 69, No. 3 July 1994, pp.429-453.

Fields, T., T. Lys, and L. Vincent, "Empirical research on accounting choice", Journal of Accounting and Economics, Vol. 31, 2001, pp.255-307.

Frankel, R. and C. Lee, Accounting Valuation, market expectation, and cross-sectional stock returns, Journal of Accounting and Economics, 25, 1998.

Freeman, R. and S. Tse, "A Nonlinear Model of Security Price Responses to Unexpected Earnings", Journal of Accounting Research, Vol. 30, No. 2, Spring 1992, pp.157-185.

Friedman H. and M. Heinle, "The merits of one-size-fits-all securities regulation", August 21, 2012.

Fulbier, R., J. Hitz and T. Sellhorn, Relevance of Academic Research and Researchers' Role in the IASB's Financial Reporting Standard Setting, ABACUS, Vol. 45, No. 4, 2009.

Gigler, F., Self-Enforcing Voluntary Disclosures, Journal of Accounting Research, Vol. 32, No. 2, 1994.

Gjesdal, F., "Accounting for Stewardship", Journal of Accounting Research, Vol. 19, Spring 1991, pp.208-231.

Glover, J. and H. Lin, Accounting Conservatism and Incentives: Intertemporal Considerations, July, 2003.

Gonedes, N.J., "Corporate Signalling, External Accounting, and Capital market Equilibrium: Evidence on Dividens, Income, and Extraordinary Items", Journal of Accounting Research, Spring, Vol. 16, No. 1, Spring 1978 pp.26-79.

Griffin, P. A. and S. J. R. Wallach, "Latin American Lending by Major U. S. Banks: The Effects of Disclosures about Nonaccrual Loans and Loan Loss Provisions", The Accounting Review, Vol. 66, No. 4, Oct., 1991, pp.830-846.

Guay, Wane R., S.P. Kothari and R. L. Watts, "A Market-Based Evaluation of Discretionary Accrual Models", Journal of Accounting Research, Vol. 34, Supplement 1996, pp.83-105.

Hakansson, N., "Where We are in Accounting: A Review of "Statement on Accounting Theory and

Theory Acceptance", The Accouting Review, Vol. 53, No. 3, July 1978, pp.717-725.

Hakansson, N., G. Kunkel and J. Ohlson, "Sufficient and Necessary conditions to have social value in Pure Exchange", Journal of Finance, Vol. 37, Dec. 1982, pp.1169-1181.

Healy, P. and K. Palepu, The Effect of Firm's Financial Disclosure Strategies on Stock Prices, Accounting Horizons, Vol. 7, No. 1, 1993.

Healy, P. M. and J. M. Wahlen, "A Review of the Earnings Management Literature and Its Implications for Standard Setting." Accounting Horizons, Vil. 13, No. 4, 1999, pp.365-383.

Healy, P. M. and K. Palepu, "Information asymmetry, corporate disclosure, and the capital markets: A review of the empirical disclosure literature", Journal of Accounting and Economics, Vol. 31, 2001, pp.405-440.

Healy, P. M., "The Effect of Bonus Schemes on Accounting Decisions", Journal of Accounting and Economics, Vol 7, Issue 1, April 1985, pp.85-107.

Hemmer, T., Discussion of "Limited Commitment in Multi-agent Contracting, Contemporary Accounting research, Vol. 24, No. 2, 2007.

Hemmer, T., Lessons Lost in Linearity: A Critical Assessment of the General Usefulness of LEN Models in Compensation Research, Journal of Management Accounting Research, Vol. 16, 2004.

Holland Paul, "Statistics and Causal Inference", Journal of the American Statistical Association, Vol. 81, No. 396, Dec., 1986, pp.945-960.

Holthausen, R. and R. Watts, "The Relevance of the value-relevance literature for financial accounting standard setting", Journal of Accounting and Economics, Vol. 31, Issue 1-3, Sep. 2001, pp.3-75.

Holthausen, R. and Verrecchia, The Effect of Sequential Information Releases on the Variance of Price Changes in an Intertemporal Multi-Asset Market, Journal of Accounting Research, Vol. 26, No. 1, 1988.

Hoogervorst, H., The Concept of Prudence: Dead or alive? FEE Conference, Sep. 2012.

Johnson, L., "Relevance and Reliability", Article from The FASB Report /Financial Accounting Standards Board, 380(Feb 2005), pp.5-8.

Johnston, D., Discussion of Penman, ABACUS, Vol. 45, No 3, 2009.

Jones, J., "Earnings Management During Import Relief Investigations", Journal of Accounting Research, Vol. 29, No. 2 Autumn 1991, pp.193-228.

Kang, S. and K. Sivaramakrishnan, Issues in Testing Earnings Management amd Instrumental Variable Approach, Journal of Accounting Research, Vol. 33, No. 2, 1995.

Kanodia, C., A. Mukherji, H. Sapra and R. Venugopalan, Hedge Disclosures, Future Prices and

Production Distortions, Journal of Accounting Research, Vol. 38, Supp, 2000.

Kim, S. K., "Efficiency of an Information System in an Agency Model", Econometrica, Vol. 63, No. 1, Jan. 1995, pp.89-102.

Kinney, Jr. W., "Accounting Scholarship: What is uniquely ours?", The accounting Review, Vol. 76, No.2, April 2001, pp.275-284.

Kirschenheiter, M., Information Quality and Correlated Signals, Journal of Accounting Research, Vol. 35, No. 1, 1997.

Kirschenheiter, M., Optimal Contracting, Accounting Standards, and Market Structures, Contemporary Accounting research, Vol. 16, No. 2, 1999.

Kothari, S. and J. Zimmerman, Price and return models, Journal of Accounting and Economics, 20, 1995.

Kothari, S., "Capital markets research in accounting," Journal of Accounting and Economics, Vol. 31, Issue 1-3, 2001, pp.105-231.

Kothari, S., Price-Earnings regressions in the presence of prices leading earnings, Journal of Accounting and Economics, 15, 1992.

Kothari, S.P., K. Ramanna and D. J. Skinner, "Implications for GAAP from an analysis of Positve Research n Accounting", Journal of Accounting and Economics, Vol. 50, Issue 2-3, 2010, pp.246-286.

Kuang, Y., B. Qin, and J. Wielhouwer, "CEO Origin and Accrual-Based Earnings Management," Accounting Horizons, Vol. 28, No.3, 2014, pp.605-626.

Lambert, R. A., "Contracting theory and accounting", Journal of Accounting and Economics, Vol. 32, 2001, pp.3-87.

Lambert, R. A., "Income Smoothing as Rational Equilibrium Behavior," The Accounting Review, Vol. 59, Oct. 1984, pp.604-618.

Lambert, R., Variance Investigation in Agency Settings, Journal of Accounting Research, Vol. 23, No. 2, 1985.

Laux, C. and C. Leuz, The crisis of fair-value accounting: Making sense of the recent debate, Accounting, Organizations and Society, 34, 2009.

Lazear, E., "Performance Pay and Productivity", The American Economic Review, Vol. 50, No. 5, Dec. 2000, pp.1346-1361.

Lee, C., "Market Efficiency and accountng research: a discussion of 'capital market research in accounting' by S. Kothari", Journal of Accounting and Economics, Vol. 31, 2001, pp.233-253.

Lee, C., Accounting-Based Valuation: Impact on Business Practices and Research, Accounting Horizons, Vol. 13, No. 4, 1999.

Lev, B., "On the Usefulness of Earnings and Earnings Research: Lessons and Directions from two decades of empirical research", Journal of Accounting Research, Vol. 27, Supplement 1989, pp.153-192.

Li J., Nan L., and Zhao R., "The Corporate Role of Information Quality and Corporate Takeovers", July 17, 2012.

Liang, P., "Accounting Recognition, Moral Hazard, and communication", Contemporary Accounting Research, Vol. 17 No.3, Fall, 2000, pp.457-490.

Liang, P., "Recognition: An Information Content Perspective", Accounting Horizons, Vol. 15 No. 3, 2001, pp.223-242.

Littleton, A., Structure of Accounting Theory, AAA, 1953.

Liu, Chi-Chu, S. G. Ryan and J. M. Wahlen, "Differential Valuation Implications of Loan Loss Provisions across Banks and Fiscal Quarters", The Accounting Review, Vol. 72, No. 1, Jan. 1997, pp.133-146.

Lundholm, R., "A Tutorial on the Ohlson and Feltham/Ohlson Models: Answers to some frequently asked questions", Contemporary Accounting Research, Vol. 11, No. 2, Spring 1995, pp.749-761.

Lundholm, R., Price-Signal Relations in the Presence of Correlated Public and Private Information, Journal of Accounting Research, Vol. 26, No. 1, 1988.

McNichols M., and G. P. Wilson, "Evidence of Earning Management from the Provision for Bad Debt", Journal of Accounting Research, (Supplement 1988), pp.1-31.

Mock, T., Measurement and Accounting Information criteria, AAA, SAR # 13, 1976.

Moran, M., "The political economy of regulation: does it have any lessons for accounting research?", Accountng and Business Research, Vol. 40 No. 3, 2010, pp.215-225.

Moyer, S. E., "Capital adequacy ratio regulations and accounting choices in comercial banks", Journal of Accounting and Economics, Vol. 13, No. 2, July 1990, pp.123-154.

Nurnberg, H., "Minority interest in the consolidated retained earnings statement", Accounting Horizons, Vol. 15, No. 2, June 2001, pp.119-146.

Ohlson, J. A. and P. Shroff, "Changes versus Levels in Earnings as Explanatory Variables for Returns: Some Theoretical Considerations", Journal of Accounting Research, Vol. 30, Autumn 1992, pp.210-226.

Ohlson, J. A., "A Synthesis of security valuation theory and the role of dividends, cash flows, and earnings", Contemporary Accounting Research, Vol 6, No. 2, 1990, pp.648-676.

Ohlson, J. A., "Earnings, Book Values, and Dividends in Equity Valuation", Contemporary Accounting Research, Vol. 11, No. 2, Spring 1995, pp.661-687.

Ohlson, J. A., "The Theory of Value and earnings and an Introduction to the Ball-Brown Analysis", Contemporary Accounting Research, Vol. 8 No. 1. 1991, pp.1-19.

Ohlson, J.A, On Transitory Earnings, Review of Accounting Studies, 4, 1999.

Parker, R., "Discounted Cash Flow in Historical Perspective", Journal of Accounting Research, Vol. 6, No. 1, Spring 1968, pp.58-71.

Paton, W., Accountng Theory, Scholars Book Co., 1962.

Peasnell, K., "Financial Reportng: An Accounting Revolution, W. Beaver, 1989", Accounting and Business Research (Book Review), Vol. 20, Autumn 1990, pp.359-366.

Penman, S., Accounting for Intangible Assets: There is also an Income Statement, ABACUS, Vol. 45, No. 3, 2009.

Petroni, K. R., "Optimistic Reporting in the Property-Casualty Insurance Industry." Journal of Accounting and Economics, Vol. 15, 1992, pp.485-508.

Power, M., "Fair value accounting, financal economics and the transformation of reliabilty", Accounting and Business research, Vol. 40, No. 3, Sep. 2010, pp.197-210.

Reichelstein, S., Investment Decisions and Managerial Performance Evaluation, Review of Accounting Studies, 2, 1997.

Reichelstein, S., Providing Managerial Incentives: Cash Flows vs Accrual Accounting, Journal of Accounting Research, Vol. 38, No. 2, 2000.

Reis, R. and P. Stocken, Strategic Consequences of Historical Cost and Fair Value Measurements, Contemporary Accounting Research, Vol. 24, No. 2, 2007.

Richardson, S., I. Tuna, and P. Wysocki, "Accounting anomalies and fundamental analysis", Journal of Accounting and Economics, Vol. 50, Issue 2-3, Sep. 2010, pp.410-454.

Rogerson, W., Intertemporal Cost allocation and Managerial Investment Incentives; A Theory explaining the use of Economic Value Added as a Performance Measure, Journal of Political Economy, Vol. 105, No. 4, 1997.

Ronen, J. and V. Yaari, Earnngs Management, Springer, 2008.

Rothenberg N., "Communication and Information sharing in Teams", Accounting Review, Vol. 90, No. 2, March 2015, pp.761-784.

Ryan, S., "A Model of Accrual Measurement with Implications for the evolution of the Book-to-

Market Ratio", Journal of Accounting Research, Vol. 29, Spring 1995, pp.95–112.

Ryan, S., "Accounting in and for the Subprime Crisis", The Accounting Review, Vol. 83, No.6, Nov. 2008, pp.1605–1638.

Ryan, S., "Fair Value Accounting: Understanding The Issues Raised by the Credit Crunch", White Paper for the Council of Institutional Investors, New York Univ., July 2008.

Sappington, D., "Incentives in Principal–Agent Relationships", Journal of Economic Perspectives, Vol. 5, Spring 1991, pp.45–66.

Schipper, K., "Academic Accounting Research and the Standard Setting Process", Accounting Horizons, Vol. 8, No. 4, Dec. 1994, pp.61–74.

Schipper, K., "Commentary on Earnings Management", Accounting Horizons, Vol. 3, December 1989, pp.91–102.

Schipper, K., "How can we measure the costs and benefits of changes n financial reporting standards?" Accounting and Business Research, Vol. 40, No. 3, 2010, pp.309–327.

Schipper, K., C. Schrand, T. Shevlin, and T. Wilks., "Reconsidering Revenue Recognition", Accounting Horizons, Vol. 23, No.1 2009, pp.56–68.

Schipper, Katerine and L. Vincent, Earnings Quality, Accounting Horizons, Supp, 2003.

Schipper, Katerine, Academic Accounting Research and the Standard Setting Process, Accounting Horizons, December 1994.

Scott, W., Fnancial Accounting Theory, 6th. ed., Pearson, 2012.

Scott, W., Fnancial Accounting Theory, 7th. ed., Pearson, 2015.

Shavell, S., "Risk Sharing and Incentives in the Principal and Agent relationship", The Bell Journal of Economics, Vol.10, No.1, Spring 1979, pp.55–73.

Shivakumar, L., "The Role of financial reporting in debt contracting and in stewardship", Accounting and Business Research, Vol. 43, No. 4, 2013, pp.362–383.

Sims, C., "Macroeconomics and Methodology", Journal of Economic Perspectives, Vol. 10, No. 1, Winter 1996, pp.105–120.

Sloan, R., "Financial accounting and corporate governance: a discussion", Journal of Accounting and Economics, Vol. 32, Issue 1–3, 2001, pp.335–347.

Sok–Hyon Kang, and Sivaramakrishnan, "Issues in Testing Earnings Management and an Instrumental Variable Approach", Journal of Accounting Research, Vol. 33, No. 2, Autumn 1995, pp.353–367.

Sundem, "A note on the information perspective and the conceptual framework", Essays in accounting theory in honour of J.S. Demski, 2007, pp.285-193.

Sutton, D., C. Cordery, and T. Zijl, The Purpose of Financial Reporting: The case for Coherence in the Conceptual Framework and standards, ABACUS, Vol. 51, No. 1, 2015.

Verrecchia, R., "Essays on disclosure", Journal of Accounting and Economics, Vol 32, Issue 1-3, 2001, pp.97-180.

Wahlen, J. M., "The nature of information in commercial bank loan loss disclosure", The Accounting Review, Vol. 69, No. 3, July 1994, pp.455-478.

Watts, R., "Accounting Choice Theory and Market-Based Research in Accounting", British Accounting Review, Vol. 24, 1992, pp.235-267.

Watts, R., "Conservatism in Accounting Part Ⅰ: Explanations and Implicatons", Accounting Horizons, Vol. 17, No. 3, Sep. 2003, pp.207-221.

Watts, R., "Conservatism in Accounting Part Ⅱ: Explanations and Implicatons", Accounting Horizons, Vol. 17, No. 4, Dec. 2003, pp.287-301.

Watts, R., and J. Zimmerman, "Positive Accounting Theory: A Ten Year Perspective", Accounting Review, Vol. 65, No. 1, Jan. 1990, pp.131-156.

Watts, R., and J. Zimmerman, Positive Accounting Theory, Prentice-Hall, 1986.

Wells, M., "Forum: The Accounting Conceptual Framework Introduction", ABACUS, Vol. 39, Issue 3, Oct. 2003, pp.273-278.

Williams, P., "The Myth of Rigorous Accounting Research", Accounting Horizons, Vol. 28 No.4, Dec. 2014, pp.869-887.

Wilson, R., "Auditing: Perspectives From Multi-person Decision Theory", Accountng Revew, Vol. 58, No. 2, April 1983, pp.305-318.

Zeff, S., "The ICAEW's Recommendations on Accountng Principles and Secrecy of Process", Accounting and Business Research, Vol. 40, Issue 3, 2010 Special Issue, pp.279-286.

Zhang, Xiao-jun, "Conservative accounting and equity valuation", Journal of Accounting and Economics, Vol. 29, 2000, pp.125-149.

Zimmerman, J., "Myth: External Financial Reporting Quality has a First-Order Effect on Firm Value", Accounting Horizons, Vol. 27, No. 4, Dec. 2013, pp.887-894.

찾아보기

ㄴ

ㄷ

ㄹ

ㅁ

ㅂ

ㅅ

ㅇ

ㅌ

ㅍ

ㅎ

기타

저자 소개

오용규

〈약력 및 경력〉

전북대학교 경영학부 교수
공인회계사
서울대 대학원 경영학 박사

〈주요 저술〉

『실증적 회계이론』(형설출판사, 역서)
『회계학핸드북』(서울대학교출판부, 공저)
『한국의 회계환경과 회계가치』(서울대학교 회계학연구센터, 공저) 외 논문 다수

김갑룡

〈약력 및 경력〉

서울대학교 경영대학 졸업(학사, 석사, 박사)
육군사관학교 교수부 전임강사
한국산업경제연구원 선임연구원
서울여자대학교, 덕성여자대학교, 동국대학교, 서울시립대학교 등 강사역임
공인회계사시험 출제위원 역임
공무원시험 출제위원 역임
현재, 전주대학교 회계세무학과 교수

〈주요 저술〉

『최신회계원리』(형설출판사, 공저서)
『회계와 통제』(대영사, 역서)
『회계학핸드북』(서울대학교 출판부, 공저서)
『베스트 회계원리』(신론사, 공저서)
『베스트 중급재무회계』(신론사, 공저서)
"회계정보의 시장유입에 따른 정보이전 효과", "한국회계선진화를 위한 바람직한 가치체계 탐색" 외 논문 다수

비교 회계이론 값31,000원

2016년 8월 25일 초판 인쇄
2016년 8월 27일 초판 발행

저 자 오용규 · 김갑룡
발행인 리 재 영
발행처 新論社
등록번호 제10-308호(1989.3.4)

판매처 새문사
등록번호 제1-273호(1977.9.19)

주소 : 서울시 마포구 대흥로6길 6-12
전화 : (02)715-7232(代), 717-7235, Fax : (02)715-7235
E-mail : sinlon@saemoon.co.kr
website : www.saemoonbook.com
ISBN : 978-89-7411-487-9 93320